건륭 原典

승자의 조건

平天下

평천하

둥예쥔 편저 · 송하진 역

건륭 原典

經세世지之略략

승자의 조건

둥예쥔 편저 · 송하진 역

머리말

건륭 原典·4

흑과 백의 조화

중국의 고대 문화는 음양설의 기초 위에 세워졌다.

무극無極이 곧 태극太極이다. 태극이 동動하여 양陽을 낳으며, 동의 상태가 다하면 정靜하여지고, 정하여지면 곧 음陰을 낳는다. 정의 상태가 다하면 다시 동하게 된다. '동'과 '정'이 뿌리가 되어 양과 음으로 나뉘고, 이 둘은 서로 맞서게 된다. 양이 변하고 음이 합하여 목木, 화火, 토土, 금金, 수水를 낳고, 이 다섯 기운五氣이 차례로 퍼지며 4계절이 돌아가고 바뀌게 된다.

음양설은 음양의 교감으로 화생만물化生萬物하고 만물생생萬物生生하며 끝없이 변화한다고 본다. 천지에 생겨나는 모든 만물에 음과 양이 존재한다. 해는 양이고 달은 음이며, 생生은 양이고 사死는 음이다. 또한 남자는 양이고 여자는 음이며, 백白은 양이고 흑黑은 음이다.

건륭제는 어려서부터 유가사상의 영향을 받아, 음양설의 참뜻을 받아들였다. 그는 일찍이 다음과 같이 말했다.

> 천제天帝가 태양을 위에 올려놓고 한 해의 농사를 주관했으며, 달은 아래에 내려놓고 때때로 나와 태양을 보좌하도록 했다. 그리하여 천지가 번갈아 가며 평안했고, 음양이 함께 어울리며 만물이 생겨났다. 왕자王者는 재성*財成과 보상輔相('돕다', '보태다'의 뜻)의 도를 다하고 조용히 하늘의 조화를 따르며 천지의 기가 절제하여 발양되도록 보존하고, 음양이 조화를 이루게 함이 마땅하다.

건륭제는 또한 "성인의 도는 하늘과 뜻을 같이 한다."라고도 말했다.

예로부터 의술의 기본은 음양으로 심신을 다스리는 일이고, 무술은 음양을 힘의 바탕으로 변화시키며, 화가는 음양으로 사물의 모습을 표현해 왔다. 이와 같은 이치로 나라를 통치하고 관리를 다스리며 군사를 부리고 백성을 길들이며 사람을 지배하는 것과 같은 모든 일에 있어서 알지 못하고 이르지 못하며 통하지 못하는 일이 없었다.

'흑'은 음이고 '백'은 양을 뜻한다. 건륭제는 정치적 책략으로서의 흑과 백을 절묘하게 활용한 인물이었다. 그는 '흑백의 도道'를 써야 할 시기와 방식, 그 대상이나 정도는 물론 그 방법을 썼을 때의 결과까지도 명

---

*재단하여 이룸[裁成]. '재성'과 '보상'은 모두 『주역』에 나오는 말이다. 상象에 이르기를 하늘과 땅이 화합하여 태평하다. 왕자[后. 천상天上의 제帝에 대하여 지상의 통치자]는 이 괘卦를 보고[后以] 천지의 도에 천지(사람)의 마땅함[正義]을 보태어 대성하게 하고 인민을 (태평하게) 인도하여야 한다.[象曰 天地交泰 后以 財成天地之道 輔相天地之宜 以左右民]

확히 알고 있었다. 진정 지모智謀가 뛰어나고 수단은 끝이 없었으며 그 변화 또한 측량할 수 없었다.

흑백의 본질은 흑과 백이 서로 어울리는 데 있다. 희어야 할 것은 희고, 검어야 할 것은 검어야 한다. 백이 덜하거나 흑이 덜해서도 안 되며 흑과 백이 합덕合德해야만 사람과 사물이 모두 안정될 수 있다. 오로지 백만 있다면 곧 메마르고 가벼우며 무르고 실속이 없다. 또 오로지 흑만 있다면 곧 어둡고 통하지 않으며 부패하고 꽉 막힐 뿐이다.

어떤 일이든 정도가 지나치면 곧 그 기운이 다하여 반드시 변하게 된다. 성함이 극에 달하면 쇠하는 법이다. 이와 같은 흑과 백의 오묘한 원리가 건륭제의 지혜를 이해하는 기본이 된다.

낭만적 색채와 매력을 지닌 건륭제의 재위 기간은 60년에 이른다. 거기에 태상황에 올라 섭정을 펼친 3년까지 더하면 이렇게 오랜 기간 집권한 경우는 역사적으로 찾아볼 수 없다. 문덕文德으로 다스리고 무위武威로써 공을 세운 그의 통치 기간 동안 나라는 최고의 전성기를 맞았다. 물자는 풍족하고 백성은 풍요로워 천하가 무사태평했으며 강희제로부터 건륭제에 이르는 강건성세康乾盛世는 바로 그의 통치를 통해 최고조에 달했다. 이러한 것들이 모두 그가 흑백의 도를 자유자재로 운용한 덕분에 이루어졌다.

건륭제는 정치를 바로 세우기 위해 관대함〔寬〕을 백으로, 엄격함〔猛〕을 흑으로 보았다. 그는 정치를 바로 세우고 나라를 다스리는 데 항상 관맹을 함께 내세우면서, 이 둘을 다르면서도 서로 보완하는 일체로 여겼다. '관맹상제寬猛相濟'는 건륭제가 강희, 옹정 시기에 걸친 정치의 성패와 건륭제 자신이 직접 경험한 바를 종합하여 얻어 낸, 그만의 뚜렷하고 독특한 '흑백의 도'라 할 수 있다.

관맹상제는 건륭제가 정치적 책략을 수립하는 데 비교적 많은 선택의 여지를 제공했다. 때로는 백을 택해 너그럽고 관대한 정치를 펼쳐 일일이 간섭하지 않고 방임함으로써 사회적 갈등을 자연스럽게 해소했다. 그런가 하면 때로는 흑을 택해 엄하게 다스려, 강력하고 신속하게 처벌함으로써 잘못된 일들이 생기는 것을 사전에 막았다.

> 관대함으로 엄격함을 다스리고 엄격함으로 관대함을 다스리는 것,
> 이 둘의 조화가 곧 정치다.

이 말은 건륭제가 천하를 다스리는 도구로 삼은 불변의 절대 진리, 불이법문不二法門이었다.

관리를 다스림〔治吏〕에 있어서는 발탁〔擢〕을 백으로, 폄출〔貶〕을 흑으로 삼았다. 중국 고대 제왕들이 사용해 온 치리술治吏術은 매우 다양했다. 그러나 그 본질은 모두 상과 벌의 두 가지 도구로 귀결되었다. 이를 이행해 가는 과정에서 건륭제는 상벌 간에 반드시 균형이 이루어져야 한다는 사실을 점점 더 분명하게 깨달았다. 지나치게 큰 상은 사람을 쉽게 착각에 빠트려 느슨하게 만들며 한없는 욕망을 불러일으킨다.

지나친 벌을 내리는 것 또한 쉽사리 잔혹한 학정으로 치닫게 만들어 강한 반발을 불러일으키고 질서를 크게 어지럽힐 뿐이다. 건륭제는 관리를 대함에 있어 관작을 내리는가 하면 형을 내려 옥에 가두기도 하고, 상으로 녹을 주는가 하면 벌로 가산을 몰수하기도 했으며, 믿고 아끼다가도 냉정하게 내치기도 했다. 상벌을 엄격히 구분하여 흑백의 조화를 이루고 부드러움과 강함을 함께 베풀었다.

백성을 길들이는 데는 은혜〔恩〕를 백으로, 위엄〔威〕을 흑으로 삼았다. 건륭제는 일찍이 다음과 같이 말했다.

> 군주와 백성과의 관계는 마치 배와 물의 관계와도 같다. 배가 물을

떠나서는 그 공을 이룰 수 없듯 군주는 백성을 떠나 나라를 다스릴 수 없다.

여기서 강조하고자 한 주체는 물이 아니라 배다. 배가 물에 뜨고 뒤집어지는 흔한 이야기가 아니라, 군주란 정세에 따라 나라를 올바르게 이끌어 나가고 은혜와 위엄으로 백성을 길들여야 한다는 새로운 이야기를 하는 것이다. 군주가 한편으로 세상을 다스리고자 한다면, 곧 다른 한편으로는 민생을 두텁게 하고 백성의 수고를 덜어 주어야 하며 병사들에게 혜택을 주고 백성들에게 은혜를 베풀어야 한다. 그와 동시에 배에 올라 물을 제어하여 백성들로 하여금 군주의 위엄을 알게 하고, 심지어 관리와 백성들에 대한 혹정도 아끼지 않아야 한다는 것이다.

군사를 부리는 데는 긴장[張]을 백으로, 느슨함[弛]을 흑으로 삼았다. 건륭조는 군사적으로 가장 성했던 시기로 정벌이 빈번하게 이루어졌다. 건륭제 말년에는 그 중 가장 유명한 전쟁이 열 번에 걸쳐 일어났는데, 이를 두고 이른바 '십전무공十全武功'이라 한다. 열 번의 전쟁은 제각각 싸움터도 상대도 달랐으며, 그 공적과 과실에 대한 평가도 일치하지 않았다. 전략도 전혀 달라서 적군을 긴장시켰다가도 느슨히 하기도 했으며, 싸우는 대신 이이제이以夷制夷의 방법을 써서 적군을 분열시키기도 했다. 또한 잘될 때 멈추어 과욕을 부리지 않았고 이루기 어려운 공로는 도모하지 않았다. 그렇지만 결국 용병의 도는 장과 이를 함께 쓰는 데 있었다. 건륭제가 군사를 부릴 때는 '장'과 '이' 두 가지 방법 외에 다른 것을 쓰지 않았다. '장'도 때로는 '이'가 되고 '이'도 때로는 '장'이 되어 서로를 드러냄으로써 흑과 백이 서로 이어지게 했다.

신하를 부림에 있어서는 충성을 백으로, 간사함을 흑으로 삼았다. 모든 황제들의 곁에는 언제나 두 종류의 측근들이 있었다. 황제를 기쁘게 했던 화신和珅과 같은 이들과 황제가 나라를 다스리는 데 도움을 주었던 유용劉墉과 같은 이들이다. 황제는 그들 각자의 쓰임을 잘 알고 있었다. 유용이 자신을 늘 어려움에 빠뜨릴 때도 황제가 매번 내치지 않았던 것은 그가 없으면 나라도 없기 때문이었다. 황제는 화신이 어떤 인물인지에 대해서는 더 많은 것을 알고 있었지만 그 역시 물리치지 않았는데, 화신과 같은 이들이 없으면 생활이 너무나 메말라 버렸을 것이기 때문이었다. 다시 말해 흑이 없으면 백도 없고, 화신이 없으면 유용도 존재의 의미를 잃는 것이다. 건륭제는 각각의 색을 지닌 신하들로 하여금 같은 테두리 안에서 서로 경쟁하게 만들어 각자 그 쓰임에 맞게 이용했다.

건륭제의 지혜는 흑과 백, 백과 흑이 서로 조화를 이루면서 서로를 제약하는 것으로, 그는 그 운용의 묘를 완벽하게 체득하고 있었다.

『건륭 原典』에서는 독자들이 건륭제의 '흑백의 도'에 대해 전면적이고 구체적으로 이해할 수 있도록 건륭제의 지혜를 다각도로 분석해 놓았다. 여러분이 살아가면서 자신을 계발할 때마다 이 책이 많은 도움이 되기를 바란다.

머리말

제1부 흑백입정 黑白立政
관대함과 엄격함, 이 둘의 조화가 곧 정치다
寬以濟猛, 猛以濟寬, 政是以和

제1장 관맹술寬猛術 1
행동하기 전에 입지를 확보하라 行動之前先站穩脚根

지략을 갖추지 않는 것, 그것이 가장 뛰어난 지략이다 18 · 내놓아야만 얻을 수 있다 28 · 두 계파를 상호 견제시켜라 41 · 친형제 간에도 지켜야 할 도리가 있다 57

제2장 관맹술寬猛術 2
다른 사람의 그림자에서 벗어나라 從別人的影子里走出來

아무 소리도 내지 않으면서 천둥소리보다 더 놀라게 하라 72 · 모든 일에 중용을 지켜라 85 · 적을 기려 벗으로 삼는다 96 · 근본을 다스려야 세상이 바뀐다 108

제3장 관맹술寬猛術 3
작은 것도 살펴야 대업을 이룰 수 있다 體察入微成大事

본本을 중시하되 말末을 경시하지 않는다 122 · 신하들이 스스로 위기감을 느끼게 하라 135 · 여산廬山의 진면목을 알아야 한다 145 · 자신의 기본적인 이익은 지켜야 한다 155

제2부 흑백치리 黑白治吏
강함과 부드러움이 조화를 이루되, 반드시 매번 새로워야 한다
賞罰 "二柄", 剛柔相濟, 每用必新

제1장 상벌술 賞罰術 1
받는 사람이 진심으로 수용할 수 있어야 한다 賞罰要讓人心服口服

잘 달리는 말도 채찍질은 해야 한다 172 · 관리 다스림의 근본은 부패척결에 있다 185 · 과거의 잘못을 너그럽게 용서하라 199 · 아랫사람이 자신을 속이지 못하게 하라 208

제2장 상벌술 賞罰術 2
상벌은 그 목적이 뚜렷해야 한다 賞罰要有針對性

비뚤어진 것은 반드시 바로잡아야 한다 226 · 완벽한 인재는 없다 238 · 안이 편해야 밖을 다스릴 수 있다 247 · 패하지 않을 수는 없지만, 항상 패해서는 안 된다 258

제3장 상벌술 賞罰術 3
상과 벌은 여지를 남겨 두라 賞罰要留有餘地

인재의 천거를 장려하되 이를 남용하지 말라 270 · 자신의 체면을 지켜라 281 · 중대한 국면에서는 모질 필요도 있다 296 · 아무리 화가 나도 금도를 지켜라 309

제3부 흑백무민 黑白撫民
당근과 채찍을 함께 사용하여, 은혜와 위엄을 모두 느끼도록 해야 한다
恩威兼施, 打一巴掌給個棗吃

제1장 은위술恩威術 1
배가 물을 떠나서는 그 공을 이룰 수 없다 舟不能離水而成其功

작은 시냇물이 큰 강을 채운다 326 · 백성들에게 실질적인 도움을 주라 337 · 문이 흥해야 나라가 산다 351 · 문인들을 가까이 하라 365

제2장 은위술恩威術 2
은혜를 베풀면서도 위엄은 지켜야 한다 恩威需因時而變

순리를 따르면 흥하지만, 거역하면 망한다 382 · 흑黑인가, 백白인가? 393 · 손실은 충분히 보상해 주라 411 · 자기사람을 특별히 챙긴다 424

제3장 은위술恩威術 3
계란으로는 바위를 깰 수 없다 豈容太歲頭上動土

불협화음을 제거하라 440 · 강압으로 진실을 호도할 수 없다 458 · 활시위를 세게 당긴다고 좋은 것은 아니다 477 · 화는 미연에 방지하라 487

제4부 흑백용병 黑白用兵
때로는 긴장을 풀어 주고 때로는 느슨함을 조여라
張時爲弛, 弛時爲張, 張弛相彰

제1장 장이술張弛術 1
싸워야 할 때와 화해할 때를 구별하라 當戰則戰, 當和則和

땀을 많이 흘려야 피를 아낀다 504 · 승산 없는 싸움은 하지 마라 519 · 전시에는 평화가 그립고, 평시에는 전쟁을 생각한다 532 · 강적 앞에서 약한 모습 보이지 마라 542

제2장 상이술張弛術 2
내 힘을 들이지 않고 싸운다 戰而屈人之兵

남의 칼을 사용하라 556 · 상대의 약점을 주목하라 566 · 적을 분열시키되, 방어는 해야 한다 587 · 짧은 고통으로 오랜 안녕을 얻는다 601

제3장 장이술張弛術 3
나아가야 할 때 나아가고, 멈추어야 할 때 멈추어라 當進則進, 當止則止

너무 서둘러도, 너무 늦추어도 안 된다 620 · 오르막에서는 나귀에서 내려 걸어라 641 · 멀리 내다보는 안목을 길러라 654 · 잡초는 뿌리까지 제거하라 668

제1부 흑백입정 黑白立政

관대함과 엄격함, 이 둘의 조화가 곧 정치다
寬以濟猛, 猛以濟寬, 政是以和

1. 행동하기 전에 입지를 확보하라 行動之前先站穩脚根
2. 다른 사람의 그림자에서 벗어나라 從別人的影子里走出來
3. 작은 것도 살펴야 대업을 이룰 수 있다 體查入微成大事

관맹상제¹寬猛相濟는 건륭제가 강희·옹정 시기에 걸친 시정施政의 성과와 건륭제 자신이 직접 경험한 것을 총괄하여 얻어낸, 그만의 뚜렷한 특색이 있는 '흑백의 도道'라 할 수 있다. 관맹상제는 건륭제가 책략을 세우는 데 비교적 많은 선택의 여지를 두게 만들었다. 때로는 백을 주로 하여 관대한 정치를 펼쳤는데, 이때는 간섭하지 않고 자연스럽게 맡겨 둠으로써 사회의 갈등을 해소했다. 또 때로는 흑을 주로 삼아 엄하게 다스려, 강력하고 신속한 처벌로써 그릇된 일들이 생기는 것을 제때에 막을 수 있었다.

---

1. 『좌전左傳』에 나온 말로 너그러움과 엄격함이 서로 조화를 이룬다는 뜻. 관엄호제寬嚴互濟로도 쓰임.

제1장

관맹술寬猛術 1
행동하기 전에 입지를 확보하라
行動之前先站穩脚根

어떤 일을 하든 그 전에 기억해 두어야 할 것이 있다. 바로 자신의 입지를 확고히 하는 일이다. 이는 성공하는 데 가장 기본이 되는 전제조건이다. 건륭제는 천자에 오른 날부터 모든 방법을 생각해내 절대 황권皇權을 공고히 함으로써 어느 누구도 자신의 권력에 손을 대지 못하도록 만들었다.

지략을 갖추지 않는 것, 그것이 가장 뛰어난 지략이다
最好的心計是無心計

    청 고종이었던 건륭乾隆의 성은 애신각라愛新覺羅, 이름은 홍력弘歷으로 1711년에 태어났다. 그는 강희제의 손자면서 옹정제의 아들이다.
    홍력은 소년 시절, 조부였던 강희제의 총애를 한 몸에 받았다. 조부의 사랑은 당시 그에게 큰 힘이 되었을 뿐 아니라 평생토록 잊을 수 없는 것이었다. 강희 61년 4월, 황제가 변방으로 순행을 나갈 때 황손인 홍력이 그를 수행했다. 홍력이 여섯 살 때 아버지 옹친왕雍親王을 따라 피서산장² 避暑山莊에 간 적이 있었지만 손자가 워낙 많았으므로 조부는 당시 그런 손자가 있는지도 알지 못했다. 그러나 이 순행에서 홍력은 여름부터 가

---

2. 하북성 승덕承德에 있었던 청대의 가장 큰 황실 원림. 여름 궁전.

을까지 다섯 달이 넘는 시간 동안 거의 매일을 자애로운 조부와 함께 보냈다. 산장의 36경을 감상하거나 목란위장木蘭圍場(승덕에 위치한 청조 황실의 사냥터)을 누비면서 곳곳에 조부와 손자가 함께 한 흔적들을 남겼다.

산장 남쪽 끝에는 언덕과 호수를 끼고 있는 궁전이 있었다. 돌계단을 따라 내려가면 호숫가에 닿을 수 있었고, 창을 열고 바라보면 눈 아래로 호수 빛과 산색이 가득 담겨져 왔다. 궁전의 남쪽으로는 수백 그루의 무성한 고송이 있어서 바람이 가볍게 불어올 때면 솔잎이 떨리는 소리에 사방이 더욱 맑고 고요하게 느껴졌다. 그래서 강희제는 친히 이 궁을 만학송풍萬壑松風이라 이름 짓고 그 곳에서 일상적인 정사를 돌보았다.

그때 홍력은 만학송풍 옆의 감시재鑑始齋에 머무르면서 강희제가 상소들을 읽고 지시할 때면 그 옆에서 숨을 죽이며 지켜보았고, 신하들을 접견할 때는 사람들의 안색과 분위기를 살폈다. 식사할 때도 강희제는 사랑하는 손자에게 그가 가장 좋아하는 음식을 덜어 주는 일을 잊지 않았으며, 함께 낚시를 하고 돌아올 때도 강희제는 늘 홍력이 사자원獅子園에 있는 부친 옹친왕에게 물고기 몇 마리를 올리게 했다.

한번은 홍력이 서재에 들어가 책에 빠져 있는데 갑자기 자신을 부르는 강희제의 목소리가 들려서 창문을 열어 보니 청벽정晴碧亭 가에 정박해 있는 황제의 배가 보였다. 급히 서재에서 뛰어나와 가파른 산길을 따라 호숫가로 한달음에 달려가니 강희제 역시 다급히 맞으며 숨을 급히 몰아쉬는 홍력을 끌어안고 "사고라도 나면 어쩌려고 그렇게 뛰어 오느냐, 사고라도 나면 어쩌려고……." 하고 말했다. 그러나 사랑하는 손자의 천성으로부터 우러나온 효심에 매우 감동하여 강희제의 마음은 뜨거워졌다.

만학송풍의 북쪽에는 여기저기에 크고 작은 10여 개의 호수가 있는데, 매년 여름이 되면 연꽃이 만발하여 푸른 물결 위로 홍백이 서로 어우러지는 모습이 매우 아름다웠다. 그러나 그중에서도 연꽃을 감상하는 데 가장 좋은 곳은 호숫가에 있는 관련소觀蓮所였다. 한번은 홍력이 강희제를 모시고 그곳에 갔을 때 창밖의 연꽃을 보며 강희제가 홍력에게 "애련설愛蓮說을 외울 줄 아느냐?" 하고 물었다. 홍력은 속으로 매우 기뻤다. 아홉 살 때부터 공부에 두각을 보였던 그는 기억력이 매우 뛰어나 한 번 읽은 책은 잊어버리지 않았으므로 반나절이면 그날 공부한 내용을 막힘없이 외울 수 있었다. 그러므로 강희제가 애련설을 외워 보라고 했을 때 홍력은 외우는 것은 물론이려니와 그에 대한 설명까지 해냈고, 강희제는 이를 흥미롭게 들으면서 칭찬을 아끼지 않았다.

8월 초는 천고마비의 계절로 사냥하기에 매우 좋은 때다. 강희제는 산장을 떠나 사냥에 나서면서 열두 살의 홍력을 특별히 훈련시켜 잘 길들여진 작은 말을 타고 군장을 갖추어 그의 곁에서 수행하게 했다. 사냥을 하던 중 포위한 곰 한 마리를 강희제가 화승총으로 명중시키자 곰은 소리를 내며 땅에 쓰러졌다. 그러나 병사들은 황제의 명령 없이는 감히 앞으로 나설 수 없었다. 한참이 지나도록 곰이 꿈쩍도 하지 않자 강희제는 곧 옆에 있던 시위에게 홍력을 앞으로 내보내 활을 쏘도록 했다.

이는 사랑하는 손자가 처음 사냥에 나가 짐승을 잡았다는 명예를 얻게 해 주기 위한 것이었으나 홍력이 막 몸을 돌려 말에 올랐을 때 상처 입은 곰이 갑자기 일어나 달려든 것은 전혀 뜻밖의 일이었다. 강희제는 그것을 보고 재빨리 손을 써서 즉시 곰을 창으로 찔러 죽였다. 이 일이 있은 후 강희제는 그 일을 생각할 때마다 두려워져 홍력을 돌보던 화비和妃에게 "이 아이의 목숨은 귀하다! 이 아이의 목숨은 아주 귀해! 만일 곰이 달려들었다면 어떻게 되었을까……." 하고 말했다.

비록 강희제가 홍력을 총애했기 때문에 옹정제에게 황위를 넘긴 것이라는 주장을 증명할 자료는 없지만, 조부와 손자간의 각별한 정은 홍력이 황실과 조정에서 특별한 지위를 갖게 했다. 남들보다 총명했던 홍력은 옹정제의 보위 계승 문제에서 매우 현명한 태도를 보였다. 옹정제가 황제로 오른 뒤, 그는 사회적으로 아버지의 정통성을 의심하는 분위기를 두고 강희제가 자신을 총애했던 것을 근거로 삼아 반박하며 말했다.

> 황조皇祖의 손자는 백여 명이 된다. 그 중 총명하고 재능이 뛰어나며 학문이 깊은 데다 나이도 나보다 많아 조정의 일을 맡아 보는 이들도 많았지만, 나는 나이가 어리고 우둔함에도 도리어 은혜와 총애를 입었거늘, 어찌 황조께서 내 부황父皇을 사랑하는 마음이 없으셨겠는가?

당시 강희제가 홍력을 총애한 사실은 영향이 매우 컸다. 옹정제에 대해 불만을 품고 있던 이들도 홍력에게는 각별한 태도로 더욱 후대할 수밖에 없었다. 옹정제가 즉위한 후 많은 신하들은 홍력이 지닌 어린 시절의 특별한 경력 때문에 당연히 그가 후대를 이을 계승자라고 여겼다. 더군다나 옹정제가 홍시弘時를 사사賜死한 후 홍력은 옹정제의 장자가 되었으므로, 중국 봉건시대에 적자 혹은 장자를 황태자로 책봉하던 전통 관념에서 보면 홍력이 당연히 황위를 계승할 가능성이 가장 높았다. 더욱 중요한 것은 홍력이 어려서부터 총명하여 조부의 사랑을 받았으며 이것이 그에게 무척 중요한 정치적 바탕이 되었다는 점이다. 더욱이 옹정제는 두 아들 홍력과 홍주弘畫 가운데 홍력만을 강희제에게 추천하였을 뿐 홍주에게는 그러한 기회도 주어지지 않았다. 이로 보아 건륭제는 양대 황제 모두에게서 총애 받았음을 알 수 있다.

홍력은 순조롭게 13세 때 옹정제에 의해 황태자로 밀립密立되었고 그 후로도 변함없이 그 자리를 지켰는데, 이는 청조 역사상 전무후무한 일이다. 이러한 사실은 홍력이 일을 처리할 때 늘 신중했던 것과 매우 관계가 깊다. 그는 강희제에게서 상을 받을 때마다 아버지에게 달려가 드리고는 그것을 소중히 보관하도록 청했다. 이런 점으로 미루어 홍력을 심계心計 있는 사람답다 말하기에 부족함이 없다. 옹정제 스스로도 홍력을 황위 계승자로 선택한 것이 강희제와도 관계가 있음을 부인하지 않았으므로 유조遺詔에서 다음과 같이 밝혔다.

> 황사자皇四子인 보친왕寶親王 홍력은 천성이 인자하고 효심과 우애가 깊으므로 성조聖祖(강희제의 묘) 이신 선친께서 손자들 중에 가장 아끼시어 궁궐 안에서 자랐으니, 그 은혜는 보통을 넘는 것이었다.

그리하여 그는 옹정 원년에 비밀리에 홍력을 태자로 세웠다. 비록 옹정제가 중국 역사상 처음으로 태자밀건법太子密建法을 시행하여 그 이름을 공표하지는 않았으나 대부분의 사람들은 이미 다음 황제 자리는 홍력이 차지할 것을 알고 있었다. 옹정제의 동생인 과의친왕果毅親王 윤례允禮도 홍력이 강희, 옹정제의 가르침을 받들어 그것을 제왕의 자질로 삼았다고 스스럼없이 말한 적이 있다. 그는 일찍이 이렇게 썼다.

> 홍력이 어려서 성조이신 인황제仁皇帝(강희제의 시호)를 모심에 성조의 특별한 사랑을 입어 조석으로 가르침을 받았다. 문안시선問安視膳(안부를 묻고 반찬의 맛을 살핀다는 뜻으로, 어른을 잘 받들고 모신다는 것)을 드리는 것이 지극히 정성스러웠으며 황제의 옛 모습과 다른 바가 없었다. 늘 옹정제의 모습을 보고 들으면서 마음속으로 깊이 감화를 받고 행동으로 그 모습이 배어 나왔으니, 이는 모방이 아니라 자연히 습관으로 이루어진 것이다. 성경현전³聖經賢傳이 사람들을 근면하고 절제하게 하는 것도 그 도리는 다른 데 있지 않고 부자 군신 사이의 대륜大倫에 있을 따름이며, 성품이 선을 좋아하는 것은 그 근원이 도덕인의道德仁義에 있다. 이는 성조에게서 본받고 황제로부터 배운

---

3. 유학의 성현聖賢이 남긴 글. 성인聖人의 글을 '경經'이라고 하고, 현인賢人의 글을 '전傳'이라고 함.

것이며, 사우師友들과 논하고 시서詩書를 연구하여 얻은 것이다. 밤낮으로 부지런하고 날로 덕을 쌓아 문장으로 잘 드러내고 이치를 깨우쳤으니 도리에도 크게 맞는 것이었다.

이 말은 홍력이 어떻게 해서 배우기를 좋아하고 지혜롭게 되었는지, 또 강희, 옹정제의 풍격을 어떻게 이어받았는지를 보여줌과 동시에 그가 대업을 이룰 수 있는 인물이었음을 말해 준다. 건륭제의 동생인 홍주 역시 형에 대해 "나의 형님은 부황과 조석으로 함께 지내며 침식을 같이 했다. 조부의 사랑을 받아 궁궐에서 자라면서도 늘 신중하고 공손하였으니 조부께서 보시기에 좋지 않은 것이 없었고, 부황께서 들으시기에 기쁘지 아니한 것이 없었다." 하며 탄복해 마지않았다.

옹정 8년, 아직 평범한 황자였던 홍력이 『낙선당전집樂善堂全集』을 완성하자, 조정의 왕공 귀족인 과의친왕 윤례와 장친왕莊親王 윤록允祿, 삭평군왕朔平君王 복팽福彭, 대학사大學士 악이태鄂爾泰와 장정옥張廷玉 등이 잇달아 서문을 지었고, 글 속에는 칭송하는 말들이 넘쳐 났다. 비록 홍력을 아직 황태자라 칭하지는 않았지만 실제로는 그를 이미 태자로 보고 있던 것이다.

옹정제가 재위하는 동안 그의 말과 행동은 이미 알게 모르게 홍력을 중용하겠다는 뜻을 내비쳤다.

옹정 원년(1723) 초, 봄갈이가 시작되기 전 황제가 처음으로 천단天壇 대향전大饗殿에 나가 풍년을 기원하는 기곡제祈穀祭를 장중하게 거행했다. 이 날은 정월 11일로 상신일上辛日이라고 했다. 옹정제는 궁에 돌아온 뒤 홍력을 양심전養心殿으로 불러들여 고기를 먹였다. 홍력은 먹어 보고 맛이 아주 좋다고 생각했으나 그것이 무슨 고기인지는 알지 못했다. 세심한 홍력은 의문이 들었다. '부황께서는 어찌 셋째 형 홍시나 다섯째인 아우 홍주는 함께 불러서 먹이지 않으실까?'

홍력의 의심에 일리가 없는 것도 아니었다. 옹정제는 매사에 심사숙고

하여 어떤 일이든 몇 번이나 헤아리고 따져보았으므로 작은 일이라 할지라도 거기에는 모두 깊은 뜻이 담겨 있었기 때문이었다. 옹정제가 즉위 후 첫 교사郊祀(제천의식)에서 하늘에 풍년을 기원하고 난 뒤, 이어 상제上帝에게 장차 넷째 황자가 제위를 계승할 것이라 고했던 것이다. 제사를 마친 뒤 옹정제는 상제에게 바쳤던 소를 궁궐로 가지고 와서 오로지 홍력 한 사람에게만 주어 천천히 맛을 음미하게 했다. 홍력은 그야말로 조부와 부친 양 대에 의해 유능한 황위 계승자로 선택받은 것이었다. 훗날 돌이켜 그날 황제의 깊은 뜻을 이미 깨달았던 것을 이야기하면서 홍력은 이렇게 회상했다.

> 옹정 원년 정월에 선친께서 나를 양심전으로 부르셔서 고기를 먹여주셨는데 친왕4親王들과는 함께 하지 않았다. 그것을 먹어보니 맛이 일품이었으나, 어떤 고기인지를 가릴 수 없었다. 선친께서 명확히 알려주지는 않으셨으나 공경하는 마음으로 받아 깊이 새겨 두었다. 즉위하고 나서 그날의 일을 돌이켜 보면 선친께서는 분명히 그날 첫 천제를 지내실 때 이미 훗날 황위 계승자를 하늘에 알리는 뜻을 품고 계셨다. 그리하여 나에게 내리신 중임重任이 벌써 그때 정해졌다.

그러나 당시에는 이 일을 가슴 속에 묻어 두고 마음으로만 이해할 뿐 드러낼 수는 없었다. 옹정제는 홍력 혼자에게만 고기를 먹인 것으로 암시를 한 후 어떻게 홍력을 정식으로 황태자로 책봉할지를 고민하기에 이르렀다. 이 일에 있어 은감5殷鑑이 멀리 있지 않았다. 강희제가 황태자를

---

4. 청대의 최상급 작위로 황제의 친자를 대상으로 내려졌으며, 이외에 친왕의 아들 혹은 황제의 방계혈족을 대상으로 한 사왕嗣王, 황제의 내외혈족의 방계 또는 신하를 대상으로 내려졌던 군왕郡王 그리고 황족이 아닌 타성을 왕작에 봉할 경우 내렸던 번왕藩王 등이 있었음.

책립한 데는 세 가지 실수가 있었는데, 하나는 태자가 불초했다는 것이었고 다른 하나는 태자가 책립된 뒤에 다시 폐하는 일이 있었다는 것이다. 그리고 또 다른 하나는 옹정제에게 있어서도 가장 안타까웠던 일로서, 강희제가 후사의 이름을 친서로 남겨 후계자에 대한 확실한 증명을 삼지 않았다는 것이었다. 그러나 무슨 방법으로 홍력을 확실하게 황태자로 세우면서도 다른 황자들과 조정의 왕공대신들이 알 수 없게 한단 말인가? 이는 옹정제에게 풀기 어려운 골칫거리였다. 8, 9개월 동안 고심한 끝에 옹정제는 마침내 이 난제의 해결책을 찾았다. 비밀리에 황태자를 책봉함으로써 중국 정치사에서 전무한 방법을 만들어낸 것이다.

옹정 원년 8월 17일, 황제는 총리사무 왕대신과 만한滿漢의 문무대신 그리고 구경九卿을 건청궁 사난각四暖閣으로 불러 미리 준비한 '황사자 홍력을 황태자로 책봉한다.'라고 쓴 어지를 비단상자에 넣고 밀봉한 뒤 제왕대신들이 모인 자리에서 유지諭旨를 선포했다.

> 성조께서 짐에게 나라의 대사를 맡기시어 종묘사직의 주인이 된 몸으로 앞날의 계획을 아니 세울 수 없다. 그리하여 오늘 짐이 특별히 이것을 직접 써서 상자 안에 밀봉해 넣어 이를 건청궁에 있는 세조世祖 장황제[6]章皇帝께서 어서御書하신 '정대광명正大光明' 편액 뒤에 둘 것이다. 이에 후사가 이미 정해져 염려할 바가 없어졌으니 제왕대신들은 모두 마땅히 여길지어다.

그러고 나서 대신들을 물리고는 전위傳位 밀지가 담긴 비단 상자를 정대광명 편액 뒤에 숨겨 두었다. 모든 의식은 이것으로 끝이 났다.

---

5. 은殷은 전대前代의 하夏가 멸망한 것을 교훈으로 하라는 뜻으로, 거울삼아 경계하여야 할 전례를 이르는 말.
6. 건륭제의 증조부로 연호는 순치順治. 재위 기간(1644~1661)

밀건법은 글자 그대로 태자를 책봉했지만 태자가 누구인지를 밝히지 않는 것을 뜻한다. 황제가 갑자기 변고를 당할 경우 쉽게 어지가 뒤바뀔 수 있기 때문에 태자를 미리 정해야 했다. 그러나 반드시 기밀이 지켜져서 제왕대신들이 태자가 누구인지 몰라야 하는 것은 물론이고, 태자 또한 태자로 정해진 인물이 자신이라는 사실을 알 수 없게 했다. 옹정제는 이렇게 해야만 강희 만년에 빚어졌던 모든 실수들을 피할 수 있으며 넷째 아들인 홍력을 가장 잘 지킬 수 있을 것이라 여겼다.

이후 얼마 지나지 않아 옹정제는 다시 홍력에게 명하여 자신을 대신해 황조인 강희제의 제사를 지내도록 했다. 당시 건륭은 겨우 열 셋이었다. 그는 훗날 말했다.

"나에게 대신 제사를 지내라 명하신 데는 실로 깊은 뜻이 있었다."

옹정제는 홍력에게 태자로서 해야 할 일뿐 아니라 종종 고의적으로 다른 형제들은 한 적이 없는 일들을 시켜 단련시킴으로써 훗날 치세를 위한 기반을 다지게 했다. 일반적으로 일단 황태자로 책봉되면 다시 친왕이 될 수는 없었다. 홍력은 13세에 밀립되었으나 옹정제는 그를 화석和碩 보친왕에 봉했는데, 거기에는 '친왕으로 봉한 것은 정사를 익히고 견문을 넓히기 위함이다.' 하는 뜻이 있었다. 이 말은 곧 옹정제가 홍력으로 하여금 정사에 더 많이 참여해서 능력을 키우도록 하기 위해 보친왕으로 봉했음을 뜻한다. 또한 홍력이 일찍부터 매우 뛰어난 능력을 드러내어 그것을 이미 옹정제에 의해 인정받았다는 뜻이기도 했다. 옹정제가 한 말을 들어보면 이러한 사실이 증명된다고 할 수 있다.

"황사자는 그동안 선제의 총애를 받아왔다. 나이가 벌써 스물이 넘은 데다 학식이 날로 늘어가니 짐은 심히 기쁘도다."

홍력과 함께 친왕으로 봉해진 동생 홍주는 공친왕恭親王으로 명해졌다. 홍력은 친왕으로 봉해진 후 참가해야 할 각종 의식들이 크게 늘어났다. 그리고 정치 군사 활동에도 참여하면서 조정 대신들의 각종 업무도 자연스럽게 파악할 수 있게 되었다. 이는 당시 건륭이 이미 진정으로 주목받고 있었으며, 대업을 위한 이러한 훈련들이 뛰어난 효과를 거두었음을 충분히 설명해 준다.

물론 홍력은 진작부터 부친의 심사를 꿰고 있었으나 한 번도 교만해지거나 함부로 행동하지 않았다. 강희제의 둘째 아들은 두뇌가 명석했음은 물론 문무에 모두 능하여 강희제의 사랑을 한 몸에 받았지만, 황태자의 지위에 오래 머물러 있으면서 제 멋대로 행동해 사람들을 괴롭히고 폭력과 음란을 일삼았을 뿐 아니라, 전횡하여 많은 무리를 규합했고 심지어 황제의 모든 행동을 몰래 살피기도 했다. 그래서 강희제는 끝내 황태자를 폐하고 말았다. 이 일과 연관지어 볼 때 홍력은 매우 훌륭히 처신했다고 할 수 있다. 물론 옹정제가 엄격하게 가르친 탓도 있었지만 홍력은 속셈이 없는 듯 보이면서도 마음속으로는 깊이 궁리하여, 어떤 일은 반드시 해야 하고 어떤 일은 해서는 안 되는지를 따져보면서 스스로 자신을 통제했던 것이다. 만약 그렇지 않았다면 홍력의 인생도 그의 둘째 백부처럼 결말지어졌을지도 모른다.

객관적으로 볼 때 건륭제가 총애를 얻고 황제자리에 오를 수 있었던 것은 조부와 부친이 그를 아꼈기 때문만이 아니었다. 그 자신이 가지고 있던 뛰어난 지략과 빛나는 재능 그리고 높은 학식이 진정으로 그를 황위에 앉힌 밑천이었다.

내놓아야만 얻을 수 있다
付出才會有收穫

  홍력은 황제가 되고 나서 자신의 어린 시절을 무척 그리워했다. 「회구희작懷舊戲作」이라는 짧은 시 한편을 지은 적이 있었는데 여기에는 그의 그리움의 정서가 진하게 배어 있다.

    어려서는 자못 소년심少年心이 많아
    비호처럼 말을 타고 아름다운 시를 읊었다
    지금은 근심으로 마음의 여유를 잃어
    장대한 포부는 사라져 찾아보기 힘들다

  건륭제가 황태자로 지냈던 13년간은 누가 뭐라고 해도 그가 살아오면서 가장 구속받지 않고 마음대로 할 수 있었던 소중한 시절이었다. 건륭제는 증조부 순치제나 조부 강희제처럼 어린 나이에 즉위하지 않아 천진난만한 유년시절을 보낼 수 있었다. 또 45세에 황제가 되었던 아버지 옹정제와 같이 젊은 시절 내내 황위를 도모하고 기회를 노리느라 꽃다운 젊은 세월을 다 보내고 나서 옥좌에 앉은 것도 아니었다. 건륭제는 13세에 바로 황태자로 정해졌으므로 그 때문에 정력을 쓸데없이 낭비할 필요가 없었다. 그의 아버지는 강희제 만년에 황자들이 정치에 휘말려들었던 것을 거울삼아 홍력이 너무 일찍부터 외부세계와 접촉하는 것을 허락하지도 않았다. 옹정제는 홍력의 태자 지위를 지키는 데 고심하는 한편, 그의 교육에도 관심을 기울여 그가 등극하기 전에 제왕으로서의 훌륭한 자질을 갖추게 했다.

역사상 현명했던 제왕들 가운데 훌륭한 스승을 거치지 않은 이가 없었다. 황제黃帝는 일찍이 대전大顚으로부터 배움을 구하였고 요堯는 엄수嚴壽로부터, 순舜은 무성소務成昭로부터, 우禹는 서왕모西王母에게서 배웠으며 문왕文王은 자기子期에게 배웠고 무왕武王은 괵숙虢叔에게 배운 바 있다. 이 군왕들의 명성이 사적에 올라 널리 전해진 것은 모두 이와 같은 훌륭한 스승의 가르침을 받았기 때문이다.

홍력 역시 그러했다. 그에게도 좋은 스승이 몇 사람 있었는데, 그들이 바로 홍력을 깨우치고 교육시켜 성군의 길로 이끈 명사名師들이었다.

홍력은 여섯 살부터 책을 읽었는데, 처음에는 정식 스승이 없다가 9살이 되자 옹정제가 복민福敏을 청해 아들의 첫 스승으로 삼았다. 복민은 한림원翰林院 서길사庶吉士로 강희 36년에 진사가 되었으며 주리학朱理學을 숭상했다. 사람됨이 방정하고 정직했으며 관용을 적절히 베풀 줄도 알았다. 또 기질이 엄숙하고 성품이 곧아 누구도 침범하지 못할 위엄이 있었으며 늘 솔직하게 마음을 열어 두어 술수를 꾀하지 않았다.

복민은 공부하는 데 있어 홍력에게 매우 엄격하게 하면서도 교육 방법이 훌륭해서 홍력은 그를 매우 존중했다. 건륭제는 「회구시懷舊詩·용한 복선생龍翰福先生」이라는 시에서도 복민을 그리워하며, 현명한 스승으로부터 사람의 됨됨이를 배우고 학문의 기초를 세우게 되었음을 고마워하는 마음을 나타내고 있다.

강희, 옹정 시절 복민은 관운이 별로 없어 관직에 여러 차례 오르기도 하고 물러나기도 했다. 그래서였는지 건륭제는 황위에 오르자마자 곧 복민을 대영대학사代英大學士에 봉하고 동시에 태보太保(황제를 보좌하는 직분)로 임명했다. 그러면서 다음과 같이 말했다.

> 스승께서 벼슬에 계실 때 공적을 드러낸 바는 없으나 성품이 올곧고 신중하셨을 뿐 아니라 여러 방면에서 깨우쳐주시며 깊이 있는 가르침을 주셨다. 내가 처음으로 바깥에서 스승을 모셔 기초를 세움에 실로 얻은 바가 컸다. 그래서 늘 추념追念해 마지않는 것이다.

이로부터 알 수 있듯이 건륭제는 평생 자신을 깨우쳐 준 복민의 은혜를 가슴속에 깊이 간직하고 살았다.

홍력이 좀더 나이가 들자 옹정제는 정식으로 건청궁 근처에 상서방上書房을 세우고, 황자를 엄격하게 교육시키는 제도를 제정했다. 또 조정의 석학과 대유大儒들을 건륭의 스승으로 모셨다.

자고로 황자의 스승을 선택하는 것은 매우 어려운 일이었다.

주나라 성왕成王이 어렸을 때 주공周公과 소공召公이 태부太傅와 태보太保로 임명되었는데, 성왕의 주위에 모두 이러한 현인들이 있었으므로 성왕은 날마다 그들을 보고 들으면서 자연스럽게 훌륭한 교육을 접할 수 있었고 마침내 성군이 되었다. 진이세秦二世의 스승은 조고趙高였는데, 조고는 그에게 가혹한 형벌이나 엄한 법률 등을 주로 가르쳤다. 그리하여 진이세가 황위를 계승한 뒤에는 공신들을 죽이는가 하면 심지어 종친까지도 참살하는 등 잔혹한 폭정이 이어졌고, 진나라는 얼마 안 가 멸망하고 말았다.

그래서 옹정제는 매우 신중하게 황자들의 스승을 선별했는데 그가 청한 스승 중에는 만주어에 정통한 서원몽徐元夢과 황제로부터의 신임이 가장 두터웠던 대학사 장정옥, 수리水利에 밝았던 혜증균嵆曾筠, 저명한 이학자理學者였던 주식朱軾과 채세원蔡世遠 등이 있었다.

주식의 자는 약첨若瞻이고 호는 가정可亭이었으므로 건륭은 그를 '가정 선생'이라 불렀다. 강서 고안高安 사람이었으며 강희제 33년에 진사가 되었다. 그는 관직에 머무르면서 줄곧 청렴하고 명망이 높았으며 학식도 뛰어났고 경학에 대한 조예도 깊었다. 주식은 건륭제의 일생에 있어 영향이 가장 컸던 인물이다. 만약 복민이 홍력에게 경사經史(경서經書와 사기史記)와 제자諸子(제자백가諸子百家)를 배불리 먹게 했다면, 주식은 그것을 천천히 씹고 소화시키도록 도와 수천 년 이어져온 고대문화의 정수 특히 유가의 정치사상과 도덕규범을 흡수시켜, 젊은 황자 즉 미래의 황제에게서 뗄 수 없는 한 부분이 되도록 만들어 주었다고 할 수 있다. 홍력은 가정 선생의 감칠맛 나고 지칠 줄 모르는 경지經旨 강의와 진지한 가르침을 받을 때마다 늘 마음속에서 뜨거운 기운이 솟아올랐다.

비록 입문의 예를 올리지는 않았지만 상서방에 있던 스승 중에 홍력이 평생 그리워했던 또 다른 사부로 채세원이 있었다. 채세원의 자는 문지聞之이고 복건福建 장포漳浦인으로 강희 48년에 진사가 되었다. 옹정 원년에 황제가 셋째 홍시의 스승을 고르면서 이 유명한 유학자도 함께 불러 넷째 아들의 공부를 담당하게 했다. 채세원은 일찍이 이광지李光地를 도와 『성리정의性理精義』를 편찬했으며, 그는 송대 유가를 따르던 이학자로 고문古文에 능해 홍력 형제에게 전문적으로 고문을 가르쳤다. 홍력에게 가장 인상 깊었던 것은 선생이 복건성 어투가 짙은 말씨로 말하는 모습이었다.

> 옛 사람이 이르기를, 사람됨에 있어 한평생 썩지 않는 세 가지가 있으니 그것이 곧 입덕立德과 입공立功, 입언立言이라 했습니다. 입언이 비록 입덕과 입공의 뒤에 놓인다 하나 이 또한 어찌 쉽다고 할 수 있겠습니까? 사마천司馬遷과 한유韓愈는 입언으로써 영원히 썩지 않으니 그들은 문도文道를 얻었다고 칭할 수 있을 것입니다. 고문을 배우는 데는 창려7昌黎를 본보기로 삼아야 하며, 또한 리理가 족해야 재도載道(문장에 도道를 실음) 할 수 있고 기氣가 성해야 달사達詞(사리에 달통한 말이나 글) 할 수 있습니다.

홍력은 가르침을 깊이 새겨 평생을 두고 이를 작문의 법칙으로 삼았다.

그 밖에 다른 이들도 옹정 연간에 상서방에 들어 황자들의 공부를 도왔다. 옹정 7년에는 고성천顧成天이, 옹정 8년에는 장정석蔣廷錫과 호후胡煦가, 옹정 9년에는 소기邵基가, 또 옹정 10년에는 악이태鄂爾泰가, 12년에는 양시정梁詩正이 있었고, 그 밖에 또 유통훈劉統勛, 임계원任啓遠, 대한戴瀚 등이 있었다.

건륭제는 훗날 그해 상서방에 있었던 옛사람들을 떠올리면서 이렇게 말했다.

> 선친께서 재주가 뛰어나고 현명한 이들을 명하시어 서방으로 보내셨다. 악이태와 장정석을 각신閣臣으로 삼고 채정과 진법을 경구卿九에 들이셨으며 호후, 고성천, 유통훈, 양시정, 임계동, 소기, 대한이 잇달아 들어왔다. 당시 이들로부터 학업도 이루었으나 스승이라 이르면서도 실은 벗과 같았다.

---

7. 당나라의 문학가이자 사상가였던 한유韓愈(768~824)의 호.

마치 시 같기도 하고 문장 같기도 한 이 단락의 말에서, 건륭제는 이들이 비록 스승이었지만 사실상 좋은 벗이나 다름이 없어 그의 진정한 스승은 복민과 채세원 그리고 주식 세 사람이었음을 말해 주고 있다. 그는 스스로 복민에게서 배운 것을 '학문의 바탕'으로, 채세원에게서 배운 것을 '학문의 쓰임'으로 그리고 주식에게서 배운 것을 '학문의 실체'로 칭했다.

황자가 스승을 모실 때는 엄격하게 예절을 갖추어야 했다. 황자는 반드시 문 밖으로 나가 스승을 맞이해야 했고, 스승에게 먼저 절을 하고 난 후에 스승이 답배를 했으며, 대문을 지날 때마다 스승을 먼저 지나가도록 해야 했다. 또 스승이 먼저 앉아야 비로소 황자가 앉을 수 있었다. 스승께 서신을 쓸 때는 앞머리에 '황공'이라는 두 글자를 쓰고 마지막에는 '황공재배'라고 써야 했다.

옹정제는 무근전懋勤殿에서 황자들이 정식으로 입문의 예를 올릴 때 스승과 황자가 서로 장읍長揖(두 손을 맞잡아 쥐고 하는 큰 절)을 하도록 하고 그밖에 의식에 필요한 준비물 등 세세한 것까지 유지를 내렸다.

이날 황자들이 입문할 때 참석한 스승은 주식과 서원몽, 장정옥, 혜증균 4명으로 모든 것은 옹정제가 내린 유지에 따라 진행되었다. 건륭제는 일찍이 이날 일을 시로 설명하고 있다.

> 선제께서 조정 신하들을 택하시어 우리 형제들에게 학문을 전수시키셨다. 네 분은 모두 노유老儒들로 서徐, 주朱, 장張, 혜嵇였다. 무근전에 자리를 마련하여 스승들께 존경의 예를 행하라 이르셨다.

그리고 이 시에 주를 달아 설명하기를, "조정에는 관례가 있어 황자가 처음 학문을 하게 되어 스승을 만나면 서로 장읍을 하였다. 선제께서는 이 네 사람을 우리 형제의 스승으로 택하시어 무근전에서 입문의 예를 행하여 존경심을 표하게 하셨다."라고 했다.

그때 왕공대신들은 황자들을 알현할 때 모두 무릎을 꿇었지만, 상서방의 사부들은 포권지례[8]抱拳之禮로 무릎 꿇는 것을 대신할 수 있도록 함으로써 스승에게 특수한 존경을 표하여 예우하도록 했다.

건륭제는 황자였을 때 이 명사들의 지도 아래 경사자집[9]經史子集을 숙독하여 치국의 이치를 깨달았다. 만주족 황제였던 건륭제가 한족의 우수한 문화와 전통에 매우 정통했던 것은 그가 어려서부터 스승들의 교육을 받아 중국의 유가경전을 숙독했던 것과 깊은 연관이 있었다.

홍력은 천부적인 재능도 뛰어났지만 힘써 배우고 부지런하기까지 했으므로 스승들은 입을 모아 찬사를 아끼지 않았다. 주식은 그에 대해 이야기 하면서 "『역易』, 『춘추春秋』, 대씨戴氏의 『예禮』와 송대 유가 성리학자의 책들을 상세히 연구했을 뿐 아니라, 『통감강목通鑑綱目』, 『사史』, 『한漢』과 팔가八家의 문장을 모두 통독함으로써 그 목적을 완전히 이루었고, 심오한 모든 내용을 탐구했다." 하고 말했다. 또한 홍주도 "형님은 문침시선問寢視膳을 하는 사이 잠시 생긴 틈에도 떠오르는 것이 있으면 바로 글로 남겼다. 날마다 문장을 한 편씩 썼으며 자신의 거처로 돌아가서도 조금도 흐트러짐이 없이 손에서 책을 놓지 않고 옛사람의 도를 좇았다." 하고 말했다. 복팽의 평가는 더욱 높았다.

> 황사자는 문안시선을 하고 남는 시간이면 온 마음을 공부에 집중했다. 고금古今을 연구하고 사물을 세밀하게 탐구했으며 하나의 단어

---

8. 두 손을 맞잡아 얼굴 앞으로 들어 올리고 허리를 앞으로 구부렸다가 몸을 펴면서 손을 내리는 인사법.
9. 중국의 옛 서적 가운데 경서經書·사서史書·제자諸子·문집文集의 네 부류를 통틀어 이르는 말.

라도 모든 뜻을 깊이 분석하여 좁쌀만큼도 틀림이 없었다. 문장을 지을 때마다 한 번 붓을 들면 중간에 끊임이 없어 천 마디가 한번에 이루어졌으며, 문사文思 또한 끝없이 샘솟고 고서古書를 광범위하게 인용했다.

그러나 홍력 자신만은 스스로가 다른 이들보다 뛰어나다고 여기지 않았으며 부지런히 학문에 힘쓰는 것은 마음 깊은 곳으로부터 독서에 대한 뜨거운 열정이 표출되어 나온 것이라 생각했다. 사부의 가르침과 자신의 이해를 거치면서 홍력은 유가의 가치를 표준화된 윤리 도덕 체제로 삼으려는 초보적 구성을 하기 시작했다. 그는 공자를 가슴속에 새겨 두었으며 송대 유가를 숭상했고 시문 중에도 내성외왕[10]內聖外王의 가르침을 드러냈다. 당시 홍력은 자신이 지니고 있던 사상의 영향으로 유가의 인정仁政과 덕치德治가 옳은 길임을 굳게 믿고 있었으며, '군왕은 힘이 아닌 덕으로 천하를 다스려야 한다.'라고 여겼다. 군신관계에 있어서도 그는 자신을 오히려 낮추고 신하의 간언을 받아들일 것을 주장했다. 관대하면 곧 많은 사람을 얻는다는, '관즉득중寬則得衆'이란 공자의 격언에 더욱 감복했다.

홍력은 즉위하기 전부터 관인寬仁에 마음이 기울었지만 그렇다고 극단으로 몰린 것은 아니었다. 즉위 직후 정사를 처음 보기 시작할 즈음에는 관대함을 하나의 책략으로 써서 옹정제 때의 엄한 정치가 남긴 여러 후유증을 바로잡고자 했다. 시간이 지나면서 차츰 정치적 경험이 쌓이자 그의 정책은 관대함에서 엄격함으로 돌아섰지만 항상 과분하지 않도록 그 한계를 조절했다. 건륭조 정치의 특색은 관대함과 엄격함이 서로 조

---
10. 안으로는 성인이며 밖으로는 임금의 덕을 갖춘 사람이라는 뜻으로, 학술과 덕행을 아울러 지닌 사람을 이르는 말.

화를 이루는 가운데서도 엄격함이 주를 이루는 것이었다. 이는 그가 황자로 있을 때 깨달았던 제왕의 흑백지술黑白之術이 지닌 심오함과도 매우 밀접한 관계가 있었다.

건륭제는 자신을 '서생書生'이라 자처하고 학자의 기질 즉 '서기書氣'를 높이 찬양했다.

> 서기라는 두 글자는 몹시 귀중한 것이다. 진정으로 책을 읽고 학문을 깊이 다지면 서기가 생기고, 더욱 그 의義를 모으고 충만히 하면 곧 호연지기가 생긴다. 사람에게 서기가 없으면 저속하게 되고 시정아치와 같아져 사대부의 반열에 들지 못하게 된다.

그러나 그는 옛 것에 얽매여 시대의 흐름을 읽지 못하고 책만 붙잡고 사는 책벌레도 아니었다. 그는 학자의 기질을 지니되 책벌레의 기질은 없었던 서생이었다.

건륭 12년, 건륭제는 『금사金史』를 읽던 중 그 안의 「국어해國語解」에 잘못된 글자가 많음을 발견했다. 음은 비슷하나 글자의 뜻이 맞지 않는 경우가 있는가 하면, 어떤 문장은 구절이 비슷하여 맞는 것 같지만 틀린 경우도 있었고 또한 어느 여진女眞인의 성씨가 한족의 성씨로 번역되기도 했다. 건륭제는 당시 한어漢語와 여진어의 음역音譯이 제대로 되지 않아 이러한 현상이 빚어진 것이라 여겼다. 그는 금나라의 근원은 만주이므로 모든 관제와 인명을 만주어에 따라 정확히 바꾸어야 한다고 지적했다. 이에 따라 건륭제는 바로 신하들에게 당시의 발음과 뜻을 알 수 있도록 상세히 고치고 오류를 바로잡도록 명령했다. 새로 수정한 『금사』「국어해」가 판각되면서 금사 연구를 하는 이들에게 큰 도움이 되었다.

건륭제는 『금사』와 『원사元史』, 『요사遼史』 같은 역사책들을 읽으면서 이 가운데 인명이나 지명뿐 아니라 일부 사실史實을 기술하는 데 무수한 잘못이 있었음을 발견했다. 건륭제는 한 걸음 더 나아가 다음과 같이 말했다.

> 이 같은 잘못은 문인들의 무지와 편견에서 비롯된 것이다. 고의로 만주의 선인들을 폄하하는가 하면, 여러 순수한 역사적 사실을 두고 붓끝을 잡고 마음먹은 대로 써서 승국勝國을 비난하니 천추만세千秋万世의 역사는 모두 믿을 만한 것이 못 된다.

이 같은 사실은 건륭제가 책만 보고 머리는 쓰지 못하는 사람이 아님을 말해 준다. 비록 역사를 고쳐 만주인들의 명예를 지키고자 한 데 큰 의미가 있었지만, 건륭제 같이 매일 온갖 정사를 처리하는 황제가 역사책을 읽으면서 문제를 발견하고 바로잡는 것은 매우 어렵고도 드문 일이었다.

만년의 건륭제는 「어제라마설御制喇嘛說」이라는 글을 한 편 썼는데, 거기에서 다음과 같이 '라마'의 유래를 고증해 냈다.

> 라마喇嘛라는 글자는 한어漢語로 된 책에는 보이지 않으나 원, 명의 역사서 가운데 간혹 자마剌馬로 오기한 경우가 있다. 자세히 뜻을 생각하면 서역西域의 말 중에 '상上'이라는 뜻을 곧 '라喇'라고 말하고 '무無'를 '마嘛'라고 말하니 라마는 '무상無上'의 뜻이 된다. 이는 한어에서 승려를 '상인上人'이라고 하는 것과 같다.

이 말은 지금에 와서도 여전히 라마에 대한 가장 권위 있는 한문 주석으로 평가받는다.

건륭제는 이미 있는 문자와 역사를 다시 따져보는 것을 좋아했으므로 이를 귀찮아하지 않고 고증과 연구를 계속해 나갔다. 한 번은 그가 북송의 서예가 미불米芾의 묵적墨迹에서 '근유勤有'라고 찍힌 두 글자를 발견하고는 이것이 언제부터 나온 말인지를 찾아보고자 했다. 건륭제는 궁궐 안에 보관되어 있던 송판宋版 『천가주두시千家注杜詩』를 뒤져 보다가 거기서 '황경임자여씨간우근유당皇慶壬子余氏刊于勤有堂'이라고 씌어진 문구를 발견했다. 그것을 발견하자마자 '황경'이 곧 원元 인종仁宗의 연호임이 떠올라, 이 책은 분명 송판이 아니라 원판일 것이라 확신하고는 이전 사람들이 '송판 천가주두시'라고 부르던 것을 바로잡았다.

건륭제는 이 작업을 그만두지 않고 송판 『고열여전古列女傳』을 찾아 책 뒤에 '여씨정암간우근유당余氏靖庵刊于勤有堂'이라고 씌어진 글자를 보고는 곧 송대에 이미 근유당서방勤有堂書坊이 존재했다는 사실을 알아냈다. 그는 다시 송나라 사람 악가岳珂의 문장에서 여인중余仁仲의 집안에서 판각한 책을 정품精品으로 여겨 찬양한 것을 보고, 남송 시기에 이미 여씨 집안이 책을 판각하는 데 매우 유명했을 것이라 단정을 지었으나 북송 시기에 근유당에서 판각하였는지는 여전히 알 수 없었다.

건륭제는 직접 복건성에 본적을 둔 관리를 찾아가 만나 보기도 했지만 새로운 사실을 발견할 수는 없었다. 뒤이어 다시 복건 순무에게 명해 건녕부建寧府로 가서 여씨의 자손을 방문해 보도록 했다. 그래서 지금도 여전히 서적 출간을 업으로 삼고 있는지, 또 건녕 여씨가 송대 이래로 책을 출간한 원류源流는 어디서부터인지, 근유당과는 어느 때부터 연관지어졌는지, 오늘날까지도 존재하는지, 아니면 참고할 만한 유적은 이미 없어지고 다만 그 이름과 그 집안만 남은 것인지, 송대에 일찍이 종이를 만들지는 않았는지 그리고 기록이 남아 있는 곳은 없는지 등을 조사하게 했다. 또 서적의 기록을 찾아보거나 사람들 사이에 전해지는 말을 수집해 하나하나씩 분명히 조사하여 보고하도록 명했다.

미불米芾의 묵적이 어느 시대에 속하는지를 밝혀내기 위해 많은 사람들을 동원해 조사하는 것도 마다하지 않았으니, 그 진지한 추구정신에 대해 사람들은 실로 탄복했다. 이런 복잡하고 오랜 소란 끝에 마침내 자신의 판단이 정확했다는 사실이 증명되고 나서야 건륭제는 마음을 놓았다.

건륭제는 줏대 없이 다른 사람의 말을 따르는 것을 싫어했다. 유가의 비조鼻祖인 공맹孔孟, 정주程朱를 읽을 때도 마찬가지여서, 그는 이에 대해서 자세히 연구하여 자신의 의문과 견해를 제시했다. 주희朱熹가 주를 달았던 『시경詩經』에서 '경수는 위수로 흐리다涇以渭濁'라는 구절은 글자로만 본다면 경수는 본래 맑지만 위수 때문에 비로소 탁해진다는 뜻인데, 주희는 거기에 '위수는 맑고 경수는 흐리다渭淸涇濁'라는 주석을 달아 놓았다.

건륭제는 이 주석이 틀렸다는 의문이 들어 곧바로 섬서陝西 순무에게 경수와 위수 두 강의 물을 직접 조사하도록 명했다. 그 결과 위수가 탁하고 경수가 맑다는 것을 알아냄으로써 주희의 잘못을 바로잡았다.

또 주희는 시에 주를 달 때, 무지개〔虹〕를 '천지의 음기淫氣'로 보았다. 그러나 건륭제는 그렇지 않다고 여겨 『월령칠십이후시月令七十二候詩』의 내용을 들어 반박했다.

> 천지에 어떠한 음기가 운행되기에 회옹晦翁(주자를 말함)은 그 말로 나의 의심을 사는가.
> 주자는 전해지는 말들을 모아 무지개를 천지의 음기로 보았으니 그 이치를 해害하는 것이다. 무지개는 일광日光과 우기雨氣가 만나 형성된 것으로 음기는 존재하지 않는다.

이로써 주희의 말에는 전혀 근거가 없지만 건륭제의 견해에는 상당히 현대적인 과학 논리가 들어 있음이 드러났다.

만주족이 과연 어디에 속하는지 그 기원에 대한 문제는 건륭 시기에 와서도 여전히 의견이 분분했는데, 건륭제는 만주족 원류에 대한 수많은 역사책을 보면서도 이전의 견해들을 무조건 믿기보다 진정으로 만주족이 어디로부터 왔는지를 자신이 직접 찾아내고자 했다.

여러 고증들을 수차례에 걸쳐 조사한 끝에 만주족은 옛날에는 숙신肅愼이었으며, 근세 금인金人의 후예임을 확인했다. 그 근거는 이렇다. 금나라 세조가 완안부完顏部에 살았는데 그곳에는 백산흑수白山黑水가 있었다. 백산은 곧 장백산長白山(백두산)을 말하고 흑수는 흑룡강黑龍江을 뜻하는데, 청조는 동북에서 흥기興起했으며 산천지리 또한 금과 상통한다. 건륭제는 만주족이 가장 처음 숙신에서 나왔다는 사실도 증명해 말했다.

> 나의 왕조가 처음 일어났을 때 이전에는 만주滿珠라 불렀으나 한자가 잘못 전해지면서 만주滿洲로 불리게 되었으며 우리의 조상은 바로 옛날의 숙신이었다.

만주족이 금과 같은 기원을 가졌다는 사실을 청대에는 줄곧 꺼려왔으나 건륭제는 오히려 용감하게 앞장서서 그것을 금기시할 필요가 없다고 말했다.

> 내 왕조의 성은 애신각라씨인데 국어에서 금을 애신이라 하니, 금의 원류와 그 맥을 같이 한다는 사실을 증명하는 것이라 할 수 있다. 나의 왕조는 대금 때 완안完顏씨에 복속되지 않은 자가 없었으니 마치 지금 완안씨 가운데 내 왕조의 신하가 아닌 자가 없는 것과 같다. 이것이 바로 천하가 일존一尊으로 통일되는 이치인 것이다.

이와 같은 말을 통해 건륭제가 진리를 견지했음은 물론 개명開明한 군왕으로서 애신각라씨가 일찍이 금의 완안씨에 속했다는 사실을 부끄러워하지 않고 오히려 천하의 모든 이치가 본래 그런 것이라 여겼음을 알 수 있다.

두 계파를 상호 견제시켜라
巧用兩派相互抑制

 '천자가 바뀌면 신하도 바뀐다.' 하는 말이 있지만, 황위를 계승한 후 건륭제는 선대의 낡은 정치를 대폭 개혁했음에도 인사 문제에 있어서는 여전히 이전의 신하들을 그대로 기용할 수밖에 없었다. 그런데 그 신하들은 두 갈래의 계파로 나뉘어 예전부터 서로에 대한 공격과 비방을 일삼아 그 형세가 마치 물과 불처럼 서로 극단적으로 대치하고 있었다. 건륭제는 어떻게 하면 이들을 교묘하게 이용하고 이해관계를 저울질해서 자신의 뜻대로 할 수 있을 것인지를 생각했다. 그 밖에도 어떻게 자기 사람을 확보하고 키울 것인지, 어떻게 새로운 통치의 단계를 형성해 갈 것인지 그리고 어떤 방법으로 자신과 뜻이 다른 사람들을 몰아내고 황권을 공고히 할 것인지가 모두 건륭제에게 새로운 난제로 떠올랐다.

 건륭제는 황위에 오른 이후 부명父命을 따른다는 구실로, 개미 이사 가는 식의 점진적 변화와 함께 강력한 개혁을 병행하여 옹정제의 통치 정책을 거의 완전히 뒤바꿔 놓았다. 그러나 인사 측면에서는 아직 이렇다 할 변화가 없었다. 천자가 바뀌면 신하도 모두 바뀐다는 옛말과 달리 건륭제의 신하들은, 장친왕 윤록이나 과의친왕 윤례, 악이태와 장정옥 같은 옹정대의 옛 신하들이 그대로 있었다.

건륭제가 옛 신하들을 그대로 쓴 것은 오랜 기간 황자로 있으면서 부친이 워낙 지나칠 정도로 엄격하게 교육하는 바람에 관리들이나 친구들과 교제가 별로 없어 당연히 끌어들일 만한 측근이 없었기 때문이었다. 그래서 선대의 신하들을 그대로 쓰는 외에 다른 선택의 여지가 없었다고도 할 수 있다.

건륭제는 즉위하면서 "지금 짐이 쓰고자 하는 이들은 모두 선친께서 쓰셨던 사람들이다." 하고 선언함으로써 신구 인사 간의 마찰을 피하고 새로운 정치를 추진하면서 생기는 저항을 줄일 수도 있었다. 다만 이 때문에 악이태와 장정옥 사이의 파벌 대립처럼 구신舊臣들 사이에 있었던 갈등과 충돌은 여전히 존재했다. 물론 이 시대의 파벌 대립이 통치하는 데 걸림돌이 되기는 했지만 그렇다고 옹정 초기의 붕당과는 달라서 황권을 다지는 데 직접적인 위협이 될 정도는 아니었다. 그것은 단지 사제師弟, 친족, 민족 이익에 기초해 형성된 파벌 집단에 지나지 않았기 때문이다.

중국 역사상 통치 집단 안에서의 붕당 현상은 끊임없이 일어났으며, 붕당 세력에 의해 권력이 어느 한 쪽으로 기울게 되는 현상이 생기는 것도 이상한 일이 아니었다. 강희제 시절 붕당으로 이름난 자들로 오배鰲拜, 명주明珠, 여국주余國柱 등이 있었다. 옹정제 시기에는 일찍이 대신들이 파벌을 이루고 있었기 때문에 이들이 정무에 간섭하는 것을 막아 낼 여력이 없었다.

건륭제 또한 즉위 후 하루 빨리 자신의 지위를 굳히고 바람직한 정치를 실현시키기 위해 파벌이 형성되는 것을 막고자 했다. 그는 항상 역사적인 교훈을 들어 신하들을 경계시켰다.

> 명 말기 가장 큰 문제는 관리들이 서로 감싸고 보호해 주는 게 아니라 심지어 각자 나뉘어 도당을 만들어서 일을 망치고 나라를 잘못되게 한 데 있었다. 이러한 악습이 쉽게 깨어지지 않으므로 짐이 이를 싫어하며 배척하는 것이다.

악이태와 장정옥 두 사람은 가장 지위가 높았던 신하로서, 민간에서는 심지어 조정의 실권은 그 둘에 달렸다는 이야기까지 전해졌다. 조선朝鮮의 사신이 고국으로 돌아가 왕에게 보고하여 이르기를, "각로閣老 장정옥은 천하에 명망을 떨치고 있는 인물입니다. 그가 낙향하여 모친을 모시고자 하였으나 황제의 윤허를 얻지 못했으며, 저들은 모두 장 각로가 있어 천하가 무사하다고 여기고 있습니다."라고 하였다. 이 말은 장정옥이 자리를 물러나 고향으로 돌아가서 노모를 부양하고자 했으나 황제가 이를 허락하지 않았으며, 세상 사람들이 모두 장정옥만 조정에 있으면 대청국에 아무 일도 일어나지 않을 것이라고 했다는 데서 나온 것이다. 이는 장정옥의 권세가 조정과 민간에 모두 뻗어 있었다는 것과 함께 그 세력이 얼마나 컸는가를 설명해 준다.

또 다른 근거로『소정잡록嘯亭雜錄』에는 이렇게 기록되어 있다.

> 고종 초년에 악鄂, 장張 두 재상이 정사를 봄에 있어 서로 마음이 맞지 않았는데 이들을 문하의 선비들이 나뉘어 받들어 점차 붕당이 되고 남모르는 다툼이 생겨났다.

건륭제는 즉위 초기, 들려오는 붕당에 대한 여러 소문에 대해 무척 화를 냈다. 그러나 당시에는 관료들이 대부분 악이태와 장정옥의 두 문하에 속해 있었고, 사이직史貽直 등 일부만이 그 권력에 부합하지 않고 독자적인 파벌을 만들었다. 이때 만약 소문을 좇아 끝까지 조사했다면 분명 조정에 쓸 만한 인재들을 모조리 없애는 꼴을 만들어 정상적인 정치를 불가능하게 했을 것이다. 그래서 아직 입지가 확고하지 않은 건륭제는 자신을 굽혀 뜻한 바를 이루면서 조심스럽게 악과 장의 두 파벌을 조종할 수밖에 없었다.

당시 장정옥 주위에 모인 이들은 모두 한족의 관리들이었고, 악이태 주위에 모인 이들은 모두 만주족 관리였다. 그러므로 악과 장의 양 당파로 나뉜 것은 만한관료滿漢官僚 사이의 갈등을 반영한 것이라고도 할 수 있었다.

건륭제 역시 "만주족은 악이태를, 한인들은 장정옥을 따르기 때문에 심지어 시랑侍郎과 상서尙書까지도 이들 두 당파에 포함되지 않은 사람이 없다." 하고 일찍이 지적한 바 있다.

장정옥은 대학사 장영張英의 아들로 안휘 동성桐城 사람이었다. 그는 강희 연간의 진사였으며 강희 말년 이부시랑吏部侍郎 겸 한림원翰林院 장원학사掌院學士에 올랐다. 옹정 연간에는 문연각文淵閣 대학사로 승진하고 일찍이 옹정제의 즉위를 도왔으며 오랜 기간 옹정제를 대신해서 유지의 초안을 작성했다. 문장에 능했으며 근면하고 민첩하여 황제의 의도를 잘 파악했기 때문에 옹정제는 그를 자신의 심복으로 삼았다. 서북 지역에 군사를 동원하면서 옹정 7년에 군기방(후에 군기처로 바뀜)이 세워졌는데, 그 제도 역시 대부분 장정옥이 계획하고 준비한 것이었다. 그 밖에도 그는 『청성조실록淸聖祖實錄』의 편찬을 맡으면서 옹정제가 황위 다툼에 가담했던 사실을 숨기기도 했다.

장정옥의 집안은 크게 번성하여 일가 중에 과거를 통해 출세한 사람도 많았고 그 자제와 문하생들도 조정의 요직에 이른 이가 많았다.

"한 집안 내에서 관리가 되어 조정에 나아가 명을 받드니 그 빛이 마을에까지 비치고 천하가 이를 자랑스럽게 여겼다. 지난 십여 년 동안 받은 상을 다 셀 수가 없으며 저택과 별장까지 내려 받고 자금성에서 말을 타게 되었으니, 이런 일은 조정에서 드문 일이었다."

건륭 6년, 좌도어사左都御史 유통훈劉統勛은 다음과 같이 상주했다.

> 대학사 장정옥은 삼대 조에 걸쳐 벼슬을 해서 그 성盛함이 극에 달했으나 만년이 되어 항시 그를 책망하는 소리가 들리니 응당 신중해야 할 것입니다. 신이 여론을 듣자하니, 동성桐城의 장張, 요姚 두 성씨를 가진 이들이 진신縉紳의 반을 차지하고 있습니다. 지금 장씨 중에 조정에 나와 있는 자가 장정로張廷璐 등 19인입니다. 요씨 집안이 장씨 집안과 혼인을 하여 벼슬노릇을 하는 자가 요공진姚孔振 등 13인에 이릅니다. …… 이들이 높은 지위로 오르는 길을 조금이나마 억제하여 사람들이 책망하고 의심하지 않도록 하는 것이 그를 지키는 일입니다.

이 말에서 장정옥 집단의 세력이 얼마나 컸는지를 알 수 있고, 그 당파의 무리가 이미 세인들의 주목을 받고 있었음도 알 수 있다. 장정옥의 세력은 주로 내각 6부에 있었고, 그의 무리는 대부분 과거를 통해 출세한 한인 구경九卿이나 독무12督撫들로, 장정옥의 많은 문하생들 중에는 오립공吳立功, 장조張照, 왕유돈汪由敦 등 이미 1, 2품 대신이 된 자들도 있었다.

악이태의 자는 의암毅庵, 만주 양람기鑲籃旗 출신으로 성씨는 서림각라西林覺羅였다. 강희 시기의 거인擧人(명청시대에 향시에 합격한 사람을 일컬음)으로, 내무부 낭중郎中을 수여받았다. 옹정제가 옹친왕이었을 때 일찍이 악

---

11. 벼슬아치의 총칭으로 특히 청대에서는 세습관리를 의미했음.
12. 청나라 때 총독總督과 순무巡撫를 함께 일컬은 말.

이태와 교제하고자 했으나 거절을 당한 바 있어, 옹정제는 그가 성품이 강직하고 아첨하지 않는, 매우 쓸 만한 재목이라 여겼다. 옹정 4년에 그는 보잘것없는 낭중에서 운귀雲貴(운남성雲南省과 귀주성貴州省) 총독에 올라 세상 사람들로부터 주목을 받았다. 그는 서남 지역에서 개토귀류[13]改土歸流 정책을 추진했는데, 권한을 단일화하기 위해 옹정제가 특별히 그에게 운남과 귀주, 광서 3개 성의 총독 직위를 내렸다. 악이태는 서남에 주현州縣을 설치해 전량田糧을 조사하고 반란을 평정하는 등 뛰어난 공훈을 세웠다. 옹정 10년에 부름을 받아 다시 북경으로 돌아온 후 수보首輔대학사와 군기대신 등의 요직을 차지했다.

악이태 한 사람이 입신하자, 집안의 세력도 그에 따라 팽창해 갔다. 그의 동생 악이기鄂爾奇는 호부상서戶部尙書 겸 보군통령步軍統領을 맡았으며, 첫째 아들인 악용안鄂容安은 군기처에 있다가 후에 하남 순무와 양강(강소성江蘇省과 절강성浙江省) 총독兩江總督, 참찬대신參贊大臣이 되었고, 둘째 아들인 악실鄂實도 참찬대신이 되었다. 셋째 악필鄂弼은 산서 순무, 서안 장군에 배치되었다가 나중에는 사천四川 총독이 되었다. 넷째 악녕鄂寧은 순무를 역임했고 훗날 운귀 총독이 되었으며, 다섯째인 악흔鄂忻은 장친왕 윤록의 사위가 되었다. 그 조카 악창鄂昌은 호북, 감숙의 순무로 임명받았고, 악락순鄂樂舜은 산동 순무가 되었다. 또 악이태의 딸까지 영군왕寧君王 홍교弘皎에게 시집을 감으로써 실로 온 집안사람들이 모두 높은 자리에 올랐다. 악이태는 주로 지방에 있는 만주인 독무督撫들과 북경에 있는 일부 한인 관리들을 위주로 하여 정치 세력을 구성했다.

13. 중국에서 원나라 이후에 감숙, 사천, 광서, 운남, 귀주 등 북서와 남서쪽 변두리를 다스리던 토사土司의 관원을 중앙의 유관流官(조정에서 임명한 정식 관리)으로 바꾸어 다스림으로써 중앙집권을 강화하던 정책. 청 말까지 많은 개토귀류가 이루어져 청나라의 정치력이 변경지역까지 확대된 측면도 있지만 동시에 이와 같은 방침은 소수민족의 반발을 사게 되어 반란이 일어나는 등 완전히 성공하지는 못했음.

악이태가 60대수¹⁴大壽를 맞아 문무백관들이 모두 찾아와 축하해 주자 그는 손님들에 대한 감사의 뜻으로 시를 읊었다.

"나이가 들어 마음속 감회를 말로 다하기가 힘드나, 장차 이렇게 많은 하객들의 축하를 다시 바랄 수는 없구나."

악이태의 문하생 중 유명한 인물로는 윤계선尹繼善, 중영단仲永檀, 사이직, 호중조胡中藻 등이 있었다.

악이태는 통찰력이 뛰어나고 사람을 보는 눈이 높아 인재를 잘 등용했고 서남 지역의 개토귀류 정책을 가장 먼저 제안했다. 또한 성격이 대범하고 올곧았으며 누구든 상관하지 않고 문을 항상 열어 두어 늦은 시간까지도 사람들이 마음껏 왕래할 수 있게 했다. 옹정제는 그를 전적으로 신뢰했다. "짐은 경과 더불어 쌓은 군신의 정이 보통을 넘었으니 이는 경과 짐이 수많은 희로애락을 함께 했기 때문이다." 그러나 옹정제가 붕어하기 전 묘족苗族이 청에 반란을 일으켰을 때 악이태가 이를 제대로 처리하지 못하자 그를 탓하는 마음을 갖기도 했다.

한편 옹정제는 장정옥에 대해서는 다음과 같이 칭찬했다.

> 『성조인황제실록聖祖仁皇帝實錄』을 편찬함에 있어 그 노력이 컸으며, 매년 명에 따라 조서를 정서하고 짐의 뜻을 상세히 드러내는 데 능하여 신민臣民을 훈시함에 그 공이 매우 컸다

장정옥의 공로는 옹정제의 유능한 비서가 되기에 충분했을 뿐 아니라 그 자신도 몸가짐을 항상 신중히 했으므로, 근면하고 주도면밀하기로 명성이 나 있었다. 기밀사무를 처리하면서 절대 남에게 누설하는 일이 없어

---

14. 50세 이상 노인의 매 10주년에 맞는 생일.

가족이나 제자들이라 하더라도 그 내용을 알 수 없었다.

장정옥이 과거 시험의 주고관主考官을 맡았을 때 다른 동료가 응시생과 결탁하여 부정을 저지르기 위해 그에게 부탁해 오자 시를 지어 그 동료를 은근히 비판했다.

"창문 밖 달빛이 밝기가 마치 낮과 같으니, 어두운 밤이라고 생각하지 말라."

건륭제는 일찍이 악이태와 장정옥 두 사람의 성격에 대해 이렇게 이야기했다.

"악이태는 헛된 명성을 좋아하여 교만한 자들과 가까이 하고 장정옥은 스스로 삼가 유학자들을 가까이한다."

건륭제는 악이태와 장정옥이 도당을 만들어 사리를 꾀하는 문제를 이미 염두에 두고 있었다. 그러나 그들은 만한 대신들의 수장들로서 집권 초기 정국을 안정시키는 데 그들의 도움이 절대적으로 필요했다. 그리고 그들은 건륭제의 황자 시절 스승이었기 때문에 그가 황제에 오르자마자 가르침에 대한 은혜를 모르는 척하고 관계를 어색하게 만들기도 어려웠다. 그뿐만 아니라 즉위와 동시에 두 당파를 제거하면 사회적으로 인심이 불안해질 수도 있었으며, 악이태와 장정옥 같이 명망 있고 선제로부터 각별한 은혜를 입었던 노신들이 곧바로 제거당할 경우 정국에 초래될 큰 파장도 염려스러웠다.

그렇다고 그들이 조정 안팎에서 횡행하며 조정의 기강을 어지럽히고 있음을 알면서도 그대로 내버려 둘 수만은 없었다. 상황이 이렇게 되자 건륭제는 상호 견제 정책을 써서 양당의 분쟁에 대응하고자 했다.

건륭제는 이 일에 대해 문장으로 다음과 같이 설명한 바 있다.

> 악이태와 장정옥은 평소 서로 뜻이 맞지 않고 두 집안이 각자 자기 사람들을 두고 있음을 내가 알지 못하는 바는 아니다. 그러나 한쪽

건륭原典
· 48

편을 들어 주어 다른 한쪽을 패하게 하거나 또 양쪽을 모두 패하게 하여 함께 상처를 주지 않더라도, 내 마음속으로 그들 간의 권력의 균형이 유지되도록 저울질하고 조정함으로써 그들의 충성 경쟁을 유도할 수 있을 것이다. 이 어찌 좋은 방도가 아니겠는가?

이 말을 통해 두 파벌에 대처하려면 자신의 권력을 이용하여 통제하는 것이 마땅하지만, 한쪽이 다른 편을 이기게 하거나 그들 모두가 패하지 않도록 권력의 균형을 조절함으로써 그들로 하여금 서로 견제하게 만들고, 결국 상호 경쟁으로 악이태와 장정옥 두 파벌이 조정을 위해 서로 충성을 유도하려는 목적이 있었음을 알 수 있다. 그래서 건륭 초기에는 단지 그들에게 약간의 경고를 하는 데 그치고 스스로 알아서 처신하도록 내버려 두었다.

건륭 원년, 호남 영주永州 총병總兵 최기잠崔起潛은 악이태가 권력을 독점하고 있는 것에 대해 상주를 올린 일이 있었는데, 이 사건으로 이제 막 황위를 계승한 군주의 자존심이 크게 흔들리자 건륭제는 공개적으로 최기잠의 말에 반박했다.

"짐은 즉위한 이래 모든 정무를 몸소 판단하여 결정해 왔다."

이 말에는 대학사 악이태가 묘강苗疆의 난을 처리하는 데 있어 전혀 도움이 되지 않았다는 의미가 내포되어 있었다.

최기잠은 아무 문제없는 일을 날조하여 함부로 상주를 올렸다. 그는 언관言官이 아니므로 소문만 듣고 함부로 떠들고 다닌 책임은 묻지 않겠지만 고위 무관으로서 이 같은 망동은 분명 대신을 모함한 것이며 또한 국정을 혼란시키려는 의도가 숨어있다. 그 죄질이 매우 나쁘므로 최기잠을 파면시키고 북경으로 호송해서 형부로 보내 상주를 엄히 심판하여 처벌할 것이다.

고주古州에서 묘란苗亂이 일어났을 때 묘강 문제를 담당하던 장조張照가 밀주密奏를 올려 악이태가 일을 잘못한다고 탄핵을 하자 건륭제는 서면으로 그에 대한 답을 했다. "악이태의 공과는 장차 일이 마무리된 후 따질 것이다." 이는 그가 두 대신을 절대적으로 신뢰하는 것은 아니었으나 그들의 영향력에 대한 염려 때문에 여전히 두 대신들을 예의로 대함으로써 한번 기용한 인재는 끝까지 의심하지 않는다는 뜻을 보이고자 했다.

친정을 시작한 지 몇 년이 지나자 건륭제의 위엄과 명망은 크게 높아졌고 정치의 근간 역시 날로 견고해졌다. 이렇게 되자 건륭제는 장정옥과 악이태에게 간단한 술수를 쓰기 시작했다. 건륭제는 우선 기회를 봐서 한쪽 도당을 처벌했다. 이로써 장기적으로 대립하며 상호간에 공격해온 두 당파의 세력간에 심각한 충돌을 야기함으로써 건륭제는 가만히 앉아서 어부지리를 얻을 수 있었다.

건륭 6년 초, 악이태의 도당에 속한 사람으로 평소 직언을 잘 하기로 유명했던 어사 중영단仲永檀이 보군통령 악선鄂善이 북경의 부호 유씨에게서 뇌물 만 냥을 받았다고 탄핵했다. 악선은 옹정제 때의 노신으로 만주족이었다. 장정옥의 당파에 직접적으로 속하지는 않았으나 그가 유씨의 장례 때 자기가 나서서 구경九卿들에게 조문하러 올 것을 부탁했는데 그 중 대다수가 장정옥 무리의 대신들이었다. 이 일은 북경 안을 한동안 떠들썩하게 만들었다.

"듣자하니 조문한 사람들은 구경에만 그치지 않고 대학사들도 많았다 합니다. 장정옥은 사람을 시켜 첩帖을 보냈고 서본徐本, 조국린趙國麟은 직접 문상을 갔으며 대학사 등은 나중에 황상께서 구경을 나무라시는 것을 보고 서둘러 첩을 되찾아와 없앴다 합니다." 그 밖에 예부시랑禮部侍郎 오가기吳家騏는 사례로 은 5백 냥을 받았고 구경에게 돌아갈 탄경[15]炭敬 2천 냥도 중간에서 가로챘으며, 첨사詹事 진호陳浩는 장례 기간 동안 상주를 대신해 분주하게 조문객을 접대했다고 폭로했다.

이 소문의 폭로는 장정옥과 그의 무리를 직접 겨냥한 것이었다. 중영단은 상소문에 덧붙여 말했다.

"지금껏 밀주密奏(몰래 임금에게 아뢰는 것)로 올려진 사건들이 모두 금세 세간에 퍼졌습니다. 이는 분명 안팎으로 몰래 내통하여 누설한 자가 있다는 뜻입니다. 이처럼 권력자에게는 눈과 귀가 되어줄 내탐자가 있으나 조정에는 더 이상 이목이 되어줄 이가 없습니다."

중영단의 밀주에서 말하는 '권력자'는 장정옥을 가리켰다. 그러나 건륭제는 이를 크게 믿지 않았다.

"권력자가 안팎으로 내통한다고 했으나, 짐이 보기에는 안팎으로 내통하는 것은 불가능하며 또한 안팎으로 내통하는 권력자는 더구나 있을 리가 없다. …… 만약 관리들마다 풍문을 듣고 이야기를 하여 공연히 사람들의 마음을 어지럽히면 국사에 과연 무슨 이익이 있겠는가?"

이렇게 말하며 중영단에게 책임을 물어 구체적으로 누가 어떤 일을 했는지를 지적해 내도록 했다.

이렇게 되자 중영단은 어사 오립공이 상서 사이직을 탄핵했던 밀주를 예로 들었다. 오립공은 장정옥의 문하생이었고 사이직은 악이태와 친분이 있었다. 건륭제는 오립공이 올렸던 밀주가 실제로 있었으며 그 밀주의 내용을 누설시킨 책임도 장정옥과 오립공에게 있음을 알아냈다. 그러나 건륭제는 만약 이 일을 끝까지 파헤칠 경우 분명 많은 사람들이 줄지어 옥에 갇힐 것이고, 그럴 경우 장정옥 일파는 세력을 완전히 잃어 장정옥과 악이태 두 당파 간에 균형 잡힌 견제를 이루지 못할 것이라는 생각이 들었다. 그래서 장정옥 일당을 당장 쓰러뜨리지는 않았다. 장정옥은 한인의 신분으로 오랫동안 고위직에 머무르며 세력을 형성해 왔는데 이

---
15. 청대에 지방 관리들이 겨울에 중앙의 권세가들에게 보내던 선물. 여름에 바치던 선물은 빙경氷敬이라고 했음.

처럼 여러 차례 악이태 일파의 규탄을 받았음에도 전적으로 황제의 비호에 힘입어 무너지지 않고 있었다.

그러나 건륭제가 장정옥을 예우하는 듯 보였지만 실제로는 한관漢官 세력을 대표하는 그에게 좋은 감정을 가지고 있지 않았을 뿐 아니라 오히려 몹시 경멸하고 있었다. 건륭제는 훗날 다음과 같이 말한 적이 있다.

> 장정옥은 선친께서 계실 때 다만 유지를 필사하는 것만으로 직책을 삼았는데, 그 능숙함이 문장가들을 대신할 만했다. 짐이 즉위한 후 15년 동안 그저 조정에 나왔다 물러갔다 만을 반복했을 뿐 전혀 의견을 진언하거나 협력을 한 적이 없었다. 짐이 그 동안 용인했던 것은 단지 그가 조정에 나선 지 이미 여러 해인지라 마치 정이[16]鼎彝처럼 자리 오른쪽에 진열해 둔 것에 지나지 않았다.

이는 장정옥이 조금의 공적도 세우지 않았으나 그가 단지 삼대 조에 걸친 노신이었기 때문에 골동품으로 진열해 놓았던 것뿐이라는 뜻이었다. 이 말 속에는 그를 대단히 경멸하는 뜻이 담겨 있었다.

건륭제는 이 사건을 형부에 보내 심문하게 했다. 그 결과 중영단이 '탄핵을 거론하는 과정에서 권력가에 붙어 사전에 협의하지 않은 것이 없었으며, 남몰래 결탁하여 자기 무리만을 편들고 다른 이들을 배척했다.' 라는 것이 밝혀졌다. 이 사건을 심문한 대신은 그에게 기밀을 누설한 것만으로 죄를 물었지만, 건륭제의 목적은 그가 도당을 조직해 사리를 꾀한 것을 추궁하는 데 있었다. 이때 장정옥 무리는 우물에 빠진 사람에게 돌을 던지는 격으로 중영단을 다시 고문하여 심문하고 악이태도 파면하여

16. 고대 종묘에 쓰던 제기로, 그 안에 인물의 공적을 새기기도 했음.

함께 심문할 것을 요청했다.

 이 일을 계속 시끄럽게 끌고 나간다면 악이태 무리 역시 철저히 와해될 것이었으므로 건륭제는 같은 방법으로 분쟁을 그치도록 하고 관대하게 마무리 지었다. 건륭제는 악이태가 선조 때부터 대신의 자리에 있었던 인물인지라 깊이 추궁할 수가 없어 강급降級시키는 처분을 내리는 데 그쳤으나 그를 호되게 꾸짖었다.

> 무릇 중영단과 같이 품행이 올바르지 않은 사람을 두고 악이태는 짐에게 수차례나 그가 바르고 솔직하다고 말했으니 같은 무리를 비호했음이 분명히 드러난 것이며, 짐은 오래 전부터 이를 꿰뚫고 있었다. 만약 계속해서 이전의 잘못을 뉘우치지 않고 근신하지 않는다면 악이태는 스스로 생각해 볼지어다. 짐이 과거에 그대를 등용했고 오늘 그대를 용서한다고 해서 앞으로도 그대의 죄를 무겁게 다스리는 일이 없을 것이라 보는가?

 결국 건륭제는 뇌물을 받은 것이 확실한 악선을 자결하도록 명하고 오가기와 진호를 파면시켰으나 다른 사람들에 대해서는 관용을 베풀어 면책해 주었다. 오립공이 기밀을 누설한 것에 대해서도 "잠정적으로 죄를 캐지 않겠으나 만약 죄를 뉘우쳐 고치지 않고 또다시 죄를 저지르면 모두 합해서 엄중히 처벌할 것"이라고 밝혔다. 그러나 대학사들이 첩을 보낸 일에 대해서는 모두 거짓이라고 하여 모호하게 넘어갔다.

 그 후로 또 다른 사건이 일어나 악이태와 장정옥 두 일파 간에 싸움이 크게 벌어졌는데, 이때 다시 건륭제의 지혜가 빛을 발했다.

 묘강 문제 해결이 미흡했던 것에 대해 옹정제로부터 문책을 받고 사직했던 악이태의 후임으로 건륭제는 장조를 보내 묘강의 난을 바로잡게 했다. 장조는 장정옥의 사당에 속해 있던 인물로 악이태의 정적이었다. 그는 귀주에 도착한 후 난을 진압하는 데는 힘쓰지 않고 악이태의 개토귀류 정책을 번복하고자 그의 죄상을 찾는 데만 급급했다. 그러나 건륭제는 개토귀류 정책에 찬성했으므로 장조의 상주문에 따끔한 일침을 가했다.

> 너는 경성에 있으면서 선황께서 묘강의 일에 최선을 다하지 않은 악이태를 훈계하시는 것을 본 바 있다. 이어서 해임 어지御旨를 내리신 것이 얼마 지나지 않았음에도 너는 마음대로 짐작하여 다시 악이태를 함부로 말하고 있으니, 이는 모함이며 거짓이다.

건륭제는 장조의 경거망동을 질책하고 그를 파면시켜 옥에 가두었다. 황제는 악이태에게 관용을 베풀어 그의 무리를 크게 고무시키면서 장조를 돌파구로 삼아 장정옥 무리를 약화시키려는 목적을 달성하고자 했다.

장조가 파면당한 후 그 뒤를 이어 묘강에 파견된 사람은 악이태 당파의 장광사張廣泗였다. 장광사는 장조가 군사작전은 소홀하면서 결당하여 사리만 꾀했다는 내용의 상소를 올렸다. 또 악이태 무리였던 합원생哈元生 역시 장조가 악이태를 탄핵하기 위해 진상을 은폐했다는 이유로 상소를 올렸다. 악이태가 그동안 쌓였던 원한을 품어 앙갚음을 한 셈이었다. 건륭제는 모든 상황을 명확히 알고 있었으므로 장광사에게 경고했다.

> 짐이 악이태를 대학사로 등용하고 또 그에게 조정의 사무를 총괄하도록 명함으로써 새로운 군주가 악이태를 중임한다고 하더라도, 장광사는 거기에 영합하려는 마음을 가져서는 안 된다. 신하가 군주를 섬기는 도리는 오로지 공정함에 있을 뿐이다.

그러나 장광사는 자신이 묘강의 반란을 평정한 공으로 황제의 찬사를 받게 되자 이를 기회로 삼아 다시 장조가 묘강 지역을 감독할 때 군비를 마음대로 낭비했다고 거짓 보고를 했다. 건륭제가 장조에게 배상을 명하자 장조는 판결에 불복했다. 건륭제는 진상 규명을 통해 장광사가 사실을 과장해 장조를 난처한 지경에 빠뜨리려 했음을 밝혀내어 장광사가 장조를 음해하려던 의도를 단번에 잘라냈다. 사실 건륭제는 이미 장조에게 면죄부를 내리고 무영전武英殿에서 서적을 편찬하도록 했으며 나중에는 다시 내각학사를 수여해 남서방南書房에서 일하게 했다. 또 억울한 내막을 모두 벗겨낸 후에는 그를 형부시랑, 형부상서의 직책에 앉혔다.

건륭제는 악이태 무리가 기회를 틈타 보복하고, 그래서 다시 한 당이 우세하게 되는 상황이 되도록 내버려 둘 수 없었으므로 양 당의 중간에 서서 균형을 유지하고자 애썼다. 이 또한 전제군주로서 나라를 통치하는 하나의 지혜였다.

악이태와 장정옥이 세력을 키워 정사에 끼어드는 것을 막기 위해 건륭제는 직접 그들에게도 엄중한 경고를 내렸다.

> 대학사 악이태와 장정옥은 선친께서 대신으로 뽑아 쓰셨고 또한 짐이 의지하여 중용하고 있으므로 지난 잘못은 덮어줄 것이니, 그대들도 무리를 지어 서로 편을 들고 감싸 보호하려는 생각은 감히 해서는 안 될 것이다.

아울러 이후로는 충심으로 나라를 생각해야 하며, 사당을 비호하거나 종용하는 일이 없도록 지시했다. 또한 악이태와 장정옥을 따르던 대신들에게도 경고했다.

> 악이태와 장정옥은 선친과 짐이 오랫동안 곁에 두어 온 훌륭한 대신들이니 여러 신하들은 그들이 절개를 지켜 오래도록 국은을 입을 수 있도록 도와주어야 할 것이다. 만일 그들에게 영합하여 의탁하는 것

이 날을 거듭하면 반드시 해를 입을 것이다.

건륭제는 악이태와 장정옥에게 시대의 변화에 맞추어 대응하는 이들이 야말로 준걸俊傑이라면서 "응당 짐의 마음을 더욱 잘 헤아리고 더욱 근신하여 훌륭한 군신 관계를 이루도록 노력하라." 하고 훈계했다.

이에 덧붙여 유통훈의 상주문을 대신들에게 읽어 주면서 장정옥으로 하여금 자신의 잘못에 대한 지적을 기꺼이 받아들이도록 지시했다.

"이제 이 일을 통해 그 교훈을 알았으니 이는 결국 장정옥에게도 도움이 될 것이다."

건륭제는 이와 같은 방법을 써서 장정옥이 더 이상 반박하지 못하게 만들었다. 장정옥은 다만 순순히 따를 뿐 다시는 공공연하게 문제를 일으키지 않았다.

건륭제는 악이태와 장정옥 사이의 분쟁을 처리하는 데 '이것이 저것을 누르고, 다시 저것이 이것을 누르게 하는〔抑此制彼 抑彼制此〕' 방법을 썼다. 이는 매우 효과적으로 그들의 오만방자한 위세를 꺾었을 뿐 아니라 그들로 하여금 가없이 큰 천자의 은혜를 느끼도록 해 조정을 위해 전심전력을 다할 수밖에 없도록 만들었다. 또한 그들의 세력을 점점 약화시켜 언행을 극도로 조심하게 했음은 물론이거니와, 굳이 힘들여 끝까지 쫓아가 맹타함으로써 조정에 쓸 만한 인재가 모두 없어지는 상황을 초래하지도 않았다. 건륭제는 이처럼 나름의 법칙을 세워 이들을 지배했고 그에 따른 책략 또한 조금의 그르침도 없었다.

친형제 간에도 지켜야 할 도리가 있다
親兄弟也要較眞

청 황실에서는 혈연관계에 따라 권력이 배분되었다. 이러한 권력 배분은 줄곧 분쟁을 야기해 정국의 안정을 해쳤으며 심지어는 황제의 지위마저 위협하기도 했다. 생각만 해도 몸서리쳐지는 비참한 교훈들은 건륭제로 하여금 황실 귀족들의 정치 간섭이 불러오는 폐단을 똑똑히 알게 했다. 때문에 그가 집정하는 동안에는 옹정제 때보다 더욱 단호하게 친왕과 귀족들의 참정參政을 막았다. 한편 건륭제는 황족과 종실을 물질적으로 더 후하게 대우했다는 점에서 옹정제가 종실을 대하던 것과 다른 방식을 취했다. 이런 점에서 건륭제는 황실에 대한 문제를 현명하면서도 과단성 있게 처리했다.

청조가 건국된 후 건륭제에 이르기까지 황실의 친척들이 자리를 놓고 서로 다투는 일은 끊임없이 있어 왔다. 건륭제는 자신의 형제들과 황실을 대하는 데 전조前朝의 경험과 교훈을 충분히 받아들여 은恩과 위威를 함께 베풀면서 관용으로 참고 인내하는 지혜를 썼다. 중대한 고비를 맞을 때마다 즉각적인 결단을 내려 후환을 막음으로써 황권을 안정적으로 지켰으며 황실 귀족들을 정치권력의 체제 밖으로 철저히 내몰았다.

건륭제는 종친들을 배려하기 위해 종인부宗人府에 종실의 정황을 파악하도록 시켜 자력으로 생활하기 힘든 가난한 종친들을 물질적으로 도왔다. 가장 빈곤한 가호家戶에는 은 300냥을 주지만, 보통은 각각 은 150냥씩을 주어 그들이 땅을 사서 생계를 이을 수 있게 했다. 이와는 별도로 혼례나 상을 치를 때는 각각 은 120냥과 200냥을 내려 그들 입장에 서서 최대한 배려하고자 했다. 건륭제는 때때로 종친들을 불러 연회를 베풀었다. 기록에 따르면 보통 종실 연회는 건청궁에서 베풀어졌는데, 그 수가 거의 3천여 명에 가까웠으며 매우 성대했다. 이처럼 그들에게 물질적인 대우는 했지만 건륭제는 황권 문제만은 조금도 인정에 구애받지 않고 어떤 일이든 절대 소홀히 넘어가지 않았다. 설령 사촌 형제나 친형제일지라도 어느 친족이 만약 정치에 간섭하거나 몸가짐을 조심하지 않을 경우에는 절대로 그냥 지나가는 일이 없었다. 전체를 위해서라도 마땅히 행해야 할 것은 행하고, 하지 말아야 할 것은 하지 않았다.

홍주는 건륭제의 동생으로 옹정제가 재위에 있을 때, 둘은 밤낮으로 붙어 다니면서 같이 먹고 같이 자고 또 같은 스승 밑에서 공부하면서 형제간의 우애를 돈독히 쌓았다. 당시 그 둘은 종종 서로 시를 지어 주면서 깊은 우애를 표하기도 했다.

그러나 건륭제가 황위에 오르면서 두 형제의 신분과 서로간의 관계는 하루아침에 변했다. 형제였던 둘 사이가 군신이라는 새로운 관계로 바뀐 것이다. 자연히 두 사람은 가끔 충돌을 일으켰는데, 건륭제와 형제였던 홍주는 갑자기 형의 면전에서 머리를 조아리며 자신을 신하라 칭해야 하는 것이 습관 때문에 잘 되지 않았다. 게다가 홍주는 성격이 교만하고 사치스러워서 왕공대신들을 무시하고 재물에 대한 욕심도 많았다. 옹정제가 죽고 나서 건륭제는 옹친왕부雍親王府(옹화궁雍和宮) 안에 있던 모든 재산을 홍주에게 주었으나 홍주는 여전히 만족하지 못하고 옹화궁까지도 자기 것이 되기를 바랐다. 옹정제의 개인 재산을 모두 차지한 홍주는 이미 황실에서 첫째로 손꼽히는 부호가 되었으므로 건륭제는 홍주의 탐욕을 막기 위해 그곳이 양 대 황제의 거처였다는 이유로 그의 청을 들어주지 않았다.

평소에 황제는 두 동생들을 잘 대해 주었는데, '화친왕和親王과 과친왕果親王 두 왕을 잘 대우하여 매일 연회를 베풀어 시를 짓고 음주를 즐기도록 해 헛되이 보내는 날이 없었다. 그러나 필요할 때는 그들을 가르치고 일깨워서 정사에 관여하여 명예를 더럽히는 일이 없도록 했다.' 하고 전해진다.

홍주가 거만하고 예의가 없다는 것을 건륭제는 누구보다 잘 알고 있었으므로 그에게 많이 양보해 주었다. 한 번은 홍주가 군기대신 눌친訥親과 사소한 일로 틀어져서 체면도 전혀 생각하지 않고 조정에서 공공연히 눌친에게 모욕을 준 일이 있었는데도 건륭제는 포용을 베풀어 문제 삼지 않았다. 또 한 번은 건륭제가 그와 함께 팔기17八旗 자제들의 시험을 감독했는데, 식사할 때가 되어도 건륭제가 시험장을 나가지 않았다. 팔기 수험생들의 습성이 비열하여 규정을 어기고 속임수를 쓰지 않을까 걱정이 된 것이었다. 그것을 본 홍주는 놀랍게도 황제에게 극도로 불손한 말을

---

17. 청대 만주족의 군대조직과 호구편제. 17세기 들어 명나라의 국력이 쇠약해지자 8개 부족이 모인 만주인들이 동맹군인 팔기군을 조직해서 제국을 정복하고 청나라를 세웠다. 총군總軍을 각각 기의 색깔에 따라 정황正黃 정백正白 정홍正紅 정람正藍 양황鑲黃 양백鑲白 양홍鑲紅 양람鑲藍의 팔기로 나눴으며 후에 또 몽고팔기蒙古八旗와 한군팔기漢軍八旗를 추가 설치했다. 팔기라는 말은 나중에는 특히 만주인을 의미하는 말로 사용되기도 하였으며 팔기에 속하는 사람들을 기인旗人이라고 불렀음.

내뱉었다.

"황상께서는 저들에게 제가 매수될까 의심하십니까?"

이 말은 황제가 자리를 비운 사이에 자신이 팔기에게 뇌물을 받을까 의심하는 것이 아니냐는 뜻이었다. 이것은 극도로 공손하지 못한 말로, 신하로서는 절대 황제에게 할 수 없는 말이었다. 건륭제는 몹시 불쾌했지만 한 마디도 하지 않고 시험장을 나갔다. 그때 다른 이가 옆에서 홍주에게 잘못을 일깨워 주었다. 다음 날 홍주가 용서를 구하자 건륭제는 다음과 같이 말했다.

> 어제 짐이 만약 한 마디만 했다면 네 몸은 응당 부서져 가루가 되었을 것이다. 네 말이 비록 어리석었으나 그 마음은 실로 우애가 있었음이니 짐은 노여움을 풀 것이다. 그러나 앞으로는 근신하여 다시 이 같은 말을 하지 말라.

이 말을 풀이하면 '어제 내가 만약 너에게 한 마디라도 대답을 했더라면 너는 분명 죽어 마땅했을 것이다. 네가 한 말은 듣기에 나빴으나, 네가 나를 걱정함을 알고 있으므로 용서할 것이다. 그러나 앞으로 다시는 그런 말을 하지 말라.' 하는 뜻이었다. 그 후로 건륭제와 홍주는 예전의 우애를 되찾았다.

확실한 것은 그런 일을 만약 다른 사람이 저질렀더라면 그 결과는 상상조차 하기 힘들었을 것이라는 점이다. 한마디일지언정 황제 앞에서의 말실수는 자신을 죽음으로 내모는 화를 자초하는 일이나 다름없기 때문이다. 건륭제가 관대한 군주였으니 망정이지 만약 그의 아버지 같았더라면 홍주는 결코 살아남지 못했을 것이다.

건륭제는 평소에는 황족들을 극진히 대해 주었으나 정치적인 면에서는 매우 엄격하여 그들이 만약 조그만 실수라도 저지르면 바로 경각심을 일깨워 주었다.

　건륭제의 또 다른 동생으로 홍첨弘瞻이 있었다. 그는 어려서부터 황제를 무서워하여 보기만 하면 도망을 가서 건륭제를 화나게 만들었으나, 건륭제는 그가 아직 어린 아이라고 여겨 크게 따지지 않았다. 홍첨은 커서 과친왕에 봉해졌는데, 원래 과친왕이었던 윤례의 가산을 이어받았으므로 그 역시 부유한 편에 속했다. 그러나 그는 됨됨이가 인색하여 돈을 많이 모았으면서도 자신의 아랫사람들에게 매우 매정하고 차갑게 굴었다. "매일 아침 눈을 뜨면 바로 옷을 챙겨 입고 돌아다니면서 아랫사람들을 살폈는데, 지팡이를 들고 다니며 꾸짖었으므로 모두 두려워하여 감히 아무도 일을 그르치지 못했다." 또 홍첨은 더 많은 돈을 모으기 위해 조그만 탄광까지 사들여 평민들의 산업을 강점했다.

　홍첨이 건륭제를 따라 함께 남순南巡했을 때, 양회兩淮 염정鹽政 고항高恒에게 자신을 대신해서 인삼을 매매하여 이익을 남겨 달라고 의뢰한 적이 있었다. 고항은 그 일로 체포되어 심문을 당하자 홍첨이 상인 강江 모씨의 돈을 빌린 적이 있어 그 빚을 갚기 위해 자신에게 인삼을 위탁 판매하게 했다고 진술했다. 이것은 황제를 너무나 부끄럽게 만드는 일이었다. 황제의 동생 신분으로 비천한 시정배들이나 하는 짓을 하리라고는 누구도 생각하지 못했으므로 황제는 크게 분노했다. 그 후로 홍첨이 비단, 완구, 조의朝衣(조정에서 벼슬아치들이 입던 제복, 공복公服) 등의 물건을 사들였다는 사실도 밝혀졌는데 그것도 모두 헐값으로 사들인 것이었다. 또 한번은 홍첨에게 성경盛京(지금의 심양沈陽)에 옥접시를 선사할 일이 있어 다녀오라고 명했더니 먼저 사냥을 다녀온 후에 성경에는 나중에 가겠노라고 상주한 일도 있었다. 원명원圓明園에 불이 났을 때도 홍첨은 급히 가서 불을 끄기는커녕 태연하게 웃고 장난만 하면서 아무런 관심도 보이지 않았다.

　이러한 일련의 사건들이 건륭제를 단단히 화나게 만들었으므로 건륭제는 그를 몇 차례나 엄하게 질책했다.

사리에 어긋나고 잘못된 일들을 일일이 다 열거하기가 어렵다. 짐은 그것이 모두 나이가 어려서 무지하기 때문이라 여기지만, 그 죄에 대해 마땅히 훈계할 것이다.

이렇게까지 말했는데도 홍첨은 전혀 대수롭지 않게 여기고 하찮은 일로만 생각했다. 그의 생각으로는 자신이 황제의 동생 된 몸이니 이러한 사소한 일로 동생을 어떻게 하지는 못하리라고 믿었던 것이다.

건륭제는 홍첨을 조사한 결과 그가 또 군기대신 아리곤阿里袞을 찾아가 자신의 아랫사람에게 벼슬자리를 마련해 달라고 부탁한 사실도 밝혀냈다. 비록 아리곤이 그의 부탁을 거절은 했지만 그의 이러한 행위는 건륭제로 하여금 노여움을 참지 못하게 만들었다. 건륭제가 질책하여 말했다.

짐이 대신들에게 관리를 신중하게 선발하도록 특별히 명했는데, 이 일이 얼마나 중요한 줄도 모르고 홍첨은 오히려 자기 사람을 뽑아줄 것을 아리곤에게 부탁했단 말인가. 홍첨은 국정에 간섭하려는 생각을 깊이 품어 조금도 거리낌이 없이 이런 상황에 이르렀다. 이 같은 풍조가 한번 생겨나게 되면 밖으로는 만주족과 한족의 각급 관리에서부터 안으로는 황궁의 부원사시部院司寺까지 모든 곳에 그 영향이 미칠 것이다. 혹여 황자가 장차 이를 본받아 누군가 다시 짐에게 상소를 올릴 것을 생각하니 짐은 실로 마음이 떨린다. 홍첨이 이처럼 언행에 신중하지 않고 방자하게 구는 것을 짐이 꾸짖지 않으면, 나쁜 습성이 그 싹을 틔우게 될 것이니 짐은 심히 두렵도다.

홍첨과 홍주가 이처럼 대역무도한 악행을 수도 없이 저질러 황권을 건드리자 건륭제는 크게 노했다. 그는 일상생활에서 일어나는 다른 조그만 잘못에 대해서는 오히려 지나칠 정도로 관용을 베풀어 넘어갔지만 정치적인 문제에 개입하는 것은 조금도 용납하지 않았다. 이는 친동생일지라도 마찬가지여서 엄한 징벌을 내렸다. 건륭제는 몇몇 친왕과 군기대신들에게 명령하여 홍첨의 작위를 삭탈하게 했다. 결국 그간 행했던 모든 죄들을 함께 묶어 홍첨을 친왕의 자리에서 파면하고 패륵[18]貝勒으로 강등시켰다. 이로써 모든 관직이 없어졌으며 영원히 녹을 받을 수 없게 되었다. 그리고 홍주는 벌로 3년 동안 녹봉이 정지되었다.

　종실을 후대하면서도 그들이 황권을 위협하는 행동을 절대 용납하지 않았던 것은 건륭제에게는 하나의 큰 원칙이었으므로 한 발도 물러설 수 없었다. 그가 즉위할 때 대다수의 왕공귀족들은 이미 옹정제에 의해 제거되고 없었지만, 옹정제는 이친왕怡親王 윤상允祥과 장친왕 윤록, 과친왕 윤례, 그리고 평군왕 복팽 등은 남겨 자신을 보좌하도록 정무에 참여시켜 왔다. 그러나 건륭제는 이 때문에 항상 마음을 놓지 못했다.

　황권을 더욱 확실히 다잡기 위해, 건륭 2년이 되던 해 건륭제는 옹정조에 있었던 총리처總理處를 없애고 군기처軍機處를 회복시켰다. 원래 총리처 대신들은 친왕이 아니면 중신들이었으나 새로 설치한 군기처에는 악이태와 장정옥, 눌친, 해망海望, 납연태納延泰 등이 군기대신으로 등용되면서 윤록, 윤례, 복팽 등은 중추적인 기구 밖으로 밀려났다.

　평군왕 복팽은 누르하치의 8대 손으로 어려서부터 남달리 영특했으며, 25세에는 옹정제에 의해 정변대장군定邊大將軍을 받았다. 강희, 옹정, 건륭 세 황제로부터 크게 인정받았고 왕공귀족의 자제 가운데서도 출중한 역량을 갖춘 인물이었다. 건륭제는 6년 동안 복팽과 함께 공부했는데 그에

---
18. 청나라의 종실에 수여된 작명의 하나. 친왕親王, 군왕郡王, 패륵貝勒, 패자貝子의 순이었음.

대해서 찬사를 아끼지 않았다.

"도량이 넓고 재주와 덕이 모두 뛰어났다."

그러나 건륭제는 복팽의 능력은 충분히 인정하면서도 인재를 기용할 때는 재학才學을 두루 갖춘 그를 어쩔 수 없이 정치 개혁의 희생양으로 삼을 수밖에 없었다. 그 후로 복팽은 계속 한직에 머물러 끝내 포부를 널리 펼쳐 보이지 못했다.

건륭 집정 초기, 강희제의 열여섯째 아들이었던 장친왕 윤록은 보정대신輔政大臣으로 있었는데, 그의 지위가 왕공친왕 중에서도 특히 두드러졌으므로 그를 중심으로 하나의 작은 세력 집단이 점차 형성되어 갔다. 건륭제는 그들을 평범한 무리로 보아 처음에는 큰일을 벌일 것이라고는 생각하지 않았다. 설령 윤록이 특권을 남용해 멋대로 사람들을 끌어 모아 권세를 부린다하더라도 결국 그의 능력에는 한계가 있어 황권에는 별 위협이 되지 못할 것이라 생각했던 것이다. 그래서 건륭제는 그들의 행동을 적당히 용인해 주었다.

그러나 건륭 4년에 이르러 건륭제는 윤록 일당의 움직임이 예사롭지 않다고 느꼈다. 윤록과 이친왕理親王 홍석弘晳, 홍승弘升, 홍창弘昌, 홍교弘晈, 홍보弘普 등이 서로 뭉쳐 왕래하면서 황제를 은밀히 기만했다. 이렇게 되자 건륭제는 경계의 고삐를 늦출 수 없었다. 그는 장래 잘라낼 수 없을 만큼 세력이 커져 황권을 크게 위협할지도 모르는 그들의 음모를 적극적인 조치를 취해 제거하기로 마음먹었다.

홍승은 옹정조에 이미 죄를 지어 구금당한 적이 있었고 풀려난 후에는 집에서 근신하고 있었는데, 후에 보위를 계승한 건륭제가 은혜를 베풀어 화기영火器營 도통都統에 임명되었다. 그러나 그 은혜로 말미암아 뉘우치기는커녕, 오히려 뒤에서 몰래 결당하며 권력에 빌붙어 이익을 꾀할 궁리만 했으므로, 건륭제는 홍승을 질책했다. 홍창은 천성이 우매하여 어려서부터 가르치는 대로 따르지 않고 가는 곳마다 잘못을 저질렀으며,

홍교는 아는 것이 아무것도 없다는 이유로 꾸짖었다.

가장 심각한 것은 홍석이었다. 홍석은 자기 스스로를 옛날 동궁의 적장자라 여겼으며 그 속마음을 전혀 알 수 없는 사람이었다. 그리고 윤록은 나라를 위해 충성을 바칠 마음은 조금도 없이, 오로지 다른 사람에게 환심을 사 영합하려고만 했다. 모든 일을 딱 부러지게 처리하지도 못하고 무슨 일이든 떠맡기를 싫어하면서도 다른 사람의 간섭은 꺼려했다. 이들의 눈에는 국법도 군왕도 모두 보이지 않았으며, 자신들의 본분도 망각한 채 무리를 지어 이익만 꾀하면서 먹고 마시고 즐기기만 하니, 건륭제는 그들이 야심을 품고 반역을 꾸민다고 생각했다.

미처 예상하지 못한 일이 일어나는 것을 막기 위해 건륭제는 특단의 조치를 취했다. 그중 홍승이 가장 먼저 '분규를 일으켜 종실의 불화를 초래한 죄'로 종인부에 넘겨져 심문을 받았다. 이를 이어 윤록은 '도당을 만들어 사리를 꾀한 죄'로 친왕의 봉록을 박탈당하고 의정대신과 이번원 상서理藩院尙書의 직위를 빼앗겼다. 다만 친왕의 호는 그대로 유지했다. 홍창과 홍보는 각각 패륵과 패자의 봉호를 박탈당했다. 이 몇 사람의 죄상은 모두 막연한 것이라 구체적인 사실을 명확히 지적해 내지는 않았다.

이에 비해 홍석에 관한 문제는 비교적 심각했다. 그는 왕부王府 안에 나라의 제도를 본 따서 회계와 의례 등을 주관하는 사司를 설치하는가 하면, 몇 번이나 무당을 불러들여서는 물어서는 안 될 것들을 물었다. 예를 들어, '중가르가 경성에 도달할 수 있는가 없는가, 천하가 태평할 것인가 아닌가, 황상의 천수天壽는 어떠한가, 장차 내가 황위에 오를 수 있겠는가' 같은 것들이었다. 이는 홍석이 아직도 복벽[19]復辟이란 대역죄를 저지르겠다는 의도가 있음을 드러냈다. 결국 홍석은 죽을 때까지 경산景山 동

---

19. 폐위된 천자가 다시 제위에 오르거나, 제거된 반동적 통치자 혹은 세력이 부활하거나 복귀함을 의미하는 말.

과원東果園에 구금되었다.

이 사건을 조금 더 깊이 살펴보면 건륭제가 홍석을 특히 용납할 수 없었던 이유는 바로 그가 건륭제와 마찬가지로 어려서부터 유달리 명석하여 강희제의 총애를 많이 받았던 데서 찾아 볼 수 있다. 강희제의 총애로 홍석과 홍력은 둘 다 궁궐 안에서 자랐는데, 오히려 홍석이 궐 안에서 지낸 기간이 더 길었다. 그래서 그는 자연스럽게 건륭제의 경쟁자가 되었고, 건륭제는 그런 이유로 홍석에 대해 더욱 불만을 품고 있었다. 거기에다 홍석이 머무르던 관저의 격식이나 장식 같은 것들도 옹정제의 특별한 허락 아래 다른 왕공들보다 더 잘 꾸몄던 것도 그가 미움을 산 중요한 원인이 되었다. 여기서 건륭제의 목적은 어떻게 해서든 점차 뿌리를 내릴 낌새가 있는 정치 세력의 가지를 미리 꺾는 데 있었다. 그래서 죄를 물어 처벌하고, 이를 통해 모든 사람들에게도 나쁜 일을 본받지 않도록 경고했다.

종친을 대하는 문제에서도 건륭제는 지혜를 잘 운용하여 친왕귀족들을 경계하면서도 자신의 좋은 평판을 유지할 수 있었다. 한번은 화친왕 홍주를 비롯한 몇몇 왕들이 명을 받아 국고를 조사하게 되었다. 이는 본래 관례에 따라 행하는 형식적인 공무였으므로 이들 왕들도 대충대충 일을 처리했다. 그러나 황제는 이 일을 이유로 문장을 써서 그들이 성의를 다하지 않았음을 꾸짖고, 그들의 죄를 묻겠다고 말했다. 종인부에서는 황실의 자손들에게 감히 손을 댈 수가 없어, 다만 그들이 겸하고 있는 도통 자리에서 물러나게 하거나 봉은俸銀을 제하는 방법을 건의해 황제에게 이 두 가지 처벌 가운데 하나를 선택하도록 청했다. 황제는 매우 화가 나서 종인부를 질책했다. "두 가지 의견을 두고 분부를 청하는 것은 짐을 고의로 시험하려 하는 것이니 이는 심히 교활한 행동이다. 이렇게 하고자 하는 것은 그들의 청탁을 받았기 때문인가 그렇지 않으면 짐의 손을 빌려 그들을 해하기 위함인가?" 하고 꾸짖으면서 종인부의 왕공王公을 엄히 벌하고 이 사건을 다시 도찰원都察院에 넘겨 엄중히 처벌하게 했다.

도찰원 관리들은 이 사건을 넘겨받고 마찬가지로 전전긍긍했다. 난처해진 그들은 황제의 속내를 도저히 알 수 없었기에 종실의 왕작王爵을 박탈하는 엄벌을 내릴 수밖에 없었다. 뜻밖에도 건륭제는 다시 대노하여 말했다.

> 왕공 등이 대죄를 저지른 것도 아니거늘 왕작을 박탈하고 서인으로 떨어뜨리는 것은 전혀 도리에 맞지 않는다. 도찰원은 과연 이러한 처사가 마땅하다고 보는가? 짐이 두 친왕과 두 군왕을 내쫓으려는 것이 아님을 명백히 알면서도 이와 같은 처벌을 내려 스스로 조정의 법도를 지켰다고 생각할지 모르겠으나, 이는 조정의 제도와도, 사리에도 분명 어긋나는 일이다. 이러한 점을 전혀 고려하지 않았으니 어찌 대신들이 진심으로 공경하는 마음을 가지고 나라의 일을 맡아본다고 할 수 있겠는가!

결국 친왕들은 1년간 녹봉이 정지되었고 도찰원 관원들은 자리는 지켰으나 직무는 맡아볼 수 없게 했다. 건륭제의 지혜는 이렇듯 끝없이 높고도 깊어서, 그는 이 사건을 계기로 자신이 그 자체로 절대 권력이며 어느 누구든 살리기도 하고 죽일 수도 있다는 것을 친왕들이 깨닫게 했다. 이와 동시에 백관들에게는 아무리 황족이라도 반드시 추호도 감싸지 말고 법에 따라 처리하되, 그렇다고 고의로 무겁게 처벌해서 그 죄과와 처벌의 책임을 황제에게 떠넘겨서는 안 된다는 것을 분명하게 경고했다.

건륭제의 어제인 홍첨은 징계를 받은 후로 문을 닫아걸고 사람을 피하다 마침내 우울병이 들었다. 이 소식을 들은 건륭제는 친히 홍첨을 살피러 갔다가 그가 이불 속에서도 머리를 조아리며 사죄하는 모습을 보고 혈육애가 끓어올라 슬피 울었다. 목이 메어 홍첨의 손을 잡고서 "네가 나이가 어려 가볍게 벌을 내렸으나, 이리도 중한 병을 얻을 줄 몰랐구나." 라고 했다. 그러고는 곧바로 홍첨의 작위를 회복시켜 주었다. 그러나 때가 이미 늦어, 얼마 지나지 않아 홍첨은 곧 귀천歸天했다.

건륭 연간에 청조의 전제정치는 최고의 경지에 올랐다. 그는 일찍이 다음과 같이 말했다.

> 나의 왕조는 기강이 바로잡혀 황조皇祖와 황고皇考에서 짐에 이르는 백여 년 동안 모든 일을 황제가 친히 맡아 대권을 쥐어 왔다. 절대권력을 다른 이에게 넘기지 않았으니 대신들은 감히 이를 빼앗아 조종하지 못했다.

건륭제는 황권을 빈틈없이 거머쥐고 조금의 이단도 용납하지 않았으므로 자연히 제왕의 권능을 마음대로 부릴 수 있었다.

|[건륭제에게 배우는 관맹술]|

一. 작은 일이라 할지라도 매사에 심사숙고하라. 거기에는 모두 깊은 뜻이 담겨 있다.

一. 어떤 일은 반드시 해야 하고 어떤 일은 해서는 안 되는지 반드시 따져보고 스스로 자신을 통제하라.

一. 상대방의 생각을 꿰뚫고 있다고 해도 교만하거나 함부로 행동하지 말라.

一. 두 파벌에 대처하려면 자신의 권력을 이용하여 통제하는 것이 마땅하지만, 한 쪽이 다른 편을 이기게 하거나 그들 모두가 패하지 않도록 권력의 균형을 조절함으로써 그들로 하여금 서로 견제하게 만들고, 결국 상호 경쟁으로 충성을 유도하라.

제2장

관맹술寬猛術 2
다른 사람의 그림자에서 벗어나라
從別人的影子里走出來

진정으로 성공한 사람은 다른 사람의 그늘 아래에서만 머무르지 않으며 반드시 자신만의 세상을 만든다. 그러나 여기에는 위험이 따르므로 가장 좋은 방법은 행동으로 보일 뿐, 말은 아끼는 것이다. 심지어 계승이라는 이름으로 개혁이라는 실實을 얻을 수도 있다.

아무 소리도 내지 않으면서 천둥소리보다 더 놀라게 하라
于無聲處聽驚雷

　옹정 13년 8월, 옹정 황제가 세상을 뜨면서 24세의 건륭황제가 즉위했다. 건륭제의 보위 계승은 모든 제왕들이 부러워할 만한 선조의 유업이었다.
　그는 분명 모든 제왕들 가운데서도 행운아라 부를 만했다. 강희와 옹정 두 황제의 통치를 거치면서 청국의 국력은 날로 강해졌고, 사회 질서는 안정되었으며, 인구와 국부國富 또한 빠르게 늘어 태평성대를 구가했다. 더구나 건륭제의 등극 배경에는 옹정제가 계위繼位했을 때와 같은 심한 갈등도 격렬한 쟁탈도 없었으며, 그의 조부인 강희제처럼 겨우 여덟 살에 즉위하면서 밖으로는 강적强敵들이 도사리고 안으로는 강신强臣들이 설쳐 나라의 기반이 안정되지 않은 것도 아니었다.
　이 모든 것들이 갓 즉위한 건륭제로 하여금 위안을 느끼고 자신감을 갖게 했다. 그 자신도 다음과 같이 말한 적이 있다.

> 증조부 순치제 복림福臨, 조부 강희 현엽玄燁 그리고 부친 옹정에 비하면 처한 상황이 천만 배는 좋다.

생각해 보면 천자 자리를 뺏기 위해 역사적으로 얼마나 수많은 정치적 음모가 변화무쌍하게 전개되었는지 알 수 없으며, 더러운 막후 거래와 온 하늘을 가릴 만한 피바람은 몇 번이나 몰아쳤는지 헤아릴 수가 없다. 건륭제는 다행히 이 모든 풍파에서 벗어나 순조롭고 당당히 그리고 안정되게 권력을 이어받을 수 있었다.

당시 청나라는 정치적으로 깨끗하고 나라는 태평했으며 백성은 편했다. 황권에 심각한 위협이 되었던 온갖 세력들, 예를 들면 환관이나 황태후, 외척, 붕당, 변방 세력 등 모든 것이 거의 소멸되어 근본적으로 황권을 견제할 만한 능력이 없었다. 이러한 모습은 곧 "국가가 백년을 이어와 풍족함을 더하고 홍성이 거듭된 것이 오늘에 이르렀으니, 승평무사升平無事(나라가 태평하고 아무 일이 없음)하다 할 만하도다."라고 한 건륭제의 말과 일치했다. 건륭제의 지위는 이미 반석 위에 올라있는 듯 단단했다.

그 당시에는 정치적으로 강력한 반항 세력도 없었고 봉기도 일어나지 않았다. 경제적으로는 나라 안에 긴박한 재정상의 문제도 없었으며 심각한 자연재해도 없었다. 군사적으로는 서북 지역에 강력한 중가르 세력이 정권에 저항하여 수년간 전쟁이 이어지기도 했으나, 옹정제가 죽기 전에 중가르와 화의를 맺어 관계가 이미 완화되어 있었다. 또한 관리사회에도 옹정제의 엄격한 정치와 양렴제[20]養廉制의 실시로 비리행위가 점차 사라지

---

20. 청대 옹정제가 실시한 제도로 관리들이 청렴결백한 품성을 닦도록 봉록 이외에 추가적인 가봉加俸에 해당하는 양렴은養廉銀을 지급해 주었던 제도.

고 있었으며 행정의 효율 또한 제고되었다.

　이처럼 태평성세를 맞아 스물넷의 젊은 황제는 안일향락에 취해 사치하며 놀고먹기만 할 수도 있었다. 그래서 마치 진이세처럼 가만히 앉아 선조가 이루어 놓은 것을 누리며 끝없이 사치하고 욕심을 채우면서 사회 기풍을 파괴하고 백성들의 반감을 불러일으켜 끝내 나라가 멸망하는 결과를 가져왔을지도 모른다. 그러나 건륭제는 역사상 방탕한 생활로 나라를 망쳤던 이들과는 정반대로 백성을 아껴 부지런히 정사를 보고 스스로 행실을 조심하는 현명한 군왕이 되었다.

　역사에 존재하는 한족 제왕 중에서 건륭제가 우러러볼 만한 이들은 거의 없었다. 그가 그나마 훌륭하다고 여긴 이들로는 한 문제文帝와 당 태종太宗 그리고 송 인종仁宗 세 사람이 있었을 뿐이었다. 그러나 그 가운데도 한 문제는 스스로는 현명했지만 곁에서 보좌하는 인재가 없었으며, 송 인종은 재능이 부족했다고 여겼다. 당 태종은 그래도 영명한 군주라 칭할 만했으나 말년에 뜻을 이루자 정치에 싫증을 내고 법도를 느슨히 해 무측천武則天의 대란을 불러일으켰으니, 젊은 건륭제는 태종의 지혜롭지 못함을 보고 깊이 깨닫는 바가 있었다.

　건륭제는 아직 황자의 신분이었을 때부터 역사를 특히 좋아했다. 그래서 각 조朝 각 대代의 흥망성쇠에 대한 자신만의 견해를 가지고 있었으며, 나라를 세우는 것도 어렵지만 그것을 지키는 것은 더 어렵다는 이치를 잘 알고 있었다. 그는 일찍이 50편이 넘는 정론政論 문장과 여러 편의 영사시詠史詩를 써서 모든 조대朝代의 통치 특징이나 수많은 황제들과 역사적 인물들의 공로와 과실, 옳음과 그름을 논했다. 또 모든 황제들에 대해 일일이 평가하고 황제들의 시정施政에 대한 득실을 연구 토론하면서 과거의 경험을 받아들여 교훈으로 삼았다. 그 덕분에 건륭제는 역사적인 치란흥망治亂興亡(천하가 태평하고 어지러움 그리고 나라가 흥하고 망함)에 관해 누구보다도 정통했으며 훗날 힘들이지 않고 더 여유롭게 통치할 수 있었다.

건륭제는 당나라 때 오긍吳兢이 쓴 『정관기요貞觀紀要』를 즐겨 읽었다. 그 책은 역대 황제들이 심혈을 기울여 읽은 책으로 당 태종의 평생 치적과 치세 경험을 생동감 있고 사실적으로 서술하고 있다. '수신제가치국평천하修身齊家治國平天下'라는 성공 경험의 집성으로서 『정관기요』에서는 어떻게 나라를 다스리고 권력을 통제하며 인사를 배치할 것인지, 어떻게 이익과 폐단을 가늠하고 신하를 통제하며 인심을 고찰하고 부패를 막아 화근을 없앨 것인지 등의 치세에 관한 일련의 지혜를 제시하고 있다.

건륭제는 당 태종과 위징魏徵을 크게 칭송했다. 당 정관貞觀 10년, 태종은 대신들에게 "제왕의 대업은 창업創業(나라를 세움)이 어려운가, 수성守成(선조들의 공적을 이어 지킴)이 어려운가?" 하고 물었다. 위징이 답했다.

> 제왕의 업이 흥하려면 반드시 세도世道가 쇠하여 어지러워진 시기를 타 사리에 어둡고 어리석은 임금을 타도하여야 합니다. 그리하면 백성들도 기꺼이 추대하여 보호하고 하늘 아래 모든 이들이 귀순할 것입니다. 이와 같은 점으로 보았을 때 창업은 결코 어렵지 않습니다. 그러나 천하를 얻은 후에 군주가 지향하는 바가 날로 안일하고 교만해지면 백성들은 안정된 생활을 원할 것이나 온갖 세금과 부역이 끊이지 않을 것이니, 나라의 쇠망은 항상 이로부터 오는 것입니다. 그러므로 수성이 더욱 어렵다 하겠습니다.

위징은 다시 다음과 같이 말했다.

> 자고로 천명을 이어받아 나라를 세우거나 왕위를 계승한 이들은 모두 덕으로써 천하를 다스리고 성철聖哲(성인聖人과 철인哲人)을 정확히 안배하여 자손백세로 황위를 영원히 이어가고 싶어 합니다. 그러나 처음부터 끝까지 한결같은 이는 오히려 적고 일을 그르쳐 망하는 자

가 많으니 이 연유가 어디에 있겠습니까? 이는 바로 그들이 치국의 도를 따르지 않고 지나간 망국의 역사 교훈을 받아들이지 않았기 때문입니다. 이것이 오늘날과 다르지 않으니, 감계鑑戒로 삼아야 할 것입니다.

건륭제 또한 그들의 대화를 통해 위징의 간언에 배어 있는 고심을 절실히 이해하고, 선조의 업을 지키는 수성의 중요성과 어려움을 분명히 알았다. 위징은 다시 예를 들며 말했다.

수隋가 천하를 통일한 30여 년간, 강한 군사력으로 그 위세가 만 리에 퍼져 다른 나라들을 뒤흔들었지만 하루아침에 쇠망하면서 그들의 모든 것을 잃었습니다. 수양제隋煬帝에게는 천하를 안정시키고 강산과 사직을 오래도록 지키고 싶은 마음이 설마 없었겠습니까? 그러나 어째서 스스로 폭정을 일삼아 자멸에 이르게 된 것입니까? 그것은 그가 국가의 부강에 의존하여 후환을 생각하지 않은 채 모든 백성들을 자신의 사치와 욕망을 채우도록 혹사시켰기 때문입니다. 천하의 재물을 거둬들여 자신이 즐겨 누리는 데 바치게 하고, 천하의 미녀들을 찾아 거느리며 먼 곳의 보물들을 약탈하기에 거리낌이 없었으며, 궁궐과 정원을 호화롭게 장식하고 건물들은 높고 웅장하게 지어 올렸으니 부역은 끝이 없고 병사들은 쉴 틈이 없어 군신이 모두 덕에서 멀어져 백성들이 더 이상 참을 수 없었으므로 나라는 결국 지리멸렬하게 된 것입니다.

『정관기요』는 젊은 건륭제가 항상 몸에 지니고 다니던 책으로, 그것을 볼 때마다 얻는 바가 컸다. 역사가 거울이 되어 때때로 그에게 경종을 울려 주었다. 역대 제왕들을 보면서 건륭제도 많은 깨달음을 얻을 수 있었다. 그들은 우환이나 위기에 처했을 때는 현명하고 능력 있는 인재를 뽑고 신하들의 의견을 기꺼이 받아들이다가도, 천하가 안정되면 안일하게 향락에 빠지고 나태해지기 시작했다. 이렇게 계속 가다보면 나라는 날로 쇠해져 위망危亡의 길로 가게 되는 것이다. 건륭제는 바로 이러한 역사적 교훈을 받아들임으로써 거안사위居安思危(편안할 때도 위태로울 때의 일을 생각함) 하고 역대 제왕들의 선정을 진심으로 본받아 힘써 행할 수 있었으며, 친정 후 청나라를 질서 정연하게 다스릴 수 있었다.

건륭제는 막 제위에 올랐을 때 장친왕 윤록과 과친왕 윤례, 대학사 악이태와 장정옥 등 대신들에게 유지를 내렸다.

> 자고이래自古以來 제왕들이 구하區夏(중국 땅)를 보살피고 기르던 도는 오로지 교教와 양養 두 곳에 있었다. 하늘이 백성을 만들어 내고 또 한 그들의 군주를 세운 것은 본래 군주로 하여금 하늘을 대신하여 백성을 돕게 하려 했음이다. 널리 끌어안고 보호하는 의무가 인군人君 한 몸에 있으니 실로 억조 군생의 목숨이 그에게 달려 있다.

이 말의 대의인즉 역대 명군들 중에는 백성을 근본으로 삼아 백성을 위해 심혈을 기울이고 신민臣民의 교화에 힘쓰지 않은 이가 없었다는 뜻이다. 만약 역대 제왕들의 치국의 도를 숙지하지 않았다면 어떻게 이런 말을 꺼낼 수 있었겠는가?

건륭제는 집정 초기 실정에 맞게 필요한 조치들을 취해 뿌리 깊게 남아 있던 일부 폐단들을 바로잡았으며 모든 일을 사리에 합당하게 처리해 크게 인심을 얻었다. 처음 제위에 올라 그는 정무에 힘쓰면서 정신을 바로 하여 나라를 제대로 다스릴 방법을 생각했다. 일을 처리함에는 항상 소홀함이 없었고 정책을 제정하고 추진할 때도 신중하여 늘 단계에 따라 점차적으로 실시했다.

건륭제는 강희, 옹정제의 치국 방침을 진지하게 돌이켜보았다. 강희는 '관대함'을 가지고 성공하였으나 지나치게 관대했기 때문에 만년에는 관리사회의 기강이 무너져 부정부패가 성행했다. 옹정제는 '엄격함'을 통해 승리를 얻었지만 그 엄격함이 지나쳐서 큰 사건이 끊이지 않고 일어났으며 이로 인해 주륙을 당한 이도 수없이 많아 군신들이 위엄에 눌려 무서움에 떨도록 만들었다. 건륭 초에는 '정상관대政尙寬大(정치를 함에 있어 관대를 숭상함)를 기본 방침으로 해서 국가를 다스렸는데, 이것이 정확하고 시기적절했다는 것에는 의심할 여지가 없다. 그러나 엄혹함에서 관용으로, 구속에서 여유로움으로 돌아선다는 것이 말은 쉽지만 실행하기는 결코 쉽지 않았다.

청조의 역대 황제들은 한결같이 '경천법조敬天法祖'(하늘을 우러르고 황실의 법통을 받듦)를 강조하면서 모두 자신의 선제를 비범하고 영민하며 용맹스럽다 칭송했으며 따라서 자신은 부황의 옛 제도를 따라 선조의 업적을 널리 밝힐 것임을 내세우는 것이 도리였기 때문이다.

이런 상황에서 전왕의 폐정弊政을 탓하고 이전의 제도를 폐기하거나 고친다는 것은 큰 모험이었으며, 선조의 업적을 멋대로 바꾼다는 대역불효의 죄명을 뒤집어쓸지도 모르는 일이었다. '3년간은 부도父道를 바꾸지 않는다.' 하는 오랜 관례를 깨뜨리는 것은 분명 쉽지 않은 일이었으며, 더욱 중요한 것은 새 군주의 집정 초기에는 그의 위엄이나 명망이 낮아 대학사나 군기대신, 각 부나 원의 상서, 독무와 장군 등 고위관리를 뽑는 데 있어 기본적으로 선제의 신임을 받았던 신료들을 그대로 쓸 수밖에 없었다.

전대의 폐단들은 대부분 그들의 손으로 만들어 낸 것이며 그들은 그 폐단들로부터 거대한 정치적 이익을 얻을 수 있었다. 그 중 적지 않은 이들이 그 '가혹함'에 의지하여 보잘 것 없는 하급관리에서 한걸음 한걸음씩 청운의 뜻을 이루어 영예로운 대신의 자리에 올랐는데, 그들이 과연 지금의 황제를 충실히 따르면서 지난 폐단을 남김없이 없앨 수 있었겠는가?

온갖 장애와 장벽에 부딪히면서 건륭제는 점차 위축되고 망설였다. 그러나 어려서부터 뛰어난 재능과 웅대한 포부를 가졌던 이 젊은 황제는 용감하고 진취적이었던 선조들의 통치 풍격을 계승하여 관대함으로 엄격함을 대신하는 방침을 추진하기로 결심했다.

뛰어난 통치자가 실제 상황과 이해득실을 고려해 서슴없이 새로운 정책을 제정하기 위해서는 자신이 가지고 있는 모든 권위를 동원하여 신정新政의 구현에 방해가 되는 걸림돌을 제거해야 한다. 그뿐 아니라 강력한 사상 논증을 통해 자신이 시행하고자 하는 정책의 정확성과 필요성을 분명히 밝히고 신하와 백성들에게 대대적으로 그 뜻을 알림으로써 그들이 믿고 복종할 수 있도록 온 힘을 다해야만 한다.

건륭제는 즉위하자마자 바로 단호하게 제도를 바꾸어 누적된 사회적 모순을 제거하면서 백성들의 인심을 추슬렀다. 그러나 우선 옹정제의 정치적 업적을 해하고 싶지 않았던 마음이 있었고, 전략적인 측면에서도 대신들과 백성들에게 불안을 느끼게 하고 싶지 않았으므로 그는 시정 방침을 변화시키는 주도권을 이미 죽은 옹정제에게 넘겼다. 즉위 후 대행황제[21]大行皇帝의 유조遺詔를 선포하는 중에 건륭제는 매우 절묘한 방법으로 옹정제 때의 통치가 가혹할 수밖에 없었던 이유를 각급 관리들에게 돌리고 통치 방침을 바꾸어야 하는 당위성을 설명하면서 그것이 선친의 유훈遺訓이라고 했다. 선친의 정책을 변경하기 위한 합법적이고도 빈틈없는 이유를 찾아냄으로써 변혁에 장애가 되는 요소들을 최대한도로 줄여 순조롭게 정책을 이행할 수 있도록 했다.

건륭제는 신하들에게 다음과 같이 경고한 바 있다.

---

21. 황제 서거 후 시호를 올리기 전까지의 존칭으로, 황제가 서거한 지 얼마 되지 않았음을 뜻함.

"모든 일은 처한 상황과 역량을 살펴본 후 서서히 행해야지, 눈앞의 이익만을 탐내서는 안 된다." 이 말은 빨리 이루고자 서두르면 도리어 일을 그르치게 되므로 무릇 순서에 따라 점진적으로 나아가야 하며, 병이 있으면 차근차근 치료를 해야지 조급히 처방을 내려 부작용을 일으키는 일이 없도록 해야 한다는 뜻이었다.

> 오늘날의 정치에서 가장 중요한 것은 선황의 13년에 걸친 업적을 삼가 지키는 데 있다. 그러나 지난날에도 한두 가지의 잘못이 있었으니, 지나치게 까다롭고 번거로웠던 것을 점차 느슨하고 편하게 하는 것이 관리를 다스리고 백성을 편안케 함일진대, 이에 군신이 조급해 하고 불안해 할 필요가 없다.

이는 건륭제가 염두에 두고 있던 관용 정치를 드러내는 것으로, 집권 초기 시정 방침의 기본 특색을 반영할 뿐 아니라 나아가서는 그의 60년간의 정치 형세와 방향을 어느 정도 보여 주고 있다.

건륭제가 선포한 '선친의 유훈' 역시 옹정제에게 억지로 전부를 떠안긴 것만은 아니었다. 실제로 옹정제 또한 만년에는 관대하게 다스리고자 하는 생각을 갖고 있었다. 옹정제는 '유조대의遺詔大意'를 통해 "짐이 밤낮으로 근심하고 걱정함에, 오로지 성조聖祖의 마음을 깨달아 나의 마음으로 삼고 성조의 정치를 본받아 나의 정치로 삼을 것이다." 하고 밝혔다. 다만 후기에 가서 그의 가혹하고 엄한 정책들이 만들어졌으므로 곧바로 그 기치를 바꾸는 것은 정치적 혼란을 부를 여지가 있었다. 그래서 은연중에 서서히 변화시키는 방법을 써서 시간을 두고 점진적으로 바꾸고자 생각했으나, 그의 수명이 다했기 때문에 그가 원했던 바를 실현할 도리가 없었을 뿐이었다.

이런 상황에서 건륭제는 현명하게 자신의 새로운 정책을 밀고 나가 강희의 '관인寬仁'과 옹정제의 '엄맹嚴猛'을 병용했다. 끝없이 관대하지도, 그렇다고 지나치게 가혹하여 백성들을 힘들게 하지도 않았다. 그 핵심 취지는 관엄상제寬嚴相濟로서 절충의 정책을 취한 것이었다.

건륭제는 어린 시절 『예기禮記』를 숙독하고 조부 강희제로부터 진수를 전수받으면서 중용이야말로 최고의 미덕임을 깊이 깨달았다. 그 영향으로 그는 중용을 정치의 기본 원칙과 방도로 삼았으므로 자연히 아버지 옹정제와는 다를 수밖에 없었다. 그는 옹정 시기의 일부 정책을 성공적으로 바꾸어 그동안의 엄청난 폐단을 줄일 수 있었을 뿐 아니라, '중도정치'와 '관맹상제'의 시정 방침을 구체적으로 보여 주는 계기가 되었다. 또한 자신의 정책 변화를 뒷받침할 근거를 찾고 정당성을 확보하기 위해 여론 선전도 진행했다.

그리하여 그는 이렇게 언명했다.

> 천하를 다스리는 도道는 중中을 귀하게 여겨, 관대함寬은 엄격함嚴으로써 바로잡고 엄격함은 관대함으로써 다스리는 데 있다. 이러한 일장일이一張一弛를 문무의 도로 삼는다. 그 조화를 구하는 데 있어 잘못된 것을 바로잡으려다 정도를 지나치는 일이 있어서는 안 된다.

건륭제는 관대함을 기본 지침으로 삼았지만 그것을 엄격함으로써 제약하는 것 또한 잊지 않았다. 보위에 올라 두 달 남짓 되었을 때 그는 다음과 같이 말했다.

> 근래에 와서 대신들이 하는 일이 자못 느리고 소홀한 바가 많은데, 짐이 관대한 마음만으로 그대들에게 나랏일을 맡기면 과연 그릇됨을 바로잡는 데 문제는 생기지 않겠는가? 이는 짐의 마음을 헤아리는 것이 아니며 짐이 관寬을 쓰려하는 뜻에도 어긋나는 것이다.

아마도 건륭제가 이렇게 말한 것은 구실을 붙여 옹정제의 엄하고 다소 가혹했던 정책이 잘못된 것이 아님을 드러내면서 자신이 부도父道를 지극히 공경하고 있음을 나타내려 했던 것인지도 모른다.

그러나 건륭제는 정치가 한쪽으로 치닫는 국면을 바로잡을 때는 다시 그 반대쪽으로 치우치지 않도록 막아야 한다는 것을 분명히 알았다. 옹정 시기의 가혹함을 바로잡는 어려움보다 더 어려운 것은 관대함을 취할 때 찾아오는 방종을 막아 인습이라는 병폐가 고개를 들어 실패가 다시 되풀이되는 것을 피하는 데 있었다.

이 때문에 건륭제는 먼저 강희제가 관대함을 치국 방침으로 삼은 것이 정확했음을 긍정하고, 이러한 방침 덕분에 나라가 태평하고 백성들이 편안했음을 인정했다. 다음으로 옹정제의 엄맹정치는 지나친 관대함으로 빚어진 폐단을 바로잡아야 한다는 상황의 필요에 의해 등장했으며, 그 목적은 여전히 백성들을 두루 사랑하는 데 있었다는 점을 확실히 했다. 그러므로 그 마음만을 놓고 본다면 옹정제의 정책이 강희제의 관대방침과도 전혀 모순되는 것이 아님을 강조했다.

마지막으로 매우 그럴듯하게 주제로 다시 넘어와 정식으로 관인정치를 선포했다. 그러면서 자신이 관대함을 내세우는 것이 시의 적절한 선택이었다는 점과 부드러움柔으로 강함剛을 극복하여 서로 보완하여 이루게 하려는 뜻이 선제의 정책과도 전혀 충돌하는 것이 아니라는 점을 강조했다. 그러면서 대신들에게 관대 정책이 효과를 거둘 수 있도록 자신의 뜻을 깨달아 분발할 것을 요구하고, 이로 인해 조정이 소홀함이나 문란함으로 흘러서는 안 되며 그럴 경우에는 반드시 엄히 처벌할 것임을 밝히는 것이었다.

사실상 강희, 옹정, 건륭 삼대의 방침은 일맥상통한 면이 있었지만 다만 구체적인 정책이나 조치가 때에 따라 달라지면서 각각의 특색을 갖게 되었다. 건륭제는 다음과 같이 말했다.

짐은 즉위한 후 이전의 정책을 실행하는 과정에서 잘 되지 않은 부분도 있음을 깊이 깨달았다. 모쪼록 조심스럽게 나라를 다스리면서 번거롭고 힘들게 한 것들을 줄여 백성을 편하게 하고자 하는 마음이 그치지 않는다. 짐이 보위를 계승하면서 세금을 면하거나 관고官庫의 결손을 감해 주고 적폐를 없애며 사면을 늘린 것은 모두 백성을 널리 지켜 그들의 고생을 덜어 주고 의식을 풍족하게 하려는 것이다.

이로써 건륭제는 그와 강희, 옹정 삼대의 전체적인 시정 방침에는 본질적인 차이가 없으며, 단지 시대의 흐름에 맞도록 방법을 택하고 정치적 폐단에 대응하기 위해 상황에 따라 관대하거나 혹은 엄격한 조치를 취하는 것이라고 했다.

짐은 선친께서 물려주신 원대한 계책과 일체의 장정章程을 우러러 받들어 그것을 지키며 잃지 않으려고 한다. 간혹 법이 오래되어 폐단이 생기면 그때마다 헤아려 조절하면 되고, 만약 가볍게 변경하고자 하는 것은, 이는 형국으로 보나 짐의 박덕함에 비추어 불가능한 일이다.

즉위 초기, 건륭제는 순리적인 정치를 위해 변하지 않는 가운데 만 가지를 변화시키는 '이화접목[22]移花接木'의 수단을 사용했다. 이를 통해 신하들이 기꺼이 시정의 태도를 바꾸도록 재촉하면서 다른 한편으로는 자신이 조부와 부친의 업을 계승하고 있음을 여러 차례 강조했다.

짐이 인재를 등용하고 정치를 행하는 것은 모두 선친을 따르는 것이

---
22. 꽃을 옮겨 나무에 붙인다는 것으로, 남몰래 절묘한 수단을 써서 바꾼다는 의미임.

며 그중에 한두 가지 관대하게 처리하는 것 또한 선친의 유조를 따르는 것으로 일부러 관용을 보이는 것이 아니다.

어떤 일이든 옹정제의 정책을 따르며 설령 관대한 조치를 간혹 내린다 해도 그 또한 아버지의 유지에 따른 것임을 강조한 것으로써 건륭제의 효심이 너무나 깊은 듯이 보인다. 그것이 건륭제의 진심이든 아니든 간에 자식으로서 마땅히 행해야 할 도리가 충분히 드러나고 있음은 분명하다. 아무튼 이 모든 것은 자신의 목적을 실현하기 위해 시정을 행함에 있어 장애 요인을 제거하고 정치적인 기초를 다잡고자 한 것이었다. 아무 소리도 내지 않으면서 천둥소리보다 더 놀라게 하는 것, 이것이야말로 건륭제만의 독특한 흑백의 도였다.

모든 일에 중용을 지켜라
凡事中庸而行

　어린 시절에 홍력은 조부 강희제를 지극히 존경했으며 또 진심으로 사랑했다. 조부에 대한 그리움과 숭배는 그가 어린 시절부터 이미 강희제가 시행한 관인정치를 특별히 높이 사도록 만들었다. 또 그가 예정인禮政仁敎를 주장하는 대학자를 스승으로 삼거나 어린 시절에 쓴 문장에 관인정치에 대한 동경이 적지 않은 것도 강희제의 영향이 컸다. 즉위 후의 업적 가운데서도 강희제를 본보기로 삼은 것들이 많았다.

　건륭제는 논리적인 사고를 갖춘 인물이었다. 경서를 많이 읽고 역사를 두루 섭렵했으며 과거의 치란흥망에 관심이 깊었다. 강희제가 황위를 계승한 때는 마침 40년간 계속된 전쟁이 끝난 뒤였다. 사회, 정치, 경제의 기반이 모두 심각하게 무너져 있었고 모든 산업이 쇠락하여 눈에 보이는 것은 오직 백성들의 재난과 고통뿐이었다. 당시 가장 중요한 임무는 만주족과 한족의 민족간 갈등을 완화시켜 민심을 아우르고 사회 경제를 회복시키고 발전시키는 것이었다.

그런 이유로 강희제는 그때 "널리 관용을 베풀지 않고서는 백성의 생활을 넉넉히 하여 그들의 마음을 안정시키기에 부족하다."라고 하여 여유롭고 인자한 정치제도를 강력하게 추진했다. 오랜 전쟁에서 벗어나 백성들의 부담을 줄여 생활을 안정시키고 원기를 회복하게 만들면서 관대함을 위주로 하는 제도를 실행함으로써 점차 번영의 길로 들어서게 되었다. 건륭제가 관인정치를 추앙하게 된 것도 이 때문이었다.

젊은 시절 쓴 「관즉득중론寬則得衆論」이라는 논문에서 건륭제는 관대한 정치 이론을 크게 찬양했다. 그는 제왕이 천하를 다스리는 것을 두고 "인仁이 아니고서는 그 마음을 얻을 수 없고, 관寬이 아니면 그 몸을 편안하게 할 수 없다. 이 두 가지는 이름은 비록 둘이나 이치는 하나다."라고 썼다. 그런 까닭에 그는 옹정제가 강권으로 나라를 다스리는 것에 대해 불만을 품고 있었다.

> 만약 세상 만물을 관대하게 대하여 황폐하고 더러운 것도 포용하고 사람들의 작은 잘못도 용서해 큰 덕이 이루어진다면, 사람들 또한 그 은혜에 감격하여 진심으로 복종할 것이다. 만일 그렇지 않고 편협한 마음을 품어 각박하게 대한다면 진시황이나 수문제처럼 나라를 다스리는 것에 부지런하다 한들 또 무슨 소용이 있겠는가? 공자는 관寬, 인仁, 민敏, 공公의 네 가지를 들어 그것이 역대 명군들이 나라를 다스려온 도라고 말하면서 그 중에서도 관이 우선이라 하였으니 성인이 사람을 교화한 뜻이 참으로 깊고 명확하다.

그는 이 문장 속에서 가혹하고 성미가 급했던 진시황과 수문제는 비록 정무에 부지런하고 모든 일을 몸소 했지만 결국에는 나라를 멸망시켰음을 지적했다. 여기에서 그가 옹정제의 가혹한 정치에 반대하는 의견을 가지고 있었으며 부자 두 사람의 정치사상이 엇갈리고 있음을 알 수 있다.

건륭제는 제왕은 천하 백성의 주인이므로 응당 인자함과 드넓은 도량을 가지고 온화함으로써 신하와 백성을 위로하여 그들 모두가 믿고 의지할 곳을 가지도록 해야 한다고 주장했다.

> 천하를 다스리는 도는 반드시 인仁을 근본으로 삼아야 한다. 왕은 위로는 천명天命을 받들고 아래로는 만방에 임하므로 천하의 백성이라면 어느 하나 그 아래 놓이지 않은 자가 없다. 덕이 있고 지위가 있는 성인은 관대한 마음으로 포용하고 넉넉하게 기르며 온화하게 감싸 안고 부드럽게 보살피지만, 실제로 그렇게 할 수 있는 이는 드물다. 천하 만물 가운데 속해 있어야 할 곳에 있지 않은 것이 있다면 이는 유용有容의 도가 부족한 것이며 인의 도리가 완전하지 못한 탓이다. 인의 도리가 완전하지 못하면 예지禮智가 또한 바로잡히지 못한다. 그래서 왕이 된 자 가운데 천하를 다스리는 데 인을 근본으로 삼지 않은 자가 없다. 인을 베푸는 것은 네 가지로 나누어 볼 수 있다. 즉 관寬은 만물을 포용하고 사랑하지 않는 것이 없음이며, 유柔는 순종하는 마음을 품으면 나에게 순종하지 않는 이가 없음을 말한다. …… 유용有容은 덕이 매우 큰 것이며 인은 네 가지 덕 가운데 으뜸이 된다.

당시 건륭제는 아직 직접 정치를 하기 전이었으므로, 군왕은 다만 인을 근본으로 삼고 관용을 베풀기만 하면 천하 중생이 받들어 우러르고 사해강산四海江山이 태평해지는 것이 가능하다고 여겼다. 그러나 실제로는 '인仁'과 '용容'만을 가지고 정치와 경제에 관련된 현실들을 다스리기에는 역부족이며 부드러움과 강함을 겸해야만 통치에도 힘이 실릴 수 있다. 그때는 건륭제가 나이가 어려 경험이 부족했기 때문에 아직은 정치 사상이 미숙하고 공상적인 면도 있었으며 또한 서생의 의기가 충만한 면도 있었지만 옹정제의 통치 아래서 이와 같은 글을 쓴 것 자체가 실로 대단한 일이다. 즉위 후에는 건륭제도 현실을 겪고 단련되면서 완전히 성숙한 안목으로 '관인' 문제를 대할 수 있게 되었다.

옹정제는 비록 압제와 가혹이라는 이름으로 불렸지만 그가 자신의 아들에게까지도 자신처럼 냉엄한 정치를 펼치기를 강요했던 것은 아니다. 옹정제는 생전에 몇 차례 홍력의 관인 사상을 비판한 적은 있지만 아들의 전체적인 정치 지향을 크게 반대하지는 않았다. 만약 그가 아들의 사상적 경향을 완전히 부정했더라면 『낙선당전집』이 완성되지도 못했을 것이고 조정의 중신 고관들도 감히 공공연하게 서문을 쓰지 못했을 텐데, 옹정제는 그들이 서문에서 책의 내용을 찬양하는 말을 쓰는 것도 눈감아 주었다. 그는 건륭제의 이 문집에 드러난 무례한 문장을 묵인해 주면서 관용에서 더 나아가 그를 칭찬하는 태도까지 보였는데, 이는 건륭제가 계위 후 관인을 핵심으로 하여 정책을 조정한 것이 일부 옹정 후기의 생각과도 부합했음을 말해 준다.

건륭제와 옹정제는 치국 방침에 있어 일부 입장 차이를 보였으므로 옹정제는 과연 건륭제에게 나라를 제대로 다스릴 만한 능력이 있는지의 여부에 그다지 마음을 놓지 못하던 터였다. 옹정 8년에 중병이 들면서 침식이 불안해졌으므로 후사에 더욱 신경을 쓸 수밖에 없었다. 옹정제는 일찍이 악이태에게 서신을 보냈다.

> 심력心力이 다하는 것은 어쩔 수 없는 일이나, 또한 미리 준비해야 한다. 그렇지 않으면 짐은 곧 천지 선조들에게 죄를 짓는 것이 된다. …… 황자들이 모두 확고한 자신의 입장을 가지고 있지 않으며 짐의 아우와 조카들 또한 탁월한 재능을 가진 자가 없으나, 짐이 진심

으로 정성을 다해 온 것은 하늘에 계신 선조들께서도 전부 보고 계셨을 것이다. 조정에 큰 도움을 줄 현량한 자를 얻지 못할 듯하니 경이 짐의 고충을 헤아려 주리라 믿는다.

옹정제의 이 말은 자신이 죽은 다음의 일을 미리 분부하는 것으로, 만약 자신에게 무슨 일이 생기면 자신의 아들이나 가까운 종친 중에 나라를 다스릴 만한 훌륭한 재목이 없으므로 악이태가 책임을 지고 보좌해 주기를 바란다는 뜻이었다.

그러나 옹정제의 걱정은 전혀 필요하지 않은 것이었음이 훗날 사실을 통해 증명되었다. 그의 아들 건륭제는 관인을 받들면서도 엄격한 면을 함께 지녔으며, 또 강희제에 비해서도 조금 나았기에 원대한 이상과 의지로 청나라를 최고조의 번영으로 이끌어 나갔다. 그의 '관맹상제寬猛相濟'의 흑백의 도는 마침내 그 빛을 발하게 되었다.

건륭제가 즉위 후 처음 관대함을 바탕으로 한 정책을 실시하고자 했을 때 일부 강경파의 단호한 반대도 있었지만 대다수 사람들은 옹호하는 입장이었다. 또한 정책의 전환을 시도하면서 이렇다 할 강력한 저항에 부딪히지도, 사회의 불안을 가져오지도 않았다. 건륭제는 관대정책을 막 추진할 무렵에 정치는 관대함을 숭상해야 하며 관대함이 엄격함보다 낫다고 공개적으로도 언급했다. 그는 또 이렇게 말했다.

> 관寬, 신信, 민敏, 공公이야말로 성군의 치세에 근본이 되는 것들이며 그 중에서도 관대함이 가장 우선이다. 성군이 다스림에 있어 관대함을 버리면 정치를 널리 펴고 백성을 편안하게 하는 근본이 어디에 있겠는가?

그러나 대부분의 상황에서 건륭제는 늘 관맹을 함께 내세우면서, 이 둘을 다르면서도 서로 보완하는 일체로 여겼다. '관대함으로 엄격함을 다스리고, 엄격함으로 관대함을 다스리는 것, 이 둘의 조화가 곧 정치'라는, 이 말이야말로 건륭제가 천하를 다스리는 도구로 삼은 불변의 절대 진리, 불이법문不二法門이었다.

집권 초기에 건륭제는 수차례에 걸쳐 관맹상제의 이치를 알리고 그에 대한 상세한 설명을 반복했다. 그는 관맹상제라는 새로운 정치의 본의를 매우 명료하게 설명했지만 그럼에도 여전히 안심하지 못했다. 우려했던 대로 머지않아 관대함으로 말미암은 새로운 문제들이 나타났다.

옹정 연간에는 정부에서 소금의 사적 소유를 엄격히 금지했기 때문에 백성들은 자주 법망에 저촉되었다. 그러던 것을 건륭제는 즉위한 후 바로 백성들이 소량의 식염은 휴대하거나 구입해서 다른 곳에 팔 수 있도록 했다. 그래서 가난한 사람들이 40근 이하의 소금을 보유하고 있는 경우에는 체포하지 못하게 했다. 뜻밖에도 조서를 반포한 지 얼마 지나지 않아 천진天津에서 곧 수많은 사람들이 이를 명분으로 사염을 마구 사들여 여기저기에 내다 팔았다. 진강鎭江, 광주廣州 등지에서도 간사한 무리들이 모두 빈민을 구실 삼아 공공연히 밀거래를 하면서 무리를 결성하기도 했는데, 그들에게 법규는 안중에도 없었다. 이 때문에 소금 판매를 업으로 삼는 염상들의 경영이 어려워지고 정부의 수입에도 막대한 피해를 끼쳤다. 다행히 총독 이위명李衛明이 즉시 조치를 취해 한쪽으로 치우치는 잘못을 바로잡아 그들이 각 지방에 피해를 더 이상 주지 않게 했다.

이 일에 대해 건륭제는 다음과 같이 언급했다.

> 사염에 관한 일은 짐이 본시 금령을 풀어 궁핍한 백성들을 구휼하고자 한 것이었으나 간사한 백성들이 기회를 타고 틈을 엿보아 무리를 지어 행동하니 본래 법을 두려워하여 감히 가벼운 죄도 범하지 않던 자들까지 이제는 공공연히 방자하게 행동하면서 꺼리거나 두려워하

는 마음을 품지 않게 되었다. 이러한 상황을 보건대 간사하고 어리석은 백성들은 짐이 관대한 정치를 행하는 것을 받아들이지 않는 것이다.

그는 또 "어찌 제멋대로 방치해서 나쁜 버릇을 키워 풍속에 우환을 남길 수 있겠는가." 하면서 "백성들은 각자 스스로 깨닫고 개심하여 나라의 걱정을 없애고, 공公을 위해 힘쓰는 선량한 백성이 되라." 하고 경고했다.

건륭제는 또 신하들의 나태함을 꾸짖으면서 사무를 총괄하는 왕공대신들에게 다음과 같이 말했다.

> 천하의 이치는 오로지 중中 하나에 있다. 중中이라 함은 정도에서 벗어나지 않고 관엄寬嚴이 상제相濟하는 도리를 말한다. 신하가 군주를 섬기는 데 영합하려는 의도가 있으면 그것이 곧 사심이다. 그런데 이처럼 군주를 섬기면서 중中을 잃는 자들을 이루 다 헤아릴 수 없다.

건륭제는 자신이 즉위한 이후로 옹정 시기의 지나치게 까다롭거나 가혹한 제약들을 제거해서 백성들의 고통을 덜어 주려 했으나 신하들은 그의 뜻이 바로 '관寬'이라는 글자 하나에만 있다고 착각하여 곧 방자하고 나태해졌으며, 관리들이 나태해지자 어떤 곳에서는 도적이나 도박 등의 폐단이 수없이 횡행하고 있음을 지적했다. 이 점을 고려하여 그는 엄한 훈계를 내렸다.

"오늘부터 반드시 사적인 정에 치우치는 악풍을 없애고 중中의 도리로써 짐이 천하를 다스리는 것을 보좌하여 오래도록 평강지치平康之治를 유지케 하라."

건륭제는 또 신하들에게 경고하여 말했다.

사물을 다스리는 데 지위의 높고 낮음을 떠나 모두 꾸준히 노력하고 서로 고무하여 장려하라. 짐이 관寬을 주로 삼을 것이니 제왕대신들은 분발하여 보좌할지어다. 그러면 정치가 평화롭고 만물이 정리될 것이며, 그래야만 비로소 짐이 항상 관寬을 펼친 목적에 이를 수 있다. 그러나 만약 그렇게 하지 못한다면 서로 책임을 전가하고 인심은 소홀해질 것이며 공무가 문란해질 것이므로 짐은 엄嚴으로 다스리지 않을 수 없다. 이것은 단지 신들의 불행만이 아니라 천하 백성들의 불행이요, 무엇보다 짐의 불행이다.

건륭제는 이런 폐단이 다시 나타나는 것을 막기 위해 대신들이 서로 격려하고 분발할 수 있기를 바랐다.
건륭제는 다음과 같이 공개적으로 강조했다.

정치를 바르게 하기 위해서는 반드시 옛부터의 지혜를 본받아 언제, 무슨 일을 하든 바른 이치를 저울로 삼아 균형을 이루고 중中을 얻어야 한다. 그리하여 만물이 같은 뜻을 통하면 천하의 임무를 다 이룰 수 있다. 관대함이라 함은 방종을 이르는 것이 아니며 엄격함이라 함은 각박함을 이르는 것이 아니다. 짐은 민생에 해가 되는 각박함을 싫어하며 국사에 방해가 되는 방종 또한 싫어한다. 모든 신하가 경계하고 신중히 할지어다.

건륭제는 "천하의 모든 일에는 이익이 있으면 반드시 해가 있는 법이고, 사람의 마음에도 반드시 치우침이 있어 중도를 걷는 것이 가장 어렵다." 하는 것을 알고 있었다. 그래서 그는 엄嚴이 지나쳐 가혹해지거나 관寬이 지나쳐 방종으로 흐르는 것 모두 '관엄상제'의 도가 아님을 몇 번이나 강조했다. 그가 거듭 말했다.

관대함은 방임을 이르는 것이 아니고, 엄명嚴明하게 행한다는 것이 엄혹嚴酷을 이르는 것은 아니다. 너무 긴장하거나 늦추지도 말고, 나태하지 않으면서도 조급해하지 말아야 '대중지정[23]大中至正' 하게 될 것이며, 이것이야말로 나라를 세우는 최고의 이치이다.

건륭제가 제창한 '관인寬仁'에는 원칙과 목적이 있었다.

'관후寬厚'의 두 글자를 일률적으로 보아서는 안 된다. 관후란 민생을 두텁게 하여 백성의 수고를 덜며 병사들에게 혜택을 더하고 백성들에게 은혜를 베푸는 것이다. 그래서 짐이 선조들의 뜻을 받들어 밤낮으로 노력하는 것이 바로 관후다. 만약 간사함을 키우도록 내버려두고 우유부단하게 방종으로 흐르도록 내맡겨 백성들에게 해를 끼치고 국사를 어지럽히면서도 선량한 이들이 나올 것을 기대한다면 그것은 관후가 아니다.

그는 관대라 함은 곧 애민愛民이며 백성을 쉬게 하고 그들의 수고와 걱정을 덜어주는 것임을 언명했다.

관대는 백성을 사랑하고 기르는 것으로 의지할 곳을 잃지 않게 하고 부모의 입장에서 백성을 보살피는 도리를 다하는 것이다. 그리하여 백성이 각자 생계를 도모하고 자신의 업에 종사할 수 있게 해야 한다.

그리고 그는 관대와 해이解弛가 서로 유사한 것 같지만 사실은 다르므

---
23. 중中을 잘 지킴으로써 만물이 더없이 바르게 된다는 뜻.

로 신하들이 이를 분간하여 행하도록 훈계했다.

　이에 대해 건륭제는 또 탐관오리나 간악한 자들에는 관용을 베풀 수 없으며, 만약 이런 이들에게도 관대를 행사하면 반드시 사회와 정치가 혼란해지고 백성들이 불행에 빠질 것이라 지적했다.

> 만일 위정자가 탐관오리까지도 모두 포용하고 간악한 자를 모두 놓아 주어 관대를 보인다면, 그것은 가라지를 그대로 두어 오곡을 망치는 것이며 범과 이리를 풀어 선량한 이들을 해치는 것이 된다. 그렇다면 이보다 더 잔인한 것이 없으니, 어찌 관대할 수 있겠는가?

　그런 까닭에 그는 "만일 각급 신료들이 관대하지 말아야 할 곳에 관대함을 베풀면 짐이 반드시 그 방종의 죄를 다스릴 것이고, 엄하지 말아야 할 곳에 엄격함을 보이면 이 역시 반드시 모질게 그 죄를 다스릴 것이다."라고 경고했다. "만일 관대로 인해 방종으로 기울어진다면 짐은 부득이하게 수를 써서 그대들의 언행을 다스릴 것이다. 이는 결코 신료들이 스스로를 후대하는 것도 아니고 또한 짐이 신료들을 후대하려는 마음을 제대로 헤아리는 것도 아니다." 하며, "만일 금령을 약간 풀어 주어 문란해지고 점차 정도를 지나치게 된다면 그것은 신료들이 스스로 허물을 만든 것이니 국법이 있는바 어찌 공정하지 않게 사정을 보아주겠는가?" 하는 경고를 했다.

　'관맹상제寬猛相濟'는 건륭제가 강희, 옹정 시기에 걸친 정치의 성패를 총괄하여 얻어 낸, 그만의 뚜렷하고 특색 있는 정치 이론이다. 그는 이 이론에 근거하여 자신만의 길을 개척해 냈고 자신의 통치 기풍의 특색과 방식을 형성했다. 그는 평생 정치를 하면서 흑백이 교차하고 강유剛柔를 함께 베푸는 지혜를 구현했다. 이러한 정치 방침은 그에게 비교적 많은 선택의 여지를 제공했다. 때로는 백을 택해 너그럽고 관대한 정치를 펼처 일일이 간섭하지 않고 방임함으로써 사회적 갈등을 자연스럽게 해소했다. 그런가 하면 때로는 흑을 택해 엄하게 다스려, 강력하고 신속하게 처벌함으로써 잘못된 일들이 생기는 것을 사전에 막을 수 있었다. 그리하여 중용지도中庸之道는 진정 그에 의해 그 불꽃을 키우고 입신의 경지에 이르렀다.

적을 기려 벗으로 삼는다
追諡做給活人看

청조가 흥기하는 과정에서 제멋대로 명조의 장병들을 살육하였으며, 명조를 위해 희생한 충신과 의사義士들에 대해 모독했다. 그러나 건륭제는 청조의 장기적 이익을 지키려는 통치상의 필요에 따라 강희제와 옹정제의 정책을 이어받아 명조의 충신과 의사들의 명예를 회복시켜 주고 이들을 표창함으로써 한족 관리와 선비들을 유화하는 데 진력했다.

명 말 청 초에 명조의 많은 장수들이 반청복명反淸復明을 위해 희생을 무릅쓰고 청군과 맞서 용감하게 싸우는 과정에서 많은 사람들이 전사했다. 심한 경우 온 집안이 수난을 당하면서까지도 청조의 통치를 받아들이지 않았다. 청 조정은 원래 이런 명조의 충신이나 의사들을 극단적으로 적대시했다. 그러나 강희제 때 와서 명릉明陵을 보호하고 명대의 학자들을 기용하는 등 이전과는 다른 태도를 보였고 옹정제도 이를 따랐다.

건륭제에 이르자 청조는 명조를 이어받은 정통 왕조로서 합리적이고 합법적으로 세워졌음을 공개적으로 선언했다. 그리하여 건륭제는 정통을 지키는 관점에서 출발하여 명청 교체기에 명조를 위해 순국한 이들의 명예를 회복시켜 주고 시호를 내림으로써 그들을 회유하고자 했던 자신의 목적을 달성할 수 있었다.

청 초엽, 태조 누르하치는 칠대한²⁴ 七大恨을 들어 명을 공격했다. 심양 지역에서의 전투와 역사적으로 유명한 사르후 전투에서 명나라 장수였던 두송杜松, 유정劉綎, 마림馬林, 하세현賀世賢 등이 용감히 맞서 싸우다 모래벌판 위에서 전사했다. 건륭제는 이 사건을 돌파구로 삼아 아직 남아 있는 반청 정서를 잠식시키려는 계획을 세웠다. 건륭제는 두송과 같은 이들을 명조의 양장良將이라 칭하면서 비록 그들이 감히 대역을 저질러 청조의 백성으로 취하기에 불가한 듯하지만, 충성을 다해 목숨을 아끼지 않고 사력을 다한 것만큼은 찬사를 받을 만하다고 했다. 또한 두 군대가 맞선 것은 모두 각자 자신들의 주인을 위해 싸운 것이었으니, 이들 명나라 장수들도 나라를 위해 몸 바친 충신이라 할 수 있다고 말했다.

청군이 산해관山海關으로 들어가기 전, 명은 요동 요서 지방을 방어하는 전투에서 장수 웅정필熊廷弼과 원숭환袁崇煥이 용감히 싸워 큰 승리를 얻었다. 그러나 명 황제는 우둔하고 무도하여 연달아 그 둘을 사형에 처했다. 웅정필과 원숭환 두 사람은 모두 명의 뛰어난 장군이었으며 그들이 명조에 변함없이 충성과 지조를 다했음에도 도리어 황제의 손에 죽었으니, 건륭제조차도 이에 애도를 표시했다.

원숭환의 자는 원소元素로, 광동廣東 동완현東莞縣 사람이다. 1584년에 태어나 명 만력萬曆 연간에 진사가 되었다. 천계天啓 2년에 후금後金이 여

---

24. 누르하치는 제위에 오른 지 3년이 되던 해에 명나라의 죄상 7가지를 열거한 칠대한을 발표했음.

러 차례 변경을 침범해 왔지만 아무도 대적할 사람이 없었다. 그러자 원숭환이 홀로 말을 타고 나서서 형세를 살핀 뒤 조정에 요동을 지킬 수 있도록 명령을 내려 줄 것을 청하고, 영원寧遠(지금의 요녕 홍성遼寧 興城) 등지에서 성을 쌓아 적을 막았다. 또 방어를 공격의 전략으로 하여 여러 번 후금 군대를 격파했다. 천계 6년에는 영원에서 대승을 거두면서 요동순무로 승진했고 후에는 병부상서에 임명되어 계료薊遼에서 군사를 통솔했다. 숭정崇禎 2년(1629)에는 홍타이지[25][皇太極]가 후금의 군대를 이끌고 몽골을 돌아 만리장성으로 들어왔다.

그들이 북경을 에워싸자 원숭환은 군을 거느리고 북경으로 돌아와서 우군을 도와 적군을 격파했다. 그 후 홍타이지가 반간계反間計를 써서 원숭환이 모함을 받아 감옥에 들어가자 그의 부하 장수는 하는 수 없이 부대를 이끌고 도망을 쳤고, 북경의 정세는 순간 다시 위기에 빠졌다. 조정에서는 어찌할 바를 몰라 원숭환에게 부하들을 설득하는 편지를 쓰도록 명령했다. 부대는 과연 원숭환의 지휘에 복종했고 군대를 돌려 후금의 군대를 격파해 수도의 안정을 되찾아 놓았다. 그러나 원숭환은 끝내 석방되지 않았고 수감된 지 1년 만에 사형에 처해졌다.

명 숭정 3년(1630) 8월 16일, 일대의 명장 원숭환은 후금과 결탁하여 모반을 꾀했다는 죄를 뒤집어쓰고 능지처참형을 판결 받았다. 형을 집행할 때가 되자 사람들이 구름처럼 몰려와 앞을 다투어 은냥을 꺼내들고 그의 몸에서 잘려나간 살점들을 사 갔다. 잠깐 사이에 원숭환은 뼈대만 남았고 피와 살이 뒤섞여 분간하기도 힘들어진 머리는 망나니에 의해 베어진 후 군중이 볼 수 있도록 형장 옆 높은 기둥 위에 내걸렸다.

그 후 155년의 긴 세월이 흘러 청나라 건륭 연간이 되었다. 명사明史를

---

25. 누르하치의 여덟 번째 아들로 청조 2대 황제(재위 1626~1643). 시호는 문황제文皇帝.

수정하면서 건륭제의 상세한 조사를 통해 천고의 원한은 억울한 누명을 벗고 마침내 명예를 되찾게 되었다. 원숭환은 전대 왕조에는 충신이었지만 청에는 숙적이었다. 그럼에도 건륭제는 대의를 중히 여겨 의연하게 억울한 누명을 벗겨주었다.

청군이 산해관에 들어선 후 반청 지사였던 사가법史可法은 홀로 양주揚州를 지키고 있었다. 청군이 양주를 무너뜨리면서 사가법도 포로로 붙잡히게 되었다. 그는 투항하지 않고 끝까지 대항하며 말했다.

성城이 존재해야 나 또한 존재하며 성이 없으면 나도 함께 죽는다.
내 머리는 벨 수 있을망정 내 뜻만은 굽힐 수 없다.

건륭제는 사가법의 충용과 강직함을 크게 찬양했다.

사가법은 명 신종神宗, 광종光宗, 희종熹宗, 사종思宗과 홍광弘光의 5대조를 거친 선비로 나라가 위난에 처할 때마다 명을 받았다. 벼슬길에 오른 지 17년 동안 차츰 지위가 올라 남경南京 병부상서를 거쳐 남명南明의 재상에 올랐다. 관직이 그렇게 높이 오를 때마다 언제나 공적과 덕행이 그 자리에 있었다. 그는 평생 청렴하고 강직했으며 사람들을 가까이 하고 자신을 희생하며 나라를 위해 살았다. 명이 생사존망의 위기에 처했을 때 온갖 어려움에도 굴하지 않고 여러 차례 상소를 올려 간언하였으며, 고홍도高弘圖, 강왈광姜曰廣과 합심하여 홍광제를 보좌하면서도 고관 지위나 녹봉 따위에 흔들리지 않았다.

그러나 홍광제는 진취적인 대응은 생각도 못하고 우둔함이 극에 달하여 간신들이 나서서 정권을 잡게 되었다. 거기에 재해까지 빈번히 발생하자 민심이 돌아서고 사기도 추락하여 남명 정권은 이미 풍전등화의 상황에 놓여 적을 막아 낼 힘이 없었다. 사가법을 앞세운 충직하고 선량한 신하들은 역량이 부족했으므로 그들의 힘만으로는 망국으로 치닫는 형

흑백입정 · 99

세를 돌릴 길이 없었다. 사가법은 끝내 순국하였으니, 진정 "여러 송이 매화는 망국의 눈물이요, 하늘의 조각달은 옛 신하의 마음이다."라고 하겠다. 건륭제는 사가법을 높이 찬양했다. 건륭제는 그에 대해 다음과 같이 평가했다.

> 가법이 사람을 시켜 서신을 보냈는데 긴 글 어디에도 굴복함이 없었다. 훗날 다시 읽어 봄에 가법의 고충孤忠(혼자서 바치는 외로운 충성)을 애석히 생각하고 복왕福王의 총명하지 못함을 탄식한다. 이런 신하가 있는데도 믿고 쓰지 못하면 간신에 의해 끝내 멸망할 뿐이다.

또한 그를 송대의 문천상文天祥에 버금가는 인물로 보았다. 건륭 41년, 사가법이 의를 위해 죽은 지 이미 130년이 지났지만 건륭제는 그에게 공정公正의 시호를 내리면서 제사를 지내고 비석을 세우도록 명했다. 초상화를 걸고 시를 지어 주었는데, 거기에는 그를 찬양하는 말로 가득했다.

물론 건륭제는 사가법의 반청 사상을 칭송하고자 함이 아니라 그의 인격과 정신 그리고 신하로서의 충성심을 기리고자 했다. 그는 신하들이 사가법의 충군 절조를 배우기를 바랐고, 또 이로써 한족의 지식계층을 회유하고자 했음에도 의심할 여지가 없다. 역사의 묘사만으로도 눈앞에 역력히 다가오는 명나라의 충신들이 또 있었다.

명나라 말기 절강 소흥紹興의 유종주劉宗周가 상주하여, 위충현魏忠賢이 세력에 기대어 횡행하는 것을 탄핵했지만, 황제가 이를 듣지 않았다. 그리고 끝까지 청에 저항할 것을 강력히 주장했지만 소용이 없었다. 청군이 남경과 항주 등지를 함락시키자 순국할 것을 결심하고는 끝내 단식하여 사망했다. 성품이 곧았던 복건사람 황도주黃道周는 명나라 사람들을 모아 조직을 결성해 청에 저항했으나 역시 패배하여 포로가 되었다. 남경으로 호송되던 중 동화문東華門을 지나면서 황도주가 땅바닥에 주저앉아 말하기를 "이곳은 고황제高皇帝의 황릉과 가까우니, 죽어도 한이 없다." 하고는 그 자리에서 결연하게 목숨을 끊었다.

건륭제는 황도주와 유종주의 충군수절忠君守節에 대해 높이 찬양하면서, 사가법과 유종주, 황도주를 평가하여 다음과 같이 말했다.

> 사가법은 끝까지 나라를 지키며 홀로 외롭게 충성을 바치다 끝내 죽음으로 희생했다. 그리고 유종주, 황도주 등은 조정에 직언하여 간사한 무리들의 비난을 받으면서도 시국이 어려울 때 목숨을 바쳤으니, 일세의 완인完人(신분이나 명예에 흠이 없는 사람)이라 칭하기에 전혀 부족함이 없다.

건륭제가 명나라 충신들에게 이처럼 높은 평가를 하고 상을 내렸으니 그 후손들은 당연히 그 은혜에 감복하면서 건륭제의 높은 뜻을 칭송하지 않은 이가 없었다. 그리하여 기꺼이 청의 순민順民이 되어 충성을 바쳤다.

건륭제는 상을 내려야 할 명나라 신하들이 더 있다고 제안했다. 성을 지키다 전사하거나 포로로 잡혀 죽은 이들, 국가의 멸망을 차마 볼 수 없어 집안에서 자살한 이들, 명나라를 되찾기 위해 이리저리 떠돌아다닌 이들 그리고 죽음에 이를지언정 청조의 벼슬자리에는 오르지 않았던 이들이 바로 그들이었다. 건륭제는 전쟁터에서 희생된 이들이야말로 사생취의[26]捨生取義한 사람들이며, 절개를 지킨 자들이야말로 질풍경초[27]疾風勁草라 부를 만하다고 했다. 그래서 과거의 악감정을 버리고 봉건적 정통 관념에 따라 상을 내릴 것을 명했다.

---

26. 목숨을 버리고 의를 좇는다는 뜻으로, 목숨을 버릴지언정 옳은 일을 함을 이르는 말.
27. 질풍에도 꺾이지 않는 굳센 풀이라는 뜻으로, 아무리 어려운 일을 당하여도 뜻이 흔들리지 않는 사람을 비유적으로 이르는 말.

무릇 명조를 위해 절개를 지킨 신하들은 청조를 위해서도 충성을 보일 수 있으니 모두 구별 없이 훌륭한 상을 내린다.

그리하여 명하기를 『명사明史』, 『통감집람通鑑輯覽』 등에 실려 있는 역사적 사실을 바탕으로 그런 사람이 얼마나 되는지를 자세히 조사하고 그 사적事迹을 찾아 원래 관직에 따른 시호를 내렸다. 훗날 열거한 포상 조례의 주요 규정은 다음과 같았다.

1. 순국한 명신들을 직위의 높고 낮음과 사적에 따라 전시專諡와 통시通諡의 둘로 구분하되, 통시는 다시 충렬忠烈과 충절忠節 등 넷으로 나눈다.
2. 명조 천계, 숭정조에 이미 시호를 받은 이들에게는 옛것을 따르며, 다른 시호를 내리지 않는다.
3. 모든 명신들에게 시호를 내린 후, 원적原籍에 위패를 세우고 충의사忠義祠에서 제사를 지낸다. 한과원翰科院에서 시문諡文 한 편을 지어 각 성현의 충의사에 걸고 명신의 후손들이 비석을 세우는 것을 허락한다.
4. 명에서 충직하고 선량한 신하들을 모함했던 환관과 간신들은 비록 국가 대사로 죽었을지라도 이를 모두 가려내어 상을 거두어야 하지만, 찾지 않는다.
5. 시호를 내려야 할 이들의 공적은 『명사』와 『통감집람』 두 권의 책을 주요 근거로 삼는다. 『대청일통지大淸一統志』와 각 성의 통지通志 등을 두루 참고하되, 그 밖의 야사나 개인의 집에 보관해 내려온 비문은 모두 인정하지 않으며, 부족할지라도 함부로 수를 채우지 않는다.

건륭제는 비록 한편으로는 한인들에 대해 문자옥[28]文字獄으로 형벌을 내리기도 했지만 그 역시 의로움을 숭상했으므로 정통 강상[29]綱常을 지킨 명나라 충신들을 추서함으로써 신하들이 절개를 지키도록 고무하고 격려했다. 이렇게 함으로써 당세에 모범이 될 만한 규범을 정해 본조本朝에 충성을 다하도록 하기 위함이었다.

반청복명 사상이 번식할 만한 토양을 철저히 와해시키고, 반청 세력 후손들의 호감을 얻으면서 선비들을 회유하기 위해 건륭제는 웅정필과 원숭환의 후대들에게 관직을 주었다. 원숭환의 후손들은 훗날 갑오전쟁에서 중요한 역할을 한 장군이 되기도 했는데, 이는 아마도 원숭환이 살아 있었을 때는 생각하지도 못했을 일이었다.

역사 기록에 따르면 건륭제가 시호를 내린 명나라 신하는 3천여 명에 이르고, 그들의 후대와 친족들은 수십만 명에 달했다. 그러므로 건륭제의 이러한 행위는 그 정치적 영향이 매우 클 수밖에 없었으며, 청조가 통치를 유지하는 데 특별한 역사적 의미가 있었다.

건륭제는 당시의 역사적 배경을 고려해 인물을 평가해야 한다고 주장하여 명신들에 대해 공평 타당한 역사적 태도를 취했다. 그는 신하가 각자 그 주인을 따르는 것은 도리이므로 명신들에게는 원래 죄가 없다고 여겼다. 때문에 『사고전서四庫全書』를 편찬하면서 "말이 비록 금기에 저촉되어도 충성을 보인 것은 기록할 수 있다." 하는 태도를 취해 유종주의

---

28. 문자옥文字獄은 봉건사회의 지식인들이 글이나 말의 표현이 통치자의 이익이나 의도에 위배된다는 이유로 탄압받았던 사건을 말한다. 청조에서는 적극적으로 한인에 대해 회유 정책을 실시한 반면에 반청反淸, 반만反滿 사상에 대해서는 혹독한 탄압을 했다. 따라서 반청 사상의 소지가 있는 서적이나 글은 읽지도 쓰지도 말하지도 지니지도 못하게 하는 금서禁書 정책을 실시하고 이를 어길 경우에는 혹독하게 처벌했다. 이는 당시 한인 사이에 팽배했던 양이사상攘夷思想을 꺾으려는 청의 사상통제 조치였다.
29. 유교 도덕의 기본인 삼강三綱과 오상五常을 의미하며 사람이 지켜야 할 근본 도리를 뜻함. 오상은 인仁, 의義, 예禮, 지智, 신信의 다섯 가지임.

상소문과 황도주의 『박물전회博物典匯』를 수록해 넣게 하고, 반드시 피해야 할 문자들에 대해서만 생략하거나 고쳐야 한다는 뜻을 분명히 밝혔다. 건륭제는 그 목적을 이렇게 말했다.

> 천하 후세들로 하여금 나의 큰 뜻을 알게 하고 인륜의 명분을 가르치기 위해 사소한 것에 집착하지 않고 그 사람과 책의 내용을 중요시한다. 또한 단지 글로만 그치지 않고 천고에 남을 군주로서 신하들에게 이를 경계와 권고로 보이려는 목적이 있다.

건륭 40년 윤시월에 절강 순무가 『명기집략明紀輯略』 중 한 권의 책에 부록으로 나와 있는 남명의 복왕福王, 당왕唐王, 계왕桂王의 기록을 폐기할 것을 주청했다. 건륭제는 유지를 내려 모든 기록을 금기시해서는 안 된다고 지적하면서 사고전서관의 신료들에게도 『통감집람』을 편찬할 때 이 세 사적을 싣게 했다. 복왕은 강산의 절반을 승계했고, 당왕과 계왕 역시 명 황실의 자손들이므로 '위僞'라고 칭해서는 안 된다고 지시했다.

또한 당시 자신의 주인을 섬겨 끝까지 굽히지 않고 절개를 지킨 이들은 송 말의 문천상, 육수부陸秀夫와도 같으며, 비록 청 초에 어쩔 수 없이 참수를 당했지만 그들은 "죽을지언정 두 군주를 섬기지 않았으니, 참으로 신하로서 군주를 위해 충성을 다하는 의義에 부끄러움이 없었다." 하고 말했다. 이 의로움을 받들어 죽음으로 절개를 지킨 자들의 사적 또한 충정을 높이 살 만하며 또한 세도인심世道人心에 권하기에 족하므로 모두 『통감집람』에 써 넣도록 했다.

11월에는 다시 유지를 내려 다음과 같이 언급했다.

> 일찍이 세조 때 숭정 말년에 순국한 명조 대학사 범경문范景文 등 20인에게 특은을 베풀어 시호를 내린 바 있다. 사가법은 끝까지 나라

를 지켰고 유종주, 황도주는 위기에 처했을 때 목숨을 내놓았으니 모두 일세의 완인이라 하기에 족하다. 그 밖에 성을 죽음으로써 지키거나 전장에서 전사하고 또 포로가 된 후에도 죽음을 두려워하지 않았던 자들도 질풍경초라 하기에 부끄러움이 없다. 사생취의하고 충성을 바쳐 일한 자들은 전부 공덕을 표창해 시호를 내릴 것이다. 명나라 때 절개를 지킨 신하들도 모두 나라를 위해 충성한 것이므로 특별히 상을 주어야 한다. 목숨을 가벼이 여겨 스스로 죽음을 택한 자들은 마을에서 제사를 지낸다.

건륭제는 황자와 상서방 총사부總師傅 채신蔡新을 총재관總裁官으로 임명하고, 황손과 황증손 및 그들의 사부가 한림관翰林官과 함께 이를 편찬하도록 하여 그들의 자손들이 직접 책을 엮으면서 명조 멸망의 경험적 교훈을 받아들여 나라를 이어받아 지키도록 했다.

건륭제는 여러 해 이어진 문자옥 후에도 이런 유지들을 계속 내려, 사실상 충군忠君을 청조나 한족이라는 편협한 범위를 벗어난 최고의 도덕 표준으로 보았으며, 한인 신료와 문인들 사이에도 적지 않은 반향을 일으켰다. 어떤 한족 신료는 "성인聖人께서 지극히 공정하셔서 무아無我의 경지에서 효를 가르치시고 충을 가르치시니 만세가 우러러볼 것입니다." 하고 칭송했다. 그러나 사실 건륭제는 '무아無我'한 것이 아니라 바로 '아我', 즉 황제를 지고무상한 위치에 올려놓음으로써 어떤 상황에서든 황제에게 절대적으로 충성을 다해야 함을 경고하는 의미가 있었다. 그런데 이 원칙이 세워지고 나자 일찍이 청 초에 이미 귀순했던 한인들과 그들의 저술을 또 어떻게 처리할 것인지가 건륭제가 해결해야 할 또 다른 난제로 떠올랐다.

건륭 41년, 건륭제는 『이신전貳臣傳』을 편찬하여 두 왕조에서 벼슬을 한 신료를 이신貳臣이라고 부르는 방법을 제안했다. 그해 강소江蘇 지역에서는 대워 없애기로 한 서적 가운데 『명말제신주소明末諸臣奏疏』, 『동시상론록同時尙論錄』 등의 책을 올렸다. 건륭제는 그것을 읽어 본 후 유지를 내려 그 중 유종주와 황도주 등의 상주문은 적절치 못한 글귀만 고쳐 원주原奏를 보존하도록 했다. 그리고 왕영길王永吉, 공정자龔鼎孳, 오위업吳偉業 등의 인물은 명조에 이미 벼슬에 올랐다가 청조에도 다시 중용되었으므로 그들은 언급할 수 없으며 그 작품 또한 보존할 필요가 없다고 했다. 건륭제는 덧붙여 말했다.

> 홍승주洪承疇는 전쟁에서 패해 포로가 되어 귀순했고, 조대수祖大壽는 화를 입을까 두려워 항복했으며, 풍전馮銓과 왕탁王鐸 등은 명의 고관이었으나 청조에서도 신하가 되어 내각에 들었고, 좌몽경左夢庚 등은 청조의 대군이 이른 후에야 갑옷을 벗고 투항했다. 당시에는 어쩔 수 없이 이들을 기용하여 인심을 안정시켰을 따름이다.

그러나 감정에 치우치지 않고 공평하게 되돌아 보건대, 그들도 모두 국란을 겪은 것이었으며 항복을 하고도 다시 반역을 꾀하거나 몰래 헐뜯던 자들에 비하면 나쁜 편이 아니었다. 그럼에도 건륭제는 절개를 다하지 않은 이들을 국사國史에 따로 『이신전』을 두어 그 안에 포함시키고 사실대로 기록해 올리면 조정에서 최종적인 결정을 내리도록 했다.

건륭제는 충군을 애써 강조하면서 명 말의 충신들에게 상으로 시호를 내리는 것을 아까워하지 않은 대신, 청에 투항한 이신들은 얕잡아 보고 억압했다. 그러나 이를 근거로 실행하면서 명에 충성한 자는 표창을 받았지만 청에 항복하여 청에 충성을 다한 자는 배척을 당했다. 더구나 청에 항복한 자는 충성했든 모반을 꾀했든 구별하지 않고 한가지로 대했으므로 납득하기 어려운 점이 있었다.

그래서 건륭 43년에 이신전에 든 자들의 행적과 옳고 그름이 제각기

다르므로 반드시 구분해야 한다는 유지를 내렸다. 홍승주와 이영방李永芳 등은 전쟁에서 승리를 거두지는 못했지만 수차례에 걸쳐 무공을 세웠으니 청조에 충정을 다한 것이라 여겼고, 전겸익錢謙益 등 청에 굴복한 후에 시문을 써서 조정을 비방한 자들은 근거도 없이 떠들었으니 사람이라 칠 수도 없다고 했다. 그래서 국사관에서 심사를 보던 관리들에게 명해 갑, 을 두 편으로 나누어 편찬하여 이들을 구별하도록 했다. 건륭 54년 신하들이 을편을 바치자 건륭제는 또다시 그 중에서도 행위가 비열한 자들은 별도로 빼게 했다. 그래서 오삼계吳三桂와 이건태李建泰 등 청에 굴복한 이후 다시 모역한 자들은 이신전에서 제외되어 별도로 『역신전逆臣傳』에 편찬되었다. 건륭 56년, 마지막으로 확정된 이신전에는 갑, 을 두 편에 모두 125명이 수록되었는데, 그 안에서도 행적에 따라 각각 상중하의 세 등급으로 구분했다.

  건륭제가 명 말의 충신들을 표창하면서 명, 청에 걸쳐 역임한 한인 신료를 별도로 엮은 것은 무척 심혈을 기울여 내린 결정이었다. 그 스스로는 이것이 대중지정大中至正의 마음에서 나왔으며, 만세의 자손에게 강상綱常의 이치를 심어 주기 위함이라 했다. 그러나 실제 목적은 역시 수많은 한인 신료들을 통제해 황제에게 충성을 다하도록 만들어 청조의 통치를 공고히 하는 데 있었다.

  건륭제가 명조의 충신과 의사들에게 상을 내린 근본적인 의도는 수천 년 동안 역대 왕조와 황제들이 하나같이 강조했던 봉건전제 아래에서의 신하의 도리를 장려함으로써 충성을 다하게 하고, 만주 왕조의 신하들이 충군 수절했던 명신들처럼 국가의 흥망을 위해 자신의 목숨도 아까워하지 않도록 만드는 데 있었다. 건륭제의 이러한 조치는 명조 후세들이 자신을 사리에 밝은 황제라고 느끼게 하여 통일된 사상과 강상에 기초한 윤리적인 통치를 유지하고자 하는 목적을 달성할 수 있었다. 이와 같이 적을 기려 벗으로 삼는 건륭제의 흑백의 도가 진정 다른 이들보다 한 수 위였다.

근본을 다스려야 세상이 바뀐다
治本才可治標

청조는 입관[30]入關 후 바로 명조의 삼향三餉[31]이 더 이상 늘어나지 못하도록 금지시켰지만, 실제로 청조가 통치를 하면서도 각종 명목의 추가 부담은 여전히 존재하고 있었다. 예전의 가혹한 수탈과 잡다한 세금들이 금지되고 나면 또다시 새로운 명목으로 부담이 생겨나 아무리 없애려고

---

30. 만리장성 동쪽 끝에 위치한 동북 지역의 관문이었던 산해관山海關 안으로 들어간다는 뜻. 명 말 청군의 침략에 맞서 명나라 군사가 끝까지 저항했던 곳이 산해관이었으므로 산해관 입관은 곧 만주족의 중국 정복을 상징했다.
31. 명조 만력萬曆 말년 이래 가렴주구가 심해지면서 터무니없이 많은 세금을 부과했는데, 그 중 삼향은 요향遼餉, 초향剿餉, 연향練餉의 3가지를 말함. 요향은 청에 맞서기 위해 요동 지역의 군향으로 충당한다는 목적으로 부과했으며, 초향은 민란을 막는다는 목적으로 그리고 연향은 병사 훈련을 시키는 목적으로 토지 매 묘당 얼마씩 토지세를 더 거두어 들였던 제도.

해도 끊이지 않았다.

건륭제가 즉위할 무렵에는 다양한 명목의 수탈이 천지를 뒤덮을 정도였다. 어민이 바다로 나갈 때는 규례전規禮錢을 내야 했고 상인이 물건을 매매할 경우에는 낙지세落地稅를 납부해야 했으며, 하천의 둑이나 댐을 건설할 때는 토지 면적에 따라 공정은工程銀을 분담시키고 또 노새나 말과 같은 가축이 죽으면 도폐세倒斃稅를 내도록 하는 등 이런 일들이 한두 가지가 아니었다. 사농공상 모두가 이런 수탈에 고통을 받아 도처에서 원성이 자자했다. 결국 새로운 군주가 즉위한 지 반달 만에 호관詩關에 속한 다섯 관문의 수책[32]水柵을 백성들이 전부 헐어 부수는 일이 벌어졌다.

기록에 따르면 호관 관사關使 해보海保가 옹정 11년에 부임했는데 돈이나 재물을 착취하기 위해 구리하九里河, 마당교麻唐橋, 육서하陸墅河, 왕장하王莊河, 양첨羊尖 등 다섯 곳에 목책을 설치하고 사설 초소를 만들어 백성들의 배가 그곳을 지나면 타고 내리는 것과 상관없이, 배가 떠나든 안 떠나든 강제로 재물을 갈취하는가 하면 잡아 두고 괴롭히면서 화물을 빼앗아 백성들의 원한이 뼈에 사무칠 정도였다.

옹정 13년에 새로운 천자가 등극하면서 모든 백성들에게 억울한 사정이 있으면 상세히 보고하도록 하자 백성들은 환호했다. 백성들이 생각하기에 그 목책은 반드시 없애야 할 것이었다. 지역 백성들이 서둘러 날을 정해 불태워 없앴고 그러자 그곳에서 일하던 사람들은 약속이나 한 듯 너 나 할 것 없이 모두 도망쳤다.

준엄한 현실은 건륭제에게 하루 빨리 전대 왕조의 적폐를 없앨 것을 강요했다. 냉정하게 말하면 옹정제는 많은 성과를 거둔 군주임에 틀림없었다. 그가 이룬 지정합일[33]地丁合一, 황무지 개간, 모선귀공耗羨歸公, 개토귀

---
32. 관개灌漑를 위해 물의 흐름을 막는 목책 또는 선박의 통행을 저지하기 위해 설치한 목책.

류 등의 제도는 모두 그 영향이 매우 컸지만 이러한 제도를 집행하는 동안 점차 본래 모습을 잃어 갔다.

예를 들면, 매년의 작황 파악은 농사를 짓지도 않는 지방 토호세력들 손에 의해 좌우되었고, 직례直隸(하북성의 옛 이름)에서 정전井田을 구획하고자 계획했던 것은 원래 팔기생계를 해결하기 위한 시도에서 비롯되었으나 결과는 오히려 백성을 혹사시키고 물자를 낭비하게 되었다. 농사짓기를 꺼리던 팔기 자제들은 관부의 소를 훔쳐서 팔거나 땅은 다른 이에게 세를 놓아 정전제의 시도를 무산시켰다. '기꺼이 선행을 행하며 없는 이들에게 베풀고〔樂善好施〕', '길에 떨어진 물건이 있어도 줍지 않는다〔道不拾遺〕'라는 두 성어는 그가 제창하던 사회 기풍이었다. 그러나 전자는 각급 관리들이 정부의 이름으로 가혹한 세금을 거두어 중간에서 자신의 몫으로 빼돌리게 만들어 주는 부적이 되었으며, 후자는 각양각색의 투기꾼들이 속임수를 쓰고 조정에 뇌물을 바치는 온상이 되었다. 옹정제가 불교, 도교를 우대하고 상서祥瑞를 좋아하던 것은 승려나 도사 등 유식遊食하는 자들을 급격히 증가시켰을 뿐만 아니라 각 지방 관리들이 황제의 기호에 맞추어 상서로운 말로 가득한 상주문만 끝없이 올려 민간의 실상을 파악하지 못하는 결과를 초래했고 나라의 안정에 있어서도 아무런 도움이 되지 못했다.

모든 군주들은 각자 자기 나름대로 나라를 다스리는 방도가 있었다. 그렇기 때문에 최고 권력자가 바뀔 때마다 봉건체제 안에서 자신만의 독특한 통치 방식으로서의 새로운 정치 제도가 분명하게 나타났다.

건륭제는 옹정제가 죽은 다음 날 바로 서원西苑에서 공양드리던 도사 장대허張大虛, 왕정건王定乾 등에게 선황이 하사한 어찰을 반환하도록 하고

---

33. 토지세인 지은地銀과 인두세人頭稅인 정은丁銀을 하나로 통합한 것.

각자 고향으로 돌아가게 하면서 밖에서 소문을 내거나 말썽을 일으키거나 사람들을 미혹하지 말 것을 명령했다. 궁중에서 쫓겨난 사람들 중에는 도사뿐만 아니라 승려도 있었다. 문각선사文覺禪師가 바로 그들 중 하나였다. 문각은 옹정제의 깊은 신임을 받아 국사國師의 봉호를 받고 궁궐을 넘나들며 정사에도 간섭해 왔다. 건륭제는 문각선사에게도 마찬가지로 선황이 그에게 내렸던 모든 재물들을 내놓고 고향으로 돌아가도록 명하면서 그 지방 관리의 엄격한 통제를 받도록 조치했다.

건륭제는 옹정제 때에 승려와 도사들을 우대하던 정책도 바꿨다. 순치제 때 승도에게 도첩[34]度牒을 발급하던 제도를 회복시켜 출가하는 이들의 수를 제한했다. 건륭제는 사찰이 소유하고 있던 논밭을 조사하고 사찰이나 사당을 마구 짓는 것을 금지했으며, 각 성의 독무들에게는 사찰과 사당을 정돈하면서 계율을 지키지 않는 가짜 승려와 도사를 환속시키도록 명했다. 사찰의 재산은 환속하는 승려와 출가자에게 필요한 정도만 나누어 주고 나머지는 모두 공공재산으로 환수하여 그 지방에서 가난한 사람을 구제하는 데에 쓰도록 명했다.

건륭제는 다시 "금후로 경운慶雲(상서로운 구름), 가곡嘉穀(하늘에서 내린 곡식)과 같이 상서祥瑞를 이야기 하는 일체의 말을 상주하지 말라." 하는 유지를 반포했다. 가화嘉禾니 감로甘露니 하는 말들은 듣기에는 좋을지 몰라도 국가 경제와 민생에는 아무런 이익도 없다. 백성들이 먹고 입을 것이 모두 풍족하기만 하면 될 것이며, 굳이 풍년이 들 것이라는 말을 입으로 하는 것과 나라가 태평해지는 것은 아무 상관이 없다. 중요한 것은 각 지방의 관리들이 성실한 자세로 정치에 임하면서 이로운 것은 일으키고 해로운 것은 없애며 가혹한 세금을 줄여 백성들을 편하게 해 주면 되는

---

34. 옛날 관청에서 승려에게 부여한 출가 증명서. 계첩戒牒이라고도 했음.

것이지 상서라는 허튼소리로 말을 꾸미고 칭송하는 것은 아무 쓸모도 없는 일이라고 했다.

건륭제는 이어 형부상서 헌덕憲德을 파직시켰다. 헌덕은 옹정제의 중용으로 쉽게 높은 벼슬에 오른 인물이었다. 청 초 이래 사천성에서는 농지 측량을 실시한 적이 없었고 다만 성에서 현까지의 각급 관리들이 납부할 전량錢糧(지세地稅, 지조地租)에 맞추어 토지 면적을 추산해 왔다. 따라서 전량을 징수할 때 실제로 소유하고 있는 토지의 면적이나 비옥도와는 아무런 상관이 없었기 때문에 속이거나 숨기는 일이 생기는 등 불공평한 현상이 초래되었다. 그러다 헌덕이 옹정 6년에 사천 순무로 승임한 후 이 성의 토지를 측량하라는 명을 받았다. 토지 측량은 말할 필요도 없이 중요한 임무여서 각 가구별로 소유토지의 면적과 비옥도를 명확하게 조사한 결과를 기초로 상, 중, 하 세 등급으로 나누고 소유자들에게 인표印票를 발급해 주어 보관하도록 했다. 따라서 그들이 내야 할 전량은 등급에 따라 상세한 계산을 해서 징수하도록 정했다. 이러한 방법은 관리들이 지나치게 많은 세금을 징수하거나 속여서 빼앗지 못하도록 하는 데 도움이 되었다.

그러나 헌덕이 주관한 토지 측량은 여전히 옛날 그대로의 명목만 있어 집마다 실제 소유한 토지와 전혀 상관없이 원래 추측해서 대략적으로 계산했던 면적에다 땅이 적은 집은 조금 늘려 주고 땅이 많은 집은 많이 늘려 준 데 지나지 않았다. 심지어 원래 토지를 가지고 있지 않은 소작농들에게도 땅이 있는 것으로 책정하기도 했다. 결국 사천의 농경지는 원래의 23만 경頃(토지의 면적 단위로 2만여 평에 해당함)에서 갑자기 44만 경으로 늘어났다. 이것은 가구별로 전량의 부담이 거의 배로 늘어났음을 의미했다. 사천 백성들이 이 고통을 참지 못하고 끝내 충주忠州에서 민란을 일으켰다. 헌덕이 이렇게 백성들을 못살게 만들었지만 옹정제의 그에 대한 총애는 변함이 없었다. 그는 옹정 10년에 사천에서 임기를 마치자 바로 공부상서로 임명되었으며 이듬해에는 또 형부상서로 전임되었다. 건륭제가 친정하고 난 후에야 헌덕이 사천에서 부임한 동안에 벌인 행위들을 청산할 수 있었다.

건륭제는 유지를 내려 각 성 독무들에게 모래톱 등 하천 변에 있는 땅이나 산등성이의 불모지 등 이미 황무지를 개간했다고 보고한 경작지를 현지에서 실지 조사하도록 했다. 그리하여 허위로 보고했던 땅은 경작지 면적에서 제외시키고 그에 따른 책임을 엄중히 물었다.

옹정 연간에 인구는 날로 증가하는데 토지는 그대로였으므로 옹정제는 각 성 독무와 주현州縣 관리들에게 백성들의 토지 개간을 장려하는 유지를 내렸다. 이로 인해 일부 관리들이 토지를 개간했다고 허위보고를 해 13년 동안 각 성에서 상부에 보고한 개간지가 무려 39만 경에 달했다. 일단 황무지를 개간했다고 상부에 보고했으니 몇 년 후에는 전량을 징수해야 했고 그러다 보니 각 지역 관리들은 개간지에 대한 전량을 부득이 기존의 토지에 분담시켜 징수할 수밖에 없었다. 황무지 개간이라는 명목으로 실제로는 부역을 가중시킨 셈이었으며 세금 부담만 늘어났다. 옹정제가 살아 있는 동안 부실한 개간 문제를 폭로한 관리도 있었지만 그 정도의 작은 소리는 계속해서 올라오는 개간 보고에 눌려 들리지도 않았다.

하동河東 총독 왕사준王士俊은 황무지 개간이라는 허위 보고로 자신을 내세우다가 하남 백성들에게 심한 고통을 가져다 주었다. 건륭제는 황무지 개간이라는 허울 좋은 명목으로 백성들을 힘들게 했음을 질책하면서 왕사준을 파직하고 아예 하동 총독 자리마저 없애 버렸다.

뒤이어 건륭제는 향진³⁵鄕鎭의 낙지세落地稅를 단속하도록 명을 내렸다. 당시 낙지세는 그 징수 범위가 아주 넓어서 농기구(쟁기, 써레)·식품(어

---

35. 향鄕과 진鎭으로 현縣 밑에 있던 행정 단위.

류, 채소, 과일, 설탕, 기름)·가정용품(쓰레받기, 마당비, 숯) 등이 모두 징수 대상이었다. 동시東市에서 물건을 사올 때 세금을 부과하고 서시西市에서 내다 팔 때 또 징수했다. 그 중 대부분은 관리들이 횡령을 했고 관청에 제대로 납부된 세금은 극히 일부분에 불과했다. 이에 따라 명확한 규정을 내려 집시[36]集市에서 파는 물건에 대해서만 세금을 거두도록 하고 초과로 가혹하게 거두거나 중복해서 징수하는 것을 금지하여 탐관오리들이 거짓 구실을 들어 단 한 푼이라도 취하도록 허락하지 않았다.

이와 동시에 건륭제는 각 지의 통행세를 조사하도록 명했다. 통행세가 정규 항목 외에 과외로 받은 금액이 더 많은 것을 감안해서 내야 할 세금이 5분分에 못 미치는 이들의 세금은 면제해 주기로 결정하고 상인들로부터 세금을 가혹하게 거두지 못하도록 거듭 밝혔다. 연희요年希堯는 임의대로 서주徐州에 속한 4개 현의 낙지세를 통행세로 바꿔 징수하고, 가노家奴에 대한 세금을 근거도 없이 수탈하는 데도 눈감아 주었다가 면직을 당하고 끌려가 심문을 받았다.

건륭제는 신하들에게 더 이상 옹정제 때의 '낙선호시, 도불습유樂善好施, 道不拾遺' 류의 선행에 대해 상주하지 말 것을 요구했다. 물론 건륭제 역시 그런 사회 기풍을 제창했고 또 자신이 즉위하기 전 책을 읽고 공부하던 곳을 낙선당樂善堂이라 이름도 지었지만, 그는 무슨 일이든 크게 일으키면 반드시 시끄러운 일이 뒤따른다는 사실을 잘 알고 있었다.

실제로 지방 관리들은 선행을 일부러 만들어 내기 위해서 백성들의 재물을 갈취하는 데 어떤 나쁜 짓도 서슴지 않았다. 요행으로 관리가 된 이들은 어떻게든 8, 9품의 관모冠帽를 얻으려고 지방 관리들끼리 한 통속이 되어 계속해서 선행을 만들어 상주했다. 그에 대한 상으로 관직이 계속

---

36. 농촌이나 소도시에서 정기적으로 열리는 시장.

내려지면서 향리 모리배들의 횡행은 늘어만 갔고, 그 화는 고스란히 백성들에게 돌아갔다.

'모선耗羨'은 '화모火耗'라고도 했는데, 원래는 돈이나 곡물 형식으로 세금을 징수하는 과정에서 부가되는 세금을 뜻한다. 만약 납세자가 납부하는 것이 곡물일 경우 창고에 보관하게 되면 쥐나 벌레들에 의해 손실이 생기는 것을 피할 수가 없었으므로 이러한 입고 후의 손실에 대비해서 관부에서는 납세자들에게 책정된 세금보다 더 많은 양을 납부하도록 했다. 또 납세자가 은으로 납부할 경우에는 납세자가 낸 부서지거나 깨진 은을 창고에 입고하기 전에 녹여서 큰 덩어리로 만들어 보관하기 편하게 했는데, 은을 정련하는 과정에서도 손실이 생기게 마련이어서 이 손실 또한 납세자들이 부담하도록 책임을 지웠다. 이렇게 당초에 납부해야 할 액수보다 더 많이 납부한 만큼의 돈과 곡물을 통칭해서 모선이라 했다.

백성들이 규정액 외에 추가로 납부하던 모선은 사실 아주 일부만 손실을 막는 데 쓰였을 뿐 대부분은 각급 관리들의 주머니 속으로 들어갔다. 청대의 모선은 원래 명대에서보다 그 비중이 컸는데 옹정 2년 이를 정부에서 관리하여 양렴養廉에 쓰도록 하는 모선귀공 제도를 도입하자 관리들은 처음부터 더 많은 모선을 거두어들였다. 그뿐 아니라 사천성에서는 공공연히 원래 모선에 해당하는 금액 외에 또 여평餘平이라 하여 백 냥마다 6전錢씩을 더 거두어 각 아문의 사무 비용으로 충당했다.

각급 관리들이 모선을 지나치게 징수하던 상황은 '백성에게 취할 때는 규정을 두어야 한다.' 하는 정상적인 질서를 크게 해쳤다. 때문에 건륭제는 각 성의 독무들에게 이 같은 행위를 두절하도록 엄중히 경고하고 주나 현의 관리들이 다시금 가혹한 수탈을 할 경우 바로 탄핵하도록 명하면서 정해진 액수 외에는 어떤 구실로라도 더 취할 수 없도록 했다.

건륭제는 또 각 성에 유지를 내려 포정사아문布政司衙門의 인신印信(관인

官印·공인公印 등의 총칭) 이 찍힌 계약서를 주나 현으로 발급하는 것을 엄금했다. 민간에서 계약서를 사용하도록 가장 먼저 강요한 사람은 옹정 시기의 명신名臣이었던 하남순무 전문경田文境이었으나, 다른 성의 관리들도 이득을 꾀할 만하다 싶어 서로 앞 다투어 따라했다.

주현의 관리들은 계약서를 손에 넣으면 틈만 나면 재물을 빼앗아 갔다. 이 때문에 토지 매매에 드는 비용이 몇 년 만에 몇 십 배나 올라 백성들의 원망이 높았다. 이를 본 건륭제는 민간에서 토지를 매매할 경우 일정 금액 이상 세금을 거둘 수 없으며, 토지 문서를 전당잡히는 경우에는 매매에 해당하지 않으므로 세금을 납부하지 않아도 된다는 유지를 각지에 내렸다.

당시에는 운하를 건설하거나 방파제를 만들고 제방을 보수하는 경우 조정에서 공사비용을 부담했다. 그러나 공사를 담당하는 관리들이 공사 대금을 가로채 자기 주머니를 불렸으므로 공사비용이 부족할 수밖에 없었다. 그리하여 이들은 해당 지역의 관리들과 결탁하여 모자라는 공사 대금을 백성들에게 할당해 부담시켰는데, 이렇게 하면 적자를 메울 수 있을 뿐 아니라 또 한밑천을 잡을 수 있는 기회가 될 수도 있었다.

운하 건설로 인해 산동성에서는 매년 백은白銀 5만 3천 4백여 냥을 할당했고, 송강淞江에서는 방파제 보수공사로 해마다 매 묘畝(약 200평)에서 공사비 5문文씩을 거둬들였으며, 직례 일대에서는 운하의 강에 쌓인 흙을 자주 준설해야 했으므로 매 묘당 은 1리厘 씩을 할당했다. 또 사천성에서는 경내 제방 공사 때문에 매 묘당 은 2리 내외를 보태게 했다. 이것을 안 건륭제는 제방이나 수문 건설을 이유로 은을 분담하는 행위를 금지했다.

건륭 이전, 강절江浙(강소성과 절강성) 양성에서는 장인匠人들이 정기적으로 관리들에게 무상복역을 제공해야 했는데 이것을 '당관當官'이라 했다. 만약 여기에 참여할 수 없을 경우에는 돈을 내서 역을 대신했고, 이는 '첩비帖費'라고 불렀다. 건륭제는 이러한 폐단을 알게 된 후 당관과 첩비를 모두 없애 강절 지역에서 장인을 강탈하던 오랜 악습을 없앴다.

건륭 초기에는 여러 역사적 요인으로 인해 일부 지역에서 전량의 부담이 여전히 기준을 훨씬 웃돌았다. 그 중에는 명나라 때의 위소둔전衛所屯田과 번왕봉지藩王封地, 소송가호蘇松嘉湖 4부府와 복건 등지가 포함되어 있었다. 원래 명대에서 위소둔전지의 부담은 보통 민간 소유 농지의 4, 5배에 해당했다. 번왕봉지를 농민에게 대여할 때 징수한 지세도 민전民田 지세에 비해 2배에서 4배까지도 많았다. 소송가호 4부는 본래 주원장朱元璋의 강적이었던 장사성張士誠의 근거지로 도량이 좁은 주원장이 장사성을 제거한 후 그곳 민전에 관조官租를 징수했는데 그 부담이 전국에서 가장 높았다. 왕조가 바뀐 후에도 정부에서는 명조의 기준에 따라 이들 토지에 정식으로 세금을 부과했다. 복건 지역의 인두세가 과중한 것은 사람 수를 땅에 결부시켰기 때문으로 성의 농경지는 적은데 반해, 인가人家는 많아서 지묘地畝에 할당된 인두세가 5전錢에 달했다.

이밖에 일부 성에서도 구역 내의 호숫가나 바닷가, 강가의 모래밭 부근의 토지는 늘 물에 잠겨 수확을 보장할 수 없었으므로 그 지방의 관리들은 부득이 불모지에 가까운 이들 지역에 대한 전량을 다른 땅에 분담시켰고 이는 또 다른 형태의 착취로 발전되었다. 건륭제는 위 지역들의 전량이 지나치게 무겁다는 것을 알게 된 후, 상황에 따라 다음과 같이 하나씩 해결해 나갔다.

1. 명나라 때의 위소둔전과 번왕의 토지는 현지 민전에 준해 세금을 부과한다.
2. 강소 지역의 전량 초과액 2십만 냥을 면제한다.
3. 복건 및 인두세가 과중한 기타 지역의 세금을 새로 책정한다.
4. 회안, 서주 등지에 새로 형성된 진흙으로 덮인 논밭과 기타 황사로 인해 뒤덮인 농경지 혹은 강가와 호숫가처럼 쉽게 침수되는 지

역의 전량은 면제하고 영원히 과세하지 않는다.

건륭제가 볼 때, 황무지 개간 장려는 여전히 백성들의 생계를 해결하는 주요한 조치였다. 개간 과정에서 나타나는 허위 보고 등의 폐단을 막기 위해 실제 상황에 근거하여 개간지의 전량을 감면할 것임을 특별히 강조했고 지방 관리들의 개간지 침탈을 막기 위해 개간지의 재산권을 직접 개간한 사람에게 주었다. 건륭 5년 개간을 권장하는 유지를 내린 후로 13년 동안 내륙 각 성의 개간지는 20만 경 이상에 달했다. 이는 곧 적어도 백만 이상의 파산 가정에 일정한 소득을 가져다 주었음을 의미했다.

일부 빈민들이 자발적으로 땅이 넓고 사람이 적은 성으로 이주해 가는 것을 장려하기 위해 건륭제는 여러 차례 지방관들에게 유지를 내렸다.

오늘날 호구가 날로 증가하나 각 성의 경작지는 전과 같이 더 늘릴 수 없는지라 마땅히 사람이 널리 퍼지도록 하여 호적이 없는 가난한 백성들을 부양해야 한다.

명에서 청으로 넘어가면서 사천에서 일어난 수차례의 병란으로 인구가 격감한 데다, 호랑이의 번식이 늘면서 마을로 들어가 사람들을 해치는 일이 여러 번 일어나기까지 했으니 그 황량한 정도를 가히 상상할 만했다. 그리하여 강희 연간 이래로 양호兩湖(호남성湖南省과 호북성湖北省), 강서江西, 광동廣東 등지에서 땅이 없는 농민은 이전부터 천부天府(승덕에 위치한 청조 황실의 사냥터)라 불려온 사천성으로 이주해 갔고, 이 현상은 건륭 초까지도 계속되었다. 건륭제가 즉위한 후 십여 년 동안 사천으로 이주해 땅을 개간한 사람이 20여 만 명이나 되었다. 이런 이유로 건륭제는 사천 지역 관리들에게 사천으로 전입해 간 이들을 호적에 편입시켜 줄 것을 명했다.

【건륭제에게 배우는 관맹술】

一. 진정으로 성공한 사람은 행동으로 보일 뿐 말을 아낀다.

一. 계승이라는 이름으로 개혁이라는 실을 얻을 수 있다.

一. 모든 일은 처한 상황과 역량을 살펴본 후 서서히 행해야지, 눈앞의 이익만을 탐해서는 안 된다.

一. 인仁이 아니고서는 그 마음을 얻을 수 없고, 관寬이 아니면 그 몸을 편안하게 할 수 없다. 이 두 가지는 이름은 비록 둘이나 이치는 하나다.

一. 백성들이 먹고 입을 것이 모두 풍족하기만 하면 된다. 굳이 풍년이 들 것이라는 말을 입으로 하는 것과 나라가 태평해지는 것은 아무 상관이 없다.

제3장

관맹술寬猛術 3
작은 것도 살펴야 대업을 이룰 수 있다
體查入微成大事

건륭제는 대내적으로는 정권을 장악하고 모든 일을 몸소 처리해 조정의 기강을 정비했으며, 그에 따라 국력도 날로 강해졌다. 대외적으로는 세세한 부분까지 전부 파악하면서 강경한 태도를 취해 손바닥만한 땅도 양보하지 않음으로써 대국의 군주로서의 존엄을 지켰다.

본本을 중시하되 말末을 경시하지 않는다
重本但不能抑末

건륭 시기에는 급격한 인구 증가와 더불어 대규모의 경작지에 경제 작물을 파종하면서 나라 안에 식량이 남아도는 곳과 모자란 곳이 광범위하게 생겨났으며, 이에 따라 식량을 조절해야 하는 문제가 눈앞에 닥쳤다.

이러한 정황을 감안하여 건륭제는 지난 날 황제들이 상인을 천시하던 낡은 사상을 고쳐 식량교역을 대폭 장려해 식량 조절 문제를 해결하는 데 힘쓰는 한편 매점매석을 막았다. 그는 일찍이, "교역은 관청의 법규나 규정만 가지고 행할 수 없다.", "대개 시정市井의 일은 민간에서 담당하여 자율적으로 흐르게 해야 한다. 관청에서 맡아 하게 되면 본래는 백성의 이익을 구하고자 한 것이 이를 실행하는 과정에서 협조가 제대로 이루어지지 않아 오히려 해를 끼치게 된다.", "곡식은 민생과 관계된다. 상인들 사이에서 완전히 자율적인 유통이 이루어지도록 돕는다면 시가市價는 저절로 안정되게 떨어질 것이다." 하고 말한 바 있다. 그런 까닭에 그는 식량 교역을 격려하는 여러 특별 조치들을 제정했다.

그 예로 건륭 2년에는 재해 지역으로 운송하는 식량에 대해서는 통행에 따른 과세를 면제해 주는 규정을 내렸다. 이후 건륭제는 이 정책을 확대 실시하여 재해 지역뿐 아니라 전국에 걸쳐 면제받을 수 있도록 고쳤다. 또 흉작 지역에서는 지방 관리가 상인에게 돈을 빌려 주는 것을 허가하여 상인이 타지에서 구입한 식량을 해당 지역으로 운반해 오는 것을 실질적으로 돕되 절대 이자를 취하지 못하도록 했다. 이러한 면세 정책으로 식량의 유통 속도가 더욱 빨라졌다.

건륭 7년, 식량의 유통을 더욱 촉진시키기 위해 유지를 내렸다.

> 서민의 아침저녁 식사를 생각하니 오로지 곡식에만 의존하는 바 다른 물건과는 비교할 수가 없다. 관문에서 미세米稅를 징수하는 것이 비록 매 석石마다 받는 것이 얼마 되지는 않으나 상인들은 세금을 구실로 반드시 가격을 높이 올린다. 때문에 상인들에게서 얻은 것은 바로 백성으로부터 나온 것과 같다.

상인이 민간에서 이익을 취하는 것을 언급한 후 또 다음과 같이 말했다.

> 짐이 등극한 이래로 줄곧 성省 관세는 여러 번 은혜를 베풀어 감면을 더하였고, 관리들이 세금을 과도하게 징수할 것을 우려해 과조科條를 고치고 다방면으로 훈계했다. 흉작을 거둔 지방의 경우 천진天津, 임청臨淸, 호서滸墅, 무호蕪湖 등의 관문에서 모든 상인들의 미선米船에 표를 발급해 통행을 허가하고 그 세금을 면제하여, 모두 백성들의 생계를 도왔다. 그러나 그것은 특은이라 간혹 실행하는 것에 지나지 않았다. …… 오늘 특별히 유지를 내려 직성直省의 각 관문을 거치

는 미두米豆의 운반세를 영원히 감면한다.

건륭 중기에 이르러서는 식량에 여유가 있는 각 지역들이 잇따라 운반 금지를 실시하는 등 식량을 지키려는 움직임이 일어났다. 각 지역마다 인구 증가나 식량 부족의 정도가 달랐기 때문에 식량에 여유가 있는 성일지라도 그 지역의 관리들은 자기네 성의 여유분이 밖으로 유통되지 않도록 시장에 간섭했고, 이는 곧 식량 교역의 순조로운 진행을 방해하게 되었다. 건륭제는 지방 관리의 이런 조치에 큰 반감을 가졌다. 이에 건륭제는 즉위한 지 37년 되는 해에 이를 실질적으로 제약할 수 있는 방법을 규정했다.

인근 성에서 흉작을 거두어 식량을 사겠다고 보고할 때 본 지방 관리가 식량을 밖으로 내보내지 못하도록 금지하면 그 지역 독무는 사실에 근거해 탄핵할 것이며 주현의 관리는 한 등급 강등되며 승급이 유보될 것이다. 또한 그러한 사실을 폭로하지 않은 토사[37]土司들은 1년 간 감봉 처분하며 그러한 관리를 탄핵하지 않은 독무는 6개월 간 감봉에 처한다.

이 방법은 감봉 처분이라는 관리들의 실질적인 이익을 바탕으로 상벌을 진행함으로써 나쁜 풍조가 횡행하는 것을 효과적으로 저지할 수 있

---

37. 원나라 이후 중국 서남 지역에 있는 여러 이민족에게 주었던 관직. 감숙, 청해, 티베트 지방에 살던 티베트족이나 호남, 사천, 운남, 귀주, 광서 지방에 살던 묘족과 통족 등에 대해 중국의 정치력이 거의 미치지 못했으므로 원나라 때 이들 지방을 통치하기 위해 추장에게 관직을 주고 그들의 관습에 따라 자치를 하도록 허락했다. 이 관직을 토사土司 또는 토관土官이라 했으며 그 지위는 세습되었다. 토사제도는 명나라 때 완성되어 청나라도 계승했으며 옹정 연간에는 토사를 유관流官으로 하는 개토귀류 정책을 취했음.

었다.

건륭 43년, 장강長江 중하류 지역에 재해가 발생했는데 이듬해 미곡 상인이 사천에서 쌀을 사들여 운반해 가려 하자 사천 총독 문수文綬가 사천성의 쌀값이 상승할 것을 우려해 양곡의 반출을 금지했다. 건륭제는 이 일을 알게 되자 즉각 유지를 내려 질책했다.

> 강남 하류는 줄곧 사천성에 식량을 공급해 주었으며 이전에 사천성에 흉작이 들었을 때 그들이 너희 지역을 대상으로 이득을 보려는 생각을 한 적이 있었느냐? 네 머릿속에는 지역의 경계를 가르려는 생각이 강해 다른 성에서 식량을 구하는 것을 막으려 하고 있으니 이것이 어찌 모든 이를 차별 없이 대하려는 짐의 뜻에 맞는다 하겠는가!

이어서 문수에게는 강에서 가까운 곳의 관고의 곡식을 바로 강남으로 보내라 명하고 호북 상인들이 정상적으로 운반할 수 있도록 쌀 산지에서 그들을 방해하지 말도록 명했다. 이러한 조치에는 시장 경제에 따르는 의미도 어느 정도 담겨 있다.

시장이 형성된 이후로 많은 양곡이 사천과 양광兩廣(광동성과 광서성)에서부터 장강 물길을 따라 동쪽으로 내려가 강소와 절강으로 운반되었고, 복건으로는 해로를 통해서 운송되었다. 동북 지방의 콩과 밀은 해로로 북경과 직례, 산동으로 보내졌다. 호남, 하남의 쌀은 육로 혹은 수로를 통해 섬서로 운반되었다. 광서의 식량은 광동으로, 대만臺灣의 미곡은 바다를 건너 복건으로 보내졌다. 이들 식량의 장거리 운송은 점차 식량 유통의 고정 경로로 굳어졌다.

국내 식량 유통 시장을 형성한 것 외에도 건륭제는 나라 밖 식량의 수입도 장려하고 수출을 금지했다. 건륭조 때부터 시작해 사이암(타이 왕국의 옛 이름), 베트남의 상인들이 쌀을 가지고 와서 복건성과 광동성 등에 팔았다. 건륭제는 외국 상인들이 쌀을 팔러 오는 것에 각종 특혜를 주었다. 또 만약 외국 상인이 가지고 오는 곡물이 국내에서 팔리지 않으면 해당 지역 관부에서 원래 가격대로 수매하도록 규정하기도 했다. 외국의 쌀은 천신만고 끝에 한 번 운반되어 오면 다시 되돌려 보낼 수는 없었으므로 관부에서 보호 정책을 썼던 것이다. 이는 외국 상인들이 더욱 안심하고 쌀을 중국으로 가져다 팔 수 있도록 만들었으므로 중국 내 식량 부족을 어느 정도 메울 수 있었다.

연해 지역의 식량 시장이 활기를 띨 수 있었던 또 다른 이유는 외국에서 장사를 하던 중국 상인들이 귀국 할 때도 자주 식량을 가지고 와 국내에서 교역을 했기 때문이었다. 동남아 지역에는 쌀이 많이 나고 값이 쌌으므로 외국에 나가 장사하던 상인들이 자본을 가지고 나가서 현지에서는 목재를 구입해서 배를 만들고 돌아오는 길에는 쌀을 사 가지고 왔다. 이는 쌀만으로도 이익이었지만 선박이나 목재 등의 이익까지 함께 얻는 장점이 있었다.

건륭 16년, 건륭제는 중국 상인들의 식량 수입을 장려하기 위한 정책을 공포했다.

> 2천 석 이내로 가지고 들어오는 자는 관례에 따라 독무가 각각 표창한다. 만약 2천 석 이상을 운반해 오는 자에게는 그 수량에 따라 관직을 상으로 내릴 것이니 주청을 올리라.

이 정책은 상인들이 적극적으로 외국의 쌀을 들여오도록 크게 고무시켜 외국의 쌀이 계속해서 국내로 유입되도록 만들었다. 건륭제는 식량의 수입을 확대시키는 동시에 수출은 금지하도록 지방관들에게 수출 지역을 순시하도록 명했다.

건륭제는 식량 유통 문제를 매우 중시 여겨 융통성 있는 다양한 정책과 수단을 써서 식량 교역을 촉진시킴에 따라 인구와 식량 사이의 불균형을 최대한도로 완화시켰다.

건륭제는 언제나 백성들의 생계를 커다란 문제로 생각했다.

> 내버려진 넓은 땅이 곧 백성들의 식량을 더욱 넉넉하게 만든다. 땅이 비록 하잘 것 없더라도 거기서 나는 생산물이면 역시 자원이 된다. 민간에서 손바닥만한 땅이라도 많이 일구어 낼수록 더 많은 수확을 얻을 수 있다.

그리하여 그는 백성들에게 산간 지역을 개간하도록 적극적으로 권장하는 한편 청조의 지난 선대 황제들보다 더욱 융통성 있는 조치를 취해 땅이 없는 유랑민들을 변경 지역의 황무지 개간에 적극 참여할 수 있도록 했다.

건륭 연간에는 통치 질서가 안정되고 경제력이 신장되면서 인구도 급속하게 증가하기 시작했다. 자연의 법칙에 따라 인구가 늘어나는 만큼 식량도 증가되어야 하겠지만, 농업 생산력은 그만큼 빠르게 늘지 않았기 때문에 배로 증가하는 인구를 감당할 수가 없었다. 인구 압력이 사회에서 감당할 수 있는 수준을 넘어서자 건륭제는 인구 문제로 깊은 고민에 빠졌고 자신의 책임을 크게 느껴 개탄하며 말했다.

> 백성은 더욱 늘어나는데 풍족해지기는 더욱 어렵구나. 국가의 태평이 1백 년 동안 이어져 사람들이 태어나 평생 전쟁을 보지 못했다. 매년 호구는 날로 늘어나는데 이는 천고 이래로 보기 드문 일이다. 민간에서 곡가穀價가 높아만 가고 떨어지지 않는 연유가 실로 여기에 있다. 짐은 침식을 잊고 항상 요순堯舜과 같은 마음으로 근심한다.

건륭제는 이미 나라에서 민생을 계획하는 것의 어려움과 태평성세라 불리는 번영의 이면에 깔려 있는 심각한 사회적 모순을 느끼고 있었다. 당시 생산력의 한계와 자연 재해라는 악조건 하에서는 이미 수많은 해결책을 동원했음에도 여전히 대량의 농민들이 의지할 곳을 잃고 떠돌아다닐 수밖에 없었고, 이에 따라 봉건사회 특유의 유랑민 문제를 형성했다.

건륭 이전에 강희, 옹정 황제는 백성의 생계를 해결하고 인구와 토지 사이의 모순을 완화시키기 위해 유랑민을 이주시키는 정책을 채택했다. 그래서 그들을 경작 조건이 비교적 좋은 지역으로 이주해 가도록 장려했는데, 이렇게 하면 낙후된 지역의 농업 개발을 촉진시킬 수 있을 것이라 여겼다. 그러나 이러한 조치가 훗날 심각한 후유증을 불러와 오랫동안 쌓여 되돌리기 어려운 사회문제로 발전되리라고는 예상하지 못했다.

건륭 초기부터 대규모의 인구 이동이 시작되었다. 대량의 유랑민이 황하, 장강, 주강珠江 중하류를 포함한 중심 지역으로부터 동북, 몽골, 신강, 운귀, 대만 및 동남아 각국 등의 산간지대와 국경 지역으로 퍼져나갔다. 당시 전국의 인구가 처음으로 1억 명을 돌파하고 경지 면적도 빠르게 늘면서 삼림이 베어져 나갔으며 산지는 계단식 밭으로 변했다. 이주민의 부지런한 개간으로 동북, 몽골, 신강 등 광활한 지역에 농작물이 자라나기 시작했다.

동북 지역은 토지가 비옥해서 농사짓기에 적합했지만, 청 전기에는 청조의 통치자들이 장기간에 걸쳐 봉금封禁정책을 시행하여 산해관 밖 만주족이 일어난 신성한 땅을 보호했다. 건륭조에 들어오자, 건륭제도 만주족의 생계 해결을 위해 한족 백성들이 동북 지역으로 이주해 가는 것을 금지한 바 있다. 그러나 굶주림 속에서 발버둥 치던 한인들은 금령을 무릅쓰고 끊임없이 몰래 산해관 밖으로 나가 생계를 도모했다. 건륭제 역시 이를 보고도 그냥 내버려 둘 수밖에 없었다.

건륭 8년, 하북과 산동 두 성에 큰 가뭄이 들자 대량의 유랑민들이 몽골과 동북으로 쏟아져 들어가 살길을 찾았는데 건륭제는 여기에도 묵인하는 태도를 취했다.

굶주린 백성들이 산해관으로 마구 들어가자 만리장성의 각 관문을 지키던 관병들이 그들을 관내에 붙잡아 가두었다. 건륭제는 그 사실을 듣고 몹시 화가나 유지를 내려 정책을 바꾸었다.

> 본업을 잃은 유민들이 관문 밖에 비가 알맞게 오는 것을 들어 알고는 모두들 가서 취식했다. 희봉구喜峰口, 길북구吉北口, 산해관으로 간 자들이 매우 많았는데, 각 관문의 하급 관리들이 관례대로 가로막아 관문 밖으로 나가는 것을 허락하지 않았다. 그러나 그들이 고향에서 생업을 잃고 집을 떠났거늘 그곳에서도 그들을 내보내 주지 않는다면 곤궁에 빠진 백성들이 더욱 낭패를 보지 않을까 걱정스럽다.

그러고는 곧바로 군기처에 명해 만리장성의 각 관문으로 비밀리에 "만약 관문 밖으로 나가는 빈민들이 있으면 막지 말고 즉시 내보내라." 하는 연락을 취했다.

이와 동시에 다시 유지를 내려 당초의 정책을 고수해야 했으므로 이같은 사실이 밖으로 새어나가지 못하게 함으로써 대량 이주 현상이 나타나는 것은 막았다. 이듬해가 되어서도 여전히 유민들이 많다는 것을 알고는 산해관 각 입구와 봉천奉天장군에게 단속을 완화하고 약간의 융통성을 발휘해 빈민을 구제하도록 했다.

건륭 25년에는 또 대량의 유민들이 사천으로 이주해 가자 귀주순무 주인기周人驥가 이를 막아 달라고 상소했다. 그렇지만 이때 건륭제는 빈민들이 다른 성으로 이주해 가는 것을 막을 수 없다고 대답한 것을 보아 그가 백성들의 사정을 매우 세심하게 살피고 있었음을 알 수 있다.

건륭 5년 초에는 일찍이 동북 지역으로 유입한 한인들에게 입적入籍을 보장해 주되 입적을 원하지 않는 자들에게는 동북에서 10년간 살 수 있도록 허용했다. 그 뒤에는 10년을 다시 20년으로 늘려 주었다. 이어서 건륭 57년에는 아예 봉금정책을 폐지시켰다.

봉금정책은 그가 주장한 것이었지만 또한 그가 앞장서서 없앴다. 정책이 처음 시행되었을 때도 봉금을 엄격하게 집행하지 않았을 뿐 아니라 오히려 빈민들을 산해관 밖으로 나가 개간하도록 장려도 했으니 상호 모순되는 측면이 있었다. 그리하여 건륭 연간 동북 지역의 경작지는 상당히 빠르게 증가했다.

동북 3성은 예로부터 사람은 적고 땅은 넓어서 노동력이 부족했다. 그런 이유로 그곳의 지주들이 타지에서 이주해 온 이들을 비교적 환영했고 노임도 다른 성에 비해 높았으므로 자연히 북방 지역 각 성의 농민들이 동북 3성을 주목하게 되었다. 이 때문에 한인들이 벌 떼처럼 몰려가 사회 모순을 형성한 것은 분명했지만, 민생의 근본을 고려한 건륭제는 아직까지는 타협하는 태도를 취했다.

> 성경盛京 지방은 산동, 직례와 경계를 접하고 있어 유랑민들이 점점 모여들었다. 만일 하루아침에 이들을 몰아낸다면 분명 생계를 잃게 될 것이다.

그리하여 아직까지는 타협하고 묵인하고자 했으므로 상황의 심각성을 깨닫고 있으면서도 암암리에 방임한 것이다. 건륭제의 이런 태도는 더없이 훌륭한 것이었다.

서북 지역에 위치한 감숙성甘肅省은 비가 드물어 십 년이면 아홉 해는 가뭄이 드는 터라, 본래부터 청조에서 중점을 두고 가난을 구제하던 곳이었다. 백성들을 굶주림에서 벗어나도록 건륭제는 감숙성의 빈민들을 신강으로 이주시키고 내륙의 인구 압력을 줄이고자 했다. 이를 위해 여러 번 유지를 내려 신강 지역을 풍요롭게 만들도록 고취시킴으로써 백성들이 기꺼이 옮겨 가도록 했다. 또 독무에게는 신강 지역의 황무지를 개간하는 데 자금을 공급하도록 명했다.

이러한 명령들은 이민을 장려하는 것과 다름없었으므로 이 말이 나온 이상 그 밖 지역의 독무들도 다시는 감히 함부로 이민을 저지하지 못하게 되었다.

농경지의 증가를 위해 건륭제는 다시 "땅의 이로움을 다해 백성들의 식량을 넉넉하게 한다." 하는 주장을 내세우면서 선조의 정책을 대담하게 바꾸면서 백성들이 버려진 땅을 찾아 개간하도록 격려했다. 그래서 내륙 지방은 물론 국경 지역에서도 이미 충분히 개간이 이루어졌다. 동북의 성경 지역, 신강의 천산天山 북쪽, 내몽골 승덕承德 지역이 모두 새로운 식량 생산 기지로 변했고, 이곳에서 생산된 식량을 내륙 지역의 식량이 부족한 성으로 대량으로 조달하면서 인구와 식량 문제를 완화시켰다.

광업의 개발은 건륭 연간에 이룩한 경제 발전의 큰 특색이라고 할 수 있었다. 건륭 이전에는 광업이 빠르게 발전하지 못했지만 건륭조에 들어서면서 광업이 경제 관련 부문에서 차지하는 비중이 날로 커졌다. 청대 백 년 동안의 광업의 성장률이 이전 3천 년 동안의 성장을 넘어섰으며 그 중에서도 건륭 연간의 광업 발전은 더욱 독보적이었다. 이것은 바로 광업 분야의 개발에 대한 건륭제의 강력한 지원 덕분이었다.

옹정 시기에는 생활을 하는 데 있어 광물로부터 이익을 얻지 못했다. 바꿔 말하면 당시 상황에서는 광산 자원을 쓸 수도 없었고 광물은 사람들의 생활에 직접적인 관계가 없었다. 그래서 옹정제는 몇 차례의 고심 끝에 결국 단호히 광물의 채굴을 반대했다.

채굴을 통해 비록 광석 알갱이의 이익은 얻을지 모르나 추울 때 입을 수 없고 굶주릴 때 먹을 수 없다. 그런데도 황폐한 산에다 굶주리면서도 농사를 짓지 않는 수십 만의 인력을 집중시키는 것은 그 해로움이 비단 농업에만 미치는 것이 아니다. 백성들이 입에 풀칠하는 데 약간의 도움은 될지 몰라도 그것은 결코 백성을 부양하는 상책이 될 수는 없다.

옹정제의 이 말은 중국 전통 자연경제의 지도사상指導思想을 대표한 것이라 하겠다. 다시 말해 광물은 캐내더라도 옷으로 입을 수 없으며 밥으로 먹을 수 있는 것도 아니므로, 이는 허허벌판에 인력과 물력을 쏟아 붓는 것에 지나지 않으며 정치적으로도 쉽게 동란을 일으킬 소지가 있다고 여겼다.

건륭 시기에 이르자 이러한 상황에 비교적 큰 변화가 일어났다. 당시 인구 문제를 비롯한 여러 압력들이 날로 가중되면서 건륭제는 채광에 대해 부친과는 크게 다른 방침을 취했다. 그래서 윤계선尹繼善이 어떤 동광을 철저히 관리해야 한다는 상주를 올리자 건륭제는 채광에 대한 대체적인 입장을 밝혔다.

광대한 자원으로 가난을 구하면 각 지역의 궁민들 또한 일해서 먹을 것을 구할 수 있으니 민생에 큰 도움이 될 것이다. 사천성의 부랑패가 지역의 우환이라면서 그들이 시비를 일으키거나 비도匪徒일지 모른다는 이유로 동광을 열지 않는다면 그들은 업을 잃은 채 유랑하도록 내버려 두는 것이니 더욱 쉽게 비적이 될 것이다. 단지 알맞은 방도를 써서 관리하고 적당히 억제한다면 소란을 일으켜 사회 질서를 문란하게 하는 지경에 이르지는 않을 것이다.

건륭제는 이로써 채굴을 지지하겠다는 뜻을 분명히 밝혔다.

건륭제가 채굴을 지지한다는 의사를 밝힘에 따라 대다수의 대신들과 지방 관리들이 채굴에 힘썼으며 나아가 채굴을 백성들의 생활수준을 개선하는 수단의 하나로 삼았다.

건륭 5년, 예부상서 조국린趙國麟은 탄광 채굴을 건의하는 상주문을 올려 다음과 같이 그 이유를 진술했다.

> 북방 지역의 각 성은 가뭄과 홍수가 끊이지 않아 장작과 마른 짚이 부족하여 땔감의 가격이 곡가에 버금가는 바, 백성들은 먹을 것이 부족할 뿐 아니라 밥을 짓기도 어려우니 탄광을 여는 것이 좋은 대책이라 할 수 있습니다. 이는 모두 생계를 살피는 데서 착안한 것입니다.

민절閩浙(복건성과 절강성. 민閩은 복건성의 다른 이름) 총독 객이길선喀爾吉善과 절강 순무 영귀永貴는 절강 동부에 있는 철광의 금령을 풀어 줄 것을 주청했다.

> 백성들이 1년 내내 열심히 밭을 갈아도 먹을 것을 얻기에는 부족해서 이미 철을 이용하여 생계를 꾸리는 것을 업으로 여긴 지 오래입니다. 그런데 철광을 금하면서 순식간에 생계의 터전이 사라져 버렸습니다. …… 신이 조정에 몸 바친 지 오래되었으나 인구는 날로 늘어가는 데다 온溫과 처處 두 군郡은 절강성에서도 특히 땅이 척박해서 백성들의 생계가 더 궁핍해지는 것을 막을 수가 없습니다. 기왕이와 같은 자연의 이로움이 있으니 이용하는 것이 마땅합니다. 이것이 어찌 민생에 도움이 되지 않는다 하겠습니까?

건륭 8년, 대학사 장정옥도 상주를 올려 "광업은 천지자연의 이利이니 마땅히 채굴하여 백성의 생계에 도움을 주어야 한다." 하는 주장을 했다.

이와 함께 각 성마다 채굴이 가능한 산이 있으면 금, 은광을 막아 두는 것 외에는 모두 채굴을 허가해야 한다는 주청을 올렸다. 이 같이 각종 광물의 채굴을 허가해 달라고 요청하는 상소가 많았고, 대신들은 민생을 편하게 하려는 입장에서 채굴을 허용하여 민생을 살리는 기반으로 삼아 줄 것을 잇달아 요구했다. 건륭제의 훌륭함은 바로 아랫사람의 좋은 의견을 받아들이는 데 있었으니, 백성들의 생계에 이익이 되기만 한다면 모두 수렴했다.

채굴로부터 얻는 이득이 많았으므로 관료가 채굴에 투자한 것 외에도 상인들이나 민간이 경영하는 광산도 많았다. 이것이 광업의 급속한 발전을 크게 자극시켰다는 것은 의심할 여지가 없었으며 봉건 경제를 번영시키는 데도 적지 않은 촉진제 역할을 했다. 건륭조에는 각종 광산물 생산량이 모두 수십 배로 늘었으며 특히 동광, 탄광과 납 광산의 발전이 더욱 빠르게 이루어졌다.

계속되는 인구 증가와 경작지 감소에 대처하기 위해 건륭제는 광업 발전을 위한 일련의 조치를 과단성 있게 취했다. 이를 통해 사회의 잉여 노동력에 대해 생계를 제공했음은 물론 사회적으로도 재화를 풍부하게 했으니 과연 시야가 넓고 판단력이 뛰어난 군왕이라 하기에 손색이 없었다.

신하들이 스스로 위기감을 느끼게 하라
使臣下人人自危

건륭제는 줄곧 황권독람[38]皇權獨攬을 받들어 왔다. 이와 같은 황권을 독점하는 그의 정치 목표를 달성하기 위해 종친의 정치 개입을 억제하고 붕당을 없애는 조치를 취했다. 평생토록 정치를 하면서 어떠한 일이라도 반드시 몸소 행했으며, 특히 자신의 권력이 다른 이에게 넘어가지 않도록 세심한 신경을 썼기 때문에 대신들의 지위를 조절하거나 신료를 임용하고 주요 군사 업무를 수행하는 등의 중대한 직권 문제에 있어서는 거의 전부를 자신의 뜻대로 하는 '건강독단乾綱獨斷'에 의존했다.

---

38. 『한비자韓非子』에서는 군주가 신하들을 다스리는 세 가지 방법으로 독단독람獨斷獨攬, 심장불로深藏不露, 참험고찰參驗考察을 제시했다. 그 중 독단독람은 군주가 모든 권력을 독점하고 신하들에게는 단지 간언만을 허용할 뿐 다른 어떤 권력도 주지 않는다는 것으로 황권독람皇權獨攬이나 건강독단乾綱獨斷으로도 쓰임.

즉위 초, 장정옥과 악이태가 결당 행위를 하자 건륭제는 바로 장문의 유지를 내려 여러 신하들에게 일렀다.

> 짐이 제위에 오른 이래 인재를 등용하는 데 있어 지금껏 그 권력이 다른 이의 손에 넘어간 적이 없거늘 수년 동안 두 신하가 추천하여 기용된 자가 누구인가? 또 두 신하가 탄핵하여 물리친 자가 누구인가? …… 만일 백성들이 짐작하는 바대로 두 신하의 권세가 막강하여 임면任免을 마음대로 할 수 있다면 어찌 짐을 주인으로 보겠는가?

이 말의 뜻은 자신이 즉위한 이후 인재를 등용하는 데 있어 한 번도 권력을 다른 이에게 넘겨준 적이 없으며, 그러므로 장정옥과 악이태가 추천했기 때문에 쓴 자나 그들이 탄핵했기 때문에 파면시킨 자가 없다는 뜻이었다. 또 만약 모두가 단지 짐작만으로 그들 두 사람이 권세가 막강하여 취하고 버림을 결정할 수 있는 대권을 지녔다고 여긴다면 신하들이 자신을 무엇으로 보겠느냐는 말이었다. 이 말은 장정옥과 악이태의 두 세력을 공격한 것일 뿐 아니라 신료들을 향한 경고이기도 했다.

건강독람乾綱獨攬은 거의 모든 청조 전기 황제들의 통치에서 볼 수 있는 공통적인 특징이었으며 건륭제 또한 마찬가지였다. 건륭제 자신도 이를 한 마디로 결론을 내려 말한 적이 있다.

> 나의 왕조가 선조를 이어받으며 건강독람해 온 1백 수십 년 이래 대학사 중에 마음대로 권력을 휘두르며 법을 농락한 이가 하나도 없었다.

전대 왕조의 흥망성쇠가 이미 건륭제로 하여금 권력 집중의 필요성을 충분히 체득해 내도록 했으므로 그는 황제의 권력을 지고지상의 위치에 올려놓고 이를 본능적으로 지키고자 했다. 봉건 군주 제도에서는 반드시 정치와 군사 분야 모두에서 권력을 고도로 집중시켜야 한다. 군주 한 사람만이 정책을 결정하며 여기에는 자문이나 토론조차도 필요 없다. 왜냐하면 그것은 단지 시간을 낭비해 일을 지연시킬 여지만 만들고 얻는 것보다 잃는 것이 더 많기 때문이다. 건륭조에 이르러 중국의 전제 체제는 이미 완벽한 단계로 발전했기 때문에 대학사나 군기대신의 지위가 아무리 높다 하더라도 정책 결정에 그들이 미칠 수 있는 영향은 매우 미약했다.

군기처에 있으면서 유명한 학자였던 조익趙翼은 일찍이, "옹정 이래로 상주문의 관리가 내각에 귀속되고, 국가의 기밀사무와 군사를 부리는 일은 모두 군기대신이 명을 받들었다. 천자께서 대신들과 만나지 않는 날이 없었으나 환관들은 물론 참여할 수 없었으며, 유지를 받든 대신들 또한 단지 전하는 말을 그대로 적을 뿐 한 마디도 마음대로 고치지 못했다." 하고 말한 바 있다. 이를 통해 황제의 독단이 어느 정도로 이루어졌는지 가늠할 수 있다.

건륭 통치 중기에는 문치를 이용하여 충의忠義를 표창하면서도, 다른 한편으로는 전제 황권을 이용해 신료들에 대한 통제를 수시로 강화했다. 이 시기의 건륭제는 성격이 극도로 민감해져 때를 가리지 않고 신료들의 일거수일투족을 경계하고 감독하면서 조금이라도 무례한 행동을 할 경우에는 즉시 질책했다. 건륭 19년, 서혁덕舒赫德 등이 보고한 추심[39]秋審의 결과에 의하면 처결을 관대하게 내려줄 것을 청한 죄인들의 숫자가 매우 많았다. 이렇게 되자 건륭제가 은혜를 베풀 수 있는 여지는 거의 없었다.

---

39. 명청 시대에 매년 각 성의 사형 판결에 대해 복심覆審하는 제도가 있었는데 이것이 가을 8월에 이루어졌으므로 추심이라 했고, 수도의 사형 판결에 대해 복심하는 것은 특별히 조심朝審이라고 불렀으며 추심보다 늦게 열렸다. 어느 경우든 사형에 대한 최종적인 결정은 황제가 했음.

그러자 건륭제가 크게 분노하면서 이를 지극히 독단적인 행위라 여겨 유지를 내려 질책했다.

> 짐이 결정을 내리도록 남겨 놓은 사건이 하나도 없구나. 그대가 올린 보고에 의하면 짐이 한두 명에게도 관대히 면죄를 베풀 수가 없다. 옛날 고요皐陶는 죄를 지은 세 사람을 죽여야 한다 말하고 요堯 임금은 그 셋을 용서한다고 명했으니, 이렇게 하여 고요도 법을 제대로 지키고 요 임금도 관대함을 널리 베풀 수 있었다. 서혁덕 등이 죄인을 용서하는 문제를 서둘러 결단한 것은 자신을 요 임금과 같이 너그러움을 베푸는 자로 자처하는 짓이나 다름없으니 그리하면 짐의 권력은 장차 어디에 소용되는가?

이번 일을 두고 건륭제는 서혁덕이 저열한 마음으로 스스로 너그럽고 온후하다는 이름을 얻고자 했다면서, "재능이 적으며 큰 도리를 알지 못하니, 훗날 실수하여 궁지에 몰린다 하더라도 그때 심판에서 서혁덕을 용서해 달라 말하는 이가 없을 것"이라며 질책했다. 그러고 나서 상주문을 되돌려 보냈다.

만주족 전통 풍속과 황권 독점을 위한 그 자신의 필요 그리고 변경 개척과 탁월한 공훈에 대한 성취감으로 건륭제는 신하들을 멸시했다. 그래서 그는 신료들을 노예화하겠다는 뜻을 강하게 드러냈고 또한 한족의 관료주의 사상에 대해서도 마찬가지였다. 건륭 35년 건륭제는 주원리周元理가 상주문에서 스스로를 노재奴才라 칭하지 않은 것을 엄히 책망했다. 원래 청조에서는 만주 기인旗人 관료들이 일반적으로 황제를 대할 때 스스로를 '노재'라 불렀으며 한족 관료들은 '신'이라고 칭했다. 만주인이 보았을 때는 노재라는 말이 더욱 그들과 황제 사이에 존재하는 특수한 감정의 연결고리가 되어 주었을 뿐 아니라 만주족 입장에서 정치적인 종속 관계에 친근감을 더해 준다고 생각했다.

그러나 당시 한인들이 보기에 노재라는 말에는 비천한 뜻이 담겨 있었으므로 신이라는 말이 더욱 군신간의 명확한 정치적 신분과 의무를 반영할 수 있다고 여겼다. 이에 대한 예가 더 있었다. 건륭 50년, 어사 비효장費孝章은 건륭제에게 『작정종양장정소酌定終養章程疏』를 올렸는데 그 중에 '군주君는 한 걸음 물러나 진상을 탐구해야 한다.' 하는 한 마디 때문에 건륭제의 큰 화를 불렀다. "군君이라는 글자는 당연히 문리文理 상으로 보더라도 상식에 통하지 않는 글자인데 감히 상주문에서 쓰고 있으니 그 속뜻은 무엇인가?" 그는 비효장을 질책하면서 "공경하고 삼가는 도리를 전혀 모른다." 하는가 하면 "군신간의 경계를 모르고 천자의 존엄을 알지 못해 끝내는 이와 같은 자구로 감히 보통의 글자와 함께 공공연히 짐에게 쓰는가?" 하고 꾸짖었다. 그리고 나서 "그 죄는 상소의 내용이 부당한 데 있지 않으며, 어휘의 선택이 잘못된 데 있다." 하면서 그를 평민으로 만들어 귀향하도록 했다. 건륭제의 이런 말들은 그의 건강독람의 상징성을 총괄한 것이라 볼 수 있다.

> 명신名臣이라는 칭호는 반드시 그 공적이 사직에 부끄럽지 않아야 하나 명신이 나오기만을 사직이 기다린다면 그것은 이미 나라의 복이 아니다. 전대를 두루 견주어 살펴보면 충직하고 선량한 이는 손꼽아 헤아릴 수 있으나 간사한 자는 잇달아 끊이지 않았으니, 명신을 얻기가 쉽지 않음을 알 수 있다. 그러나 본조本朝는 법도가 바로 세워졌다고 여긴다. 충신이 없으며 간신도 없으나 이는 건강乾綱이 위에 있기 때문으로 이 또한 사직의 복이다.

건륭조를 총체적으로 볼 때 '본조에 명신이 없다.' 하는 건륭제의 이 말이야말로 그의 건강독단을 가장 잘 설명해 주는 훌륭한 주석이 되고 있다.

오랫동안 궁궐 깊숙한 곳에 살면서도 건륭제는 어떻게 세상 돌아가는 일에 통달하고 관리의 일거수일투족을 꿰뚫어 줄곧 건강독람을 유지할 수 있었을까? 그것은 바로 밀주절 제도를 시행하여 관리들을 완전히 황제의 감독과 통제 아래 놓이게 했으며, 다른 한편으로 군기처를 설치하여 황제가 국가 정권을 장악하고 고도의 독재를 할 수 있었기 때문이었다. 이것이야말로 건륭제가 택한 정치적 통치에 있어서의 흑백의 도였다.

밀주절密奏折은 상주문을 쓴 사람이 직접 그것을 황제에게 바쳤기 때문에 다른 어떤 사람도 몰래 뜯어 볼 수가 없었다. 이것은 일반적으로 먼저 통정사사通政使司를 통해 상주문을 상달하고 다시 내각총리대신이 자신의 의견을 간단히 적어 올리면 마지막으로 황제가 판정하는 것과는 뚜렷이 달랐다. 밀절密折이 어전에 올라가면 황제가 그것을 읽어 보고, 자신이 직접 그리고 시기적절하게 정치 상황과 군사 상황 그리고 민정 상황을 고려하여 해결책을 결정했다. 밀절은 그 기밀이 거의 완벽하게 지켜졌으므로 신료들의 행동이나 탄핵에 대한 내용을 모두가 서로 알지 못했고, 따라서 각급 관료들에게 큰 위협으로 작용했다. 직위와 지역을 불문한 신료들 사이의 상호 규찰은 신하들이 한통속으로 결탁해 황제를 기만하는 현상을 효과적으로 방지했을 뿐 아니라 그들이 비밀탄핵을 당할까 두려워해 자신을 단속하면서 열심히 정사를 돌보고 충성을 다할 수밖에 없도록 만들었다. 건륭제는 이를 통해 그들의 황제에 대한 구심력을 강화했다.

건륭제는 즉위한 지 3일 만에 곧바로 밀주절 제도를 회복시켰다. 그는 "밀주할 사건이 있으면 직접 찾아와 상소하라." 하는 규정을 내렸다. 밀주절 제도는 순치연간에 시작되어 옹정 시기에 와서 성행했다. 원래 밀절 특권을 누리던 자는 대부분 황제의 측근이나 상서, 도통, 대학사 등 고급 관료였으나 옹정제 때 이르러 밀주권이 시정사市政使와 안찰사按察使에까지 확대되었다. 심지어 많은 말단 관리들도 밀절을 통해 지방 정세를 보고할 수 있게 되었다. 이렇게 한 목적을 옹정제는 단지 이목을 넓히고자 할 뿐이라 여겼다. 밀절의 가장 중요한 기능은 바로 황제가 다양한 경로로 신속히 각종 정보를 접함으로써 대책을 마련하기 쉽게 만들고, 신하들의 속내와 행동을 감독하여 정치적인 통제를 강화하는 데 매우 큰 도구로 작용한다는 점이었다. 밀절은 상소를 올린 자를 황제가 마음대로 조종할 수 있는 염탐꾼으로 바꾸어 놓았다. 건륭 시기에 와서는 상주를 올릴 수 있는 관리의 범위가 더욱 확대되었다.

> 대신大臣 구경九卿 과도[40]科道 외에도 부속 참령參領 과 한림翰林 등도 모두 상소를 올릴 수 있으며, 이로써 눈과 귀를 밝게 하는 효과를 얻고자 한다.

상주문의 비밀을 보다 확실하게 담보하기 위해 건륭제는 일련의 비밀 보장 조치들을 마련했다. 먼저 만주족 관리들이 상주를 올릴 때는 만주어를 쓰고 한문을 쓰지 않았다. 또 황제에게 올린 상주문이 밖으로 누설되는 것을 엄금했다. 상주문이 전달되는 도중 비밀이 누설되는 것을 막기 위해 상주문을 상자 속에 넣도록 했으며 그 상자는 상주를 올린 이와 황제만이 열어 볼 수 있었다.

건륭제는 밀절의 내용들을 살피는 데 무척 진지해서 극비에 속하는 상주문은 언제나 직접 그 봉인을 뜯었다. 절대 극비 사항이 있으면 그 내용을 마음속으로 기억해 두고 주본奏本 문서를 태워 없앴다. 건륭 13년 이후, 주본 문서를 폐지하면서 밀절의 역할은 더욱 두드러졌다. 만약 관리들이 기밀 사안을 보고해야 할 경우 먼저 밀절 형식으로 황제에게 보고

---

40. 명청 시대, 도찰원 6과 급사 및 15도의 감찰어사.

했다. 황제의 명확한 의도를 파악한 후에 다시 제본題本 형식으로 관련 부서에 상소를 올렸다. 이때의 상소는 단지 형식적인 것에 불과했으며 가장 중요한 것은 역시 황제에게 직접 올린 밀절로, 이는 건륭제가 대권을 독람할 수 있도록 완벽하게 보증해 주었다.

밀주절 제도를 도입한 이외에 또 건륭 2년에는 총리처를 폐지하고 군기처를 다시 설치했다. 건륭제는 즉위하면서 군기처를 지난 정치의 폐해라 여겨 바로 폐지했지만, 예리한 두뇌와 선견지명을 가진 건륭제는 진정한 폐단은 군기처가 있고 없음이 아니라 친왕과 중신이 정무 요직을 장악하고 있는 것임을 곧 깨달았다. 이에 따라 그들의 권력을 충분히 약화시키려는 목적으로 군기처를 다시 만들고 관련 제도를 정비해서 황권을 손안에 넣고 완전히 굳혔다.

바깥세상에는 수만 가지 일들이 벌어지고 있었으므로 황제는 매일 수많은 상소와 일들을 열람하고 처리해야 했으나 한 사람이 모두 처리한다는 것은 사실상 불가능한 일이었다. 더구나 건륭제는 정무에 열성적인 황제였고 하나도 그냥 넘어가는 법이 없었으므로 누구의 도움도 없이 혼자서 일을 모두 처리한다는 것은 생각할 수도 없는 일이어서 군기처를 다시 설치하게 되었다.

군기처의 직무는 주로 황제를 도와 유지를 작성하고 상주를 처리하며, 내각과 한림원에서 입안한 문서들을 심사하는 것이었다. 그 밖에 시정방침 논의, 황제의 정무 수행과 관련된 참고 자료 준비, 과거科擧 관련 업무 참여를 비롯해 각종 사건의 진상을 조사하고 처벌하기 위해 명을 받들어 지방으로 출장을 나가기도 했다. 또 황제의 순행에 동행하거나 공문서를 기록하고 분류해서 보관하는 사무를 담당하면서 중앙에서 지방으로 파견하는 각급 관리의 임명에 대해서 참고 의견을 제출하는 등의 역할도 담당했다.

이렇듯 당시의 군기처는 단지 황제 개인의 비서에 지나지 않았다. 군기처 안의 대신들 또한 황제의 뜻을 관철시키면서 글로 그것을 알리는 등 일반 관료보다 업무 효율이 높은 고급 비서에 불과했다. 건륭제의 말을 빌리면 "군기처 내의 대신들은 내 명에 복종하여 봉직하는 반班이나 조組의 영수에 지나지 않았다."라고 했다. 그래서 역대 승상들의 권력과는 전혀 비교할 수 없었다. 만약 중대한 사안이 생길 경우에는 완전히 건륭제 혼자서 생각을 하고 방침을 결정했으며 군기대신은 다만 건륭제가 매일 말하는 것들을 상세하고 확실하게 받아 적기만 하면 됐다. 그들의 건의는 다만 황제의 의사 결정 과정에서 참고하는 데 그쳤으며 근본적으로 정국의 형세를 좌우할 수는 없었다.

건륭제는 군기처 대신을 선발하는 데 있어서 황친은 완전히 배제하였다. 그리고 만주인에게 청 정권에서 중요한 지위를 보장해 주기 위해 수석 군기대신은 반드시 만주인으로 세우도록 규정했다. 또 건륭제는 군기대신들이 다른 마음을 품지 않고 자신을 위해 목숨을 바쳐 일할 수 있도록 자신의 측근 중에서 선발하되, 모든 군기대신은 그 자격이나 경력, 지위 고하에 상관없이 발탁할 수 있도록 규정을 만들었다. 그러나 인재 등용에 관한 핵심 권력은 당연히 건륭제 자신의 수중에 있었다. 건륭제는 일찍이 "짐이 등극한 이래로 인사권을 다른 이에게 넘긴 적이 없다." 하고 말한 바 있다. 건륭 만년에 극도로 총애를 받아 방종했던 화신和珅이라도 황제의 인사권을 좌우한 경우는 없었다.

건륭 10년, 군기대신의 권력을 더욱 견제하기 위해 건륭제는 뜻밖에 스물다섯 밖에 되지 않은 처남 부항傅恒을 수석 군기대신으로 발탁했다. 이로써 부항은 중국 역사상 가장 젊은 '재상'으로 불리게 되었다. 비록 건륭제는 부항을 "일을 계획하고 처리하는 것이 치밀하고 상세하며 사려 깊고 안목이 뛰어나다." 하고 칭했지만, 부항은 결국 스물 대여섯 살의 젊은이에 지나지 않았고 멀리 내다보는 뛰어난 통찰력을 지녔다 할지라도 아직 완전히 성숙되었을 리는 없었다. 그럼에도 건륭제의 이 같은 호의를 받았으니 그는 당연히 목숨을 걸고 황제를 위해 노고를 마다하지 않았다. 황제가 하는 어떤 말도 믿고 따랐으며 황제로 하여금 마음 놓고 뒤에서 지휘할 수 있게 만들어 가장 충실한 황제의 심부름꾼임을 자처했다. 부항 이전에 군기처에 발탁된 인물로 또 눌친이 있었다. 눌친도 당시 나이 어린 만주인이었으니 건륭제가 인재를 부리던 지혜는 확실히 계략적인 측면이 강했다.

 대권을 더욱 확실히 장악하기 위해 또 건륭제는 옹정 시기에 군기대신이 3명을 넘지 않았던 관례를 고쳐 6명의 군기대신을 두고 군기처의 사무와 권한을 분담시켰다. 그들이 상호 감독과 견제를 이루었으므로 정상을 벗어나는 어떤 행위도 할 수 없었다. 또 군기대신들은 황제를 한꺼번에 알현할 수가 없었다. 그러나 당시 부항은 한자를 몰랐으므로 특별히 다른 대신들과 함께 알현할 수 있었다. 건륭제는 군기처 권력을 상징하는 인신관리를 특히 엄격히 했다. 인신을 보관하는 함의 열쇠는 따로 사태감値事太監과 군기장경軍機章京을 두어 보관하도록 했다. 비밀 보장을 위해 글을 모르는 15세 이하의 소년만이 군기처 사환을 맡았으며, 어사를 파견해 수시로 이들을 감독했는데 이때는 어떤 사람도 밖에서 엿들을 수 없었다.

 군기처가 다시 만들어지고 이를 관리하는 제도들을 완비한 후 건륭제는 모든 방법을 동원해 중앙과 지방에 있는 많은 다른 기구들의 권력을 대폭 약화시키는 대신 그 권력을 모두 군기처로 집중시킨 후 이를 직접 황제가 이끌었다. 군기처 권력의 확대는 곧 황제 권력의 확대를 의미했다. 전통적인 의정대신議政大臣은 권력이 박탈되면서 유명무실해졌으며 내각 역시 명목만 남게 되었다. 과거에는 공문서를 처리하려면 여러 단계를 거쳐야 했지만 군기처가 생기고 난 후로는 황제의 유지가 군기처를 통해 직접 전달되었으며 아래로부터 올라오는 상주 또한 군기처로부터 직접 전달되어 황권의 집행 효율이 크게 제고되었다.

여산廬山의 진면목을 알아야 한다
要識廬山眞面目

　당시 서양의 여러 나라 중에서도 영국은 제국주의적 침략성을 가장 많이 갖추고 있었고, 그들의 교만한 태도는 일찍부터 건륭제의 경각심을 불러일으켰다. 건륭제는 광주를 청나라의 유일한 통상항으로 지정해 서양을 배척하면서 특히 영국의 침략을 막고자 했다. 이것은 건륭제가 국가의 주권을 지킨 주요 책략의 하나였다.

　청 초엽, 영국 상선은 주로 정성공鄭成功 부자가 통치하던 하문廈門과 대만에서 중국과 무역을 했다. 강희제가 해금海禁을 풀고 개방한 이후 영국 상인들은 광주에 상관商館을 설치했다. 건륭제 때도 영국 상선은 주로 광주에서 무역을 했다. 건륭 20년에는 영국 총상總商과 통역관 홍임휘洪任輝가 영소대도寧紹臺道에게 영파寧波에서 무역을 할 수 있도록 허가를 신청했다. 건륭 22년이 되자 건륭제는 조서를 내려 모든 항구를 봉쇄하고 광주한 곳에서만 외국 상인의 통상을 허락했다. 건륭 24년, 천진에 도착한 홍임휘는 광동 해관[41]海關에서 외국 상인을 강탈한다고 청 조정에 고발하면서 다시 영파에서 무역을 할 수 있도록 요구했다. 건륭제는 관리를 파견하여 정확히 조사한 후 광동 해관 감독 이영표李永標를 면직은 시켰지만 영국 상인들이 영파에 가서 무역하는 것은 허락하지 않았다. 이 무렵 영국은 산업혁명을 통해 날로 자본주의가 발전하고 공업 강국이 되어 동인도회사를 거점으로 끊임없이 동방을 침략하여 상품 시장을 확대했다. 건륭 55년의 통계에 따르면 광주에 들어온 서방 상선은 모두 59척이었는데 그 중 영국 배가 46척으로 가장 많았다.

건륭 56년 6월, 영국의 매카트니 사절단이 8백여 명을 이끌고 대형 군함인 사자호와 몇 척의 소형 군함을 함께 끌고 위풍당당하게 산동 등주부登州府 항구에 도착했다. 이들 사절단은 '전년 대황제께서 팔순 만수萬壽에 이르셨지만 아직 축하를 드리지 못해, 오늘 매카트니를 보내 공물을 바친다.'라고 했으므로 청 정부는 이를 우호적으로 받아들였다.

건륭제는 유지를 하달해 연해 지역 관리들에게 공물을 싣고 찾아온 영국의 선박을 특별히 우대할 것을 명했다. 그는 "영국이 멀리 만 리 밖에서 사절을 보내 공물을 바치니 매우 공손하다." 하고 여겼으니 이것이 바로 '천조天朝' 대국이 사방에 은택을 내리고 먼 곳의 사람들까지 회유할 수 있는 좋은 기회라고 생각했다.

전권 특사였던 매카트니 경은 영국 정부에서도 명망 있는 인물로 인도에서 중요한 직무를 맡았고, 러시아 주재 공사에 임명되어 영국과 러시아의 통상 조약을 체결했으며 나중에는 또 방글라데시 총독으로도 추천받았으나 고사하고 취임하지 않았다. 그가 중국에 외교사절로 나갔을 때

━━━━━━━━━━

41. 지금의 세관으로, 당시 대외교역과 관련하여 관세를 징수했던 해관은 광동성의 광주廣州 한 곳 이었음.

그 수행원 중에는 비서 조지 스톤턴 나이트작과 사절단 수비대사령관 벤슨 및 의사, 기계 기능사, 측량제도사, 화가 등도 포함되어 있었다. 그 밖에도 포병, 보병, 장인, 하인 등을 포함해 사절단 전체 인원은 모두 135명이었다. 64대의 대포가 장착된 '사자 호' 군함과 '힌두스탄 호', '이리 호' 해선에 선원과 정부군 650명을 나누어 배치했다. 사절단이 세심하게 골라 구입한 천문 및 지리 측량기구, 악기, 시계, 그릇, 그림, 차량, 병기, 선박 모형 등의 방문 선물도 잊지 않았다. 사절단이 쓰거나 선물에 든 일체의 비용은 동인도회사가 부담했다.

청의 관리는 건륭제의 유지를 따라 천진 항에서 매카트니 사절단을 대접했다. 직례 총독 양긍당梁肯堂은 먼저 영국 사신을 만찬에 초대하고 이어서 사절단에 대량의 쌀과 밀가루, 닭과 오리 등 주식물과 부식물을 주었다. 『영사알건륭기실英使謁乾隆記實』의 기록에 따르면 당시 선물로 준 물품으로는 소 20마리와 양 120마리, 돼지 120마리, 닭과 오리 200마리, 밀가루 160자루, 쌀 160자루, 빵 14상자, 수수와 현미 20상자, 좁쌀 10상자, 차 14상자, 도포桃脯 4상자, 오이 40바구니, 호박 1천 개, 수박 1천 개, 참외 3천 개가 있었고, 그 밖에도 많은 술과 양초도 있었다.

매카트니는 이를 보고 매우 의아해 하며 "중국은 음식이 얼마나 풍성한지 정말 상상하기도 어렵다!" 하고 말했다. 그의 수행원도 크게 감탄했다. "이같이 후한 대접은 동방 외에는 세계 어느 곳에서도 보기 드물다."

건륭제는 직례에서 영국 사절단에 대한 접대가 지나치게 후했다고 생각해 그곳 관리를 질책하면서 "접대가 지나치게 호화롭고 예절을 지나치게 성대히 갖추면 외국 오랑캐들이 '천조天朝'의 체통과 존엄을 깨닫지 못해 도리어 나를 가벼이 여기게 될 것이다. 그러므로 남을 접대할 때는 비열하지도 거만하지도 않게 해야 한다." 하고는 "먼 데서 온 손님에 대한 접대는 풍성과 검약을 적당히 조절하여, 비열하지도 않고 거만하지도 않게 하는 것을 중히 여긴다." 하는 원칙을 따를 것을 강조했다.

이로써 건륭제는 대신들에게 영국 사절단을 따뜻하게 접대하되 비열하지도 거만하지도 않도록 분부하는 한편 반드시 경계를 늦추지 않도록 했다.

> 이 공물 사절단은 먼 곳에서 바다를 건너와 처음으로 상국上國을 방문하니 미얀마, 베트남 등에서 빈번히 공물을 바치러 오는 이들과는 비교할 수 없다.

　그런 까닭에 청나라 관리들에게 영국 사절단이 항구에 도착할 때 침착하게 경비를 더욱 철저히 하도록 했다. 건륭제의 이러한 견해는 핵심을 명확하게 집어낸 것이었다. 대외 관계에 있어서나 일상적인 교우 관계에 있어서나 지나친 성의는 때로 오히려 쉽게 얕보이게 만들어 정상적이고 평등한 왕래의 목적을 달성하기 어렵게 하기 때문이다. 그러므로 대외 활동에 적당히 분수를 지키는 것이 다른 사람에게 존중받을 수 있는 가장 중요한 지혜였다.

　건륭제가 영국 사절단을 시기하고 경계한 것은 전혀 근거 없는 행동이 아니었다. 비록 그가 서구 침략자들의 대외 팽창 정책을 잘 알고 있었던 것은 아니었지만, '영국 오랑캐'가 수년간 광주에서 식민 활동을 해 온 것에 대해서 들은 바가 있어서 마음속에 기억해 두고 있었다. 이 때문에 그는 관리들이 정신을 똑바로 차리고 지나친 친절을 베풀지 않도록 명하면서 경비를 강화시켰다. 비가 오기 전에 창문을 수리하고 편안할 때에 앞날을 생각하는 유비무환의 정신이 바로 최상의 방책이었다.

　훗날 벌어진 사실들은 과연 건륭제의 추측이 옳았음을 증명했다. 이들 영국 사절단은 생일을 축하하러 온 것도 공물을 바치러 온 것도 아니었으며, 이들은 중국의 문호 개방을 목적으로 한 '선발대'였다. 원래 이 사절단이 6백 상자의 선물을 준비해 청국에 조공을 바치고 건륭황제의 80

대수를 축하한 것은 전부 중국과의 무역 적자를 해소하고 중국의 시장을 개방하기 위한 것이었다. 당시 중영 무역에서 청이 영국에 대해 무역수지 흑자를 보이고 있었다. 기록에 따르면 건륭 46년에서 55년까지 10년간 중국에서 영국으로 수출된 상품은 차茶 한 항목만 해도 이미 9,626만 7,832은냥에 달했지만, 영국에서 중국으로 수입된 상품은 면사, 면직물, 모직물, 금속 등의 수입품을 모두 합해도 겨우 1,687만 1,592은냥에 불과해, 차 수출액의 6분의 1 남짓한 수준이었다. 영국 상인들은 중국차를 수입해 많은 이익을 남겼지만 그 대신 대량의 은이 중국으로 흘러들어 갔다.

영국은 중국 시장 개방의 어려움을 깨닫고 건륭제가 영국 사신의 방문을 쉽게 거절하지 못하도록 식민정책 추진 경험이 풍부한 매카트니를 선발했다. 매카트니는 중국을 대영제국 본토의 제조업과 인도의 시장이 되게 만드는 것을 목적으로 세밀한 계획 하에 대청황제의 생일을 축하한다는 명분으로 중국 땅을 밟았다.

건륭제는 장엄한 분위기 속에서 매카트니를 맞았다. 매카트니는 건륭제를 향해 한쪽 무릎을 꿇는 예를 행하고 손에는 영국 왕의 서신이 든 금강석으로 장식한 나무 상자를 받쳐 들었다. 영국 왕은 중국에 파견된 사신을 북경에 장기 주재하도록 허용해 줄 것과 무역 확대 그리고 중국 시장의 개방을 요구하면서 또 영국에 토지를 나누어 주고 관세를 감면하며 선교 활동을 허용해 주도록 요구했다. 건륭제는 이 편지를 보고 영국 왕에게 회신을 써서 그의 요구에 답했다. 이 회신은 건륭제의 지혜를 잘 드러내고 있었다.

건륭제는 우선 영국에서 파견한 사신이 북경에 살면서 장기에 걸쳐 무역을 관리하도록 요구한 것에 대해 그것은 천조天朝의 법도에 맞지 않으므로 절대 수용할 수 없다는 입장을 보이면서 그 이유를 다음과 같이 설명했다.

지금껏 서양 각국에서 천조로 오고자 하는 사람들에게 원래는 북경으로 오는 것을 허락했다. 그러나 한 번 오고 난 뒤에는 청의 복식을 따르고 청의 관직을 맡도록 해 영원히 본국으로 돌아가지 못하게 했다. 이는 천조의 변함없는 법이다. …… 오늘 너희가 사람을 보내 북경에서 마음대로 살기를 바라지만 북경에 파견되어 온 다른 서양인들과 같이 북경에 살면서 본국으로 돌아가지 못하게 할 수도 없으려니와 마음대로 왕래하며 소식을 통하는 것 또한 허락할 수 없으니 이는 더 이상 논할 필요가 없는 일이다.

이렇게 말하며 영국 왕의 요구를 분명하게 거절했다.
영국 왕이 과거 러시아 상인들이 중국에서 통상하던 선례를 들어 영국 상인들도 북경에서 양행洋行(외국인 상사)을 세울 수 있도록 한 요구에 대해 건륭제는 더욱 받아들일 수 없다고 밝혔다. 그 이유는 명확했다.

북경은 만방이 떠받드는 곳으로 법도가 엄격하고 법령이 한결같아 변방의 오랑캐들이 북경에서 상사를 개설한 적이 없다. 전날 러시아인이 북경에서 공관을 설치해 무역을 한 것은, 흡극도恰克圖(시베리아와 몽골의 접경 지역에 위치한 캬흐타)가 세워지기 전 잠시 머무르도록 한 것에 불과하다. 흡극도가 세워진 이후 러시아는 그곳에서 무역을 했으며 북경에 머무르는 것이 금지되었다.

또 그들 상선이 주산珠山과 영파, 천진에서 교역할 수 있도록 해 달라는 것에 대해서도 모두 허락할 수 없다는 대답을 내렸다. 그 이유는 원래 외국 상선은 모두 마카오에서 무역을 해 오고 있는데 그곳에는 양행이 있어 물건을 들이고 내보내기가 편리하지만 영파나 천진에는 양행도 세워지지 않았고 또 역관도 없어 말이 통하지 않아 많은 불편이 생길 것이니 영국 상선이 굳이 사서 고생을 할 이유가 없다는 것이었다.

또 주산 부근의 작은 섬을 할양해서 영국인의 상선이 쉬어 가거나 화물을 보관하고 또 그곳에서 거주할 수도 있게 해달라는 항목에 대한 건륭제의 대답은 다음과 같았다.

> 천조에 이러한 법도가 없으니 이 일은 더욱 불가하다. 천조에는 척토尺土라 하더라도 모두 판적版籍(호구대장)이 있고 변경의 관리도 철저히 이루어지는 바 설령 작은 섬이나 모래땅이라 하더라도 모두 구획이 나누어져 어딘가에 소속되어 있다.

그리고 광주 부근에 있는 작은 땅을 영국 상인들의 거주지로 내주고 영국인들이 마음대로 출입할 수 있도록 해 달라는 요구에 대해서는 다음과 같이 대답했다.

> 지금까지 서양 각국의 오랑캐 상인들은 마카오에 머물면서 무역을 했는데 모두 구역을 정해서 조금이라도 넘지 못하게 했고, 외국 상사에서 무역을 하는 상인들도 멋대로 성도省都로 들어갈 수가 없었다. …… 지금 성도 부근에 따로 한 곳을 너의 오랑캐 상인들이 살도록 떼어 주는 것은 이미 마카오의 전례에도 맞지 않는다. 더군다나 서양 각국이 광동에서 여러 해 무역을 하며 많은 이익을 거두어 날이 갈수록 오는 이가 많거늘 어찌 일일이 땅을 내어 살도록 준단 말인가?

마지막으로 선교사들의 선교를 허가해 줄 것을 요구한 것에 대해 건륭제는 이것이 실제로는 선교라는 명목으로 정신을 통제하고 중국에 '정신적인 아편'을 전파하려는 것이라고 보았다. 건륭제는 강희나 옹정제와 마찬가지로 금교禁敎정책을 엄격히 지켜오면서 영국이 중국 내에서 천주교를 전파하는 것을 엄금했다. 건륭제는 영국 왕에게 보내는 회신에서 중국과 오랑캐의 구별이 분명하다는 것을 밝히며 다음과 같이 썼다.

> 너의 나라에서 받드는 천주교는 원래 서양의 각 나라에서 받드는 종교다. 천조가 개벽한 이래 성군들께서 가르침을 내리고 법을 만들어 주셨으며 또한 천지 만물에 모두 각자의 근원이 있으니 이설異說에 마음을 움직이지 않는다.

이처럼 건륭제는 영국 왕이 제시한 요구를 일일이 거절했다. 이는 비록 어느 정도는 문을 닫고 외부 세계와 왕래하지 않으려는 의도도 있었으나, 국권을 지키고 청조의 통치를 보호한다는 측면에서 볼 때 서구 자본주의의 중국 침략을 막아내는 역할도 했다.

예를 들면, 영국 왕이 중국 내에서 선교를 할 수 있도록 요구한 데는 서양의 종교로 중국인을 노예화하려는 의도가 숨겨져 있었다. 특히 주산과 광주에 땅을 주어 살 수 있도록 하고 내하內河 관세의 감면을 요구한 것은 분명 중국의 주권을 명백히 침범한 것이었다. 건륭제는 이와 같은 침략성 조항을 단호히 거절함으로써 국가의 주권을 지켰다는 점에서 그의 판단은 정확했다고 볼 수 있다.

건륭제는 요구를 거절한 것 때문에 영국왕이 분명 불만을 품을 것이고 결코 이대로 물러나지는 않을 것임을 알고 있었다. 그래서 요구에 대해 거절하면서 한편으로는 군기처에 명령을 내려 시시각각 경계 태세를 갖출 것을 지시했다.

> 영국은 서양 여러 나라들 가운데서도 강하고 사납다. 또한 바다에서 서양 각국의 상선을 약탈하는 일이 있어 주변의 서양인들도 그들의

횡포를 두려워한다고 들었다. 지금 그들이 북경에 머무르도록 허락하지 않으면 그 나라 왕이 칙령을 듣고는 불만을 품어 무슨 구실로 일을 벌일지 모를 일이니 미리 막지 않을 수 없다.

건륭제는 외교적, 군사적으로 몇 가지 영국을 겨냥한 방비 조치를 취했다. 그 일환으로 각라장린覺羅長麟을 파견해 광주 총독으로 임명하고, 광주 지역 관리들의 군사 지도력을 강화시켰다. 그리고 각라장린과 순무 곽세훈에게 서로 협력하여 영국인의 동정을 빈틈없이 감시하도록 명령했다. 이밖에도 연해 지역의 각 성에 명령을 내려 항상 경계를 유지하고 특히 군대를 철저히 준비시켜 해안 경비에 배치하도록 했다.

영국인을 고립시키기 위해 건륭제는 적극적으로 다른 나라의 상인들을 배려해 주었다. 이렇게 해서 설령 영국인이 함부로 행동하고 마카오에서 말썽을 일으킨다 하더라도 광주에서 장사를 하는 다른 나라의 상인들이 영국 편에 서지 않았으므로, 결국 "한 그루의 나무로 숲을 이룰 수 없는 법이라." 하고 영국은 세력을 키우지 못해 정세는 중국에 유리한 방향으로 흘렀다.

10월 7일, 매카트니 사절단은 군기대신 송균松筠의 안내로 운하를 따라 남쪽으로 내려간 뒤 다시 절강과 강서, 광동 등을 거쳐 1794년 1월 10일에 광주로부터 영국으로 돌아갔다.

매카트니 사절단은 이번 방문에서 청나라에 대한 각종 요구는 관철시키지 못했지만, 오히려 이 기회를 통해 중국의 군사, 정치와 사회 상황을 살필 수 있었다. 그는 영국 정부에 중국에 대한 자료를 분야별로 작성해 제출하면서, 중국은 정체되어 더 이상의 발전이 없으며 세계에 대한 지식이 빈약할 뿐 아니라 구식 군대는 군사 교육을 제대로 받지 못했고 무기도 여전히 칼과 창, 활을 쓰고 있다고 밝혔다. 그러면서 영국은 앞으로 중국을 변화시켜 이익을 얻을 수 있을 것이라고 예언했다. 매카트니 사절단은 중국 침략의 선발대로서 이후 영국이 중국을 무력으로 침략하는 기반을 마련했다.

　　매카트니가 열하熱河에서 건륭제를 배알할 때, 이미 황제 알현의 예를 두고 마찰이 빚어졌다. 청나라 정부는 매카트니에게 삼궤구고[42]三跪九叩의 예로써 무릎을 꿇고 엎드려 절하여 천조의 존엄을 지키도록 요구했으나 매카트니는 대영제국의 특사로서 그럴 수 없다며 요구를 거절했다. 결국 한쪽 무릎만 꿇고 예를 표하는 것을 허락했다.

　　당시 건륭제가 영국을 서양의 다른 어느 나라보다 더욱 경계했음에도 불구하고 양국간의 무역은 크게 영향을 받지 않고 여전히 일정 수준의 교역을 유지했다. 이러한 점은 건륭제의 공이 컸다고 할 수 있다. 그는 영국이 품고 있던 침략의 야심을 제때 알아차리고 영국의 침략 행위에 대해 방비를 강화함으로써 영국의 대중국 침략의 야심을 잠시나마 잠재울 수 있었다.

---

42. 중국 청淸나라 때 시행했던 황제에 대한 경례법으로 삼배구고三拜九叩라고도 한다. 궤跪는 무릎을 꿇는 것이고 고叩는 머리를 땅에 닿게 한다는 뜻으로 무릎을 꿇고 양손을 땅에 댄 다음 머리가 땅에 닿을 때까지 숙이기를 3번, 이것을 한 단위로 하여 3번 되풀이 했다. 고두叩頭의 예는 청나라 이전부터 있었으나 청대에 들어와서 1궤 3고·2궤 6고·3궤 9고 등으로 제도화하고, 외국 사절에게도 강요했다. 가경제嘉慶帝(1796~1820) 때의 영국 대사 P.W.애머스트가 삼궤구고를 거부하여 알현이 허용되지 않았음은 물론 그 날로 추방당하여 귀국한 일화가 있음.

자신의 기본적인 이익은 지켜야 한다
維護自身的根本利益

백극제도[43]伯克制度는 건륭제가 남강南疆에 대해 실시했던 '지역 특성에 따른 융통성 있는 통치'의 기본 내용을 반영한 것으로 뚜렷한 효과를 거두었음은 물론이고 국경 지역을 성공적으로 다스리는 본보기가 되었다.

남강은 습도가 높은 북강北疆 지역과는 환경이 달랐다. 타클라마칸 사막과 끝없이 넓게 펼쳐진 고비사막은 기후가 대단히 건조해 풀 한 뿌리도 나지 않았다. 다만 한 가지 다행인 것은 사방에 둘러싸인 설산에서 일년 내내 설수雪水가 흘러내려 남강 사람들에게 자양분이 되어 주었다는

---

43. 청조는 위구르족의 민정民政을 지속적이고 안정적으로 관할하기 위해 정복 이전부터 존재했던 '벡Beg伯克'이라는 토착 지배계층을 이용했다. 청 조정에서는 벡을 일종의 지방행정관으로 임명하여 자치를 최대한 보장하는 백극제도伯克制度를 정착시켜 조정에서 먼 변경지역을 통치하는 효과적인 제도로 활용되었음.

것이다. 이 덕분에 사람들은 타림분지 주위에서 토지를 개간하면서 부지런히 농업에 종사했다.

일찍이 청조에서 아직 곽집점霍集占의 반란을 평정하지 못했을 때 건륭제는 이미 남강 지역에 대해 지역 특성에 따라 융통성 있게 다스린다는 방침을 세웠다. 그는 위구르와 이리伊犁는 다르다고 여겼다. 이리의 경우에는 청조에 편입되면서 관할 구역이 너무 광활해서 어쩔 수 없이 조정에서 주둔군을 파견해 탄압했다. 그러나 위구르 지역을 평정한 후에는 수령만 선발해서 성루를 지키도록 하기만 하면 되었으므로 이리 군영에 속하도록 해서 통제 관리하면 된다고 여겼다.

건륭제가 남강에 대해 지역 특성에 따른 통치를 실행하기로 결정한 것은 그곳의 객관적인 여건들에 대해 연구한 끝에 이루어졌다. 건륭 24년, 정변장군定邊將軍 조혜兆惠는 군사를 거느리고 야르칸드, 카쉬가르 두 곳을 함락한 후 건륭제에게 현지의 행정 기구와 상황에 대해서 상세히 종합 보고했는데, 이것은 건륭제가 지역 특성에 따라 남강을 다스리는 데 있어서 상세하고 확실한 참고 자료 역할을 했다.

남강은 외부로부터의 압박도 없었고 주변 대부분 지역이 카자흐스탄, 아프카니스탄, 바다크산 등과 인접해 있었는데, 이들은 청 조정의 군사 위협에 의해 연달아 공물을 바치고 신하를 자처해 더더욱 소동을 일으키지 못했다. 청군이 반란을 평정하는 과정에서 호탄의 수령 곽사霍斯와 아커쑤의 수령 파랍특頗拉特 등 위구르족 수령들이 잇달아 주동적으로 중앙 정부로 귀순했으며, 쿠차와 야르칸드 두 곳에서 격렬한 전투가 일어났던 것을 제외하고 다른 곳에서는 모두 전쟁 없이 항복을 했다. 이 같은 여러 정황들로 인해 남강 지역의 고유 행정 조직이 기본적으로 보존되어 있어서 지역 특성에 따른 통치를 가능하게 하는 배경이 되었다.

조혜의 보고에 따르면 위구르 지역의 수령 중에 아기목阿奇木이라는 사람이 있었는데, 그는 도시 하나를 총괄해서 관리하고 있었고, 이사한伊沙

꾿은 아기목과 협력하여 일을 처리했다. 또 파극매탑이巴克邁塔爾는 전문적으로 조경을 담당했고, 상백극商伯克은 조세와 부역을 관리했다. 합자哈子는 형벌을, 밀라포密喇布는 수리 사업을, 눌극포訥克布는 부역을 관리했으며, 파찰사포帕察沙布는 범인을 잡아들이는 책임을 졌다. 그 밖에 무특색포茂特色布가 경교經敎를, 본특알리本特斡里가 전택田宅을, 도관都管이 관역館驛을 관리했으며 파제격이巴濟格爾가 과세를 담당했고, 아이포파阿爾布巴는 사람을 파견해 세금 독촉을 담당했다. 시혼市琿은 도관을 도와 일을 처리했다.

건륭제는 이로써 남강 각 도시가 아기목 백극伯克을 중심으로 비교적 완전한 행정관리 체계를 갖추고 있음을 확신했다. 백극과 그 밑에 속해 있는 관리들은 대량의 토지를 차지하면서 현지 백성들이 농사지은 것으로 세금을 납부하고, 남강이 실크로드의 요로에 자리 잡고 있었으므로 왕래하는 상인들에게 세금을 거두기도 했다.

대신들과 여러 차례 협의를 거친 끝에 건륭제는 남강에 '아기목백극제도'를 실행하여 청 조정의 남강 지방기구로 삼기로 결정하여 각 도시의 성주가 곧 아기목백극이 되었다.

남강에는 모두 합쳐 31개 도시가 있었는데 도시의 규모가 각자 달랐으므로 건륭제는 그것을 크기에 따라 3등급으로 나누었다. 야르칸드, 카쉬가르, 아커쑤, 호탄 네 곳을 대도시로, 우스, 양기히샤르, 쿠차, 피잔을 중도시로 정했다. 그리고 나머지 사야르, 사이리무, 바이청, 쿠아레, 위기르, 패조아파특, 타슈바리크, 하라카쉬, 극륵저아, 위롱하스, 제이랍, 탑극, 아사등아랍도십, 아라길, 옥사등아라도십, 영액기반, 바르축, 샤르후레, 노극찰극, 투크산, 카라호자, 양혁, 극륵품 등 23개 도시를 소도시로 삼았다. 각 도시의 아기목백극의 지위는 3품에서 5품까지 각자 달랐으며, 임명을 거쳐 청 정부의 명을 따르는 지방 행정관리가 됨으로써 더 이상 독자적 세력으로 남지 않게 되었다.

건륭제는 또 통행세 제도를 개혁하여 세금 부담을 줄여 주고 남강의 수많은 위구르 백성들에 대한 경제적 부담을 덜어 주어 이곳 백성들의 전폭적인 지지와 존경을 받았다. 그는 또 남강 지역에서 자체적으로 만들어 쓰던 보이전普爾錢을 폐지하고 건륭통보乾隆通寶를 주조해서 화폐를 통일했으므로 이로써 지방 경제의 발전이 대대적으로 이루어졌다.

건륭제는 위구르어를 할 줄 알았으므로 각 도시의 백극을 접견할 때 통역 없이도 직접 의사소통이 가능했다. 그는 정황을 살필 때 늘 실사구시實事求是를 중시했으며 한 번도 쉽게 단정 짓는 일이 없었다. 한번은 남강의 사무를 총괄하던 투루판 군왕 에민호쟈가 건륭제에게 보고하면서 말하기를, 카쉬가르의 백극 갈대묵특噶岱默特은 관리로서의 자질은 없으면서 오직 다른 사람들의 재물만을 취해 민심을 크게 잃었다고 상주했다.

건륭제는 결코 한쪽 말만을 곧이듣지는 않았기 때문에, 즉시 서혁득과 복삼포福森佈를 보내 이 일에 대해 자세한 조사를 하도록 했다. 그 결과 갈대묵특은 재물을 빼앗은 적이 전혀 없었을 뿐 아니라 사람들로부터 크게 추앙을 받고 있는 것으로 드러났다. 카쉬가르에 살고 있는 위구르족 중에서 갈대묵특을 두고 찬사를 보내지 않는 자가 없었으며, 한결같이 좋은 평판을 받고 있었다. 이 일은 완전히 에민호쟈가 사적인 원한을 풀기 위해 그를 음해할 뜻을 품고 고의로 저지른 사건이었다. 건륭제는 이 사건으로 에민호쟈에게 면직 처분을 내리고, 투루판에 돌아가 '벽을 마주하고 과오를 반성하면서 조용히 살 것'을 명했다. 또 다른 백극들에게도 이를 교훈으로 삼도록 지시했다.

건륭제는 "회부回部의 사무를 처리할 때는 마땅히 그 특성과 풍속에 따라 이끌어야 한다." 하고 주장했다. 위구르족 백극들에게 문제가 발생했을 때 그가 강조했던 것은 중앙 정부가 그 지역을 통치하는 데 위협을 미칠 정도가 아닌 이상 적당히 백극들에게 통치를 맡기고 되도록 간섭을 하지 않아야 한다는 것이었다. 이는 회족에게 신강을 스스로 다스리게 하여 고도의 자치를 실현한다는 건륭제의 사상을 어느 정도 구현한 것이었는데, 이것은 다른 사람들이 생각하기 힘든 뛰어난 판단이었다. 당시 봉건왕권이 고도로 집중되어 있던 청조 사회에서 건륭제가 이처럼 지방분권 개념의 지혜를 가질 수 있었다는 사실은 사람들을 감복시키기에 충분하다.

역대 왕조에서는 변경 지역과 속국을 평정하기 위해 종종 정략혼을 통해서 동맹을 맺고 상호 교류해 왔다. 그러나 시대가 발전하고 경제성장과 국력 신장이 이루어지면서 상황도 자연히 달라졌다. 역대 황제들이 추앙해 오던 화친 정책을 건륭제는 찬성하지 않았을 뿐 아니라 비웃기까지 했다. 또 외교 분야에서 성공을 거두고 겉으로 드러나지 않는 폐해를 없애고자 할 때 가장 우선되어야 하는 것은 바로 국익을 증대시키는 일이라고 생각했다. 이른바 '정치결혼'은 그야말로 눈앞의 이익만 탐하는 졸책으로 절대 장기적이고 근본적인 대책이 될 수 없었다. 건륭제는 일찍이 그가 지은 「사웅射熊」이라는 시에서 이 같은 정책에 대해 신랄히 풍자한 바 있다.

> 한황漢皇이 적제赤帝와 같음을 비웃는다
> 헛되이 여자를 바치는 자가 영웅이 되는구나

이것은 자신을 적제赤帝의 아들이라 여긴 한 고조漢高祖 유방劉邦의 화친 정책에 대한 풍자이다. 유방이 제위에 오른 후 북방 흉노들의 야만 행위가 한조의 통치를 크게 위협했는데 유방은 이들을 구슬리기 위해 각지에서 미인을 뽑아 흉노 우두머리에게 시집을 보내고 매년 그들에게 대량의 금과 은을 하사했다. 그럼에도 불구하고 흉노는 여전히 끊임없이 전쟁을 벌였고 누가 뭐라 해도 멋대로 국경을 침범해 왔다. 이런 이유로 건륭제는 시를 빌려 교묘하게 유방을 조소하면서 그에게는 영웅의 칭호를 붙일

자격이 없다고 말했다. 왜냐하면 그는 흉노에게 미인을 바쳐 화친을 맺고 금은을 보내 기분을 맞춰줌으로써 잠시의 평온을 구할 것만 생각했기 때문이다. 그러나 땔감이 다하지 않는 한 불이 꺼지지 않듯 오늘 여자 한 명을 바치고 내일 또 한 명을 보내도, 다음날 아침이면 또 다시 흉노 오랑캐들이 쳐들어와 미녀와 금은을 요구해 왔다. 그러니 이 얼마나 절묘한 풍자인가!

전성기를 맞은 건륭제는 원대한 포부를 갖고 변경 지역을 지켜 오랑캐를 막아 내는 외교정책을 점진적으로 만들어 가면서 굴욕적으로 화해를 청하여 바로 눈앞만 살피는 외교 방법은 취하지 않았다.

건륭제는 외교적으로 비교적 강한 주체 의식을 가지고 있었다. 그는 줄곧 "하늘 아래 천조의 땅이 아닌 곳이 없으며, 천조의 신하가 아닌 사람이 없다." 하고 여겨 왔으며 중국은 세상의 중심으로 오랑캐를 다스린다고 생각했다. 그가 이렇게 여긴 것은 물론 당시 과학 기술이 발달하지 않아 세계에 대한 객관적인 인식이 완전하지 못했기 때문이기도 했다. 예를 들어 하늘은 둥글고 땅은 네모지다는 것이 당시의 관념이었다. 중국은 천하의 중심에 위치해 있고 다른 나라는 변방의 속국이기 때문에 '천조상국天祖上國'의 개념이 생겨나기도 했다. 이처럼 자신의 역량을 생각하지 않은 맹목적인 자신감은 분명 지나치고 황당한 면도 있었지만 이와 같은 사상의 기초 위에서는 자신감을 잃을 경우 한 민족과 한 나라의 정신적 버팀목이 무너진다는 의미가 있었다.

국제 교류에 있어서는 더더욱 자신감을 가져야 했다. 건륭제는 역적 아무르사나를 토벌하여 순조로운 승리를 거둔 후, 이전에 그 때문에 제정 러시아와 교섭한 경험을 되돌아보고 교훈을 이야기했다.

> 애초에 러시아에 아무르사나를 돌려 달라는 요구를 하려던 것에 대해 여러 사람의 생각을 물어보았을 때, 그때는 그들 대부분이 변경

에 다시 난이 일어날 것이라 말했다. 그러나 이는 오랑캐를 다스리는 도리를 모르는 말이다. 그들은 겸손한 태도로 대할수록 더욱 교만해지고, 위엄으로 두렵게 만들수록 스스로 겁을 낸다. 이 말을 자손 대대로 유념하고 행하는 것이야말로 진실로 청국을 억만년 이어 갈 수 있는 도리라 할 수 있다.

건륭 시기에 중국과 조선은 줄곧 선린 우호 관계를 유지했다. 건륭제가 성경盛京에 가서 선조들의 능에 참배할 때마다 조선의 국왕은 늘 사신을 보내 공물을 바쳤다. 건륭제는 대국의 위엄을 유지하면서도 그들을 예의로 대해 조선 국왕과 사절단에 대량의 재물을 상으로 주는 등 강유剛柔가 조화를 이루었다.

역사책에도 이와 비슷한 일이 기록되어 있다. 48년, 건륭제는 원래 7월에 성경에 도착하기로 되어 있었으나 날씨가 갑작스럽게 변하면서 출발 날짜를 미룰 수밖에 없었다. 예기치 못하게 9월 중순이 되어서야 성경에 도착했더니 조선에서 파견한 사신이 벌써 두 달도 넘게 기다리고 있었다. 건륭제는 조선 사신의 성의에 깊은 감동을 받아 사신들에게 상을 배로 베풀고 조선의 국왕 이산44李祘에게는 시를 한 수 지어 보냈다.

건륭제에게는 확고한 관념이 한 가지 있었는데, 그것은 바로 자신은 '종주宗主'이고 외국은 모두 '번속藩屬'이라는 것이었다. 조선과 베트남 같은 국가들도 기꺼이 혹은 강제로 이러한 사상을 받아들였다. 외국과 왕래를 할 때는 항상 이런 주체 정신을 잃지 않았고 이는 당시 역사적 상황을 비추어 볼 때 가혹한 요구는 아니었다.

건륭제는 이런 의식을 바탕으로 외교관계에서 주도적 지위를 차지하

---

44. 조선왕조 22대 국왕 정조正祖(1776~1800).

려 애썼으며 이를 통해 천조의 위엄과 통치를 지킬 수 있었다. 그것이 국력의 강약을 결정하는 관건이라는 사실을 잘 알고 있었으므로 성공적으로 자신의 국가를 강성하고 힘 있게 이끌어나갔다. 이것이 바로 그가 대외관계에서 확고한 자신감을 가질 수 있었던 중요한 여건이 되었음이 분명하다.

인류 역사상 지금까지 실력과 자신감을 갖춘 강자가 다른 나라의 새로운 사물을 두려워한 적은 단 한 번도 없었다. 오로지 약자만이 근심걱정에 싸였을 뿐이다. 한당漢唐 태평성세에 중국과 외국 간에는 왕래가 빈번했다. 유명한 실크로드를 따라 중국과 서방은 경제적 문화적으로 다방면에 걸쳐 교류를 이어갔다. 명나라 초기, 정화鄭和가 이끈 함대는 여러 차례에 걸쳐 동남아시와 서아시아, 심지어는 멀리 아프리카 해안까지 원정을 나섰다. 건륭성세 때도 바로 그때와 같아서 중국과 계속 외교 관계를 유지하던 나라가 10여개 국에 달했다.

새로운 나라에서 온 사신을 맞이하는 것은 전혀 새로운 문화의 창구를 여는 것과 같았다. 청나라에는 이들 국가 자체가 새로운 사물이었다. 새로운 사물은 그 자체로 신기함이라는 일면을 지니고 있으면서도 새로운 사신을 맞아들이는 것은 그 이면에 새로운 위험을 맞이한다는 의미를 내포하기도 했다. 중국이 외국과 왕래하면서 외부의 침략을 막아 낼 수 있는지 그리고 외부의 침략이 가져올 수 있는 화근을 없앨 수 있는지는 중국이 강대한 실력을 갖추고 있는지의 여부로 결정되었다.

건륭제는 역사적인 경험으로부터 얻을 수 있는 교훈을 잘 받아들이는 황제였다. 18세기의 중국 사회는 바야흐로 강희, 옹정, 건륭제의 태평성대를 맞아 경제 번영과 정치 안정 그리고 영토 확장을 이루게 되었다. 또한 국가가 강대해지면서 국가의 통일과 국가 영역을 공고히 다졌으므로 역사상 어느 봉건왕조보다도 뛰어난 왕조로 평가받고 있다. 만약 과거의 종적과 비교해 본다면 청조가 중국 역사의 발전사에 있어 가장 높은 자리를 차지할 것이 분명하다. 그러나 나라와 민족은 끝없이 진보해야 한다. 만약 과거의 영광에 갇혀 제자리걸음을 한다면, 반드시 세계 속에서 도태되는 위험이 닥치게 될 것이다.

이런 상황에서 건륭제가 국력 강화를 외교의 근본으로 삼은 것은 그가 국력 강화를 바탕으로 토벌을 실시하면서 원래 과거에는 아득히 멀어서 갈 수 없었던 수많은 지역들이 점차 언제든 갈 수 있는 이웃으로 변하고, 과거에는 통제가 불가능했던 여러 지역들이 이미 순화되어 본분을 지키는 신민臣民이 되었음을 보았기 때문이다. 또한 세계에는 여러 나라들과 온갖 세력이 서로 치열하게 경쟁하고 있으며, 이 세상에는 약육강식과 적자생존의 법칙이 적용되고 있다는 사실을 건륭제 또한 깨닫게 된 것 역시 그 이유의 하나였다.

이 때문에 건륭제는 다시 경제를 발전시키는 데 온 힘을 쏟았고, 국력의 강화가 외교를 뒷받침하는 데 큰 힘이 될 것이라 생각했다. 건륭 시기에는 각종 국내 정책과 치국 업적에 있어 상당한 성공을 거두어 경제와 정치의 역량을 크게 키웠으며, 이에 따라 자연히 외교적으로도 성공을 이루는 기초를 다져 주었다.

종합적인 국력이 증대되면서 건륭제는 무공武功으로 천하를 평정하여 사방에 위엄을 떨치게 되었다. 당시 중국에 인접해 있던 수많은 국가들이 모두 청을 향해 신하를 칭하며 공물을 바쳤고 조선, 베트남, 미얀마, 사이암, 남장南掌(라오스), 필리핀, 구르카(네팔)를 비롯한 중앙아시아 각국이 황실의 속국이 되었다. 청나라와 이들 국가의 관계는 명목상으로는 속국이었지만 외교문서를 작성할 때와 같은 공식적인 경우를 제외하고 실제적으로는 평등한 관계를 이루고 있었다. 청은 이들 국가에 한 번도 영토를 요구하지 않았으며 설령 그 나라의 국왕을 책봉하더라도 절대 내정에는 간섭하지 않았다.

비록 필요한 품목을 적은 공물 목록을 미리 보내 이에 따라 공물을 바치게 했다고는 하나 실질적으로는 서로 물건을 주고받는 무역 관계로 이루어졌다. 다시 말하면 상대방에게 어떤 물건이 필요한지를 일일이 명확하게 밝혔다 하더라도 건륭제 역시 그에 답하는 물자를 보내주었으며, 더욱이 보내는 물자는 늘 공물로 받은 것보다 더 많았다.

건륭제는 유가에서 말하는 '수재사이[45]守在四夷'의 가르침을 믿었다. 그리하여 되도록 주변국과의 우호 관계를 발전시키고 갈등을 해소하여 단지 그들로부터의 침략을 막아냈을 뿐 아니라 청을 호위하는 보호막으로 삼았다.

그러나 난폭한 침입자에게는 항상 '눈에는 눈, 이에는 이'의 강경한 외교정책을 취해 국가의 주권과 영토를 굳게 지켜 냈다.

영토를 잠식하고자 했던 제정 러시아의 야심에 대한 건륭제의 대항 수단은 '위엄으로써 두려워하게 만드는 전략'이었다. 이는 제정 러시아로 하여금 청나라 대황제의 '철혈鐵血' 외교 정책을 철저히 느끼게 만들었다.

일찍이 옹정 시기에 러시아 황제 차르는 이미 캄차카 원정대를 파견해 멀리 동쪽과 청나라 영고탑 경계까지 이른바 '탐험 활동'을 벌였다. 건륭 2년, 왕립 러시아 과학원에서 파견한 두 명의 측량 인원은 코사크족 기마병의 호송으로 중국 국경선을 몰래 넘어 흑룡강 북쪽 기슭에 있는 알바진으로 갔다. 그들은 국경을 넘어 몰래 지형을 관측했을 뿐 아니라 지도를 제작하고 정보를 캐냈다. 게다가 건륭 5년에는 공공연하게 흑룡강에 대한 『비망록備忘錄』을 꾸며내는가 하면 멋대로 『네르친스크조약』을 왜곡해 이 조약은 강제로 체결한 것이었으며 이로 인해 러시아가 몹시 기만 당했다고 우겼다. 또 지금이야말로 '이미 저지른 과오를 폭로하고 서둘

---

45. 나라를 지키는 것은 사방의 오랑캐에 달려 있다는 뜻. 즉 사방의 오랑캐가 나라를 침범하지 못하게 지켜야 한다는 것으로 나아가서는 오랑캐를 이용해 청을 수호하게 만든다는 뜻까지도 내포하고 있음.

러 결함을 보완해 고쳐야 할' 때라고 주장했다.

　능력을 숨기고 조용히 때를 기다리던 옹정제는 일찍이 국경 지역의 평온을 꾀하기 위해 양보의 태도로 제정 러시아와「포련사기布連斯奇조약」과「캬흐타조약」을 맺었다. 그러나 제정 러시아 정부는 욕심을 버리지 못하고 동북과 서북, 그리고 몽골 지역에 계속 잠식 정책을 취했으며 특히 동북의 흑룡강 지역에 대해서는 더욱 탐을 냈다.

　국력이 강화되면서 건륭제는 곧 옹정제 때의 피동적 모습을 바로잡아 당당하게 제정 러시아와 겨루었다. 그는 역사에 나타난 중러 교섭의 상황에서 다음과 같은 사실을 인식해 냈다. 만약 흑룡강을 차지하려는 러시아의 음모가 뜻대로 이루어진다면 강희 시기에 체결한『네르친스크조약』에 규정된 국경선에 분명 변화가 생길 것이고, 팔기군이 피 흘려 되찾은 야크사도 다시 잃게 될 것이므로 이것은 절대로 양보할 수 없는 일이다.

　건륭 21년, 중국과 러시아 사이에 '흑룡강 가도假道' 사건이 발생했다. 제정 러시아는 조차租借 형식으로 영토를 잠식하려는 의도를 가지고 러시아 선박이 흑룡강을 경유할 수 있도록 요구했으나 건륭제는 이를 단호히 거절했다. 이 무렵 제정 러시아는 프로이센과 영국의 전쟁에 말려들어 무력으로는 흑룡강에서 운항할 수 있는 힘이 없었기 때문에 러시아의 어전대신이 머리를 써서 이른바 가도假道라는 새로운 방법을 생각해 낸 것이었다.

　당시 차르였던 엘리자베타 표트르프나(Elizabeth Petrovna)는 제정 러시아의 대신을 파견해 동북 연해 주민들의 빈곤과 극단적 기근을 핑계 삼아 청 정부에 식량을 실은 선박이 흑룡강을 경유하도록 하고 또 경유하는 동안 가능한 한 이들을 도울 수 있게 해달라고 요청했다. 건륭제는 러시아의 침략 음모를 간파하고는 이를 거절하며 분명한 태도로 말했다.

　　처음 러시아와 의논하여 결정한 열두 가지 조항 안에 어떤 물건이

든 사람을 보내 국경을 넘어 운송하게 한 항목이 어디에도 없다.

제정 러시아의 선박이 흑룡강으로 쳐들어오는 것을 막기 위해 건륭제는 변경의 방비를 맡는 역참 관병들에게 "반드시 방비를 강화해 몰래 넘도록 해서도 안 되며, 만일 저지에도 불구하고 힘으로 밀고 들어온다면 즉시 관병을 보내 체포하여 국경을 넘은 것으로 보아 처리하라." 하고 명령했다. 건륭제의 강경한 태도는 중국의 내륙하인 흑룡강 성의 가도를 이용해 중국 영토를 통째로 집어삼키려던 제정 러시아의 음모를 완전히 좌절시켰다.

【건륭제에게 배우는 관맹술】

一. 시정의 일은 민간에서 담당하여 자율적으로 흐르게 해야 한다. 관청에서 맡아 하게 되면 본래는 백성들의 이익을 구하고자 한 것이 이를 실행하는 과정에서 협조가 제대로 이루어지지 않아 오히려 해를 끼치게 된다.

一. 내버려진 넓은 땅이 곧 백성들의 식량을 더욱 넉넉하게 만든다. 땅이 비록 하잘 것 없더라도 거기서 나는 생산물이면 역시 자원이 된다. 민간에서 손바닥만한 땅이라도 많이 일구어 낼수록 더 많은 수확을 얻을 수 있다.

一. 건륭제의 훌륭함은 바로 아랫사람의 좋은 의견을 받아들이는 데 있었으니, 백성들의 생계에 이익이 되기만 한다면 모두 수렴했다.

一. 건륭제가 즉위한 이후 인재를 등용하는 데 있어 한 번도 권력을 다른 이에게 넘겨준 적이 없다. 신하들이 스스로 위기감을 느끼게 하는 장치를 마련하라.

一. 건륭제는 역사적인 경험으로부터 얻을 수 있는 교훈을 잘 받아들이는 황제였다. 만약 과거의 영광에 갇혀 제자리걸음을 한다면, 반드시 세계 속에서 도태되는 위험이 닥치게 된다.

제2부 흑백치리 黑白治吏

강함과 부드러움이 조화를 이루되,
반드시 매번 새로워야 한다
賞罰 "二柄", 剛柔相濟, 每用必新

1. 받는 사람이 진심으로 수용할 수 있어야 한다 賞罰要讓人心服口服
2. 상벌은 그 목적이 뚜렷해야 한다 賞罰要有針對性
3. 상과 벌은 여지를 남겨 두라 賞罰要留有余地

제왕이 절대 권력을 손에 쥐고 이를 정상적으로 행사하기 위해서는 반드시 술책을 써서 각급 관리에 대해 직접적이고도 효과적인 통제를 실행해야 한다. 중국 고대 제왕들이 사용해 온 치리술治吏術은 매우 다양했다. 그러나 그 본질은 모두 상과 벌의 두 가지 도구로 귀결되었다. 건륭제는 이를 이행해 가는 과정에서 상벌간에는 반드시 균형이 이루어져야 함을 점점 더 분명하게 깨달았다. 지나치게 큰 상은 사람을 쉽게 착각에 빠뜨려 느슨하게 만들며, 사람의 욕망을 한없이 크게 만든다. 지나친 벌을 내리는 것 또한 쉽사리 잔혹한 학정으로 치달아 만들어 강한 반발을 불러일으키고 법과 질서를 크게 어지럽힐 뿐이다. 건륭제는 관리를 대함에 있어 관작을 내리는가 하면 형을 내려 옥에 가두기도 하고, 상으로 녹을 주는가 하면 벌로 가산을 몰수하기도 하였으며, 믿고 아끼다가도 냉정하게 내치기도 했다. 상벌을 엄격히 구분하고 흑백이 조화를 이루도록 하여 부드러움과 강함을 함께 베풀었다. 상벌은 분명 하나의 예술이다.

제1장

상벌술賞罰術 1
받는 사람이 진심으로 수용할 수 있어야 한다 賞罰要讓人心服口服

상벌을 엄격하고 분명하게 다루는 것은 관리를 다스림에 가장 중요한 기본 원리로, 마땅히 상을 줄 사람에게는 상을 주고, 벌을 내려야 할 사람에게는 벌을 내려야 한다. 편견을 가지고 마음대로 해서도 안 되지만 신하들이 자신의 눈을 속이도록 해서는 더더욱 안 된다.

잘 달리는 말도 채찍질은 해야 한다
好馬仍須勤揚鞭

건륭제는 신하들을 자주 칭찬하면서도 늘 지방 관리들에게 성심껏 일하되 헛된 명성을 쫓지 말 것을 요구했다. 착실하게 일하거나 정치적 업적이 뛰어난 관리들에게는 보다 큰 상을 내려 그들이 더욱 전심전력하여 황제를 위해 목숨을 바쳐 일할 수 있도록 했다.

이와 동시에 건륭제는 신하들에 대한 단속 또한 마찬가지로 엄격했다. 항상 그들 머리에 칼 한 자루를 매달아 놓아 늘 두려워하고 불안하게 만드는 한편, 동시에 자신이 진력하고 있다는 것을 황제에게 보임으로써 은전을 입어 높은 벼슬에 오르고 처자식에까지도 광영이 미칠 수 있음을 알도록 만들었다.

어떻게 고위 관리에 대한 감독권을 행사할 것인가는 건륭제가 특히 중요시한 문제였다. 청조에서 총독과 순무는 각각 1품과 2품의 관리로서 봉강대리封疆大吏로 불렀다. 이들 독무督撫는 하나 또는 몇 개 성의 군정軍政 대권을 장악하고 관리를 탄핵하거나 세금을 징수하며 치안 유지와 형벌을 심리하는 등 중요한 임무를 맡았다. 군사를 부리는 일에서 백성을 살피는 일까지 그 직권은 매우 중요했다.

건륭제는 "군주가 위에서 전체를 총괄하여 그 임무를 독무에게 나누어 주며, 독무는 위에서 총괄해 그 임무를 주와 현에 나누어 준다."라고 했다. 다시 말해 독무는 황제의 전권 대표로서 각 지방에서 국가의 법령과 정책을 집행하는 사람이었다. 건륭제는 "독무는 언제나 치리治吏와 민생을 걱정해야 하며 자신을 돌보는 마음이 있어서는 안 된다."라고 강조하면서 나라의 명령이 막힘이 없이 통해 지방의 모든 사업이 발전하고 번성해야 한다고 요구했다.

건륭제는 각 지역의 독무를 중점 관리대상으로 삼았기 때문에 자주 사람을 비밀리에 보내 그들을 조사했다. 속담에 이르기를 "좋은 말은 채찍을 들 필요가 없다."라고 하지만 많든 적든 채찍은 써야 하며 단 한 번도 채찍을 들 필요가 없는 말이란 없다.

치국에 있어 건륭제는 비교적 인치人治를 중시했다. 그는 일찍이 "치인治人은 있으나 치법治法은 없다. 법에 맡기는 것은 사람에게 맡기는 것만 못하다." 하고 말했다. 그는 자신의 권력을 공고히 할 수 있는지 없는지의 여부는 고위 관리들의 자질과 그들에 대한 통제에 달려있음을 분명히 알고 있었다. 그러나 고위 관리들에 대한 깊은 이해가 없이 통제를 하는 것은 절대 불가능한 일이다. 그런 까닭에 그는 항상 방법을 강구하고 여러 경로를 통해 고위 관리들의 성격과 재능, 학식, 정치적 업적 등을 이해하는 데 힘썼다. 또 각 성의 독무와 장군, 참찬, 제독, 총병 등의 이름을 궁전 벽에 써두고 늘 그들의 언행과 동태를 주시했다. 또 그는 조정의 모든 고위 관리들의 성격과 장단점을 어느 정도 파악하고 있었다. 건륭제는 사람이 있어야 정치가 있고 사람이 없으면 정치도 사라질 것이라 여졌다. 국가의 흥망성쇠는 중신을 쓸 때 각자에게 적합한 직무를 주었는 가에 달려 있다.

건륭제는 늘 각 성의 독무들에게 훈계를 내렸다.

> 독무는 봉강의 임무를 맡음에 있어 귀감이 되어야 한다. 그 임무는 쓸 데 없이 과거를 자주 시행해서 백성들을 혼란스럽게 하는 데 있는 것이 아니라 오히려 하급 관리들을 독찰하여 그들이 지역 실정에 맞는 정책을 세우고 성실하게 정치를 펼치도록 하는 데 있다.

그래서 오직 관리가 된 것으로 만족하고 호의호식하며 녹봉만 받아먹는 이들을 보면 매우 분노하여 말했다.

> 이치吏治를 정돈하여 구습을 경계하고 인심을 바로잡아 적습積習을 제거해야 하니 무릇 백성을 다스리는 자들은 모두 시급하고 중요한 일부터 우선하여 처리하며 근본을 다스리는 것을 생각하여야 한다.

그는 나라가 태평하고 백성이 즐겁게 일할 수 있도록 하려면 반드시 백성들을 진심으로 살피는 훌륭한 관리가 있어야 한다고 생각했다.

낡은 것을 답습하고 눈앞의 안일만 탐하는 것은 봉건 관료들의 병폐였다. 건륭제는 일부 독무들이 자신의 관리를 북경에 상주시켜 자신들을 주관하는 육부六部와 군기처를 정탐하게 하고 심지어 황제 본인의 일상에 대해서도 모두 살피도록 하고 있다는 것을 알아냈다. 또 어떤 때는 군기처에서 문서를 작성하는 사람과 내통하여 공개해서는 안 되는 사안까지도 독무들에게 보내서 그것을 은밀히 넘겨받은 독무는 북경의 정보를 낱낱이 파악할 수 있었다. 그런데 이런 일을 하는 독무가 한 두 명이 아니었다. 일찍이 건륭제가 공개적으로 지명하여 경고를 내린 이들만 해도 직례 총독 나소도那蘇圖, 안휘 순무 위정국魏定國, 복건 순무 진대수陳大受, 절강 순무 상안常安, 양강 총독 윤계선尹繼善 등이 있었다.

건륭 초기의 비교적 관대한 정치 분위기 속에서 탐관오리들이 뇌물을 받는 악풍도 슬며시 일어나기 시작했다. 많은 주현의 관리들이 특산물을 선사한다는 명목으로 상급 독무들에게 바치기 시작한 것이 점차 뇌물로 바뀌어 갔다. 이들 관리들이 사용한 돈은 모두 세금을 초과해 부과하거나 백성들을 착취해서 얻은 것으로 이 밖에 다른 방법이 있을 리가 없었다.

건륭제도 자연히 이러한 사실들을 알게 되어 독무들이 지방의 관리들을 불러 연회를 베푸는 것을 금지하는 유지를 계속해서 내리면서 그들이 선물을 보낸다는 구실로 크게 연회를 베풀어 시간을 허비하고 일을 그르치며 재력을 낭비하는 것을 질책했다.

청조 때는 둘 또는 세 개 성마다 한 명의 총독을 두고 모든 성에 순무를 두었다. 산동, 산서, 하남성에 순무만 두고 총독을 두지 않은 경우와 직례와 사천에 총독만 두고 순무를 두지 않은 경우를 제외하고 그 밖의 성에는 모두 총독과 순무가 한 곳에 있었다.

건륭제는 총독과 순무가 각각 파벌을 만들어 서로 간에 알력이 끊이지 않고, 자신과 다른 파벌은 배척하며 자기 사람만을 쓰면서도 지방의 정무에 대해서는 서로 책임을 떠넘겨, 하급 관리들이 제대로 일을 할 수 없다는 사실을 알아냈다. 새로 임명되는 독무는 부임하면 곧바로 전임자가 정무를 얼마나 문란하게 보았는지 민생이 얼마나 피폐해졌는지를 마구 헐뜯고, 심지어는 없는 사실을 조작해서까지 함부로 비난하기 바빴다. 그러나 만약 전임자가 지위가 높아져서 다른 곳으로 영전해 간 경우에는 또 제멋대로 그 공적을 칭송하고 관고官庫에 결손이 났더라도 기꺼이 대신해서 채워 넣었다. 건륭제는 이미 이 같은 고질적인 적습을 잘 알고 있었으므로 끊임없이 독무들에게 경종을 울리고 그들의 목을 단단히 졸라 법질서를 위반하는 관리들이 스스로 크게 깨닫도록 조치를 취하기로 마음먹었다.

또한 건륭제는 보통 사람이 생각할 수 없는 뛰어난 계책을 가지고 있었다. 비교적 지위가 높은 관리들을 비판할 경우에는 한 사람씩 가장 핵심이 되는 약점을 찌르는 동시에 구체적인 사실을 조목조목 열거하였기 때문에 그들은 항상 진땀을 흘리며 벌벌 떨어야 했다. 그래서 그들로 하여금 항상 사소한 일에도 신중을 기하며 큰 재난이 닥치지는 않을지 늘 두려워할 수밖에 없도록 만들었다.

건륭 4년, 건륭제는 사천순무 방현方顯에게 훈계했다.

> 짐은 네가 성실하여 누차 발탁해 썼지만 순무로서 마땅히 지켜야 할 도리 또한 있는 법이다. 만일 기질이 편협하여 큰 도리를 모르고 마음 내키는 대로 행동한다면 그것은 안 될 일이다. 네가 사천으로 부임 받아 갈 때는 이를 가르치지 않았으나 네가 이 도리를 잊고 가벼이 여길까 염려하여 말하는 것이니 이를 각별히 유념하라!

건륭제는 또 하남 순무 윤회일尹會一을 훈계하며 말했다.

> 인순구차[1]因循苟且의 네 글자가 진정 너의 병이니, 스스로 그것을 알고 잘못을 고치도록 힘써야 할 것이다. 짐은 장차 네가 어떻게 하는지를 볼 것이다!

또 방포方苞의 약점을 지적한 적도 있었다.

> 짐이 처음 왕위를 계승하였을 때 너의 조그만 글재주를 보아 남서방

---

1. 낡은 틀에서 벗어나지 못하고 옛 것을 답습한다는 뜻.

南書房에서 일하도록 명하였고 또 벼슬을 높여 예부시랑의 직책도 수여하였다. …… 그러나 네가 구경九卿에 들어와서는 공적인 이름을 빌어 사복을 채우고, 옳고 그름에 상관없이 자신의 무리만 편을 들며 다른 무리는 배척하고 있다. 네가 이러한 나쁜 버릇을 오래도록 바로잡지 않고 있음을 모두가 알고 있다.

건륭제는 단지 빈말만 잘하는 귀주 순무 궁조린宮兆麟의 태도가 못마땅하여 그를 훈계하기도 했다.

"너의 사람됨을 보아하니 대답은 잘 하지만 실제로 하는 일은 매우 적어 세간에서 철취鐵嘴(철로 된 입, 화술에 능한 사람을 뜻함)의 별호를 얻었다."

건륭제는 또 강서 순무 진굉모陳宏謀를 비판해 말했다.

"너는 부지런하고 능력은 뛰어나지만 좋지 못한 버릇이 있어 염려스럽다. 만일 이를 철저히 고치지 않는다면 날마다 짐의 가르침을 받는다 한들 무슨 유익이 있겠는가?"

하남 순무 도이병아圖爾炳阿에 대해서는 "너는 신중하고 분수를 지키는 것은 남음이 있으나 재능이 모자라다. 이후로는 단단히 분발하고 노력해서 전철을 밟아서는 아니 될 것이다!"라 말했으며, 안휘 순무 서원徐垣에게는 다음과 같이 경고했다.

너는 원래 능력이 있는 인물이라 꾀를 부리지 않고 모든 일에 성실하면 맡은 바 직책을 훌륭하게 감당하여 오래도록 은혜를 입을 수 있을 것이다. 그러니 이에 힘쓰도록 하라.

이들 고위 관리에 대한 한 차례의 훈계와 질책으로 그들을 두려워 떨게 만들었으며 황제에 대해 더할 수 없는 경외심을 가지게 했다. 마치 마부가 말을 채찍질하듯 그들로 하여금 아픔 때문에 더욱 힘껏 앞으로 내달리도록 한 것이다.

신하를 조종하기 위한 중요한 수단이 하나 더 있었는데 그것은 권력의 분배와 여탈與奪 그리고 상벌이었다. 군신간의 관계에 대해 강희제는 '유술柔術'을 주장하며 '군신은 의誼로 맺은 하나'임을 강조했다. 옹정제는 엄격함을 내세워 권력으로 신하를 다스리는 데 뛰어났다. 그러나 건륭제는 겉으로는 권세를 부려 신하를 다스리는 것이 옳지 않다고 여겼지만 실제로는 아버지 옹정제보다 더하면 더했지 못하지는 않았다.

옹정제는 일찍이 이불李紱이 고집이 지나치게 센 것을 못마땅하게 여겨 일부러 그를 꺾고자 했다. 이에 대한 일화가 있었다. 이불이 전문경田文鏡을 탄핵하자 이불과 채정蔡挺을 함께 끌고 저자거리로 나가 두 손을 뒤로 묶고 목에 칼을 대며 물었다.

"지금은 전문경이 좋은가 나쁜가?"

그러자 이불이 아뢰었다.

"신이 우매하여 비록 죽을지라도 전문경의 어디가 좋은지를 모르겠습니다."

이에 조서를 내려 죽이지는 않았지만 여전히 옥에 가두었다. 건륭제는 비록 신하들의 사소한 잘못에도 권술로 엄하게 다스리는 것이 무슨 이익이 있겠느냐고 말은 했지만 알게 모르게 옹정제의 여러 방법을 이어받아 필요에 따라서는 정치적 수완을 발휘하여 심리적으로나 사상적으로 신하를 강력하게 통제했다.

건륭 18년에 동산銅山의 황하가 넘쳐흘러 온통 물바다가 되었는데 이 재해는 천재라기보다는 인재였다고 하는 편이 옳았다. 하도 총독河道總督 고빈高斌과 장사재張師載의 직속 관리였던 이돈李炖과 장빈張賓이 공금을 횡령해 일을 그르치는 바람에 제방이 무너지고 말았기 때문이다. 건륭제는 이돈과 장빈에게 사형을 내리고 고빈과 장사재에게도 "은혜를 저버리고 정실에 사로잡혀 그들의 잘못을 방치하였다." 하고 사형수들과 함께 형

장으로 끌고 가도록 명했다. 형리들에게 입단속을 시켜 사형을 이미 면해 주었다는 사실을 누설하지 못하게 하였으므로 고빈은 자신도 마땅히 사형에 처해질 것으로 알고 있었다. 그는 황귀비인 고가高佳씨의 부친으로 건륭제의 장인이었는데 그때 벌써 칠순이 넘은 나이였다. 형을 집행할 때 고빈은 혼비백산하여 기절해 땅에 쓰러졌다. 형 집행이 끝난 후에야 깨어난 고빈은 황제에게 다음과 같이 아뢰었다.

"신은 후회해도 소용이 없음을 알고 있습니다. 지금은 성은에 감복하여 보답하고자 하는 마음 말고는 아무것도 없습니다."

건륭제의 지혜는 그의 마음을 진심으로 감동시켰다.

고빈은 풀려난 후 과연 감은대덕感恩戴德하여 은혜를 갚을 것을 목숨을 걸고 맹세했다. 그리하여 결국 그는 평생을 치수에 힘쓰다 죽었다. 인자함과 위엄을 함께 베푸는 건륭제의 권술은 이렇듯 항상 틀림이 없었으며 대신들이 순종하여 황제의 뜻을 기꺼이 따르도록 만들었다.

건륭제는 모든 일을 처리함에 있어 사리가 분명했으며 애민하는 관리를 모범으로 세우고 상을 내렸다. 건륭 50년, 산동 평도平度에 수재가 발생하여 이재민들이 성벽과 지붕 위로 피난을 했다. 거기에 먹을 것이 없어 많은 이들이 곧 굶어 죽을 지경으로 상황이 매우 위급해졌다. 그런데 당시 지주知州였던 안희심顔希深은 공적인 일로 성도省都에 가서 돌아오지 않았으므로 아무도 나서서 양곡을 풀 수가 없었다. 이때 안희심의 모친이 의연하게 창고를 열어 백성들을 구제하기로 결정했다. 상부에 보고할 겨를도 없이 급하게 결정을 내린 덕분에 수많은 사람들의 목숨을 보전할 수 있었다.

이에 산동 순무는 안희심의 모친이 불법으로 직권을 탈취해서 독단적으로 창고의 곡식을 풀었으니 반드시 처벌을 해야 한다고 곧바로 탄핵을 했다.

건륭제는 사정을 듣고 나서 그를 책망하여 다음과 같이 말했다.

이처럼 현명한 모친과 훌륭한 관리가 나라와 백성을 위하여 잠시 권세를 변통하였는데 이를 보호해 주지는 못할망정 도리어 탄핵을 하고 있으니 어떻게 백성들에게 의로운 일을 하도록 권할 것인가?

그러고는 곧바로 안희심을 지부知府로 승진시키고 그의 모친에게는 3품에 봉했다. 건륭제의 이러한 조치는 단지 백성과 나라를 위하는 훌륭한 관리를 칭찬하는 데 그치지 않고, 모든 신하들에 대한 자신의 배려가 매우 깊다는 것을 보여 주면서 동시에 맡은 일을 열심히 하면 그 가문에도 광영한 날이 반드시 온다는 것을 알도록 하기 위함이었다. 또 이렇게 함으로써 주나 현의 지방 관리들이 서로 분발하여 조정을 위해 앞 다투어 일하도록 했다.

고진高晋 역시 치수에 능한 신하였다. 만주 양황기鑲黃旗에 속했으며 일찍이 국자감에 들어가 벼슬을 시작했고, 이어서 산동성 사수泗水 지현知縣으로 임명되었다. 그 뒤에는 또 연달아 섬서성 유림楡林 지부, 섬서성 유가도楡葭道 순도巡道 그리고 강소성 회안도淮安道의 순도에 임명되었다. 이후에 건륭제는 그를 산동 하도河道 총독과 산동 안찰사로 승진시켰으며 다시 안휘포정사를 거쳐 순무로 보냈다.

건륭 22년, 고진은 유지를 받들어 강소성 서주 유역의 황하 물길에 제방을 쌓았다. 건륭 26년에는 고진을 다시 양강 총독으로 임명했다. 고진은 임기 동안 여러 현의 수해를 해결했는데, 제방의 수문을 대량으로 건설하고 도랑을 파서 하천과 호수 개천 등을 서로 통하도록 연결시켰다. 이러한 조치들로 여러 해에 걸친 수해와 그로 인한 흉작 문제를 해결할 수 있었다. 고진은 이 공적으로 다시 북경으로 불려가 내대신內大臣의 지위에 오르고 태자태부太子太傅가 되었다.

건륭 30년에 고진은 다시 양강 총독에 임명되었으며, 건륭 36년에는 대학사 겸 예부상서에 올랐다.

건륭 41년, 고진이 상소문을 올려 강소성 청하淸河 유역의 황하 물길을 바꾸어 강물이 빈번하게 홍택호洪澤湖로 역류하는 것을 막아야 한다고 주청했다. 또 그는 도장陶莊에서부터 북쪽으로 운하를 파서 황하의 물길이 남쪽의 주가장周家莊까지 이르게 해야 한다고 상주했다. 이 계획이 건륭 42년에 승인되면서 새 운하는 도장북신하陶莊北新河라 칭해졌는데, 후에 함풍咸豊 2년에 황하 북쪽을 산동을 통해 바다로 들어가도록 물길을 바꾸기 전까지 오랫동안 황하와 서로 통하는 운하로서의 역할을 했다.

건륭 43년, 고진은 또 명을 받아 하남으로 가서 제방이 터진 곳을 보수했다. 몇 개월이 걸려서야 이 작업을 마무리했지만 다시 그 제방이 터지자 파면을 당했다. 그러나 얼마 지나지 않아 건륭제의 은사恩赦를 받고 복직되었다. 이 이후로도 고진은 치수에 힘을 쏟다가 죽었으며 나중에 문단文端이라는 시호를 받았다.

건륭제에게는 관리를 다스리는 독창적인 지혜가 더 있었다. 이를테면 작은 실수도 크게 꾸짖거나 인재를 파격적으로 등용하는 것 등이었는데, 이러한 방법을 써서 대신들로 하여금 앞날을 예측하거나 천자의 마음을 짐작할 수 없도록 만들어 신중하게 일을 하지 않을 수 없도록 했다.

건륭 4년, 공부工部에서 태묘太廟 경성등慶成燈을 수리한다고 하면서 은 3백 냥과 엽전 2백 꿰미를 받아갔다. 건륭제는 은을 지나치게 많이 수령한 데는 반드시 속사정이 있을 것임을 알고 바로 공부에 물었다.

"이 등은 간단히 종이를 발라서 수리하기만 하면 될 것인데 어째서 이렇게 많은 은이 쓰인단 말인가?"

공부의 관리가 애매하게 답하기를 그 돈은 미리 수령했을 뿐이며 나중에 실제로 쓰고 난 다음, 정산 후에 남은 돈은 다시 반납할 것이라 했다. 건륭제는 이 말이 거짓임을 알아차리고는 말했다.

"모든 공사에 있어 마땅히 먼저 그 액수를 세세하게 헤아린 다음에 돈을 수령하는 것이 관례다. 당관堂官 등이 짐을 불민하다고 여겨 마음대로 말을 꾸며 속인 것이 지나치게 터무니없다."

이런 정도의 사소한 일에도 건륭제는 크게 노했고 공부 아문 전체가 건륭제의 미움을 사게 되었다. 상서 내보來保와 조전최趙殿最, 시랑 아극돈阿克敦, 한광기韓光基는 강등당하거나 다른 곳으로 보내지기나 혹은 감봉 처분을 당했다. 이번 사건으로 또다시 온 조정을 뒤흔들어 놓았고 관리들은 마음속으로 바짝 긴장하여 사소한 것에도 더욱 신경을 쓰지 않을 수 없게 만들었다. 대학사 진세관陳世倌은 명령을 받아 회양淮揚의 재해 구역을 구휼하게 되었는데, 그곳에 가서 굶주린 백성들을 보고 나자 그들을 몹시 동정하게 되었다. 건륭제가 그를 부를 때마다 진세관은 백성들이 굶주리고 재해로 고통당하고 있으니 국가가 충분히 구제해 주어야 한다고 반복해 아뢰면서 늘 눈물을 흘렸다. 그 뒤로 건륭제는 진세관이 보고를 할 때면 기다리지 않고 먼저 말했다. "진세관은 또 백성을 위해 눈물을 흘리려 왔는가!" 빈정거리는 듯한 말투였지만 사실 칭찬의 뜻이 가득 담겨 있었다.

그러나 어떤 때는 오히려 그를 마구 질책하기도 했다. 진세관은 삼조에 걸쳐 재임한 원로였으며 곡부曲阜 연성공衍聖公(송대 이후 공자의 후손들에게 내려진 작위) 공씨孔氏의 사돈이었다. 나중에 진세관이 산동에서 부동산을 구입했다는 것이 조사 후 확인되면서 건륭제는 그를 참찬의 능력이 없음은 물론 저열하고 옹졸한 절개를 가져 그의 직책에도 부합하지 않는다고 질책하면서 그를 파직시켰다.

관리들이 성실하게 직무를 수행하고 있는지 감찰하기 위해 건륭제는 측근을 각 성에 보내 독무들의 구체적인 정황을 비밀리에 조사하게 했는데, 그들이 사리를 꾀하지 않는지 또는 부정한 일을 저지르지 않는지도 살폈다. 그런데 이 감찰관들이 어명을 받들어 독무들을 감찰하는 과정을 또 다른 사람에 의해 감시하도록 했다. 이러한 책략은 위풍당당한 청나라 황제로서는 할 일이 아닌 듯 했지만 조정의 기강을 바로잡고 부정을 없애기 위해 건륭제는 '정대광명'과는 어울리지 않는 이런 방법을 택할 수밖에 없었다.

건륭 2년, 덕패德沛는 종실宗室 출신으로 호광²湖廣 총독으로 부임된 후 명을 받아 암암리에 총독 사이직史貽直을 조사했는데, 그가 재임 중 염상들로부터 뇌물을 받았다는 혐의를 발견하고 곧바로 황제에게 공개적으로 조사해 처리하도록 청했다. 사이직은 당시 북경으로 돌아가 공부상서에 임명되어 있었는데, 그가 정사에 밝고 업무 처리 능력이 뛰어났으므로 건륭제는 덕패에게 다음과 같이 지시했다. "사이직은 대신의 신분으로서 짐이 그의 잘못을 간과할 수가 없어 별도의 방법으로 벌할 것이니 그리 알라."

건륭 3년, 소주蘇州에서 직조창織造廠을 관리하던 낭중郞中 해보海保가 명을 받들고 허용許容을 몰래 조사한 뒤 보고하기를 "소주순무 허용은 종전에 역임할 때는 각박하다 이름나 있었는데, 새로 부임해 온 이후에는 몸가짐이 청렴결백하고 주도면밀하며 분명하여 맡은 일을 성실하게 수행하고 있으며 평판 또한 훌륭합니다."라고 했다. 건륭제는 이에 "아주 공정하게 평한 것이다."라고 답하면서 문제를 삼지 않았다.

건륭 11년, 호북순무 개태開泰는 명을 받들어 호광총독 악미달鄂彌達을 조사해 보고를 올렸다. 보고에 의하면 악미달이 비록 연로하여 몸은 쇠하였지만 아직 정상적으로 공무를 수행할 수 있으며, 듣기로 그의 가인家人이 문포³門包를 받은 일이 있다고 하지만 그 액수가 많지 않고 악미달도 이러한 사실을 몰랐던 것 같다고 했다. 건륭은 이 일로 개태에게 경고를 내렸다.

---

2. 호남성湖南城과 호북성湖北城을 함께 일컬음. 때로는 광동성廣東城까지 포함하는 경우도 있으나 주로 호남성과 호북성만을 의미하는 경우가 많음.
3. 고위 관리나 상급자를 방문할 때 그 집 문지기에게 주던 돈.

비단 그 뿐만이 아니다! 악미달은 호남성을 순시하러 갔다가 그 아들을 하급 관리들에게 인사를 시키고 그들로부터 뇌물을 받기도 했으며 병사들의 훈련에도 참관하지 않아 짐이 그때 유지를 내려 이를 질책한 바 있다. 그러나 이는 그 과실이 아직 작은 것이라 이를 전부 질책하는 것은 옳지 않으나, 만일 잘못을 저지르고도 고치지 않고 계속해서 짐을 속이며 방자하게 구는 것은 조금도 용서할 수가 없다.

그러면서 개태에게 계속해서 악미달을 감시하고 조사하도록 했다.
건륭제는 이처럼 신하들이 전혀 예측할 수 없는 여러 가지 수단을 통해 이치吏治를 맑고 깨끗하게 유지할 수 있었으며, 비록 그 과정에 조그만 누락과 실수는 있었지만 그의 집권 전기에는 큰 과실은 거의 발생하지 않았다. 어느 한 신료가 다음과 같이 말한 바 있다.

신의 좁은 소견에 의하면 자고이래로 군주들의 근심은 이치吏治가 맑지 못한 데 있었으나 황제께서는 오히려 이치가 지나치게 맑음을 걱정하십니다. 또한 자고이래로 군주들의 근심은 결단을 내리지 못하는 것이었으나 황제께서는 오히려 지나치게 빠른 결단을 걱정하십니다. 관리를 선발하거나 사람을 파견할 때도 간혹 예상을 뛰어넘습니다. 이것은 황제의 견해가 조금은 남다른 것이며 우매한 신이 보기에는 영명하신 결단의 시기 또한 너무 빠른 것이라 생각합니다. …… 천하의 백성들이 황제의 용인지도用人之道를 지당하다고 믿어 따르게 하기 위해서는 굳이 그들이 황제의 용인지도를 기이하게 여기도록 할 필요는 없다고 생각합니다.

이것으로 남들이 미처 생각할 수 없었던 건륭제의 심오한 지혜를 볼 수 있다.

관리 다스림의 근본은 부패 척결에 있다
治吏莫要于懲貪

봉건 왕조의 흥망성쇠는 대부분 관리를 잘 다스리느냐 그렇지 못하느냐에 달려 있었다. 그런데 이 치리治吏가 잘 이루어지고 있는가 그렇지 못한가는 관리들이 청렴한지 아닌지로 드러나게 마련이었다. 그런 까닭에 청대 전기의 황제들은 부패한 관리를 처벌하는 일을 치리의 가장 중요한 수단으로 삼았다. 순치 시기에는 "탐오貪汚를 엄벌한다." 하는 조서를 몇 번이나 내리면서 반복하여 경계했고 "탐貪을 벌하는 것을 치리의 근본으로 삼는다." 하고 강조했다.

강희제는 한 걸음 더 나아가 "치국을 함에 있어 부패를 처벌하는 것만큼 중요한 것이 없다." 하면서 또 "다른 죄를 짓는 사람은 너그러이 용서할 수 있으나 탐관의 죄는 절대로 관대히 다스릴 수 없다." 하고 강조했다. 이 때문에 여러 차례에 걸쳐 은사를 베풀었으면서도 탐관오리에게 이를 적용한 적은 한 번도 없었다. 옹정제가 즉위한 뒤에도 이러한 엄격한 정책은 지속되었으며 특히 세금을 빼돌린 자에 대해서는 더욱 구체적인 처벌 조례를 마련했다.

이치吏治의 강도가 점점 약해지면서 부패한 관리가 늘어나는 현상은 봉건사회의 어느 왕조에서도 나타나는 문제였다. 건륭 시기에도 날이 갈수록 부패한 관리들이 늘어나고 고위 관리들까지도 개입되었으며, 뇌물의 액수가 커지고 그 수단은 다양해졌으며 범위 또한 넓어졌다.

이러한 상황이 생겨나는 것은 물론 봉건사회제도로부터 비롯된 것이었지만 당시 황제가 실시한 정책이나 당시의 사회 상황과도 관련이 있었다.

첫째, 청조 통치계급의 핵심 세력이었던 만주 귀족들이 입관 이후 오랜 기간 우월한 위치에 있으면서 타락한 기생성寄生性이 더욱 심각해졌다. 그들은 화려한 의복과 맛있는 음식만을 탐하는 사치한 생활이 풍조를 이루었으며, 그들 중 대부분은 높은 지위에서 부유한 생활만 영위할 줄 알고 돈을 물 쓰듯 했다. 금액이 비교적 컸던 양렴은도 날로 커져 가는 그들의 욕망을 채우기는 힘들었으므로 위험을 마다 않고 의롭지 않은 재물을 더욱 많이 약탈하게 되었다.

둘째, 당시 천하가 오래 태평을 이어가면서 관리들의 전횡이 심해져갔다. 만한滿漢을 불문하고 관리들이 날로 부패해지고 점점 돈을 물 쓰듯 했으며 관직에 오래 머무르면서 뜻이 통하는 이들끼리 서로 의지하고 결탁하여 심지어 집안끼리 혼인을 하는 경우도 있었다. 윗사람은 당연히 여러 가지로 얽히고설킨 관계 때문에 힘을 다해 아랫사람을 비호해 주었고, 아랫사람은 부정을 저질러서라도 가능한 한 많은 뇌물을 윗사람에게 바쳐야 했다.

이처럼 복잡하게 뒤얽혀 풀기 어려운 거대한 그물은 정해진 법을 제대로 집행할 수 없게 했고, 이로 인해 더욱 부패가 만연해져서 갈수록 부정한 돈의 규모가 커지고 부패한 관리의 숫자도 늘어났다. 뇌물 액수만 보더라도 건륭 14년에서 33년까지 양회兩淮 염관鹽官은 모두 천 9백여 만 냥을 횡령했으며, 건륭 57년에는 절강 순무 복숭福崧 한 사람이 절강성의 소금 운반비용 11만 5천 냥을 횡령한 사실이 발각되었다. 건륭 45년, 이시요李侍堯의 하인 85명이 수탈한 금액이 각각 수 천여 금金이었고, 건륭 46년에는 늑이근勒爾謹의 가인이었던 조록曹祿 한 사람에게서 놀랍게도 2만여 냥이 쏟아져 나왔다.

이런 심각한 상황 속에서 건륭제는 상벌의 흑백수단을 써서 불법 관리들을 바로잡기로 결정했다.

시비선악과 신상필벌의 가장 전형적인 예로 제갈공명의 읍참마속泣斬馬謖을 들 수 있다. 촉蜀 건흥建興 5년, 위수에서 위나라 군사 2십만을 격파시킨 제갈공명은 사마중달史馬仲達이 이끌고 온 위나라 원군 2십만 대군과 기산祁山에서 대치했다. 이 전쟁의 관건은 한중漢中의 동쪽 가정街亭의 공방전에 있었는데 그 이유는 그곳이 군량 수송의 중요한 요충지였기 때문이었다. 공명이 마침 무장을 한 명 보내 그곳을 수비하고자 했더니 젊은 장수 마속馬謖이 자진하여 나섰다.

마속은 공명의 절친한 친구 마량馬良의 동생으로, 혈기 왕성하고 용맹하며 재기 있는 인물이었으나 사마중달에 필적하지는 못했다. 공명은 망설이며 결단을 내리지 못했으나 마속이 의기가 충만한 것을 보고는 마침내 그를 보내 가정을 방어하도록 결정했다. 그러나 결과는 촉군의 참패였다.

공명은 가정의 가장 중요한 길목을 지키도록 지시했으나 젊은 마속은 병법서에 매달려 '높은 곳에서 아래를 공격하는 것은 파죽지세와 같이 쉽다.' 하며 대군을 큰길가의 산 위에 주둔시킬 뜻을 고집했다. 그 결과 위나라 병사에 포위를 당해 물이 끊기면서 촉은 끝내 크게 패했고 마속은 소수의 장병들만 이끌고 도망쳐 왔다.

건흥 6년, 한중에서 철수한 촉군은 군법에 따라 마속을 패전의 책임을 물어 처벌했고 공명은 참수를 명했다. 주위 사람들이 마속의 재능을 아까워하여 계속해서 공명에게 사정하였지만 공명은 이를 듣지 않고 그를 참수할 뜻을 견지했다.

마속이 형장에 끌려 나오자 공명은 소맷자락으로 얼굴을 가리고 울며 속으로 생각했다.

"사실 너를 등용한 나 또한 죄가 있거늘 나는 아직 죽지 못하는구나. 그러나 촉이 살기 위해서는 너를 죽여야 하니, 부디 나를 용서하라!"

군영 안의 모든 사람이 이 말을 하는 공명의 심정을 알고 있었을 것이다. '사랑하는 자가 죄를 지으면 반드시 벌을 내리고, 미워하는 자가 공을 세우면 반드시 상을 준다.' 하는 것은 치리治吏의 첫째 비결이었다. 바로 이와 같은 이유로『예기禮記』·「대학편大學編」에 나오는 수양인덕修養仁德의 기본 원칙이 곧 '사랑하는 자는 반드시 그 악을 알고, 미워하는 자는 반드시 그 선을 알아야 한다.〔所愛應知其惡, 憎應知其善〕' 하는 것이다.

건륭제는 '사랑하는 자에게 죄가 있으면 반드시 벌해야 한다.' 하는 도리를 분명하게 깨닫고 있었다. 건륭제는 책 속에 언급된 산동 관고은냥 사건과 절강 부정사건, 감숙의 빈민구제금 횡령사건, 양회의 소금사건 외에 주로 다음의 몇 건에 대해 중점적으로 조사하여 처리하도록 했다.

강소 부패관리 비호사건 건륭 54년, 강소 고우주高郵州 순검巡檢 진의도陳倚道는 한 이서[4]吏胥가 몰래 인신印信을 새겨 가짜를 진짜인 것처럼 속여 이중으로 세금을 징수한 사실을 적발하고, 몰래 새긴 도장과 가짜 납세 영수증 등을 압수해 낱낱이 고우주와 양주부揚州府에 제출하여 조정에 보고하도록 했다. 그러나 지부知府 유병劉炳과 지주知州 오환은 이와 관련된 공

---

4. 하급관리, 말단 벼슬아치로 서리書吏라고도 했음.

문서를 발송해 주지 않았다. 그러자 진의도는 이듬해 정월, 다시 순무와 번사아문藩司衙門에 고발했다. 순무 민악원閔鶚元과 포정사 강기전康基田은 진의도의 보고가 사실임을 알면서도 그냥 방치해두고 아무런 조치도 취하지 않은 채 오히려 진의도를 다른 곳으로 보내 이 사건을 묻어 두고자 했다. 그러자 진의도는 이에 불복하여 자신의 가인 장귀張貴를 은밀히 북경으로 보내 고발하도록 하였다.

건륭제는 병부상서 경계慶桂와 형부시랑 왕창王和을 흠차대신[5]欽差大臣으로 파견해 속히 가서 심판하여 처리하도록 하고 양강총독 서린書麟에게 강소 순무 민악원을 조사하는 데 협조하도록 명했다. 서린은 오환이 사건을 감싸 덮어 두고 처리하지 않았다며 그를 면직시키도록 주청했다. 민악원은 조사를 받는 중에도 시종일관 거짓으로 오환을 두둔하면서 죄에 대한 책임에서 벗어나고자 했다. 또 고우주의 이서 임지패林之佩가 몰래 인신을 새겨 세금을 이중으로 징수한 사건에 대해서도 미봉으로 일관하여 거짓말을 둘러대며 두둔했다. 건륭제는 오환을 파면시키고 민악원은 해임하도록 명하는 한편 이들 모두를 흠차대신 경계慶桂에게 넘겨 심판에 부쳤다. 그러면서 안휘 순무 복숭을 강소 순무로 전임시켰다.

양강 총독 서린은 사태가 커지는 것을 보고 다시 상소를 올려 말하기를 "양주부 지부 유병은 진의도의 보고를 받은 후 바로 사건을 심문했으며, 임지패가 가짜 도장을 만들고 세금 영수증을 발행한 것에 대해서도 모두 조사해 보았으나 정실에 얽매여 비호한 일은 없었습니다."라고 하면서 민악원 등에 대한 죄의 책임을 면해 주기를 바랐다.

건륭제는 상소문을 읽어보고는 유병에 대해 다음과 같이 꾸짖었다.

"만약 범죄의 증거가 충분하지 않다는 이유만으로 상부에 보고도 하지

---

5. 청대에 황제를 대신하여 중요한 사건을 처리하기 위해 특별히 지방으로 파견하던 관리.

않고 서로 감싸주기만 한다면 폐단이 더욱 커져 끊이지 않을 것이다." 또 서린을 두고는 "결점을 덮어 숨기려 하고 민악원과 유병을 엄중히 규탄하지 않은 것은 어디까지나 사사로운 정에 얽매여 실로 자신의 임무를 저버린 것이다."

그러고 나서 다음과 같이 말했다.

> 이로써 외성外省의 관리들끼리 서로 감싸주는 악습이 굳어져 깨뜨릴 수 없다는 것을 알았다. 독무 등 모두가 이와 같이 한 통속으로 연결되어 잘못된 행위를 감추니 또 무슨 일인들 하지 못하겠는가!

서린을 형부에 넘겨 엄중히 심의하여 처벌할 것을 명하면서 "그의 총독 직위는 그대로 두지만 직무를 박탈하여 앞으로 두고 볼 것이다."라고 했다. 또 강녕江寧 포정사 강기전을 두고는 "이는 본인의 임무로서 순무의 엄중한 조사를 거쳐 안찰사에게 넘겨 처리했어야 할 일을 책임을 전가해 지연시킨 지 3개월이나 되었다."면서 "사적인 정에 얽매여 책임을 회피한 것은 아랫사람을 감싸준 것이 아니라 곧 민악원에 영합하려는 뜻이다." 하고 말하며 그의 직무를 박탈하고 번사의 직위만 유지해 주었다. 또한 경계와 왕창에게 명해 민악원과 유병, 오환을 면직시킨 뒤 잡아들여 심문하게 하고 사건에 대한 증거물과 문서를 열하熱河로 보내 처리하도록 했다. 강기전 역시 직무를 정지당한 후 열하로 호송되었다. 다시 군기대신에게 명해 형부에서 심판한 후 사건과 관련된 증거물 등을 북경으로 보내 대학사와 9경에게 처벌을 결정하도록 명했다. 그리고 강소 안찰사 왕사분王士棻이 범인들이 한 패가 되어 숨겨주는 것을 보고도 사실대로 탄핵하지 않은 것에 대해 "알고도 시간을 끌며 처리하지 않은 것은 상사에 영합하고자 한 것은 아니지만 아랫사람을 감싸주려는 것"이라 하여 그를 면직시키고, 서린과 복숭에게 보내 엄히 심문토록 했다.

심문 과정 중에 복숭은 또 민악원이 순무 재임 중에 지은 죄를 발견하고 추가로 탄핵했다. 구용현句容縣 양서粮書 강숭년江嵩年 등이 각 호구에서 완납한 전량⁶錢粮을 횡령한 사건이 일어났는데, 민악원이 직접 조사했어야 함에도 강녕부江寧府에 지시하여 심문하도록 함으로써 서로 보아주며 적당히 처리하도록 방치했다. 건륭제는 구용현 지현知縣인 왕광승王光陞은 면직시키고 복숭에게 넘겨 심문하도록 했다. 복숭은 다시 구용의 한 이서가 전량 3천 7백 냥과 조미漕米 8백여 석을 횡령했다는 사실을 밝혀냈다. 건륭제는 이때 서린을 강녕에 주재시키고 있었는데, 구용에서 불과 수십 리 밖에 떨어지지 않은 강녕에 있으면서도 무관심하여 무슨 일이 일어났는지도 모르자 서린을 면직시키고 그 죄를 물었다.

　대학사 등이 심문을 마친 후 민악원은 참감후⁷斬監候에 처해진 뒤 석방되어 돌아왔고 강기전은 군대⁸軍臺로 보내져 고역을 통해 속죄를 대신했으며, 사건의 발단이 됐던 이서 임지패와 하관夏琯 등은 참형에 처해졌다. 또 왕사분과 유병 등은 면직되었고 서린을 앞세운 시위들은 이리伊犂로 유배되어 수비를 담당하게 되었다.

　건륭제는 이처럼 강소순무의 탐관오리 비호 사건에 대해 엄히 처벌했는데, 특히 총독과 순무 이하의 관리들까지도 직접 엄중하게 처벌하도록 한 것은 우연이 아니었다. 당시 관리 사회는 관리들이 서로 감싸 주고 위아래가 결탁해 사리를 꾀하면서도, 일을 함에 있어서는 적당히 얼버무려 뒤로 미루고 서로 책임을 전가하는 등 날로 부패해져 갔다. 건륭제도 날

---

6. 돈으로 내던 농지세. 이에 반해 곡물로 내던 농지세는 전부田賦 또는 양부糧賦라고 함.
7. 명청 시기에 사형의 종류로 '입결立決' 과 '감후監候' 가 있었는데, 입결은 판결 후 즉시 사형을 집행했으며 감후는 '사완死緩' 과 같은 것으로 일종의 사형유예였음. 감후에 처해진 죄인은 다시 일정한 절차를 거쳐 사형을 집행하도록 했으나 사형이 실제로 집행되는 경우는 드물었음.
8. 청나라 때, 신강이나 몽골 등지에 설치하여 군사 관련 사항이나 공문서를 전달하던 우역郵驛.

이 갈수록 이치吏治가 무너지고 있음을 위협으로 느꼈다.

건륭 55년, 이 사건을 처리하는 동안 건륭제는 직례, 산동 등지를 순행하면서 관부의 부패를 직접 목격하고는 개탄해 말했다.

독무의 신분으로 높은 지위에서 오로지 부유한 생활을 누리는 것만 알고 백성들의 일은 중히 여기지 않을 뿐 아니라 범죄사건이나 보수공사 등 마땅히 시급히 처리해야 할 일이 생겨도 태만해서 미루기만 한다. 겉으로는 황공해하며 삼가는 듯하지만 뒤에서는 책임을 떠넘기며 부당한 수단을 부리는 계략만 꾀하고 있다.

건륭 53년 2월에 직례 건창현建昌縣에 마십馬十이라는 강도가 벌인 약탈 사건이 발생했는데 2년이 지나도록 결말이 나지 않고 있었다. 또 산동 금향현金鄕縣에서는 공사를 한다고 국고에서 자금을 받아 낸지 몇 년이 지나도록 아직 시작도 않고 있었다. 이를 보고 건륭제가 말했다.

각 성의 행정이 문란하여 이미 고질적인 악습이 되었으며, 이는 어디든 마찬가지다.
6부 등 아문에서 처리하는 일을 보더라도 일을 처리하는 기한이 정해져 있고 각 도어사道御史가 함께 모아 상주한다고 하지만 사안이 두 부서에 관련되면 매번 서로 책임을 전가하고, 직접 조사할 필요도 없다고 생각하며 또 서리書吏 등은 문서를 한쪽에 팽개쳐 놓고 차일피일 미루기만 하기 때문에 온갖 폐단이 속출한다. 외성의 사건에 대해서 조사해 줄 것을 요구해도 오고 가며 지연되다 보면 해가 지나고 달이 지나 나중에는 빨리 처리해 달라고 재촉하지도 않게 된다.

건륭제는 대학사와 구경, 과도科道 등에게 회의를 열어 각급 관리들이 사건유형에 따라 처리해야 할 기한을 정하도록 했지만 해이하고 퇴폐한 분위기는 전과 별로 달라지지 않았다. 또한 건륭제는 강소성 부패관리 비호 사건과 관련해서 양강 독무를 중벌에 처하면서 관리들에게 경종을 울리고자 했지만 무사안일하고 부패한 관리 사회의 오랜 악습이 이것만으로 변할 수는 없었다.

절강 순무 횡령사건 만주 정황기正黃旗 출신에 성은 오아烏雅씨였던 복숭福崧은 일찍이 진휘조陳輝祖의 후임으로 절강 순무가 되었지만 전임자의 관고 결손문제를 제대로 해결하지 못해 북경으로 소환되었다. 후에 임시로 산서 순무를 대리하기도 했다. 건륭 55년에는 안휘 순무에서 강소 순무로 그리고 다시 절강 순무로 전임되었다.

건륭 57년 12월, 양회 염정鹽政 전덕全德은 염운사鹽運使였던 시정柴楨이 상인 왕이태王履泰 등이 납부한 전량을 중간에서 가로채 모두 22만 냥을 제멋대로 유용했다는 상주를 올려 탄핵했다. 시정의 가인인 백순柏順을 불러 심문했더니 시정이 전에 절강 염도鹽道로 재직하면서 냈던 적자 17만 냥 때문에 절강 사람들이 탄핵을 할까 두려워 뒤늦게 이를 채워 넣었으며, 나머지 5만 냥은 시정이 개인적으로 사용했다고 진술했다. 이에 시정은 면직당한 뒤 체포되어 심문을 받았다.

건륭제는 복숭이 순무 자리에 있으면서 염정 관리를 겸했으면서도 시정이 절강에 재직하면서 저질렀던 17만 냥이나 되는 적자에 대해 전혀 보고 들은 것이 없었다니, 그 역시 한 패가 되어 규정을 어기고 부당한 이익을 취한 것은 아니었는지 의심했다. 복숭을 면직시키고 끌어다 심문하도록 명하고 따로 병부상서 경계를 절강으로 보내 신임 절강순무 장린長麟과 함께 이 사건을 심리하도록 했다.

경계와 장린이 시정을 심문한 결과, 시정이 절강 염도로 재임하고 있을 때 "복숭이 제게 금품을 요구해 놓고 그 대금을 치르지 않은 것이 모두 11

만 5천여 냥에 달했습니다." 하고 자백하였다. 그리고 당직비와 출장비 등의 명목으로 6만 6천여 냥을 횡령했다고 자백했다. 또한 복숭이 모친을 데리고 서호로 유람을 갈 때마다 시정을 미리 보내 식품, 장식용 등, 배 등을 미리 준비하는데 모두 은 2천여 냥을 썼다는 사실도 밝혀졌다.

건륭제는 시정과 그 가인 백순을 절강에서 처형시키고 자신이 직접 심문하기 위해 경계에게 복숭을 북경으로 압송하도록 명했다. 대학사 화신和珅은 복숭이 북경으로 불려와 심문 받는다는 것을 알고 자신이 저지른 비리 때문에 여파가 미칠까 두려워 건륭제를 설득해서 되도록 빨리 그를 사형에 처하도록 간했다. 그러자 건륭제는 유지를 내려 다음과 같이 말했다.

> 복숭은 석색碩色(전 호광 총독)의 손자로 그 집안은 국가의 은혜를 받아 봉기封圻를 역임했으며, 품행이 바르고 신중하며 국은에 보답하고자 진력했다. 그러나 염도로부터 뇌물을 탐해 시정으로 하여금 관고에 적자를 내도록 하는 데 이르렀다. 사리를 꾀하며 법을 가벼이 여기는 것이 이보다 더 할 수 없다. 이를 엄벌에 처하지 않으면 어찌 관리들을 훈계하여 탐오貪汚를 경계하겠는가!

북경으로 불러들일 필요도 없이 바로 현장에서 복숭에 대한 사형을 집행하도록 했다. 복숭은 짐주[9]鴆酒를 마시고 죽었으며 이 사건에 연루되었던 절강 사도司道 여러 명도 함께 면직되었다.

복건 뇌물사건 건륭 60년, 민절閩浙 총독 각라오랍납覺羅伍拉納은 복건장

---
9. 짐새는 중국 남방에 사는 독조毒鳥로, 짐새의 깃털을 담근 술을 독주毒酒로 쓰기도 함.

군 정황기 완안씨 괴륜魁倫이 기생집에서 밤을 지낸 것을 알아내고는 상서를 올려 탄핵하고자 했다.

괴륜은 오랍납이 뇌물을 받은 것을 알아내 곧바로 그를 먼저 제압하기 위해, 오랍납이 도적들을 눈감아 주고 있다고 탄핵했다. 상소를 올려 복건성에 대해 말했다.

> 각 해구海口마다 도적들이 여전히 제멋대로 출몰하고 있는데, 심지어 오호문五虎門 근처에서는 도선盜船을 정박시켜 놓고 약탈하는 데 조금도 거리낌이 없어 상인들이 소문을 듣고는 감히 앞으로 나아가지도 못하고 있습니다. 모두가 이들 독무 등이 모두 평소에 무사 안일하여 단속을 하지 않기 때문에 초래된 일입니다.

또 상소를 올려 오랍납과 복건 순무 포림浦霖을 탄핵하였다.

> 복건성에 근래 들어 해적들이 날로 늘고 있습니다. 장천漳泉에 수해가 난 후 쌀값이 폭등했음에도 포림 등이 일을 제대로 처리하지 못해 빈민들이 떠돌다가 비적이 되기에 이르렀습니다. 오랍납은 지금 천주泉州에 주재하고 있는데 굶주린 백성들이 그 주위를 돌며 밥을 구걸합니다.

건륭제는 대노하여 오랍납과 포림 그리고 안찰사 전수춘錢受椿, 포정사 이철포伊轍布 등을 면직시키는 한편, 양광 총독 장린에게 민절 총독을 대리하면서 괴륜과 더불어 이들을 문책할 것을 명했다. 괴륜은 또 새로 부임한 복건 순무 요분姚棻이 "장주도漳州道 재임 중에 3개 현에 속하는 창고에서 2만여 냥의 결손을 냈다." 하고 상소를 올렸다. 건륭제는 다시 요분을 해임하면서 괴륜에게 순무를 대신하도록 했다.

괴륜은 장린과 함께 오랍납을 조사하여, 그가 복건 번사에서 민절 총독으로 영전하면서 새로 후임 번사로 부임한 이철포와 교대할 때까지도 4만 냥을 납부할 방도가 없어 빈민을 구제하고 남은 은 4만 냥으로 이를 메운 사실을 적발해 냈다. 또 그의 아래에 있던 관고 서리 주경周經이 관청 밖에서 은 상점을 열어 두고 자주 은을 빼돌려 투매했다는 사실도 밝혀냈다. 건륭제는, "주경은 오랍납의 사인私人으로 그의 주인과 결탁했을 가능성이 있다." 하고 장린과 괴륜에 명해 부족한 4만 냥을 어디에 썼는지 주경을 엄히 심문해 보도록 했다.

괴륜이 당초에 오랍납을 탄핵했던 것은 그가 자신을 먼저 공격해 왔으므로 분풀이를 통해 다만 자신을 보호하고자 했을 뿐이었는데, 뜻밖에도 건륭제가 이를 심각하게 추궁하였다. 그러자 괴륜과 장린 둘은 오랍납의 인척들과 그를 뒤에서 받쳐 주고 있던 대학사 화신의 미움을 살 것이 두려워졌다. 괴륜은 오랍납이 하급 관리들로부터 걸핏하면 크고 작은 뇌물을 받아 왔으며, 심지어 뇌물을 내지 않는 자는 가두어 두고 협박해 가면서까지 강탈했다는 것을 잘 알고 있었다. 그러나 해적들로부터 뇌물을 받았던 일이나 협박하여 마음대로 약탈한 일 등은 나중에 보고할 때는 오히려 대신 덮어 주었고 장린 역시 빨리 이 일을 끝내고 싶어 했다. 이를 알고 건륭제는 괴륜과 장린을 엄히 질책하면서 유지를 내려 심문을 계속하도록 하고 오랍납과 포림을 북경으로 압송했다.

그러자 장린과 괴륜은 심문을 계속해서 오랍납과 포림이 두 차례에 걸쳐 각각 하문廈門 동지同知 황전방黃奠邦으로부터 은 9천 2백 냥을 받아낸 사실도 알아냈다. 또 장주漳州 장태현長泰縣에서 흉기로 사람을 죽인 사건이 있었는데, 살인범을 찾아내지 못하자 안찰사 전수춘은 사건을 성省으로 보내도록 명해 놓고서는 보내온 뇌물이 성에 차지 않자 심판을 차일피일 미루다 혐의가 있던 열 명 모두를 죽인 사실도 밝혀냈다.

절강 포정사 왕지이汪志伊는 명을 받고 포림의 본적지에서 수많은 재산을 조사하여 압수했다. 가지고 있던 은전과 매장해 둔 은이 모두 28만 4천 3백여 냥, 가옥과 땅 6만여 냥 어치 그리고 금 7백여 냥을 찾아냈는데, 여기에 조주[10]朝珠와 의복, 옥기玉器 등은 포함되지 않았다. 북경에서는 오랍납의 집을 조사해서 은 40여 만 냥과 여의如意를 무려 백여 개나 찾아냈다.

건륭제는 "이것이 당唐 원재元載의 집을 조사했을 때 후추 8백 석이 나온 것[11]과 무엇이 다른가? 너희 둘은 철저하게 사사로운 이익을 좇았으니 더욱 정리情理를 보아줄 수 없다." 하며 말하고, 군기대신들에게 형부에서 회동하여 무거운 벌을 내리도록 명했더니 그들을 즉결로 사형에 처했다. 또 장린과 괴륜에게 명해 전수춘을 북경으로 압송해 형부로 넘겨 처벌한 뒤, 다시 복건으로 보내서 협형夾刑 2차례와 곤장 40대를 때린 다음, 성의 모든 관리들을 불러 모아 놓고 그들이 보는 데서 사형을 집행하도록 했다. 이것은 법을 농락하며 사리를 취하는 부패한 관리들에게 경종을 울리기 위함이었다. 포정사 이철포는 북경으로 압송되어 오던 중에 병으로 사망했다. 오랍납, 포림, 이철포, 전수춘의 아들들도 관리이거나 감생監生(국자감 학생)인 경우 모두 파면당했으며 왕단망王亶望의 아들이 그랬듯이 그들 모두가 이리로 보내져 노역에 처해졌다.

사건이 모두 마무리된 후에 장린은 이 사건을 심리하는 동안 처음부터 끝까지 죄인을 비호하고자 했다는 이유로 면직되었다. 괴륜은 이 사건을 맨 처음 고발했으므로 처벌을 면제받고 임시로 민절 총독을 맡아 각 주현의 결손에 대해 철저히 조사하도록 했다. 괴륜은 적자가 만 냥을 초과

---

10. 청나라 때 고위 관리들이 목에 걸던 보석으로 산호, 마노, 수정, 호박, 비취, 침향 등으로 만들었음.
11. 당나라 때의 재상이었으나 뇌물을 너무 좋아한 나머지 후추까지도 뇌물로 받아 집에 쌓아 두었는데, 그것이 무려 8백 곡斛이나 되었음.

하는 주현관州縣官 이당李堂 등 열 명을 색출해 내어 참감후에 처하기로 결정했다. 그밖에 진위간秦爲干, 이정채李廷采 둘은 결손이 만 냥을 넘지는 않았지만 원래 평판이 나빴으므로 역시 참감후의 중벌에 처해졌다. 나머지 관리들에 대해서도 순차로 가벼운 형벌을 내렸다.

건륭제는 "복건 지역은 최근 수년 동안 독무, 사도司道로부터 각 주현에 이르기까지 모두가 한 통속이 되어, 부당한 이익을 나누어 가져 배를 불렸으며 법을 얕보고 사리를 꾀하였다. 이에 모든 성의 관고는 적자가 계속해서 불어나고 도적들이 날로 횡행하기에 이르렀다." 하면서 처벌을 가중시키도록 명했다. 이당 등 열 명은 목을 베고 나머지는 각각 죄를 문책하여 벼슬을 깎아 내렸다.

위에 든 예들은 모두 한때 청 조정에 큰 충격을 주었던 사건들이었다. 서북의 감숙에서부터 동남의 복건에 이르기까지 모든 큰 성에 두루 퍼져 있었다. 또 범죄자들도 총독, 순무 이하 각 사도의 여러 고관들에까지 미쳤다. 독무는 아래로는 주현과 통하고 위로는 조정의 신료와 가까이 하며 그야말로 위아래로 한 패가 되어 부패를 저질렀다. 독무들이 저지른 큰 사건들이 이러했으니, 각 지역 하급 관청에서 일어난 작은 사건들은 또 얼마나 일어났는지 어렵지 않게 짐작할 수 있을 것이다. 그리고 이미 처벌된 것이 이 정도였지만 처벌 받지 않고 넘어간 부정 사건들도 어디서나 찾아볼 수 있었다. 건륭제는 이들 큰 사건에 가담한 부패관리들을 엄히 처벌했지만, 여전히 모든 지역에 만연한 부패의 바람을 막아 낼 수는 없었다. 그 이유는 청 조정의 대권을 변함없이 장악하고 있는 세력이 바로 부패한 관리들이었기 때문이었다.

과거의 잘못을 너그럽게 용서하라
過錯之人尚能原諒

연갱요年羹堯(1679~1726)는 청대 강희, 옹정 연간의 인물이었다. 진사 출신으로 사천 총독과 천섬川陝(사천성四川省과 섬서성陝西省) 총독, 무원撫遠대장군 등의 관직에 올랐으며, 또 태보太保와 일등공一等公에 봉해져 온갖 관작을 모두 누렸다. 그는 군사 전략을 세우고 전장을 이리저리 누비면서 합동작전을 펼쳐 티베트의 동란을 평정했고, 청군을 이끌어 청해淸海 라푸창 탄진의 난을 잠재우는 등 혁혁한 무공을 세웠다.

옹정 2년(1724) 북경으로 돌아갔을 때는 옹정제의 특별한 총애로 최고의 관직에 오르게 되었다. 그러나 다음해 12월 상황이 급변하면서 관직이 강등되고 작위를 박탈당했는데 옹정제가 늘어놓은 그의 대죄가 무려 92가지에 달했다. 결국 연갱요는 자결하도록 명을 받았다. 연갱요의 죽음이 심상치 않았기 때문에 그가 왜 살해당했는지에 대해 지금까지도 의견이 분분하다.

어떤 이들은 연갱요가 옹정의 제위 찬탈에 개입했다가 즉위 후 옹정제로부터 제거당해 죽은 것이라 보고 있다. 전하는 바에 의하면 강희제는 원래 열넷째 황자인 윤제에게 황위를 넘기기로 했으나 옹정이 조서를 바꾸어 황위를 찬탈했고 여기에 사천 총독 연갱요가 개입했다고 한다. 그는 옹정의 사주를 받고 병력을 동원해 사천에 있던 윤제를 위협하고 군사를 일으켜 황위를 다투지 못하도록 만들었다. 옹정제가 제위에 오른 직후에는 연갱요에게 그 공을 기려 큰 상을 내렸으나 사실은 완전한 제거를 위해 일부러 방종하도록 유도했다는 것이다. 때를 기다렸다가 바로 죄명을 엮어 사마살려[12]卸磨殺驢하여 황위 찬탈의 속사정을 알고 있던 연갱요를 죽음으로 내몰았다는 것이 그들의 주장이다.

그러나 이에 동의하지 않는 이들은 옹정제가 즉위할 당시 연갱요는 멀리 서북에 가 있었기 때문에 조서를 꾸며 황위를 빼앗는 데 관여할 수가 없었고 또한 그 내막도 알지 못했다고 주장한다.

일부 연구가들은 연갱요가 살해된 것은 자신의 공로만을 믿어 교만하게 굴고 전권을 쥐어 횡포를 부리며, 현명한 관리들을 마음대로 내치고 신하들을 혹독하게 다루어 조정 상하의 공분公憤을 불러일으켰기 때문이라고 주장한다. 더욱 문제가 된 것은 그가 자신의 친척들을 지나치게 많이 등용했으며, 군대에서나 천섬 지역에서 인재를 선발할 때는 모두 자기 뜻대로 해서 '연선年選'이라는 말이 생겨날 정도로 거대한 연갱요 집단을 형성하게 되었다는 것이다.

그리고 그는 황제 앞에서도 신하의 예를 다하지 않았다. 황권을 얕잡아 보고 나아가 황권을 위협하였으며 심지어는 자신이 황제에 오르려는

---

12. 가루를 다 빻고 나면 당나귀를 죽인다는 뜻으로 필요할 때는 쓰다가, 다 쓰고 나면 없애 버린다는 의미. 토끼를 다 잡고 나면 사냥개를 삶는다는 토사구팽兎死狗烹과 같은 뜻임.

속마음도 가지고 있었다. 연갱요가 서안 총독부에 있을 때, 문무 관리들에게 달력에 5일과 10일이 걸리는 날마다 원문轅門(관청의 바깥문, 옛날 관청을 이르던 말)에서 일하도록 명했는데, 원문과 고청鼓廳(옛날 시간을 알릴 때 치던 북이 있었던 건물)에 발톱 네 개가 달린 용을 그리게 하고 취고수吹鼓手에게는 망포[13]蟒袍를 입게 하는 등 궁정과 비슷하게 꾸몄다. 그는 또 옹정제가 보내온 온 시위들을 앞세우고 뒤따르게 했으며, 또 그들에게 말을 끌어오도록 하고 말에 오를 때면 그를 돕도록 명했다.

청대 제도에 따르면 황제로부터 조서를 하달 받을 때는 지방 고관은 반드시 삼궤구고의 전례를 행하여 무릎을 꿇고 황제의 건강을 축원하는 것이 도리였다. 그러나 옹정제가 서녕西寧에 두 번이나 조서를 내렸지만 연갱요는 뜻밖에 이를 사람들 앞에서 낭독하여 알리지도 않았다. 그는 독무나 장군들과 공문을 주고받는 중에도 자기 마음대로 훈령을 쓰고 황제의 어조를 흉내 냈다.

더욱 심한 것은 그가 옹정제에게 자신이 펴낸 『육선공주의陸宣公奏議』를 바치자 옹정제가 여기에 친히 서문을 지어 주겠다고 했다. 연갱요는 "천자의 마음을 감히 번거롭게 할 수 없다." 하는 구실로 옹정제를 대신해 자신이 서문을 작성하고는 옹정제에게 천하에 반포할 것을 요구했다. 이처럼 분에 넘치는 행동이 끝이 없었으니 옹정제가 어찌 소름이 끼치지 않았겠는가!

『청대질문淸代軼聞』에서는 연갱요가 병권을 박탈당한 후의 모습을 이렇게 그리고 있다.

당시 막객[14]幕客들은 그에게 모반할 것을 권했다. 한참 동안 아무 말

---
13. 명청 시대에 대신들이 입던 예복으로 황금색의 이무기를 수놓았음.

없이 천상天象을 보고 나더니 크고 길게 탄식하며 이르기를 "아니로다. 신하의 도리를 지켜야 한다."라고 했다.

이것을 보더라도 그에게는 반역을 해서 스스로 황위에 오르려는 마음은 이미 있었지만 다만 때가 아니라서 비로소 포기했음을 알 수 있다. 건륭 때 사람이었던 소교蕭奭는 『영헌록永憲錄』에서 연갱요가 도인 정일靜一, 점상인占象人 구로邱魯와 더불어 비밀리에 칭제稱帝를 의논하다 옹정제에게 발각되었으니 살해를 당해도 이상할 것이 없다고 언급했다.

그렇다면 옹정제는 무엇을 계기로 연갱요를 사지로 내몰았을까?

어떤 이들은 연갱요의 집에 호랑이가 들어온 사건 때문이라고 말한다. 옹정 3년(1725) 12월 초, 호랑이 한 마리가 북경에 들어와 연갱요의 집에 이르자 관병이 급히 달려와 그 호랑이를 죽였다. 연갱요가 태어날 때 백호白虎의 전조가 있었다고 전해지는데, 이 때문에 그를 호랑이가 탁생托生한 것이라 했다. 그런데 지금 그 호랑이가 연갱요의 집에서 죽었으니 이것은 분명히 하늘에서 연갱요의 죽음을 명해 옹정제로 하여금 연갱요를 사형에 처하는 유지를 내리도록 한 것이라고 했다.

또 다른 이들은 연갱요가 문자로 화를 입었다고도 한다.

옹정 3년 2월, 해와 달이 마주보고 다섯 별이 구슬을 꿴 듯한 하늘의 모습을 보고 연갱요가 경사스러움을 표하고자 했다. 본래 아침부터 저녁까지 부지런하고 신중하다는 뜻으로 '조건석척朝乾夕惕'이라는 문구를 써서 옹정제의 근면함을 찬미하려고 했는데, 이 말을 잘못 써서 '석척조건夕惕朝乾'이 되었다. 사실 '조건석척'은 '조건'과 '석척'이라는 두 단어로 만들어진 말로 어순이 바뀌어도 상관이 없었으나 다만 보통 읽는 습관에 비추

────────

14. 명청 시대, 지방 관청이나 군에서 관직 없이 업무를 보좌하던 고문이나 참모로 막빈幕賓, 막우幕友로도 불렸음.

어 조금 맞지 않을 뿐이었다. 그러나 정말로 죄를 덮어씌우고자 해서 단어가 잘못되었음을 꼬집는다면 연갱요도 변명할 길이 없었다. 그리하여 옹정제는 때를 기다렸다가 손을 써서 연갱요를 제거했다. 조정과 지방 관리들에게 그 죄상을 적발하도록 명했더니 마지막에 형부 등 아문에서 정해진 연갱요의 죄는 모두 92가지에 달했다. 마땅히 능지처참에 처해야 옳았으나 옹정제가 자비를 베풀어 관대하게 자결하도록 명령했다.

연갱요는 본래 옹정제의 특별한 총애를 받았고 특히 청해의 라푸창탄진 반란을 평정하는 데 그 공훈이 탁월했다. 또한 옹정제의 즉위에도 큰 공헌을 했다. 그러나 옹정제는 문자를 돌파구로 삼아 92가지 죄를 씌워 연갱요를 면직시키고 작위를 박탈했으며 사형을 내리고 그의 호적까지 지워 버렸다. 연갱요뿐 아니라 이 사건에 관련된 연갱요의 참모였던 구로와 왕경기汪景祺 역시 사형에 처해졌고, 그의 가속들은 영고탑寧古塔으로 보내져 노비가 되었다. 그 밖에 옹정제는 또 공적을 남용했다는 이유로 티베트와 청해에서 공을 세운 여러 문무 관리들을 연루시켰다. 어떤 이들은 옥에 갇히고, 어떤 이들은 변경으로 유배되었으며 또 어떤 이들은 관직에서 쫓겨나게 되었다.

연갱요 사건은 옹정제가 스스로가 일으킨 것으로 당시 조정 안팎을 뒤흔들고 온 나라를 떠들썩하게 했다. 국가를 위해 공을 세우고 옹정제에게 큰 은혜를 입었던 청조의 한 중신이 누구도 예상하지 못한 비참한 결말을 보게 되었기 때문이다. 사실 이 연갱요 사건으로 연루된 사람들 중 유능한 문신과 무장들도 적지 않았다.

건륭제는 즉위 후 바로 이 사건의 해결을 위해 이부와 병부에 유지를 내렸다.

> 연갱요가 공로를 남용한 사건과 관련하여 면직을 당한 사람들은 사실 당시 연갱요가 사리를 꾀하고 부정을 저지르는 것을 보고 단지

요행을 바라는 마음을 품었던 것이므로 그 죄는 특별히 용서할 만하다. 면직 당한 이들 중에는 재능과 기량이 쓸 만한 자들도 없지 않았으니 공문을 보내 해당 기旗의 도통과 각 성의 독무 등이 공평하고 정확하게 조사하도록 하라. 지현知縣 이상의 문관과 수비守備 이하의 무관 중에서 쓸 만한 인재가 있으면 해당 부에 추천해 보낼 것이며, 이에 대해 다시 추가 확인을 거쳐 선발해서 보고하면 짐이 헤아려 강등시켜 임용할 것이다.

건륭 원년 3월, 건륭제는 총리 사무대신에게 명해 연갱요의 참모 왕경기에 대한 사건 기록을 찾아내 처리했다.

짐이 왕경기의 오래 된 사건을 찾아보니 몹시 불경하고 그 죄가 무거워 주살을 당해도 부족할 정도였다. 그러나 그의 역서逆書 『서정필기西征筆記』는 진성秦省으로 여행을 갔을 때 지은 것으로 가속들은 그와 남북으로 멀리 떨어져 있어서 그 사정을 알지 못했다. 이 일은 벌써 10여 년이 지났으니 영고탑으로 유배 보내진 형제와 자식들에게 은혜를 베풀어 죄를 용서해 돌아오도록 할 것이고, 그 가족 중 연루되어 구금된 자는 너그러이 용서한다.

건륭제의 이러한 조치들은 처벌을 받은 관리들의 죄를 사해 준 것에 그치지 않고, 그의 도량이 넓다는 것과 과거의 혐의에 연연하거나 한 가지 형식에 구애받지 않는 영명함을 보여주는 것이었다.

건륭제는 그 밖의 억울한 사건들에 대해서도 조사하여 해결했다.

사사정査嗣庭 사건 역시 문자옥에 관련된 큰 사건이었으며 그 주요 죄명은 융과다隆科多의 권세에 빌붙었다는 것이었다. 이에 대해 건륭제는 "사사정 자신이 이미 사형을 당했고 그 아들과 조카 등이 유배지에서 구금을 당한 지가 또한 10년이 되었으니 이 또한 관대히 사면을 내릴 것이다." 하는 뜻을 분명하게 밝혔다.

이밖에 산동 감찰어사 조일칠曹一七이 상주를 올려, 과거에 사소한 일을 크게 부풀려 여러 사람이 줄줄이 연좌되었던 문자옥 사건에 대해서 철저히 조사해 줄 것을 청했다.

"직성대리直省大吏를 보내시어 이와 같은 사건에 대해 진상을 조사해 주시고 그 결과 경거망동하고 무고한 백성들을 탄압했던 자들을 찾아내면, 예전에 그들이 행했던 만큼 그들에게도 벌을 내리십시오."

건륭제는 그의 건의를 받아들였다. 이때 건륭제는 전대 왕조에 불어 닥쳤던 연좌 바람을 바로 잡는 데 진력함으로써 새로운 정권의 깨끗한 이미지를 심고자 했음이 분명했다.

건륭제는 전대 왕조에서 여러 가지 이유로 파면을 당했거나 하옥되었던 사람들에 대해 다시 조사하여 실제의 사실에 근거해서 풀어 줄 수 있으면 곧 풀어 주었고 쓸 수 있는 자는 바로 등용했다.

원래 운남 순무였던 양명시楊名時는 옹정제에 의해 기강이 해이하고 문란해서 관고의 공금과 곡물의 손실이 컸다고 질책을 당한 후, 나중에 면직되어 운남에서 명을 기다리고 있었다. 건륭제는 그를 북경으로 불러들여 예부상서의 직위를 특사特賜하고 국자감 제주시祭酒事를 관장하게 했다. 그가 병이 났을 때는 특별히 태의를 보내 진찰하게 했으며 삼탕參湯을 내리기도 했다. 그가 죽은 후에도 제물을 보내 제사와 장사를 치러 주고 시호를 내렸으며 현량사에 위패를 모시도록 했다.

확실한 재능이 있고 명성이 높았던 장해張楷와 팽유신彭維新, 진세관陳世倌, 유북성兪北晟 등 4명은 건륭제에 의해 가장 먼저 기용되었다. 팽유신과 진세관은 도찰원 좌도어사와 부도어사 자리를 받았고 장해는 예부시랑 서리에, 유북성은 내각 학사에 임명되었다. 이들 네 사람은 후에 모두 독무 자리까지 올랐다.

그리고 옹정조 때, 총신寵臣 전문경을 탄핵하여 감옥에 갇혔던 이불, 채연 두 사람과 이미 9년 간 유배되어 노역에 종사한 사제세謝濟世도 모두 사면되어 풀려나왔다. 건륭제는 다시 이불에게 호부시랑을 수여하고, 사제세를 강남도어사로 임명했다. 그 밖에 옹정 시기에 중가르에 군사를 보냈다가 실패해 대죄를 지었던 부이단傅爾丹과 진태陳泰, 악종기岳鍾琪 세 사람에 대해서도, 악종기에게는 청해 평정의 공로가 있었고 부이단과 진태 두 사람은 조부 강희제에게 공훈이 있었다는 이유로 모두 석방시켜 집으로 돌려보냈다.

옹정 시기에 관고의 적자나 공금 횡령을 이유로 파면 당하고 강제로 배상하도록 엄벌을 받은 여러 관리들에 대해서도 건륭제는 대부분 죄를 면해 주었다. 그는 즉위 후 3개월 동안, 공금을 빚지고 결손을 냈던 69명의 관리들을 한꺼번에 용서해 주었고, 그 후에도 이러한 사건에 대해 다음과 같이 명했다.

> 그 죄에 관용을 베풀 만한 단서가 있는 자는 관대히 풀어 주고, 부동산을 몰수했다가 아직 팔지 않고 있는 경우에는 각 아문에 명해 돌려주도록 하라. 또한 비록 전량의 적자를 아직 다 갚지 않았지만 은지恩旨를 받아 관면된 자는 그 능력을 보아 선발할 것을 허락하고, 그 자손 중에 선발할 사람이나 보충할 사람이 있을 경우에는 해당 부서에서 뽑도록 하라.

건륭제는 죄를 짓고 면직당했던 팔기군 장군들과 기원旗員들도 가능한 한 다시 기용했다. 예를 들어 법해法海와 이남李楠에게는 모두 부도통의 직급을 내리고 위안궁威安宮 관학에서 사무 처리를 협조하도록 했으며, 백청액 부도통에 빈자리가 생기면 병부에서 한꺼번에 추천하도록 했다. 한광기韓光基와 객이길선喀爾吉善 등은 원명원 팔기 병정을 관리하고 악창

鄂昌은 비본처批本處로 보내졌으며, 악미鄂米, 각라불보覺羅佛保, 액륜특額倫式, 녹보祿保, 상승은尙承恩은 모두 팔기 참령으로 시용試用하도록 했다. 서림徐琳은 부장령으로, 색도塞都는 이위李衛에게 내려 부장副將으로 시용하였다. 이들 대부분은 훗날 건륭 조의 핵심 관리와 군대를 통솔하는 장군이 되었고, 건륭제의 문치 무공에 큰 공로를 세웠다.

건륭제는 "관대하면 목숨도 구한다.", "군신이 서로 잘 맞으면 곧 다스려진다." 하는 유가의 정치 관념을 출발점으로 삼아 황실종친으로부터 조정의 중신들까지 그리고 팔기 장군으로부터 일찍이 파면되었던 관리와 지식인, 문인들까지 그 뜻이 미치지 않은 이가 없었다.

이로써 건륭제가 통치 집단 내부의 갈등을 제거하기 위해 내린 일련의 조치들은 탁월한 효과를 거두었다. 우선 관용을 베푸는 정책을 실시하여 건륭 초기에 만연했던 냉엄한 정치에 대한 불만 정서를 크게 누그러뜨릴 수 있었다. 그리고 통치 계급 내부의 구심력과 응집력이 강화되고, 만한 각 계층의 인사들이 온 힘을 다해 협력하게 되었을 뿐 아니라 건륭제의 위엄과 명망 또한 크게 높아져 이후 건륭제의 견고한 통치 기반이 다져졌다.

아랫사람이 자신을 속이지 못하게 하라
別讓下屬把自己涮了

한 나라의 군주로서 건륭제는 신하가 자신을 속이는 것을 참거나 용서하지 않았다. 그래서 자신을 속이는 관리가 있으면 발견되는 대로 반드시 엄중한 처벌을 내렸다. 구르카 전쟁 때의 파충巴忠과 악휘鄂輝가 그 예로, 일의 전말은 다음과 같았다.

구르카는 원래 네팔의 한 부락으로 카트만두 서북부에 자리 잡고 있었다. 이후 세력이 점점 강해지면서 군사를 일으켜 각 부락을 정복했고, 네팔의 통치권을 갖게 되자 카트만두부로 천도했다. 구르카는 또 청나라 영토였던 티베트의 서남부와 인접해 있었는데, 티베트와 영토의 경계가 들쑥날쑥해서 티베트의 종교나 상업과 밀접한 관계를 맺고 있었다. 티베트에서 고용되어 장사를 하는 구르카인들이 수백 수천 명에 달했고, 티베트 사람들도 식량과 포목을 가져가 구르카 경내에서 팔기도 했다. 티베트 승려들이 인도에 가서 불경을 구해올 때는 대부분이 도중에 구르카에 머물렀다. 구르카인들은 티베트에서 나는 식염과 내륙의 차茶를 본국과 인도로 운송했다.

그러나 뜻밖에도 티베트와 가까운 관계를 맺고 있던 구르카가 건륭 53년 7월에 군대를 일으켜 티베트를 침략하면서 과거의 평화스러운 교류 관계가 끊어졌다.

당시 구르카 왕국은 빠르게 발전하면서 상당히 강한 군사력도 갖추고 있었다. 그러나 구르카 내부의 사회적 갈등 또한 매우 복잡하고 첨예했기 때문에 그러한 곤경에서 벗어나기 위해 그들은 적극적으로 대외 팽창 정책을 추진했다. 어린 국왕 라특납파도이喇特納巴都爾는 아직 실권을 갖지 못해 그의 숙부인 파도이살야巴都爾薩野가 실질적으로 국가의 대권을 행사하고 있었다. 파도이살야는 티베트의 힘이 약한데다 또 청나라의 서쪽 끝에 위치하고 있어서 아마도 청나라 황제의 역량이 미치지 못할 것이라고 판단하고, 구실을 찾아 티베트로 군대를 보내 공격을 시작했다.

구르카의 첫 티베트 침략은 판첸라마 6세의 동생인 사마이파沙瑪爾巴가 교사한 측면도 있었다.

건륭 43년, 판첸 6세 패당익희貝當益喜가 건륭 45년에 있을 건륭제의 70대수 행사에 참가해서 경축하고 싶다고 했다. 건륭제는 이를 듣고 대단히 기뻐하면서 판첸의 청을 승낙했을 뿐 아니라 관련 부서에 유지를 내려 그를 성대하게 대접하도록 명했다. 건륭제는 또 여섯째 황자인 질군왕質郡王과 이부상서, 영시위내대신領侍衛內大臣 영귀永貴를 파견해서 불원천리하고 가서 영접하여 열하까지 동행하도록 했다. 건륭제는 또 명을 내려 승덕 피서산장 부근에 수미복수묘須彌福壽廟를 지어 판첸이 머물 수 있도록 했다.

건륭 45년 5월이 되자 패당익희는 티베트를 출발하여 청해, 감숙, 내몽골을 거쳐 7월 중에 열하에 도착하자 건륭제가 친히 마중을 나갔다.

21일, 건륭제는 승덕에 있는 피서산장의 청광전淸曠殿에서 판첸 6세를 접견했다. 9월이 되자 판첸 6세는 승덕에서 북경으로 가 서황사西黃寺에 머물렀다. 건륭제는 예우를 충분히 갖추고 후하게 상을 내렸으며 금책金册과 금인金印을 하사했다. 황족 대신 및 후궁과 태감5太監 들도 판첸 6세를 모두 신처럼 모셨다. 그런데 11월 초 북경에서 판첸 6세가 천연두에 걸려 죽게 되자, 청 조정에서는 그를 기념하기 위해 백옥탑白玉塔을 지어 주었다.

판첸 6세가 동방을 방문했던 동안에 건륭제는 여러 가지 하사품을 내렸다. 경왕공京王公, 몽골의 여러 부에서 바친 것이 수십만 금에 달했고 보관寶冠과 염주, 수정과 옥으로 만든 바리 등도 그 수를 셀 수 없었다. 그런데 이 보물들을 티베트로 옮겨가자 판첸 6세의 친형인 중파호도극도仲巴胡圖克圖가 모두 차지해 버렸다. 보물을 가져갔던 각 절의 라마와 티베트 병사들에게도 전혀 돌아간 것이 없었고, 그의 동생인 홍교紅敎 라마 사마이파호도극도와도 나누지 않았다. 사마이파는 당시 구르카에 거주하고 있었는데, 보물 때문에 형에게 원한을 품게 되어 구르카 국왕에게 중파호도극도가 판첸의 막대한 재물과 진귀한 보배를 가지고 있다고 말했다. 또 티베트는 불교를 믿기 때문에 원래 전쟁을 혐오하고 티베트 병사들은 나약해서 적을 두려워한다는 점도 구르카 국왕에게 알렸다. 결국 사마이파는 상세商稅 증액과 소금에 흙을 섞어 팔았다는 것을 빌미로 구르카 왕국이 군대를 파견해 후장後藏을 침입하도록 교사했다.

이전에 구르카와 후장이 교역을 하면서 구르카에서 주조한 은전을 사용했는데 강철과 납을 섞어 만들었으므로 순도가 낮았다. 나중에 구르카가 이를 바꾸어 새 은전을 주조하면서 은의 함량을 증가시켰다. 이 때문

---

15. 환관宦官, 환시宦侍 또는 내감內監이라고도 했음. 환관 중에서도 우두머리를 뜻하기도 함.

에 구르카는 티베트인들에게 새 은전 1개와 옛 은전 2개를 교환해 준다고 하자 티베트사람들은 이를 인정하려 들지 않았다. 그리고 무역을 하면서 일부 티베트족 상인들이 구르카 사람들이 필수적으로 구입하는 식염에 모래흙을 섞어 큰 이익을 도모한 일이 있었는데, 이 때문에 구르카인들이 불만을 가지게 되었다. 그러자 구르카는 보물을 약탈하려는 마음이 극에 달했던 상황에다 줄곧 영토 확장을 도모해 오던 터에 마침 이 두 가지 구실이 생기자, 건륭 53년 6월에 군사 3천 명을 출병시켜 후장의 니얄람과 제롱, 총카 등을 강점해 버렸다.

청나라가 당시 티베트에 군대를 주둔시켰던 상황은 이러했다.

전장前藏에 녹영병16 綠營兵 3백 60명과 티베트 병사 8백 명을 주둔시키고 있었고, 후장에는 녹영병 150명과 티베트 병사 4백 명을 주둔시키고 있었다. 이밖에 랍자살객拉子薩喀, 협갈이脇噶爾 등에는 티베트 병사만 모두 2백 명이 주둔하고 있었으며 장내藏內 각 지역에는 달목병達木兵 2백 명이 있었다. 그리고 타전로打箭爐 외곽에 동서 방향으로 각각 역참을 마련하고 매년 녹영병 약 천 3백여 명을 교체해 가면서 주둔시켰다. 이상을 합하면 타전로 외곽에서 후장 지역까지 나누어 주둔시킨 각종 병사들은 모두 약 3천 4백여 명이었다.

주장대신駐藏大臣 경린慶麟은 구르카가 후장을 침범한 사실을 안 후 건륭제에게 상주를 올려 보고하는 한편, 바로 티베트에 주둔하고 있던 녹영병 5백 명과 별도로 선발한 찰목다병察木多兵 2백 명 그리고 달목병 5백

---

16. 1644년 10월 1일 청이 북경에 입성했을 당시, 팔기병의 숫자는 16만 9천 명 정도였다. 그 중 북방 출신인 만주팔기와 몽고팔기는 말을 타고 활을 쏘는 데 능한 기마병이어서 습도가 높은 남방의 아열대성 기후에는 익숙하지 않아 산과 물이 많은 중국 남방 전선에 적응을 하지 못하고 자주 질병에 시달렸다. 반면에 청에 항복한 명군들은 소총과 홍이포 등을 사용하여 요새와 성을 공격하는 데 능했기 때문에 그들로 군대를 따로 조직하여 남방 토벌전의 선봉에 세웠는데 이들을 녹영병이라 했음. 녹영병의 수는 팔기군의 3배 이상이었음.

명 등 모두 천 2백 명을 서로 길을 나누어 공격하도록 했다. 7월 19일, 사천총독 이세걸李世傑은 경린의 보고를 받고 나자 바로 성도成都에 주둔하고 있던 만주 병사 5백 명을 선발해 불지佛智 통령統領(지금의 여단장에 해당하는 청대의 무관 이름)에게 보냈다. 또 녹영에서 전쟁을 준비하던 군사 가운데 천 3백 명을 뽑아 제독 성덕成德에게 보내 총병總兵 목극등아穆克登阿의 지휘로 타전로를 출발해 이당, 파당, 찰목다를 거쳐 신속히 후장으로 향하도록 명령했다.

건륭제는 이를 알게 된 후 3일 동안 연속해서 다섯 번의 성지聖旨를 반포하여 병력을 파견해 적과 맞서 싸우도록 명했다.

건륭제는 유지를 통해, "구르카는 티베트의 니얄람, 제롱, 총카 세 곳과 인접해 있으며, 이 세 곳은 티베트에 속하므로 당연히 군대를 파견하여 그들이 통과하지 못하도록 차단해야 한다." 하고 지적했다. 판첸라마 7세는 나이가 아직 어리고 중파호도극도 또한 승려인지라 크게 놀라지 않을 수 없었다. 주장대신 아만태雅滿泰는 즉시 녹기병綠旗兵과 달목몽골병을 이끌고 타시룬포로 갔다. 판첸라마 7세를 특별히 위무하고 중파호도극도와 만나 상의하여 후장과 구르카의 모든 접경 지역을 방어하는 데 마땅히 힘을 쏟기로 했다. 만약 니얄람, 제롱, 총카에 무슨 일이 생기면 우선 먼저 판첸라마를 안전한 전장前藏으로 보내기로 했다.

건륭제는 명령을 내려 사천 총독 이세걸과 사천 제독 성덕에게 녹영과 번병番兵 내에서 3, 4천 명을 파견시키고 만주 병사 5백 명을 주둔시켜 방어하도록 명했다. 또 성덕과 건창진建昌鎭 총병 목극등아 통령에게 속히 티베트로 들어갈 것을 명하고, 성도 장군 악휘에게는 밤에 열하에서 황제를 알현하고 성도로 돌아가되 만약 상황이 해결되지 않으면 바로 군대를 이끌고 티베트로 가서 방어하도록 했다. 또 병정이 부족할 경우 바로 2, 3천 명을 더 데려다 쓰도록 했다.

8월 초, 건륭제는 계속적으로 유지를 내려 군량과 마초를 준비하는 문제를 해결하도록 했다. 건륭제는 티베트가 사천 성도省都와 너무 멀고 타전로에서 후장의 군사 주둔지까지도 5천여 리에 이르러 현재 90여 곳의 역참이 있지만, 군량 운송을 원활하게 하기 위해서는 모두 2백 곳은 필요할 것이라고 판단했다. 또 만약 병정들의 식량과 노새와 말이 먹을 양초를 모두 중앙에서 보낸다면 그 비용이 엄청날 뿐 아니라 한곳에 모았다가 다시 다른 곳으로 보내는 일 또한 쉽지 않을 것이라고 했다. 또 이전의 경우를 보더라도 전시에는 티베트 근처에서 양초를 구입할 경우 가격이 평시보다 더 비쌀 것이라는 점도 지적했다.

 그래서 건륭제가 얻은 결론은 티베트의 갈륭噶隆들과 반제달班第達 그리고 중파호도극도와 상의하여 달라이라마와 판첸의 창고에 보관하고 있는 양곡 일부를 출고해서 군용으로 충당하기로 하고, 우선 가격으로 환산해서 대금을 지급하되 전쟁이 끝난 후에 다시 식량을 구입해서 창고를 채워 주기로 했다. 그 밖에도 티베트 백성들에게 군사들의 식량 조달을 위해 청군에게 식량을 팔도록 적극적으로 권유하기로 했다.

 그밖에도 건륭제는 격문을 작성하여 이민족 언어로도 번역해서 티베트로 전달하도록 명했으며, 이를 경린의 이름으로 구르카의 우두머리에게도 보내 속히 군대를 철수시키도록 타일렀다.

 격문에서 이르기를, "너희 구르카는 변두리의 작은 부락에 불과하므로 마땅히 법을 지키고 안거하면서 태평한 복을 누려야 함이 마땅한데도, 이처럼 불순한 행동을 함부로 한다면 대성황제大聖皇帝께서 인자하셔서 호생지덕好生之德(죽을 사람을 살려 주는 임금의 덕)을 구현하신다 하더라도, 이 같이 교활하고 사악한 무리는 절대 가볍게 넘기도록 용납할 수 없으며 반드시 대군을 보내 토벌하여 제거할 것이다." 하며 마지막에는 다음

---

17. 티베트 지방 정부(가샤)에서 정무를 보던 명문 귀족 출신 관리.

과 같이 지적했다.

　　네가 이 서신을 받아 읽고 나면 속히 병사를 철수시키고 니얄람과
　　제룽 등의 땅을 전부 내놓아야 할 것이다. 그렇지 않으면 대군을 보
　　낼 것이고, 너희는 그때 가서 후회해도 늦으리라.

　건륭 54년 정월 13일, 악휘와 성덕이 관병을 이끌고 총카에 도착했을 때는 구르카 병사들이 약탈을 하고 벌써 철수한 뒤였다. 총카는 우뚝 솟은 두 산 사이에 위치하여 지세가 움푹 패여 있었다. 원래 라마사원 한 채와 관채官寨 한 곳, 조채調寨 10여 칸이 있었으나, 구르카가 침입한 후 티베트 사람들은 멀리 숨어 버렸기 때문에 청군이 되찾았을 때는 황폐한 산만 남아 있었다.
　그런데 건륭제가 구르카의 침략군을 섬멸할 준비를 한참 하고 있던 바로 그때, 이미 티베트의 갈룽들은 구르카에 금은을 바치는 대신 땅을 되찾는 내용으로 화의를 청하기로 결정을 내려 버렸다. 원래 달라이라마는 불사佛事에만 전력했으므로 티베트 지역의 행정 사무는 여러 갈룽들이 맡아보고 있었다. 갈룽들은 티베트인들이 겁이 많고 나약해서 구르카 군사를 몰아낼 수도, 잃어버린 땅도 되찾을 수도 없다고 생각했다. 또 티베트에 주둔하고 있는 청의 군사로는 그 수가 적어 구르카군을 물리치기가 어렵고 조정에서 관군이 오는 것을 기다리자니 또 그 길이 너무 멀어 오랜 시간이 걸릴 것이라고 생각했다.
　그래서 그들은 곧 화의를 통해 구르카 병사들이 철군하도록 하고 빼앗긴 땅을 되찾아 티베트 사회의 평온을 유지하고자 했다. 성도 장군 악휘가 라싸에 도착하기 전에 중파호도극도는 벌써 한 라마를 구르카에 보내서 구르카 국왕의 숙부인 파도이살야, 판첸 6세의 동생 사마이파호도극도를 만나 정전 문제와 군대를 철수하고 땅을 되찾는 일 등을 상의해서

약간의 성과를 얻어내기도 했다. 그리하여 구르카 군대는 두세 달간 후장에 침입해서 한바탕 소란을 피우고 약탈을 한 뒤 차례로 물러났다.

건륭제는 티베트 라마가 제멋대로 구르카와 화의를 추진한다는 소식을 듣고는 몇 차례에 걸쳐 유지를 내려 경린과 악휘 등을 심하게 질책하고 강화를 반대한다는 뜻을 단호하게 밝혔다. 건륭제는 유지에서 다음과 같이 말했다.

> 구르카가 티베트 지역에 함부로 침입하여 이미 조정에서 군대를 파병했는데, 만약 군사의 위엄을 제대로 보이지 않거나 그들을 섬멸하지 않은 채 다만 라마의 중재로 빈손으로 돌아오게 한다면 군대를 일으킨 것에 어찌 명분이 서겠는가? 더구나 장차 군대가 철수한 후 구르카가 다시 약탈할 것을 두려워한다면 이민족 백성들을 안정시키고 변방을 바로잡을 수 없을 것이며 또한 티베트도 평온을 되찾을 수 없고 내지에서는 끊임없이 병력을 징발해야 하는 번거로움이 생길 것이다. 티베트에서는 오직 달라이라마와 판첸만이 승려와 백성들의 존경을 받거늘, 만약 홍모紅帽 라마가 자신의 뜻대로 화의를 체결하여 결말을 맺어 버린다면 달라이라마와 판첸은 어떻게 되는 것인가? 중파호도극도 또한 판첸라마의 아랫사람이면서 어떻게 그처럼 마음대로 할 수 있단 말인가? 만약 모든 라마들이 외부의 부락과 사적으로 따로 통한다면 여기에 어떻게 체통이 서겠는가? 이 일은 여러 방면에서 관계되는 바가 매우 중대하니 신중하게 처리하여야 할 것이다.

위의 유지에서 건륭제가 문제라고 생각한 핵심은 이러했다. 즉 일개 라마가 제멋대로 맺은 화의를 그대로 동의해 준다면 달라이라마와 주장대신의 지위가 낮아질 것이다. 그렇다면 곧 이들의 영향력이 약화되어 분명 중앙 정부의 티베트에 대한 관할권에도 위험이 미칠 것이며 그로 인해 티베트 사회질서의 안정에도 영향을 줄 것이다.

그래서 건륭제는 파충에게 유지를 내려 위의 내용을 분명하게 달라이라마와 판첸에게 알리도록 했다. 만약 달라이라마도 강화를 주장할 경우에는 이해득실을 설명하고 그를 일깨워 원대한 뜻을 알 수 있도록 할 것이며, 눈앞의 작은 이익에 매달리지 않도록 설득할 것을 명했다.

건륭 53년 9월 22일, 티베트에 도착한 사천 제독 성덕은 유지를 받들어 우선 경린 등을 상대로 제멋대로 강화를 맺고자 하는 경위 등을 조사하였다. 그리고 달라이라마와도 구체적으로 논의를 거쳐 화의를 하러 간 감포堪布를 돌아오게 하는 한편, 구르카를 공격하기 위한 구체적인 계획을 세웠다.

건륭 54년 3월, 악휘 등이 건륭제에게 상주를 올려 아뢰었다.

> 구르카가 차지하고 있던 영토를 모두 수복하여 국경 문제가 해결되었습니다. 구르카의 우두머리가 눈으로 길이 막혀 못 나오고 있으나 날이 풀리면 곧바로 머리 숙여 폐하께 알현할 것입니다. 다시 폐하의 위엄과 덕망을 알려 순역順逆의 이치를 깨닫도록 하고 지성을 다해 복종하며 폐하의 은덕을 영원히 따르기로 맹세한 후 철병하는 것이 좋을 듯합니다.

그러나 실제의 상황이 반드시 이와 같지는 않았다. 파충과 악휘 등은 건륭제에게 사정의 진상을 숨기고 있었다. 그렇다면 실제의 정황은 도대체 어떠했을까?

원래 건륭제는 군대를 보내 구르카를 소탕하는 데 주력하고 타협을 반대하는 유지를 여러 차례 내렸다. 그럼에도 불구하고 티베트에 있던 흠차대신과 장군, 제독 등은 도리어 안일무사하고 일이 잘못되는 것을 두려워하여 군사를 일으켜야 한다던 당초의 주장을 점차 버리고 적당히 화의를 맺어 일을 마무리짓고자 했다.

구르카 입장에서도 청나라가 대군을 거느리고 티베트로 들어올 경우 승리에 대한 확신이 없었기 때문에 파도이살야 또한 화의를 맺는 것에 동의했으며, 마침 사마이파가 중재를 나서자 곧바로 휴전을 하게 되었다. 그러면서 구르카가 휴전 조건으로 매년 원보元寶(배舟 모양으로 만든 순은 덩어리) 3백 개를 티베트가 공물로 바칠 것을 내세우자 티베트 갈륭도 이에 동의했다. 티베트 갈륭은 이 상황을 파충과 악휘, 성덕에게 보고했다.

파충은 처음에는 화의에 반대했지만 이후 입장을 바꾸었다. 파충이 보기에 청군이 티베트에 올 경우 지형이 낯선데다 고산 증세도 염려스럽고, 새로운 기후 풍토에 적응하는 일이 쉽지 않으며 군량 공급에 차질이 빚어질 수도 있었다. 그러므로 이런 상황에서 구르카 군사와 교전을 해서 승리할 가능성도 크지 않다고 판단했다. 또 파충에게는 요행을 바라는 마음도 있었다. 그는 해마다 원보 3백 개를 바치는 것은 티베트 정부의 부담이며 중앙정부와는 무관하므로 조정에서도 알 수 없을 것이라고 생각했다. 구르카는 예전부터 청의 조정에 공물을 바치고 싶어 했지만 그때마다 주장대신에게 거절을 당했었다. 그러니 지금 만약 그들이 공물을 바치는 것을 허락한다면 구르카도 만족할 것이고 건륭제도 기뻐할 터였다. 파충은 이렇게 해서 구르카가 영토를 반환하는 대신에 티베트는 해마다 공물을 바치는 조건으로 몰래 분쟁을 해결하도록 허락하는 한편, 구르카가 청 조정에 공물을 바치면 국왕에게는 왕작을, 왕의 숙부에게는 공작을 봉하도록 황제에게 청을 올리기로 하고 승낙했다.

파충이 흠차대신과 어전시위, 이번원 시랑을 겸하고 있었고, 악휘와 성덕은 티베트어를 할 줄 몰랐으므로 파충의 의견에 따랐다. 이렇게 해서 티베트 갈륭 단진반주이丹津班珠爾와 구르카는 철군과 영토 반환 그리고 공물 납부를 내용으로 하는 강화조약을 맺었다. 건륭 54년 초, 구르카군이 후장에서 철수하고 청나라는 첫 번째 구르카 정벌전쟁의 종결을 선언했다.

파충을 비롯한 신료들은 계속 거짓말로 건륭제에게 진상을 숨겼다. 그러다가 건륭 54년 6월 2일에 악휘 등은 건륭제에게 상주문을 올려 구르카에서 투항을 해왔으며, 이에 양측이 국경을 정하고 군사를 철수하기로 했다고 보고했다. 건륭제는 파충 등의 신하가 올린 상주 내용을 승인했다.

건륭 54년 6월, 구르카의 조공사절단이 카트만두를 떠났다. 사절단 일행은 25명으로, 그중 두 명이 수령이었고 나머지 23명은 그 둘을 따랐다. 바친 공물의 품목은 다음과 같았다.

산호구슬 백 90개	밀랍 50개	금실비단 2필
수놓은 비단 10필	망원경 1개	대요도大腰刀 1자루
소요도 1자루	조총 1자루	정향 1포대
길길향 2포대	말린 올리브 2포대	귤 2포대
오사니 2포대		

모든 공물은 상자 안에 담겨 있었으며 포장이 잘 되어 있었다. 7월이 되자 조공사절단의 행렬이 타시룬포에 도착했고, 10월 22일에는 성도成都에 도착했다. 그곳에는 이미 파충과 악휘 등이 도착해서 사신 접대를 위한 공연을 준비하고 있었다. 12월 30일, 건륭제는 보화전保和殿에 들어 합리살야哈里薩野를 비롯한 구르카의 사신들에게 연회를 베풀었다. 건륭 55년 정월 12일에 건륭제가 왕공대신들과 외국 사신들을 위해 연회를 베푼 자리에는 구르카 조공사신도 함께 참석해서 건륭제가 하사한 차와 과일 등의 선물을 받았다. 또 건륭제는 유지를 내려 구르카 왕자 라특납파도이를 구르카 국왕으로, 그 숙부 파도이살야를 공작으로 봉했다. 이렇게 하여

구르카는 청조의 속국이 되었다. 그해 8월, 구르카 사신들은 자신들의 수도인 카트만두로 돌아갔다.

그때는 파충을 비롯한 신료들의 기만행위가 아직 건륭제에 의해 발각되지 않았으므로 성도 장군 악휘는 사천총독으로 승임되고, 사천 제독 성덕은 성도 장군으로 올라갔다.

건륭 56년 3월이 지나고 랍대산拉大山에 쌓인 눈이 녹기 시작할 무렵, 티베트 갈륭 단진반주이는 주장대신 보태保泰에게 공문을 보내, 갈륭 찰십돈주이扎什敦珠爾와 대붕 등을 데리고 각각 길을 나누어 티베트의 각 요충지로 가서 국경 지역을 살피고 티베트 병사들을 훈련시키도록 해야 한다고 청했다. 달라이라마도 사람을 보내 재작년 구르카의 국경 침범으로 니얄람 등에 위치한 사찰들이 심하게 훼손되었으니 변경으로 가는 길에 갈이장단진噶爾藏丹津을 함께 파견해 사찰을 보수해야 한다고 했다.

보태의 허락을 얻은 후 단진반주이도 그들과 함께 변경 지역으로 갔다. 그런데 뜻밖에 6월 28일 밤, 니얄람에서 갈이장단진 등이 20여 명의 구르카인들에게 붙잡혀 갔다. 그리고 30일에 구르카가 1천여 명의 병사를 이끌고 쳐들어와 변방을 지키던 티베트 군사들과 충돌이 벌어졌다. 티베트 군사는 중과부적이라 하는 수 없이 후퇴하였다. 이로써 니얄람은 다시 구르카군에 의해 점령되었고 단진반주이를 비롯한 10여 명은 구르카로 끌려갔다.

일이 터지자 보태는 즉시 상황을 건륭제에게 보고했다. 순간 온 조정이 크게 놀랐고 건륭제도 상식으로는 있을 수 없는 일이 발생했다고 생각했다.

구르카가 이번에 다시 전쟁을 도발한 것은 군사를 철수하고 땅을 돌려주는 대신에 티베트가 매년 바치기로 했던 3백 개의 원보 때문이었다. 티베트는 그렇게 막대한 돈을 낼 능력이 없어서 건륭 54년과 55년 모두 납부하지 못했다. 건륭 56년에 구르카인들이 또다시 찾아와 강요하자 달라이라마는 단진반주이 편에 원보 3백 개를 보냈다. 니얄람에서 구르카인들과 만나 담판을 지어 이번 한 번만 내고 이전의 약속을 철회하려는 생각이었다. 그러나 구르카 당국이 이를 받아들이지 않은데다 이때 사마이파가 다시 충동질하는 바람에 다시 티베트를 침략해 온 것이었다.

건륭 56년 8월, 구르카 군사는 니얄람과 제롱 등의 지역을 점거한 후에 다시 타시룬포를 포위했다. 주장대신 보태는 판첸 7세를 양파첸에서 전장前藏으로 옮겼다. 구르카 군사는 타시룬포를 진격하는 과정에서 그곳에 주둔하고 있던 한병漢兵의 격렬한 저항에 부딪쳤다. 그러나 티베트 병사와 각 사원의 라마들은 중파호도극도가 혼자서 죽은 판첸 6세의 재물을 모두 가지고 있었기 때문에 그를 위해 전력을 다하지 않고 뿔뿔이 도망쳐 버렸다.

중파호도극도는 기세가 불리해진 것을 알고 구르카 군사들이 이르기 전에 귀중품을 감춰 둔 채 빠져 달아났다. 타시룬포사의 주지 라마는 적군의 침입을 앞두고 길상천모吉祥天母 앞에서 도적과 맞서 싸우는 것이 좋은지 싸우지 않는 것이 좋은지를 점쳐 보았다. 그 결과 적의 공격에 맞서면 안 된다는 점괘가 나왔다. 이렇게 되자 타시룬포사의 라마들은 마음이 급해져서 방어할 생각은 않고 모두 도망쳤다.

구르카군은 이렇게 해서 아무런 저항도 받지 않고 바로 타시룬포사를 차지할 수 있었다. 그들은 사찰에 있는 물건들을 제멋대로 약탈했다. 탑 위에 장식해 둔 터키석과 산호 같은 보석들도 전부 떼 가고 금은 불상들도 남김없이 약탈했으며 탑 꼭대기의 금장식과 금으로 된 책인冊印도 모두 가져갔다. 티베트의 승려나 백성들도 많은 재난을 당하기는 마찬가지였으며 타시룬포사 내의 물건들만 빼앗긴 것이 아니라 소와 양들도 무수히 강탈당했다.

건륭제는 구르카가 또 다시 티베트를 침략해 온 이유를 알 수가 없었고, 파충과 악휘, 성덕이 티베트 갈륭과 결탁해서 돈을 주고 땅을 찾아와

치욕적으로 국위를 실추시킨 진상에 대해서도 아직 알지 못하고 있었다. 건륭제는 보태의 상주문을 파충에게 보여 주었다. 파충은 이를 보고 대답했다.

"이것은 신이 문제를 제대로 해결하지 못했으므로, 면직되거나 혹은 강직되어 티베트에 가서 속죄하기를 요구하는 것입니다."

그러나 건륭제는 파충이 아닌 악휘를 티베트로 가도록 명했다. 파충은 아마도 지난 일이 발각된 것이라 생각했는지 그날 밤 호수에 뛰어들어 자살하고 말았다.

건륭제는 매우 놀라면서도 한편으로는 이상하다는 생각이 들었고, 곧바로 이 일에 분명 다른 문제가 있으며 파충이 책임을 면하지 못하게 되자 자살했을 것이라 알아차렸다.

악휘가 건륭제의 명에 따라 군대를 이끌고 티베트로 가자 이부상서이자 협판대학사協辦大學士였던 손사의孫士毅가 사천 총독을 대리했다. 악휘는 의심스럽기도 하고 두려운 마음으로 성덕을 파견해 만주 녹영 관병 3백여 명을 이끌고 지원하도록 했다. 티베트의 지세가 험준한 것을 감안하여 건륭제는 다시 악휘에게 명해 병사 2천여 명을 티베트로 이동시키도록 했다. 그러나 건륭 56년 8월 22일, 구르카군이 니얄람을 강점한 지이미 두 달이 지나서야 성덕이 군대를 인솔하여 출발했다. 그리고 9월 6일에 악휘가 성도에서 군을 이끌고 출발했을 때는 구르카군이 이미 타시룬포사를 남김없이 약탈한 뒤였다. 조정에서 원군이 오지 않자 주장대신 보태는 당황해서 어쩔 줄 몰라 했고 결국 적을 막아 낼 방도가 없자 달라이라마와 판첸라마에게 전장前藏에서 청해 태녕泰寧으로 옮겨가도록 청했지만 달라이라마가 이를 거절했다.

티베트에서의 군사 활동이 전혀 효과가 없자 건륭제는 하는 수 없이 새로운 인사 조치를 취했다. 보태와 아만태를 주장대신의 직위에서 물러나게 하면서 그들에게는 군대에 가서 속죄하도록 명하고, 복건 수사 제독水師提督 규림奎林과 부도통이자 전 주장대신이었던 서염舒濂으로 하여금 그들을 대신하도록 했다. 얼마 후 건륭제는 다시 악휘의 사천 총독 지위를 박탈하고 성덕을 사천 장군의 자리에서 몰아내면서 대신 손사의를 사천 총독으로, 규림을 성도 장군으로 그리고 화림和琳을 주장대신으로 임명했다.

【건륭제에게 배우는 상벌술】

一. 상벌 간에는 반드시 균형이 이루어져야 한다. 지나치게 큰 상은 사람을 쉽게 착각에 빠뜨려 사람의 욕망을 한없이 크게 만든다. 지나친 벌을 내리는 것 또한 강한 반발을 불러일으켜 법과 질서를 크게 어지럽힌다.

一. 성심껏 일하되 헛된 명성을 쫓지 말라.

一. "좋은 말은 채찍을 들 필요가 없다."라는 속담은 단 한 번도 채찍을 들 필요가 없다는 말이 아니다.

一. 치국을 함에 있어 부패를 처벌하는 것만큼 중요한 것이 없다. 다른 죄를 짓는 사람은 너그러이 용서할 수 있으나 탐관의 죄는 절대로 관대히 다스려서는 안 된다.

一. 사랑하는 자가 죄를 지으면 반드시 벌을 내리고, 미워하는 자가 공을 세우면 반드시 상을 주라.

제2장

상벌술賞罰術 2
상벌은 그 목적이 뚜렷해야 한다
賞罰要有針對性

상벌은 그 목적에 초점을 맞추어야 소기의 효과를 거둘 수가 있다. 이러한 관점에서 큰 성공을 이루려는 사람은 누구나 그 초점을 맞추는 데 반드시 흑백의 노력을 기울여야 한다.

비뚤어진 것은 반드시 바로잡아야 한다
糾枉必須過正

건륭제는 즉위 초에 관인寬仁 정치를 내세웠다. 그러나 관대함이 오래 가면 반드시 해이해지고 군주의 위엄이 없어지는 법이며 선정善政도 지나치면 부작용이 나타날 수 있다. 얼마 지나지 않아 그는 예전에 자신이 주장했던 '관대하면 백성을 얻는다.'라는 유가사상에 바탕을 둔 관인정치가 이상적인 정치 상황을 구현해 내지 못했고, 또 오히려 그가 베푼 '관대함'이 이치吏治의 부패를 초래했다는 것을 분명하게 깨닫고 있었다.

건륭 9년, 건륭제는 과거시험이 관리들의 자질에 큰 영향을 미치는 것을 고려해서 시험장의 규율을 엄하게 지키도록 명했다. 순천향시順天鄕試 때 건륭제는 특별히 황제 가까이 있던 신하들을 파견해서 응시자의 소지품을 빈틈없이 조사하도록 했고 심지어 속옷까지도 조사했다. 그 결과 첫 시간에 백지 답안을 낸 사람이 68명이었고 답안을 완성하지 못한 사람이 329명이었으며 답안의 내용이 주제와 맞지 않는 사람도 276명이나 되었다. 둘째 시간이 되자 감독이 매우 철저한 것을 보고 호명하기 전에 슬그머니 빠져나간 응시자가 2천 8백여 명이 넘었다. 이 일을 보고 건륭제는 탄식해 말했다.

"사람의 마음과 선비의 기질이 날로 타락해 가니, 어찌 인재들이 배출될 수 있으며 나라를 걱정하고 진력을 다하는 의지할 만한 인물이 있다고 하겠는가?"

과거시험장 감독의 중요성을 거듭 천명하기 위해 건륭제는 지방에서 시험을 감독하는 모든 관리들에게 명을 내렸다.

"성의를 다해 철저히 조사하여 부정을 저지르는 자가 절대 법망에서 빠져나가는 일이 없도록 해야 한다."

만일 시험장에서 부정이 발견되면 반드시 엄히 처벌할 것이며 응시자의 스승에 대해서도 벌을 내릴 것이라고 공언했다.

건륭 11년에는 각지에서 세금 납부를 거부하는 일이 급증했다. 건륭제는 "민풍民風이 날로 문란해진다." 하면서 관리들에게 "이처럼 게으르고 해이하니 도풍盜風이 어찌 사라지겠는가." 하고 힐책했다. 그러고는 바로 조직적으로 저항하는 사람들에 대한 진압을 강화 하는 한편, 건륭 원년 이래로 안휘성에서 안찰사를 역임했던 이들을 모두 형부로 보내 조사하도록 했다.

같은 해에 날로 문란해지는 관리사회와 군대를 바로잡기 위해 건륭제는 친근대신 눌친訥親에게 남방을 순시하도록 명했다. 그해 건륭제는 각 성의 관고에 적자 현상이 매우 심각함을 알게 되었고, 이것이 모두 자신이 정사를 처리하는 데 있어 늘 관리들을 일방적으로 관대하게만 대했기 때문에 오히려 그들이 황제의 은혜에 반하여 문란해졌다고 생각했다.

관대한 정책이 시행되면서 생각하지도 못했던 큰 병폐가 나타나자 건륭제는 수하 관리들에 대한 믿음을 거의 상실하게 되었다. 그리하여 건룽제는 엄격하고 신속하게 이 상황을 정리하는 것이 잠시도 지체할 수 없는 과제라고 생각했다. 그때가 바로 건륭 13년이었는데 13이라는 숫자가 불길한 숫자였다. 그해에 건륭제가 가장 사랑하던 효현황후孝賢皇后가 세상을 떠났고 얼마 지나지 않아 아홉째 황자와 첫째 황자가 연달아 죽었으며 더구나 금천金川 전쟁에서도 연이어 좌절을 당했다. 건륭제의 마음에는 슬픔과 분노의 감정이 갈마들었다. 그는 탄식해 말했다.

"작년 섣달그믐부터 올해 3월까지 몇 번이나 변고를 당했으니…… 실로 크게 마음이 아프도다!"

봉건제도는 방대한 관료기구의 통치에 의지한다. 그러나 그 관료사회 안에 상호 배척과 부정부패, 효율 저하 등 극복할 수 없는 폐단들이 자주 일어난다면, 이는 다시 전제 황권과 조정의 장기적인 안정을 위협하게 된다. 이러한 폐단들이 어느 정도 누적이 되면 늦기 전에 반드시 제거해야만 통치 기반이 뿌리째 흔들리는 것을 막을 수 있다.

극도로 괴로운 감정을 품고 있던 건륭제는 대대적으로 이치吏治를 쇄신하기 시작했고, 이로써 한동안 상대적으로 평온했던 관료사회가 순식간에 파란이 일어났다. 건륭제의 통치가 순식간에 냉혹해지면서 수많은 관료들이 처벌을 받아 어떤 사람들은 감옥에 갇히거나 죽임을 당하기도 했다. 이 때문에 온 조정의 문무 관리들은 극심한 두려움에 빠지게 되었다. 대대적인 숙정과 살육의 소용돌이는 당시 정계와 사회에 매우 큰 충격을 불러일으켰다.

이 풍파 속에서 가장 먼저 '칼'을 맞은 사람은 건륭제 자신의 아들이었던 황장자皇長子 영황永璜이었다. 황후의 상을 치르는 동안 아마도 나이가 어리고 철이 들지 않아서였는지 그는 돌아가신 황후가 자신의 친모가 아니라 하여 애도의 표시조차 하지 않았다. 건륭제가 이를 보자 참지 못하고 그를 크게 질책했다.

"이 같은 대사를 당했는데 황장자로서 무엇이 도리인지도 모르고, 효도와 예의를 행함에 모자람이 너무 컸다."

영황이 공개적으로 훈계를 받게 되자 그의 사부들도 호된 처벌을 받았다. 그 중 화친왕和親王 홍주弘晝와 대학사 내보來保, 시랑 악용안鄂容安은 각각 3년 간 감봉 처분을 받았고 그 밖의 스승들은 1년씩 감봉 처분을 받았다. 셋째 아들 영장永璋 역시 애도의 뜻을 표하지 않았으므로 꾸지람을 받았다.

"셋째 또한 마음에 들지 않는다. 나이가 이미 열넷이지만 아무것도 아는 것이 없다. 이번 황후의 일에도 너는 자식으로서의 도리를 조금도 다하지 않았다."

건륭제는 황위 계승 문제를 논하면서 다시 공언했다.

> 이 두 명은 절대로 대통을 이을 수 없을 것이다. 너희들의 이 같은 불효를 보고도 짐이 아비된 자의 마음으로 차마 너희를 죽이지는 못하니, 너희들은 보전의 은혜를 알아 본분을 지키며 살아갈 지어다. …… 만일 여전히 후회를 하지 않고 과분한 망상을 한다면 마땅히 그 죄를 무겁게 다스릴 것이다!

비록 강희, 옹정, 건륭제가 인재를 임용하는 기준으로 모두 청렴을 강조했지만 그 정도는 조금씩 달랐다. 강희제는 품행이 비록 깨끗할지라도 일을 제대로 하지 못하면 국가에 도움이 되지 않는다고 여겼다. 옹정제는 청렴이 관리의 근본이라고 말하면서도 "청렴은 관리가 자처해야 하는 하나의 절조에 지나지 않는다."라고 보았다. 또 "지역 사무를 제대로 보지 못하는 자는 곧 자신만을 돌보고 명예를 구하는 뻔뻔스러운 관리"이며, 품행이 깨끗하지 않은 자보다도 "그 지역에 누를 끼치는 것이 더욱 심하다."라고 여겼다.

건륭제는 강희제나 옹정제와 비교했을 때 덕을 더욱 중시했다. 그래서 재능은 있지만 덕이 부족한 부패 관리에 대한 건륭제의 증오심은 강희, 옹정제보다 심했다. 이 때문에 건륭 시기에 2품 이상의 고관들 중 뇌물을 받고 사형을 당한 이가 30명 정도나 되었다.

부패 관리 처벌을 위해 건륭제는 관련 법제를 크게 강화했다. 그는 강희, 옹정 시기의 일부 법률을 개정하거나 보완했으며, 상황의 변화에 맞추어 일련의 법률 조문을 새로 제정하기도 했다. 낡은 법률을 고치고 범죄가 발생할 때마다 새로 추가하는 등 8, 9 차례에 걸쳐 법제를 수정했다. 이로써 청대의 부패 처벌에 대한 법제는 건륭제가 그 기초를 다졌으며 또한 건륭 시기에 절정에 달했다고 할 수 있다.

건륭 4년, 건륭제가 8법 고적제도考績制度를 6법으로 고쳐 탐관오리나 포학한 관리를 별도로 처벌하면서 부패관리들이 탄핵되는 것이 일상사가 되었다.[18] 건륭 6년에는 건륭 원년 이래 거듭 부정을 저지른 중죄인을 군대軍臺로 보내 일을 시키면서 차후에도 관리들 중에 부패와 관련된 자가 있으면 이 전례에 따라 처리한다고 법을 정했다. 건륭 13년, 건륭제는 기일 내에 배상하지 못할 경우 다른 사람이 대신 배상하는 법을 새로 정하고, 이 경우 기한이 지날 경우에는 돈을 내도 죄를 면할 수 없도록 했다. 이후 상급자가 죄를 대신 갚는 제도가 확립되었을 뿐 아니라 아버지가 죽으면 아들이 배상하여, 아버지의 죄를 아들이 대신 갚는 일도 흔하게 되었다.

건륭 23년, 건륭제는 또 "공금으로 사복을 채운 자들은 정해진 시간 안에 뇌물을 납부한다 하여 죄를 면해 주는 일도 영원히 금지시키라." 하고 선포했다. 그리고 같은 해에 다시 중죄인이 보석금으로 속죄를 대신하는

---

18. 고적제도는 관리들의 성적을 매겨서 인사에 반영하던 제도로, 그 기준으로 8법 즉 부패, 학정, 경솔함, 능력 부족, 부실한 업적, 불성실, 질병, 연로가 있었다. 건륭제는 부패와 학정을 이 기준에서 제외시키고 대신 이 두 가지에 대해서는 탄핵이 가능하도록 따로 법률을 만들어 부패를 보다 엄격히 처벌하고자 했음.

것을 금지하면서 "죽을죄를 지은 자들은 빈부를 막론하고 모두 법에서 벗어날 수 없다." 하고 선포했다. 이상의 각 조항은 모두 강희, 옹정 시기에 정해진 법제의 문제점을 보완한 것으로, 부패한 관리들에 대한 처벌을 강화하고 그들이 요행으로 죽음을 면하는 길을 차단한 것이었다.

건륭제는 또 여러 가지 법례法例를 추가로 제정했다. 건륭 30년에는 관고의 은을 훔친 경우에 대한 항목을 추가로 제정해서 1천 냥 이상의 경우에는 종전대로 참감후에 처하고 1천 냥 이하인 경우에는 다시 세 가지 경우로 나누어 처벌을 달리했다. 건륭 41년에는 세금으로 사복을 채우거나 일정한 기한 내에 횡령한 돈을 반납한 경우에도 감형하지 못하도록 하는 조항을 추가로 만들었다. 또 건륭 48년에는 죄를 지은 자의 상관을 처벌하는 것 외에도 미리 이를 조사해서 탄핵하지 않은 안찰사나 지부, 독무 등도 강등하거나 다른 곳으로 전입시키도록 제정했다.

이 밖에도 건륭제는 각종 금지령을 선포하고 부패를 엄금하는 각종 조치들을 반포했다. 예를 들면 각 부部에서 뇌물을 강요하거나 직성대리가 집사를 두고 사례금을 받는 일, 상급자가 하급 관리에게 식사를 청하면서 뇌물을 요구하는 행위를 엄금하고, 연성공衍聖公 공씨孔氏들에게는 '박사 중에 법을 어기거나 뇌물을 강요해 벌을 받은 자는 그 세습을 정지한다.' 하는 조령을 내리는 등등이 있었다.

총체적으로 보아 건륭제의 부패 처벌은 다음과 같은 4가지 특징으로 요약할 수 있었다.

첫째는 다多였다.

건륭제 때는 단지 부패를 처벌한 횟수가 많았을 뿐 아니라 처벌 받은 관리의 숫자도 많았고 사형에 처해진 사람들도 많았으며 그리고 사형에 처해진 독무 등 일곱 고관들의 수가 강희와 옹정의 두 시기보다 많았다. 건륭제는 이들 부패 관리들을 극도로 혐오해서 그들을 사지에 몰아넣고서야 마음을 놓았다. 추심秋審을 통해 죄를 덜게 된 자 중에 부패 관리가 끼어 있는 것을 알게 되면 너무 화가 나서 손을 떨 정도였으며, 그 죄인을 즉시 사형을 집행하도록 명령하는 외에 맨 처음 처벌을 내리거나 추심에서 감형을 결정한 관리들도 엄격히 처벌하거나 경고를 내렸다.

이치吏治를 함에 있어서 가장 중요한 관건은 각 성 독무들의 직무수행에 있었으므로 강희제와 옹정제도 일찍부터 그들을 주목하고 있었다. 강희제는 일찍이 유지를 내려 독무의 탐렴貪廉을 함께 가리게 했다. 옹정제는 더더욱 독무들의 탐렴을 가리는 데 온갖 방법을 마다하지 않았다. 부패를 저질러 사형을 당한 독무나 장군, 통령이 강희제 때는 4명, 옹정 때는 2명이었다. 그러나 강희제와 옹정제가 독무를 비롯한 지방 관리들에 대해 가지고 있던 인식은 건륭제만큼 명확하지 못했다. 건륭제는 다음과 같이 지적했다.

어느 지역이 제대로 다스려지지 않는 것은 그 수령守令(군수와 현령)의 죄가 아니며 먼저 독무에게 그 죄를 돌려야 한다.

그런 까닭에 건륭제는 말단 관리라면 말로 타이를 만한 일도 고관들의 경우에는 절대로 너그럽게 처리하지 않았다. 독무와 고관들이 사형에 처하거나 자결하도록 명령받은 많은 일들 중에 부패와 횡령이 가장 중요한 죄목이었다.

둘째는 좌坐였다.

부정을 저지른 관리가 발각되면 바로 연좌連坐로 벌을 내리는 것으로 순치, 강희, 옹정제가 모두 시행했던 제도였다. 그러나 건륭제의 연좌는 관리들이 서로 비호하는 병폐를 없애는 데 중점을 두었으며 정실에 얽매여 두둔하거나 결탁하는 폐해를 처벌하는 것을 중요시했다.

건륭 46년, 감숙甘肅에서 온 성의 관리들이 작당하여 빈민 구제금을 횡령하고 공금을 공공연히 나누어 쓴 사건이 발생했는데 당시 청렴하게 공무에 힘쓴 자가 단 한 명도 없었으며, 이를 적발한 자 또한 없었다.

이를 알게 된 건륭제는 크게 놀라 이어서 말하기를 "관리들끼리 서로 감싸 주는 풍조가 온 조정에 만연되어 있다.", "외성의 관리들이 서로 감싸 주는 것이 너무나 견고하여 무너뜨릴 수가 없다." 하면서 탄식을 했다. 그리고 "처벌이 미치지 않아 제멋대로 내버려 두는 일이 있어서는 절대 안 된다."라고 했다.

그 결과 총독 늑이근勒爾謹에게는 자결하도록 명을 내렸고, 난주蘭州 지부 장전적蔣全迪과 비리 금액이 2만 냥을 넘은 정련程棟은 모두 참형에, 번사藩司 왕정찬王廷贊은 교수형에 처해졌으며, 또 1만 냥을 넘지 않은 41명은 구금을 당했다. 전직 관리까지 포함하면 사형에 처해지거나 사형을 언도받은 자가 모두 47명이었고 현직 및 전직 관리가 면직되거나 체포된 자는 82명이었으며, 부패 관리의 아들 11명은 이리伊犁로 끌려가 고된 노동에 종사하도록 했다. 이미 성을 떠난 관리들도 난주로 호송되어 심판을 받았는데 이들이 자살하거나 살해되는 것도 철저히 막음으로써 사건의 내막을 분명하게 밝혔다. 전직 관리 중에서는 유일하게 안찰사 복녕福寧만이 먼저 자백했다 하여 가까스로 직무 정지를 당했다가 그 후 8년 동안 아무 죄를 짓지 않고서야 복직이 허락되었다.

건륭 시기, 관리들끼리 감싸고돌던 작태는 서로 짜고 부정행위를 저지르거나 서로 탄핵을 하지 않는 것에 그치지 않았다. 자기편을 변호하여 관고를 축낸 적자에 대해 세금이나 형벌을 면제해 주도록 청하거나 공동으로 공금을 횡령하기도 했고 무슨 일이 생기면 사전에 정보를 알려 주기도 했다. 그리고 일이 끝난 뒤에는 뇌물로 받은 돈이나 물건을 대신 맡아준다든지 또 죄인을 대신해서 억울함을 호소해 결정된 판결을 뒤집도록 도와주는 등 갖은 행위가 만연했다.

그러자 건륭제도 가만있지 않고 서로 두둔하는 행태에 단호히 반격을 하고 나섰다. 건륭 20년, 대학사 사이직은 산동순무 악창鄂昌을 변호하다가 면직되어 고향으로 돌아갔다. 건륭 29년에는 천진天津 도통 청보淸保가 그 형이 뇌물을 받은 것에 대해 억울함을 호소하다가 모든 관직을 박탈당했다. 또 건륭 33년에는 강남향시 부감독관이었던 기윤紀昀이 그 친척이었던 염운사 노견증盧見曾에게 몰래 정보를 빼주었다가 재산을 몰수당함과 동시에 면직되어 우루무치로 보내졌다. 건륭 47년 산동에서 뇌물을 요구하고 적자가 발생한 사건이 일어났을 때 일등시위였던 국림國霖이 그 형인 산동 순무 국태國泰에게 이를 알렸다가 삼등시위로 강등되었다.

셋째는 광廣이었다.

반부패 내용이나 그 처벌의 범위가 매우 넓었다. 횡령, 관고 적자, 강탈, 뇌물 수수, 사기, 공금 유용 등 어느 하나 처벌의 대상이 되지 않는 것이 없었고 그 처벌 수단 역시 매우 엄격했다.

반부패와 관련하여 건륭제는 형벌로써 다스리는 것에 치중하는 한편 배상금을 물리는 것도 중시했다. 건륭 47년, 고란皐蘭 등 34개 청, 주, 현에서 공금이나 관고의 양식을 횡령한 죄로 연이어 사형을 집행당한 자가 56명, 사형은 면했으나 유배된 자가 46명, 그 중 건륭 20년에서 40년까지 주, 현, 도, 부에서 일했거나 번사, 독무를 역임했던 관리들에게는 42만 냥을 배상하라는 명령도 내려졌다.

건륭 57년, 절강 염운사 시정柴楨이 상인의 전량을 중간에서 가로챈 혐의로 시정과 순무 복숭이 참형에 처해지고, 양회 염정 전덕全德은 낭중으로 강등되었으며 번사 경조景照는 이리로 보내졌고, 도부 고관 명보名保와 장신화張愼和는 군대에서 노동하도록 보내졌다. 또 시정의 가인인 백순柏順은 교수형에 처해졌으며 이를 숨기고 고발하지 않은 상인도 갑절로 강제 배상하라는 명이 내려졌다.

관고 적자와 관련해서는 배상에 중점을 두면서도 형벌로 다스리는 것도 중시했다. 배상의 범위로는 옷과 장신구를 비롯한 재산과 본적지의 가산을 압수하는 데서부터 죄인의 친척이나 막객, 가인들의 가산까지도 몰수하는 경우가 있었으며, 그 상관이나 하급관리 혹은 전임, 또 그동안 역임했던 관리들까지 그리고 죄인의 아들까지도 모두 배상의 책임을 떠안는 등 여러 경우가 포함되었다. 이런 형식은 실질적으로는 부패 처벌을 위해 정치 연좌제가 경제 분야로 확대된 것이었다. 적자를 낸 관리들은 경제적으로는 파산하고, 정치적으로도 엄중한 처벌을 받았다. 건륭 47년의 산동 적자사건에서는 1, 2년 안에 변상하도록 명령이 내려진 외에도 지현知縣 4명과 순무 1명이 연이어 사형에 처해졌다.

강탈행위를 막기 위해 건륭제는 하급관리에 대한 상관의 강탈은 물론 백성들에 대한 관리들의 강탈도 호되게 처벌했다. 건륭 24년, 함녕주咸寧州 지주知州 유표劉標가 동광銅鑛을 운영하면서 적자에 빚까지 지게 된 것과 상관이 하급관리들을 강탈한 사건을 탄핵했다. 이 보고를 접한 건륭제는 즉시 이를 바로잡도록 명했다. 그 결과 귀주에서 해마다 공금 29만여 냥이 빠져나갔다는 의외의 사실이 밝혀졌고 이 전대미문의 대사건은 결국 순무가 사형되고 포정사 장봉요張逢堯가 면직되었으며, 그 외에도 셀 수 없이 많은 관리들이 해임되거나 면직되는 것으로 마무리 지어졌다.

상관이 하급관리를 강탈한 것은 운귀총독 이시요의 경우가 바로 그 전형이라 할 수 있었다. 그는 관리를 승진시키면서 돈을 요구했을 뿐만 아니라 심지어는 하급관리들에게 진주를 팔아 돈을 마련하고는 나중에 다시 그 진주를 회수하기까지 했다. 건륭 45년에 이 사건이 탄핵되자 이시요는 사형은 겨우 면했지만 중형을 받았고, 순무 손사의는 면직되어 이리로 보내졌으며 이시요에게 은을 바친 관리들도 해임되어 처벌을 받았다. 그중에 안찰사 왕교汪橋는 이리로 보내져 죽을 때까지 그곳에서 노역에 종사했다. 이시요를 위해 변호해 주었던 부륵혼富勒渾과 해성海成도 형부로 보내져 처벌을 받거나 질책이 가해졌다.

건륭 시기에는 계급간의 갈등이 더욱 날카로워졌다. 관병이 백성들을 임의로 강탈한 것도 주요한 이유 중 하나였다. 조정의 가장 기본적인 이익을 위해 건륭제는 소작인에게 세금을 초과해 물리거나 회족의 말을 강탈하고 폭력배와 공모하여 어민으로부터 그물을 빼앗거나 소작인의 우두머리를 좇아 부정행위를 하고 백성이나 상인을 속여 돈을 뺏는 등의 온갖 악랄한 관리들을 모두 그때그때 처벌했다.

건륭제는 임상문林爽文의 난[19]이 일어난 것은 부, 청, 지, 현의 착취에 대해 품은 원한이 주된 원인 중 하나라고 여겼다. 그래서 봉기를 진압한 후 다시 몇몇 부패 관리를 엄히 처벌함으로써 사회적 갈등을 완화하고 대만 백성들에 대한 통치를 강화하고자 했던 기본 목표를 달성할 수 있었다.

넷째는 잡雜이었다.

범죄 사건에서 죄인으로 드러난 부패 관리 자신과 그 자식을 처벌하는 것은 물론이요, 그들의 앞잡이가 되었던 서리나 보좌관, 가인, 종복과 막객들에게까지도 무거운 벌을 내렸다. 원래부터 부패했던 관리들은 물론이고 처음에는 청렴결백하고 자중했던 관리들조차도 시간이 지나면서 종종 탐욕이 커져갔다. 이들 부패 관리들은 맹수처럼 탐욕스럽게 직접 나서기도 했지만 온갖 관계를 다 이용해서 마음대로 거둬들이고 가만히 앉아서 어부지리를 얻는 경우가 더 많았다. 그들의 앞잡이들도 기회를 틈타 무리를 지어 사리를 꾀하고는 했다. 이런 상황은 건륭조 이치吏治 폐해의 일대 특징이라고 말할 수 있다.

건륭제는 이렇게 한통속이 되어 뭉친 관잡인官雜人에 엄격한 처벌을 단행했다. 건륭 6년에는 외성外省에 유지를 내려 "각 관청의 막객 가운데 암암리에 결탁하여 돈을 요구한 자들에 대해서 관리들은 방비에 특별히 신경 쓰도록 하라."라고 했다. 건륭 21년, 부빈富斌이 가인 유왕劉王을 보내 뇌

---

19. 복건성 출신이었던 임상문이 가난 때문에 가족과 함께 대만으로 갔다가 비적이 되었는데, 강희제 때 생긴 천지회天地會에 가입한 뒤로 그 세력을 모아 반체제를 외치며 난을 일으켰음.

물 2만 4천여 냥을 가져오도록 한 사건을 보고는 더욱 강조해서 말했다.

"외성外省의 가인들과 종복들이 본관本官에 기대 재물을 강탈하고 지방의 적자를 내는 것을 보지 않아도 알 수 있다."

이런 까닭에 한층 더 하급관리들에 대한 경계를 강화했다. 건륭 시기에는 가인을 부려 은냥을 강요한 경우 그 가인을 처벌하는 것 외에도 주인이 면직되거나 변방으로 내쳐지는 자도 많았으며, 사형을 당하거나 혹은 강제로 이사를 가도록 명령받은 자도 있었다. 건륭제가 부패 관리의 앞잡이들을 처벌함으로써 탐관오리들의 강탈 행위를 상당히 억제한 효과가 있었다.

완벽한 인재는 없다
不求全用人

　손사의孫士毅는 본래 건륭제가 가장 아꼈던 장군으로 문무를 겸비한 능력 있는 재목이었다. 그러나 그것은 결코 손사의가 백전백승을 거두었기 때문은 아니었다. 오히려 반대로 그는 이국 타향에서 처참한 패전을 맛보기도 했다. 그래서 건륭제는 그를 직무에서 해임하고 관직을 박탈한 적도 있었지만 결국에는 다시 등용했다. 손사의가 몇 번이나 관직을 오르내린 것은 완벽한 인재를 구하지 않은 건륭제의 흑백의 도가 충분히 구현된 것이었다.

　강희 57년에 태어난 손사의는 절강 인화仁和 사람으로 자는 지치智治, 호는 보산補山이다. 어린 시절에 집이 가난했으며, 여러 차례의 과거에서 20여 년을 계속 낙제하다가 건륭 24년이 되어서야 겨우 거인擧人에 합격하여 그로부터 2년 후 진사가 되었다.

건륭제가 세 번째 남순을 했을 때 손사의는 진사의 신분으로 조서를 받아 응시하여 가장 우수한 성적으로 내각 중서中書를 수여받았는데, 그 때 그의 나이는 벌써 마흔셋이었다. 건륭 34년, 손사의는 부항傅恒을 따라 운남으로 가서 미얀마 전쟁에 참가했다. 그때 그가 쓴 상주문의 초고가 매우 출중해서 북경으로 돌아온 후 건륭제는 그를 호부낭중으로 승진시켰다. 같은 해 그는 다시 향시를 주관하러 호남으로 파견되었다가 귀주 학정學政을 수여받았다.

건륭 40년, 건륭제는 이미 몇 차례 승진을 거듭한 손사의에게 다시 운남 포정사의 직위를 내리고 4년 뒤에는 다시 운남 순무로 승임시켰다. 그때 마침 운귀 총독 이시요가 비리 혐의를 입었는데, 손사의가 이를 미리 고발하지 않았다하여 관직을 박탈당하고 이리 군대로 끌려갔다.

그러나 오래 지나지 않아 건륭제는 다시 그를 불러들였다. 가장 큰 이유는 역시 그의 문학적 재능이 출중했기 때문이었다. 건륭제는 그에게 『사고전서四庫全書』의 편찬을 주관하는 3명의 총찬總纂 중 하나를 담당하도록 하고 이와 동시에 그에게 한림원 편수編修도 수여했다.

건륭 47년, 『사고전서』가 완성되자 건륭제는 다시 손사의를 산동포정사로 명했다. 그리고 그 이듬해에는 광서 순무로 승직시키고, 건륭 49년에는 다시 광동 순무로 전임시켰다. 건륭 51년에 양광총독 부륵택富勒澤이 공금 횡령으로 기소되자 건륭제는 손사의에게 총독을 대리하도록 명하는 한편 부륵택사건을 심리하도록 했다. 사건을 심리하는 과정에서 부륵택이 여러 차례 손사의를 비난하며 위협했지만 손사의는 원칙을 굽히지 않고 이를 상세히 보고했다. 건륭제는 이에 매우 흡족해 하며 즉시 그를 정식으로 양광 총독에 임명했다.

같은 해 대만에서 반란이 일어나자 손사의는 유지를 받들어 군사를 인솔해 대만으로 가 신속히 난을 진압했다. 이에 건륭제는 그를 태자태보로 임명했으며, 쌍안화령[20]雙眼花翎을 하사하고, 세습 3등 경차도위輕車都尉

에 봉했다.

이때 마침 베트남에서 내전이 일어났다. 레黎 왕조의 군벌 완악阮岳의 동생 완문혜阮文惠가 건륭 52년 수도 하노이를 점거하면서 레 왕조의 국왕 여유기黎維祁가 수도에서 도망쳐 나왔다. 그 다음해 여씨 일가는 중국 광서로 와서 청 조정에 보호를 요청했고 손사의와 광서 순무 손영청孫永淸은 이 일을 건륭제에게 보고했다. 베트남이 청조의 속국이 되고 나서 역대 여씨 국왕은 모두 청조의 책봉을 받아 왔다. 건륭제의 승낙 아래 손사의가 여유기를 보호하게 되어 여씨 일가는 광서 남녕南寧에 머물렀으며 한편 건륭제는 베트남으로 병사를 보내 여씨 왕위를 회복시켜 주기로 결정했다.

8월, 건륭제는 손사의에게 수천의 군대를 이동시켜 변방의 관문에 주둔하도록 명령하고, 광서 제독 허세형許世亨에게는 군사 수천 명을 거느리고 진남관鎭南關(지금의 우의관)에 모여 출발을 기다리도록 명했다. 10월에 건륭제는 손사의의 요청을 들어 그에게 허세형과 함께 양광의 1만 병사를 거느리고 진남관으로 가서 그 중 8천 병력으로 곧장 베트남의 동경東京 여성黎城(지금의 하노이)으로 돌격하고, 2천 병사는 베트남 양산諒山(진남관과 하노이 사이에 위치)에 주둔시켜 지원하도록 하는 한편 청군의 퇴각로를 확보하도록 했다. 또 운남 제독 오대경烏大經에게는 병사 8천을 이끌고 운남 개화청開化廳(지금의 문산文山)의 백마관白馬關(지금의 마관馬關)을 거쳐, 도주하賭呪河를 건너 베트남으로 들어가도록 명했다. 운귀총독 부강富綱은 도룡都龍(지금의 마관馬關 남쪽)에 주둔시켜 양초 운송을 관리, 감독하게 했다.

20. 화령은 청대의 황족이나 고관들에게 상으로 하사하여 관모 뒤에 꽂았던 공작의 깃털로 영정翎頂이라고도 함. 공작 깃털에 있는 '눈의 수'에 따라 황제가 내린 은총의 정도를 가늠할 수 있었음.

베트남은 땅이 매우 척박해 군량미 등의 공급이 제대로 이루어질 수 없어서 병사들의 식량이나 보급품을 모두 내지에서부터 운반해 와야 했으므로 운남과 광서 두 길에 모두 70여 곳의 역참이 세워졌다.

　10월 말이 되자 청군은 "멸망한 나라를 일으키고 끊어진 세상을 잇는다." 하는 구호를 내세우고 국경의 관문을 출발해 베트남을 정벌하기에 이르렀다. 손사의는 군사를 통솔해 진남관을 지나 양산에 이른 후 바로 길을 나누어 여성으로 진격했다. 총병總兵 상유승尚維升과 부장副將 경성慶成은 광서 병사를 이끌었고, 총병 장조룡張朝龍과 이화룡李化龍은 광동 병사를 이끌었다. 청군은 자신들의 대군이 수십만에 이른다고 소문을 냈다.

　완문혜의 군사는 동정을 살펴 후퇴하면서 수창壽昌 강江, 포구布毬 강, 부량富良 강 세 곳에 방어선을 쳐 청군의 남진을 막았다. 11월 13일에서 20일까지 청군은 만강漫江의 새벽안개를 이용해 뗏목을 타고 도하를 강행해, 정면에서는 양동 작전을 펼치고 실제로는 측면과 후방에서 강을 몰래 건너는 민첩한 전술을 펼쳐 연달아 완문혜 군사가 설치한 세 곳의 방어 시설을 격파하고는 곧장 여성에 이르렀다.

　완문혜의 군대가 이미 여성에서 2천여 리나 떨어진 곳까지 후퇴해 가자 승전보가 북경으로 전해졌고, 건륭제는 곧바로 손사의를 세습 일등모용공一等謀勇公으로 봉했다. 여유기가 피난처로부터 본국으로 돌아갔고 22일에는 손사의가 여유기를 베트남 국왕으로 책봉한다는 조서를 발표했다. 오대경이 이끈 운남의 청군 역시 이미 돌아오고 있었다.

　그러나 건륭제가 상을 내린 데는 약간 서두른 감이 없지 않았다. 완문혜가 비록 패하기는 했으나 그의 주력군 수만 명이 여전히 건재하고 있었다. 그는 앞으로는 사람을 보내 손사의에게 투항을 받아줄 것을 청했지만 뒤로는 청군의 내막을 정탐하면서 기습공격을 할 준비를 서두르고 있었다. 그러나 손사의는 공로를 세울 욕심에 적을 얕잡아 보고 연락도 지원도 받을 수 없는 여성에 군대를 둔 지 한 달이 넘도록 전혀 방어진을

쳐 경계하지 않았다.

54년 음력 설날 밤 청군이 명절을 즐겁게 보내며 해이해져 있던 바로 그때, 완문혜의 군사가 병력을 총동원하여 갑작스럽게 맹렬한 공격을 개시해 왔다. 청군은 일시에 크게 혼란스러워졌으며 베트남 국왕 여유기는 가족을 데리고 도망쳤다. 손사의가 급하게 군사를 돌려 부량강에서 돌아왔지만 함께 돌아온 군사는 절반에도 미치지 못했다. 제독 허세형과 총병 장조룡은 모두 전사했다. 여성 부근의 오대경은 포성이 하늘을 뒤흔드는 소리를 듣고 되돌아갔으며 다음 해 정월 초아흐렛날 선광宣光에서 철수해 관문으로 들어와 귀국했다.

건륭제는 이 보고를 접하고 유지를 내려 패배한 군사들을 위무해 주도록 명하면서 "베트남은 본래 먼 곳에 있는 작은 나라이자 장병21瘴病의 땅이며, 레 왕조는 이미 천명에 의해 용납되지 않으니 이 같은 하늘의 뜻을 따르는 것이 도리이다."하고 더 이상 레 왕조의 여유기를 보호하기 위해 싸우지 않을 것임을 천명했다. 그러고는 허세형을 삼등 장렬백壯烈伯으로 추서하고 손사의를 위로하며 말했다.

> 손사의는 비록 패전의 책임을 지는 것이 마땅할 것이나 다만 세작世爵과 양광 총독의 관직만을 없앨 것이며, 신임 총독 복강안福康安을 도와 전쟁의 불길을 잡게 한 뒤 그 후 북경으로 불러 별도로 새로운 직위를 내릴 것이다.

건륭 54년 초, 완문혜는 완광평阮光平으로 이름을 고치고는 청 조정에 죄를 너그러이 사해 줄 것을 청하면서 신하가 되어 공물을 바치겠다고

---

21. 습도가 높고 더운 땅에서 생기는 독기 때문에 나는 전염병. 장려瘴癘라고도 함.

했다. 청 조정에서 바로 승낙하자 이로써 전쟁은 종결되었다. 완문혜는 이에 매우 감격해 하면서 건륭 55년이 되자 직접 북경으로 가서 건륭제의 팔순에 경하를 올렸다.

원래 베트남의 국왕이었던 여유기는 청조의 3품 관직을 받아들이는 것에 동의했다. 그해 말, 여유기는 온 가족과 가속 1백여 명을 북경으로 데리고 와 그들을 한군漢軍 양황기鑲黃旗에 편입시키고 자신은 좌령佐領(청나라 팔기군의 편성 단위이자 그 장長을 일컬음)에 임명되었다. 베트남에서 온 그 밖의 난민들은 남경, 장가구長家口 그리고 이리와 기타 지역에 나누어 살게 되었다. 가경嘉慶 9년에 여유기가 세상을 떠나고 나서 그 시신은 다시 베트남으로 옮겨져 안장되었고, 곧 다른 베트남의 난민들도 자원해서 귀국할 수 있도록 허가받았다.

건륭제는 손사의를 총독 자리에서 물러나게 한 지 오래지 않아 다시 그를 병부상서로 명하고 군기처에서 일하도록 했다. 건륭 54년에는 그를 사천 총독 서리로 임명했다가 그 다음해에 정식으로 사천 총독 직위를 부여했다. 또 남경으로 전임시켜 양강 총독을 맡게 했다가 건륭 57년에는 다시 그를 이부상서와 협판대학사로 명하고 사천 총독으로 보냈다.

청 조정이 구르카에 맞서 군사를 쓸 때 건륭제는 손사의에게 전권을 내려 복강안의 관할 지역에서 군량과 마초를 감독하게 했으며, 전쟁 후에는 대학사로서 복강안과 화림을 도와 티베트의 사무를 담당하도록 했다. 건륭 56년에서 60년 사이에 건륭제는 그에게 한 차례 라싸에 주재하도록 명한 적도 있으며, 후에는 사천 성도成都에 주둔하게 하여 구르카군을 정벌하는 데 사용한 군비를 정리하도록 했다.

훗날 손사의는 다시 사천 총독을 맡았다. 손사의가 사천 동남부와 귀주 변경 지역에서의 전쟁으로 바쁠 때 귀주와 호남의 묘족, 그리고 사천과 호북의 백련교도들이 함께 무장 봉기를 일으켰다. 손사의는 군사를 이끌고 호북에서 의병을 크게 물리쳤고 가경 원년 5월에 삼등 남작男爵에 봉해졌다. 그리고 2개월 후 그는 사천 유양酉陽에서 죽음을 맞았다. 손사의는 유능하고 총명한 관리였으며 서예에도 조예가 깊었다. 그는 검소한 생활을 했으므로 같은 시기에 수많은 고관들이 뇌물을 받는 등 부패했지만 손사의는 결코 그들과 어울려 부정한 짓을 하지 않았다. 그는 죽은 뒤에 공작에 추서되었으며, 문청文淸의 시호를 받았다. 그의 장손은 3등백三等伯을 세습 받고 한군 정백기正白旗에 들어갔다.

인재를 등용할 때 한 가지 격식에 구애받지 않고 장점에 맞추어 인재를 쓰는 것, 이것이야말로 동서고금을 막론하고 성공하는 인재 선발의 도라고 할 수 있다. 장점에 맞추어 인재를 쓴다는 것은 곧 장점을 개발하고 단점은 피하며 뛰어난 부분을 잘 살려 스스로의 장점을 충분히 발휘할 수 있는 가장 적합한 자리에 앉히는 것을 말한다. 건륭제는 이런 점에서 깨어 있는 두뇌를 가지고 있었다.

복강안의 자는 요림瑤林으로, 만주 양황기鑲黃旗 출신이었다. 만주족 부찰富察씨로 대학사 부항의 아들이었으며 효현황후의 조카이기도 했다. 복강안은 여러 분야에서 두각을 나타내서 늘 건륭제에 의해 중용되었다.

건륭 32년, 복강안은 만주 진황기 부도통으로 전임해 가서 사천 반란을 평정하도록 명을 받았다. 다음 해 복강안은 군영에 도착한 뒤 아계阿桂로부터 영대대신領隊大臣의 직위를 수여받았으며, 이로부터 얼마 지나지 않아 전쟁에서 용맹하게 싸우고 군사를 능숙하게 부리면서 이름을 알렸다.

건륭 41년 금천 평정 후, 건륭제는 그를 3등 가용공嘉勇公에 봉하고 호부좌시랑戶部左侍郎을 주면서 몽골 진백기鑲白旗로 보내 도통에 임명하였으며, 그 밖에 금천 평정에서 공을 세운 장수들의 초상화를 중남해中南海의 자광각紫光閣에 걸어둘 때 그의 초상화도 함께 걸도록 했다.

건륭 42년에서 45년에 이르기까지 복강안은 길림 장군과 성경盛京 장군을 연이어 맡았다. 건륭 45년 이후로 그는 또 계속해서 운귀 총독, 사천 총독, 섬감陝甘(섬서성陝西省과 감숙성甘肅省) 총독, 민절 총독과 양광 총독을 맡았다. 그의 탐욕과 방종은 화신和珅에 버금갔다. 그는 양광 총독의 자리에 가장 오래 머물러 있었는데 당시 광주廣州의 대외무역이 번창하면서 깨끗하지 못한 재물을 많이 모았다. 당시의 기록들은 그를 완곡하게 비판하는 내용이 대부분이었다.

그러나 장수로서는 복강안이 청군에서 가장 재능 있는 통솔자 중의 하나였음은 의심할 여지가 없는 사실이다. 청조 편년사編年史를 살펴보면 그의 뛰어난 군사 업적에 대해 높은 평가를 내리고 있다. 금천 평정 후 복강안에게 처음으로 내려진 중요한 사명은 건륭 49년, 아계와 함께 감숙성으로 가서 마명심馬明心의 주도 하에 회족 빈민들이 일으킨 봉기를 진압하는 것이었다. 몇 달 동안의 힘든 전투를 겪고 나서 봉기는 평정되었고, 복강안은 후작侯爵으로 봉해졌다.

건륭 51년, 황제는 다시 그에게 해란찰海蘭察과 함께 군을 거느려 대만의 반란을 진압할 것을 명했다. 그해 말, 그는 군사를 거느리고 복건에서 출발해서 바다를 건너 의병에 포위된 청군을 구출했고 몇 달간 계속된 전투 끝에 봉기를 평정했다. 건륭제는 논공행상을 통해 복강안을 다시 일등 가용후嘉勇侯에 봉했다.

건륭 56년, 히말라야 산맥에 있는 네팔 왕국의 구르카 군대가 티베트에 침입해 각지에 퍼져 있는 라마 사원의 보물을 빼앗았는데 티베트 지방군이나 청군의 저항을 거의 받지 않았기 때문에 아무 거리낌 없이 마음대로 약탈해 갈 수 있었다.

건륭제는 이 소식을 듣고 매우 진노하여 복강안에게 참찬대신 해란찰과 함께 군사를 거느리고 침입자에 대한 반격을 개시하도록 명했다. 건륭 57년, 티베트에 도착한 청군은 천하를 뒤흔든 전쟁에서 연이어 승전고를 울리면서 호전적인 구르카인을 크게 물리쳤고, 끝내 그들을 히말라야 산맥 남쪽 기슭까지 몰아냈다. 그들의 수도까지 쫓아가서는 네팔에서 강제로 화의를 맺어 구르카인들이 5년마다 북경으로 공물을 바치게 했는데, 이후 1908년까지 계속되었다.

　이에 대한 공으로 복강안은 대학사로 임명되면서 일등경차도위 세직에 봉해져 그 아들이 세습할 수 있게 되었다. 또 건륭제는 그에게 작위를 내리면서 복강안이 만약 네팔을 완전히 정복한다면 그를 왕으로 봉할 것이라 공언했다. 훗날 복강안은 비록 이를 이루지 못하고 죽었지만 58년에 건륭제는 그를 충예공忠銳公으로 봉했다.

안이 편해야 밖을 다스릴 수 있다
安內才能治外

　건륭제가 황위를 계승했지만 전대 왕조에 적용되었던 낡은 법령들이 옹정제가 죽었다고 해서 바로 없어지는 것은 아니었으므로, 물려받은 많은 문제들을 해결하는 과제가 바로 초미의 관심사로 등장했다.
　옹정제가 평생 동안 가장 다른 사람들로부터 이해받지 못하고 사람들의 질책을 받은 부분은 바로 종실과 형제에 대한 처리였다. 건륭제는 부친의 재능, 기백 그리고 수완을 진심으로 존경하면서도 부친의 시기심이나 잔혹함에 대해 불만도 품고 있었다. 이해관계를 따른다면 그는 당연히 자기 부친의 편에 서야 했으나 도의적으로나 이성적으로 볼 때는 그를 인정하기가 힘들었다. 즉위 전 황태자의 신분으로는 공개적으로 이러한 불만을 드러낼 수도 감히 드러낼 엄두조차 내지 못했다.
　그러나 즉위 후에는, "엄격함을 피하고 관대함을 따른다."라고 하면서 전대 왕조가 남긴 드러나지 않은 정치적 폐해를 바로잡는 것을 자신의 소임으로 삼았다. 그때는 이미 황위 분쟁도 세월이 흘러 상황이 많이 바뀌었으며, 강력한 반대 세력도 이미 대부분 제거되고 없었다. 때문에 건륭제는 옹정 시기를 가장 잘 대표하던 중대 사안들을 아무 거침없이 처리할 수 있었고, 이를 통해 자신의 인자하고 너그러운 이미지를 세우면서 정치적으로도 새로운 양상을 전개하여 대세의 전환을 시도했다.

옹정제는 윤사允祀를 비롯한 자신의 형제들을 야만스럽고 잔혹하게 처치했다. 그들을 함부로 모욕하며 작위를 빼앗고 감금한 것뿐만 아니라 심지어 음모를 꾸며 살해하기도 했으므로 사람들은 이를 '명주冥誅'라고 불렀다. 또 종적宗籍에서 폐출시키고 이름까지 고쳐 그들을 '아기나阿其那(개)'나 '색사흑塞思黑(돼지)'이라고 불렀다. 당당한 대청조의 지고무상한 황제로서 혈육의 정은 조금도 생각하지 않고 부황이 내린 이름을 내치고 비천한 이름을 내린 것은 이전에는 결코 들어 볼 수도 없는 일이었다.

한 어머니에게서 태어난 형제인 윤제에 대해서도 옹정제는 쉽게 용서하지 않았다. 윤제는 일찍이 군사를 이끌어 티베트에 있던 중가르의 군대를 몰아냈으며 달라이라마 6세를 독려해 군사를 남겨 주둔시킴으로써, 청조 중앙정부의 티베트 지역에 대한 통치를 강화하는 등 뛰어난 공훈을 세웠다. 이에 강희제도 이미 특별히 『어제평정서장비문御制平定西藏碑文』을 써서 표창을 내린 바 있다. 그러나 옹정제는 그 공은 말하지 않고 반대로 이를 과실로 여겨 그가 공금을 낭비하고 군기에 악영향을 끼쳤다는 등의 이유를 들어 지탄했다. 그는 윤제를 무겁게 처벌하고자 했으나 그 모친인 효인황후孝仁皇后가 단호하게 반대하고 나서자 참살은 면하게 해 주었지만 그 대신에 작위를 폐하고 그 아들과 함께 구금했다.

옹정제는 그의 맏형과 둘째 형도 감금하여 그들을 감옥에서 죽게 만들었다. 또 셋째 형과 열째 동생도 죽을 때까지 감옥에 가두었다. 다섯째 동생의 아들 홍승弘升과, 일곱째 동생의 아들 홍서弘曙에게서는 세습 작위를 박탈했다. 이어서 옹정제 자신의 친생자인 홍시弘時마저도 어린 나이에 종실의 지위를 박탈했다. 종실 사람들 가운데 그에게 복종하지 않았다는 이유로 사형 또는 구금을 당하거나 작위와 종적을 박탈당한 사람, 그리고 가산을 압수당하거나 유배를 간 사람들의 숫자를 일일이 셀 수가 없었다. 옹정제가 종친들을 가혹하게 처벌하자 조정 안팎으로 매우 강한 반응이 일어났다. 우선 본인의 정치적 명성에 미친 영향이 가장 커서 그에게는 '어머니를 핍박하고 동생을 학살한' 죄가 씌어졌다. 이런 상황에서 건륭제는 새롭게 사건을 심리하여 황실의 내부 갈등을 풀었다.

청 왕조가 이어오는 동안 황제와 황실 구성원, 황제와 만한 대신, 황제와 팔기 장군, 황제와 지방 관리 그리고 황제와 문인 사이에는 여러 가지 갈등이 쌓여 왔다. 그 중에서도 특히 황제와 황실 구성원 사이의 갈등이 가장 부각되었기 때문에 만약 이 문제가 해결된다면 다른 문제는 비교적 쉽게 해결될 것이었다.

그래서 즉위한 지 한 달도 안 되서 건륭제는 종친들을 힐책하면서 "치국의 도는 종친 간의 화목에 있으므로 잘못된 풍속을 바로잡는 것을 급선무로 한다." 하고 말했다. 그리고 또 과거 불초한 한두 무리가 서로 배척하며 풍속을 망쳤다고 지적하면서 다음과 같이 꾸짖었다.

"홍춘弘春은 그 아버지가 죄를 지어 감금을 당했으나 도리어 기쁨으로 여겼으며, 홍경弘景 역시 그 형이 감금당한 것을 즐거움으로 삼았다."

이어서 그는 종실 안에 확실히 불효하고 우애하지 않는 이가 있었다고 지탄하면서 또 한편으로 옹정제가 부지런히 타이른 것에 대해서 어떤 이는 은덕에 감격해 하였으나 어떤 이는 자신을 각박하게 여겼다하여 불만을 품기도 했다는 사실을 반복해서 말했다. 그러고 나서 말머리를 돌려 자신은 선제의 마음을 헤아리고 있으며, 종실의 적습을 바로잡아 모든 이를 감화시켜 스스로 갱생하고 선행을 일삼도록 격려하고자 한다는 뜻을 밝혔다.

사실 이 말은 건륭제가 감금되었던 종친들을 풀어 주기 위해 여론을 만들고자 한 것이었다. 그러나 윤사 사건은 옹정제가 직접 처리한 일인데다 죽은 지도 이미 여러 해가 지나 그에 대한 평가가 내려진 뒤였으므로, 감히 아무도 나서서 결정된 사안을 뒤집고자 하지 않았다. 건륭제는 이 사건을 언급하는 사람이 아무도 없자 부득이 친히 유지를 내렸다.

> 윤사가 비록 죄를 지어 죽었으나 그의 자손은 여전히 황족이면서도 종실에서 제외된 것은 그들에 대한 처벌이 과중한 것이다. 당초 이 일이 초래된 것은 대신들이 여러 차례 무리하게 청하여 일어난 것으로 사실 선제의 뜻이 아니었다. 그러니 이 일을 어떻게 처리하는 것이 좋을지 조정의 만한대신들은 각자 의견을 내어 제안을 확정한 후 상주를 올리라.

　건륭제의 의도는 분명했지만 조정의 문무 대신들에게 문제를 제기한 동시에 자신에게도 묻고 있었다. '간담을 서늘하게 했던 그때의 골육상잔은 이미 사라지고 세월이 흘러 상황이 바뀌었으니 이제 다시 냉정하게 판단하여 인정에 맞도록 다시 처리할 수 있지 않겠는가?' 그가 관리들에게 각자 자신의 의견을 진술하도록 요구한 것은 모두에게 과거의 정론을 뒤집을 마음의 준비를 하도록 요구한 것이었다. 구경九卿들은 처음에는 황대黃帶를 주어야 한다고 제의했다가 또 홍대紅帶를 주어야 한다고 주장하는 등 상의할 때마다 의견이 달라져 확실한 마음의 결정을 내리지 못하고 있었다. 이런 상황을 본 건륭제는 다시 직접 말하지 않을 수 없었다.

> 아기나와 색사흑의 자손들에게 홍대를 내리고 다시 옥첩玉牒에 포함시키되 그들을 어느 기旗에 배치할 것인지 그리고 먹고 살 방도는 어떻게 마련해 줄 것인지를 종인부에서 따로 결정하여 상주를 올리라.

건륭제는 중대한 결정을 내릴 때마다 늘 여론에 신경을 쓰면서도 논리적인 근거를 찾아 제시하는 모습을 보였다. 이번 일은 분명 그 부친 옹정제의 뜻에는 어긋나는 것이었으므로 그는 조부 강희제를 앞세웠다.

> 강희 54년 증정增訂한 옥첩을 살피시며 성조 인황제께서는 이전에 파면당한 종실 망고이태莽古爾泰, 덕극뢰德克賴, 아제락阿濟洛 등의 자손들에게 은혜를 내려 홍대를 내리시고 옥첩에 포함시키셨다.

조부 때에 이미 선례가 있었으니 선조를 따르는 것은 당연히 공정하고 합리적인 일이어서 전혀 트집잡힐 일이 없었다. 이른바 윤사 집단의 구성원이라 불리던 연신延信과 소노蘇努에 대해서도 건륭제는 관대한 태도를 취했다.

연신은 옹정제의 백조부였던 숙친왕肅親王 호격豪格의 손자였으며, 온량군왕溫良郡王 맹아猛峨의 셋째 아들이었다. 처음에는 봉국장군奉國將軍으로 봉해졌다가 후에 도통과 평역장군平逆將軍, 섭무원대장군攝撫遠大將軍 등을 역임했다. 그는 군사를 이끌어 티베트에 들어가 중가르 병사를 몰아내고 큰 공을 세우자, 강희제가 그 공을 높이 사서 조서를 내린 바 있었다.

"평역장군 연신은 만주, 몽골, 녹기의 각 군을 이끌고 자고이래로 가보지 않은 길을 걸었다. 장기瘴氣로 가득 찬 안개 자욱한 계곡을 지나 인적도 드문 머나먼 땅까지 이르렀으니 그 용기가 찬사를 받을 만하다." 이렇게 말하며 그를 보국공輔國公에 봉했다. 이렇게 국가를 위해 공을 세웠으며 증조부가 같은 형제에게마저 옹정제는 20가지의 죄상을 내세워 관직과 작위를 빼앗고 구금했으며 나중에는 다시 종적까지 박탈했다.

소노의 고조부는 청 태조 누르하치, 증조부는 광략패륵廣略貝勒 저영褚英이었다. 소노는 처음 진국공鎭國公의 작위를 세습했다가 나중에 패륵까지 올라가기도 했으나 윤사를 따랐다 하여 다시 작위를 빼앗기고 종실에서 쫓겨났다. 연신과 소노의 자손들도 연좌되어 종적을 박탈당했다. 건륭제는 그들 자손의 종적 회복에 대한 유지를 반포하고 홍대를 내려 주면서 옥첩에 포함시키도록 했다.

아령아阿靈阿와 그의 아들 아이송아阿爾松阿는 강희 연간에 윤사가 황태자에 올라야 한다며 윤사를 지지했다. 옹정제는 즉위 후 그들을 공격하고 보복을 감행해 아이송아의 관직을 박탈하고 봉천奉天으로 보내 무덤 지키는 일을 시켰다. 아령아는 이런 일이 있기 전에 이미 죽었으므로 대신 그의 비문을 고쳐 '불경하고 난폭하며 탐욕스럽고 용렬한 아령아의 묘'라고 써 넣고 그 뒤에 다시 구실을 들어 아이송아도 사형에 처했다.

윤사의 또 다른 지지자였던 규서揆叙에 대해서도 관직과 시호를 빼앗고, 그의 비문을 '불충불효하고 음험하고 아첨을 일삼던 규서의 묘'라고 고쳤다. 신하들에 대한 이런 식의 처벌은 그야말로 비열하고 저속한 것이었으며 옹정제 자신의 인품에 오히려 더 나쁜 영향을 끼쳤다.

건륭제는 즉위 후 바로 아령아 부자의 명예를 회복시켜 주고 무덤 앞에 세운 비석들에도 "그 가족이 일을 잘못한 탓이므로 이 비석은 모두 세워 둘 필요가 없다." 하고 썼다. 규서 무덤의 묘비 또한 마찬가지였다. 마지막으로 건륭제는 죽은 셋째 형 홍시의 억울한 누명을 벗겨 명예를 회복시켜 주면서 그의 황자 신분을 인정하고 옥첩에 올려 주었다.

건륭제의 이러한 일련의 조치들은 분명 옹정제의 잔혹한 시정을 바로잡는 것이었다. 그럼에도 그는 여전히 이러한 조치들이 옹정제가 생전에 미처 뜻을 이루지 못한 일들이며, 자신은 다만 부황의 염원에 따라 아버지를 대신해 도리를 행할 뿐이라고 했다. 건륭제는 되도록 조심스럽게 옹정제의 위신을 지키려고 애를 썼다.

건륭제가 은혜를 베푸는 것이 결코 옹정세가 바라던 바는 아니었음에도 그가 매번 옹정제의 뜻이라고 말한 것은 다만 자신의 관인신정寬仁新政을 추진하는 명분을 만들고, 반대파들이 주장하는 '선조의 제도에 위배

된다.' 하는 죄명에서 벗어나기 위한 것에 불과했다. 여기에 건륭제가 이 사건을 해결하기 위해 심혈을 기울인 흔적이 엿보인다. 이렇게 해서 건륭제는 관대 정책을 통해 강희 말년 이래 지속되어 온 황실 내부의 대립과 분쟁을 종결시켰으며, 옹정 시기의 골육상잔으로 남겨진 가장 큰 난제를 기본적으로 해결했다.

또 이와 함께 건륭제는 신하들이 혈육의 정은 생각하지 않고 다만 정의로운 척하기 위해 자신의 일가에 대한 사소한 잘못까지 부풀려 보고하는 행위를 금지시키기도 했다.

> 짐이 탄핵을 주장한 상주문들을 보고 자신의 일가와 친척을 관리하면서 고의로 가혹한 처벌을 요구하며 탄핵해서는 안 되는 일까지도 아룀으로써, 자신이 공평하게 법을 지키고 사사로운 인연에 얽매이지 않는다는 평판을 얻으려는 뜻밖에 간사한 자들이 있음을 알게 되었다. 만일 친족간에 본래부터 화목했다면 그들 또한 공정한 마음으로 조금의 사심도 갖지 않았을 것이니, 친척들 중에 정말로 법을 어긴 자가 있어 사사로운 덕이나 은혜를 베풀지 않고 탄핵한다면 물론 표창할 만할 것이다. 그러나 이들 상주의 내용을 듣자니 사심이 많이 드러나고, 친족끼리 있었던 오랜 원한 때문에 트집을 잡아 보복하려 한 것도 없지 않았다. 이는 공평하지 못할 뿐 아니라 도리에도 어긋나거늘, 거기에 공정이라는 이름까지 덧붙이려 하니 그 저의의 음흉함을 더욱 묻지 않을 수 없도다! 이러한 나쁜 습성은 한군漢軍이 더욱 심하다. 앞으로 이를 통렬히 뉘우치고 마음을 바로잡아야 할 것이나 만약 여전히 악습을 그대로 밟아 거짓 공公의 이름으로 사리를 위해 상주를 더럽힌다면, 반드시 그 죄를 다스려 국법의 공정함을 보이고 화목한 인척의 풍속을 두텁게 할 것이다.

이는 옹정제가 관리들에게 "자신만을 돌보면 그만일 뿐 형제나 친척까지 걱정할 필요는 없다." 하고 요구한 주장과는 극명한 대비를 이룬다. 황실 내부 관계가 정리되면서 건륭제는 외부 관리들의 행동에 대해서도 공명정대하고 엄정하게 처리할 수 있게 되었다.

건륭 33년, 한 염사鹽使가 부당하게 잇속을 채운 사건이 일어났는데 이 일로 황제의 친척이었던 고항高恒이 건륭제에 의해 주살을 당했다. 이 사건은 온 조정을 뒤흔들어 많은 신하들과 백성들에게 큰 충격을 주었다. 관리들에게 따끔한 맛을 보이고 사회 기풍을 바로잡는 데도 힘을 발휘하여 민심을 크게 얻을 수 있었다.

그런데 뜻밖에도 10년이 지난 건륭 43년, 고항의 아들 고박高朴이 다시 대죄를 저질렀다. 10년 전 건륭제는 비록 고항은 참살했지만 친족의 정을 생각해 그 가족은 연좌시키지 않았었다. 그러나 지금 그 아들이 또다시 큰 잘못을 저질렀으니, 건륭제는 이 일을 어떻게 처리해야 할지 고심에 빠지게 되었다.

고박은 아버지가 고항이었을 뿐 아니라 그의 고모는 혜현慧賢황귀비였으며, 그의 할아버지는 치수에 능했던 대신 고빈高斌이었다. 또한 그 숙부 고진高晉은 대학사에 오래 머물렀던 인물로 그 역시 건륭 시기의 치수 공신이었다. 애초에 건륭제가 고항을 참살할 때 혜현황귀비와의 친분과 고빈이 세운 치수 업적을 생각해서 그 아들 고박은 연좌시키지 않았고 오히려 더욱 은혜를 베풀어 주었다. 건륭제는 일찍이 "고박은 나이는 어리나 힘써 분발하므로 은혜를 내려 발탁하였으니 다른 이와 견줄 수 없다." 하고 말한 바 있다. 황제의 특별한 보살핌 속에서 고박은 빠르게 조정의 3품 대신에 올랐으며, 얼마 지나지 않아 병부우시랑의 자리에까지 올라 종2품 대신이 되었다.

건륭 41년 건륭제는 고박을 야르칸드 회족 지역의 판사대신辦事大臣으로 파견했는데, 사건의 발단은 바로 여기에 있었다. 고박이 야르칸드에 주재한 지 2년이 되었을 때 건륭제는 우스의 판사대신이었던 영귀永貴의 상주문을 받았는데 거기에는 고박을 탄핵하는 내용이 담겨 있었다. 영귀는 상주문에 다음과 같이 써 올렸다.

> 아기목阿寄木 백극 색제파이제色提巴爾第 공작이 고박을 고발한 내용에 따르면, 고박은 야르칸드에서 사사로이 옥을 캐어 상인들과 결탁해 내지에다 팔아 그로부터 폭리를 취하고자 했습니다. 그리하여 신이 이미 직접 야르칸드로 가서 고박의 영정翎頂을 뽑고 사건에 관련된 이들을 심문하였습니다.

상주문을 읽자 건륭제는 곧바로 영귀에게 그의 공평무사함에 찬사를 보내고 고박을 엄하게 힐책하면서, 혜현황귀비의 조카이자 고빈의 손자 된 몸이라 일찍이 은혜를 내려 등용하였는데 이렇게 탐욕을 부리고 경거망동했으니 반드시 진상을 낱낱이 밝혀 국법대로 처리할 것이라 말했다.

영귀가 상주문에서 말한 상황은 복잡한 소수 민족 문제와 연관되어 있어서 예사로 보아 넘길 일이 아니었다. 그래서 건륭제는 이번 일을 특별히 중요하게 생각하고 있었다. 색제파이제가 고발한 대로 고박이 사적으로 회족 백성들을 부려 옥을 채취하도록 한 일은 안정되어 있던 회강回疆 각부 소수 민족의 상황을 극도로 위협하고 회족들이 건륭제의 회유정책에 반발을 일으켜 자칫 민족 문제로 번질 가능성도 충분히 있었다.

또 다른 측면에서 보면 이 고발 사건으로 인해 여파가 미칠 관리들이 얼마나 될지 알 수 없었다. 그곳에서 채굴한 옥을 변경의 야르칸드에서부터 내지에까지 옮겨와 팔자면 그 먼 길에 몇 개의 성을 거쳤어야 하는데 그 지역에 있는 수많은 관리들은 어떻게 아무도 모를 수 있었겠는가? 알았다면 보고하지 않은 이유는 무엇인가? 이 두 가지만 놓고 보아도 그 죄는 용서받을 수 없는 것이었고 이렇게 되면 영향을 받을 관리들이 결코 적은 수가 아닐 것이었다.

　황제로서 작은 일은 대충 넘길 수도 있겠지만 이 사건처럼 큰일은 그럴 수가 없었다. 건륭제는 이와 관련된 크고 작은 문제점들을 일일이 파악한 뒤 이 사건의 중요성과 고박의 과실로 빚어질 막대한 위협에 대해 정확히 인식하게 되었다. 그래서 모든 방해 요소를 배제하고 엄정하게 조사하여 법에 따라 무거운 벌을 내리기로 결정했다. 그는 43년 9월 16일에서 20일까지 나흘 동안에 무려 10번의 조서를 계속해 내리면서 이 사건을 직접 감독했다.

　조서를 통해 건륭제는 먼저 영귀를 표창한 뒤, 고박을 비롯해서 그를 방조했던 야르칸드의 백극까지도 엄밀히 조사하도록 명령했다. 영귀는 건륭제의 지시대로 고박을 심문하면서 고박이 "회족 민중의 고통을 가중시킨 것이 어제오늘의 일이 아니므로 이를 호되게 다스리지 않으면 필시 회족들이 안심하고 살지 못하고 분열되는 상황에 이르게 될 것이다." 하고 말했다. 건륭제는 민족의 단결과 국가의 안정을 유지시키는 입장에서 살펴볼 때 고박의 죄가 큰 것은 단지 탐욕을 품고 불법을 저질렀기 때문이 아니라 더욱 중요한 것은 회민을 힘들게 한 데 있으며, 이것이 바로 이 사건의 관건임을 깨달았다.

　사실 황제가 파견한 판사대신으로서 그는 마땅히 회부回部를 보살피고 회민을 구휼해야 했으나, 고박은 도리어 회족 3천여 명을 사사로이 동원해서 열악하고 산세도 험준한 벼랑 끝에서 옥을 채굴하도록 부려먹고도, 얼마나 많은 회민들이 낭떠러지 밑으로 떨어져 죽었는지 알지도 못했다. 야르칸드 회민의 원성이 높아지면 곧 회부의 반란이 일어나 돌이킬 수 없는 상황으로 번질 가능성이 매우 높았다. 건륭제는 이 점을 깊이 깨닫고 있었으므로 과감한 결정을 내려 고박과 그 무리의 목을 베기로 결정을 내렸다.

　고박은 황제의 중신으로서 중용되었음은 물론 황제의 신뢰와 총애를 함께 받아왔다. 더구나 황실의 친척이기도 했으니 마땅히 자기 자신을 엄격히 다스리면서 아버지의 일을 교훈으로 삼았어야 했으나, 그 아버지의 뒤를 따라 부자간에 10년을 사이에 두고 모두 참살을 당했으니 이런 일은 역사적으로도 매우 드문 사례였다.

법률과 기강을 바로 세우고 나아가 반부정, 반부패의 결심을 드러내 보이기 위해 건륭제는 고박을 죽인 후에도 고삐를 늦추지 않고 그의 모든 재산을 조사한 결과 그가 사람들을 놀라게 할 만큼 탐욕에 빠져 있었음을 밝혀냈다. 고박은 그동안 관계와 정계에서 맺은 관계를 이용하여 그 옥을 가인을 시켜 장거리를 운반했는데, 그 옥의 가격은 무려 백은白銀 1백만 냥 어치가 넘었다. 또 이 과정에 개입된 고위 관리들도 매우 많았으므로 건륭제는 그들을 구체적인 죄상에 따라 모두 처벌했다.

고박 사건이 마무리된 뒤 건륭제는 다시 여러 신하들에게 "만일 이후에 다시 함부로 신강 지역의 회족 민중을 못살게 굴어 회민들의 원망을 사는 문제가 빚어질 경우 반드시 그 죄를 무겁게 다스릴 것이며, 고박이 바로 그 본보기가 될 것이다." 하고 경고했다.

건륭제는 사려 깊고 멀리 내다볼 줄 아는 황제임에 틀림없었다. 그는 이 사건을 다른 관리들을 처벌하는 구실로 이용했을 뿐 아니라 회강 지역을 다스리는 방침에도 교묘히 결합시킴으로써 신강 지역 회족들이 그의 통치에 고개 숙여 복종하고 오래도록 태평을 유지할 수 있도록 했다.

이번 일은 건륭제가 사사로운 정에 얽매이지 않고 일을 처리하는 데 높고 멀리 내다보는 명군의 기개를 지니고 있음을 충분히 보여 준 예라고 할 수 있다. 건륭제는 부패 관리들을 처벌하면서 동시에 그들을 고발한 양심적인 신하들에 대한 보상도 잊지 않았다. 이것은 또 상벌을 분명히 했던 그의 군왕으로서의 수완을 드러내 준다.

패하지 않을 수는 없지만, 항상 패해서는 안 된다
不能不敗, 但不能常敗

서혁덕舒赫德은 건륭제가 등용한 유능한 장수 중 하나였다. 건륭제는 그를 통해 군사 분야에 있어 무장을 임용하는 흑백의 도를 잘 구현했다. 서혁덕은 강희 50년에 태어났으며 자는 백용伯容이요, 호는 명정明亭이다. 길림 혼춘琿春사람으로 만주 정백기에 속했다.

서혁덕은 생애의 전반기를 북경에서 평온하게 보냈다. 그는 필첩식筆帖式(문서 정리 및 번역 담당 관리) 수재秀才에서부터 내각과 군기처 중서中書에 올랐고, 그 뒤로 계속해서 도찰원 좌부도어사와 병부좌시랑, 호부우시랑 등의 자리에 올랐다. 이후에도 각지를 돌며 오랫동안 군영에서 생활을 했다.

건륭 14년, 39세의 서혁덕은 공부상서가 된 지 몇 달이 지나지 않아 곧 부항을 따라 사천에서 일어난 대소 금천의 난을 평정하도록 명을 받았다.

같은 해에 다시 명을 받아 운남과 호광, 하남을 두루 돌며 군영을 순시하도록 보내졌다. 건륭 16년에 건륭제는 두 차례에 걸쳐 서혁덕을 절강으로 파견했는데, 한번은 수해 방지 작업을 시찰하기 위해서였고 또 한번은 어느 무장이 뇌물을 받은 사건을 심리하기 위해서였다. 그리고 다시 북로 군영을 순시하도록 명했다. 서혁덕이 북경으로 돌아오자마자 건륭제는 다시 그를 강남으로 보내 치수를 관리하도록 했다. 그 후 또 그를 북몽골 지역 오르도스의 군영에 주둔시켜 오량해烏梁海에 군대를 파병하는 방안을 계획하도록 하기도 했다. 그러나 이때 오량해 전쟁에서 서혁덕이 겁을 먹고 유지를 제대로 따르지 않아 파직을 당할 뻔하기도 했다.

건륭 19년에 서혁덕은 청에 항복해 온 아무르사나의 가족들을 제대로 처리하지 못해 오이라트인들을 회유하려던 황제의 뜻을 거스름으로써 결국 관직에서 박탈당하는 처벌을 받았다.

건륭 22년, 인재를 아깝게 여긴 건륭제는 다시 서혁덕을 병부상서의 직위를 회복시켜 주었으나 다시 한 달이 채 안 되어 우시랑으로 강직시켰다. 그러다 다음 해에는 정책 결정 과정에서의 과실과 직무를 소홀히 한 죄로 서혁덕에게 내려진 모든 직무와 은상恩賞들이 전부 거둬들여졌다. 건륭제는 원래 신하들의 의견을 듣고 서혁덕을 군영에서 사형시키려고 했다가 총애했던 장수로서 역시 그의 재능을 아까워했으므로 특별히 사면을 내렸다.

이로부터 또 얼마 지나지 않아 건륭제는 다시 서혁덕을 등용하면서 공을 세워 속죄할 것을 요구했다. 신강의 호쟈[22]和卓 형제가 카쉬가르에 독

---

22. 20세기 초까지 위구르인들 사이에는 '호쟈'라 불리던 특수 집단이 있었다. 호쟈는 이슬람의 종교 귀족을 뜻하는데 이들은 예언자 무하마드의 후손으로 특수한 능력을 지녀 갖가지 기적을 행할 수 있다고 믿었기 때문에 이슬람을 신봉하던 많은 위구르인들에게 숭배와 존경의 대상이었다. 그중 호쟈형제로 불리던 이들이 독립적인 정권을 세우기 위해 반청혁명을 꾀하다가 1759년 청군에 의해 진압당했음.

자적인 정권을 세울 것을 도모하고 있었는데, 이때 조혜兆惠가 군사를 이끌고 그들을 토벌하러 갔다가 야르칸드 부근에서 3개월 동안 포위를 당하고 말았다. 건륭제는 급히 부덕富德을 보내 조혜를 구하도록 하는 한편 서혁덕을 참찬으로 명했다. 서혁덕이 여기서 빼어난 전술을 펼치게 되자 다시 이부시랑의 직위를 수여받고, 얼마 후 공부상서의 자리에 올랐다.

건륭 24년 말 부덕과 아계, 서혁덕과 다른 장수들이 함께 조혜를 위기로부터 구출해 내자 그 공로로 건륭제는 서혁덕에게 운기위세직雲騎尉世職을 수여했다. 건륭제가 전쟁이 끝난 뒤에도 그를 북경으로 불러들이지 않은 것은 단지 그 지역의 정세를 안정시키기 위해서였다. 서혁덕이 상주를 올려 남강南疆 각 도시의 경제와 정치를 재정비해야 한다고 주청을 하자 건륭제가 일리가 있다고 판단하여 그를 아커쑤로 보내 그곳에 2년 간 머무르게 했다.

몇 년 후 서혁덕이 유지를 받들어 북경으로 돌아오자 건륭제는 그에게 형부상서의 직위를 내렸다. 건륭 29년에는 다시 그를 구일수裘日修와 함께 하문廈門으로 파견해 총독 양정장楊廷璋이 통상通商을 관리하던 관원으로부터 뇌물을 받은 사건을 심리하도록 했다. 건륭 32년에는 그를 호남과 호북으로 다시 보내 소송 사건들을 처리하도록 했다.

건륭 31년, 건륭제는 이미 한 차례 서혁덕을 섬감 총독 서리로 임명했다가 곧 다시 불러들여 형부상서의 직위를 주었다. 건륭 33년이 되자 이번에는 그에게 변경의 군사 업무를 담당시켰다. 그 무렵 명서明瑞가 거느린 청군이 미얀마에서 크게 패하자, 건륭제는 치욕을 씻기 위해 서둘러 부항에게 미얀마로 원정을 갈 것을 명하면서 서혁덕을 참선대신參選大臣으로 임명했다. 그러나 미얀마인에 대해 감정을 자제할 필요가 있다고 선의한 것이 화근을 불러일으켰다.

건륭제는 서혁덕이 책략을 제대로 세우지 못한다고 꾸짖고는 세 번째로 그를 면직시키고 운기위세직도 박탈한 후, 먼 국경 지방으로 보내 남강의 우스 참찬대신으로 임명했다. 그러나 머지않아 서혁덕은 또 한 번 속죄하여 충성할 수 있는 기회를 얻게 되었다.

일찍이 명 만력萬曆 40년 무렵에 멀리 러시아 볼가강 하류까지 옮겨 갔던 토르구트부는 그 수령인 우바시의 인솔 아래 이리伊犁로 돌아와 정착하고자 했다. 건륭 35년 12월, 3만 3천 가구에 약 16만 9천 명이라는 숫자의 토르구트인들이 쏟아져 나와 재산을 모두 우마차에 싣고 길고 긴 행렬을 이어 동쪽으로 이동했다. 이동하는 도중에 끊임없이 제정 러시아 군대의 추격과 코사크인들의 습격 그리고 하사크인들의 약탈을 당했다. 다음 해 6월 말 이리 지역의 경계에 이르렀을 때는 절반 이상이 이미 도중에 사망했고 가축과 재산도 3분의 2를 잃었다. 이때 토르구트인들은 아무것도 가진 것이 없어서 현지 관부에 구제를 요청할 수밖에 없었다.

서혁덕은 건륭제의 명을 받아 그들에 대한 보호를 책임지게 되어 그들에게 옷과 가축, 식량을 비롯한 필수품을 지급했다. 토르구트부의 수령은 곧 열하로 불려갔다. 건륭제는 우바시를 탁리극도한卓理克圖汗으로 봉하고, 우바시의 몇몇 하속들은 세습 귀족인 대길臺吉의 칭호를 내렸으며, 그들을 우루무치와 타르바가타이에 정착하도록 했다.

토르구트인들을 정착시키는 데 서혁덕의 공적이 뛰어났으므로 건륭제는 그에게 특별히 표창을 내렸으며, 건륭 36년 말에는 그를 이리 장군으로 진급시키면서 이부상서를 겸임하도록 했다. 건륭 38년 8월에 북경으로 돌아오고 나서는 내각대학사를 비롯한 몇몇 관직을 함께 수여받았다.

건륭 39년 10월, 산동성 수장현壽張縣의 당가점黨家店에서 농민 봉기가 일어났는데 그 수령은 백련교의 지파였던 청수교淸水敎의 영수 왕륜王倫이었다.

왕륜은 산동 수장壽張 사람으로, 건륭 16년 장기성張旣成에게서 가르침을 받아 건륭 36년부터 제자를 두고 전교하기 시작했다. 대자연의 기氣로 병을 치료한다는 운기치병運氣治病과 무예 학습을 목적으로 했고 이름은 청수교라 했는데 실제로는 백련교의 한 일파였다.

　산동에는 반청反淸 투쟁의 오랜 내력이 있었다. 청군이 처음 입관을 할 당시, 산동 각지에서 반청 투쟁의 기세가 불같이 일어났으며 이것이 여러 해 동안 계속되었다. 이번에 왕륜이 봉기했을 때도 여기에 참여한 사람들이 수천 명이나 되었고, 이들은 봉기한 날 밤에 바로 수장현을 점령하고 지현知縣을 죽였다. 9월 2일 양곡陽谷을 공격하고 이어 4일에는 당읍堂邑을 점거했다. 왕륜은 명나라의 후예인 주조룡朱兆龍을 황제로 옹립하고 왕박王朴을 왕으로 봉하며 국공國公과 원수元帥 여러 명을 봉한다고 선언했다. 7일, 13일, 19일의 세 차례에 걸쳐 임청臨淸의 신성新城을 공격하고, 남방으로 곡물을 수송하던 배들을 모아 전투에 참가시켰다.

　봉기군은 부자들을 죽여 가난한 이들을 구제하고 관고를 열어 은을 약탈했으며, 갇혀 있는 죄인들을 풀어 주어 자신들의 편으로 끌어들였다. 이때 산동의 녹영병들은 모두 일찌감치 겁을 먹고 전의를 상실했으며, 총병 유일惟一은 평소 스스로 용맹하고 지략이 뛰어나다고 자만했지만 봉기군에게 패해 도망쳤다. 수장壽張 유격대장 간복趕福은 관청 뒷담을 뛰어넘어 역시 그들을 피해 도망쳤다. 청군의 포위망을 뚫은 뒤 봉기군은 임청으로 북상했다. 임청은 남북 수로 교통의 요충지며 조운漕運의 중심이었기 때문에 청 조정에서는 이번 봉기를 중시하지 않을 수 없었.

　양측이 격전을 펼치고 있을 때, 건륭제는 밤낮으로 상주문을 읽으면서 전략을 지시하고 연주兗州 총병 유일과 덕주德州 성수城守 위격도긍尉格圖肯을 싸움터에 나가 도망친 죄로 군영에서 목을 베었다. 그와 동시에 문신 무장들을 독촉해 조금의 틈도 보이지 말고 진압할 것을 명하면서 "한 치의 관용이라도 베풀어서는 안 되며 음공을 쌓도록 도모하라." 하고 요구했다. 그리고 군기대신들에게 유지를 내려 반드시 왕륜을 생포하라고 명하면서 흑백을 분명히 따진 후 사형을 내림으로써 국법을 드러낼 것이라 천명했다.

이때, 건륭제는 서혁덕을 다시 흠차대신으로 임명하면서 왕륜의 봉기를 책임지고 토벌하도록 했다. 특별히 예기銳器와 화기火器 두 군영의 금위군禁衛軍 1천 명을 세워, 액부額駙(청나라 때 부마駙馬를 일컫던 말) 납왕다이제拉旺多爾濟와 도어사都御史 아사합阿思哈이 이끌어 진압에 나섰다.

9월 하순이 되자 청의 대군이 계속 집결해 왔고 봉기군은 임청의 구성舊城에서 포위되었다. 건륭제는 또 직례총독 주원리周元理와 하도총독 요립덕姚立德에게 군사를 이끌고 가서 함께 반란 세력을 소탕하도록 명령했다. 23일, 서혁덕은 청군을 이끌고 임청의 구성을 공격했고 봉기군은 1천 명의 병력을 북쪽으로 보내 청군을 견제했다. 그들은 정예 부대 5천 6백 명을 선발하여 동문에서 청군에 맞서 싸웠다.

서혁덕은 몸소 청군을 지휘해서 동문을 공격했으며 29일에는 도시 안으로 쳐들어가 격렬한 시가전을 벌였다. 봉기군은 용감히 저항했지만 조총과 단검, 장검 등 구식 무기들을 가지고 공기총과 벽산포劈山炮, 불랑기[23] 佛郞機 등 우세한 화기를 보유하고 있던 청군과 힘들게 싸워야 했다. 봉기군 중에는 '무생랑無生娘' 이라고 불리던 청수교에 입교한 부녀자들 수십 명도 포함되어 있었는데, 이들도 전투에 참가해 모두 장렬하게 희생되었다. 왕륜은 성루에 올라 분신자살했고 왕박과 맹찬孟燦, 왕경륭王經隆은 포로로 붙잡히면서 임청의 구성은 청군의 수중으로 들어갔다. 북쪽으로 간 봉기군 1천 명도 탑만塔灣에서 청군과 싸우다 패했다.

패배한 봉기군에 대한 살육은 엄청났다. 봉기를 주도한 범위梵偉, 왕경륭, 맹찬 등은 북경에서 능지처참에 처해졌다. 서혁덕은 임청에서 다음과 같은 보고를 했다.

---

23. 벽산포劈山炮와 불랑기佛郞機 둘 다 대포의 종류로, 벽산劈山은 '산을 허물다' 라는 의미임.

매일같이 관군을 이끌고 아침부터 저녁까지 분담하여 수색, 체포 작업을 진행했다. 모든 집을 순서대로 하나씩 돌아가며 구석구석 뒤지고 움 속이나 도랑까지도 찾지 않은 곳이 없었는데, 그 안에 숨어있던 비적들은 잡히는 대로 연일 끌려가 죽음을 당한 것이 그 수를 헤아릴 수 없었다. 불을 지르거나 목을 매어 스스로 목숨을 끊은 이들도 도처에 널려 있었다. 임청 구성의 거리마다 시체가 가득 쌓여 길을 메울 정도였다.

물론 이런 내용의 보고들에 어느 정도의 과장은 있었겠지만 얼마나 비참한 광경이었는지는 짐작해 볼 수 있다. 건륭제는 친히 시체를 처리하는 방법을 지시했다.

"강에서 조금 멀리 떨어진 넓은 평지를 택하되, 논밭과 가옥에 지장을 주지 않도록 하여 큰 구덩이 두 곳을 파 남녀 시체를 구분해서 버리고 그 위를 재와 자갈을 쌓아 덮으라."

서혁덕은 농민 봉기를 진압한 공로로 마침 추운 겨울을 맞아 건륭제로부터 황제만이 쓸 수 있는 담비 꼬리로 만든 어용 관모와 검은 여우 털로 만든 마고자 한 벌을 특별히 하사받았다. 건륭제는 이후에도 그에게 어전대신의 지위를 내리고 상으로 쌍안화령을 내리는가 하면 운기위를 비롯한 세직도 주었다.

왕륜의 봉기는 비록 규모는 크지 않았으나 청 왕조의 전성시기에 일어난 사건이라 봉건 통치자에게 있어서는 적지 않은 충격이었다. 또 이 사건은 청 왕조가 성盛이 다해 쇠衰하고 있음을 보여주는 것이었으며 앞으로 더 큰 혁명의 폭풍이 불어 닥칠 것임을 예고한 것이기도 했다.

건륭제는 체포 후 북경으로 호송되던 봉기군 수령들의 발목 인대를 끊어 도중에 도주하는 것을 방지하도록 했다. 봉기가 진압되고 나서 건륭제는 '인의仁義를 다해' 회유하는 모습을 일부 보이기도 했지만 전반적으로는 '온당하게 일을 마무리한다.'라는 이유로 가혹한 방법을 써서 그들을 처벌하고 경계하기 위한 일련의 조치들을 취했다.

요립덕과 주원리 등은 "체포된 범인 중에 협박에 의해 따른 자는 석방해 주어야 한다." 하는 주청을 올렸는데 이것은 협박에 못 이겨 봉기군에 복종한 경우는 조사하지 말자는 의도였다. 건륭제는 이를 반박했다.

> 도적들이 잡혀 온 뒤에 거짓으로 이르기를 강제로 협박을 당했다고 속인다하여 어찌 가벼이 용서할 수 있겠는가. …… 만일 다시 관용을 베풀어 요행으로 넘어간다면 장차 구실을 들어 패거리를 모았을 때 그 기세가 더욱 거세질 것이다. …… 그러므로 반드시 모두 주살함이 옳다.

그는 도망쳐 뿔뿔이 흩어진 봉기 군중은 직례와 하남 두 성을 차단해서 잡아들이게 했다. 직례총독 주원리가 상주를 올려 이미 대명大名과 천진天津 두 도와 각 부, 주, 현, 협, 군영에 급히 명령하여 빈틈없이 검문하도록 했다고 아뢰었다. 이에 건륭제는 "어찌하여 직접 접경 지역으로 가서 붙잡지 않는가?" 하고 꾸짖으며 다시 하남 총독 고진에게 "속히 가서 산동과 접경한 모든 성마다 그곳으로 병사를 이동시켜 도망쳐 오는 적을 방어하여 적들이 조금이라도 마음대로 도망치거나 소동을 일으키도록 내버려 두지 말라." 하고 명했다.

봉기군 지도자였던 왕륜이 분신해 죽자, 건륭제는 서혁덕이 관병을 파견해 체포할 때 관군의 수가 너무 적어 생포하지 못했다고 책망하면서 왕륜의 친척들은 남녀노소를 가리지 말고 모두 목을 베도록 명령했다. 지방관들은 왕륜 조상의 무덤을 파 그 유골을 부수어 농민 봉기에 대한 증오심을 발산했다. 10여 년이 지난 뒤에도 건륭제는 아직 여한이 있었으므로 산동순무를 몇 사람과 함께 조용히 수장으로 보내 도시계획을 검토한다는 구실로 왕륜의 아버지와 조부, 증조부, 고조부의 묘를 헐어버리도록 했다.

왕륜은 원래 한 집안이었던 다섯 가구와 함께 살고 있었는데 봉기가 실패로 돌아갔을 때 관군은 그들이 5촌 안에 들지 않아 연좌에 해당하지 않으므로 모두 석방했었다. 건륭 57년, 건륭제는 이 다섯 가구도 역적과 같은 종족이므로 편히 살게 해서는 안 된다면서 연주 부독에게 명해 그들을 수장현에서 3천 리 떨어진 곳으로 옮겨가도록 했다. 그밖에 대다수 봉기농민들의 가족을 역적으로 몰아 귀족 관료들의 노비로 삼았는데, 80세 노파도 예외가 아니었다.

건륭제는 이번 일을 기록한 공식 문서들을 총괄해서 『초포임청역비기략剿捕臨淸逆匪紀略』을 편집했는데, 총 16권으로 건륭 46년에 간행되었다. 건륭제는 이를 기해 서혁덕을 다시 표창하면서 그에게 운기위세직을 수여하고 쌍안공작령을 달아 주었다. 건륭 41년에는 화가를 불러 그의 초상화를 그리게 해서 자광각에 걸었으니, 서혁덕은 그때 최고의 광영을 맞았던 셈이다.

서혁덕은 건륭 13년에서 19년까지 그리고 건륭 38년에서 42년까지 두 번에 걸쳐 군기대신을 맡았다. 황제가 북경을 떠나 있는 동안에는 군사행정사무를 처리하도록 명받았으며 죽은 뒤까지도 영전榮典을 누렸다. 이는 건륭제가 그의 생전에 서혁덕을 얼마나 의지했는지 그리고 죽은 후에도 그의 죽음을 얼마나 안타까워했는지를 나타내 준다.

【건륭제에게 배우는 상벌술】

一. 큰 성공을 이루려는 사람은 누구나 그 목적에 초점을 맞추어야 소기의 효과를 거둘 수가 있다.

一. 부패 관리들은 반드시 처벌한다. 서로 비호하는 병폐를 없앤다. 반부패 내용이나 처벌의 범위를 넓힌다. 부패에 연루된 자들 모두 처벌한다.

一. 인재를 등용할 때 한 가지 격식에 구애받지 않고 장점에 맞추어 인재를 쓰는 것, 이것이야말로 동서고금을 막론하고 성공하는 인재 선발의 도라고 할 수 있다.

一. 부패 관리들을 처벌하면서 동시에 그들을 고발한 양심적인 신하들에 대한 보상도 잊지 않았다. 이것은 또 상벌을 분명히 했던 그의 군왕으로서의 수완을 드러내 준다.

一. 패하지 않을 수는 없지만, 항상 패해서는 안 된다.

제3장

상벌술賞罰術 3
상과 벌은 여지를 남겨 두라
行動之前先站穩脚根

너무 강하면 반드시 꺾이고, 너무 밝으면 반드시 어두워진다. 상벌에는 반드시 여지를 남겨 두어야 한다. 정도에서 벗어난 상벌은 부작용을 낳을 뿐이다.

인재의 천거를 장려하되 이를 남용하지 말라
舉才但要防濫舉

    누구보다 훌륭한 인재를 갈구했던 건륭제는 신하들을 임용할 때면 추천된 인재들 중에서 세심하게 고르고 또 골랐으므로 한쪽 말만 듣고 파렴치한 인재를 쓰는 일이 없었다.
    일찍이 강희, 옹정 시기에 문화를 발전시키고 문인과 학자들을 구슬리기 위해 박학홍사과博學鴻詞科를 만들어 각급 관리들에게 '정확한 인식과 명철한 견해'를 가진 인물을 추천하게 해서 전시殿試를 치를 수 있도록 했다. 건륭제는 전 왕조의 전통을 계승하여 즉위한 직후 곧 유지를 내렸다.

    모든 궁내대신들과 각 성의 독무들은 세심히 탐문한 후 훌륭한 인재들을 속히 천거하여 일 년 안에 날을 정해 모두 북경으로 불러 모아 전시를 보게 하라.

건륭 초기에는 관후寬厚 풍조로 인해 불과 3개월 동안 각 성에서 백 명이 넘는 인재들이 추천을 받아 북경으로 왔다. 이들 문인학사들이 먹고 자는 문제를 걱정하지 않고 차분히 시험을 기다릴 수 있도록 건륭제는 미리 도착한 이들에게 한 사람 당 매달 백은 4냥씩을 주도록 했다.

건륭 원년, 건륭제가 보화전에서 친히 시험을 주관했는데 대학사 악이태와 장정옥, 이부시랑 소기邵基는 채점관이 되어 답안을 검토하였다. 최종적으로 15명을 선발했는데 그중 유륜劉綸, 반안례潘安禮, 제금諸錦, 우진于振, 항세준杭世駿이 1등급에 들어 한림원 편수編修를 수여받았으며, 2등급에 속한 진조륜陳兆侖, 유우린劉于麟, 하지용夏之蓉, 주장발周長發, 정순程恂 다섯 사람은 한림원 검토檢討를 수여받았다. 또 2등급으로 양도왕楊度汪, 심정방沈廷芳, 왕사황汪士皇, 진사번陳士番, 제소남齊召南 등 나머지 다섯 사람은 한림원 서길사庶吉士에 임명되었다.

그들에게는 특별히 건륭제를 알현할 기회가 주어졌는데 그것은 가문의 크나큰 광영이었다. 이 15명 중에서 훗날 국가의 중신이 된 이들도 있었다. 그 예로 유륜은 수년간 거듭 지위가 올라 한묵문신翰墨文臣에서부터 이정요신理政要臣이 되었다. 그는 청렴하기로도 이름이 나 있었는데, 청빈한 생활을 하며 스스로 힘썼으므로 마침내 일대의 명신이 되었다.

건륭제는 인재를 우대하면서도 그들을 쓰는 데 있어서는 매우 엄격했다. 그는 인재를 등용할 때 '덕德'을 '재才'보다 앞에 두었고 관리들이 품행이 바르지 못한 이들을 함부로 추천하는 것을 막았다.

> 대저 사람의 도리를 논할 때는 본래 재능과 인품을 두루 갖추는 것이 가장 훌륭하다하겠지만 이 두 가지를 함께 지니기는 어렵다. 그러나 재능이 인품에 앞선다면 비록 한동안은 그럴듯하게 꾸며댈 수 있겠지만 분명 그 뜻은 진실하지 않을 것이다. 또 그 근본이 견고하지 못하니 장차 예를 무시하고 방탕하게 굴어 부리기 어렵게 될 것

이 분명하다. 만일 인품이 재능보다 낫다면 한동안은 부족하겠지만 그 속마음이 단정하고 품행이 청렴결백하기 때문에 장차 오랜 경험을 쌓으면 공무를 중히 여기고 법을 지키는 데 분명 손색이 없을 것이다.

그는 이렇게 생각하는 데서 그치지 않고 관리들에게 서로를 관찰하면서 천거하거나 혹은 탄핵하도록 하는 책임을 지웠으며, 독무와 각 부원部院의 대신들에게는 이러한 인재 등용의 기준을 기초로 하여 유용한 인재들을 국가에 추천하도록 했다. 건륭제는 중앙과 지방 관리들이 밀주를 올려 천거하는 것을 장려하면서 다음과 같이 요구했다.

> 경관京官 대학사 이하 3품 경당京堂 이상에 속하는 이들은 각자 평소 아는 바가 깊고 확고한 소신을 가진 자와 품행이 단정하고 재능 있는 자를 품급과 자격에 구애받지 말고 현직에 있건 아니건 상관없이 모두 사실에 근거하여 정확히 추천해 밀주를 올리고 짐이 헤아려 뽑아 쓸 것을 기다리라.

만약 이들 대신이 인재를 추천할 때 거짓으로 꾸며 인재 추천을 빌미로 인심을 얻으려 하거나 인정에 따라 적당히 얼버무려 처리하는 일이 생길 경우에는 그러한 사실이 발견 되는 대로 반드시 처벌하여 바로잡았다.

건륭 6년, 건륭제는 '행실이 바르고 맡은 일을 성실히 하는' 인재를 비밀리에 천거한 강소순무 서사림徐士林에게 표창을 내리며 "나라를 위해 현인을 구하는 것은 신하의 중요한 의무이다." 하고 말했다. 그러나 그는 덕이 부족한 이들을 쓰는 것은 단호하게 반대했다. 그는 고위 관리들에게 인재를 제대로 추천하도록 요구했다.

인재를 볼 때 한 번에 그의 출중함이 드러나는 것이 아니며 재능을 갖추지 못한 것 또한 단번에 알아볼 수 있는 것이 아니다. 독무 등은 여러 해 동안 지켜보았을 터이니 분명 상세히 알 것이라. 확실한 소견을 가지고 있어 진정으로 지부知府의 역할을 훌륭히 해내는 자가 있다면, 밝혀 말해도 무방할 것이다. 예리하고 엄격하게 천거하여 인재를 장려하고 발탁하려는 짐의 뜻을 이루라. 3년 대계 외에도 별도로 각 독무들에게 하급 관리들이 현명한지 아닌지를 살피고 밀절을 올리도록 명하였으니…… 이러한 보고문은 짐이 모두 남겨 두어 언제든지 펼쳐 볼 것이다.

건륭 11년에는 대신들에게 맡은 직책을 훌륭히 감당하는 상서와 순무, 시랑을 천거하도록 명하는 유지를 내렸다. 왜냐하면 청조의 관리 제도에서는 상서가 1품에, 시랑과 순무가 2품에 속해 그 임무가 막중했으나 그에 걸맞은 인재를 얻기가 어려웠으므로 건륭제는 이러한 유지를 내려 인재를 구한 것이었다. 그러나 안타깝게도 일부 대신들은 이것을 자신의 책무라 여기지 않고 도리어 얻기 힘든 기회라 생각해서 때를 놓치지 않고 인재가 아닌 이들을 마구 천거하여 인심을 구하고 선심을 베풀었다. 대학사 진세관과 10명을 천거하고 조굉사趙宏思도 10명을 천거했으며 사이직은 한 사람이 무려 14명이나 천거했다. 그 밖에 다른 대신들도 이들과 비슷했다.

이렇게 되자 나라 안에는 마치 현인능사賢人能士들이 무수히 많고 인재가 넘치는 듯 보였으므로 건륭제는 처음에 이를 기뻐했으나 나중에는 그 안에 다른 속사정이 있음을 알았다. 그가 비록 인재를 아꼈지만 다른 사람의 말을 곧이곧대로 믿지는 않았다. 얼마 후 건륭제는 직접 나서서 추천된 자들 중에서 수를 채우기 위해 억지로 포함시킨 이들을 지적해 내고 그를 추천한 대신들을 꾸짖었다.

대학사 사랑아查郞阿는 덕령德齡을 추천하면서 그가 상서의 직무를 맡기에 충분히 뛰어나다고 했으나 실제로 덕령은 그와는 반대로 하루 종일 술만 마시며 음주를 낙으로 삼는 인물이었다. 건륭제는 사랑아의 말을 듣고 그를 호군통령護軍統領으로 보냈으나 덕령이 군사를 부릴 줄 몰랐으므로 다시 그를 공부시랑으로 임명했다. 그러나 덕령은 여전히 매일같이 술에 빠져 살았다. 대학사 사이직은 오응매吳應枚를 시랑으로 추천했지만, 오응매는 봉천 부윤奉天府尹으로 있을 때도 범속하고 무능해서 늘 경솔하게 일을 처리했다. 성안盛安은 금용金溶이 시랑을 맡을 수 있도록 천거했는데, 금용은 어사로 있을 때 이미 면직된 적이 있었던 인물로 건륭제가 한 번 더 등용해 주었지만 아무런 업적도 세우지 못했다.

인재를 추천할 때는 원래 실제 업적을 기준으로 삼아야 했으나 대신들이 줏대 없이 남과 쉽게 타협하고 능력이 모자라는 자들을 추천해서 머릿수만 채우는 일이 많아지자 건륭제는 더 이상 화를 참을 수 없었다. 섬서순무 진굉모는 자신의 직속 관리였던 왕교림王喬林을 천거하면서 다음과 같이 써서 아뢰었다.

> 성품이 담박하고 힘든 일도 마다 않으며 마음속에는 늘 백성을 담아두고 있습니다. 다른 이를 감화시키는 힘이 있으며 엄정함을 잃지 않으면서도 속으로는 자상함도 품고 있습니다.

건륭제는 이를 읽고 나서 직접 왕교림의 인사기록을 가져다 보았더니 뜻밖에도 그가 강남진江南鎭 강부江府에서 일할 때 잘못을 저질러 이미 면직된 적이 있었으며 그 후 서안西安 지부로 부임된 뒤에도 형벌을 남용하다가 또 면직을 당한 사실이 발견되었다. 이런 사실을 안 건륭제는 참지 못하고 붓을 들어 진굉모를 나무랐다.

"자상함을 품고 있다는 사람이 잘못을 저질러 죄명을 얻고 또 직권을 남용해서 부당한 형벌까지 내렸다니 도대체 이런 자가 천하에 어디 있는가? 이는 진굉모에게 물어야 할 것이니, 이에 답하라."

건륭제가 관리를 추천하는 말을 무조건 믿지 않은 것은 국가의 기둥이 되는 재목을 잘 선택하고 대신들이 권력으로 사리를 도모하는 것을 막도록 하기 위함이었고 이로써 우수한 인재를 선발하고 열등한 자를 도태시키는 데 큰 역할을 했다.

건륭제가 등용한 관리의 대부분은 명문가 귀족 출신이었다. 만한관리 가운데 가장 현달한 가문은 악이태 일족의 서림각라西林覺羅씨였다. 건륭 5년 악용안鄂容安을 임용하고자 할 때 그 부친인 악이태가 재삼 사양하자 건륭제는 다음과 같이 말했다.

> 짐이 인재를 등용할 때는 상세히 알아보고 지극히 공평하게 하므로 그 안에는 조금의 사의私意도 없다. 옛말에 이르기를 '교목喬木이 아니라 세신世臣이 있음을 말하는 것이다.'[24] 라고 하였다. 대신의 자제가 만약 뜻을 세워 향상하고 힘써 일한다면 세신으로서 부끄러움이 없을 것이며 나라를 위해서도 큰 힘이 될 수 있을 것이다. 짐이 악용안과 대학사 장정옥의 아들 장약애張若靄, 주식의 아들 주필계朱必階를 보아하니 이들 모두가 능히 가훈을 따르고 국은을 입을 만하다. 또한 악용안과 장약애는 일찍이 인재를 양성하고자 하신 선제의 명을 받들어 군기처에 보내졌다. 이번에 발탁한 것 역시 짐이 재목을 살피고 은혜를 내려 인재를 키우고자 하는 뜻이다. 악이태는 자신의 생각으로 고사할 필요가 없다.

---

24. 『맹자孟子』 양혜왕梁惠王 하편에 '이른바 고국故國이라는 것은 교목이 있음을 말하는 것이 아니라 세신이 있음을 말한다. 所謂故國者, 非謂有喬木之謂也, 有世臣之謂也.' 라는 대목에 나오는 말로 역사가 오랜 나라가 되기 위해서는 대대로 왕가를 섬기는 세습 신하가 있어야 한다는 뜻임.

훗날 악이태의 네 아들과 조카가 모두 건륭제에 의해 중용되었다. 그러나 건륭제는 인재를 선발하는 데 그치지 않고 사람을 부리는 데 있어서도 원칙을 가지고 있었다. 그래서 악이태의 아들이나 조카도 잘못을 저지르면 곧바로 법으로 처리하고 사사로운 정을 남기지 않았다.

악이태 가문 외에 외척들도 높은 지위에 올랐다. 그 예로 건륭제의 모후였던 유호록鈕祜祿씨는 청조 명신인 액역도額亦都, 알필륭遏必隆의 후손으로 눌친訥親이 바로 이 가문에서 나왔다. 눌친의 형제인 책릉策愣과 달이각아達爾覺阿, 아리곤阿里袞, 애필달愛必達은 모두 건륭제가 신임했던 인물들로 총독과 순무에 임명되었다. 건륭제의 처족이었던 부찰富察씨는 그 명성이 더욱 대단했고 수십 년이 지나도 쇠하지 않았다.

부항傅恒의 가문 역시 빼놓을 수 없다. 부항 외에 그 형인 부청傅淸은 주장대신駐藏大臣이었으나 반란으로 죽었다. 부항의 네 아들 중 복령안福靈安, 복륭안福隆安 둘은 액부가 되었으며, 복강안福康安은 건륭 후기 가장 이름을 날렸던 장수였고 복장안福長安은 군기대신이 되었다. 부항의 조카 명서明瑞, 규림奎林, 명량明亮도 전부 그 시대의 명장이었다.

건륭제가 임용한 이들 명문가의 자제 중 대다수가 공적이 뛰어났으며 품행 또한 청렴했다. 예를 들어 눌친은 다음과 같이 전해진다.

> 품행이 매우 청렴결백해서, 혁혁한 공을 세워 가문이 흥성한 때도 뇌물을 받지 않았으며 부원部院의 하급관리들이 공무를 깨끗이 처리하지 않으면 반드시 거듭 문책했다. 재능과 기량이 출중한 자가 있으면 추천하고 후생가외[25]後生可畏 하였다.

―――――――――

25. 젊은 후배들은 무한한 가능성과 잠재력이 있어 선배들보다 뛰어난 인물이 될 수도 있기 때문에 가히 두렵다는 뜻.

부항은 더욱 말할 것도 없으며 복강안은 건륭 중후기에 신하들 중에서도 중심이 되는 기둥 역할을 맡았다.

한족 관리 중에서는 장정옥 일가에 가장 많은 과거 합격의 명예가 돌아갔으며, 그 외에 혜증균嵇曾筠과 그 아들인 혜황嵇璜, 장정석蔣廷錫과 그 아들 장부蔣溥 그리고 유통훈劉統勛과 그의 아들 유용劉墉이 모두 건륭제의 신임을 얻어 중책을 맡았다.

유통훈과 유용 부자는 양 대에 걸친 충량忠良으로 많은 공을 세운 뛰어난 인재들이었다. 유통훈은 건륭 초에는 내각학사였으며 후에는 시랑, 조독漕督으로 올랐고 건륭 17년에는 군기처에 들어갔다. 일찍이 여러 차례에 걸쳐 중요한 사건들을 맡아 처리하여 방파제 건설이나 황하 치수 공사, 빈민 구제, 군사 보급품 운송 등의 일을 담당했고 또 군사 행정에 있어서의 중요 업무에 참여하였는데 대부분의 임무를 모두 원만하게 완수했다. 유통훈은 만년에 건륭제의 총애를 받아 "순황제純皇帝(건륭제의 시호)가 아끼고 돌보는 것이 더욱 극진했고 신임이 날로 두터웠으며 어느 때는 공을 기다려 일을 결정했다." 하고 전해진다. 이 말은 건륭제가 날이 갈수록 그를 배려하고 의지했으며 어떤 일은 그와 상의한 후에야 결정을 내렸다는 말로 그를 얼마나 신임했는지 알 수 있는 대목이다.

이들 외에도 건륭이 신임하던 신하 가운데 청렴하고 공정했던 훌륭한 관리들이 적지 않았다. 예를 들어 협판대학사 손가감孫嘉淦은 건륭 초기 유명한 '삼습일폐소三習一弊疏'(삼희일폐소三喜一弊疏)를 올려 그 명성이 자자했다. 그는 또 거관팔약居官八約을 내세워 다음과 같이 주장했다.

> 군주를 섬김에 충성을 다하되 드러내지 않으며, 다른 이와 함께 할 때 거만하지 않고, 세력을 가지고 다투는 것을 피하고, 공로를 숨기고 이름을 내세우지 않으며, 능력에서 벗어나는 일은 자제하고, 필요 없는 말을 줄이며, 다른 이들과의 잦은 접촉을 피하며, 깨끗하게

쓰고 청렴하게 취할 것

또 이부상서 감여래甘汝來 같은 이는 청렴함에 힘써 한 번도 다른 사람의 뇌물을 받은 적이 없었다. 이부는 관리들의 조직과 인사를 관리하는 곳이었으므로 원래 관리 사회 안에서도 그 권세가 대단했고 당연히 많은 관리들이 찾아와 아첨하기 마련이었다. 그러나 감여래는 스스로를 엄격히 통제하여 공무에 충실했으며 나중에 일을 하다가 관청에서 병으로 사망했다.

당시 대학사 눌친이 이부를 관할하고 있었으므로 그가 감여래의 시신을 집으로 옮겨 갔다. 그의 집 앞에 다다르자 한 노부인이 마당에서 바느질을 하고 있어 감여래 집안의 노비인 줄 알고, 감부인甘夫人에게 가서 남편이 죽었다고 전하라 하였다. 노부인은 그 말을 듣고 놀라 누구냐고 물으니 눌친이 그녀에게 사정을 알려 주었다. 그러자 노부인이 크게 울기 시작했는데 이때서야 눌친은 그녀가 바로 감부인이라는 것을 알아차렸다.

눌친은 감부인에게 집안에 돈이 있는지를 묻자, 감부인은 있다고 대답하면서 은 여덟 냥을 내놓았다. 그러면서 말하기를 "이것은 한 달 치 봉록으로 받은 것입니다. 원래 16냥이었으나 상공[26]相公께서 검약해서 하루하루 계산하고 사용했기 때문에 월비月費의 반이 남았습니다." 눌친은 이 말을 듣고 감동하여 눈물을 흘렸다.

눌친은 대신 수의와 염포殮布(수의를 입힌 시체를 묶는 베, 교포絞布)를 마련해 주고 이 일을 건륭제에게 보고해 알렸다. 건륭제는 이를 알고 특별히 은 1천 냥을 내려 내무부內務府에 명해 감여래의 상을 치르게 했다. 청나

---

26. 재상宰相의 높임말. 부인이 자기 남편을 높여 부를 때 쓰기도 함.

라에 이처럼 청렴한 신하가 있었던 것은 건륭제의 복이었다. 물론 더욱 중요한 것은 건륭제에게 남다른 안목이 있었다는 점이었다. 이와 같이 우수한 신하들을 뽑는 데 그가 직접 나서 힘을 다했기 때문에 건륭조는 흥성시기를 맞이할 수 있었다.

건륭조의 1품 대학사였던 유륜은 원래 건륭 원년에 실시된 박학홍사과에서 1등을 한 바 있으며 품행이 바르고 순수한데다 학문이 깊어 오랫동안 조정의 일을 맡았다. 일을 할 때도 지극히 신중하여 붓을 들어서도 조금이라도 마음에 들지 않으면 몇 번이고 다듬어 고쳤다. 유륜은 관직이 비록 1품 대학사에 이르렀지만 집이 너무 가난해 가진 것이 없어서 조정에 나갈 때 관복을 차려입는 경우를 빼고는 집 안에서는 늘 헤진 옷만 입고 있었다. 어느 날 군기장경軍機章京 왕창王昶이 한밤중에 급한 일이 생겨 유륜의 집을 찾았다. 집이 너무 추웠으므로 유륜은 가인을 시켜 왕창에게 술을 가져다주면서 몸을 녹이도록 했다. 왕창은 이때 대추 몇 십 알로 술을 권하는 그의 청렴함을 보고 깊이 감동했다.

건륭 전기에는 많은 신하들이 청렴을 지켜서 부항 같은 이는 군사를 이끌고 출정을 나갈 때 사비를 들여 사기를 북돋기도 했다. 당시 학자였던 조익趙翼은 군기처 대신들의 실상을 다음과 같이 묘사했다.

> 군기대신들은 독무나 바깥의 다른 관리들과 서로 마주하는 일이 드물었다. 전대의 대신이 이르기를 장정옥은 옹정 연간에 가장 많은 총애를 받았으나 문 앞에는 청탁하는 편지가 없었고 선물은 아무리 좋은 것이라도 바로 거절했다 한다. 지금은 눌공訥公이 역시 총애를 가장 많이 입고 있으나, 사람은 비록 가혹할지언정 집안이 엄격하여 사복을 채우는 이가 없다. 내가 군기처에 들었을 때는 두 공은 이미 그곳에 없었고, 그때는 부항이 재상의 자리에 있었는데 무척 자상하고 인정이 많았다. 그럼에도 관리들이 그의 집에 찾아가지 못했고

독무들도 특별한 친분을 갖지 못했으므로 그에게 도움을 기댈 수 없었다.

당시 조정의 기강이 엄했고 관리들은 스스로 자제했다는 것을 이로부터 알 수 있다. 건륭제는 마치 배고프고 목마른 심정으로 인재를 바랐고, 인재를 찾았다. 남다른 안목으로 인재를 알아보았으며 바로 그가 인재를 제대로 선발했기 때문에 비로소 후세에 자랑할 문치무공을 세울 수 있었다.

자신의 체면을 지켜라
要顧自己的面子

　우민중于敏中은 유통훈을 이은 재보대신宰輔大臣이었으며 생전에 건륭제의 총애를 받았다.

　우민중의 자는 숙자叔子로 강소성 금단金壇 출신이다. 건륭 2년, 과거 시험에서 한 번에 장원을 차지해 한림원 수찬修撰을 수여받았다. 그때부터 그의 문장이 건륭제의 눈에 띄어 관직이 날로 올라가 산동, 절강의 학정이 되어 산서와 산동의 향시를 주관했고, 상서방에 들어 시강侍講이 되었다. 건륭 18년에는 내각학사와 병부시랑을 임명받고, 종2품 대관이 되었다.

　우민중은 정계에서 뜻을 이루어 높은 벼슬에 올랐지만 그의 집안에는 불행이 겹쳐 찾아왔다. 먼저 그의 생부가 건륭 21년 세상을 떠났고, 2년 후 양부도 병으로 사망했다. 그 뒤를 이어 세상을 뜬 사람은 그의 어머니였다. 청대에는 수제[27]守制의 규정이 있어서 부모의 상을 당하면 관리들은 반드시 3년간 상복을 입어 효를 다해야 했다. 그러나 3년간 관직에서 물러나 있는 동안 영전할 수 있는 절호의 기회를 놓칠 가능성이 항상 있었으므로, 관리 사회에는 종종 관리들이 상을 당하고도 알리지 않는 상황이 생기기도 했다.

우민중은 계속해서 부고를 접했지만 공명심이 강하고 권세에 빌붙어 이익을 취하기에 급급했던 그에게 가족을 잃은 고통은 사실 너무나 사소한 일이었고, 고향에 돌아가 장례를 치르는 일은 오히려 혹이 되었다. 이런 까닭에 건륭 23년, 그는 고향으로 돌아가 양부의 상을 치르고 난 뒤 얼마 후 당한 모친상은 숨기게 되었다.

그러나 바람이 새지 않는 벽은 없는지라 우민중이 자식노릇을 하지 않는다는 추문은 눈 깜짝할 사이에 퍼져나갔다. 건륭 24년 정월, 어사 주혜朱惠는 우민중이 상을 두 번 당했으나 그것을 한 번으로 속였다고 고해 바쳤다. 사서오경을 숙독하고 과거에서 장원까지 한 자가 효도를 알지 못한다고 질책했으니 실로 대단한 풍자였다.

그 당시 사람들이 말하던 바에 따르면 우민중은 "재간이 뛰어나고 두뇌가 민첩해 다른 사람은 그에 미치지 못했다. 그는 처음에 황제가 시문을 지어 읊으면 그것을 받아 적었는데, 한 글자도 틀린 것이 없었다."라고 한다.

그는 한번 들으면 잊어버리지 않는 뛰어난 기억력 덕분에 위기를 모면한 적도 있었는데, 이에 관해 전해지는 미담이 있다. 그의 직위가 오르고 권력을 얻게 되자 건륭제는 그에게 정사에만 전념하도록 명하고 황제의 시문을 외던 일은 새로 들어온 양국치粱國治에게 맡겼다.

하루는 두 사람이 함께 황제를 알현하는데 양국치는 일을 시작한지 얼

---

27. 부모가 상을 당했을 때 자식으로서 근신하며 27개월 동안 모든 교제를 끊고, 관리는 관직을 사임하던 제도.

마 되지 않았기 때문에 군기처 내의 불문율에 대해서 잘 모르고 아직 요령도 터득하지 못했다. 알현을 마친 뒤 우민중은 양국치가 시문을 종이에 다 적고 나올 때까지 기다렸으나 무슨 일인지 아무리 오래 있어도 나오지를 않았다. 우민중이 사람을 보내 알아보았더니 양국치는 마치 아직 잠에서 덜 깬 듯 어찌해야 할지 몰라 막연해 하고만 있었다. 이 일이 두 사람의 직무에 관련된 것이었으므로 우민중은 양국치를 돕겠다는 생각으로 곧 "노부老夫가 공을 대신해 생각해 보겠다." 하고 말했다. 그러더니 홀로 작은 방 안에 앉아서 잠깐 동안에 건륭제가 암송한 시를 단번에 적었는데 단지 한두 글자만 틀렸으므로 양국치는 그의 기억력에 탄복해 마지않았다.

양국치 역시 건륭 13년 무진과戊辰科에 장원으로 합격하여 건륭 만년에는 재보대신宰輔大臣이 된 인물이었다. 그런 그를 우민중이 탄복하게 만들었으니 우민중의 재능이 비범했음을 족히 알 수 있다.

우민중은 그의 재능 덕에 건륭제의 신임을 얻었다. 그의 소행은 자주 사람들의 비난을 받았지만 우민중에 대한 건륭제의 총애가 이미 그의 과실을 덮어 줄 정도였으므로 쉽게 언로를 차단할 수 있었다. 그리하여 이번에 어사 주혜가 올린 탄핵에 대해서도 건륭제는 그 과실을 면해 주는 유지를 내렸다.

> 우민중이 수제를 지키기 위해 생가에 돌아갈 수 있게 해달라고 청원했는데 이는 본디 그 자신의 생모를 위한 것이므로 아들로서 정성을 다한 것이다. 그러나 우민중의 재능을 아직 더 키울 수 있고 형부시랑의 자리가 비어 당장 사람을 얻을 수 없었기에 유지를 내려 그를 등용한 것이다.

그런 다음 건륭제는 공개적으로 주혜를 꾸짖어 "남의 명예를 손상시킨 정도가 지나친 점이 없지 않다." 하고 말하고는 명 말 이래 과도科道들이 서로를 배척하던 악습을 예로 들며 모든 대신들에게 함부로 발언하는 일이 없도록 경고했다.

건륭제의 보호 속에서 우민중은 조금의 피해도 보지 않았음은 물론 시랑 서리에서 정식으로 형부좌시랑에 임명되기까지 했다. 또 그 다음해에는 군기처로 보내져서 하루아침에 군기대신이 되었다. 이후 10여 년은 우민중이 벼슬길에 올라 입신출세하고 영달을 이룬 황금기였다.

건륭 27년에 우민중은 자금성 안에서 말을 탈 수 있는 자격을 얻었다. 그리고 건륭 30년에는 호부상서로 발탁되었고 국사관國史館 부총재를 맡았다. 또 건륭 33년에는 태보의 직위를 더했고 36년에는 협판대학사가 되었다. 건륭 38년에 이르러 우민중의 관운은 극에 달해 그해 3월 사고전서 정총재正總裁로 명을 받았으며, 8월에는 문화전文華殿 대학사에 올라 호부상서를 겸했다. 9월에는 국사관, 삼통관三通館의 정총재를 맡았고 11월에는 황자들의 공부를 전문적으로 담당하는 상서방의 총사부가 되었으며 한림원 장원학사掌院學士를 겸했다.

이해에 조정안에서 우민중이 차지하던 지위는 매우 높아서 군기대신의 서열로 따져보았을 때 세 번째에 놓여 유통훈과 유륜의 바로 다음이었다. 또 건륭제는 그의 명성을 높여 주기 위해 그 처자까지 영화를 누리게 해 주었다. 계속 과거에 낙방하던 우민중의 외아들 우제현于齊賢에게 특은을 내렸으며, 그의 본처가 사망하자 첩이었던 장씨를 특별히 3품 고명부인誥命夫人으로 봉했다.

대신들의 조정에서의 지위는 대부분 그에 대한 황제의 태도에 따라 결정되었다. 우민중은 건륭제로부터 총애를 받으면서 그 권세를 날로 키워갔다. 북경 안에서나 외지로 순행을 나서거나 우민중은 늘 건륭제의 곁에서 황제를 모셨다. 이 때문에 우민중은 매우 교만해져서, 유통훈조차도 안중에 두지 않았다. 우민중의 이러한 변화에 대해, 『소정잡록嘯亭雜錄』

에서는 다음과 같이 묘사하고 있다.

> 우민중은 처음 요직을 맡았을 때는 아직 청렴하여 윗사람의 총애를 받았다. 그러다 곧 외부 관리들과 널리 교제했으므로 그에 대해 조심하며 가리지 않다는 않는다는 평이 많았다. 당시 부항, 유통훈과 같은 제공들이 연달아 일을 사양하자 조정의 축을 쥔 자가 오로지 공公한 사람뿐이었으므로. 이 때문에 조정의 풍조가 변하게 된 것이다.

장정옥, 눌친, 부항은 옹정제 이래로 가장 오래 군기대신에 머물렀던 세 사람이며, 이들 외에도 윤상, 악이태, 윤계선, 유통훈 등도 재상을 지냈다. 유통훈은 강직하고 바르게 벼슬을 했으며 그 능력과 청렴함이 천하를 덮고도 남았다.

악이태는 거만하고 고집스러운 면은 있었지만 그럼에도 결코 뇌물을 받아 후세에 부끄러울 행동은 한 번도 하지 않았다. 그런 점에서 윤상과 윤계선도 마찬가지였다. 그러므로 우민중은 조정의 풍기를 망친 선두 주자가 된 셈이었다. 그러나 건륭제가 그렇게 쉽게 속을 군주였겠는가. 우민중이 막 방종하기 시작하던 그때 건륭제는 이미 그 사실을 알아차렸다.

환관 고운종高雲從은 장부태감掌簿太監으로 아직 발표되지 않은 유지들을 관리했다. 이 유지 중에는 일부 관리들에 대한 황제의 평가도 있었는데, 이 논평에 관리들의 앞날과 운명이 달려 있었으므로 관리들은 이를 몰래 알아보기 위해 힘이 닿는 대로 모든 수단을 다 동원했다. 이 때문에 고운종은 마치 진기한 보물을 가지고 있는 사람처럼 우민중과 같은 조정의 권신들조차도 서로 그의 기분을 맞추고자 하는 상황이 되었다.

건륭 39년 7월, 우민중이 몰래 고운종과 결탁해 유지를 누설한 일이 발각되었다. 그러나 건륭제는 이를 끝까지 추궁하지는 않고 다만 대충 넘어가면서 이렇게 말했다.

조정 안에서 환관들이 궁정의 신료들과 만나는 것은 자연스러운 일이나 사적인 감정을 가지고 만나 이익을 얻으려 한다면 곧 실상대로 상주를 함이 마땅할 것이다. 짐은 바른 마음을 지키는 이를 표창하고 사사로운 정에 따르는 자를 엄히 처벌하니, 어찌 환관에 대해 상주하여 그를 탄핵하자는 신료에게 죄를 물을 수 있겠는가? 우민중은 짐의 곁에 수년간 있었으면서도 어찌 아직 짐이 일을 어떻게 처리하는지를 모르고 다른 이의 잘못을 참고 숨길 생각을 품는다는 말인가?

건륭제의 유지 속에 담겨 있는 속뜻을 우민중은 물론 똑똑히 알아들을 수 있었다. 그에게 처벌을 내리지는 않았어도 이는 우민중에게 위협적인 경고가 되었다. 더군다나 이때 건륭제는 이미 64세의 노인이었으며 그의 통치도 만년으로 접어들기 시작했다. 그는 사형을 내림으로써 위엄을 세워 절대 권력을 행사할 수도 있었지만 또 지나치지 않은 구실을 들어 그의 측근 대신들을 잠시 용인해 줄 수도 있었다.

건륭제가 어찌나 빈틈이 없었는지 누구라도 그의 예리한 통찰력에 감탄했으며, 어느 누구도 그에 대해 두려움을 품지 않은 자가 없었다. 건륭제는 붕당과 같이 사적으로 결탁하는 일에 대해서는 특히 민감했기 때문에 이처럼 예민하고 강단이 있는 황제가 결코 대신에게 속을 리가 없었다. 우민중이 저지른 대역무도한 행위가 그의 눈을 속이고 넘어갈 수는 없었지만, 다만 건륭제는 잠시 참고 접어 두어 개전의 정을 보이는지 삼피고자 했을 뿐이었다. 그는 일을 크게 벌여 소란스럽게 만들고 싶지 않았기 때문에 일부러 깊이 캐지 않았고, 이로써 우민중을 살려 주었음은 물론 건륭제 자신의 체면도 함께 세웠다.

아무리 영명한 군주라 하더라도 누구나 한 번쯤은 이기적이고 현명하지 못한 행동을 하게 된다. 건륭제는 우민중을 감싸 주는 과정에서 그를 편애한 것 뿐 아니라 인재 등용에 있어서의 자신의 실수를 인정하지 않는 잘못을 저질렀다. 우민중은 그의 손으로 뽑은 대신이었으니 우민중이 잘못했다고 선언하면 그것은 바로 자신이 현명하지 못함을 선언하는 것과 마찬가지였다. 우민중을 지켜 내는 것은 곧 황제 자신의 체면과 존엄을 지켜 내는 일이었다.

결국 고운종은 법을 어기고 정치에 간섭한 죄로 단두대에 올랐지만 우민중은 건륭제 덕분에 가볍게 죗값을 치를 수 있었다. 형부에서는 그를 파면하도록 결정했음에도 건륭제가 다시 조서를 내려 직무정지에 그치도록 하여 자리를 보전할 수 있었다.

우민중은 품행은 훌륭하지 않았지만 동량지재棟梁之材로서는 손색이 없었다. 그의 장점은 단지 예술적 재능이 뛰어나 황제의 문학시종을 맡고 황제를 대신해 유지를 쓰는 데 그치지 않았다. 군기처의 수석대신으로서 우민중은 매일같이 국가의 중대한 정책을 수립하는 데 직접 참여했다. 당시 금천에 군사를 보낸 것이 바로 우민중이 조정에서 직접 주관한 것이었다. 생각해 보면 그가 만약 남달리 뛰어난 능력을 갖지 않았더라면 이처럼 건륭제에게 인정을 받고 한인으로서 재상의 지위까지 발탁되어 만주족 대신들의 위에 앉을 수는 없는 일이었다.

건륭제가 우민중을 중용한 데는 그의 부득이한 고충도 있었다. 그것은 부항이나 윤계선, 유통훈, 유륜과 같이 경륜이 있는 노신들이 하나씩 세상을 떠났고, 그들이 죽은 후 우민중이 그 틈을 타서 남보다 뛰어난 재간으로 건륭제 주위의 빈자리를 채웠던 것이다. 우민중에게 있어서는 그야말로 기회이자 행운이었고 또 운명이었다.

이때 마침 건륭제는 금천에 두 번째로 군사를 보내면서 밖으로는 전투에 단련되고 강한 아계에게 기대며, 안으로는 똑똑하고 빈틈없는 우민중에게 의지해 그에게 국정을 총괄하도록 맡겼다. 이것이 바로 건륭제 자신이 "사천성에 군사를 보내기로 한 것부터 우민중이 조서를 계획하고 일을 처리했으니 처음부터 끝까지 그의 손을 거쳤다." 하고 말한 것과 같았다.

건륭 39년, 조정의 승리가 눈앞에 다가오면서 대공大功의 완성이 임박하자 건륭제는 이 재능이 뛰어난 총신에게 관직을 더해 주고 작위를 내리려는 마음을 품고 있었다. 그러나 생각지도 못하게 우민중이 고운종과 몰래 결탁한 사실이 하필 이때 드러나 버렸다. 건륭제는 그 공로와 과실을 상쇄함으로써 일단 그를 관대하게 처리했다. 그렇다고 그를 완전하게 용서한 것은 아니어서, 건륭제는 "실로 그 복에 한계가 있어, 짐의 깊은 은혜를 받을 수가 없구나." 하며 그를 비꼬았다.

우민중은 확실히 복에 한계가 있었다. 그가 조정에서 일을 한지 거의 20여 년 동안 줄곧 조심하고 신중하게 행동하여 건륭제의 신임을 얻었음에도 그 신임이 막 최고조에 이르렀을 때, 그에 대한 완전무결했던 생각은 건륭제의 마음속에서 사라졌다. 건륭제가 더 이상 그를 크게 신뢰하지 않았음은 두말 할 필요도 없다.

건륭 41년, 금천 전쟁에서의 대승은 우민중의 관직 생애에 최후의 영광을 가져다 주었다. 건륭제는 논공행상을 통해 많은 신하들에게 큰 상을 내렸으며, 우민중의 지난 허물을 두고는 "아직 용서할 수 있다." 하고 했을 뿐 아니라 "군무를 담당한 이후 명을 받들고 유지를 기록하면서 밤낮으로 마음을 다했으며, 크고 작은 일에 실수가 없었다." 하여 일등 경차도위를 내렸다. 또 다른 공신들과 함께 초상화를 자광각에 걸어 주었다.

이것은 각별한 대우와 보살핌이었으며, 보신輔臣이 무공을 세우지 않고도 세작을 하사받은 것은 장정옥 외에는 우민중 한 명 뿐이었다. 이것만 보더라도 그에 대한 건륭제의 두터운 사랑을 충분히 알 수 있다.

우민중은 뜻밖의 경사에 그동안 뒤덮여 있던 마음속의 검은 구름이 모두 걷히면서 마음이 한결 가벼워졌다. 황제가 몹시 기뻐하는 틈을 타서 그는 또 기회를 놓치지 않고 영모와 황색 마고자를 하사해 주도록 청했다.

공작 깃털로 장식한 관모와 황색 마고자는 만주족 출신 무신 중에서도 무공을 세운 경우에만 받을 수 있었으므로, 문관 직책을 가지고 있는 과거 출신의 한인 대신으로서 지금까지 영모나 황괘를 받았던 사람은 단 한 명도 없었다. 그러나 이 같은 우민중의 요구에 건륭제는 기꺼이 쌍안공작영모와 황색 마고자를 하사했다.

이렇게 되자 우민중은 또다시 자만하여 자신의 처지를 망각하고, 이전의 과실을 교훈으로 받아들이지 않은 채 옛날처럼 안팎의 관리들과 두루 결탁해서 측근으로 꾀어 들였다. 그나마 다행인 것은 그의 방종이 '전제황제'가 참고 용서할 만한 정도를 이미 넘어섰지만, 얼마 경박하게 행동하지도 못하고 건륭제가 손을 쓰기 전에 바로 죽었다는 것이다.

황제보다도 세 살이 어렸던 그의 수명은 그리 길지 못했다. 건륭 44년, 매년 겨울이면 한차례씩 발작하던 한질寒疾이 깊어져 회복하지 못하고 결국 그해 12월에 죽었다. 그의 나이 66세였다.

자신의 수족과도 같은 대신이 죽자 건륭제는 무척 마음 아파했다. 마침 납팔가절臘八佳節(음력 12월 8일, 석가모니의 성도聖道 기념일) 행사로 건륭제가 직접 제사를 지내줄 수 없게 되자 특별히 황팔자皇八子에게 차와 술을 딸려 보내 제사를 지내도록 했다.

건륭제는 이처럼 우민중에게 인의를 다했지만 우민중은 건륭제에게 충의를 다하지 않았다. 그가 생전에 일부러 숨기고 감췄던 일들이 그가 죽자 순식간에 만천하에 드러났다. 사건은 뜻밖에도 우민중의 자손들이 재산 문제로 분쟁을 일으키면서 비롯되었다.

우민중이 죽은 후 집안 관리를 고명부인 장씨가 주관하였다. 그때 우민중의 아들 우제현이 우민중보다 먼저 죽었으므로 대를 이을 자손은 손자 우덕유于德裕뿐이었다. 그러나 장씨는 재산을 분배하면서 대부분의 재산을 우민중의 조카 우시화于時和에게 주어, 우덕유의 몫은 조금밖에 되지 않았다. 우덕유는 불만을 참지 못하고 군기대신 복륭안福隆安을 찾아가 우시화가 가산을 위협한다고 고발했다. 우민중이 죽은 지 반 년 밖에 안 되어 일어난 일이었다.

　우민중의 자손들이 재산 분쟁으로 물의를 일으키자 건륭제도 이를 주목하게 되었다. 건륭제는 만약 우민중의 재산이 많지 않다면 혈육간에 이렇게 반목하고 원수가 되는 일은 없었을 것이라고 생각했다. 그래서 그는 우씨 집안의 재산을 공평하게 분배해 준다는 명목으로 대학사 영렴英廉 등에게 명해 우씨 집안의 재산을 낱낱이 조사하도록 하고 또 강소순무 오단吳壇에게 조서를 내려 강남에서도 동시에 조사할 것을 명했다.

　조사 결과 과연 문제가 드러났다. 우씨 집안의 재산은 저택과 전원, 비녀와 팔찌 등 장신구, 의류 그리고 우시화가 숨겨놓은 금은까지 모두 2백만 냥으로 밝혀졌다.

　2백만 냥이라는 재산은 결코 일개 관리가 봉록만으로 벌 수 있는 액수가 아니었다. 옹정제 때부터 관리들의 양렴은제도가 시행되었다지만 이것은 단지 백성들을 수탈하는 것을 막기 위해 지방 관리들에게 주었던 것이지 중앙의 관리들과는 상관이 없었다. 의심할 여지도 없이 우씨 집안에서 나온 2백만 냥의 재산은 우민중이 뇌물을 챙겨 얻은 것이었다. 조사 결과가 조정에 보고되자 건륭제는 크게 화를 내며 말했다.

　　짐이 우민중을 수십 년 간 쓰면서 그가 청렴하고 강직하다 알고 있었
　　거늘, 어떻게 해서 이렇게 많은 재물이 있을 수 있단 말인가?

　그는 우민중의 가산을 모두 몰수하도록 명한 다음 그의 첩 장씨에게 내렸던 3품 고명부인의 작위도 빼앗고 곡부 공묘孔廟에 하녀로 보내버렸다. 이 기록은 단지 『조선왕조실록』에만 나와 있고 청조의 공식 문서나 청나라 사람이 쓴 기록에는 나타나 있지 않다. 수석 군기대신이 저지른 대형 비리사건이었으므로 건륭제의 압력으로 당시는 물론 그 이후에도,

사건의 발단에서부터 가산 몰수에 이르기까지 그 내용이 절대 비밀에 부쳐졌을 것임을 어렵지 않게 생각해 볼 수 있다.

북경에서 재산을 몰수한 후, 강소순무 오단도 우시화가 강남에서 재산을 착복한 사실을 밝혀냈다. 그러자 건륭제는 우시화를 이리로 보내 고역을 치르게 하고 그가 차지한 돈 중 3만 냥은 우덕유에게 주고 나머지는 전부 몰수하여 국고에 넣어 금단 지역의 치수공사 비용으로 사용했다.

그러나 사건이 종결되기까지는 아직 많은 일들이 남아 있었다. 오단은 또 소송蘇松 양도糧道(각 성省에서 양곡의 운송을 담당하던 관리) 장반계章攀桂가 우민중에게 강남에 화원을 만들어 주었다는 사실도 밝혀냈다. 이는 우민중이 외리外吏나 지방 관리들과 결탁해 왔음을 알려 주는 실증이었다. 그러나 건륭제는 자신이 인재를 올바르게 쓰는 제왕이라는 이미지를 지키고자 했으므로 대신에게 기만당했다는 사실을 인정하고 싶지 않았다. 그래서 여전히 핵심을 찌르지 않고 유지를 반포해 다음과 같이 말했다.

> 우민중이 짐의 성은을 받게 되자 고향의 지방 관리가 아첨하여 일꾼을 고용해 집을 지어 주었다. 만일 그가 살아 있었다면 반드시 그 죄를 중히 처벌했을 것이다. 그러나 지금 그가 이 세상에 없으니 짐은 이를 그대로 묻어두고자 한다.

결국 장반계는 조정대신에 영합했다는 이유로 면직되었으나 우민중의 명성에는 아무런 해가 없었다.

건륭제의 의도대로 되었더라면 우민중은 후세에 훌륭한 이름을 남길 수도 있었으나 공교롭게도 운이 따르지 않았다. 건륭 46년, 온 조정을 들끓게 한 대사건 즉 감숙 순무 왕단망王亶望이 빈민 구제금을 횡령한 사건이 만천하에 드러났다.

이 사건은 지위 고하를 막론하고 모든 관리들이 하나로 결탁하여 저지른 비리사건으로 백 명이 넘는 관리들이 한꺼번에 연루되었다. 왕단망은 난주 지부 장금적蔣金迪과 결탁해 각 부의 주현 관리들과 내통하여 여러 명의 감생監生들로부터 감량[28]監糧을 거두어들이고 매년 재난을 구제한다는 명목으로 이 은을 가져다 썼다. 이렇게 감량으로 충당된 은냥은 모두 왕단망과 그 무리들의 주머니 속으로 들어갔다. 그러나 이같이 복잡한 비리 과정을 조정에서 누군가가 뒤를 보아주지 않고 제대로 마무리 짓는다는 것은 상상할 수 없는 일이었다.

건륭 39년 초, 섬감 총독 늑이근은 상소를 올려 숙주肅州와 안서安西 두 지역에서 감량을 받아 양식을 창고에 미리 저장해 두자고 청했다. 감량의 기부는 그 자체로는 큰 문제가 없는 듯 했지만 결국은 그렇게 모아진 감량은 딴 뜻을 품고 있던 왕단망에 의해 쓰일 것이었다. 그러나 왕단망이 빈틈을 노리고 생각해 낸 이 조치는 당시 호부를 관리하던 대학사 겸 수보首補 군기대신 우민중의 도움으로 망설이며 결단을 내리지 못하던 황제를 설득시켰다.

그때 왕단망은 강소포정사에서 감숙 순무로 승직되었다. 그는 건륭제의 눈에는 매우 유능하고 황제의 마음을 잘 읽는 신하였다. 그는 감숙으로 부임하기 전에 전례대로 북경으로 황제를 알현하러 갔다가 이때 우민중을 찾아 인사할 기회를 얻었다. 그런 이유로 왕단망은 감숙에 도착한 후 제멋대로 행동하는 데 조금도 거침이 없었으며 심지어 총독 늑이근까지도 편하게 일할 수 있었다. 만약 우민중이 가운데서 일을 주관하지 않았더라면 이렇게 되기는 힘들었을 것이다.

건륭 42년, 건륭제는 감숙 지역의 감량 기부에 의심을 품고 형부상서

---

28. 청나라 때, 백성들이 양곡을 바치고 과거에 응시할 수 있는 자격을 얻을 수 있었던 감숙성의 관례로 이때 납부하던 양곡을 감량이라 했다. 이 감량은 빈민구제의 용도로 쓰였으나 부작용 때문에 건륭제가 금지시킨 바 있음.

원수동袁守侗과 형부좌시랑 아양아阿揚阿를 감숙성으로 보내 감량에 대해 상세히 조사해서 보고하도록 명했다. 원수동은 사건 처리에 능하다고 이름이 나 있었으며 그동안 여러 차례 흠차대신의 신분으로 조사를 위해 지방을 순찰했다. 그러나 이번에 감숙에 도착해서는 어찌된 일인지 감량이라고는 한 톨도 없는 관고를 보고 나서도 "창고에 양식이 저장되어 있다는 것이 사실입니다." 하고 보고해 건륭제를 믿도록 만들었으니 도저히 이해하기 힘든 일이었다. 그러나 이 의문은 우민중을 이 사건과 연결시켜 보면 분명해지며, 또 그의 가산으로 밝혀진 2백만 냥이 어디서 나온 것인지도 의아하게 여길 것이 없어진다.

이 사건의 전말이 모두 드러난 후 건륭제는 왕단망을 비롯한 50여 명의 관리들을 참형에 처했으나 우민중에 대해서는 한 마디 언급도 하지 않았다. 게다가 그 다음 해에는 우민중의 손자인 우덕유에게 일등 경차도위세직을 이어받게 하고 은혜를 내려 주요 관직까지 맡겼다. 그러나 이런 상식적으로 이해할 수 없는 결정도 바로 건륭제가 이미 우민중을 꿰뚫어 보았음을 뜻하는 것이었다.

그는 단지 대신들이 자신을 속이고 바로 자신의 눈앞에서 권력을 휘두르며 부정을 저질렀는데도 그가 알아채지 못했다는 사실을 심정적으로 받아들이기 힘들었던 것이다. 그는 이러한 사실을 덮어 감추기 위해 우민중의 손자에게 크게 문장을 써서 죽은 신하를 그리워하여 그 자손에게 특은을 내리는 모습까지 보였다. 그러나 결국 사실은 사실일 수밖에 없었다. 우민중이 공공연히 뇌물을 받았다는 사실은 건륭제 마음속에 이미 지울 수 없는 그림자를 드리워 늘 그를 괴롭혔다.

그러던 어느 날, 건륭제가 한가로이 영물시詠物詩를 짓다가 명조 가정嘉靖 연간에 사용했던 그릇을 보자 이미 67세가 된 노황제의 마음속에 순간적으로 격정이 일었다. 가정 연간의 간신이었던 엄숭[29]嚴嵩이 전권을 휘둘러 나라의 기본이 흔들리면서 조정의 정치가 잘못되었던 사실이 생각났기 때문이다. 이 생각이 나자 건륭제는 엄숭의 전기를 가지고 오라고 하여 읽어 보았다. 엄숭이 어떻게 해서 권력을 장악하고 전권을 휘두를 수 있었는지를 연구해 보려던 것이었다.

엄숭이 공공연히 뇌물을 받으면서 관리들에 대한 생사여탈권을 쥐고 있었던 사실에 건륭제는 극도로 분노해서, 엄숭이 "실로 전조前朝의 간사한 허물이었다."라고 했다. 그러나 그는 이 말을 하면서 다른 한편으로는 홀가분한 기분도 느낄 수 있었다. 그것은 자신이 통치하는 동안에는 이처럼 겁 없이 날뛰는 간신이 없어서 이런 걱정은 할 필요가 없었기 때문이었다. 그래서 그는 자신 있게 "본조本朝는 법도와 규율이 분명하고 기강이 엄정하여 태아太阿(중국 고대로부터 내려오는 보검寶劍의 이름)가 한 번도 아랫사람에게 넘어간 적이 없고 대신들이 권력을 독점한 일도 없다." 하고 말했다.

전관前官 대학사 우민중은 조정의 일을 오래 맡아보고 극진한 대우와 총애를 입었으므로 외부의 무식한 무리들이 그에게 기대고자 하는 마음이 있었을 것이다. 우민중도 몰래 이들을 꾀어 뇌물을 받기는 하였다. 그러나 당시에는 군기대신 중에 노숙하고 경험이 많은 이가 없었고, 복륭안도 나이가 어려 우민중이 약간의 기세를 떨칠 수 있었을 뿐이며 짐 또한 이를 몰랐던 바는 아니다. 우민중에 대해 생각해 보면 그는 불과 조정의 중심에 서서 짐을 보좌하며 명을 받들어 유지를 적는 일을 했을 뿐이니 전조의 엄숭과 비교할 수는 없을 뿐 아니라 그 세력 또한 강희 연간의 명주明珠나 서건학徐乾學, 고

---

29. 명나라의 정치가(1480~1567). 시문을 통해 이름을 날렸으며 가정제에게 아부하여 수석대학사의 자리에까지 올랐으나 뇌물을 거둬들이고 아들의 불법행위를 방치하는 횡포를 일삼아 말년에 관직과 가산을 모두 박탈당했음.

사기高士奇보다 못했다. 또 그 명성과 기세가 악이태와 장정옥에 미치지 못했는데, 어찌 능히 짐 앞에서 몰래 권세를 누리고 함부로 시비를 일으킬 수 있었겠는가?

우민중에 대해서 전해지는 이야기가 한 가지 더 있다. 그가 만년에 작은 질병을 앓게 되어 휴가를 청해 쉬고 있는데, 며칠 후 건륭제로부터 타라경피陀羅經被를 하사받았다. 타라경피는 1, 2품 대신들이 죽었을 때 관례에 의해 황제가 집으로 하사했던 것이었다. 죽은 사람에게나 내리던 상을, 살아있는 우민중에게 이런 흉물을 상으로 보낸 것은 당연히 예사롭지 않은 뜻을 내비친 것이었다. 그래서 우민중은 그 의미를 깨닫고는 곧 짐주를 마시고 죽었다고 한다.

이는 물론 황당무계한 소문에 가까운 이야기지만, 전제군주로서 건륭제의 흑백의 도가 잘 드러나고 있다.

중대한 국면에서는 모질 필요도 있다
急時需用忍

건륭 13년 3월 11일, 제남濟南에서 덕주德州로 가던 길에 가마 안에 누워 있던 황후 부찰씨가 병이 깊어져 곧 숨을 거둘 것 같았다. 황후가 황태후와 황제를 따라나선 이번 산동 순행은 공묘에서 제사를 지내고 태산에 오르는 등 줄곧 지칠 정도로 바쁜 일정이었다. 원래 제남에 도착하면서부터 몸이 좋지 않았으나, 이때는 다만 감기 기운을 조금 느꼈을 뿐이라 병이 나고 며칠 휴식을 취하자 병세가 바로 호전되었다. 그러나 오히려 너무 서둘러 북경으로 돌아가려던 탓에 병세가 도중에 깊어져 끝내 병을 이겨내지 못한 것이다. 덕주에 도착하자 바로 운하로 옮겨져 배에 오른 황후는 그날 밤 해시에 붕서崩逝했다.

건륭제와 황후는 금실 좋은 부부였다. 뜻밖에 황후를 잃은 건륭제의 비통함은 말로 다 표현할 수가 없었다. 그가 비록 천자라고는 하지만 그 역시 가슴 속에 피가 흐르는 칠정육욕七情六欲을 가진 보통 사람이었다. 게다가 그해 건륭제는 겨우 38세였다.

극도의 고통에 빠진 건륭제는 평소와는 전혀 다른 태도를 보였다. 거칠고 급해졌으며 쉽게 분노했다. 아무에게나 가혹하게 굴면서 걸핏하면 격노하여 큰소리를 질렀는데 마치 발광한 수사자 모습이었다.

건륭 13년 효현황후가 세상을 떠난 것을 계기로 건륭제는 관료조직 전반에 관한 총체적인 점검과 정비를 시작했다. 요직에 있던 수많은 만한 관리들이 예의에 벗어났다는 이유로 강직 혹은 면직을 당했으며 사약을 받거나 목을 베이는 자도 많았다. 그래서 관리들은 정무를 열심히 돌보아야 하며 공경을 다하고 예의를 알아야 한다는 크나큰 교훈을 목숨과 바꾸어 가면서 얻게 되었다.

청 조정의 고관들에게 이런 일이 닥친 것은 황권과 관료 조직 사이의 갈등이 무의식중에 격화된 측면이 있었으며, 이 때문에 결국 그들은 효현황후의 죽음과 함께 순장殉葬을 당하게 된 것이다. 효현황후의 장례절차가 일으킨 풍파는 관리들에게 미친 영향이 매우 컸는데, 건륭제는 그 범위를 끝없이 확대시켜 모든 관리 개개인에게 서로 다른 징벌을 내림으로써 그 기회를 통해 관리 사회를 정비하고자 했던 것으로 보인다.

황후가 죽은 지 한 달이 지나, 건륭제는 또 만주 문자로 된 황후의 책봉 문서에서 '황비皇妣'를 '선태후先太后'로 잘못 번역한 것을 발견했다. 이를 보고는 벌컥 화를 내어 한림원의 불경함을 크게 질책했으며, 특히 한림원을 관리하던 형부상서 아극돈에게 "마음속에 원망을 품었다." 하고 꾸짖으며 그를 형부로 보내 죗값을 치르도록 명했다.

형부의 관리들은 황제가 격노한 것을 보고는 아극돈을 엄중히 처벌하는 의미에서 그에게 교감후絞監候의 형을 내렸다. 그러나 건륭제는 이 처벌에 여전히 만족하지 않고 형부에서 고의로 그를 관대하게 보아 주었다고 책망했다. 그래서 형부 관리들 모두에게 죄를 물어 그중 상서 성안盛安

과 왕유돈汪由敦, 시랑 늑이삼勒爾森과 조혜, 위정국魏定國, 전진군錢陳群을 모두 면직시키거나 직무정지를 시키고 마지막으로 아극돈에 대해서는 '불경죄'로 참감후에 처하여 가을에 사형을 집행하도록 명했다가 후에 사면되었다. 이렇게 엄한 처벌은 관리들의 간담을 서늘하게 만들어, 군주를 모시는 것이 마치 호랑이를 곁에 둔 것과 마찬가지였다.

이후에도 다시 많은 관리들이 한꺼번에 문책을 당하는 일이 일어났다. 예부에서 황후의 시호를 봉할 때, 의례를 제대로 갖추지 않고 모든 '사무를 똑똑하지 못하게' 처리했다는 이유로 상서 해망海望과 왕안국王安國은 2급이 강등되면서 직무정지 처분을 받고 그 밖의 당관들도 죄상에 따른 처벌을 받았다.

광록시光祿寺(궁중에서 국가의 연회를 담당하고 요리를 맡아보던 곳)에서는 황후의 제례에 쓰일 음식을 준비했는데, 제례상이 정갈하지 못하다 하여 광록시경光祿寺卿(광록시의 최고 책임자, 그 밑의 부책임자는 소경少卿이라 했음) 증수보增壽保와 심기원沈起元, 소경少卿 덕이필德爾弼이 모두 강등되어 다른 곳으로 보내졌다.

황후의 장례를 치르는 한 가지 일로 짧은 시간 안에 형부, 공부, 광록시, 예부의 대소 관리들이 강등되는 처벌을 받았다. 이것이 건륭제가 의도를 가지고 한 행동이었음은 분명하다. 그러나 이것으로 끝나지 않았고 오히려 이제부터 시작이었다.

이들 사건에 이어, 건륭제는 또 조정대신 강남 하무河務 총독 주학건周學健과 그 밑에 속해 있던 문무관리들이 1백 일간 이발을 해서는 안 된다는 규정을 어긴 사실을 알아냈다. 만주족 풍습에 따르면 황후의 상에 애도하는 마음을 표하기 위해 모든 관리들은 1백일 안에는 머리카락을 자를 수가 없었다. 그러나 이들 한족관리들은 1백일 안에도 평소에 하던 대로 이발을 했다. 아마도 '너희는 만주족이고 우리는 한족이며, 너희에게는 너희들의 풍습이 있듯 우리에게도 우리의 규칙이 있다.'라고 생각했는지도 모를 일이었다. 그들은 청조의 신하는 곧 황제의 노비라는 사실을 의식하지 못했다. 이를 안 건륭제는 노발대발하여 상을 치르는 기간 안에 이발을 하면 선제로부터 이어오던 제도에 의해 즉시 참형에 처할 것이라 언명했다.

건륭제는 그 후로 산동 기주沂州 영도사營都司 강흥한姜興漢과 봉천奉天 금주부錦州府 지부知府 금문순金文淳을 비롯해서 이 규정을 어긴 자들이 많다는 것을 알아냈다. 건륭제는 이 일을 그냥 넘기지 않기로 결심하고 마음에 들지 않는 일부 관리들을 모질게 다스렸다. 사실 이전에 옹정제의 상장을 치를 때도 많은 관리들이 상을 치르는 동안 이발하지 않는다는 풍습을 따르지 않은 경우가 있었지만, 그때 건륭제는 마침 관인정책을 표방하고 있었기에 그들의 책임을 추궁하지 않았었다. 그러나 이때의 황제는 마치 용이 불을 내뿜듯 크게 노하여 지나칠 정도로 엄격한 처벌을 내리도록 조치했다.

건륭제가 주학건을 마구 꾸짖으며 말하기를, "양심을 저버리고 불경한 것이 감히 자신이 법을 어기는 데 그치지 않고, 그 아래 관리들까지 함께 나쁜 짓을 본떠 예의범절을 무시하는 풍조를 만들었으니 짐은 심히 놀라울 뿐이다."라고 했다. 주학건이 횡령을 저지른 사건이 또 드러나자 건륭제는 몹시 화를 내며 말했다.

> 짐이 등극한 이래, 모든 일을 함에 있어서 남을 믿고 진심으로 대하였다. 이렇듯 군신백관들을 진실로 대했음에도 불구하고 아직까지 이에 감동하지 않은 자가 있다. 주학건 같은 자만 보더라도 10여 년 동안 속여 온 것이 얼마나 많은지 모른다.

결국 건륭제는 주학건에게 자결할 것을 명했다. 호북 순무 팽수규彭樹葵와 호남 순무 양석불楊錫紱도 규정을 어기고 머리를 깎아 면직되었으며,

호광 총독 색릉액塞楞額은 팽수규와 양석불이 자수하는 것을 막았다하여 "이성을 잃고 미쳤다."라는 욕을 먹은 뒤 자결하도록 명을 받았다.

황후의 상으로 인해 관리들을 대대적으로 숙청한 폄출貶黜 사태가 북경 안에서만 떠들썩했던 것은 아니었고 북경 밖에 있는 외성의 관리들도 그 죄에서 벗어날 수 없었다. 일반적으로 황후가 죽으면 많은 관리들이 상주를 올려 북경으로 와 황후의 관에 머리를 조아려 절할 수 있도록 청했는데, 이것이 비록 겉치레에 불과하다고는 하나, 그럼에도 건륭제는 황후의 관에 절하러 오겠다고 주청을 올리지 않은 관리들에 대해 큰 불만을 품었다.

건륭제는 각 성의 만주족 출신 독무나 장군, 도통, 제독, 총병 중 북경에 오지 않은 모든 관리들의 등급을 두 단계씩 낮추었다. 그가 이들에게 질책하며 말했다.

> 팔기 관원들은 그 처지가 짐과 가까워 은혜를 입은 것이 더욱 깊었다. 황후의 대사를 만났으면 크게 슬퍼하고 통곡하며 서둘러 달려와 고인에 대한 애모哀慕의 마음을 다하는 것이 올바른 도리라 할 것이다. 조정 밖에서 황궁 안의 일에 참여하지 못했다고 하더라도, 짐이 이 같은 일을 당한 것을 생각했다면 역시 응당 주청을 올려 경성에 와 문안을 올려야 했을 터인데 그러지 않았으니, 이는 군신간의 도리와도 완전히 무관한 것은 아니다.

이 사건으로 건륭제에 의해 폄척을 당한 50여 명의 만주족 고관들 중에는 총독 4명과 순무 8명도 포함되어 있었다.

이번에 상장을 치르면서 강서순무 안녕安寧은 "효현황후의 대사에 다만 겉치레로 형식적인 글을 써, 진심으로 슬퍼하고 공경하는 마음이 전혀 없다."라는 이유로 해임을 당했다. 대학사 장정옥과 아극돈, 덕통德通,

문보文保, 정경이程敬伊 등도 모두 "신중히 살피지 않고 무성의하게 일을 마쳐 공경의 도리를 완전히 잃었다."라고 하여 각각 1년 간 감봉 처분을 받았다.

전제정치가 황제 개인의 의지를 막힘없이 통하도록 보장해 주었음은 두 말 할 필요도 없으며, '법'이라는 것 역시 단지 황제 권력의 의지가 구현되는 것에 불과했다. 그러나 황제의 의지라는 것도 외부 환경의 영향을 받을 수밖에 없었다. 그러므로 건륭제가 황후의 사망으로 사랑하는 사람을 떠나보내는 아픔을 겪으며 우울한 마음을 참고 견디기 힘들었을 때, 그의 괴로운 심정과 극단적인 고통이 역사와 시국에 영향을 미친 주요한 동기가 되었다. 그러나 역사는 겉으로 드러난 얽히고설킨 현상보다 그 이면에 깊이 내재해 있는 지배의 힘과 그 흐름에 주의하도록 사람들을 일깨워 준다. 건륭제의 자유의지와 비정상적인 정서의 배후에도 결코 충동적인 감정만 존재했던 것은 아니었다.

건륭제는 처음 보위에 올라 자신의 정치적 이상으로 내세운 관인정치를 추진하면서 옹정제의 엄맹정치가 낳았던 많은 폐단들을 제거했다. 그런 작업이 당시에는 정치상황의 변화에 따른 시대적인 요구에 발맞춘 것이었음은 의심할 여지가 없었다. 그러나 어떤 사회현상이든 그 내면에는 복잡성이 내포되어 있을 뿐 아니라 극명하게 상반되는 대립요소가 동시에 자리 잡고 있기도 하다. 이는 통치 행위에 있어서도 예외가 아니다.

건륭제는 그동안 관대한 정치를 펼치는 과정에서 발생한 긍정적인 업적보다 부정적인 문제점들이 부각되면서 이미 역사가 비극적 순환과정을 반복해 나아가고 있음을 느꼈다. 그래서 그는 강희 만년에 관인정치로 인해 생겨났던 정치적 해이와 관리들의 방종 그리고 형벌의 무력화라는 역사적 현상들이 또다시 등장하게 되리라는 것을 은연중에 느끼고 있었다.

건륭 11년 10월, 건륭제는 안휘 순무의 상주문을 읽으면서 그 지역 형

사사건의 심리 상황을 보고는 대단히 놀랐다. 건륭 원년부터 11년까지 안휘성에서 범인을 잡지 못한 경우가 뜻밖에도 116건에 달했으며, 이미 범인이 잡힌 사건도 계속 지연시키다가 결말을 짓지 못한 경우가 대부분이었다.

더욱 심각한 것은 옹정 시기에 이미 대체로 사라진 부패 현상이 건륭 연간에 또다시 나타났다는 점이다. 보군통령 악선의 뇌물수수사건 외에도 복건순무 서리 왕사임王士任의 공금횡령사건, 안휘 여봉도廬鳳道 오응봉吳應鳳이 군량미 대금을 유용한 사건 등이 있었다. 또한 지방 관청의 관고에 결손이 생기는 일은 날이 갈수록 늘어 갔다. 건륭 12년, 봉천부에서는 한 명의 관리가 재임하는 동안에 다섯 번이나 결손이 발생했다. 건륭제도 이렇게 근래 들어 적자가 자주 발생하는 상황이 자신이 관리들을 관대하게 다스렸던 것과 연관되며, 그래서 이들이 방종하게 되었다는 사실을 이미 깨닫고 있었다.

황후를 잃은 상실감과 슬픔이 결코 건륭제의 총명함을 흐리게 하지는 못했다. 그가 크게 격분하고 가혹한 형벌을 내린 것 모두가 관료들의 부패 풍조와 정치 기풍의 나태함을 겨냥한 것이었다. 삼강오륜을 무시하고 이발을 해서는 안 된다는 규정을 어긴 관리들의 행동은 건륭제가 이미 가지고 있던 인식을 더욱 확신하도록 만들었고, 그로 하여금 예사롭지 않은 과격한 조치를 취하게 한 일종의 도화선이 되었던 것이다.

효현황후가 세상을 떠난 것과 거의 동시에 금천전쟁에서의 패배 소식이 들려오자 건륭제는 또다시 적지 않은 무관 대신들의 목을 베었다. 가장 먼저 희생당한 것은 건륭제가 극도로 총애했던 보화전 대학사 겸 수석군기대신 그리고 이부와 호부를 관장하고 있던 눌친이었다.

눌친은 만주족 명문가였던 유호록씨 집안에서 태어났으며, 양남기鑲藍旗에 속했다. 그의 증조부 액역도額亦都는 유명한 개국 공신으로 혁혁한 공을 세워 일등공에 봉해졌고, 조부 알필륭遏必隆은 강희조에 있었던 네 명의 보정대신 중 하나였다. 또 부친 윤덕尹德은 도통에서부터 영시위내대신을 수여받았으며 그의 고모는 강희제의 황후였다. 그의 집안은 지위가 높고 귀했으며, 대대로 황실 인척으로 지내왔다.

눌친은 옹정 5년(1621)년 공작을 세습하고 산질30散秩에 머무르다 훗날 난의사鑾儀使가 되었으며, 옹정 만년에 군기처에 들어갔다. 건륭조에 이르러 눌친은 보화전 대학사로서 수석 군기대신의 지위에 올랐으며 이부와 호부를 모두 관할함으로써 조정 안에서의 권력이 대단했던 인물이었다. 건륭제가 집정 초기 눌친을 중용했던 것은 시험 삼아 어용대신御用大臣을 키워 본 것에 지나지 않았다.

건륭제가 보위에 오르면서 눌친은 악이태, 장정옥과 함께 황제의 유지를 받아 새로운 황제를 보좌하는 대신이 되었다. 그러나 옹정제 때부터 있어 온 이 노신들 중에서 그의 나이가 가장 젊었고, 부지런하고 민첩하게 일을 처리했을 뿐 아니라 스스로를 관리해서 청렴결백했으며 당을 만들어 사사롭게 정을 보아 주는 일도 없었다. 이런 까닭에 건륭제는 가장 키울 만한 인물로 일찍이 눌친을 점찍어 두었다.

옹정제의 국상 기간에 눌친은 도통과 영시위내대신의 신분으로 명을 받들어 사무를 총괄하면서 일등공에 오르게 되었다. 또 건륭 2년에는 병부상서 겸 의정대신을 수여받았다. 그러나 이때까지도 눌친에게 재상의 지위에 오를 수 있다는 희망은 보이지 않았다. 어떤 일에 새로운 변화가 생기면 누군가는 손해를 보겠지만 또 다른 누군가에게는 이익이 돌아가기 마련이다. 건륭 2년 11월, 새 황제는 황권을 강화하기 위해 총리사무아문을 폐지하고 군기처를 회복시켰다. 이때 눌친이 군기처에 들어가면서 6명의 군기대신 중 한 명이 되었다.

---

30. 직위는 있으나 실제 직무는 없는 관리로 산관散官이라고도 했음.

건륭 2년에서 6년까지의 4년 동안, 조정안에서의 눌친의 지위에는 커다란 변화가 있었다. 당시 기록을 살펴보면 악이태와 장정옥이 군기처 영반領班과 내각수보內閣首補의 지위에 있었으나 실질적으로는 눌친이 모든 대신들 중에 가장 많은 실권을 장악하고 있었다.

눌친에게 비록 재상의 이름은 붙어있지 않았지만 그 실권은 재상에 뒤지지 않았다. 그것은 눌친이 바로 그 당시 건륭제가 필요로 했던 가장 적합한 인물이었기 때문이었다. 건륭제는 악이태와 장정옥 등의 노신들을 억누르고 그를 중용해서 대권의 독점을 실현하기 시작했다.

건륭 10년은 눌친의 일생에 있어 가장 빛나는 한해였다. 그해 그의 직위는 날로 오르면서 가장 많은 직책을 맡았다. 3월에는 협판대학사에 오르고 5월에는 국사관 총재를 맡았으며 곧바로 보화전 대학사로 승임했다. 그때 악이태는 수족이 마비되는 병으로 진작부터 병상에 누워 일어나지 못하고 있었다. 얼마 후 악이태의 사망 소식이 전해 오자 건륭제는 즉시 눌친을 악이태를 대신해 군기처 영반대신으로 임명하여 서열상으로도 장정옥의 앞에다 놓았다.

건륭제의 이 같은 파격적인 인사는 눌친 본인조차도 감히 받아들이기 어려운 것이었다. 눌친은 상소를 올려 스스로 칭하길 자신은 능력이나 경험이 장정옥과 비교할 수 없으며, 그의 위에 오르는 것도 불가하다고 겸허하게 말했다. 건륭제는 그의 균형을 맞추는 재략으로 조서를 내렸다.

"이후 내각은 눌친이 책임지고, 이부는 장정옥이 이끈다."

뒤이어 다시 말하기를, "군기처에서 상주를 올릴 때 만주어는 눌친이 담당하고, 한어는 장정옥이 맡는다." 그러나 눌친이 어느 지위에 있든 간에 그가 조정 안에서 쥐고 있던 실권은 이미 장정옥을 훨씬 넘어서 있었다.

그러나 눌친의 벼슬 인생은 최고조에 이르면서 동시에 그 종점에 다다랐다. 전제 황권을 지닌 황제는 그의 의지로서 언제든지 모든 것을 뒤바꿔 놓을 수 있었다. 건륭제는 눌친에게 내린 불세출의 은혜를 거두어들일 수도 있었고, 눌친을 죽여 위엄을 내세울 수도 있었다.

건륭 13년, 금천에서 패전 소식을 전해 왔을 때는 마침 건륭제가 황후를 잃고 크나큰 비통에 잠겨 있는데다, 연이어 대신들이 불법을 저질렀다는 사실까지 알려져 더더욱 마음이 복잡하고 분노하고 있을 때였다. 그래서 금천에서의 무참한 패배는 불에 기름을 부은 격이었다.

눌친은 이 중차대한 고비에서 그의 약점과 무능함을 완전히 드러내어 건륭제를 크게 실망시켰다. 이와 함께 건륭제는 전방의 보고를 통해 눌친이 막사에 앉아서만 지휘를 하고 전쟁터에는 한 번도 나가지 않아 병사들을 곤경에 빠뜨렸다는 사실까지 알게 되었다. 이 때문에 머리끝까지 화가 난 건륭제는 눌친을 북경으로 들어와 경과를 보고하라 명하면서 경략사經略使로 임명했던 것을 철회했다.

그런데 뜻밖에도 눌친은 건륭제의 명이 떨어지기 전에 벌써부터 북경에 돌아가고자 하는 마음이 간절했으므로 서둘러 자신을 돌아가게 해 달라고 청원해 올렸다. 이 때문에 더욱 분노한 건륭제는 그를 면직시켜 북로군영으로 보내 버렸다. 건륭제 입장에서 눌친은 즉위 후 처음으로 '은혜를 내린' 인물이었는데, 그런 자가 이처럼 쓸모가 없어졌으니 건륭제의 체면은 완전히 무너져 내린 것이나 다름없었다.

아마도 눌친은 죽음에서 벗어날 수 없도록 운명이 정해졌던 것인지도 모른다. 눌친이 연이어 질책을 당하고 파직되면서 옥에 갇힐 무렵, 그의 부하였던 부성富成은 그가 전장에서 물러나 관망하면서 금천전쟁에 대해 회의를 품고 있던 속사정을 폭로했다. 원래 눌친은 이전에 "변방 오랑캐들을 다스리기가 이처럼 어려우니 장차 절대로 경거망동해서는 안 될 것이다. 그러나 이 말을 어찌 붓과 종이를 들어 아뢴단 말인가?"라고 말한 적이 있었다. 책임을 회피하는 듯한 이러한 변명이 건륭제의 더 큰 분노를 불러왔다. 건륭제가 보기에 자신이 금천에 군사를 보낸 것을 눌친이 잘못이라 원망하고 있으니 이는 곧 자신의 아픈 곳을 건드리는 것이나 다름없었다. 그래서 건륭제는 눌친에게 교활하게 속이려고 한 죄가 있음을 크게 질책했다.

너는 13년 간 짐의 은혜를 받았다. 짐이 너를 믿고 진심으로 대했거늘, 너는 무슨 일을 아뢸 수 없다는 것인가? 네가 만약 당당하게 바른 말을 했다면 상황은 이미 마무리되었을 텐데, 어째서 이처럼 많은 물력을 허비하게 만들었는가?

건륭제는 금천전쟁으로 비롯된 모든 분노를 한꺼번에 눌친에게 풀어, 그에게 전방에서 자결할 것을 명했다.

눌친 말고도 군사에 정통하고 전략을 세우는 데 뛰어나다 하여 건륭제로부터 극찬을 받았던 천섬 총독 장광사張廣泗도 금천에서의 패배로 면직되어 심문을 받고 곧 참형에 처해졌다. 고관 경복慶復, 총독 기산紀山과 반제班第, 제독 이질수李質粹와 원사필袁士弼, 총병 허응호許應虎와 송종장宋宗璋, 마량주馬良柱를 비롯한 수많은 관료와 고위급 장수들도 금천전쟁으로 인해 죽거나 파직을 당했다.

건륭 12년부터 이미 건륭의 통치 방식이 관대함에서 엄격함으로 돌아서기 시작했다. 그 무렵 빈번한 흉작으로 민심은 동요되고 계급간의 갈등은 날로 첨예해져 갔으며, 공금 횡령과 파벌 형성 등 관리사회의 부정부패 또한 심각해지고 있었다. 이런 것들이 모두 건륭제의 정책을 변화시키도록 만들었다. 건륭제는 나사를 바짝 조여, 각자의 정세에 맞는 서로 다른 시정 방침을 취하기 시작했다.

건륭 연간 매년 이루어진 추심秋審에서 황제가 구결31勾決 한 인원수를

---

31. 참감후나 교감후 등 감후형監候刑이 내려진 사건을 복심하여 사형으로 확정짓는 일을 구결이라 하고 확정을 다음 해로 미루는 것을 완결緩決이라고 함.

보더라도 건륭 즉위 후 6년 동안 구결이 전혀 이루어지지 않은 해가 4번이나 있었다. 그러나 건륭 6년에서 12년까지 구결된 수는 이전 6년에 비해 거의 1천 명이나 많았다. 이로 미루어 볼 때 건륭제는 효현황후 생전에 이미 엄격한 정치를 계획하고 있었으나 다만 적당한 기회와 구실을 찾지 못했을 뿐이었음을 알 수 있다.

건륭 12년에서 24년까지 건륭제에 의해 구결된 숫자는 이미 4천여 명에 이르렀다. 일부 사면을 받을 만한 관리들도 예외 없이 사형이 집행되었는데, 여기에는 주저하거나 고려할 여지가 전혀 없었다. 이런 것들은 모두 건륭제의 강한 결심을 반영한 것이었다.

건륭 14년만 보더라도 그 해의 추심과 조심朝審 사건들을 대부분 사형으로 확정했을 뿐 아니라 그동안 건륭 초부터 10여 차례 완결緩決해 왔던 사건들까지 모두 사형으로 확정했다. 그리고 호북, 강소, 산동, 사천, 하남 등 7개성에서 완결로 처리했던 사건도 죄상이 확실하다는 이유로 판결을 뒤집어 죄인들을 사형에 처한 일이 있었다. 건륭제는 그 같은 흉악범들에게는 절대로 완결을 내려서는 안 된다고 강조하면서 당초 이들 범인에 대해 원심을 내렸던 독무들에게도 경고를 내렸다.

건륭제는 자신이 일부러 엄하게 다스리는 것은 아니라는 점을 거듭 강조했지만, 나중으로 갈수록 가혹한 법률과 형벌만이 진정으로 관리들의 공무집행을 청렴하게 하고 군대의 기강을 확립시키는 효과를 가져 올 수 있다고 믿었다. 그는 엄격한 법을 통해 관리조직에 불고 있던 부패의 바람을 잠재우면서 이치吏治의 기풍을 되살리고자 했다. 그는 관리들에게

> 부패를 저지르는 것은 죄상이 분명하므로 반드시 법대로 처리하여 요행으로 넘어가는 일이 없을 것이다. 자신과 일가가 모두 망하고 그 자손들도 보호받지 못할 것이니, 도철饕餮(전설에 나오는 흉악하고 탐욕스러운 야수)의 무리들은 스스로 이를 억제해야 할 것이다.

통치의 효율을 높이기 위해 '관범官犯'에 대한 처벌은 날로 가혹해져 갔다. 그가 취한 이러한 조치들은 탐관오리들에게 큰 타격을 입혔으며, 향리鄕里를 함부로 짓밟던 불법 행위를 근절하는데 강력한 촉매제 역할을 했다.

아무리 화가 나도 금도를 지켜라
發怒時要手下留情

　장정옥은 3대 조에 걸쳐 벼슬을 하면서 오랫동안 고관으로 있었다. 이 때문에 그의 가문 또한 세력이 대단해졌으므로, '자신의 파벌은 감싸주고 다른 무리는 제거하는' 상황이 생길 수밖에 없었다. 더군다나 그가 한족 관리였기 때문에 건륭제는 그에 대해 늘 불만을 품고 있었다.
　만주족 대신이었던 눌친과 경복이 금천전쟁 패전으로 사형을 당하자 장정옥을 위시한 한족 대신들은 한쪽에서 남의 재앙을 기뻐하고 있었다. 건륭제가 이를 알고 몹시 화를 내며 훈계했다.

　　무릇 국가에 전쟁이란 있기 마련인 바, 대신이 된 자라면 온 힘을 다해 노력하면서 고생을 마다 않고 사력을 다함이 마땅하다! 만약 한인들이 두 사람이 죄를 얻고 재난을 당하여 그 가문이 등용될 수 없게 된 것을 보고 마치 남의 일을 대하듯 돌아서서 이를 비웃는다면, 이러한 심보가 너무나 각박하고 무정하지 않은가? 대학사 장정옥 같은 자는 오래 벼슬을 해 오고 다행히 몸을 보전하여 지금에 이르렀으니 이 같은 일을 당한 적이 없었다! 또한 왕유돈은 매사에 힘써 나아갈 생각을 하지 않아 이 같은 일을 만나면 더욱 어찌해야 할 줄을 모를 것이다! 너희들이 가슴에 손을 얹고 스스로에게 물으면 그들에게 미안하여 반성할 겨를도 없을 터인데 아직도 남을 헐뜯을 생각이 남아 있을 수 있겠는가?

건륭제가 이 말을 하면서 특히 장정옥과 왕유돈의 이름을 지적한 것은 장정옥 무리에 대한 그의 불만이 이미 수면 위로 불거져 나온 결과였다. 장정옥은 '만 마디 말과 만 가지 행동이 한 번의 침묵만 못하다.〔萬言萬當, 不如一默〕'라는 말을 신봉하여 한 평생을 신중하게 살아왔으면서도, 마지막에 이르러 허영심으로 이제까지의 공적을 수포로 돌아가게 할 줄은 생각하지 못했다. 그야말로 천려일실千慮一失이었던 것이다.

장정옥은 악이태와 동시에 백작에 봉해졌기 때문에 항상 이를 광영으로 삼았다. 그래서 나이가 든 후에는 황제에게 주청을 올려 백작의 작위를 아들 장약애에게 물려줄 수 있도록 청하기도 했다. 은혜를 구걸하는 그의 이런 행동을 몹시 혐오했던 건륭제는 장씨 집안의 지나친 팽창을 막기 위해서도 요구를 들어주지 않았다.

건륭 13년, 이미 76세가 된 노신 장정옥은 자리를 물러나 고향으로 돌아가게 해 줄 것을 청했다. 하지만 건륭제는 신하가 임금을 섬기는 데는 오직 죽을 때까지 몸 바쳐 일하는 것 밖에 없다고 여겼으므로 이 또한 허락하지 않았다. 장정옥은 거듭해서 있는 힘을 다해 간절히 주청을 올리며 눈물까지 흘렸다. 건륭제가 몇 번이고 유지를 내려 은퇴를 허락할 수 없다는 뜻을 알렸음에도 그는 여전히 물러나는 데만 급급했으므로 건륭제는 속으로 매우 언짢았다. 건륭 14년, 건륭제는 장정옥의 노망기가 날로 더해 간다고 생각하여 하는 수 없이 집으로 돌아가 여생을 보낼 수 있게 해주었다.

옹정제는 이전에 유지를 내려 악이태와 장정옥이 사후에 태묘에 배향配享(공신의 신주를 종묘에 모시던 일)될 수 있도록 허락한 적이 있었는데, 그것은 그들이 죽을 때까지 새 황제를 보좌하는 데 목숨 바쳐 일하도록 만들기 위해서였다. 이는 청조에서 그 종실과 대신들에게 해 줄 수 있는 최고의 대우였다. 청조 전체를 통틀어도 황실과 성이 다른 대신이 태묘에 배향된 경우는 겨우 12명에 그쳤는데, 장정옥은 그 중에서도 유일한 한인이었다.

악이태의 붕당에서는 줄곧 이에 불복해 왔으며, 사이직은 상주를 올려 장정옥에게는 아무런 공덕도 없으므로 배향해서는 안 된다고 아뢰기도 했다. 장정옥은 사이직의 진언을 풍문으로 듣고 나자 속으로 화가 불같이 일었다. 평소 신중한 언행으로 평판이 좋았던 그였지만, 허영심에 사로잡혀 그런 명성 따위는 돌보지도 않고 사후의 광영을 누리지 못할까 두려워하여 건륭제에게 옹정제의 유명遺命을 바꾸지 말아 달라고 간청했다.

이런 행동은 사실 예의에 크게 벗어나는 일이었지만, 건륭제는 배향 문제가 옹정제의 유조에서 나왔던 일이고 이미 오래 전에 정해진 일이라 그대로 받아들일 수밖에 없었다. 다만 거의 위협하는 듯한 그의 부탁이 몹시 불쾌했으므로 시를 한 수 지어 그에게 내렸다.

> 찾아와 무릎 꿇고 사정하는 한 마디가
> 짐의 측은심을 불러일으키는구나
> 선황의 유지가 아직 변함이 없는데
> 자꾸만 염려하니 지나치지 않은가
> 일찍이 청전[32]青田의 배향을 모든 이가 바랐고

모두가 정국[33]鄭國에게 비석을 세워 주자 원했다
내가 요순이 아니거늘 누가 고계皐契(고요皐陶와 직계稷契) 이겠느냐
한간汗簡(청사靑史, 역사서)의 평론이 말해줄 것을

건륭제가 내린 시 속에는 두 가지 뜻이 담겨 있었는데, 그 하나는 옹정제의 유명을 거듭 밝히면서 장정옥이 태묘에 배향되어 유기劉基나 위징魏徵과 같은 대우를 받을 수 있도록 허락한다는 것이었다. 또 하나는 장정옥의 공덕이 요순시대의 명신이었던 고요皐陶나 직계稷契에 비하기는 어려우며 훗날 역사가 평가할 것이라 하여 장정옥이 영달을 구하고자 하는 데 대한 경멸을 드러내고 있었다.

장정옥은 특별한 영예를 얻었으면서도 자신이 직접 가서 은혜에 감사의 뜻을 표하지 않고 아들 장약징張若澄을 대신 보냈다. 이 무렵 건륭제는 사랑하는 황후를 잃은 아픔에 금천에서의 패배까지 더해 심히 괴로워하고 있었고, 그의 통치 방식 또한 관대함에서 엄격함으로 돌아섰던 때라 눌친과 경복, 장광사 등 대신들이 잇따라 죽임을 당하고 있었다.

이런 상황에서 장정옥이 아들을 보내 사은의 예를 대신하도록 하여 예절을 무시하고 황제를 소홀히 하자, 건륭제는 이를 문제 삼아 크게 화를 내며 유지를 내려 질책했다. 유지를 전할 당시 장정옥의 문하생이었던 협판대학사 왕유돈이 마침 그 자리에 있어 즉시 장정옥을 대신해 사죄하였다. 유지에서 장정옥에게 다음과 같이 묻고 있었다.

"죽어서 고향에 묻히기를 바라는가 아니면 배향의 은전을 입고자 하는

―――

32. 중국 원元나라 말기에서 명明나라 초기의 유학자 정치가 유기劉基. 자는 백온伯溫 시호는 문성공文成公 청전靑田 출생.
33. 당나라 때 직간直諫으로 유명했던 위징魏徵을 뜻함. 당 태종에 의해 정국공鄭國公으로 봉해졌음.

가? 이에 명확하게 대답할 것을 명하노라."

 유지는 아직 도착하지 않았으나 왕유돈은 건륭제가 분노했다는 소식을 이미 장정옥에게 전했다. 다음날 장정옥은 직접 조정에 들어가 황은에 감사를 표했다. 그러나 소 잃고 외양간 고치는 식의 인사는 건륭제의 노기를 가라앉히기는커녕 오히려 제 무덤을 판 것이나 다름없었다. 건륭제는 사실을 미리 누설했다하여 화를 내며 왕유돈을 꾸짖었다. 왕유돈은 장정옥 일파이자 그의 심복이었다. 장정옥은 노령으로 사직을 고할 때 건륭제가 대학사의 자리를 누가 이어야 좋을지를 물어오자 조금도 주저하지 않고 바로 왕유돈을 추천했다. 건륭제는 이때야말로 바로 장정옥과 그 도당이 위세를 부리고자 하는 때라 여겨, 그동안 쌓였던 장정옥에 대한 분노를 마치 화산처럼 한꺼번에 터뜨리고 말았다.

 우선 장정옥이 태묘에 배향되기를 요구한 것은 전대 황제의 유지를 받들어 당연히 할 일인데도 불구하고 황제를 못 믿은 것이라 하여 질책했다. 건륭제는 장정옥의 잘못이 직접 감사의 표시를 하러 오지 않은 데 있다기보다 더욱 중요한 것은 감히 황제를 위협하려 했다는 데 있다면서 "짐을 믿지 못하였으니, 천지신명의 노여움을 살 일이다."라고 말했다. 그 다음으로 건륭제는 장정옥을 태묘에 배향하도록 한 것은 특별한 은전이었음을 분명히 했다.

> 경성과 가까운 곳에 있으면서 설령 노쇠하여 병이 났을지라도 응당 기어서라도 사의를 표해야 했거늘, 진정陳情할 때는 마주 대하여 주청을 올리면서도 사은謝恩할 때는 도리어 직접 궁궐에 나오지 않았다. 그럼에도 이처럼 크나큰 은혜를 마땅히 받아야 하는 것이라 생각한다면 그것은 무슨 이치인가?
>
> 그대는 짐이 이미 허락을 한 이상 계획을 되돌리는 경우는 없을 것이며 이미 오랜 소원을 이루었다 하여 만족하면서, 앞으로는 이

같은 은혜를 더 얻을 일도 또 더 이상 죄를 지을 일도 없다고 생각해서 군신간의 의리를 찾지 않는 것이다.

이 말을 마치고 다시 장정옥이 유지를 받기도 전에 조정에 나와 사죄하려던 것에 대해 다음과 같이 지적했다.

이는 분명 군기처에서 유지를 누설하였기 때문이다. 그렇지 않으면 오늘은 왔으면서 어제는 왜 오지 않았는가? 이것은 묻지 않아도 알 만하다!
　어제 짐이 유지를 쓰도록 명할 때 대학사 부항과 왕유돈 두 사람이 유지를 받들었다. 왕유돈은 머리를 조아려 사죄하면서 이르기를, 장정옥이 지금껏 성은을 입고 신중하였는데 만일 이 같은 유지를 내린다면 장정옥은 영영 죄를 벗기 어려울 것이라 하였다. 이로써 이미 사제간에 사사로운 정으로 서로 돌보아 주고 있음을 알았는데, 오늘 장정옥이 일찍 온 것을 보고 그 상황이 모두 분명해졌다. …… 장정옥이 오늘 조정에 나오고, 더군다나 이전보다 유독 일찍 나와서는 미리 소식을 얻은 것이 아니라 말하니 이는 누구를 속이려 함인가?"

건륭제는 말을 하면 할수록 더욱 화가 났다. 그는 다시 말했다.

평소 사이가 좋은 문하생을 끌어들여 자신은 조정을 떠나면서도 계속하여 권력을 유지하려고 하니, 그러한 수법을 진정 짐 앞에서 펼치려는 것인가? 대학사가 얼마나 대단한 벼슬이기에 그 지위를 가지고 사사로이 누구를 끌어들이고 한다는 말인가? 또한 짐이 어떤 사람인데 대신들이 자기편을 세우고 자기 사람만을 돌보는 것을 용납하겠는가? 대신들이 다른 파벌로 각기 나뉘어 의발衣鉢(스승인 스님이 제자에게 물려주는 가사袈裟와 바리때)을 서로 전수하였으니, 이것이 어찌 성세에 있을 수 있는 일인가?

건륭제는 또 "유지를 누설한 것은 사제간의 사사로운 은혜만을 생각하고 공을 돌보지 않은 것이다."라고 말하며 왕유돈을 책망했다. 그리하여 왕유돈의 협판대학사와 형부상서 직무를 박탈했으나 상서의 직위는 그대로 두어 속죄하도록 했다. 장정옥의 불경행위도 대죄가 되지는 못했으므로 다만 장정옥의 백작 작위만 빼앗고 대학사의 직위로 은퇴하게 했을 뿐, 죽은 후에는 어김없이 태묘에 배향하기로 했다.

그 무렵, 건륭제의 장자였던 정안친왕定安親王 영황이 약관을 갓 넘긴 나이로 세상을 떠났다. 장년에 아들을 잃은 건륭제는 당연히 깊은 비통에 잠겼다. 영황의 스승이었던 장정옥은 연로하여 마음이 쇠해진데다 막 황제의 책망을 당했던 터라 이를 알고는 이미 간담이 서늘해졌다. 그래서 북경에 오래 머물러서는 안 되겠다 판단하고 오로지 서둘러 고향에 돌아가 화근을 없애야겠다는 생각뿐이었다. 황제가 이미 봄에 귀향하도록 허락해 주었으나 조금이라도 일찍 돌아가는 편이 나았다. 그리하여 영황의 초우初虞[34]를 지내자마자 황제에게 상주를 올려 귀향을 청했다.

이 일로 장정옥은 아직 극심한 슬픔에 잠겨 있던 건륭제에게 또 한번 총부리를 겨눈 꼴이 되었다. 건륭제는 장정옥이 황태자의 스승된 몸으로 뼈저리게 마음 아파지는 못할망정 도리어 서둘러 고향에 돌아가 여생을 보내려는 데만 급급하니 진정으로 대역무도한 행동이 아닐 수 없다며 심하게 꾸짖었다. 건륭제는 조금도 인정을 보지 않고 장정옥을 훈계했다.

---

34. 장사 뒤에 처음으로 지내는 제사. 혼령을 위하는 제사로 장사 당일에 지냄.

이제 겨우 초우를 지냈거늘 바로 귀향한다 하는구나. 그대는 일찍이 짐의 곁에서 공부를 가르쳤고 또 정안친왕의 스승을 지냈는데, 전혀 개의치 않고 무정하기가 이에 이르렀다. 아직 인심이 있다고 이르겠는가?

이 말은 곧 '영황이 이제 막 세상을 떠났는데도 장정옥은 그의 스승된 몸으로서 조금도 비통한 마음이 없으니, 정말로 인간미가 없다.'라는 뜻이었다. 또 이어서 말했다.

군신의 대의와 평소 사부의 은의恩誼에도 전혀 개의치 않으니, 그것은 다만 자신의 소원이 전부 이루어져 더 이상 바랄 것이 없어졌기 때문이다. 오로지 영예롭게 고향에 돌아가고자 하는 데만 급급하여, 신하로서 국가의 일에는 조금도 연연해 하는 기미를 보이지 않으니 국가가 어찌 이 같은 신하에 의지할 수 있겠는가!

건륭제가 장정옥이 대의를 저버렸음을 크게 탓할 무렵, 마침 몽골 액부이면서 초용친왕超勇親王이었던 책릉策凌이 세상을 떠났다. 책릉 역시 태묘에 배향된 공신이었기에 건륭제는 이를 트집 잡아 장정옥에게 치욕을 주었다.

태묘 배사配事는 모두 나라를 세우는 데 큰 공훈을 세운 자에게 돌아가는 것인데, 장정옥은 어떤 공을 세웠기에 그와 어깨를 나란히 하려는가? 악이태에게는 묘강을 진압한 성과가 있으나 장정옥이 잘한 것이라고는 근신하여 스스로 몸을 추스르고 유지를 받아쓴 것에 불과하여, 짐이 시를 지어 이른 대로 '삼가고 조심하면 잘못이 없다.'라는 말에 충실한 것뿐이다.

이어서 계속 말하기를, "배향하는 것은 실로 온당치 않다. 배향은 아무래도 과분하다!"라고 하였다.

건륭제는 또 신하를 시켜 태묘에 배향된 이들의 명단을 장정옥에게 보이도록 하고는 그 자신이 과연 전조의 공신들과 서로 나란히 설 수 있는지를 생각하여, 배향이 과연 타당한가를 스스로 헤아려 본 후 상주를 써서 답하도록 했다. 장정옥은 그것을 본 후 어쩔 수 없이 대답해야만 했다.

> 신이 천박하고 비루한 능력으로 여러 해 녹을 먹었으니 조금도 다른 뜻이 있을 수 없습니다. 신이 도량을 망각하고 함부로 배향을 생각했다가 황상의 훈시를 입고 나니 마치 꿈에서 막 깬듯 합니다. 신은 변경을 개척한 한마지로[35]汗馬之勞도 없고 또 경국經國을 보좌하는 데도 이익이 되지 못하였으나, 몸이 쇠하고 아는 것이 어두워 엎드려 배향을 구하는 잘못을 저질렀으니, 신의 죄를 다스려야 합니다.

건륭제는 상주문을 읽고 곧바로 배향에 대해 다시 논의할 뜻을 보였다. 장정옥의 마음속에는 오로지 태묘에 배향되어 죽은 후에도 조상을 영광스럽게 하고 후세를 빛내려는 한 가지 생각뿐이었는데, 이렇게 파란곡절을 겪으며 날마다 살얼음 위를 걷는 듯한 날을 보내게 될 줄을 누가 알았겠는가? 결국 건륭제는 대학사와 구경들의 주장을 구실로 옹정제의 유조를 수정하여 장정옥에게 내렸던 배향 특권을 거두었다.

태묘에 배향될 자격을 상실한 후에도 장정옥의 수난이 아직 끝난 것은 아니었다. 장정옥이 귀향한 지 얼마 되지 않아 바로 그해 벌어진 '주전朱荃이 물에 빠진 사건'에 또다시 장정옥이 말려들었다.

---

35. 싸움터에서 말을 달려 싸운 공로 즉 전쟁에서 이긴 공로.

주전이 사천학정을 맡은 적이 있었는데 임기 중에 규정을 위반하여 모친이 사망한 것을 보고하지 않았다. 또 가정嘉定 등 세 군과 한 주에서 시험을 치르면서 동생³⁶童生 9명으로부터 뇌물을 받았으며, 전사典史 이수영李秀榮과 의빈현宜賓縣의 고지현高知縣과 범교관范敎官 등의 알선으로 은냥과 계피 세 근을 얻었다. 그리고 북경에서 산서로 갔을 때, 사천 파현巴縣 사람인 포주부蒲州府 지부 이위동李爲棟이 주전에게 은냥과 담비로 만든 옷 등을 선물로 보내면서 시험을 치를 때 이씨 성을 가진 동생 두 사람을 합격시켜 줄 것을 부탁했다.

그러나 주전은 뇌물을 받고 집으로 돌아가던 중 그만 실수로 물에 빠져 죽고 말았다. 어사 저린지儲麟祉는 주전이 뇌물을 수수한 사건을 폭로했고 주전의 가족들도 이를 자백하였다.

주전은 장정옥의 사돈으로, 경찰³⁷京察을 시행할 때도 장정옥은 주전을 1등에 넣어 주었다. 주고관主考官을 선발할 때는 장정옥의 문하생 왕유돈이 또 적극적으로 추천했기 때문에 주전은 사천학정으로 부임되어 동시童試를 주관했다. 이를 보고 건륭제는 다시 장정옥을 힐문하며 명을 내렸다.

> 공공연하게 사돈을 위해서 정성스럽게 마음을 쓰고…… 기탄없이 행동한 것이 이러한 지경에 이르렀다. 선황의 성은을 잊으니 어찌해야 하는가? 짐을 업신여기니 또 어찌해야 하는가?
> 지금까지 은혜를 입어 하사받았던 모든 어필御筆과 서적 그리고 그동안 상으로 받았던 물건들을 모두 회수하라. 종신토록 황제를 알현하지 못하도록 명한다.

---

36. 명, 청조에 현과 부의 시험은 통과했지만 생원秀才 시험에 낙방한 자를 일컬음.
37. 북경에서 3년마다 한 번씩 관리들의 근무성적을 평가하던 제도.

건륭제는 북경의 호국사護國寺 부근에 있던 장정옥의 집을 몰수하고 그 집에 있던 장정옥의 재산 만 5천 냥을 주전이 뇌물로 받은 돈을 대납하는 데 쓰도록 했다. 또 이 일에 개입된 장정옥의 도당 양도정梁濤正을 형부로 보내 조사하도록 하고, 왕유돈은 시랑으로 강직시켰다.

장정옥과 그 일파는 온갖 꼴사나운 변고를 당하면서 모든 명성을 다 잃었으며, 장정옥의 정치 생명도 완전하게 끝이 났다. 그의 문하생들도 뿔뿔이 흩어져 각자 새로운 길을 찾아 나섰다.

건륭 20년, 장정옥은 병으로 세상을 떠났고 그때 그의 나이 84세였다. 건륭제도 그만하면 인자한 편이었으니 오랜 신하에 대한 애도의 뜻으로 제사와 장례를 치러주면서 끝내는 그를 태묘에 배향했다. 그는 "선친의 명을 짐이 어찌 거스르겠는가?"라고 말하며 그에게 문화文和의 시호를 내렸다. 장정옥은 결국 그토록 갈구하던 '사후의 명성'을 죽음으로써 지켜냈다.

속담에 '군주를 모시는 것은 호랑이를 옆에 두는 것과 같다.'라는 말이 있지만, 장정옥 만년의 처지를 보자면 그야말로 환해부침[38]宦海浮沈으로 위기를 전혀 예측할 수가 없었다. 천지가 바뀌면 신하도 바뀐다는 옛 말도 틀린 것이 아니었다.

건륭제도 황권을 지켜내기 위해 참으로 적지 않은 심혈을 기울였다. 이 같이 복잡한 정치적 사건들을 처리하면서 지고 무상한 황제였던 자신도 "양끝을 잡고 중심에 서는 것이 어려워, 지나치지 않으면 곧 미치지 못함을 알았다." 하며 탄식했다. 장정옥의 경우를 볼 때, 군주가 되는 것도 어렵지만 신하가 되는 것 또한 쉽지 않은 것이 틀림없다.

악이태와 장정옥 두 당파는 비록 그 기세가 마치 물과 불처럼 수십 년

---

38. 관리사회에서 겪는 온갖 풍파. 환해풍파宦海風波.

을 시끄럽게 했지만 결국은 건륭제의 손아귀에 들어갔고, 조금이라도 경솔했을 때는 곧 죽음이라는 불의의 화를 불러일으켰다.

|【건륭제에게 배우는 상벌술】|

一. 너무 강하면 반드시 꺾이고, 너무 밝으면 반드시 어두워진다.

一. 사람의 도리를 논할 때는 본래 재능과 인품을 두루 갖추는 것이 가장 훌륭하다하겠지만 이 두 가지를 함께 지니기는 어렵다.

一. 인재를 볼 때 한 번에 그의 출중함이 드러나는 것이 아니며 재능을 갖추지 못한 것 또한 단번에 알아볼 수 있는 것이 아니다.

一. 역사는 겉으로 드러난 얽히고설킨 현상보다 그 이면에 깊이 내재해 있는 지배의 힘과 그 흐름에 주의하도록 사람들을 일깨워 준다.

一. 만 마디 말과 만 가지 행동이 한 번의 침묵만 못하다.

一. 양끝을 잡고 중심에 서는 것은 어려운 일이다. 지나치지 않으면 곧 미치지 못함을 알게 된다.

[제三부] # 흑백무민 黑白撫民

당근과 채찍을 함께 사용하여,
은혜와 위엄을 모두 느끼도록 해야 한다

恩威兼施, 打一巴掌給個棗吃

1. 배가 물을 떠나서는 그 공을 이룰 수 없다 舟不能離水而成其功
2. 은혜를 베풀면서도 위엄은 지켜야 한다 恩威需因時而變
3. 계란으로는 바위를 깰 수 없다 豈容太歲頭上動土

군주와 백성 사이의 대립되면서도 하나되는 변증辨證 관계에 대해 건륭제는 "군주는 백성으로부터 나오므로 이것은 마치 배가 물에 있어야 하는 것과 같다. 배가 물을 떠나서는 그 공을 이룰 수 없으며, 군주는 백성을 떠나 나라를 다스릴 수 없다." 하고 논한 바 있다. 여기서 강조하고자 한 주체는 물이 아니라 배다. 배가 뜨고 뒤집어지는 흔한 이야기가 아니라 정세에 따라 올바르게 이끌어 나가고, 은혜와 위엄으로 백성을 길들여야 한다는 새로운 이야기를 하는 것이다. 군주가 세상을 다스리고자 한다면, 곧 민생을 두텁게 하고 백성의 노력을 덜어 주어야 하며 병사들에게 혜택을 주고 백성들에게 은혜를 베풀어야 한다. 그와 동시에 배에 올라 물을 제어하여 백성들로 하여금 군주의 위엄을 알게 하고, 심지어 관리와 백성들에 대한 혹정도 아끼지 않아야 한다는 것이다.

제1장

은위술恩威術 1
배가 물을 떠나서는 그 공을 이룰 수 없다
舟不能離水而成其功

건륭제가 말했다. "짐이 백성을 사랑하고 보살피는 것을 근본으로 삼아 밤낮으로 오로지 사해의 백성들이 모두 풍족해지고 태평의 복을 함께 누리는 것만을 생각한다." 이 말은 그가 백성이야말로 국가의 근본이라는 도리를 깊이 깨닫고 있었음을 알게 한다.

작은 시냇물이 큰 강을 채운다
小河有水大河滿

군주와 백성의 관계에 대해 이야기하면 사람들은 자연스럽게 정관(당 태종의 연호)성세貞觀盛世를 이룬 당 태종을 떠올린다. 그는 태자 이치李治를 가르치면서 일찍이 "배가 군주라면 물은 백성이다. 물은 배를 뜨게도 하지만 뒤집기도 한다." 하는 오래 전부터 전해 오던 말을 한 적이 있다.

사실 가장 먼저 군주와 백성의 관계를 배와 물에 빗댄 것은 당 태종이 아니라 전국戰國 시기의 사상가 순황荀況이었다. 순황은 『왕패王霸』편에서 이미 분명하게 지적했다. "군君은 배고 서인庶人은 물이다. 물은 배를 신기도 하지만 배를 뒤집을 수도 있다." 다만 안타깝게도 백성을 근본으로

---

1. 중국 전국시대 말기의 제자백가 중 하나. 순자荀子.

삼아야 한다고 한 순자의 이 말은 "백성은 귀하고 군주는 가벼우며 사직은 그 다음이다."라고 말한 맹자의 가르침만큼 역대 통치자들의 주목을 받지 못했다. 배를 띄울 수 있는 물이 언젠가 배를 뒤집을 수도 있다는 경고는 오랜 동안 홀대되어 왔지만, 두 눈으로 직접 수나라가 망하는 것을 본 당 태종은 다시금 이 말을 되새겼다.

군주와 백성 사이의 대립되면서도 하나되는 변증 관계에 대해서 건륭제도 논한 적이 있다. 그는 건륭 7년의 전시殿試에서 전국의 공사貢士(회시會試에 합격한 선비)들에게 내린 조서에서 다음과 같이 말했다.

> 군주는 백성으로부터 나오며 이것은 마치 배가 물에 있어야 하는 것과 같다. 배가 물을 떠나서는 그 공을 이룰 수 없으며 군주는 백성을 떠나 나라를 다스릴 수 없다.

여기서 강조하고자 한 주체는 물이 아니라 배다. 배가 뜨고 뒤집어지는 흔한 이야기가 아니라 정세에 따라 올바르게 이끌어 나가고, 은혜와 위엄으로 백성을 길들인다는 새로운 이야기를 하는 것이다. 건륭제의 이 말은 전통적인 재주복주설載舟覆舟說에서 한 걸음 더 나아간 것임이 틀림없다. 그가 볼 때 군주는 반드시 객관적으로는 주어진 조건을 충분히 이용하고 주관적으로는 능동적 역할을 충분히 발휘해서 언제나 백성을 위한 바른 생각을 가지고 있어야 한다고 믿었다.

옛사람들은 늘 '백성이 나라의 근본'이라 말했고, 많은 전적들에서도 이민위본以民爲本이라는 말이 자주 나온다. 건륭제도 "제왕이 다스림에 있어서 백성을 사랑하는 것보다 큰일은 없다."라고 말한 적이 있다. 그는 봉건 황제이면서도 자기 자신에게 백성을 사랑하고 보살피는 것을 근본으로 삼도록 요구했다. 백성들은 먹을 것과 입을 것이 있어 포식난의飽食暖衣할 수 있고, 곳간에 양식이 남아 있어야 비로소 예의를 알게 되며 또한 자연히 순종할 것이니, 이것이 바로 이른바 '백성은 나라의 근본이요, 식량은 백성의 하늘이다.' 라는 이치다.

늘 사적을 숙독했던 건륭제는 왕조를 세우거나 나라를 훌륭하게 통치했던 역대 군왕들의 성공 사례를 본받고자 했으며, 그들의 정신을 실제로 자신이 나라를 다스리는 데 응용하기도 했다. 즉위 초에 그는 시정 강령에 가까운 유지를 하달했다.

> 치治의 도리는 백성을 휴양休養 할 수 있도록 하는 데 있으며, 백성을 휴양하도록 하는 것은 백성들을 힘들게 하는 일체를 없애서 그들의 마음이 편안해 지도록 하여, 각자가 생계를 도모함에 있어 전심으로 그 업에 종사할 수 있게 하는 데 있다.

유지에서 건륭제는 독무나 대신들이 백성들의 잘못을 가혹하게 들추어내는 것을 재능으로 삼거나 혹은 모호하게 일을 처리해서 백성을 고달프게 하는 일들이 계속 생기는 것을 질책하면서 당시에 있었던 온갖 정치상의 적폐들을 지적했다. 이를 테면 전량錢糧 징수를 재촉하면서 몇 번이고 고지서를 발급해 그 액수가 원래 금액의 몇 배나 되는 경우, 체포하여 옥에 가두어 심판하면서 죄를 연좌하여 원래 죄보다 몇 배를 묻는 경우 또 통행세를 징수하는 데도 낙지落地, 수구守口, 급표給票, 조표照票 등으로 백성들에게 몇 갑절의 부담을 주는 경우 등이 있었다. 건륭제는 각급 관리들에게 "반드시 나의 백성들이 휴양하는 것을 근본으로 삼으라." 하고 요구하면서, 가혹하게 백성을 괴롭히는 적폐를 제거하는 데 힘써서 넉넉하고 편안한 환경을 만들어 백성들의 뜻에 순응했다.

---

2. 휴양休養은 나라가 전쟁이나 큰 변혁 뒤에 국민의 부담을 줄이고 생활을 안정시켜 원기를 회복하게 한다는 뜻으로 휴양생식休養生息 혹은 생식生息이라고도 함.

군주는 예로부터 인륜지극人倫之極이라 했으니, 한 나라의 아버지인 황제는 반드시 자식을 돌보듯 백성을 사랑해야 한다. 건륭제는 나라의 경제와 민생에 연관된 모든 문제, 예를 들어 쌀값과 소금 가격, 전가錢價(엽전을 은으로 환산한 가격), 통행세, 치수, 이치吏治, 황무지 개간, 팔기 생계 등 모든 일에 관심을 쏟았다. 건륭 4년의 기미과전시己未科殿試에서 주어진 책문策問 내용은 바로 건륭제가 늘 마음속에 두고 힘썼던 일련의 문제들에 대한 것이었다. 그리고 건륭 7년의 임술과전시壬戌科殿試에서도 모선귀공耗羨歸公을 고쳐야 할지 아닐지를 묻는 문제가 책문으로 내려졌다.

기基는 곧 근본本이다. 『한서漢書』·「곡영전谷永傳」을 보면, 이에 대해 상당히 깊고 예리하게 논하고 있다.

> 명왕明王은 애양愛養을 기본으로 하여 감히 가혹하게 백성의 것을 빼앗지 않으며 대제大祭를 받들듯 백성을 대한다.

여기서 말하는 것은 무릇 권력을 지닌 자는 백성을 근본으로 삼아 애양해야 하며, 백성들을 자기 뜻대로 하여 극악무도하게 착취해서는 안 되고 백성을 마치 하늘과 땅처럼 대해야 한다는 뜻이다. 바로 이 같은 인식을 바탕으로 건륭제는 시정施政 과정에서 백성에게 이로운 정치는 행하지 않은 것이 없었으며, 백성에게 해가 되는 일은 제거하지 않은 것이 없었다. 이로써 백성들이 생계를 도모하고 마음 편히 일에만 종사할 수 있게 하였다.

말 타기와 활쏘기에 뛰어났던 만주 귀족들은 입관하여 나라를 새로 세우고 도읍을 정한 후 곧 유학儒學에 둘러싸여 그 영향 아래 놓이게 되었

---
3. 과거시험에서의 시문試問의 한 종류로 경의經義 또는 정치에 관하여 견해를 묻는 문제.

다. 한족 지주 계급이 청나라 통치자에게 머리를 숙여 신하가 되던 바로 그때, 만주 귀족은 유학에 귀의한 것이었다.

순치 3년(1646) 섭정왕攝政王 도르곤多爾袞은 "백성이 풍족하면 군주가 누구와 더불어 부족하겠는가."라는 주제로 거인들의 과시科試를 치렀다. 이 말은 논어에 나온 말로, 『사서집주四書集注』를 보면 이 문구 아래 주석에서 이렇게 설명하고 있다.

> 백성이 부유하면 군주가 홀로 가난하지 않을 것이요, 백성이 가난하면 군주도 홀로 부유할 수 없다. …… 후세 사람들이 그 본本을 구하지 아니하고 오직 말末만을 도모하는 이유로 거두어들이는 것이 끝이 없고, 비용을 쓰는 것이 법도가 없어서 상하가 모두 곤궁해졌다.

그 후 강희제도 이와 관련하여 언급한 적이 있었다.

> 짐이 여덟 살에 등극하였을 때 태황태후太皇太后께서 짐에게 무엇을 원하는지를 물으셨다. 짐이 대답하기를 "신은 다른 염원이 없고 단지 천하가 다스려지고 백성들이 자신의 업에 즐거이 종사하며 태평한 복을 함께 누리게 하는 데 있습니다."라고 하였다. 어느 덧 50년이 흘렀으나 이 생각을 하지 않은 날이 하루도 없었다. 백성이 나라의 근본이며 백성을 궁휼하는 것이 우선이고, 정치는 백성을 휴양할 수 있도록 만드는 데 있으며, 세금을 덜어 주는 것이 중요함을 늘 생각한다. 수십 년 동안 수한水旱이 들었을 때 그 지역의 세금을 면제해 주는 것 외에도 그곳이 속한 성 전체에서 그해 내야 할 세금을 감해 주었으며, 이 같은 일이 여러 번 있었다. 한 해에 여러 성에 감면이 돌아간 경우도 있었고 한 성에서 수년간 혜택을 입기도 하였다. …… 짐은 이를 전혀 아까워하지 않았다. 백성이 풍족하면 군주 또

한 넉넉하지 않을 리 없다. 조정의 은택을 백성에게 베풀지 아니하면 누구에게 베풀겠는가!

건륭제는 청 왕조가 중원에 들어온 이후 네 번째 군왕으로서 어려서부터 체계적이고 엄격한 유학 교육을 받았다. 그의 스승들은 모두 이학理學을 받들던 명신들이었다. "나라를 사랑하여 자신을 잊고 오로지 백성들의 휴양과 화복만을 생각하였으며 배움에 있어 반드시 몸소 실천하였다." 공맹의 도와 함께 정주이학程朱理學이 소년 시절의 건륭제를 기른 밑거름이 되었으므로 백성의 고락이 황자의 마음을 끌어 움직였다. 풍년이면 곡물 가격이 떨어져 농민들에게 상처를 줄까 걱정했고 흉년이면 배고픔에 시달릴 가난한 사람들을 염려했다. 이 때문에 그는 집정한 후로 누누이 수양생민修養生民하고 애양백성愛養百姓하는 훈령을 반포하여 오로지 한 사람마다 얻지 못하는 것을 두려워하고, 온 천하가 먹고 사는 것에 부족함이 없이 모두가 태평의 복을 누리는 것을 생각했다.

건륭 53년, 고희를 넘긴 황제는 친히 붓을 들어 남송 시대의 이름난 화가였던 이적李迪의 『계추대사도鷄雛待飼圖』를 모사하고는, 몇 부를 더 새겨서 직성直省 독무들에게 나누어 주도록 명했다. 또 독무들에게도 같은 식으로 여러 장을 번각飜刻하여 번藩, 얼臬, 도道, 부府, 주州, 현縣의 각 관리들에게 보내게 함으로써, 독무들로 하여금 백성에게 사랑을 베푸는 마음을 알게 하고 항상 진실한 마음을 보존하게 하고자 하였다. 그리고 병아리를 먹이는 사소한 것으로부터 목민牧民의 뜻을 깨닫게 하고 자신의 가르침을 저버리지 않기를 바랐다.

부역을 가볍게 하고 세금을 덜어 주기 위해 전량을 감면해 주는 것은 건륭제가 집정하는 동안 줄곧 시행해 오던 치국 원칙이었다.

"백성을 사랑하는 길은 부역과 세금을 덜어 주는 것을 우선으로 한다." 하며 건륭제는 백성들에게 이익이 되는 일로 이보다 더 좋은 것이 없다고 여겼다.

역사적으로 보면, 역대 조정마다 부역과 조세를 한두 번 면해 준 사례는 있었지만 강희 시기에 와서는 이것이 지속적으로 시행되었다. 건륭제는 즉위 후 조세감면의 전통을 계승하고 발양했다. 건륭조에서와 같이 대대적으로 백성들의 전량을 감면해 준 경우는 비록 선례는 있었으나 그 후로는 찾아볼 수가 없다. 건륭 조에서는 주로 네 가지 방식으로 조세를 면해 주었다.

첫째, 민흠民欠을 없애 주었다. 민흠이란 전조로부터 대대로 쌓여 온 세금 미납액을 말한다. 전조에 부과했던 백성들의 전량 중에 전혀 납부하지 않았거나 혹은 완납하지 못했지만 지방 관부에서도 거두어들일 방법이 없어 계속 빚으로 끌어 오고 있었다. 이로 인해 백성들은 지방관에 빚지고 지방관은 조정에 빚을 지는 채무사슬이 만들어졌고, 해가 거듭되면서 빚이 날로 늘어가 지방의 관민이 도저히 갚을 수 없게 되었는데 이를 일컬어 민흠이라 했다.

건륭제가 등극하던 해 건륭제는 "특별히 은조恩詔를 내려 천하를 사赦해 주니, 그중 각 성에서 10년 이상 된 민흠을 관할 부에서 명확히 조사하여 모두 보고한 뒤 활면豁免(세금, 부역 등을 면제함)을 기다리라."라는 조서를 반포했다. 바로 이어 다시 유지를 내려 재차 민흠을 면해 주었다. "옹정 12년 이전 각 성에서 실제로 전량을 빚진 자는 한꺼번에 관대히 면해 줄 것이다." 이때의 조세 감면의 범위와 액수는 무척 컸다. 전국 각지에서 연체해 온 지세를 일률적으로 면해 주었으니 이것은 강희와 옹정 2대에 걸친 민흠을 거의 한꺼번에 청산해 주는 셈이었다. 그 후 건륭제는 다시 한 번 유지를 선포했다.

옹정 12년 이전에 미은米銀으로 납부하도록 했던 본색本色(조세로 납부하던 물품)을 내지 못한 것이나 양절, 산동, 복건, 광동 등 여러 지역에서 오랫동안 염세鹽稅를 빚져온 것을 모두 하나로 보고 전부 면해 준다.

건륭제가 제위에 오르면서 이 같이 광범위하게 거대한 액수의 빚을 탕감해 준 목적과 의도는 매우 분명했다. 즉 옹정조에 빚어진 조정과 백성 간의 갈등을 완화하여 백성들이 진정으로 새 황제를 추앙하도록 만드는 데 그 목적이 있었던 것이다.

두 번째 조세감면 방식은 은견恩蠲이라고 부르던 것이었다. 새로운 황제가 등극하거나 태후 또는 황제가 대수를 맞을 때 혹은 전장에서의 승리를 경축하는 등 기쁜 일이 있을 때마다 조서를 반포하여 조세를 감면해 주었다. 이런 식의 감면은 건륭조에 여러 차례 실행되었다.

세 번째 방식은 재출災䘏이라고 했는데, 지방에 큰 가뭄 또는 홍수가 들었을 때, 황재蝗災(메뚜기떼로 인한 농작물 재해)로 인한 피해가 크거나 지진이 일어났을 때도 조세를 감면해 주었다.

넷째 방식으로 사견事蠲이 있었다. 군사가 출정할 때 매번 군수물자 조달로 인해 백성들이 힘들고 재산이 축났는데 그 부담이 해당 주현 백성들에게 돌아갔다. 혹은 황제가 순행을 나설 때 가는 곳마다 황제와 관련된 업무를 처리하는 데 많은 물자가 소요되었으며 그밖에 대형 공사를 진행할 경우에도 그 지방의 부담이 컸다. 이러한 특별한 일로 그 지방의 부담이 특히 늘어나는 경우에 대신 그 지방의 세금을 면제해 주었다. 건륭제는 여러 차례에 걸쳐 남순과 동순을 나서면서 지방 도시를 지나갈 때마다 그곳의 세금을 면해 주었다. 그리하여 건륭 원년에서 18년까지의 기간 동안 면해준 세금이 모두 2천 4백여 만 냥에 달했다.

건륭제는 각종 정액세를 대규모로 감면해 주었을 뿐 아니라 건륭 10년과 35년, 43년, 55년 그리고 가경 원년의 다섯 차례에 걸쳐 전국에 그해의 전량 모두를 면하도록 하는 보면령普免令을 내렸으며 또 세 차례에 걸쳐 남방의 조량漕糧을 전부 면해 주었다.

건륭제가 이처럼 지세를 두루 면해 줄 수 있었던 큰 이유는 그가 부지런히 나라를 다스려 이미 국고가 넉넉했기 때문이었다. 원래 전량과 조량, 그리고 지정은地丁銀은 청조에서 가장 중요한 국고 수입원이었다. 그러나 건륭제는 장기적인 안목을 가지고 문제를 보았기 때문에 국고 수입이 다소 줄더라도 대다수 농민들과 소지주 계급이 은택을 누려 더 많은 백성들의 칭송을 들을 수 있다면 자신의 통치를 유지하고 지키는 데 당연히 큰 의미가 있을 것이라 생각했다.

그러나 일부 단순하고 평범한 대신들은 나라의 살림살이가 이제 막 넉넉해지고 자금에 조금 여유가 생기려는 마당에 세금을 감면해 주는 것을 애써 막고자 했다. 예를 들어 몇몇 이들은 "국가 경비로 천재지변을 대비하여야 하는데 오늘날처럼 무사한 때 일 년치 전량을 면해 주는 것은 부당합니다."라고 간언하기도 했다.

이러한 충고도 당시의 실제 상황을 볼 때 일리가 있는 것이었다. 건륭제가 비록 전심전력으로 나라를 다스려 국고에 은냥이 쌓이게 만들었다고는 하지만 강희제조차도 황제가 된 지 49년 만에야 이를 시행했었는데 건륭제는 재위에 오른 지 10년밖에 되지 않았다. 그러나 건륭제는 집정한 지 10년이 지나자 바로 감면을 단행하였으니 다소 서두른 감이 있었다. 게다가 건륭제는 지난 10년 동안에도 이미 1천만 냥이 넘는 세금을 감면했으며, 황하와 회하淮河에 물난리가 났을 때 역시 은 1천여 만 냥을 이재민을 구휼하는 데 썼다. 그밖에 비용이 엄청난 군비까지 모두 전부 국고에서 지출되었다.

건륭제가 처음으로 보면령을 내렸을 때, 국고에는 겨우 은 4천여 만 냥

---

4. 쌀, 콩 따위의 곡류로 징수하여 북경으로 조운漕運하던 세금. 주로 황실과 팔기병정 그리고 문무대신들의 식량으로 사용되었음.

밖에 남아 있지 않았다. 만약 전쟁이나 수해, 재해, 황해와 같은 예상외의 일이 닥친다면 국고가 바닥이 날 가능성도 높았다. 또 국고가 빈다면 돌발 사건이 일어날 경우 사실상 그에 대처하기가 힘들었다.

이런 점에서 건륭제가 과감히 세금 감면을 단행한 데는 어느 정도 눈앞의 이익에 급급했던 측면도 있다고 하겠으나 그 용기와 기개만큼은 탄복할 만했다. 한 나라의 주인으로서 그도 국가 재정에 수입과 지출이 균형을 맞추도록 따져보지 않았을 리가 없다. 그렇지만 나라가 아직 충분히 부유하지 않더라도 백성들에게 일정한 재산을 갖게 하고 또 나라의 근본을 지켜 안정시키려면 그래도 역시 단호한 세금 감면정책은 필요했다.

이 때문에 그는 특별히 유지를 내려 말하기를, 간언을 한 대신들이 "개인을 위한 지혜와 짧은 견식을 가지고 조정의 중대 사안을 그르치려 했다." 하고 그들의 행동이 상식과 도리에 크게 어긋났다고 나무랐다. 그러고는 "짐이 백성을 사랑하고 보살피는 것을 근본으로 삼아 밤낮으로 오로지 사해의 백성들이 모두 풍족해지고 태평의 복을 함께 누리는 것만을 생각한다."라고 하면서 '애민'의 뜻을 재차 강조했다. 이 유지로 단번에 대신들의 입을 막음으로써 그들이 다시는 이를 비방하여 황제가 품은 백성 사랑의 깊은 뜻을 헛되이 하지 못하도록 했다.

1차 보면이 순조롭게 실시된 후, 건륭제는 건륭 35년에 다시 전국적으로 전량에 대한 2차 보면을 단행했다. 두 번째 감면에서는 지난 감면 때 지주와 소작농 사이에 전조육균분田租六均分으로 세금을 면해 주던 문제도 해결하였다. 건륭제는 확실하게 밝혔다.

"지주들은 이미 은혜를 입어 윤택해졌으니 소작농 또한 마땅히 혜택을 입어야 한다."

이로써 조세 감면은 모든 농민에 이익이 되는 진정한 덕정德政이 될 수 있었으며, 이때 적용한 '전사주육佃四主六'의 기준은 이후 소작농과 지주가 함께 조세 감면의 혜택을 받을 수 있게 하는 원칙으로 자리 잡았다.

다섯 차례의 전국적인 전량 감면 외에도, 건륭제는 세 번에 걸쳐 남방에서 경성으로 바쳐야 하는 조량을 전부 면해 주었다. 강희성세康熙盛世에는 조량 문제로 북경의 인심이 흔들리는 것을 막기 위해 수해와 가뭄과 같은 특별한 경우를 제외하고는 면제해 주지 않아서 다만 한 차례의 보면이 있었을 뿐이었다. 그러나 건륭제는 건륭 30년에 1차로 조량을 보면해 준 뒤로 43년에 다시 한 번 전국의 조량을 감면해 줌으로써 백성들을 풍족하게 하고 그들이 함께 충만하고 편안한 복을 누리도록 했다.

건륭 59년, 건륭제는 이미 84세의 노인이 되어 있었다. 이때도 그는 다시 명을 내려 건륭 60년에 각 성에서 징수해야 할 조량을 한 차례 더 감면해 주도록 보면령을 내리고, 바로 이어서 각 성에 여러 해 동안 누적되었던 전량에 대해 모두 보면해 주었다.

가경 원년에 있었던 감면까지, 전량에 대한 5차례의 보면과 3차례의 조량에 대한 보면을 통해 감면해 준 금액을 모두 합해 보면 무려 2억 냥이 넘었으니 어마어마한 숫자가 아닐 수 없었다.

건륭제의 이러한 덕정은 토지를 조금밖에 가지지 못했던 수많은 농민과 중소지주들에게 있어서는 분명 하늘이 내린 은택이었으므로, 이로써 건륭제는 백성들로부터 칭송을 받고 크게 인심을 구할 수 있었다.

백성들에게 실질적인 도움을 주라
爲百姓辦點實事

　건륭제는 모두 여섯 차례에 걸쳐 강남으로 남순南巡을 행했는데 가장 중요한 목적 중 하나가 바로 치수였다.

　황하는 예로부터 자주 범람하여 그 피해가 끊이지 않았다. 역사적으로도 황하는 끊임없이 그 물길을 바꿔왔는데 그중 청대로부터 가장 가까운 때가 송 광종光宗 5년(1194)이었다.

　양무陽武 지역에서 제방이 터져 황하 물이 남쪽으로 내려가면서 개봉開封 부근의 황릉강黃陵岡을 거쳐 그곳에서 동남쪽으로 방향을 틀어 강소성으로 흘러 들어갔다. 다시 비현邳縣과 서주徐州, 숙천宿遷을 지나 청구淸口까지 이르러 회하에서 물줄기가 합쳐져 바다로 들어갔다. 이렇게 되자 황하 한 곳의 재앙이 세 강으로까지 영향을 미치면서 황하 중하류 일대에 엄청난 피해를 가져다주었다.

청조가 세워진 후 순치 연간의 18년 동안만 해도 벌써 열 번의 범람이 있었다. 또 강희제가 즉위한 뒤 23년까지 평균적으로 매년 한 번씩 제방이 무너졌다. 그 후 강희제가 대규모의 인력을 동원하여 치수에 진력하면서 황하의 물난리가 점차 줄어들었다. 옹정조의 13년 동안에는 모두 네 차례의 범람이 있었다.

건륭제 즉위 초기는 황하가 상대적으로 안정된 시기였다. 그럼에도 건륭제는 황하의 수방에 대한 관심을 소홀히 하지 않았다. 그는 "물을 다스리는 일은 나라의 경제와 민생에 관계되는 것이니 가장 긴요한 일이다. 하신河臣은 반드시 신중하게 일을 해야 한다." 하고 여러 차례 강조했다. 그는 적극적으로 치수와 관련된 예방 작업을 전개했으며, 치수 담당 관리를 뽑는 규정을 따로 만들어 치수에 능한 인재를 발굴하고 육성했다.

건륭 7년 여름과 가을에 예년보다 훨씬 많은 비가 내리면서 또 동산銅山과 석림石林 유역에서 황하가 범람했다. 건륭제는 조서를 내려 국고로 제방을 수리하고 강남 청하현 혜제惠濟의 수문과 고우高郵, 소백邵伯의 둑을 수리하도록 했다. 그 후 이번 수해의 주된 원인이 회하 하류에서 물이 신속히 바다로 들어가지 않아 배수가 제대로 되지 못한 데 있었다는 것이 밝혀졌다. 건륭제는 이 사실을 알고 매우 놀라며 치수의 중요성을 크게 깨달았다. 만약 숙련된 인재가 없어 상황을 눈앞에서 보고도 제대로 이해하지 못한다면, 하물며 전해들은 말로 얻은 소식은 오죽하겠는가? 건륭제는 스스로 반성하며 하신들이 올린 하도河圖만 보면서 치수와 관련된 공사를 지시한다고 하는 것은 탁상공론에 지나지 않음을 알았다. 그리하여 그는 하신들에게 자신이 잠깐 생각해서 내놓는 의견을 반드시 그대로 따라야 하는 것은 아니라고 말했다.

건륭 10년, 황하가 다시 진가포陳家鋪에서 범람했다. 건륭제는 군기대신들에게 내린 유지를 통해 한 번에 여러 가지 문제를 제기했다. 이때 건륭제는 치수 작업이 이루어지는 현지의 상황을 이해하기 위해서는 반드시 자신이 직접 가서 살펴야 한다는 것을 이미 알고 있었다. 남순이 바로 그 기회였다.

건륭 16년, 건륭제는 첫 번째 남순을 하면서 황하를 건너 먼저 천비갑天妃閘과 고가언高家堰을 시찰했다. 왜냐하면 강남 치수에 있어 청구淸口는 황하와 회하의 합류지점으로 황하 수방의 첫째가는 요지였기 때문이다. 그는 고가언 제방에 나무가 적은 것을 보고 곧바로 제방의 경사면에 버드나무를 심게 했다. 이렇게 하면 버드나무를 이용해 제방이 넘치는 것도 막을 수 있고, 버드나무 목재를 둑을 쌓아 올리는 데 쓸 수도 있으니 일거양득이었다.

회안淮安에 도착한 건륭제는 성북城北 일대가 모두 물로 넘치는데도 이를 막고 있는 것은 단지 흙으로 쌓아 올린 제방뿐임을 보았다. 회안이 인구가 조밀한 곳임을 생각하면 물이 넘쳐 둑이 터진다는 것은 상상할 수도 없는 일이었다. 그래서 바로 치수를 주관하는 관리에게 명해서 바로 확실하게 검토하여 돌로 제방을 쌓도록 했다.

장가패蔣家壩에서 치수 공사를 하는 것을 본 건륭제는 하신河臣들에게 다음과 같이 말했다.

> 홍택호洪澤湖는 청淸, 회淮, 여汝, 영潁 등 여러 물길이 모여 큰 호수가 된 것인데, 그를 막아 보호해 주는 것은 다만 고언高堰 제방 한 곳과 천연패 그리고 강어귀뿐이라 가을에 수위가 높아지면 수문을 열어 물을 내보냈다. 그러나 하류 지역의 여러 현에서는 모두 그 영향을 받아 겨울에는 청수淸水가 그 세력이 약해지면서 탁류가 역류를 하였다. 강 하류에 사는 백성들은 제방을 여는 것을 매우 두려워했지만 하신들은 위험을 막는 가장 간단하며 효과적인 수단은 이 방법뿐이라고 여겼다.

건륭제는 고가언을 시찰하면서 직접 제방을 따라 남쪽으로 삼곤패三滾壩를 건너 장가갑蔣家閘까지 가 보았다. 그는 실지 답사를 통해 "천연패는 결코 열어서는 안 된다."라는 결론을 얻었다. 그리하여 건륭제는 천연패에 돌을 세워 "영원히 개방을 금해 망견妄見을 철저히 막으라."라고 명했다.

그리고 고빈高斌이 삼곤패 외에 석곤패를 더 만들어 배수를 도와야 한다고 제안하자, 건륭제는 더욱 주도면밀하게 생각한 후 원래 있던 곤패 세 개에 두 개를 더 만들어 순서대로 인, 의, 예, 지, 신의 이름으로 부르게 하고 이 순서에 따라 배수를 하도록 정했다.

먼저 인, 의, 예의 세 곤패에서 3척 5촌[5]을 연 후에도 여전히 수위를 낮출 수 없을 때에야 지와 신 두 곤패의 석면에 쌓은 봉토封土를 없애 물의 속도와 유량을 조절함으로써 제방과 강 하류 하도河道에 피해가 없도록 했다. 물론 이것으로 강 하류 지역이 물에 잠기는 것을 완전히 막아 줄 수는 없었지만 제방이 무너져 일시에 범람하는 것보다는 훨씬 나았다.

또 고가언의 돌 제방에서 남곤패 남단에 이르는 곳까지는 원래 흙 제방이었는데, 건륭제는 이것이 시작만 있고 끝은 없어 전체 제방의 전반적인 형세에도 맞지 않다고 판단하여 새로 북안시北雁翅 이북의 제방을 모두 돌로 바꾸어 쌓도록 했다. 다만 남안시南雁翅 남쪽에서 장가갑에 이르는 구역의 수세는 비교적 안정되어 있었으므로 제방 공사를 하는 데 기반은 돌로 닦되 그 위로는 벽돌을 쌓을 수 있도록 했다.

건륭 22년, 두 번째 남순을 하면서 건륭제는 천비갑과 고언의 작업 현장을 연이어 둘러보고 나서 치수에 관계된 일련의 임무를 할당했다. 그는 육당하六塘河 이하 기수沂水와 목수沐水의 하류가 여러 차례 침수되고, 도원桃源과 숙천 등 현의 저지대가 큰 호수처럼 잠기는 것은 제방이 부실

건륭
原典
· 340

~~~~~~~~~~

5. 촌寸, 척尺, 장丈은 우리말의 치, 자, 길과 같은 개념으로 현재의 기준과 약간의 차이가 있으나 1촌은 약 3센티미터, 1척은 약 30센티미터, 1장은 약 3미터 정도임.

하고 배수가 불가능했기 때문이라고 판단했다. 그래서 제방을 보수하고 상황에 맞게 배수로를 건설하거나 도랑을 파도록 명해 물이 잘 빠지도록 함으로써 물이 줄어들면 백성들에게도 바로 이익이 돌아갈 것이라고 판단했다.

그는 또 하도 총독 혜황의 건의를 받아들여 고우 소관昭關에 곤패를 새로 만들고 수위에 따른 수문 관리 기준을 마련했다. 그리하여 고주高州와 보주寶州의 여러 호수의 물을 강과 바다로 일정한 수준으로 원활하게 흘러가도록 만들어 이 지역의 수해 위협을 덜어 주었다.

서주는 황하의 요충지였으므로 건륭제는 회淮, 서徐 지역 호수와 강의 치수 작업에 핵심 역량을 쏟아 부었다. 그는 토사의 침적으로 강의 물줄기가 얕아진 지역에 대한 준설작업이 어려워 제방을 증축하거나 북쪽 기슭에 둑을 쌓아 범람을 막는 방법밖에 없다고 판단하고 그 일을 가장 우선으로 삼도록 했다. 육당하 상류에 있는 락마호駱馬湖는 수해가 빈번한데도 호수의 제방은 허술하기 짝이 없어 좀더 단단하고 두텁게 쌓아 올려야 물을 막을 수 있었으므로 이 또한 제대로 된 계획을 세워 작업을 실시해야 했다. 이에 건륭제는 다음과 같은 유지를 내렸다.

> 회淮, 서徐 지역에 있는 호수와 강의 각 공사는 억만 백성에 관련되어 있어 짐 또한 매우 걱정하고 있다. 청수와 황하의 물길이 만나는 곳과 고언 지역은 짐이 몸소 가서 살펴보았으나, 서주는 강의 상류에 있어 강폭이 좁고 이 강물이 멀리 섬陝, 예豫 등 여러 강으로 이어져 한 번 물이 넘치면 제방이 무너질 위험이 더욱 크다. 짐이 각 성을 순시하는 것은 첫째가 근민勤民이지만 물을 다스리는 작업은 그 영향이 특히 막대하므로 상주로 올라오는 문서들만 보고 결정을 내리는 것은 직접 가서 살피며 수시로 지시를 내리는 것만 못하다.

건륭제는 환궁하는 길에 다시 서주에 들렀다. 서주의 북쪽은 돌 제방으로 되어 있으나 동쪽과 서쪽은 모두 흙 제방인 것을 보고 난 후, 돌 제방은 더욱 튼튼히 하고 흙 제방은 돌을 더 쌓아 방비를 철저히 하도록 했다. 이렇게 해서 보수가 이루어진 서주의 돌 제방은 그 길이가 전부 천 5백 65장丈이 되었다. 제방을 보수하면서 석회와 철을 섞은 벽돌을 쌓았으므로 제방이 더욱 견고해질 수 있었다.

세 번째 남순에서도, 다시 한 번 서주로 가서 북문 밖에 수세를 알아보기 위해 세워 두었던 표지판을 점검했다. 황하가 갈수록 진흙이 침적되면서 홍수가 났을 때 수문을 열어도 배수가 되지 않아 만일 수위가 더 높아져 제방이 넘칠 경우 하류가 범람할 우려가 매우 높았다. 그래서 건륭제는 장가패와 부가와付家注를 완전히 막고, 모성포毛城鋪에서 동쪽으로 당가만唐家灣에 이르기까지 방수로를 내어 반드시 서주의 수위가 1장 1척 5촌까지 높아진 후에야 물길을 틀 수 있도록 명하고, 물이 빠지고 나면 곧바로 이를 닫게 했다.

뒤이어 건륭제는 다시 고언에 가서 무가돈武家墩 북쪽의 벽돌 제방을 점검했다. 그는 제운패濟運壩에서 운하 입구에 이르기까지 5백여 장丈 길이의 제방이 흙으로 되어 있는 것을 보고, 이를 전부 벽돌로 다시 쌓도록 명했다. 그리고 그 벽돌도 이전보다 크고 두껍게 구워 더욱 견고히 할 수 있도록 재차 분부했다.

그 후 몇 차례의 남순에서도 건륭제는 매번 서주의 치수 작업을 친히 점검했다. 서주에서 돌 제방을 쌓은 70여 리가 모두 돌을 17겹으로 쌓아 대단한 장관을 이루었다. 건륭 45년에 마지막으로 치수공사를 점검하면서도 17겹에 못 미치는 부분에 대해 일률적으로 17겹까지 쌓도록 명했다.

건륭제가 남순하여 치수를 돌볼 때는 여러 사람의 의견을 모아 다양한 방법을 비교하고 연구한 뒤에야 정책을 결정했다. 강남에서 고주, 보주, 숙천, 청구 등의 호수나 강에 인접한 지역은 여름과 가을에 물이 불어나면 제방이 터지지는 않는다 하더라도 물바다가 되기 십상이었다. 이것은 모두 지금까지 강과 호수에 물이 늘어날 때마다 치수 담당 관리들이 물길을 새로 만들었기 때문으로, 이 일대는 일 년 내내 수해를 입을 수밖에 없었다.

건륭제는 이 문제를 매우 중대하게 여겼으나 이에 대한 대신들의 견해 또한 나뉘어 일치를 보기 힘들었다. 그는 대신들의 의견을 모두 들은 후 직접 시찰하고 나서 다시 대책을 세워 대신들의 의견도 하나로 모으기로 결정했다. 그리하여 소주蘇州에 내려가서 먼저 몇몇 독무와 하신들에게 강과 바다로 흘러가는 각 길목을 상세히 답사하여 구체적으로 표시하도록 명하고 그 표지에 따라 직접 가서 시찰했다.

건륭제는 실지 답사를 거치고 나서 대책을 내놓았다. 고주와 보주 일대의 배수로가 폭이 15장丈인데도 바닥 부분의 폭은 8장밖에 되지 않아서 물이 순조롭게 빠져나가지 못했으므로 강바닥을 10장으로 넓혀 물이 막힘없이 흐를 수 있도록 했다. 또 서만패를 4척尺을 낮추어 평상시에 1척 만큼씩 강으로 들어갈 수 있도록 만들었다. 이처럼 조금씩 흘려보내면 강물이 갑작스럽게 불어나는 것을 막을 수 있었으며, 물머리도 더 넓고 깊어질 수 있었으므로 효과가 있었다.

그러나 건륭제는 위와 같은 조치들은 일시적인 방편에 불과하며 근본적인 해결을 위해서는 청구淸口의 수문을 조절하여 물길을 원활하게 소통시켜야 한다고 보았다. 그래서 다시 청구의 수위표시 기준을 정해 하류 지역을 보호했다. 보통 때는 청구의 수문을 20장丈 정도 열어 두는 것을 표준으로 하여 구체적인 규정을 만들었다. 서패의 물이 2척 이내로 불어나면 더 넓힐 필요 없이 그대로 두고, 만약 물이 4척이 늘어나면 그 폭을 10장을 더 넓히도록 했다. 호수의 물이 조금씩 늘어나면 청구도 그에 따라 넓어지게 한 것이다. 그 뒤로는 제방의 수위가 1척이 높아질 때마다 청구를 10장씩 넓히도록 했다.

만약 춘신[6]春汛이 지나고 나서 여름 동안 수위가 변하지 않거나 일시적으로 높아졌다가도 바로 낮아질 경우에는 수문을 넓힌 것을 급하게 다시 막을 필요 없이 그대로 두었다가, 추신秋汛이 지난 후에 점차적으로 청구를 20장 혹은 몇 십 장으로 막을 것을 정하면 되었다. 치수를 맡은 관리들은 건륭제가 직접 정한 청구의 수위 표준에 따라 집행하면 되었으므로, 하류에 있는 각 주현에는 오랫동안 수해가 발생하지 않았다.

건륭제는 또 치수에 관련된 업무도 대신들을 파견해 전문적으로 관장하도록 했다. 유통훈에게는 서주의 동서 지역에 돌 제방을 쌓도록 하고, 윤계선尹繼善은 작업에 필요한 자재들을 조달하도록 했으며, 몽린夢鱗에게는 육당하 이하에서 진행되는 모든 작업을 관장하게 했다. 또 혜황은 고주와 보주의 여러 호수의 물이 강과 바다로 흘러가는 것을 책임지도록 하고, 장사재와 고진은 서주 남북의 돌 제방을 더 두텁고 높게 쌓는 일을 나누어 맡게 했다. 또 작업을 하는 데 있어서 하남과 산동 두 성의 협조가 필요하면 도이병아圖爾炳阿와 학년鶴年 두 순무가 수시로 도울 수 있도록 했다. 건륭제는 모든 대신들에게 조서를 내려 그들이 마음을 합쳐 모든 일을 공동으로 협의하되, 서로 무리를 나누어 자기 견해만 고집하지 않도록 경계했다.

건륭제는 도장陶莊의 배수로를 바꾸는 작업도 주관했다. 건륭 41년 5월, 치수를 담당하고 있던 고진은 황하 수로에 진흙이 쌓이는 상황이 날로 심각해져서 물길을 트는 작업에 매우 어려움을 겪고 있다고 상주했다. 그러면서 이를 효과적으로 해결할 수 있는 유일한 방법은 청구와 통한 호수의 배수로를 소통시킴으로써, 황하로 들어가는 물이 힘을 받아 모래를 더 잘 씻어 낼 수 있게 만드는 것이었다. 이렇게 되면 황하는 따

---

6. 봄에 하천이 범람하는 것을 춘신이라 하고, 입추와 상강 사이에 강물이 불어나는 것을 추신이라고 함.

로 파내지 않아도 자연히 깊어질 것이고, 바다로 들어가는 입구는 막힌 것을 트지 않아도 저절로 다스려질 것이었다. 또한 홍택호의 수위는 몇 년 동안 줄곧 9척에만 머물러 있고 호수의 물이 원활하게 빠져나갈 수 없었기 때문에, 황하가 불어나면 바로 역류해 수해를 일으켜 황黃, 운運 두 물길에 진흙이 쌓이게 되었다.

고진은 이런 상황에 근거해 두 가지 방법을 제시했다.

첫 번째는 청구의 동쪽과 서쪽 제방을 160장丈 정도 아래쪽으로 옮기는 것으로, 이렇게 하면 청구의 물이 잘 통하고 모래도 씻어 내릴 수 있었다. 두 번째는 도장 북쪽으로 배수로를 파서 황하에서 청구까지의 거리를 늘리는 것이었다. 이렇게 하면 청구의 물이 더욱 잘 통하게 되어 역류를 막을 수 있을 뿐 아니라, 두 물이 서로 통해 강과 바다에 쌓인 진흙도 점차 씻겨갈 수 있으며 제방을 쌓는 작업도 안정될 수 있었다.

원래 건륭제는 진작부터 도장에 배수로를 낼 계획을 가지고 있었다. 그는 몇 차례 남순하여 청구와 황하가 만나는 곳을 시찰하면서 역류의 위험을 충분히 파악하고 있었으며, 만약 도장 북쪽으로 물길을 트면 청구도 막힘없이 흘러 황하가 역류되는 것을 피할 수 있다고 생각했다. 이 때문에 건륭제는 고진의 방법이 시의 적절하여 회하와 황하를 다스리는 데 큰 관건이 되리라 보고 이에 적극 동의했다.

건륭제의 격려와 지지 속에서 답사와 측량을 몇 번이고 거듭한 끝에, 건륭 41년 9월에 공사가 시작되었고 이듬해 2월에 물길을 열었다. 도장의 배수로를 옮기는 작업은 건륭제의 노력의 산물이었다. 건륭제는 첫 번째와 두 번째 남순에서는 단지 하신들에게 신중하게 제방을 만들도록 명했을 뿐 별다른 지시를 내리지 않았다. 세 번째 남순부터 청구의 수위 기준을 정하기 시작해서 건륭 41년에야 도장의 물길을 바꾸는 작업에 착수했다. 이렇게 공을 들인 것을 보더라도 건륭제가 도장의 배수로 이전 공사에 매우 적극적이었음을 알 수 있다.

건륭제가 남순을 하면서 관심을 가진 또 다른 핵심 수리 사업은 절강해당浙江海塘 방파제 작업이었다. 절강의 방파제는 일반적으로 평호平湖에서 항주杭州까지를 가리키는데, 그 길이가 약 3백 리나 되며 역사적으로 절서해당浙西海塘으로 불리기도 했다. 절강해당 지역은 특수한 지리적 환경 때문에 강물의 흐름과 조수에 심각한 영향을 주어 여러 가지의 조해潮害를 일으켰다.

조해로 인해 일어나는 첫째 현상으로 조수가 해안에 세게 부딪치면서 땅을 침식시키는 것이 있었다. 둘째로 강물이 넘치고 해일이 닥칠 때마다 제방이 무너져 사람과 가축이 물에 휩쓸리고 집이 물에 잠겼다. 셋째, 바닷물이 제방을 무너뜨리면서 조수가 흘러들어 논과 밭을 뒤덮어 농업 생산에 막대한 지장을 주었다. 넷째, 조수로 염전이 침몰되면서 소금 생산에도 큰 영향을 끼쳤다. 바로 이러한 조해의 심각성 때문에 방파제 건설은 그 지역 사람들이 조수와 맞서 싸우는 절대적인 수단이 되었다.

절강의 방파제 건설은 유구한 역사를 지니고 있어 당대에도 이미 그에 대한 기록이 있다. 청조가 세워진 후 특히 강희 40년 이후로 조수가 북으로 향하면서 해녕海寧 등지가 위기에 놓이고, 갑작스럽게 태풍이 일면서 방파제 수 천여 장丈이 무너져 가흥嘉興과 송강松江 일대를 직접적으로 위협했으며 심지어 강남 운하가 끊길 위험까지 있었다. 그리하여 강희 만년에만 해도 은 15만 냥을 들여 해녕에 돌로 방파제를 쌓았다. 옹정 연간에도 절강해당에 대규모의 건설이 진행되었으나 일부 관리들이 방파제 건설에 대한 업무를 제대로 파악하지 못해 옹정 13년 6월, 태풍이 한번 크게 몰아치자 인화仁和, 해녕, 해염海鹽 등지의 방파제 1만 2천 2백여 장이 무너졌다. 공든 탑이 하루아침에 무너진 것이다.

건륭제는 즉위 후 절강의 방파제 건설을 매우 중시하여, 혜증균嵇曾筠을 보내 절강 방파제 사업을 총괄하도록 했다. 혜증균은 부임하고 나서 건륭 원년에만 은 21만 6천 냥을 들여 천여 장 길이의 방파제를 돌로 쌓았

다. 건륭 2년, 해녕에 길이가 5천 9백여 장에 이르는 어린대석당[7]魚鱗大石
塘이 정식으로 착공되었다. 같은 해 5월, 해녕 남문 밖으로 도시를 둘러싸
고 있던 부분에도 어린석당이 지어졌는데 그 길이는 5백여 장이었다.

건륭 4년 이후, 절강 조수의 흐름이 남쪽으로 바뀌면서 해녕 일대 수십
리가 평야로 변한 덕분에 방파제를 건설하는 데 유리한 여건이 형성되었
다. 이어서 건륭 5년을 기점으로 새롭게 첨산尖山 수구水口에 방파제를 쌓
고 강둑을 올렸다. 건륭 8년 6월까지 은 112만 냥을 투입하여 마침내 해
녕 어린대석당 총 6천여 장이 완공되었다.

건륭 24년 이후, 조수의 흐름이 북쪽으로 바뀌자 해녕 일대가 다시 급
박한 상태에 빠지게 되었다. 건륭 27년에 세 번째로 남순했을 때, 건륭제
는 절강 연해의 형세에 생긴 새로운 변화에 주목하게 되었다. 더구나 방
파제를 돌로 쌓을 것인지 나무로 쌓을 것인지에 대한 문제로 이를 주관
하던 관리들의 의견이 나뉘어 이들이 서로 우기는 바람에 더 이상 일이
진행되지 않았다. 이런 이유로 건륭제는 세 번째 남순에서 직접 해녕의
방파제를 둘러보았다. 그는 유통훈과 고진, 장유공莊有恭에게 작업 현장
으로 가 춘목[8]椿木을 조사하도록 명하고, 곧 그 자신도 직접 노염창老鹽倉
첨산으로 가서 답사했다.

그가 직접 기둥을 살펴보다가 2백 근이 넘는 돌기둥을 보았는데, 간신
히 버티고는 있었지만 모래가 자꾸 흩어져 튼튼하게 고정시킬 수가 없었
다. 그러나 만약 더 안쪽으로 제방의 기둥을 옮겨 박아야 한다는 건의를
받아들일 경우 밭과 집을 비롯한 마을 대부분을 헐어야 했는데, 이것은
사실 백성을 지키기도 전에 먼저 백성에 해를 끼치는 것이었으니 마치

---

7. 어린대석당은 방파제를 만들 때 정방형의 돌덩이를 아래로부터 위로 하나씩 교차하여
쌓아 올리고 매 연석 사이를 찹쌀풀로 붙이고 다시 거멀장을 대 사개를 맞추었는데, 그
모양이 마치 물고기 비늘과 같다고 해서 '어린석당魚鱗石塘'이라고 이름이 붙여졌음.
8. 땅의 끝부분이 무너지거나 물살에 떠내려가는 것을 방지할 목적으로 박는 말뚝.

살을 베어 부스럼을 치료하려는 것과 같았다.

다시 3년을 심사숙고 한 끝에, 먼저 나무로 방파제를 만들어 조수를 막도록 결정했다. 건륭제는 관련 독무들이 호부에 모여 목재의 가격을 조정하고 방파제 작업을 위한 물자 공급 문제를 해결하도록 명했다. 건륭제는 세 번째 남순에서 절강 방파제 건설 문제를 완전히 해결하지는 못했으나, 우선 나무로 방파제를 세워 시급한 문제부터 임시로 해결한 뒤 방파제의 기초가 견고하게 다져졌을 때 다시 돌로 쌓는 방법을 취한 것은 당시 상황으로 볼 때 비교적 안전하고 타당한 조치였다고 할 수 있다.

건륭제는 건륭 30년에 네 번째 남순으로 절강에 갔다. 이때는 몇 년간 조수가 잔잔했기 때문에 방파제 작업이 안정적으로 진행되었고, 새로 석조 방파제를 쌓는 일도 준비 단계에 있었다. 건륭제는 절강에 도착한 그 날 바로 방파제를 시찰했다. 그는 해녕을 지키고 있는 석조 방파제 아래로 탄수坦水가 두 겹으로밖에 쌓여 있지 않은 것을 보고 조수의 기세가 강해지면 방파제를 지켜 내기 버거울 것이라 생각해 탄수를 일률적으로 세 겹씩 더 쌓아 올리도록 명했다. 그리고 기둥에 흠이 있거나 돌이 부족한 곳이 있으면 확실하게 조사하여 교체하도록 명해 도시와 방파제를 보호했다. 그는 또 얼마나 많은 비용이 들더라도 그 돈은 백성들을 영원히 재해로부터 지켜 내기 위한 것이므로 쓸 만한 것임을 다시 한 번 공언했다.

건륭 45년 다섯 번째 남순에서도, 건륭제는 특별히 다시 해녕에 들러 방파제 작업을 시찰했다. 그는 성을 둘러싸고 있는 석조 방파제가 지어진 지 오래된 데다 조석潮汐으로 인해 침식까지 되면서 적지 않은 곳에서 기둥 밑 부분이 벌써 조금씩 썩어 가고 있는 것을 발견했다. 10여 년 전,

---

9. 제방을 쌓기 시작할 때 긴 돌을 바닷물 쪽으로 제방과 90도 되게 혹은 그 이하의 각도로 길게 일정한 각도로 늘어놓은 뒤 그 위에 제방을 쌓는 것을 말함. 바닷물이 직접 제방에 부딪히기 전에 탄수에 먼저 부딪혀서 물의 힘을 약하게 함으로써 제방의 견고성을 높이기 위한 것임.

방파제를 나무로 쌓을 것인지 돌로 쌓을 것인지의 논쟁을 해결하기 위해 내놓았던 절충안은 이미 더 이상 유지하기 힘들어졌으며 당시 노염창 일대의 석조 방파제를 개축하기 위한 여건도 이미 어느 정도 마련되었다고 생각한 건륭제는, 자신이 직접 석조 방파제를 개축하는 거대한 작업을 준비했다.

노염창 일대의 4천 2백여 장의 나무방파제를 기둥을 박기 힘든 개별적인 구역 외에는 모두 다시 돌로 방파제를 쌓으면서 탄수도 더 쌓았으므로 오래 지탱할 수 있게 되었다. 건륭제는 작업을 주관하는 관리들을 훈계하며 말했다.

"방파제 공사는 매우 중요하므로 반드시 많은 의견을 모아 결정해야만 제대로 처리할 수 있다."

건륭제는 환궁하는 길에도 마음을 놓지 못했다. 만약 방파제가 완공되기 전에 조수가 갑작스럽게 불어나 나무 방파제를 파손시킨다면 어떻게 막아 내야 하는가? 그래서 건륭제는 즉시 지방 독무들에게 유지를 내려 그들로 하여금 각 지역 문무 관리들에게 명해 지금 있는 나무 방파제라도 이전처럼 훼손되지 않도록 보호하고 주민들이 함부로 뜯어내지 못하도록 했다. 건륭제는 다시 경고해 말했다.

> 장차 석조 방파제가 완성되면 몇 년 후 짐도 몸소 가 돌아볼 것이다. 그때 만약 나무 방파제에 훼손된 바가 있다면 독무들을 추궁할 것이다.

건륭제는 49년 여섯 번째 남순 때, 다시 한 번 해당을 순시했다. 그는 노염창의 어린대석당이 이미 완공되었는데도 여러 곳에 틈새가 생긴 것을 발견했다. 석조 방파제 앞에는 탄수가 방파제의 밑동을 보호해 주지 못하고 있었고, 나무 방파제 뒤로는 홈이 패여 그 안에 적지 않은 물이

고여 있었는데 그 물을 내보낼 수가 없었다. 이와 같은 상황이 날로 거듭되면 결국 침식되어 못쓰게 될 것이 분명했다.

건륭제는 다시 탄수를 쌓는 것은 시간이 부족할 것이라 보아 석조 방파제 위에 쌓아 놓았던 쓸모없는 흙 가마니를 전부 물이 고여 있는 고랑 안에 채워 넣었다. 그리고 나서는 나무 방파제 뒤에 있는 흙을 제방을 따라 비스듬히 쌓아 석조 방파제의 둘 혹은 네 층만 드러나게 한 뒤, 그 위에 버드나무를 심어 구불구불한 나무뿌리로 석조 방파제를 단단히 할 수 있게 했다. 이렇게 해서 석조 방파제와 나무 방파제는 하나로 연결되었으며, 나무 방파제는 석조 방파제의 탄수 역할을 하여 새로 석조 방파제를 쌓는 수고를 덜 수 있었을 뿐 아니라 석조 방파제를 더욱 단단하게 만들어 주었다. 이로써 모든 방파제 작업이 기본적으로 완성되었다.

건륭제는 확실히 그 지방의 백성들에게 도움이 되는 일을 해 주었다.

문이 흥해야 나라가 산다
文興才能邦治

 옛사람들은 '문치흥방文治興邦'이라는 말을 자주 썼다. 나라가 흥하면 반드시 문文이 흥하고, '문흥文興'은 곧 나라가 얼마만큼 흥성한지를 보여주는 중요한 지표가 되었다. 분명 번영을 이룬 왕조 가운데 문치교화文治教化를 중시하지 않은 경우가 없었으며, 문화 영역에서 뛰어난 업적을 이룬 제왕들은 모두 성공한 제왕으로 꼽히는 이들이었다.
 건륭조 중기, 국력이 크게 증대되자 건륭제는 그동안 이룬 태평성세를 더욱 굳건히 이어간다는 지영보태持盈保泰의 위정 방침을 시행했는데, 이는 실질적으로 전제 황권을 이용해 청조 통치의 번영을 변함없이 이어가고자 한 것이었다.

 천지가 생기고 사람이 그 가운데서 다스림에, 사군자[10]士君子의 일언

일행과 나라의 모든 제도가 문文을 바탕으로 예악형정[11]禮樂刑政을 이룬다. 널리 교화하고 공적을 세우도록 장려하는데 문이 아닌 것이 없다.

'문'이라는 글자가 이처럼 중요했으므로 문치는 곧 건륭제가 내세운 지영보태를 위한 가장 중요한 내용이 되었으며, 그 문치의 핵심은 문인을 우대하고 인재 양성을 중시하는 데 있었다. 건륭제는 일찍이 황자 시절에 이미 다음과 같이 논한 바 있다.

천하를 다스리는 도는 풍속을 바로잡고 민심을 움직이며, 선비로서의 행동을 진실하게 하고 옛 예를 좇아 행하는 것을 우선으로 한다. 그렇게 하면 사람이 그것을 생각하여 잊지 않게 되고 후세 자손들이 그에 의지하여 편안하게 된다.

그는 황제가 되고 나서 "옳음是으로써 학문을 하고 또한 옳음으로써 다스린다."라고 하여 덕교德教 숭상의 뜻을 여러 차례 내비쳤다.

건륭 9년, 한림원의 보수공사가 준공되었다. 건륭제는 친히 연회를 베풀고 그 자리에 참석하여 시를 썼는데, 그 첫머리가 바로 '갑자년에 문치의 홍성을 다시 연다.'였다. 어제御制 칠언율시에는 다음과 같은 문구도 있었다.

---

10. 사회적으로 지위를 갖추고 덕행이 높으며 학문에 통달한 사람.
11. 예禮로써 민심을 절도 있게 하고, 악樂으로써 조화를 이루며, 정政으로 다스리고 형刑으로써 예방한다는 뜻. 유교에서는 예악이 본本이며 형정은 말末이라 보았으며 예기禮記에서는 이 네 가지가 민심을 하나로 화합시켜 태평한 세상을 실현시키는 수단이 된다고 하였음.

> 백년 동안 사기士氣를 이미 배양하여 왔는데
> 처마 끝에 불어온 촌음寸陰의 바람은 고신苦辛이었다
> 예로부터 일찍이 나라를 걱정한 선비들을 들어왔으니
> 지금부터 독서인讀書人을 박대하지 않을 것이다

　이 시는 순식간에 유림들 사이에 전해져 외워지게 되었으며, 옹정제의 문화전제정책으로 학대받던 수많은 문인과 학자들은 만감이 교차하여 눈물을 흘렸다. 당시 어느 첨사詹事는 "청포靑袍에 얼마나 많은 눈물을 더했던가, 백년 우로雨露를 만년 동안 마음속에 품으리"라고 화답시를 지어 당시 문인 선비들의 감격을 표현했다.

　문인들의 지위를 높이고 그들이 발전할 수 있는 기회를 주기 위해 건륭제는 적지 않은 조치를 취했다. 이를테면 박학홍사과博學鴻詞科를 다시 세우거나 향시鄕試와 회시會試의 은과[12]恩科를 특별히 실시하고, 거인擧人들의 방은坊銀을 빼앗는 것을 금하며 지방의 퇴직 관리와 생원들의 생계를 지원해 주는 등의 조치가 있었다.

　박학홍사과는 강희 연간에 시작되었으며, 학문과 품행을 고루 갖추고 문장에 뛰어난 인재를 선발하는 데 그 주된 목적이 있었다. 옹정 연간에는 여러 가지 사정으로 시행이 중단되었다가 건륭제가 즉위하면서 곧바로 다시 실시해 우수한 인재를 선발했으며, 즉위한 지 2년째 되던 해에도 계속해서 과거를 열어 인재를 뽑음으로써 그가 얼마나 문인을 중시하고 문화를 숭상했는지를 잘 보여 주었다.

　청조에는 새 군주가 등극하면 특별히 과거를 한 차례 늘렸는데 이를 은과라고 불렀다. 건륭제는 건륭 원년과 2년에 나누어 향시와 회시를 거

---

12. 국가에 경사가 있을 때마다 특별히 실시한 과거로, 청대에는 총 112회의 과거 중 25회가 은과로 실시되었음.

행하면서 "교육을 흥성하게 하고 인재를 기르고자 하는 짐의 뜻을 보이고자 한다."라고 하였다. 시험을 통해 수백 명의 진사進士가 선발되었다. 이 숫자는 정규의 과거를 통해 선발했던 인원수를 훨씬 뛰어넘은 것이었는데 이들 가운데 훗날 권세를 가지고 조정을 뒤흔든 우민중于敏中이 있었다. 또 건륭제는 특별히 그해에 새로 진사가 된 이들에게 각 지방의 이로움과 폐단을 상주할 수 있도록 허락함으로써 은과 출신 진사에 대한 각별한 관심을 드러냈다.

황제가 사서오경을 이해하고 신하들이 경서의 깊은 뜻을 알게 하기 위한 학습방식으로 경연經筵을 연 것이나, 박학홍사과를 시행하고 향회시의 은과를 거행한 것은 모두 유가 문화와 문인들을 존중하는 건륭제의 태도를 반영한 것이었으며 또한 일종의 문인 회유책이기도 했다. 그 밖에 건륭제는 경제적, 물질적으로 문인들의 생계를 개선하는 문제에도 신경을 썼다.

건륭제는 건륭 원년 겨울부터 양강兩江 학정學政의 양렴은을 원래의 천 5백 냥과 2천 냥에서 4천 냥으로 올리도록 규정하여, 그들이 '청렴을 지키고 품행을 바르게 하며 공명을 거울로 삼아 국가에서 인재를 양성하는 데 진력하도록' 고무했다. 이외에도 주현 학중學中의 교관敎官을 종9품에서 정7품으로 올려 주고, 학정學正과 교유敎諭는 정8품으로, 훈도訓導는 종8품으로 정했다. 이들의 정치적 지위가 높아지면서 경제적인 수입도 자연히 늘어났다.

청조에서는 원래 각 성의 향시에 합격한 거인들에게 한 사람당 방은 20냥 씩을 그 지역 포정사들이 장려금으로 지급하도록 규정했다. 그러나 일부 성의 관리들이 그중 일부를 가로채면서 거인들이 실제로 받는 돈은 매우 적거나 심한 경우 한푼도 받지 못하는 경우도 있었다. 혹은 지방관들이 방은을 지급했다 하더라도 거인들은 다시 이를 시험을 주관하는 관리에게 바쳐야 했으며 소인배 고관考官들은 이를 마다하지 않았다.

이런 사실들을 알게 되자 건륭제는 이 같은 상황이 계속되면 조정에서 인재들이 학업을 향상시킬 수 있도록 격려하고자 한 본뜻에 어긋나게 되고, 또 부패를 조장하여 조정에서 문인들을 장려해 주고자 했던 원래의 뜻을 헛되게 만들 것이라 생각했다. 그리하여 건륭제는 다음과 같이 명했다.

> 이전에는 지방관이 방은의 분배를 하지 않거나 고관들이 방은을 다시 받아 가는 일이 끊이지 않았다. 앞으로 고관들은 각자 삼가 규율을 따라야 할 것이며, 은량을 받는 행위를 금지한다. 관부에서도 필히 인원에 맞게 지급하고 중간에 조금이라도 빼앗아서는 안 된다. 이로써 반드시 과거에 급제한 거인들이 진정으로 은택을 입을 수 있게 하라.

이로써 결국 실질적인 혜택이 거인들에게 돌아가게 되었다.

청대에는 과거에 합격한 생원이나 퇴직한 관리들을 보통 신금紳衿이라 불렀다. 이들은 각 지방에 흩어져 살고 있었으나 대청조의 법령을 집행하고 지방에서 행정을 펼치는 데 있어서 이들의 영향력을 무시할 수 없었다. 그리하여 건륭제는 각지 신금들이 황제의 끝없는 은혜를 느끼게 하기 위해 그들에게는 일체의 잡역을 특별히 면해 주었는데, 각 성에서 이것이 제대로 시행되지 않는 경우가 있었다. 건륭제는 이것이 결코 선비들을 구제하려는 국가의 뜻이 아니라고 말하고는 이들이 잡역에 동원되는 것을 모두 금지해 학문에만 전념할 수 있도록 했다. 건륭 3년 4월, 건륭제는 또 다른 규정을 세웠다.

> 각 지역에 재난을 구제할 일이 생길 때마다 독무들은 교관에게 명하여 가난한 생원의 수를 지방관에게 보고하고, 그 수에 맞게 관고에

있는 은과 쌀을 지출하여 본학本學의 교관에게 넘겨 고르게 나누어 주어 그들이 생계를 이을 수 있게 하라.

덧붙여 이르기를 만약 교관들이 상황을 제대로 보고하지 않거나 분배가 고르지 않을 경우 혹은 서리胥吏들이 중간에서 횡령하는 경우는 모두 엄벌에 처할 것이라 했다.

건륭제는 이러한 조치로 선비들을 우대한 것 외에도 순행을 나설 때, 특히 남순 기간에는 황제를 맞이하러 나온 선비들을 특별히 소시召試에 응하도록 하여 이를 통해 관직을 수여했다. 절강을 비롯한 남순 지역에서는 세시[13]歲試에 응시하는 학생들이 공부하던 부학府學과 주현의 대학大學 정원을 늘려 주기도 했다. 건륭제는 몇 차례의 남순에서 모두 소시를 시행해 선비들의 벼슬길을 열어 주고, 많은 재능 있는 문인들이 문文으로써 관직에 오를 수 있도록 했다.

그는 과거를 통해 인재를 선발하는 것을 중요시하여 여러 차례 직접 과거 시험장에 나서기도 했으며 호사號舍(과거 응시자가 답안을 작성하던 방)를 순시하기도 했다. 왜옥矮屋(향시와 전시를 볼 때 시험장으로 쓰던 작은 집) 처마에 바람이 들어 응시생들이 고생하는 것을 보고는 곧 그들에게 초와 목탄을 주도록 명하고 고사장에 들어갈 때 손난로를 가지고 들어가 붓과 벼루를 따뜻하게 할 수 있도록 허락했으며, 그들의 식사에도 관심을 보였다. 또 회시가 열릴 때는 북경이 한참 추울 때였으므로 따뜻해질 때를 기다려 3개월을 연기하도록 명하기도 했다. 그 후 더 많은 인재를 뽑기 위해 건륭제는 황태후의 만수萬壽에도 은과를 시행했다.

건륭제가 문인들을 아꼈던 것이 귀감이 되어 고위 관리들도 역시 인재

---

13. 3년마다 거행되는 향시, 회시, 전시의 예비시험으로 매년 시행되던 시험.

를 육성하고 후배를 보살폈다. 예를 들어 사고전서 편찬을 가장 먼저 제창했던 인물 중 하나였던 대학사 우민중은 자기 자신이 시와 고문으로 전적을 논하는 데 힘썼음은 물론, 인재 선발도 중시했다. 그때 이미 고위 관리들이 문인을 환대하는 풍조가 생겨났다. 이에 따라 당시 문인들은 매우 적극적으로 활약했으며 관직에 임명되는 길도 많이 마련되어 있었다.

문인들에 대한 우대와 양성으로, 건륭조에는 그 어느 때보다 인재가 넘쳐났으며 그들 중 대부분은 훗날 모두 문치무공의 대가가 되었다. 한학을 연구하던 학자들은 고증에 정통하였으며, 진굉모陳宏謀, 양국치梁國治, 살재薩載, 고진高晋 등은 치리治理에 뛰어났다. 청렴하지 못해 사리를 꾀하고 뇌물을 탐했던 이들도 적지 않았지만 대부분은 재능과 학식이 뛰어났으며 특히 경세제민經世濟民에 힘썼다.

사실 건륭제 자신부터가 중국 역사상 손꼽히는 학식 있는 제왕이었으며, 일관되게 "옛것을 고찰하고 문예를 숭상한다."라고 자처해 왔다. 그는 평생 시를 읊고 작문하는 것을 즐겨 늘 문인학사들과 시를 주고받았고 그가 남긴 시문 작품들도 역대 황제 가운데 가장 많았다.

그가 직접 주관하거나 칙령을 내려 편찬한 서적들은 그 수량이나 규모를 볼 때 다른 군주들이 결코 따라올 수 없을 정도였다. 사고전서 하나만 하더라도 3,461종, 79,309권에 달해 중국 역사상 가장 규모가 큰 총서로 꼽히고 있다.

바로 건륭제 자신이 학문에 조예가 깊은 제왕이었기 때문에 중국의 지식계층을 진심으로 인정할 수 있었고, 문인과 문인 출신 관리들을 중용할 수 있었다. 결점이 있어도 다른 장점들이 더 많았던 장조張照는 총민하고 다재다능하여, 죄를 지어 참형을 선고받고도 그의 재능을 알아주던 건륭제가 속죄의 기회를 주어 다시 중책을 맡고 총애와 대우를 받았다.

강소 화정華亭사람이었던 장조의 자는 득천得天, 호는 경남涇南으로 만호晚號는 천병거사天甁居士라 했다. 17세에 거인이 되고 18세에는 진사가 되어 검토檢討를 수여받았다. 후에 남서방과 내각학사, 형부시랑에 들었다. 옹정 11년에 좌도어사를 수여받고 형부상서 서리에 임명되었다.

　옹정 13년(1735) 봄, 귀주에서 묘족이 봉기를 일으켰다. 청 정부는 합원생哈元生을 장군으로, 동방董芳을 부장副將으로 하여 군사를 이끌고 진압에 나섰다. 처음 대학사 악이태鄂爾泰가 운귀 총독이었을 때 이미 묘강苗疆을 평정하고 땅을 되찾았지만, 묘족들이 다시 봉기하자 옹정제는 악이태가 이를 제대로 처리하지 못한 것을 책망했다.

　장조는 줄곧 악이태와 사이가 좋지 않았기 때문에 이 일이 있자 묘강에 갈 것을 자청하고 나섰다. 그해 5월, 옹정제는 장조에게 묘강을 평정할 책임을 지웠다. 장조는 귀주에 도착하자마자 긴급한 군사 업무는 돌보지 않고 바로 합원생에게 명해 악이태를 탄핵하도록 했다. 그는 군대에 대해 잘 몰랐으므로 병사와 지역을 각각 나누어 진압해야 한다고 주장했다. 그래서 진압에 나선 병사들이 서로 교체되면서 어수선해졌다. 또 합원생과 동방은 마을과 도로의 경계를 나누는 문제로 서로 다투기만 했으므로 오래도록 공을 세우지 못했다.

　8월이 되어 건륭제가 즉위했다. 건륭제는 장조를 북경으로 불러들이고 묘족 반란을 호광 총독 장광사張廣泗에게 평정하도록 맡겼다. 건륭제는 장조가 사적인 세력에 기대면서 군사 업무를 그르쳤다는 이유로 그를 면직하고 감옥에 가두었다. 그 뒤 그의 재능이 남들보다 뛰어난 것을 생각해 특별히 사형을 면해 풀어 주고 무영전武英殿 수서처修書處로 보냈다.

　건륭 2년, 장조는 내각학사로 승임되고 다시 남서방에 들어가 경연의 강관講官을 맡았다. 2년 후에는 형부시랑을 수여받았다. 그는 법률에 밝아 건설적인 제안을 많이 했고, 모두 받아들여졌다. 그 후 건륭 7년에는 형부상서로 발탁되었다.

　장조는 다재다능한 인물이었다. 건륭 6년, 장조는 건륭제의 명을 받들어 장친왕 윤록과 함께 『율려정의律呂正義』를 수정, 증보하는 작업을 했다.

『율려정의』는 청대 궁정음악에 관한 저서로 강희 52년에 완성되었으며 상上·하下·속續의 세 편으로 나뉘어 있었다. 상하편은 모두 4권으로 악률樂律과 관현악기의 음률, 악기 제조법 등을 다루고 있다. 속편은 한 권으로 오선보五線譜와 음계명 등이 기술되어 있다.

장조는 『율려정의후편律呂正義後編』 120권을 편찬해 각종 전례음악을 제사祭祀, 조회朝會, 연향宴饗, 도영導迎, 행행行幸의 다섯 가지로 분류하고, 각각 그 아래에 다시 세분하여 몇 가지의 악종樂種으로 구분하였다.

모든 악종마다 특정한 악기로 구성된 악대가 있었으며, 각기 다른 특정한 악장樂章의 명칭과 가사의 격식, 곡조의 풍격, 기보記譜 방법 및 연주 장소 등이 있었다. 이 책 안에는 많은 명청 시대의 음악 자료들이 보존되어 있었다.

전하는 바에 의하면 장조는 책을 한 번 읽으면 잊지 않았고 온갖 도리와 사리에 정통했다고 한다. 그는 글을 짓기 전에 먼저 관련 서적을 한 번씩 훑어보았다. 그런 후에 눈을 감고 잠시 바르게 앉아 종이를 펴고 먹을 간 후, 한번 붓을 잡으면 마치 붓이 날아갈 듯, 눈 깜짝할 사이에 서고書稿 한 권이 완성되는데 여기에는 항상 조금의 실수도 없었다. 반년이면 책이 모두 이루어졌다. 당시 어떤 이들은 그의 학문을 두고 "만인의 능력을 갖추었다."라고 칭송했다.

장조는 서예에도 정통했다. 동기창董其昌에서 시작하여 안진경顏眞卿, 미불米芾의 작풍까지 넘나들었으며 기백이 넘치면서도 질박하고 중후하여 청대의 유명한 서예가 반열에 올랐다. 장조는 오른손은 물론 왼손으로도 서예를 할 수 있었다. 한번은 그가 말에서 떨어져 오른 팔이 부러지자 바로 왼손으로 글씨를 써서 낙엽에 대한 시를 지어 바친 적도 있었다. 힘 있는 한 획마다 조금도 생기를 잃지 않았으니 확실히 천부적 소질을 지니고 있었다.

건륭제는 장조의 서법을 좋아했다. 그의 서예에 찬사를 보내면서 다음과 같이 말했다.

글자에 크고 작음이 없고 모두 정신이 깃들어 있다.
왕희지의 후인 가운데 장조를 빼면 누가 그와 견줄 수 있겠는가?

그리고 장조가 궁정에 쓴 춘련春聯이 오래되어 새것으로 바꾸기 위해 옛것을 떼어 내고자 궁정의 담당 부서에서 청하면 건륭제가 이를 허락하지 않았다. 그리고 건륭제는 그에게 명하여 행해行楷(행서와 해서의 중간 서체로, 해서에 조금 더 가까움)를 글씨의 크기에 따라 일곱 종류로 나누어 4백여 자를 얻어서 그 글자로 오칠언시五七言詩 17수를 만들어 책으로 엮고, 동방달董邦達에게는 책 끝에 세조도歲朝圖를 그려 넣도록 했다. 훗날 어원御園에 쓴 대련을 취해 3백여 자를 다시 얻어서 13수의 시를 만들어 장정裝訂해서 보관했다. 건륭제는 장조가 쓴 것이라면 무엇이든 훼손하지 못하게 했다.

그는 서예뿐 아니라 그림을 그리는 데도 능했다. 그는 특히 난을 잘 그렸으며, 묵으로 그린 매화는 드문드문한 꽃봉오리가 섬세하여 극히 수려하고 우아했다. 간결하게 그은 몇 획은 고상한 운치를 이루었다. 그의 정수精髓들은 『천병재첩天甁齋帖』과 『천병재서화제발天甁齋書畵題跋』 두 권에 모아졌으며, 『비전주림秘殿珠林』의 편자編者 명단에도 그의 이름이 가장 첫째로 올라 있다.

장조는 희곡가이기도 했다. 일찍이 유지를 받들어 수많은 잡극雜劇과 산곡散曲을 만들었으며 거기에 곡을 붙이기도 했다. 이들 극은 자주 궁궐 안에서 공연되었다. 장조가 잡극에 곡을 붙여 만든 곡조들은 『구궁대성남북사궁보九宮大成南北四宮譜』에 각자 다른 유형을 지닌 악보의 범례로 인용되었다.

장조는 또 유명한 시인이었다. 그의 서예작품 중 상당수는 그가 직접 지은 시로 『득천거사집得天居士集』에 실려 있다. 장조는 불교를 신봉하고 불경에 정통했기 때문에 시를 쓸 때는 법어法語를 많이 인용했으며, 그가 문장을 지을 때도 불교 용어를 많이 사용했으므로 탈속적인 색채를 짙게 띠고 있었다.

건륭 9년 12월에 그의 부친이 병으로 사망했다. 장조는 소식을 듣고 병든 몸으로 급히 고향으로 달려갔으나 건륭 10년 정월 강남 서주에 이르러 향년 55세의 나이로 그만 죽고 말았다. 건륭제는 몹시 안타까워하며 대신들에게 말했다.

> 장조는 재능과 품행이 모두 훌륭하였다. 법률에 능통하고 학문이 깊었으며 시문의 문채文彩는 청신하였다. 궁궐 안에서는 본래부터 부지런하고 신중하기로 이름이 났다.

조서를 내려 태자태보와 이부상서를 더하고 문민文敏의 시호를 내렸다.

건륭 47년, 건륭제는 새로 편찬한 『일통지一統志』를 살펴보던 중 송강부松江府 인물 중에 장조가 없는 것을 발견했다. 편찬을 맡아본 자가 장조는 이전에 묘강의 일로 죄를 입었고 또 그가 옥중에서 지은 「백운정白雲亭」이라는 시 가운데 분개하는 뜻이 담겨 있기 때문에 그의 이름을 실어서는 안 된다고 판단했던 것이다. 건륭제는 이를 불가하다고 여겨 관등官等과 이력, 사적을 모두 『일통지』에 기록해 넣도록 명했다. 건륭제가 장조의 뛰어난 재주를 어느 정도로 아꼈는지 알 수 있는 대목이다.

> 치국을 논하는 데도 항상 도리가 바탕에 깔려 있었고, 문장을 논하는 데도 늘 그 내용을 생각했다.

이것은 건륭제가 왕유돈을 칭찬했던 말이다.

절강성 전당錢塘 사람이었던 왕유돈汪由敦의 자는 사명師茗이고 호는 근당謹堂으로, 송천거사松泉居士라 불리기도 했다. 그는 어려서부터 총명하여 책을 많이 읽었다. 그는 시와 고문에 대한 학문이 깊었으며 수재秀才로 있을 때도 이미 상당한 명성을 얻고 있었다. 서원몽徐元夢이 절강 순무로 있을 때 그 이름을 듣고 막부로 불러왔다. 후에 서원몽이 공부상서로 승임해 가자 왕유돈도 함께 북경으로 갔다.

옹정 원년1723년, 서원몽이 상소를 올려 추천한 덕분에 왕유돈은『명사明史』의 찬수관纂修官을 맡았다. 원래 궁중 찬수관에는 문학시종대신이라야 들어갈 수 있었는데, 왕유돈은 수재 신분에도 추천을 받아 임용되었으니 그가 얼마나 많은 재능을 가지고 있었는지 알 수 있다. 옹정 2년에는 진사에 합격하고 편수를 수여받아 계속『명사』를 편찬했는데, 그의 문장이 동료들에게 알려지면서 그가 주필을 맡은 부분이 많아졌다.

건륭제가 즉위할 때 등극의식에 올리는 문장을 모두 왕유돈이 지었고, 건륭제는 매우 만족해했다. 건륭 원년, 남서방에 들어가 내각학사로 발탁되었다. 연달아 예부, 병부, 호부시랑에 임명되었다가 공부상서로 승임했으며 나중에는 형부상서가 되었다.

건륭 11년에는 좌도어사를 수여받고 군기대신이 되었다. 이때 건륭제는 금천金川으로 군대를 파병했던 동안에 내렸던 모든 유지를 왕유돈에게 집필하도록 했다. 원고 하나가 막 완성되면 또 다른 유지가 전해지는 바람에 왕유돈은 밤낮으로 고된 작업을 계속해야 했다. 건륭 14년에 금천이 평정되자 건륭제는 왕유돈에게 군공軍功 3급을 더해 주면서 태자소사少師와 협판대학사의 직위를 더 내렸다. 다음해에는 태자태보에 명했다. 건륭 20년에는 중가르에서 군사를 부리는 데 공을 세우자 다시 3급을 더해 주었다.

건륭제의 시문 중 일부는 왕유돈이 문장의 기초를 잡고 건륭제가 수정한 것도 있었다. 공문서도 마찬가지로 왕유돈이 초안을 작성하면 건륭제가 첨삭했다. 건륭제는 밖으로 사냥을 나갈 때나 여러 곳으로 순행을 나설 때도 매번 왕유돈에게 곁에서 수행하도록 명했다. 왕유돈은 유지를 받들 때마다 귀로 들으면 마음으로 깨달아 곧바로 막힘없이 써 내려갔으며 한 자도 빠뜨리는 일이 없었다.

왕유돈은 서예를 매우 좋아했다. 그의 글씨는 안정되었으면서도 힘이 있어 그 실력이 바로 장조의 뒤를 이었다. 건륭제는 시를 짓는 것을 좋아하여 한 번 지었다하면 몇 수씩을 지었고 환관들이 시의 초안을 왕유돈과 유통훈에게 가져가면 그 둘이 필사했는데, 그것을 '시편詩片'이라고 불렀다.

왕유돈은 문예에만 능한 것이 아니라 공무를 볼 때도 주도면밀하여 건륭제의 총애를 받았다. 건륭 15년, 영정永定에 제방이 터지면서 강물이 범람하자 왕유돈이 명을 받들어 조사에 나섰다. 어떤 이들은 새로 물길을 내서 물을 바다로 흘려 보내야 한다고 주장했다. 왕유돈은 강물을 따라 지역을 돌며 지형을 시찰하고 나서 수해의 원인을 알아냈다. 그는 수해가 폭우로 인한 강물이 흙과 모래를 쓸어와 수로가 막혔기 때문에 생긴 것이라고 보았다. 그리고 만일 방수로를 새로 파면 많은 토지와 가옥들이 훼손되는 데다 해가 지나면 다시 흙이 쌓이는 것을 해결할 수가 없다고 판단했다. 그래서 그는 옛 수로를 다시 소통되도록 해야 한다는 주장을 제시했고 건륭제의 동의를 얻어 냈다.

왕유돈은 여러 차례 서적 편찬 작업에 참여했다. 문영관文穎館 부총재와 평정금천방략平定金川方略 정총재를 맡았고, 장친왕 윤록과 함께 『황조예기도皇朝禮器圖』를 개정하였으며, 장부蔣溥 등과 더불어 『반산신지盤山新志』를 편찬했다.

건륭 23년 정월에 왕유돈이 병상에 드러누웠다. 건륭제가 태의를 보내 진찰하게 하고 약을 보냈지만 도움이 되지 못하고 결국 향년 67세로 세상을 떠났다. 건륭제는 상례에서 크게 벗어난 일이었지만 직접 조문을 가서 곡을 하고 타라경피를 내려 염을 하도록 했다. 태자태사에 봉하고, 내탕은內帑銀 2천 냥을 장례비용으로 하사했다. 현량사賢良祠에 위패를 모시도록 하고 문단文端이라는 시호를 내렸다.

문인들을 가까이 하라
多和文人交朋友

건륭제는 상당히 높은 문화적 소양을 갖추고 있었다. 그는 언젠가 만주족 왕공귀족들을 훈계하는 유지를 내린 적이 있다.

> 한인 문학을 이야기하자면, 짐이 공부하고 알고 있는 모든 것이 곧 유학을 통해서 얻어진 것이며, 문학이 유학에서 벗어나지 않는다는 사실을 한인들은 모두 알고 있다.

건륭제는 다재다능하여 시와 문장 그리고 서예와 그림에 모두 능했다. 비록 수준이 아주 높은 것은 아니었지만 건륭제가 한인 문화를 익히기 위해 매우 애썼음을 알 수 있다. 그는 문화를 중시하여 문신을 환대했다. 또 평생 시를 읽고 쓰는 것을 즐겼다. 시를 써서 자신의 뜻을 주장하기도 했고 시로써 일을 기록하는 것도 좋아했다.

건륭 44년에 회고시를 지었는데, 그중 다섯 문학시종대신에 대한 시 다섯 수가 있었다. 그들은 양시정梁詩正, 전진군錢陳群, 장조, 왕유돈, 심덕잠沈德潛이었다. 양시정은 건륭제의 스승으로 학식이 깊고 넓었으며 성실함으로 건륭제의 신임을 받았다. 전진군과 심덕잠은 건륭제의 시우詩友로, 건륭제가 시를 지으면 그 둘이 수정을 보았다. 왕유돈은 문장에 특히 능해 건륭제를 대신해서 초안을 작성하기도 했으며 늘 신중하고 성실했다. 장조는 총민하고 다재다능했으며 건륭제도 그의 뛰어난 재능을 높이 샀다. 그들 모두 건륭제의 문학시종으로 건륭제가 중용했던 인물들이었다. 그래서 그들이 죽은 지 몇 년이 지났지만 건륭제는 여전히 그들을 기억하고 시를 지어 그리움을 드러냈다.

양시정의 자는 양중養仲, 호는 향림薌林으로 절강 항주사람이다. 옹정 8년(1730)에 진사가 되어 편수의 직책을 수여받았다. 향시 정고관正考官, 회시 동고관同考官, 시독학사侍讀學士(황제에게 경학을 가르치는 관직)를 지냈다. 옹정 12년에 부름을 받고 서원西苑으로 가서 시험을 거친 후 운 좋게도 홍력의 스승으로 뽑혔다. 훗날 건륭제는 이때의 일을 기억하면서 그를 "이름은 스승이었지만 사실은 친구와 같았다."라고 말했다. 양시정은 만년에 이렇게 말했다.

> 한번은 건륭제를 위해 전각에 큰 글씨를 써 넣고 있었다. 그때 마침 옹정제께서 행차를 하셔서 제신들이 모두 당황해 일어나 맞았는데, 옹정제께서는 쓰던 글을 마저 마치라 명하셨다. 먹물이 소매를 적시자 옹정제께서는 건륭제에게 소매를 걷어 주라고 명하셨다. 지금 그 옷을 30년 동안 깊이 간직하고 있는데, 때가 되면 이 옷을 입고 관에 들어가 죽어서도 군君의 은혜를 잊지 않을 것이다.

건륭제가 즉위할 때 양시정이 마침 모친상을 당했다. 건륭제는 그 모친을 위해 은 5백 냥을 내려 상을 치르게 했다. 건륭 원년, 조서를 내려 아직 상복을 벗지도 않은 그를 불러 남서방에서 일하도록 하면서 동시에 상서방에서 여러 황자들의 공부도 가르치도록 했다. 건륭제는 그의 스승을 특별히 아꼈으므로 남성南城 주시가珠市街에 집을 하사했다. 양시정 또한 건륭제를 위해 충심으로 일했으며 각별히 신중하고 본분을 지켰다.

건륭 3년, 양시정은 내각학사와 예부시랑에 올라 상서방에 들었다. 다음해에는 형부시랑을 수여받아 법과 판례에 대해 열심히 공부하면서 연구와 토론에 힘썼다. 후에 호부시랑으로 전임되면서 화폐제도를 관장하는 업무를 겸했다. 당시 화폐제도가 오래되어 폐단이 쌓여 가고 있었으므로 그 원인을 조사해서 차례로 이를 바꿔 나갔다. 또 경비를 기록해 둔 장부를 검토하여 각 부서에서 보고를 미루는 것을 알고 이를 벌해 적폐를 일소했다. 그는 또 사려 깊고 멀리 내다보는 시각이 있어 대담하게 변경 지역에서 따로 둔전을 실시해야 한다는 의견을 제시해 팔기군의 생계 문제를 해결했다.

건륭 13년, 양시정은 병무상서로 전임되었다. 이듬해 금천에서 승리 소식이 전해지자, 건륭제는 양시정을 태자소사로 임명하고 '선찬추형宣贊樞衡'의 네 글자를 직접 써서 표창했다. 또 한림원 장원학사와 협판대학사로 발탁하고 형부상서를 겸하게 했다. 이어서 건륭 15년에는 이부상서로 옮겨갔다.

양시정은 청렴결백하여, 이부에 있을 때 할 일을 미루거나 허위 보고하는 것을 용서하지 않았고 모든 청탁을 거절하였으므로 이서들이 감히 부정행위를 저지르지 못했다. 그는 오랫동안 궁에 있으면서도 태감들과 교제하는 일이 거의 없었다. 태감 중에 정애계鄭愛桂라는 자가 있었는데 건륭제 앞에 설 때마다 장조는 훌륭하다고 치켜세우면서 양시정은 능력이 부족하다고 말했다. 건륭제는 이것이 사실이 아님을 알았으므로 정애계에게 벌을 내렸다. 그리고 환관들에게 조서를 내려 이를 알리고 경계하도록 했다.

양시정은 재정을 관리하는 데 근검절약을 강조했다. 집안일을 돌보는 데도 검약을 우선했다. 건륭제는 그에게 '청근당淸勤堂'이라는 세 글자를 쓴 편액을 하사했다. 그는 그것을 집안에 걸어 두고 자손들에게 보였다. 그는 '청근당수필오칙淸勤堂隨筆五則'을 썼는데 모두 낡은 습속을 고치게 하고 근검절약을 가르치는 내용이었다. 그 안에서 그는 주문단朱文端의 말을 인용했다.

> 절검節儉은 살림을 넉넉하고 풍족하게 하며 자신에게 주어진 복을 낭비하지 않게 해 줄 뿐 아니라 욕심을 적게 하고 마음을 깨끗하게 한다. 또한 망령되게 구하고 함부로 취하거나 인품이 나빠지는 것을 면해 주니, 모두가 이에 있다.

건륭 16년, 양시정이 건륭제의 남순을 따를 때 마침 그 부친의 80세 생신을 맞았다. 건륭제는 그의 부친에게 1품 봉전14封典을 내리고, 양시정에게는 한 달간 휴가를 주어 고향에 가 부모를 모시게 했다. 그 다음해에 부친이 실명을 하자 양시정은 돌아가서 모실 수 있도록 주청을 올렸다. 건륭제는 차마 그를 보낼 수 없어 "몸은 동벽東壁 도서부圖書府에 있으나 집은 서호西湖의 산수에 있구나."라고 어서해 주며 그를 위로했다. 그러나 양시정은 진정한 효자였으므로 다시 간청을 올렸다. 그러나 그때는 마침 건륭제가 가을 사냥을 갔을 때라 인사를 하지 않고 떠날 수가 없어 10월에 건륭제가 돌아올 때까지 기다렸다. 건륭제가 이에 감동하여 시를

---

14. 조정에서 공을 세운 자나 그 선조 혹은 처에게 작위를 내리던 영전.

써서 그를 배웅했다.

"충근忠勤의 뜻은 깊이 알면서도 효치孝治의 마음은 어찌 몰랐는가"

또 담비가죽과 비단, 인삼과 여의如意 등을 하사했다. 그러고는 양시정에게 말하기를, "2, 3년 후 남순할 때 네가 양주에서 나를 맞이하여 군신이 다시 만날 수 있기 바란다."라고 했다.

양시정은 감격하여 눈물을 흘리며 고향으로 돌아갔다.

건륭 22년에 건륭제가 남순할 때, 양시정은 회음淮陰으로 가서 황제를 맞이했다. 건륭제는 은명恩命을 내려 품급에 맞게 봉록을 주었다. 이듬해 양시정의 부친이 사망한 지 채 몇 달도 안 되었을 때, 건륭제는 곧 그를 조정으로 불러 상복을 입은 채로 일을 하게 했다. 양시정은 24년 정월에 조정으로 돌아와 병부상서와 이부상서를 연이어 맡고 황태후의 칠순 경전慶典을 주관했다. 건륭 28년 동각대학사東閣大學士에 임명되고 태자태부를 더했으며 내성에 저택을 하사받았다.

그해 11월 14일 양시정이 어느 날 밤 갑자기 세상을 떠났는데 그의 나이는 67세였다. 건륭제는 깊이 애도하여 황오자皇五子에게 명해 시위 열 명을 거느리고 조문하도록 했으며, 내탕고에서 은 1천 냥을 보내 상을 치르게 했다. 그리고 태보太保를 더하고 문장文莊이라는 시호를 내리면서 현량사賢良祠에 위패를 모시도록 했다. 또 건륭제는 내무부에서 사람을 파견하여 상을 치르게 했다. 그는 고향에 안장되었는데, 발인하던 날 건륭제는 물길을 따라 20리 안에 있는 모든 문무 관리들에게 배가 머무르는 곳에 가 조의를 표하도록 했다. 또 사람을 보내 운구를 호송하여 그가 편히 고향에 갈 수 있도록 배려해 주었다.

양시정은 관서官書 수찬 작업에도 여러 차례 참여했다. 건륭 14년, 명을 받고 왕유돈과 함께 『서청고감西淸古鑑』 40권을 편찬했다. 책 안에는 내무부에서 소장하고 있던 1,529가지의 청동기와 기타 골동품이 수록되었으며 그림을 그려 상세한 설명을 덧붙였다. 건륭 16년에는 『엽운회집葉韻匯

輯』10권을 편찬했다. 18년, 심덕잠과 명을 받들어『서호지찬西湖志纂』12권을 편찬했다. 또 그는『석거보급石渠寶笈』과『비전주림』,『삼희당법첩三希堂法帖』의 편찬에도 참여했다. 그리고 국사관, 문영관文穎館, 속문헌통고관續文獻通考館 총재를 맡아 대작을 안배하고 체제와 격식을 정했다.

양시정은 문인 출신으로 성실함 때문에 건륭제로부터 대우를 받을 수 있었다. 그는 5부部의 수장을 지냈으며 여러 번 향시와 회시를 맡아 보았고, 건륭제가 순행을 나설 때마다 항상 수행하도록 명을 받는 등 황제가 신임하고 기대던 대신이었다.

심덕잠의 자는 확사確士, 호는 귀우歸愚로 강소성 소주사람이다. 부친과 조부 모두 글을 가르치는 선생이었다. 그는 어려서부터 당시唐詩를 필사하는 것을 좋아했다. 조금 더 자라서 그는 유명한 시인이었던 엽향葉薌을 스승으로 모셨으며 그 시법詩法의 영향을 받았다. 그의 시는 성당[15]盛唐 시기를 본받았고 특히 두보의 시가 중심이 되었다.

두보와 다른 점이 있다면, 심덕잠의 시는 유가의 정통 사상을 토대로 하여 충효를 근본으로 하고 온유돈후溫柔敦厚를 교훈으로 삼았다. 그는 시를 지을 때는 말 속에 물物이 담겨 있어야 하며 고금의 성패와 흥쇠를 반영해야 한다고 주장했다. 이것은 실제로는 봉건 통치제도에 순응하는 것이었다. 이 때문에 그의 시는 최고 통치자로부터 찬사를 받았다. 그는 한위육조漢魏六朝의 시를 모아『고시원古詩源』을 편찬하여 그의 뜻을 드러냈다.

심덕잠은 대기만성형으로 그의 시명詩名은 일찍부터 강남을 뒤흔들 정도로 유명한 시인이였지만 만년에 이르러서야 건륭제의 총애를 입어 일약 궁정시인이 되었다.

---

15. 당나라 시기 구분 중 하나. 초당初唐, 성당盛唐, 중당中唐, 만당晚唐으로 나눔.

심덕잠을 거론할 때마다 나오는 이야기가 있다. 그는 22살부터 시작해서 향시에 열일곱 차례나 낙방했다. 그야말로 반평생이 넘도록 뜻을 이루지 못한 것이다. 비록 시명은 높았지만, 그래보았자 가난한 수재요 글을 가르치는 선생에 불과했다. 그러나 그는 풀이 죽거나 실망하지 않고 부지런히 노력했다. 그러던 어느 날이었다.

그가 65세였을 때 소주 오현吳縣 목독진木瀆鎭에서 글을 가르치고 있었는데, 어느 날 저녁이 되어 학생들이 돌아가고 나서도 계속해서 밤이 깊도록 시를 읊었다. 뜻밖에 그의 시를 읊는 낭랑한 목소리가 한 소녀의 마음을 끌었다. 그녀는 글방 이웃집의 여종으로 나이가 열다섯이었다. 그녀가 매일 저녁 길쌈을 하는데 그 물레 소리가 밤을 지새우고 아침까지 이어지자 주인은 이를 이상하게 여겨 왜 밤이 깊도록 자지 않는지를 물었다.

그녀가 말하기를 "심 상공께서 시 읊는 소리는 피곤을 잊게 하여 이미 밤이 깊었는지를 모르게 만듭니다."라고 답하였다. 그 말을 들은 주인은 "네가 심 선생에게 반한 것 같으니 그에게 시집가거라!" 하며 농담을 건넸다.

얼마 지나지 않아 그녀의 집에서 찾아와 혼약을 위해 몸값을 치른 후 데려가려는 사람이 있었다. 그러자 그녀는 울면서 따르지 않았다. 이유를 묻자 그녀가 대답했다.

"주인님께서 말씀하셔서 이미 제가 마음을 정하였기에 고칠 수가 없습니다."

주인은 깜짝 놀랐다. 원래 농담으로 한 말을 그녀가 진심으로 받아드렸을 줄은 생각도 못한 것이다. 그래서 그는 심 선생에게 가서 그녀의 뜻을 전해 주었다. 심덕잠은 스스로 노쇠하다고 생각했고 그녀의 몸값을 치를 수도, 신부 집에 보낼 예물을 마련할 수도 없어서 입으로는 사절했으나 속으로는 자신을 알아주는 사람이 있다는 생각에 기쁜 마음이 들었다. 주인이 그 뜻을 알아차리고 둘을 이어 주고자 그 아이를 심덕잠에게 보냈다. 그 이후로 심덕잠은 좋은 운이 트여 이듬해에 거인이 되고 그 다음해에는 진사에 합격했다.

최고 등급의 시험이었던 전시를 치르던 날은 심덕잠이 벼락출세를 하게 된 길일이기도 했다. 전당殿堂에서 모두 엎드려 급히 답안을 쓰고 있을 때, 건륭제가 친히 고사장에 나왔다. 건륭제는 이전에 『남방려헌집南邦黎獻集』에서 그의 시를 보고 매우 감동하여 그에 대한 깊은 인상이 남아 있었다. 건륭제는 전당 위에 앉아 물었다.

"누가 심덕잠인가?"

심덕잠이 무릎을 꿇고 아뢰었다.

"신이옵니다."

건륭제는 웃으며 말했다.

"너 같은 강남의 명사名士도 답안을 이리 더디게 쓴다더냐?"

심덕잠은 황제가 자신을 알아주는 뜻밖의 광영에 놀랐다. 건륭제는 소하시[16]消夏詩 열 수를 짓도록 명하고 또 역대 시인들의 원류와 우열을 논하게 했는데, 그 답이 매우 만족스러웠으므로 그에게 편수의 직위를 수여했다. 심덕잠에게는 실로 단숨에 하늘에 오른 것이나 마찬가지였다. 그는 몹시 감격하여 은덕을 기리는 시를 한 수 썼는데 그중에 이런 부분이 있었다.

> 향안香案에 기대 선리仙吏를 허락하시니
> 홍운紅雲을 보고 성인聖人임을 알았다

---

16. 소하消夏는 심심풀이로 소일하며 여름을 보내거나, 여름의 더위를 덜어 잊게 만든다는 뜻.

그 후 건륭제는 시를 지으면 자주 심덕잠에게 화답하도록 했다. 심덕잠은 시독학사, 좌서자左庶子, 시강학사侍講學士, 충일강기거주관充日講起居注官, 호북 향시 정고관, 첨사부詹事府 첨사를 지냈다. 건륭 11년에는 내각학사로 발탁되었다. 심덕잠의 지위가 너무 빨리 오르자 많은 이들이 불만을 품었다. 건륭제가 제신들에게 말했다.

"심덕잠은 성실하고 근후勤厚한 데다 짐이 또 그가 늦게 벼슬을 얻었음을 짐이 가엾이 여겨, 거듭 은혜를 더해 노회한 선비를 격려코자 한 것이다."

건륭제는 심덕잠에게 관직을 내리고 작위를 준 것 외에, 그의 생활에도 관심을 가졌다. 심덕잠은 새로 글을 지을 때마다 모두 건륭제에게 바쳐 보였다. 그해 6월 심덕잠의 본처 유부인兪夫人이 병으로 세상을 떠났다. 심덕잠은 너무나 그리워 유씨와 결혼하여 함께해 온 48년을 되돌아보았다. 나물을 캐다 팔아 식량을 마련하고, 병이 나서 의사를 부르거나 약을 사는 데 돈을 쓰는 것도 아까워할 정도로 가난하게 살아온 지난날이었다. 더욱 안타까운 것은 몇 년간 집에 돌아가 보살펴 주지 못했던 것이었다. 그는 도망시悼亡詩(아내의 죽음을 슬퍼하는 시) 한 수를 썼다.

삼 년 동안 나는 오이가 쓴 줄도 몰랐는데
4기(1기紀는 12) 동안 그대는 나물도 달게 먹었네
병을 안고서도 약석藥石을 마다하더니
염할 때에야 비로소 옷과 비녀로 단장했구나

건륭제가 이 도망시를 보고 심덕잠을 배려하며 말했다.
"너는 부인을 잃고서, 어찌 집에 가서 정리하지 않느냐!"
사실 이것이 바로 심덕잠의 소원이었으므로 그는 바로 휴가를 내고 돌아가 장례를 치렀다. 건륭제는 특별히 조서를 내려 그가 자리를 비운 사이에도 후임을 두지 못하도록 했다. 심덕잠은 건륭제가 이처럼 자신을 총애하는 것을 보고 건륭제에게 하직을 고할 때 그 부모를 봉封해 줄 것을 청했다. 그는 부모의 유훈을 말하며 눈물을 흘리며 소리 내 울었다. 건륭제는 3대 봉전을 내리고 시를 지어 그를 전송했다.

> 내가 덕잠의 덕德을 사랑하였더니
> 순박한 품성이 처음과 변함이 없구나

건륭 12년, 심덕잠은 명을 받들어 상서방에서 황자들을 가르치고 예부시랑에 올랐고, 13년에는 회시 부총재를 맡았다.

심덕잠은 높은 관작이나 많은 녹봉을 욕심내지 않았다. 건륭 13년, 이미 연로한 그는 병이 들어 벼슬에서 물러나기를 간청하면서 제소남齊召南을 자신의 후임으로 추천했다. 건륭제는 제소남을 예부시랑에 올리도록 허락하고, 심덕잠은 상서방에 남게 하면서 시랑의 녹봉을 주었다.

심덕잠은 건륭제를 모시고 서호 유람을 했고, 서호의 아름다운 경관을 마주한 군신은 서로 시를 지으며 어울렸다. 이별할 때가 되자, 건륭제는 심덕잠에게 많은 선물을 하사했고 고향에서도 녹봉을 받을 수 있게 해주었다.

그해 겨울 황태후가 60대수를 맞게 되자, 심덕잠은 80세의 고령으로 북경에 들어 황태후의 대수를 경축했다. 성대한 의식이 끝난 후에는 그가 지은 『귀우시집歸愚詩集』을 바치면서 황제에게 서문을 지어 줄 것을 간청했더니 건륭제는 이를 흔쾌히 허락했다. 서문에서 건륭제는 심덕잠과 그 시에 높은 평가를 내리면서, 그를 이백李白과 두보杜甫, 한유韓愈에 견주었다.

"화려함을 없애고 진실함을 담았으니 이것이야말로 군자의 도이다."라고 하면서 그의 시에 찬사를 아끼지 않았다. 그는 또 심덕잠도 칭찬했다.

"무릇 비상한 사람이라야 비상한 기회를 만나게 된다. 심덕잠은 비상한 지식을 가졌으며, 그 시 또한 금세今世의 비상함을 이루었으니 비상한 예로써 서문을 짓는다."

예로부터 군주가 신하의 책에 서문을 써 준 선례가 없었으므로 건륭제가 심덕잠의 시집에 서문을 쓴 것은 진정 무한한 광영이 아닐 수 없었으며, 시집의 가치를 백배로 올려 주는 일이었다. 건륭 17년 정월에 고향으로 돌아가기 전, 건륭제는 그에게 '학성송신鶴性松身'이라고 쓴 편액을 하사하고 장불藏佛과 관복을 함께 내려 그의 장수를 축복했다.

건륭 22년, 건륭제가 두 번째 남순했을 때 심덕잠은 황제를 맞아 예부상서의 관함을 받았다.

건륭 26년, 황태후의 70대수에 90세의 고령이 된 심덕잠은 다시 북경에 가서 대수를 경하하면서 『역대성모도책歷代聖母圖冊』을 바쳐 황태후로부터 후한 상을 받았다.

건륭 27년 건륭제의 세 번째 남순 때, 심덕잠과 전진군 두 노인이 지팡이에 기대어 상주常州 백가교白家橋에서 황제를 맞았다. 건륭제는 그들 두 사람을 나라의 태평과 번영의 상서라 보고 특별히 대해 주며 시를 내렸다. "두 노인은 강절江浙의 대로大老로, 새롭게 구로九老 선인의 모임에서 돌아왔네." 그리고 심덕잠에게는 '구질시선九秩詩仙'이 쓰인 편액을 주었다.

건륭 30년에 건륭제가 네 번째 남순을 행했을 때, 심덕잠과 전진군 두 사람은 무진武進에서 황제를 맞았다. 이때는 일품봉一品俸을 내리고 심덕잠의 손자 유희維熙에게 거인의 지위를 주었다.

건륭 34년 가을, 97세의 심덕잠이 병으로 세상을 떠났다. 건륭제는 소식을 듣고 현량사에 위패를 세우도록 했으며 시를 지어 그를 애도했다.

　　수명은 비록 백세에 이르지 못했으나
　　그의 시는 영원히 천추에 빛나리라

건륭제는 한결같이 그를 은혜와 예의로써 대했다. 심덕잠은 건륭제의 총애를 입어 어시 40여 수를 내려 받았으니 이것은 세상에 둘도 없는 은택이었다. 건륭제와 심덕잠의 이 같은 관계는 지금까지 미담으로 전해 내려오고 있다.

전진군의 자는 주경主敬, 호는 향수香樹, 만년의 호는 척남거사拓南居士로 절강성 가흥사람이다. 부모가 모두 시사詩詞에 능했으며 특히 모친은 청대의 유명한 여류화가이기도 했다. 그의 집안은 몹시 가난하여 그 모친이 길쌈을 하거나 그림을 팔아 온 가족을 부양했다. 저녁마다 전진군이 등불 아래서 책을 읽을 때면 모친은 곁에서 그 불빛을 받아 길쌈을 하면서 그를 엄하게 교육시켰다. 훗날 전진군은 「야방수경도夜紡授經圖」를 그리고 같은 제목으로 시를 지어 이를 기억했다. 시에는 당시 배고픔과 추위 속에서 어머니가 그를 얼마나 고생스럽게 가르쳤는지 생동감 있게 묘사되어 있다.

전진군은 어린 시절을 빈곤하게 살았기 때문에 높은 지위에 오른 후에도 평생을 소박하게 지냈다. 그리고 늘 자손들에게도 이를 가르쳤다. 그는 건륭 7년에 내각학사로 발탁되고 형부시랑을 수여받았다. 그는 모든 일을 반드시 공평하고 타당하게 처리했다. 어느 대신이 법을 어긴 일이 있었는데, 건륭제가 이에 대해 크게 화를 내는 것을 본 관리들은 형벌을 더욱 무겁게 내려야겠다고 생각했다. 그러나 오로지 전진군만이 그렇게 해서는 안 된다는 입장을 고수하면서 법에 따라 처리해야 한다고 주장했다. 그는 또 한 사람이 지은 죄는 한 사람이 감당해야 한다며 지나친 연좌를 반대하기도 했다.

전진군의 성품은 온화하고 인정이 두터웠으며 사람됨이 순박했다. 인재를 뽑을 때도 공정을 잃지 않아 그 덕과 명망이 높았다. 시문 또한 그의 사람됨과 마찬가지로 순수하고 후박해서 건륭제는 전진군의 충성심을 높이 사면서도 그의 시문을 더욱 아꼈다. 그래서 늘 그와 함께 시를 나누고 고금을 논했으며, 그를 오랜 벗이라 일컬었다.

건륭 17년, 병이 든 전진군은 몇 번이고 벼슬에서 물러나는 것을 허락해 주도록 상소하자, 건륭제는 집에 돌아가 요양하도록 허락했다. 그때는 그의 아들 여성汝誠이 편수를 맡고 있을 때였으므로, 건륭제는 여성에게 그를 고향으로 모시고 가도록 명하고 시를 지어 주었다.

전진군은 조정에서 벼슬한 지 30여 년 동안 회시 부고관을 한 번 맡고 향시를 세 차례 주관했으며 또 순천학정順天學政을 맡았다. 그는 제자와 친구들이 매우 많았다. 그가 떠나던 날의 모습을 당시 사람이 기록한 바에 따르면 "동문東門에 배웅하러 나온 이가 수레로 천승千乘이나 되었다", "재야에 있으면서도 조정에 있는 것과 같을 줄을 누가 알았겠는가?"라고 전해진다.

전진군과 심덕잠은 함께 건륭제의 총애를 받았고 귀향한 후에도 두 차례 더 입경해서 황태후의 대수를 경축했다. 그리고 세 번에 걸쳐 건륭제의 남순을 맞았다. 건륭제는 황태후의 70대수에 전진군에게 형부상서 관함을 내렸다. 전진군은 고향에 있으면서도 실질적으로 관리들의 영수나 다름없었으며, 심덕잠 역시 이미 시단詩壇의 맹주가 되어 있었다. 건륭제는 시를 지어 이들 두 사람을 '강절 대로大老'라고 칭했다.

건륭 30년에 건륭제가 네 번째 남순을 갔을 때 전진군은 80세, 심덕잠은 93세였다. 두 노인은 지팡이에 몸을 의지하고 황제를 영접했다. 나이는 들었으나 정신만은 쇠하지 않았으므로, 건륭제는 두 사람을 보고 매우 기뻐하며 정겹게 두 노인을 이선二仙이라 불렀다. 조서를 내려 전진군을 태자태보로 임명하고 일품봉을 주었으며, 그의 아들 여기汝器에게 거인의 지위를 내렸다. 이때 여성은 황제를 모시고 있었는데 건륭제는 그에게 고향에 가서 부친의 80대수를 축하하라고 명했다. 그 후로도 다시 특별히 집에서 부모를 모시게 하며 세심하게 배려했다.

전진군이 고향으로 돌아간 후, 건륭제는 그에게 매년 어제시 백여 편을 보내 화답하도록 했다. 그는 직접 건륭제의 시문을 옮겨 쓴 다음에 자신의 화답시를 적어 책으로 엮고, 책 한 권마다 발문跋文을 적은 뒤에 황제에게 바쳤다. 이렇게 한 것이 1천여 수나 되었다. 그의 시는 대부분 공덕을 노래한 것이었으나 칭송이 정도를 지나치지 않았고 더불어 민생고를 알리기도 했다. 이것이 건륭제의 마음에 몹시 들었고, 더구나 글씨도 잘 썼으므로 거듭 상을 내려 이를 표창했다. 건륭제는 일찍이 대신들에게 이렇게 말했다.

"나이 든 유신儒臣 가운데 시문을 가지고 마음을 통하고 의견을 나눌 수 있는 자는 오직 심덕잠과 전진군밖에 없다."

건륭 39년 전진군이 병으로 죽자 건륭제는 그에게 태자태부를 증贈하고 문단文端의 시호를 내렸으며 현량사에 위패를 모시도록 했다.

【건륭제에게 배우는 은위술】

一. 군주는 백성으로부터 나오며 이것은 마치 배가 물에 있어야 하는 것과 같다. 배가 물을 떠나서는 그 공을 이룰 수 없으며 군주는 백성을 떠나 나라를 다스릴 수 없다.

一. 물은 배를 싣기도 하지만 배를 뒤집을 수도 있다.

一. 백성들을 재해로부터 영원히 지켜 내기 위한 사업에 비용을 아끼지 말라.

一. 천하를 다스리는 도는 풍속을 바로잡고 민심을 움직이며, 선비로서의 행동을 진실하게 하고 옛 예를 좇아 행하는 것을 우선으로 한다. 그렇게 하면 사람이 그것을 생각하여 잊지 않게 되고 후세 자손들이 그에 의지하여 편안하게 된다.

一. 옳음爲으로써 학문을 하고 또한 옳음으로써 백성을 다스린다.

一. 치국을 논하는 데도 항상 도리가 바탕에 깔려 있었고, 문장을 논하는 데도 늘 그 내용을 생각하라.

一. 절검節儉은 살림을 넉넉하고 풍족하게 하며 자신에게 주어진 복을 낭비하지 않게 해 줄 뿐 아니라 욕심을 적게 하고 마음을 깨끗하게 한다.

제2장

은위술恩威術 2
은혜를 베풀면서도 위엄은 지켜야 한다
恩威需因時而變

흑이 존재하려면 백이 있어야 하듯 은혜에는 반드시 위엄이 따라야 한다. 언제나 은혜만 베푸는 것은 현명하지 않으며, 오히려 이것은 종종 원하는 바와 정반대의 결과를 가져오기도 한다. 아랫사람에게 자신의 위엄을 진정으로 느끼게 하는 것도 때로는 필요하다.

순리를 따르면 흥하지만, 거역하면 망한다
順天者則存, 逆天者則亡

농업은 봉건국가의 경제를 지탱하는 가장 중요한 버팀목이다. 바로 이런 연유로 거의 모든 봉건 통치자가 농업 생산을 매우 중시하였고, 건륭제는 더욱 그러했다. 그는 선왕들이 농업을 중시하고 이에 주력했던 역사적인 경험을 깊이 새겨 농사와 양잠을 장려함으로써 농업의 발전을 촉진시키고 국력을 날로 강성하게 하였으며 자신의 통치력도 더욱 강화하였다.

건륭제는 사람들마다 농업에 진력하게 만들어 사회경제를 발전시키고 사회질서를 안정시키기 위해 적지 않은 고심을 했다. 건륭 2년 5월에 건륭제는 유지를 내려 농업을 중시하여 근본에 힘쓴다는 '중농무본重農務本'의 뜻을 선언했다.

식량은 백성에게 하늘과도 같다. 지아비가 밭을 갈지 않으면 굶주리게 되며 아녀자가 베를 짜지 않으면 추위에 떨게 된다. 그러나 1년 가운데 아홉 달을 부지런히 경작하고 세 달의 여유를 두면 흉년이 와도 산나물로 연명하는 일은 없을 것이다.

또 각 성의 독무들에게 반드시 백성에게 농잠을 본업으로 삼도록 가르쳐 천하의 백성이 모두 농사일에 진력하도록 요구하였다. 또한 관리들이 얼마나 농업을 중시하고 권면하며 생산기술을 향상시키는지를 지방 관리에게 상벌을 내리는 주요한 기준으로 삼았다.

이 유지를 내리고 20일째에 온 조정의 문무대신들이 함께 모여 농업을 가르치는 일을 상의하며 다음과 같이 논했다.

> 농업을 깨닫게 하고 경작을 가르치는 것이 가장 근본적인 일이다. 황제께서는 백성의 고통을 가엾이 여기시어 은혜를 베풀고자 하는 마음을 품고 계시며, 오래도록 안정되게 다스릴 수 있는 도리를 통찰하고 계신다. 그리하여 먼저 백성들이 풍족하게 살 수 있는 근원을 마련하기 위해 농잠을 가장 우선하는 뜻의 유지를 특별히 반포하셨으니, 농경에 힘쓰는 것을 백성의 중대한 업으로 삼고 권장하고 가르치는 것을 관리의 책무로 여기셨다. 이것이야말로 성군이 나라를 다스리는 훌륭한 방법이다.

나아가 하급 관리들에게 반드시 부지런히 백성들을 지도하여 농업을 중시하는 황제의 뜻을 실천하도록 촉구했다.

친히 농사를 이해하기 위해 강희제는 일찍이 중남해 풍택원豊澤園 안에 농지를 일구고 농작물을 심어 가꾼 적이 있었다. 매사 조부의 뜻을 따랐던 건륭제는 이런 조부를 본받아 원명원 안에 경지를 만들고 다음과 같은 시를 썼다.

구부러진 길은 구름 속까지 들어가고
창 밖으로 아득히 집 한 채가 보이네
몇 마지기의 논이 익어가니
이 농부의 마음이 설레는구나

그리고 또 다른 시 한편에서는 다음과 같이 읊었다.

오래지 않아 봄이 찾아오면
버릇처럼 동원東園에 나간다
그곳에서 땅을 일구고
보리를 심으며 한 해를 보낸다
이로써 농사를 시험하는 것이니
그것이 어찌 놀이로 그치겠는가

 이런 시들을 통해서 건륭제가 한 시도 농경을 잊은 적이 없으며 늘 농업을 염두에 두고 있었음을 알 수 있다.
 당시에는 농본사상이 지배적이었으므로 건륭제는 각 지역의 가뭄과 홍수, 날씨의 맑고 흐림 그리고 풍작과 흉작 등에 극히 민감했다. 그는 일찍이 "짐은 '근심'이라는 두 글자를 오직 비를 바라고 농민을 가엾이 여길 때만 사용한다. 군사에 있어서는 일찍이 근심하거나 어려움을 느꼈던 적이 없다."라고 이야기 하였다. 이는 분명 진심이 담긴 건륭제의 심정이었다.
 건륭제는 평생 동안 날씨의 변화에 주의를 기울였고 74세에는 날씨와 작황에 대한 우려를 시로 지어 보이기도 했다.

하늘이 맑은 듯하면 가뭄 들까 걱정하고

며칠 비가 내리면 큰비 될까 근심하네
처음에는 크게 염려할 바 아니라 여겼거늘
해가 거듭되니 머리도 거듭 희어졌네

이 시의 뜻은 해를 거듭해 풍년을 기원하고 흉년을 걱정하다 보니 어느새 백발이 다 되었다는 뜻이다. 이 시는 읽는 이에게 큰 감동을 준다. 이미 고희의 나이에 접어든 노황제가 여전히 농사의 작황과 백성의 생계에 이렇듯 큰 관심을 가지고 있었다는 것이 참으로 쉽지 않은 일이었기 때문이다.

건륭제는 비록 천자의 귀한 몸이었지만 그 역시 평범한 인간에 불과했으므로 자신의 능력으로 날씨까지 변화시킬 수는 없었다. 대신 하늘에 제사를 지내 자신의 소망을 하늘에 빌면서 천지신명에게 나라를 보우하여 비바람을 조절하고 해마다 풍년이 들 수 있게 해 주기를 구했다. 건륭조에 거행된 중대한 제사들이 모두 풍작을 기도하기 위한 것이었으며, 그중에서도 기우제는 그 웅장함이 선대의 예를 훨씬 뛰어넘었다. 또 건륭제는 자신의 성의와 정성을 표하기 위해 항상 친히 기우 예식을 주관했다.

건륭제는 그 자신이 농업에 관심을 기울였을 뿐 아니라 대신들에게도 기후와 작황에 대한 관심을 최우선 순위에 두도록 명했다. 그래서 신하들이 정무에 관해 보고를 올릴 때도 반드시 농업과 기후, 작황 등을 가장 먼저 쓰도록 강조하고 그렇지 않으면 벌을 내렸다. 건륭제는 보고문을 읽어 볼 때마다 항상 농사에 관련한 중대 사안이나 재해에 따라 감정이 변했으며 그 희로애락은 말로 하지 않아도 드러났다.

건륭 9년, 산동과 직례 두 성에서 가뭄 보고가 올라오자 건륭제는 "짐이 부덕하여 한재旱災로써 경고를 보이니 근신하고 반성하며 침식에 평안함이 없구나. 근심에서 언제나 놓일 것인가!" 하고 고통스럽게 자책했다.

이 말을 풀면 '나의 도덕 수행이 부족해 하늘이 한재를 내려 경고를 한 것이다. 거듭 자성하는 마음에 자고 먹는 것이 모두 편하지 않으니 이 근심이 언제쯤 사라질 수 있을까!' 라는 뜻이 된다.

건륭 17년, 북경에 무더운 날씨가 계속되면서 비가 내리지 않자 건륭제는 직례 총독에게 그곳의 사정을 물은 적이 있는데, 나중에 답신을 받고 나서 다음과 같이 말했다.

> 상주를 읽으니 조금의 위로는 되지만 혹여 진실하지 못한 부분이 있을까 걱정되어 짐의 마음은 이미 타버린 듯하며 비가 오기만을 애타게 기다릴 뿐이다. 만약 닷새 안에 비가 오지 않는다면 벼처럼 일찍 거두는 농사는 분명히 수확량이 감소될 것이고, 늦게 거둘 농작물은 모두를 수확하지 못하게 될지도 모른다. 이는 비록 사람이 어찌할 수 없는 일이지만 백성의 고통을 홀시해서는 안 될 것이다.

『정관정요貞觀政要』를 보면 다음과 같은 당 태종의 일화가 나오는데 건륭제의 애민정신과 견줄 만하다. 정관 2년, 수도에 큰 가뭄이 들고 누리가 기승을 부렸다. 당 태종이 금완禁苑에서 농작물을 살피던 중 메뚜기를 발견하고는 몇 마리를 잡아 저주하며 말했다.

> 백성들은 곡식을 목숨처럼 여기는데 너희들이 함부로 곡식을 먹어버리니 참으로 백성들을 곤경에 처하게 하는구나. 백성들에게 과실이 있다 해도 결국 그 책임은 나에게 있으니, 만일 너희가 알아듣는다면 차라리 내 마음을 갉아먹고 다시는 백성들에게 해악을 끼치지 말라.

이 말을 하며 메뚜기를 먹어 버리려고 하자 신하들은 병이 날지도 모른다며 말렸다. 그러나 태종은 "나는 모든 재앙이 나 한 사람 몸으로 옮겨 오기를 바라는 것인데 무슨 병 따위를 겁내겠는가?"라고 대답한 뒤 곧바로 메뚜기를 삼켜 버렸다. 사실 건륭제 또한 백성들의 고통에 대한 책임을 기꺼이 짊어지고자 했던 군주였다.

건륭제는 평생 동안 농업을 중시하고 양잠을 권장하는 일이 얼마나 중요한 지를 수없이 역설했다. 농업을 진작시키기 위해서 그는 적극적으로 농업을 발전시킬 방도를 찾았는데, 그 중요한 방안으로 농서를 편찬하게 되었다. 그는 건륭 2년 5월에 "농상農桑이 치국의 근본이다."라는 유지를 내렸다. 강희제는 지난날 경직도耕織圖를 그려 농업을 장려했고, 옹정제 역시 수차례 농사를 권장하는 조서를 내리며 친히 논밭을 일구어 모범을 보이기도 했다. 경작을 하고 농작물을 심는 일이 예전의 농서에서도 가끔 눈에 띄지만 이를 모아 한 권에 담는 작업이 필요했다. 그렇게 해서 만들어진 책이 바로『수시통고授時通考』였다.

건륭 6년, 건륭제의 주재로『수시통고』가 완성되었다. 농사를 천시天時, 토의土宜, 곡종穀種, 공작功作, 권과勸課, 축취蓄聚, 농여農余, 잠상蠶桑의 8가지 부문으로 나누어 총 78권에 담은 이 책은 선대의『제민요술齊民要術』과『농정전서農政全書』를 계승하여 농업생산 지식과 기술을 상세하게 기록한 전문서적이다. 수시통고가 편찬된 후에 건륭제는 친히 서문을 쓰기도 했다.

이 외에도 건륭제는 농업의 생산 여건을 개선하고 기술을 발전시키며 농민들이 보다 적극적으로 농사에 참여할 수 있도록 매우 다양하고 구체적인 조치들을 취했다. 이 중 어느 하나도 봉건군주로서 장래를 내다보는 안목과 백성을 사랑하는 마음을 보여 주지 않은 것이 없다.

그러나 봉건 전제사회에서 최고 통치자는 모두 흑백의 두 얼굴을 가지고 있었다. 자신을 따르는 자는 살리고 거스르는 자는 죽였다. 이는 봉건제도가 결정한 철칙으로 건륭제 역시 예외가 아니었다.

건륭제는 백성을 사랑하는 마음이 크고 백성의 삶을 보살피고자 하는 뜻이 있었기 때문에 가난한 소작농이 재해를 당하면 그들을 구제하는 데 거금을 들이는 것도 아까워하지 않았다. 그러나 반항하는 자나 봉건 법제의 질서를 지키지 않는 자들에게는 또 다른 면모를 드러내 더 이상 긍휼을 베풀지 않았고, 냉혹하게 '탐욕스러운 백성〔貪民〕'과 '교활한 소작농〔刁佃〕'을 잘라냄으로써 국법의 위엄을 과시했다.

봉건시대 황실의 양식은 일반적으로 소작농이 지주에게 소작료를 내면 지주는 다시 지방 관청에 세금을 바치고, 지방 관청은 조정에 곡식을 바치는 경로를 거쳐 조달되었다. 이것이 자고이래 수 천여 년 간 이어져 온 봉건질서였다.

나라에는 국법이 있고 집에는 그 집안의 법도가 있으며 봉건사회에는 봉건사회의 질서가 있었다. 소작농들은 지주가 값을 지불하고 산 땅을 빌려 경작하는 것이므로 마땅히 소작료를 내야 했다. 만일 그들이 지주에게 소작료를 내지 않으면 지주도 나라에 세금을 납부할 방법이 없기 때문에 이러한 일은 결코 받아들여질 수 없었다. 그래서 소작농들이 항조抗租 운동을 벌일 때면 건륭제는 즉시 그들을 향한 인정을 거두고 냉정하게 돌아서 은혜를 모르는 소작농의 행동에 대처했다.

소작농 중에는 확실히 무뢰한도 있었다. 그들은 열심히 논밭은 일구지 않고 먹고 마시기만 하거나 도박을 하고 창기娼妓와 놀아나기도 했다. 이런 사람들은 종종 순간의 향락을 위해 옷을 팔거나 집을 팔고 심지어는 부인까지도 팔았다. 어떤 소작농은 들에 나가 일하기를 싫어해 여름에는 덥다고 투정하고 겨울에는 춥다는 핑계로 일에서 손을 놓고 길거리에 나가 놀러 다니기만 하는 경우도 있었다. 그들은 음식을 사먹거나 물건을 사고도 돈을 내지 않아 이 집, 저 집에 빚만 늘어났다. 그래서 그런 자들은 천하대란이라도 일어나 그 기회에 빚을 갚지 않아도 좋을 그런 날이 오기만을 바라기도 했다.

봉건사회의 질서를 안정시키기 위해서 건륭제는 납세를 거부하는 무뢰한들이 난동을 부릴 때는 반드시 엄히 처벌하여 결코 봐주는 일이 없었다. 건륭 시기에 매년 조정 수입의 3분의 2를 넘는 3천만 냥 이상의 돈은 전국 각 성의 지주들이 낸 세금이었다. 또한 매년 왕후장상과 팔기병정 그리고 문무대신들이 먹는 4백만 석이 넘는 양식도 지주들의 곳간에서 나온 것이었다. 만일 모든 소작농이 전부 납세를 거부한다면 국가 재정의 주요 원천이 끊어지게 되므로 건륭제는 그의 통치체제를 유지하기 위해서라도 강경한 행동을 취할 수밖에 없었다.

건륭 6년 강소성의 태창주太倉州 숭명현崇明縣에 비가 많이 내렸지만 그래도 재해라고 할 정도는 아니었다. 그런데 소작농 노시이老施二가 소작료를 내지 않고 버티며 고칠顧七 등과 함께 소작농들을 부추겨 항조운동을 벌였다. 지주가 소작료 문제를 상의하기 위해 사람을 보내자 노시이의 아들인 소시이小施二가 먼저 함성을 지르며 길을 막았고 군중을 불러 모아 그 가인을 구타했다. 지주가 이를 관부에 알려 현령이 소시이 등을 연행해 가려 하자, 노시이는 다른 사람들과 함께 길에서 아들을 빼낸 뒤 지주의 집에 불을 지르고 거리에 나가 상인들을 동요하여 철시하도록 했다. 노시이와 고칠은 전단을 만들어 1천 명이 넘는 소작농을 이끌고 여기저기 붙이고 다니며 대단하지는 않았지만 그렇다고 무시하고 넘어갈 수도 없는 전형적인 항조 소동을 벌였다.

소작농의 신분으로 감히 방화를 하고 관리를 위협하며 상인들의 파업을 호소하면서 벽보를 붙이고 다녔다면 그는 간교한 소작농 중에서도 악질의 축에 속했다. 사건이 확대된 후 관부에서는 즉각 관병을 출동시켜 노시이 등 소동을 이끈 주모자 몇 명을 체포했고 형부에서의 심판을 통해 끝내 노시이를 참감후에 처하고 가을에 사형을 집행할 것을 선고했다. 고칠과 소시이 등은 변경 지역의 군대로 보내거나 칼을 씌워 옥에 가두었다. 그리고 각 죄인들이 납부하지 않은 소작료와 이자는 반드시 원래 내야하는 금액 그대로 갚도록 하였다.

건륭제는 노시이가 군중을 끌어 모아 벌인 이번 사건에 대해 보고를 받고 말했다.

"이러한 교활한 풍조를 조장하는 것을 그대로 놔두어서는 안 된다. 실제 죄를 저지른 이들을 반드시 전부 잡아들이도록 하라."

후에 그는 다시 대신들에게 명해 범인을 체포하여 무겁게 처벌하도록 했다. 그는 당연히 이런 소작농들까지 자신의 백성으로 인정할 수는 없었다.

어수선한 사회 분위기를 바로잡기 위해, 건륭제는 건륭 11년 각 성의 독무들에게 질서를 어지럽히는 악풍을 엄격히 경계하라고 명령했다.

> 짐은 본래 천하의 전량을 널리 면해 주어 위로는 손해가 나더라도 아래로 이익이 돌아가 백성들의 부담이 덜어지기를 바랐다. 그러나 소작농이 지주에게 내는 소작료를 감하거나 감하지 않는 것은 마땅히 지주의 소관이라 명을 내려 그 정도를 정할 수 없거늘 어찌 소작농 스스로 그 액수를 낮추고 납부를 거부하는 일이 있을 수 있단 말인가! 이러한 작태가 오래 가서는 안 되므로 반드시 중형으로 다스려 악한 자들을 처벌하고 방종을 막아야 한다.

건륭제는 유지에서 자신의 뜻을 확실하게 밝히고 있다. 조정의 양식이 지주로부터 오고 지주도 그 자신의 가족을 부양해야 하는데, 소작농이 소작료 납부를 거부하며 국법을 거역하는 것을 내버려 둔다면 마치 고삐 풀린 야생마를 한 번 놓치면 되잡기 어려운 것과 마찬가지가 될 터였다. 그들은 공개적으로 조정에 반항하여 결국 사회혼란을 일으키고 봉건통치 질서를 뿌리째 흔들 것이므로 절대 크게 번지도록 방치해 둘 수는 없었다. 그래서 건륭제는 관대하고 온후한 태도에서 벗어나 문제를 일으킨 소작농들을 철저히 진압했다.

건륭 23년 8월 마찬가지로 강소성 태창주의 숭명현에서 비슷한 일이 일어났다. 숭명현에 속한 향화진向化鎭에서 풍해를 입어 벼와 면화에 피해가 조금 생기자 소작농 시수施受 등이 면조免租를 요구하는 글을 쓰는가 하면 밀약을 문서로 작성해 퍼뜨리고자 도모했다. 그리고 지주들이 소작료를 거두러 오면 큰소리로 우기면서 대들고, 현승縣丞(현의 부지사)이 병졸을 보내 그들을 체포하려고 하면 과격한 행동을 취했다. 병사들을 마을 밖까지 내몰아 병정들에게 상해를 입히고, 현승의 가마를 망가뜨리는 등 사건을 확대시켰다.

건륭제는 이 소식을 듣고 매우 화가 나서 군기대신에게 "이번 사건에서 관병에 대항하여 체포를 거부한 이들을 잡아들여 죄상을 낱낱이 밝혀 처벌하되, 조금도 용서치 말라." 하고 명했다.

건륭제는 줄곧 소작농이 소작료를 바치지 않고 관부에 저항하는 것은 용납할 수 없는 악행으로 반드시 강력히 처벌해야 한다고 여겨 왔으며, 특히 통치 중후기로 가면서 백성의 반항 행위에 대한 진압을 더욱 강화했다. 그는 또 다른 유지에서 말했다.

> 지방에서 군중이 결집하여 관에 대항하는 중대 사안이 자주 일어나고 있다. 만일 관리들이 분발하여 이를 확실히 다스렸다면 과격한 행위나 망동하는 일이 없었을 뿐 아니라, 법이 있어 죄를 지으면 벌을 받을 것을 스스로 알아 경계하는 마음을 가졌을 것이다. 지금껏 도적의 무리가 많은 것은 겁 많고 유약한 관리들 때문이다. 짐이 늘 유념하여 이를 바로잡고자 한다.

이러한 방침을 받아들여 정부에 대항한 백성의 우두머리는 일단 잡기만 하면 즉각 처형하여 조금도 봐 주는 법이 없었다.

위의 사례들에서 볼 수 있듯이 건륭제는 천만 백성이 생업에 전념하고 조정에 순종할 때는 전국적으로 세금을 면해 주고 소작료도 줄여 주도록 권하며 소작농들이 계속 경작할 수 있는 권리도 보호해 주고자 했으나 백성이 봉건 조정의 이익에 위배되는 행위를 보이기만 하면 형벌로써 단호히 다스려 자신의 천하를 지키고자 했다. 이것이 바로 건륭제의 흑백의 도였다.

흑黑인가, 백白인가?
宰民 愛民

건륭제는 '배는 물을 떠나서 그 쓰임을 이룰 수 없고, 군주는 백성을 떠나서 다스림을 이룰 수 없다.'라는 도리를 매우 분명하게 인식하고 있었다. 청 왕조의 전량은 논밭을 일구는 농부들이 납부하는 것에 의지했고, 변경 지역은 그 전량을 받고 일하는 병정들에 의해 지켜졌다. 사회경제의 번영과 성세의 시작은 사농공상의 사회계층이 각자 최선을 다할 때 이루어질 수 있으며, 바로 이들 모두가 청 제국이라는 거대한 구조물의 주춧돌이 되었다.

나라는 백성을 근본으로 하며 백성은 안정적으로 살아갈 수 있는 재산 즉 '항산恒産'을 근본으로 삼는다. 그리고 이 항산이야말로 곧 백성들이 '항심恒心'을 유지하는 전제가 된다. 통치자가 백성이 생계를 유지할 수 있는 토지와 가옥 등의 고정자산을 갖출 수 있도록 해 줄 때야 비로소 백성들도 흔들림 없이 봉건 질서를 지키려는 마음을 유지하게 되는 것이다.

봉건사회에서 백성으로 하여금 이런 안정된 항산을 갖추도록 하는 것은 결코 쉬운 일이 아니었다. 일반적으로 말해서 한 왕조가 새로 열릴 때는 오랜 전란으로 황폐해진 토지가 비교적 많았다. 그래서 땅이 없거나 땅을 적게 가진 농민들이 왕조 교체기를 틈타 주인이 없거나 혹은 있어도 황폐해진 곳을 경작하여 무에서 유를 창조하는 일도 가능했다.

그러나 소농경제는 천재지변의 공격을 감당할 수 없었고, 신왕조의 귀족들이 정치 특권과 경제적 우위를 이용해 토지를 겸병兼倂했으므로 자작농들의 파산은 피할 수 없는 일이었다. 신왕조의 통치 질서가 회복되고 사회경제가 다시 활기를 띠게 되면서 토지 겸병은 날로 심각해졌고 항산을 가진 자들의 수는 급격히 감소하게 되었다. 비록 여러 통치자들이 힘을 다해 토지 겸병의 확대를 막으려고 노력은 했지만, 그들의 모든 노력은 항산을 가진 농민들의 파산 속도를 다소 늦추기는 했어도 근본적인 문제를 해결하지는 못했다.

그래서 토지 겸병이 초래한 자작농의 파산은 많은 왕조가 성세에서 쇠퇴로 돌아서 결국 붕괴를 맞이하게 된 근본적인 원인 중의 하나가 되었다. 서한 말의 녹림綠林, 적미赤眉의 봉기나 명 말의 이자성李自成, 장헌충張獻忠의 봉기 등이 모두 선현들의 주장을 증명해 주고 있다.

"항산이 없으면 항심도 없다. 만일 항심이 없으면 방자하고 편협하고 사악하고 사치하는 등 못하는 짓이 없게 된다." [17]

이런 문제를 심각하게 인식하고 있었기 때문에 건륭제는 즉위한 지 22일째 되던 날 '항산항심恒産恒心'이라는 유지를 반포했다.

---

17. 則無恒産, 因無恒心; 苟無恒心, 放辟邪侈, 無不爲已.

지금까지 제왕들이 천하를 다스리던 도리는 오직 가르치고 기르는 두 가지에 있었다.

항산과 항심은 서로 연결되어 있어 곳간이 가득한 후에야 예의를 아는 것이 이치에 합당하다. 군주가 백성을 가르치는 도리에 있어서도 반드시 우선 백성을 먹이고 보살핀 후에 그들이 순종하기를 기대하는 것이 옳다. 민생의 필요들을 채워 주어 백성이 배불리 먹고 따뜻이 입게 되어 태평함을 이루면 백성 간에 화락하며 민심이 스스로 따르게 되고 민생이 유복해지며 백성의 성품이 절로 순하게 될 것이다. 그리하면 순박하고 후덕한 풍속이 자리 잡고, 학문의 가르침과 효제孝悌의 가르침이 흥하게 될 것이며 예의와 염치를 아는 행동에 힘쓰게 될 것이다.

국가의 태평이 오래가면서 인구가 늘어나니 북경 팔기와 각 성의 백성 또한 늘었는데, 땅은 더 이상 넓어지지 않으니 백성이 쓸 것을 충당하기 어렵고, 재산을 얻기 힘들게 되었다.

백성들의 항산 문제를 해결하는 과정에서 건륭제는 쉽게 넘을 수 없는 장벽에 부딪쳤는데 그것은 바로 토지 겸병의 성행이었다.

건륭제 통치 하의 청제국은 이미 백 년이 넘는 역사를 가지고 있었기 때문에 토지 겸병이 상당히 심각했다.

"부호에게 돌아간 전답이 열에 대여섯이었고 예전에 땅을 가지고 있던 사람도 오늘날 모두 소작농으로 전락하여 한 해의 수확을 가지고 일 년 동안 먹고 살기도 어려운 상황이 되었다."

건륭제는 '토지소유제한법'이 그 뜻은 옳지만 시행하는 데 있어 한계가 있다는 점을 잘 알고 있었다. 그럼에도 불구하고 조운을 담당하던 총독 고경顧琮이 회안부淮安府에서 토지 소유제한을 시범적으로 실시하자는 의견을 제출하자 먼저 30묘를 최대 소유량으로 정해 실시해 보도록 승인하였다. 그러나 결과는 예상대로였다. 고경이 제안한 이 조치는 고위관료와 대지주의 강력한 반대에 부딪치면서 실패로 돌아가고 말았다.

토지겸병으로 백성들의 항산이 줄어 가는 상황이 여전히 이어졌으므로 억만의 신하와 백성을 다스리는 군주로서 근본을 튼튼히 하고 나라의 안녕을 유지하는 것을 큰 근심으로 여겼던 것은 자연스러운 일이었다. 이 때문에 건륭제는 과감한 결단을 내려 효과적인 조치들을 많이 취했다.

가장 먼저 지방 관리들이 황무지 개간에 대해 허위 보고하는 것과 잘못된 토지측량으로 백성들에게 해를 입히는 것을 금지했다. 옹정 시기에는 지방 관리들이 토사와 영합하여 허위로 개간 현황을 보고했다. 예를 들면 하남에서 보고한 개간지는 수천 경頃에 이르는데 강가의 모래밭이 아니면 산의 바위더미로 모두 자고이래의 불모지라서 사람의 힘으로 능히 개척할 수 있는 곳이 아니었다. 심지어 무덤 옆의 제방도 쟁기와 괭이로 개간한다고 하니 수년 후에는 그 토지의 크기대로 세금을 매기게 되었고, 척로斥鹵(염분이 많아 경작하기가 어려운 땅)를 기름진 땅이라 하니 돌밭에도 세금이 매겨져 농민들 중에는 아들과 딸을 팔아 이를 감당해야 하는 자도 생겨났다. 이런 식의 개간은 사실 백성에게 세금을 과중하게 부담시키는 것과 다르지 않았다.

건륭제는 관리들을 파견하여 이 같은 사실을 밝혀낸 후 즉시 명을 내렸다.

"앞으로 개간한 토지에 대한 모든 보고에 있어 각 지방의 관리들은 털끝만큼의 거짓도 있어서는 안 된다. 그렇지 않으면 발각될 경우 반드시 엄한 처벌을 내릴 것이다."

일벌백계의 방침으로 이 명령을 선포한 지 한 달 후에 건륭제는 개간이라는 허울 좋은 명목으로 백성을 괴롭혀 해악을 저지른 하남 총독 왕사준王士俊을 파면시킴으로써 폐단을 근절시키겠다는 그의 의지를 보였다.

옹정 시기의 허위 개간 보고는 땅이 없는 백성들이 존재하지도 않는 땅에 대해 세금을 납부해야 하는 불합리한 현상을 초래했다. 건륭제는 즉위 후 개간지의 허위 보고를 금지한 후 땅이 없는데도 세금을 부담하는 문제를 해결하는 데 착수했다. 그는 경작이 이루어지지 않는 땅에서 세금을 바치는 것을 면제하여 백성들을 어려움에서 구했고, 이후 몇 년 동안에도 각지의 독무들이 세금은 바치고 있으나 실제로 논밭이 아닌 땅을 발견하는 즉시 일괄적으로 그 세금을 면해 주도록 했다.

그의 표현을 빌리자면 이러한 조치는 '짐이 백성에게 은혜를 베풀고 널리 포용하고자' 하는 뜻에 부합하는 것이고, '백성으로 하여금 가혹한 세금으로 시달리지 않게' 하고 관리들 역시 부족한 세금을 물리기 위해 더 이상 근심하지 않게 하는 것이었다. 또한 이는 자연히 백성과 지방 정부 모두에 큰 이로움을 가져다주었다.

백량白粮의 징수를 줄인 것 또한 건륭제가 강남 백성들의 부담을 줄이기 위해 취한 조치였다. 명대부터 강소와 절강 지역에서는 해마다 북경으로 상급의 미곡을 대량으로 운송해 바쳐야만 했는데 이를 백량이라고 불렀다. 백량은 황실에서 소비하기도 하고 백관들의 봉록미로 쓰이기도 했다. 명조의 제도를 답습하면서 강소성과 절강성에서 매년 조정에 바친 백량은 20만 석이 넘었다. 건륭 2년에 건륭제는 제사와 영빈의 용도로 쓰이는 백량을 제외하고 봉록미는 반으로 줄였으며, 궁내 태감과 수도의 군대에서는 모두 보통의 쌀을 사용하도록 명을 내렸다. 이렇게 해서 매년 북경으로 바쳐지는 백미가 10만 석이면 족하게 되어 확실히 강소와 절강 백성들의 부담을 줄일 수 있었다.

옹정 시기에는 많은 지방 관리들이 그 공적을 과시하기 위해 종종 백성에게 재물과 양곡을 기부하도록 강요하거나 각종 공사의 부역에 동원하여 자신의 승진을 위한 토대로 삼았다. 지방 관리들은 토지에도 세금을 초과로 부과하기도 했는데 가장 심각했던 네 곳은 산동성과 사천성, 직례성의 3개 성과 강남 성 들에 속한 몇 개 주였다. 이런 식으로 세금을 할당하던 것은 모두 정식 세금 이외의 과세로 지방관은 이로부터 자기 주머니를 채울 수도 있었다.

건륭제는 이런 비리가 있다는 것을 잘 알고 있었으며, 백성들에게 세금을 초과로 부담시키는 것은 폐해만 있을 뿐 이로움은 없다고 여겼다. 그래서 여러 차례 명을 내려 세금을 초과해서 부담시키지 못하도록 했다. 또한 건설공사를 할 때도 국고에서 비용을 충당하도록 결정했다. 이렇게 해서 백성들의 불필요한 부담을 덜어 주었을 뿐 아니라 이치吏治를 보다 맑고 깨끗하게 하는 일석이조의 효과를 볼 수 있었다.

전대 왕조가 남긴 불합리한 세금 항목을 파기한 것도 건륭제가 행정을 과감하게 개혁하기 위해 취한 주요한 조치였다. 옹정 시기에는 국고 수입을 증대시키기 위해 세금의 원천을 확대하여 각종 부역과 잡다한 세금들 이외에도 각 지방의 관리들이 교묘하게 명목을 붙여서 제멋대로 세금을 징수한 탓에 대소 상인들에게 큰 폐를 끼쳤다. 제위에 오른 지 얼마 지나지 않아, 건륭제는 과감하게 전조가 남긴 각종 정치적 폐해를 개혁했는데 그 목적은 바로 백성의 부담을 줄여 민생을 안정시키는 데 있었다.

당시 건륭제가 행한 방법들은 정치적으로 매우 큰 영향을 미쳤다. 비록 개혁으로 폐기된 것은 몇몇 작은 폐해에 지나지 않았지만 백성들이 마음속으로 황제를 우러러보도록 만들기에는 충분했다. 건륭제의 정치적 기반은 이로 인해 더욱 공고해졌다. 그는 부주현府州縣의 소규모 상품에 대한 세금은 지방관이 일관되게 징수하되 중복해서 징수하지 못하도록 명했다. 이로써 소상인을 크게 편하게 해 주어 민간 상품의 정상적인 유통을 촉진시켰다.

산동 태산의 벽하령응궁碧霞靈應宮에 향을 올리러 오는 사람이 많아지자 관부에서는 산에 올라 부처님께 향을 올리려면 반드시 먼저 상향세上香稅를 납부해야 한다고 규정했다. 분향하러 오는 사람이 한둘이 아니었기 때문에 상향세만 해도 매년 1만 냥이나 되었다. 건륭제는 이것이 분명 허울 좋은 명목에 불과하다고 여겨 친히 명을 내려 영원히 이 세금을 징수하지 못하도록 금지시켰다. 이해 건륭제가 없앤 각종 세목은 1천 가지에 달했는데 이들 대부분은 힘없는 백성들에게는 가혹한 것이었다. 이렇게 불필요한 세금이 없어짐으로써 백성과 소매상들은 모두 실질적인 이득을 얻게 되었으니 어찌 황제의 영명함을 칭송하지 않을 수 있었겠는가?

소상인들에 대한 불합리한 세금과 기타 잡세를 없애는 동시에 건륭제는 향촌의 낙지세落地稅까지도 없애 주었다. 장사를 하는 사람들은 자리를 차지하기만 하면 누구든 낙지세를 납부해야 했다. 그러나 실제적으로 농기구와 땔감, 생선과 육류, 채소 등을 파는 소상인들은 그 수입이 결코 많지 않았으므로 낙지세 납부의 부담이 적지 않았다. 그래서 건륭제는 이를 위해 "탐관오리가 갖가지 명목으로 부당한 이득을 한 푼이라도 취하는 것을 허락하지 아니한다." 하는 명을 내렸다. 그가 이렇게 백성을 보살피고자 생각하고 실천에 옮겼던 여러 가지 정책들은 상인들을 크게 고무시켰고 이로써 민족자본주의의 싹을 키울 수 있었다.

건륭제는 신강新疆 북부의 둔전에 대해서도 세금을 줄여 주는 정책을 펴서 농민들의 생계를 보장함으로써 그의 흑백의 도를 발휘했으며, 신강의 농업개발과 경제적 발전을 촉진시켰다.

건륭 25년에 건륭제는 이주 정책을 제안하고, 감숙과 같은 내지內地에서 생업을 갖지 못한 백성에게 신강으로 옮겨가 경작하며 생계를 꾸리게 했다. 당시에 신강은 동서로 7천여 리에 이르렀고 남북으로는 6천여 리였으며 둘레는 2만여 리였다. 건륭제는 이주경작이 내지의 선진 경험을 도입시켜 신강의 경제발전을 촉진할 수 있을 뿐 아니라 내지의 인구 증가와 생산자원의 부족이 가져온 모순을 완화시킬 수 있기 때문에 실로 일거양득의 정책이라고 여겼다.

그는 여러 차례 섬감 총독 양응거에게 감숙성의 이재민을 모아 신강으로 이주시켜 땅을 경작하도록 지시했다. 그렇게 해서 신강에서 둔전제가 크게 흥성하면 대규모의 토지가 옥토가 되어 상민이 부유해지고 내지와도 크게 다를 바 없어질 것이라 여겼다. 그러나 신강의 개발 상황에 대한 내지 백성들의 이해가 빈약하여 이주가 활발히 일어나는 현상은 없었다.

이로 인해 건륭제는 지방의 관리들에게 감숙의 백성들이 가욕관嘉峪關에서 벗어나 경작을 하도록 권면할 수 있는 모든 방법을 강구하도록 요구하며 다음과 같이 말했다.

> 앞으로 관문 밖에 사람이 많이 모이고 번화하게 되어 군과 현을 더 만들 것을 고려하고 있다. 그리고 내지에서는 먹을 것이 없는 백성이 한 명이라도 더 밖으로 이주하면 내지의 식량 소비를 줄일 수 있을 뿐 아니라 신강을 날로 부유하게 할 수 있을 것이다.

감숙성이 또 다시 큰 가뭄을 맞아 도처에 이재민이 속출하자 건륭제는 급히 돈과 식량을 보내는 한편 섬감 총독에게 이 기회를 이용하여 이재민들을 신강으로 이주하도록 권하게 했다.

그의 이런 노력은 헛되지 않아서 감숙의 유랑민들은 줄지어 신강으로 옮겨갔고, 신강의 농업발전에 적극적으로 기여했다. 이런 상황에서 이 지역의 관리를 강화하기 위해 청 조정은 신강에 민치기관을 점차 설립해 나갔다. 건륭 38년부터 청 정부에서는 바르쿨에 진서부鎭西府를 설치하고 우루무치에는 직속 적화주迪化州를 세웠으며 기타 지방에는 각각 부강阜康, 창길昌吉, 수래綏來, 의화宜禾, 기대奇臺 등의 현을 만들었다. 이러한 주현 기관의 설치는 둔전제의 진일보한 발전이자 둔전제를 위한 제도적 보장이 되었다.

지리적으로 위치가 멀리 치우쳐 있었기 때문에 이전에는 청 정부에서 신강 주둔군에게 물자를 공급하는 데 어려움이 너무 컸다. 물자와 식량이 충분히 있다고 하더라도 운반하는 데 객관적인 여건들이 너무 열악했기 때문이었다.

  건륭제는 주둔군이 자급자족을 해야만 근본적으로 군량 문제를 해결할 수 있다는 사실을 잘 깨닫고 있었으며, 자급자족의 유일한 방도는 둔전밖에 없다고 생각했다. 그래서 그는 식량은 다다익선이므로 생산량이 더 많아지길 바랐다. 예전에 한 장군이 그곳에 한동안 풍년이 들자 곧 상주문을 올려 내지에서 둔전병을 파견하는 것을 중지해도 될 것이라고 청했다. 그러나 그는 건륭제에게 따끔한 질책을 받았다. 건륭제는 자신의 입장을 견지하면서 지적했다.

> 신강 지역은 토지를 개간하여 곡식을 저장해 두는 것이 가장 긴요한 일이다. 쌓인 곡식이 많다 해도 다 쓰지 못할 것을 걱정할 필요는 없다. 더구나 토지를 더 많이 개간하려면 필연적으로 더 많은 병사가 필요하고, 그들을 보낸다 해서 비용이 크게 더 드는 것도 아니다.

  바로 이러한 건륭제의 적극적인 권장이 천산 북부에서 둔전이 크게 꽃피울 수 있었던 원인이 되었다. 북으로는 타르바가타이에 이르고, 남으로는 고이객라오소에 다다르며 동으로 바르쿨에서 시작하여 서쪽으로는 이리까지 녹기병이나 위구르 농민, 한족 이주민, 유배자, 상인의 구별 없이 모두가 뜨겁게 달아올라 개간의 물결에 합류했다.

  둔전이 활발하게 이루어지면서 신강 북부의 식량 생산이 크게 늘어나자 청 주둔군의 수요를 충족시켰음은 물론 외부로 보낼 수도 있게 되어 이주민들이 신강을 개발하고 건설하는 데 확고한 기반이 되어 주었다.

  신강의 둔전 개발에 앞장 선 것은 녹기병으로 그들 중 다수는 가족을 데리고 와서 주둔하면서 점차 토착거주민으로 변해갔고, 나중에는 신강으로 이주해 온 내지의 한인들과 함께 한족이 주체가 되는 집단을 이루었다. 뒤이어 전란으로 인해 내지로 도망갔던 위구르 민족이 다시 투루

판과 하미의 옛 지역으로 돌아오고 신강 남부로 피신했던 위구르 민족도 이리로 돌아와 농사를 지음으로써, 이 두 무리의 사람들이 훗날 위구르 민족의 주체를 이루게 되었다. 일찍이 중가르의 압박으로 볼가강까지 쫓겨 갔던 토르구트부의 몽골인들은 건륭 36년에 조국으로 돌아와 신강의 북부에서 유목 생활을 했다. 원래 중가르 몽골인의 수령인 사릉舍楞이 인솔하던 유목민들은 청 정부에 의해 코부도 부근으로 옮겨 와 그곳 원주민인 유목민들과 함께 몽골 민족의 주체를 구성했다.

위구르족과 한족 그리고 몽골족은 당시 신강 북부 거주민의 주체로서 서로 돕고 상호 보완하는 우호적인 관계를 이어갔다. 그들은 어렵게 얻어진 평화와 안정을 매우 귀중하게 여겼으며 신강 북부 경제의 번영에 오래 남을 공헌을 했다.

건륭제는 내지와 보조를 맞추기 위해 둔전지의 부역과 세금을 내지와 동일한 수준으로 경감시키는 정책을 실행했다.

중가르의 지도자인 갈단첼렝이 통치하던 시기에 몽골족 상류층은 위구르족에 대해 세금을 혹독하게 거두었으며, 대소 호쟈가 돌아온 이후에는 위구르족의 지배계층도 자기 백성들을 무자비하게 약탈해서 많은 위구르 백성이 꼼짝도 못할 정도가 되었고, 신강의 농업생산도 심각하게 파괴되었다. 건륭제는 이런 상황을 인식하면서 위구르부를 통일하게 되자 곧 바로 세금을 감면해 주었다.

야르칸드 지역에는 3만 가구에 10만여 인구가 살고 있었는데, 갈단첼렝이 다스리던 시기에는 해마다 10만 등격[18]騰格을 바치고 그 외에도 무역과 직조, 목축 등에 대한 각종 세금까지 바쳤으며, 곽집점이 입성한 후에는 원래 바치던 세금 외에 더 거두어 가서 그곳의 민생을 더욱 힘들게 만

---

18. 신강 지역의 화폐단위로 1등격은 은 1냥과 비슷했으나 나중에는 그 가치가 상당히 떨어졌음.

들었다. 이로 인해 건륭제는 건륭 24년부터 각종 잡다한 세곡 1천 4백 파특마帕特碼와 1만 2천 등격을 징수하던 것을 중단하도록 규정했다. 또 그 이후로 청 정부는 모든 회강 지역의 부역제도를 통일하고 세곡의 징수를 원래 기준의 반으로 줄이도록 정했다.

　부역을 경감시키고 세금을 감면하는 정책의 실행으로 건륭제는 민심을 크게 얻을 수 있었다. 신강 지역 위구르인들의 생산성이 날로 증가되었다. 위구르족과 한족, 몽골족 등 여러 민족들의 부지런한 노력으로 '대서북大西北'을 건설하고 공고히 하고자 했던 건륭제의 방침이 관철되었으며, 이 같은 노력은 큰 성과를 거두어 전국의 정치, 군사, 경제, 민족 관계 등 각 분야에도 깊은 영향을 미쳤다. 변경 지역의 정치는 모두 안정되고 백성들도 편히 생업에 종사할 수 있었으므로 건륭제의 계획은 크게 성공했다고 할 수 있다. 그가 둔전을 크게 활성화하면서 부역과 세금을 경감시킨 정책이 바로 이러한 업적을 이루게 한 성공요인이었다고 할 수 있다.

　지금까지 설명한 것은 건륭제가 백성을 중시하고 사랑한 '백'의 일면이지만 모든 사물에는 또 다른 면이 있기 마련이다. 재정 수입을 확충하기 위해 국가 기구를 설립해서 농민과 상인들에게 매년 대량의 전부田賦와 세은稅銀 등의 공납을 강요하고 여러 가지 명목으로 각종 수단을 통해서 정해진 세금 외에 물자를 거두어들인 것이 바로 '흑'의 일면이었다. 이때 착취를 당한 대상은 각지의 상인과 농민뿐 아니라 각급 관리까지 포함되었으며, 이로 얻은 수입은 국가의 중요한 재정수입이 되었다.

　건륭 시기에 황제가 관리들에게서 정해진 세금 외에 추가로 재물을 거두어간 주요 수단 중 하나는 이른바 '의죄은議罪銀'의 납부였다. 조정과 각 성의 중요한 관리들이 과실로 죄를 지었을 경우 또는 황제가 어떤 관리의 잘못이 있다고 판단할 경우 심지어 아무런 죄가 없는 경우에도 황제가 마땅히 은을 바쳐야 한다고 여길 경우에는 은냥을 납부하도록 했다. 그리고 본인 스스로 마땅히 자성하여 돈을 바쳐야한다고 생각할 때면 '의죄'하여 거액의 은냥을 납부하도록 했다.

『밀기당密記僧』에는 다음과 같은 기록이 있다.

- 건륭 46년, 삼보三寶가 스스로 의죄를 행하고 은 11만 냥을 바쳤다.
- 건륭 46년 문수文綬의 이름으로 모두 의죄은 8만 냥이 납부되었다.
- 건륭 47년 3월, 파연삼巴延三이 '백성 담노귀譚老貴가 목을 매 자살한 사건'으로 인해 의죄은 8만 냥을 스스로 바쳤다.
- 건륭 47년 10월, 순무였던 양괴楊魁의 아들 양초쟁楊超錚의 죄로 인해 화신이 의죄은 5만 냥을 그 아비 대신 5년에 걸쳐 납부하였다.
- 건륭 48년, 염정사鹽政使 서녕西寧이 염세에 관련한 사항을 제대로 처리하지 못해 상인들이 막대한 돈을 빚지게 되었다는 이유로 의죄은 8만 냥을 납부하였다.
- 건륭 49년 3월, 파연삼이 염정과 관련해 죄를 지은 것을 복강안이 의죄은 10만 냥을 대신 납부하였다.
- 건륭 49년, 정서征瑞가 철강으로 내야 하는 10만 근의 세금을 오래도록 내지 않았다는 이유로 범청제范淸濟의 재산을 차압하고 벌금으로 은 8만 냥을 내게 하였다.
- 건륭 49년, 염무 처리를 제대로 하지 못한 상안尙安의 죄를 대신해 복강안이 의죄은 4만 냥을 바쳤다.
- 건륭 50년 2월, 부조혼富助渾은 운사運司 장만선張萬選이 선박이 부족한데도 신속히 보충하지 않은 것을 대신하여 의죄은 3만 냥을 바쳤다.
- 건륭 50년, 이질영李質穎이 스스로 의죄은 10만 냥, 통행세 부족액은 3만여 냥 등 모두 17여만 냥을 바쳤다.
- 건륭 51년 8월 화신과 복장안이 연아덕宴雅德을 대신해서 절강의 세무 결손에 대한 의죄은 6만 냥을 바쳤다.

- 건륭 51년 9월, 명흥明興이 산동의 역성현歷城縣 죄수가 탈옥한 일로 의죄은 3만 냥을 바쳤다.

각 관리들이 납부한 거액의 은냥과 물자는 대부분 호부나 번고藩庫로 들어가지 않고 내무부에 속한 광저사고廣儲司庫로 넘어가 황실의 소비로 지출되었다.

건륭제는 일찍이 여러 차례 남순과 동순에 나섰는데 이 순행 기간 동안 행로를 따라 각 성의 관리와 상인들에게 거액의 재물을 요구했다. 건륭 41년 봄에 건륭제가 동순하여 산동 지역을 지날 때를 예로 들면 다음과 같다.

기록에 의하면 연도변에 몽골왕과 순무, 각지의 염정, 직조 등이 줄지어 금과 진주, 옷감 등 수많은 재물을 바치러 나왔다. 주목할 만한 사실은 건륭제가 산동성밖에 순행하지 않았음에도 멀리 호광과 사천, 광동의 관리들까지 모두 나와 많은 재물을 헌납해 충성을 보이고자 했다는 것이다. 북경으로 돌아온 후에 건륭제는 이렇게 받은 재물을 직접 처리했는데 금은 광저사로 보내 월봉으로 사용하고 기타 재물은 모두 내무부로 보내 황실에서 사용하도록 했다.

청대에는 매년 명절 외에도 황제나 황태후가 10년마다 대수를 맞을 때면 경축을 빌미로 각 성의 상인과 농민을 비롯하여 중앙과 각 지방의 관리들에게 많은 기부금을 할당하고 헌납을 강요했는데, 이를 은혜를 갚고자 힘을 다한다는 뜻의 보효報效은냥이라고 불렀다. 각지의 대소 관료들이나 각 성의 상인들 모두 예외가 없었다. 건륭시대에 이러한 풍조는 더욱 극심해져서 황제가 강탈한 재물과 은의 수량이 상상을 초월했다.

건륭 55년은 건륭제의 '팔순만수'이면서 즉위한 지 55년째 되는 해였으므로 성대한 경축행사가 준비되었다. 일찍이 건륭 52년 8월의 상유上諭에서 건륭제는 스스로 "등극한 지 50여 년이나 되고 나이도 이미 80세가

다 되어간다."라고 말하고 만수 경축 행사를 크게 치르기로 결정했다. 경축 행사에 필요한 비용 마련을 위해 거두어야 할 총 금액과 기부금의 할당 방법, 행사 규모 등은 모두 건륭 26년과 36년에 거행되었던 황태후의 만수 경축 행사에 비추어 처리하기로 했다.

건륭제의 팔순 행사는 경비로 당초 은 171만 8천 냥을 계획했다가 나중에 114만 4천 3백 냥으로 정했으며, 이 경비는 주로 관리와 상인 그리고 각 성 백성들의 헌납으로 조달되었다. 기록에 의하면 관리들의 경우, 모든 왕공대신과 팔기 그리고 각 부원의 관리들이 바쳐야 하는 돈은 호부에 명하여 봉렴에서 공제하도록 했으며, 각 성의 독무 등 관리들은 그 성에 내려지는 양렴은 액수의 25퍼센트를 반드시 바치도록 하였다.

여기서 우선 중앙은 물론 지방 관리에 이르기까지 재정과 관련된 부문의 대소 관리들이 할당받은 기부금이나 보효은냥의 규모가 다른 관리들보다 훨씬 많았다는 사실을 주목해 볼 만하다. 예를 들면 6부 중에서 호부의 상서와 시랑이 헌납한 은냥이 다른 5부의 동급 관리보다 훨씬 많았다. 또 양회兩淮, 장로長蘆, 절강, 하동의 염정사가 바치는 은냥이 각각 1만 냥에 이르렀다. 소주, 항주, 강녕江寧의 직조가 바친 은냥도 6천 냥에서 1만 냥 사이였다. 그리고 광동 해관에서 바친 것은 3만 냥도 넘었다. 건륭제는 그들이 속한 아문이나 지역의 재정 형편이 넉넉하다고 여겼기 때문에 일부러 할당량을 중하게 매겼던 것이다.

그러나 관리들은 돈에 관한 한 머리가 매우 밝아서 '양털은 양의 몸에서 난다.' 하는 이치를 잘 이해하고 있었다. 그들은 자신들의 부담을 곧바로 상인과 일반 백성들에게 떠넘겨 그들을 먹이로 삼았으므로 결국 백성들의 빈곤과 상인의 파산을 초래할 수밖에 없었다.

그 다음으로 각 성에서 납부한 경축은냥은 각 성 관리들이 받은 양렴은 총액의 25퍼센트 즉 4분의 1을 떼어서 바쳤다. 양렴은養廉銀은 관리들이 원래 정해진 봉록 외에 공식적인 제도에 의해 추가로 받던 가봉加俸이었지만 이것도 어떤 의미에서 보면 또 다른 형태의 변형된 비리였다.

이런 거금을 황제에게 내야했으니 깨끗한 관리가 하나도 없었던 당시 청대의 관리들은 무슨 방법을 써서라도 상인이나 농민들로부터 다시 그 돈을 챙겨 와야 했다. 그래서 황실에서 만수를 경축하는 기간이 곧 백성들에게는 수난의 시기였음을 가히 짐작할 수 있다. 황제는 강압적으로 전국의 관리들에게 헌납을 요구했고, 관원들은 더욱 교묘한 방법으로 백성들로부터 그 돈을 모으고자 했으므로 결국 최종적으로 해를 입은 것은 일반 백성들뿐이었다.

건륭 26년 11월, 황태후의 칠순 만수 때 상인 왕창륭王昌隆과 심이천沈異川 등이 '은혜에 보답하고 우러러 경축을 드리고자' 백은 4만 냥을 바치기를 원했다. 그러나 그들이 은을 한 번에 모으기가 어렵다는 것을 알고 조정에서는 그들에게 우선 관고에서 빌려 주고 그 돈으로 납부하도록 하면서 대신 2년 이내에 갚도록 했다. 이런 식으로 임시로 돈을 빌려 주어 헌납하도록 하고 나중에 다시 갚아야 하는 방법은 상인들에게 헌납을 강요하기 위해 설치한 올가미 같은 것이었다.

건륭제조차 모두가 가난한 상인들이라고 인정했던 산서와 하동의 상인들까지도 건륭제에게 재물을 바치는 데 있어서는 결코 조금의 나태함도 보이지 않았다. 건륭 53년 정월에 하동상인 위세험尉世險과 왕항태王恒泰 등은 조정의 대군이 대만의 난을 정벌해야하므로 30만 냥의 헌납을 받아 달라고 청원을 했다.

건륭 시기에 농업과 수공업의 발전에 따라 상업의 번영도 크게 촉진되었다. 상업 활동으로 적지 않은 부호들이 수십만 냥, 심지어는 수백만 냥의 재물을 축적하면서 당시에 수십 만 냥이 없으면 부자의 대열에도 끼지 못했다. 전국의 상인 중에서 자본이 가장 거대하고 든든했던 것은 염상, 표상票商, 행상 등 특권을 누리던 상인이었다. 그들 중에는 일 년 수입이 수만 냥에 이를 정도로 많은 이들도 있었다.

예를 들면 양회 지방의 염상은 그곳의 소금을 호광 지역으로 운송하여 고가로 팔아서 한 번에 대여섯 배의 이익을 올렸다. 상인들은 정부가 통제하는 상품의 전매권을 따기 위해 군사비용의 일부를 대거나 치수나 재난구제 등을 돕는다는 명목으로 혹은 순행이나 각종 경축행사가 열릴 때 대량의 재물을 헌납하면서 청나라 황제의 은혜에 보답한다고 말했다. 건륭제는 상인들의 이러한 '작은 정성'을 받기를 즐겨했으며, 동시에 이 은냥을 '공금'의 형식으로 그들에게 다시 빌려주어 고리를 착취하기도 했다.

옹정 시기부터 내무부에서는 매년 상인들의 출자금으로 수백만 냥의 은을 빌려 주고 나서 높은 이자를 물리는 방법으로 상인들을 수탈했다. 수많은 상인들이 고금리로 인해 파산했고 결국은 상업 자체가 피폐해졌는데 특히 양회와 하동의 피해가 극심했다.

건륭 시기에는 고금리가 더욱 무거워졌을 뿐 아니라 상인들이 빌려간 원금을 완전히 상환한 후에도 원금 없는 이자까지 지급해야 하는 괴현상이 출현했다.

그 예로 장로 지역에서는 건륭 40년 9월에 노상蘆商들이 밑천이 모자라 염정사인 서녕에게 내탕금 은 20만 냥을 빌려 쓸 것을 청하고 매월 1퍼센트씩 이자를 붙이기로 했다. 건륭 41년 6월에 산동의 소금도매상들이 장로 시장에서 소금을 사다가 여러 주현에 나누어 팔고자 했으나 운영자금이 모자라서 다량으로 소금을 구입할 수가 없었다. 그래서 내무부의 '공금'에서 은 15만 냥을 빌리고 매월 이자 1퍼센트를 내기로 했다. 이를 15년에 나누어 갚기로 하고 해마다 원금 1만 냥을 상환하면서 그해의 이자까지 함께 완납하도록 했다.

그런데 내무부의 광저사에서는 상인 한 명이 빚을 갚지 못하면 다른 상인들이 함께 나누어 갚아야 한다는 규정을 두었기 때문에 자신의 빚은 모두 갚고 나서도 다른 상인의 원리금을 대신 상환해야 하는 부담이 추가로 생겼다. 이처럼 이자는 높고 조건은 가혹해서 상인들이 빚을 갚아 나가는 데 그 고통이 크게 가중되었다.

　명절과 생일, 경축행사를 맞이할 때마다 건륭제는 정당한 명분을 내세우며 전국 각지의 염상들에게 거액의 돈을 바쳐 은혜에 보답할 것을 요구했다. 건륭 26년과 36년에 건륭제는 그의 모친인 황태후를 위한 대수행사를 거행하면서 양회, 장로, 절강의 염상들을 수도로 불러서 서화문西華門에서 서직문西直門에 이르는 경관 지역을 꾸미는 데 수십만 냥을 내도록 했다. 건륭 55년 건륭제가 자신의 팔순만수 경축행사를 거행할 때는 이를 선례로 삼아 "서화문에서 서직문까지 세 구역으로 나누어 양회, 장로, 절강의 상인이 북경으로 와서 스스로 경관을 꾸며 거리마다 노래와 춤이 넘치게 하는 정성을 보이도록 하라."라는 유지를 내렸다.

　그 결과 경관을 꾸미고 길가의 건물을 수리하는 데 은 36만 여 냥이 필요했고, 이외에도 원명원 궁문과 다리, 정대광명正大光明, 동락원同樂園, 사위성舍衛城, 기춘원綺春園 등에 있는 건물들의 기와를 교체하고 유화로 장식하는 데 은 7만 5천여 냥이 필요했다. 또 서직문 밖의 돌길은 황제의 만수경축행사에서 향을 피우고 연회를 베풀 때 황제의 가마가 지나는 길이었으므로 마땅히 모두 수리하고 정돈해야 했는데 여기에 또 은 28만 냥이 들었다. 이렇게 해서 소요된 총 71만 5천여 냥 모두가 염상들의 헌납으로 충당되었다.

　건륭제는 여러 차례 남쪽으로 순행을 했는데 매번 상인들에게 행궁行宮과 원림을 지어 바치도록 요구했다. 그는 남순을 할 때마다 양주에 들렀는데 그곳은 당시 강남의 유명한 도시이면서 상업이 번창해서 양회 염상을 비롯한 기타 상인 등 거부들이 많이 모여 살던 곳이기도 했다.

　건륭제는 이곳 상인들에게 그를 위한 행궁과 원림을 건축하도록 하여 순행의 쉼터로 삼았다. 행궁을 다 짓고 나면 염상들은 또다시 줄지어 사재를 털어 궁 안에 경물들을 배치해야 했다. 예를 들면 대녕사大寧寺 행궁은 상인들이 골동품과 진귀한 보석, 꽃과 나무, 대나무와 돌 등을 헤아릴 수 없이 많이 사다가 장식을 했다. 평산당平山堂 행궁에는 원래 매화가 없었는데 건륭제가 처음 남순했을 때 염상들이 매화 1만여 그루를 심어 특별히 황제가 감상할 수 있도록 했다. 건륭제가 남쪽으로 순행하면서 행궁에 머문 기간 중에 상인들이 경관을 장식하고 연회와 환영과 환송 등의 행사를 준비하면서 지출한 은냥은 가늠하기조차 어려웠다.

손실은 충분히 보상해 주라
對損失給以補償

건륭제는 강남을 여섯 차례 순행했는데 그가 강남에 내려갔을 때 일어났던 갖가지 진기한 이야기들이 사람들 사이에서 전설처럼 전해져 내려오고 있다. 여섯 번에 이르는 남순은 건륭제의 일생에서 가장 중요한 활동이었다.

"나에게 가장 중요한 두 가지 일을 꼽으라고 한다면 하나는 서쪽으로의 출사出師요, 다른 하나는 남쪽으로의 순행[南巡]이다."

건륭제 자신도 이렇게 말했으니 그가 얼마나 남순을 중요시했는지를 알 수 있다.

그렇다면 건륭제는 왜 여섯 차례나 강남으로 내려갔을까? 표면상으로는 그의 조부인 강희제를 본받고자 했던 것으로 보인다. 건륭제가 다음과 같은 이야기를 한 적이 있다.

짐이 성조실록聖朝實錄을 읽어보면 조부께서 황태후를 모시고 남쪽을 여섯 차례 순행하신 역사가 상세하게 기록되어 있다. 당시 백성들은 남녀노소 모두가 길에 나와 강희제를 환영했으며 한결같이 황실의 효성을 미덕으로 찬양했다고 한다. 짐은 진심으로 그러한 모습이 부럽다.

그래서 훗날 건륭제는 자신의 남순을 법조성방法祖省方(조상의 법도를 이어 받아 백성들의 형편을 살핌)이라고 불렀다. 선대의 행적을 본받고자 지방을 시찰했다는 설명이다. 거기에 선조 때와 마찬가지로 강남으로 순행할 때마다 황태후를 모셨으며 그 횟수 또한 똑같이 여섯 차례에 달했다.

그러나 좀더 깊이 들여다보면 건륭제의 여섯 차례의 남순이 단순히 조부를 존경하는 마음에서 이루어진 것만은 아니며, 오히려 그 이면에 복잡한 사회 배경이 자리잡고 있음을 알 수 있다. 그중에서도 강남 지역이 청조 통치에서 차지한 비중이 다른 어느 곳보다 컸다는 데 가장 근본적인 이유가 있었다. 그 밖에 건륭제가 남순을 행한 구체적인 이유로 몇 가지를 더 들어보면 다음과 같다.

첫째 이유는 강남을 안정시켜 위기를 완전히 제거하기 위해서였다.

비록 건륭 연간까지는 그래도 태평성세에 속했지만 뿌리 깊은 사회적 위기는 이미 서서히 그 모습을 드러내고 있었다. 강남 지역에서는 농민 봉기와 여러 형태의 항쟁이 끊임없이 발생했다.

마조주馬朝柱는 농민을 이끌고 안휘, 호북 등지에서 봉기를 일으켰고, 하남성 등지에서는 혼원교混元敎와 같은 비밀조직이 널리 그 활동을 전개했다. 조세제도에 대한 저항과 전답과 식량의 탈취 그리고 임금 착취에 대한 항거도 끊이지 않았다. 노비의 탈주나 노비 신분을 벗어나기 위한 투쟁도 빈번했다. 수공업에 종사하는 노동자들이 파업과 철시를 하는가 하면 선원들이 파업을 하고 염상들도 관청에 대한 저항으로 철시를 하는 등 강남 지역의 상황은 말로 표현할 수 없을 정도로 혼란스러웠다. 이러한 사회적 모순을 어떻게 원만하게 해결할 수 있을까? 이것은 건륭제가 반드시 심사숙고해서 풀어야 할 과제였다.

둘째 이유는 현지방문을 통해 수재를 해결하기 위해서였다.

건륭제 자신도 강남 순행에서 치수보다 중요한 일은 없다고 강조했다. 건륭제의 재위 기간 동안 직례에서 산동, 강소, 안휘, 그리고 절강에 이르는 지역에 수재가 자주 발생했다.

건륭 7년에는 여름과 가을에 걸쳐 비가 너무 많이 와 동산과 석림 등지에서 황하가 터지기도 했다. 건륭 10년에는 진가포에서 황하의 제방이 터졌다. 건륭 25년 여름에는 강수량이 예년보다 늘면서 강과 호수의 물이 크게 불어 고주, 보주, 흥태주興泰州 등지의 저지대가 범람하여 완전히 물바다가 되었다. 황하에 수해가 있었던 것 외에도 절강성에서는 해일 피해가 심했다. 항주만杭州灣 일대는 특수한 지리적 환경 때문에 조수가 한번 밀려오면 그 물결이 막을 수 없을 정도로 거셌으므로 연해 지역에 극심한 피해를 주었다. 그래서 어떻게 하면 이러한 수해를 막을 수 있을 것인지가 건륭제가 해결해야 할 또 다른 난제로 떠올랐다.

셋째는 강남 지역의 아름다운 산수 때문이었다.

강남은 수향水鄕이라 불릴 만큼 물가 풍경을 위주로 한 원림園林이 어디에나 있었다. 그 대표적인 예로는 산석山石으로 유명한 상해 예원豫園, 양주 개원個園, 남경 첨원瞻園, 소주 창랑정滄浪亭과 사자림獅子林 등이 있었다. 건륭제는 강남의 경치가 천하제일이라고 극찬하면서 "강남 산천의 빼어남과 민물民物의 풍미함을 둘러보고 싶다."라고 말한 적도 있었다.

강남의 아름다운 산수가 그를 그곳으로 이끌었음을 알 수 있다.

위에서 설명한 세 가지 이유 말고도 강소성과 절강성 일대의 객관적인 상황과 정치적 특성은 건륭제의 남순과 불가분의 관계가 있었다. 건륭제는 이 강절 지역을 매우 중요하게 여겼다. 경제적으로 볼 때 강절 지역은 청조의 어미지향[19]魚米之鄕으로서 무시할 수 없을 만큼 그 비중이 컸다. 강소와 절강 두 지역이 차지하는 전답면적과 조세부담 그리고 곡물 생산량은 각각 전국의 16퍼센트, 29퍼센트, 30퍼센트에 달했다. 농지세 이외에 제2의 수입원이었던 염세鹽稅도 마찬가지였다. 건륭 29년에 전국의 염세 징수액은 총 380여만 냥이었는데, 그중 강절 지역에서의 징수액이 258만 냥에 달해 전체의 68퍼센트를 차지했다. 또한 매년 황실과 문무관리 그리고 병사들의 식량으로 북경으로 보내지던 4백만 석의 조량漕糧 중 강절에서 바친 것이 257만석으로 전체의 64퍼센트를 차지했다.

이것은 몇 가지 간단한 수치이지만 강소와 절강의 두 성이 당시에 경제적으로 차지했던 비중을 설명하기에 충분한 자료가 될 수 있다.

강절 지역은 경제적으로 발전했을 뿐 아니라 문화적으로도 매우 번영했다. 이곳은 역대 과거 급제율이 가장 높았던 지역이었고, 이 지역 출신 고위관료들의 숫자는 헤아릴 수 없을 만큼 많다. 청대 과거에 합격한 장원의 수를 살펴보면 순치제 때 실시된 여덟 번의 전시에서 뽑힌 여덟 명의 장원 중 여섯 명이 강절 사람이었다. 강희제 때는 모두 21차례 과거가 실시되었는데, 산동에서 등종악鄧鐘岳 단 한 명이 장원에 합격한 것을 빼면 나머지 20명은 모두 강절 사람이었다. 옹정제 때도 장원 합격자 다섯 명 가운데 강절 사람이 네 명이었으며, 건륭 연간에 선발된 27명의 장원 중에는 강절 사람이 모두 21명이나 되었다.

이밖에 방안榜眼(2등 급제), 탐화探花(3등 급제) 그리고 이갑진사二甲進士, 삼갑진사三甲進士의 비율도 이와 비슷했다. 그 결과 자연스럽게 대학사, 구경, 총독, 순무, 포정사, 안찰사, 학정 등 고위관리의 인사에도 큰 영향을 미쳤다. 건륭제 때의 대학사만 놓고 보더라도 강절 사람으로 서본徐本,

---

19. 쌀밥과 생선을 먹을 수 있는 곳, 즉 살기 좋은 땅.

왕유돈汪由敦, 양시정梁詩正, 진세관陳世倌, 우민중于敏中, 유륜劉綸, 사이직史貽直 등이 있었고, 기타 유능한 학자들의 숫자도 다른 지역보다 월등히 많았다. 관직에 진출한 강절 사람이 이렇게 많다 보니 정계에서의 영향력 또한 대단해서 다른 지역과 비교할 수 없을 정도였다.

또 다른 문화적 측면에서 강소와 절강은 명나라 말기 유민遺民 활동의 중심지로 반청복명反淸復明 사상의 본거지이기도 했다. 반청 세력의 불씨가 오래도록 꺼지지 않았고 건륭제 때 발생했던 유명한 문자옥사건도 강절에서 일어난 것이 가장 많았다. 그렇기 때문에 건륭제는 자연히 이 지역을 항상 예의주시하게 되었고 강남 지식인들을 회유함으로써 그들이 역모에 가담할 마음을 품지 않도록 각별하게 신경을 썼다.

강절 지역이 정치와 경제, 문화 영역에서 이처럼 중요한 위치를 차지하고 있었으니 건륭제가 이곳에 관심을 둔 이유 또한 명백했다. 말로는 강희제를 본받기 위함이라고 했지만, 남순의 실제 목적은 천하를 평정하는 데 있었다.

그렇지만 일반 대신들이 건륭제의 이 같은 지혜를 어떻게 헤아릴 수 있었겠는가? 대신들은 강남 지역 백성들에게 많은 불편과 부담을 준다는 이유로 건륭제의 남순을 제지하고자 했다.

건륭제가 남순에 대한 유지를 내리자, 민절 총독 객이길선喀爾吉善은 강남 일대의 지형이 복잡해 앞으로 나아가기 힘들어 도로를 보수하고 다리를 건설하게 되면 백성들에게 많은 부담을 줄 것이므로 유지를 거두도록 상주했다. 이어서 노삼努三과 조혜兆惠같은 대신들도 강남 순행 길이 험난해 백성들을 힘들게 할 대대적인 토목공사를 피할 수 없을 것이니 역시 순행을 하지 말도록 진언했다. 그러나 건륭제는 이러한 반대 의견을 마치 듣고도 못 들은 척하고, 강절에 나아가 백성들을 순행하고자 하는 그의 뜻을 굽히지 않았다.

심지어 남순 중에도 백성을 아끼는 신하들은 건륭제에게 순행을 중지할 것을 끊임없이 상주했다. 예를 들면 첫 번째 강남 순행 때, 건륭제의 두터운 신임을 받던 시위 박이분찰博爾奔察은 교묘한 방법을 써서 백성에게 더 이상 부담을 주지 말도록 진언했다. 건륭제의 배가 진강鎭江에 다다르자 강소와 절강의 양강兩江 총독 황정계黃廷桂가 폭죽을 쏘아 올려 건륭제를 환영했는데 이 연기 때문에 기침을 하는 사람들이 있었다.

이에 곁에 있던 박이분찰이 웃으며 건륭제에게 "노란 연기를 보고 사람들이 두려워합니다."라고 말했다. 여기서 노란 연기는 황정계를 가리키는 것으로 아첨하는 그의 행동을 우회적으로 비난하면서 황정계의 이러한 행동에 상을 내려서는 안 된다는 사실을 건륭제에게 일깨워 주기 위한 말이었다. 건륭제는 이 말을 듣고 쓴 웃음을 지을 수밖에 없었다.

소주 유람을 하던 중, 건륭제는 기이한 절벽에 핀 아름다운 매화꽃을 보고 매우 감탄하여 그 자리를 뜨지 못했다. 이때 박이분찰이 느닷없이 칼을 빼내더니 매화나무를 베어버렸다. 건륭제는 너무나 놀라 왜 그랬는지를 다그쳐 물었다. 박이분찰은 일부러 화를 내며 말했다.

"저 매화가 원명원圓明園에 피지 않은 것이 원망스럽습니다. 황제를 이토록 험한 곳까지 오시게 만들었습니다."

건륭제는 자신을 타이르기 위한 말임을 알았으므로 그의 행동이 다소 불쾌했지만 아무 말 없이 돌아섰다.

이번 강남 순행에서 여행의 흥취가 한껏 돋아 건륭제는 무척 만족스러웠다. 하루는 붓을 들어 '복福'이라는 글자를 적은 후 곁에 있던 박이분찰에게 물었다.

"너는 이 글자의 어떤 부분이 좋으냐? 너는 이 글자가 왜 좋은 줄 아느냐?"

박이분찰은 주저 없이 "알고 있습니다. 황상께서 쓰신 '福'이라는 글자는 검지만 밝은 느낌입니다."라고 대답했다. 건륭제는 박이분찰이 복에 관한 듣기 좋은 덕담을 골라 몇 마디 할 것이라고 생각했지, 이렇게 멍청한 대답을 할 것이라고는 생각하지도 못했기 때문에 그만 크게 웃고 말았다.

세 번째 남순에서 양주揚州에 도착했을 때, 건륭제는 고향에서 휴가 중이던 예부시랑 제소남齊召南에게 함께 돌아다니자고 했다. 건륭제가 그에게 "짐은 그대와 함께 금산金山을 유람하고 싶구나!"라고 말했다. 그러나 제소남은 건륭제가 남순 중에 유람을 다니는 것이 마음에 내키지 않았다. 그래서 "발에 병이 생겨 걸을 수가 없습니다."라고 대답했다. 그러자 건륭제는 다시 제안했다.

"그렇다면 말을 타고 가자."

제소남도 다시 대답했다.

> 신은 말을 탈 수가 없습니다. 배를 타고 다닌다면 강산의 아름다운 풍광을 구경할 수 있을 것입니다. 그러나 새로 지은 대각臺閣과 같은 것들은 아름답게 꾸몄을지는 모르지만 그 아름다움은 인공적인 것에 불과합니다.

이런 대답은 흥을 깨뜨리고 기운 빠지게 하는 말이라 건륭제는 불쾌했지만 그렇다고 화를 낼 수도 없었다. 그 후 건륭제는 천대산天臺山 유람을 가겠다며 제소남에게 길 안내를 하도록 했다.

제소남은 "산은 절벽과 바위가 많아 매우 험할 뿐 아니라 호랑이와 표범도 살고 있습니다. 신이 이곳에서 오래 살았지만, 효자는 높은 곳을 오르지 않고 깊은 곳에 들어가지 않는다는 말을 따라 아직 이 산에 올라가 본 적이 없습니다."라고 했다. 부모와 웃어른이 걱정하지 않도록 위험한 일을 행하지 않음으로써 의외의 사고를 피하는 것이 도리라는 뜻이었다.

이 말은 원래 공맹의 유가사상에서 나온 것이지만 제소남의 말에는 또 다른 의미가 담겨 있었다. 건륭제도 그의 말에 뼈가 있음을 알아챘으므로 제소남은 진정한 선비답다고 말하며 대충 넘어갈 수밖에 없었다.

건륭제가 네 번째 남순에서 강절로 내려갔을 때 갑자기 호주湖州를 한 번 둘러보고 싶다고 했다. 그러자 내각학사 정경윤程景伊이 그곳을 가게 되면 황제의 영접을 위해 백성들의 노고가 클 것이므로 건륭제에게 가지 않는 것이 좋겠다고 했다. 그러나 황제는 기어이 가겠다는 생각을 굽히지 않았다. 건륭제의 행차를 막기 위해 소흥지부紹興知府는 미리 배를 시험운항하면서 수로에다 돌덩이와 나무토막을 수없이 던져 두었다.

건륭제는 남순을 위해 이처럼 겹겹이 쌓인 장애들을 하나하나 뚫어야 했다. 그러나 그가 볼 때 강절은 청조 통치에 있어 정치전략적 요지였으므로 대신들이 아무리 말린다 하더라도 반드시 가야했고, 그 누구도 이를 막을 수는 없었다. 건륭제는 결국 단호하게 여섯 차례의 남순을 결행했다.

그러나 건륭제는 자신이 품고 있던 지혜를 전부 말하지는 않았다. 줄곧 백성들의 청을 들어 주어 행하는 방문이라는 명분을 들어 신하들이 더 이상 반대할 수 없도록 입을 막을 뿐이었다.

> 예전에 강남의 독무들이 남순을 주청하였기에, 특별히 대학사와 구경을 모아 놓고 회의를 열어 그들의 동의를 얻고 벌써 칙령을 내려서 허락하였다. 강절과 인접한 모든 지역은 오래 전에 성조께서도 여러 차례 다녀가신 곳이며 또한 방파제 건설이라는 중요한 임무도 있다. 현재 그곳 백성들이 손꼽아 기다리며 뜻을 모아 주청을 올렸으니 마땅히 청을 들어 주어야 할 것이다.

그렇다면 건륭제의 첫 번째 남순은 왜 즉위 14년 이후에야 비로소 이루어졌을까?

그것은 건륭 14년 이전에는 비교적 긴박한 일들을 먼저 처리함으로써 황제의 권위와 국가의 통일을 공고히 하는 것이 더 중요했기 때문이었다. 예를 들면 성경盛京에 동순東巡해서 선제들을 참배하고 피서산장과 목란위장에서 몽골의 고위인사들을 접견하거나 서남 지역에서 일어난 묘족苗族의 봉기를 평정하고, 금천의 토호들로부터 항복을 받아내는 등의 일들이 있었다.

건륭제는 이러한 일들을 통해 자신의 권위와 국가의 통일을 확실히 다잡은 후에야 비로소 남순을 추진할 수 있었다. 그 밖에도 남순을 추진하는 데는 고위 대신들의 지지도 필요했다. 건륭제가 즉위한 후 상당히 오랜 기간 동안, 보정대신輔政大臣 악이태와 장정옥이 주요 업무를 관장했다. 악이태와 장정옥은 경험이 풍부하여 그 역할이 컸으며 업무 처리가 신중하고 청렴해 조정의 의사결정에 큰 영향을 미쳤다. 만약 이 두 사람이 남순을 반대한다면 건륭제는 매우 곤란한 상황에 처할 것이었다. 그래서 건륭 10년에 악이태가 죽고 14년에 장정옥이 자리에서 물러나 남순을 저지할 수 있는 장애물이 기본적으로 모두 제거되고 나서야 건륭제는 구체적인 일정을 계획하기 시작했다.

건륭제의 남순은 그 위세나 규모 면에서 볼 때 대대적인 활동이었기 때문에 세심한 준비가 필요했다. 남순 1년 전에 친왕을 왕대신으로 임명하여 순행에 관한 모든 준비업무를 총괄하도록 했다. 관리를 파견해 황제가 지나갈 길목을 미리 순찰하여 행차 계획을 구체적으로 세우고 지방의 각급 관료들은 다리와 도로를 보수하거나 새로 건설했다. 그리고 행궁을 짓고 단장하며 황제가 현지에서 사용할 물자들을 조달하고 행차를 영접할 인력도 미리 안배해 두었다. 그 밖에 사회질서를 안정시키고 환경미화 작업도 해야 했다. 사회질서 안정을 위해서 병사들을 훈련시키고 도둑들을 모두 잡아들이고 감옥을 정비했으며 빈민들을 구휼했다. 또 환경미화 작업으로 성곽을 보수하고 하천을 정리했다. 이러한 일련의 준비를 모두 마치고 나면 그때서야 비로소 황제의 순행이 이루어졌다.

여섯 차례에 걸친 남순 시기와 당시의 정황은 다음과 같았다.

건륭 16년 정월, 민생을 살피며 지방 관청의 행정을 시찰하고 하천의 제방 상태를 파악해 백성들의 고충을 헤아리면서 황태후를 위해 유람을 한다는 목적으로 첫 강남 순행을 나섰다. 건륭 22년 정월에는 강소, 안휘, 절강에서 수년 동안 체납한 세금을 감면해 주고 강소 청하淸河 등 19개 주현의 수재를 구휼하기 위해 황태후를 모시고 두 번째 순행을 나섰다.

건륭 27년 정월에도 황태후를 모시고 세 번째 순행을 했으며, 네 번째 순행은 건륭 30년 정월에 이루어졌다. 건륭 45년 정월에 다섯 번째 순행을 시작했고, 마지막 여섯 번째 순행은 건륭 49년 정월에 이루어졌다.

몇 차례에 걸친 건륭제의 남순은 자연히 그 지역 백성들에게 큰 부담으로 작용했다. 건륭제도 이런 사실을 잘 알고 있었다. 그래서 순행을 떠날 때마다 그는 농민과 상인들의 세금을 감면해 주어 군주를 사랑하는 백성의 성의를 저버리지 않았다. 이렇게 해서 강절 지방의 인심을 안정시킬 수 있었으며 천하가 태평성세를 누릴 수 있었다.

사실상 건륭제의 남순은 강절 지방에 매번 실질적인 혜택을 가져다주었다. 여섯 번의 남순 때마다 건륭제는 강희제를 본받아 행차하는 길에도 사농공상士農工商들을 회유하는 내용의 유지를 끊임없이 내렸다.

남순해서 거쳐 가는 모든 주현에는 그해에 납부해야 할 지정은 총액의 30퍼센트만 내도록 해 주었다. 만약 그 전년에 수해를 입은 곳이 있으면 그중에서 다시 50퍼센트를 감면해 주었는데, 이러한 세금감면은 점차 관례로 굳어졌다.

건륭 16년, 건륭제가 처음으로 강절을 순행했을 때 강소, 안휘, 절강의 세금을 감면해 주었는데, 구체적으로 보면 건륭 원년부터 13년까지의 기간을 따져 강소의 체납 지정은 2백 2십만여 냥과 안휘의 체납 지정은 3십만여 냥을 탕감해 주었다. 그리고 절강성은 그 기간 내에 체납한 세금이 없었기 때문에 장려금조로 당년도 지정은 3십만 냥을 탕감해 주었다.

건륭제의 두 번째 남순 때, 강회江淮 지역에 큰 수재가 발생했다. 그로 인해, 강소, 절강, 안휘 3성에 즉위 이전인 21년 이전에 밀렸던 세금까지 전부 감면해 주었다. 이후에 이루어진 순행에서도 이와 같은 일은 계속되었다.

직례, 산동, 강소, 절강 4성은 남순 행차시 건륭제가 반드시 경유해야 하는 지방이었으므로 남순 때마다 수재나 가뭄으로 빚진 세금을 감면받는 혜택을 누렸다.

강소성은 세금 부담이 가장 컸으므로 감면도 역시 최대로 이루어졌다. 건륭 49년 때의 일을 예로 들면, 건륭제가 강소성으로 들어서자마자 유지를 내려 강녕번사에서 밀린 지정은 36만 7천여 냥과 종자세 15만여 냥 그리고 밀린 조량으로 쌀, 보리, 콩 18만 9천여 석을 감면해 주고 소주번사가 밀린 지정은 4만여 냥과 종자세 1천 2백여 냥 그리고 밀린 조량으로 쌀과 콩 3만 8천여 석을 감면해 준다고 선포했다. 또 안휘번사에서 체납하고 있던 지정은 37만 3천여 냥, 종자세 6만여 냥, 조창세 8만 3천여 냥 그리고 밀린 조량으로 보리와 콩 6만 여 석 등도 모두 감면해 줌으로써 황제의 은혜를 크게 베풀었다.

실제로 절강에 비해 강소의 세금 체납액이 더 많았는데, 그 이유는 순전히 여러 해 동안 계속된 수재 때문이었다. 특히 강소성의 회안淮安은 황하黃河, 회하淮河, 운하運河의 세 강이 모이는 곳으로 수재 피해가 가장 심각한 지역이었다. 건륭제는 여섯 차례의 남순을 통해 이 지역의 납세실적이 저조한 이유를 명확하게 알게 되었다. 관의 핍박이 심할수록 백성은 반항하기 마련이므로 어려운 현실을 있는 그대로 인정해서 세금을 적당히 감면해 주는 것이야말로 오르막길에서는 나귀를 내릴 줄 아는 건륭제의 뛰어난 지혜였다.

네 번째 강남 순행을 막 시작하면서 직례와 산동의 그해 지정은 30퍼센트를 감면해 주겠다는 유지를 내렸다. 이 두 성의 관리들은 이미 처벌을 받았거나 강등이 된 상황이었지만, 처분을 받은 사람들은 그 명령이 취소되었고 강등되었던 관리들은 다시 직급이 한 등급씩 올랐다. 동시에 두 성에 상으로 각각 은 2만 냥을 내려 행궁을 다시 짓도록 했다.

이러한 은견은 백성들에게 있어 크나큰 경사가 아닐 수 없었다. 건륭제는 자신이 아무리 백성들에게 수고를 끼치지 않으려고 애쓴다 하더라도 남순 때문에 소모되는 인력과 재물은 당연히 그 해가 백성에게 미친다는 것을 알고 있었으므로 이 같은 조치를 취해서라도 그들의 손실을 보상해 주고자 한 것이었다.

여섯 번의 남순에서 염상들은 모두 막대한 자금을 기부하여 순행에 사용하도록 했다. 건륭제는 일찍이 건륭 16년의 첫 순행 때 "양회兩淮 상인들이 공무를 위해 기꺼이 희사했다. 짐은 여러 상인들의 간절하고 진실된 마음을 보았다."라고 칭찬했다. 그는 그들이 바치는 정성을 사양하는 것은 도리가 아니라 여겨 모두 받아들였다. 그렇다고 건륭제가 상인들의 헌납을 거저 얻은 것은 아니었다. 기부금을 받되 상인들이 거액을 상납함으로써 손실이 생기지 않도록 건륭제는 여러 가지 방법으로 그들에게 경제적인 보상과 정치적인 보상을 해 주었다.

경제적인 보상으로 염상들이 소금을 많이 팔더라도 세금은 가능하면 적게 납부하도록 해 주면서 동시에 여러 가지 명목으로 조정에 자금을 기부하는 과정에서 체납된 대량의 염세에 대해서는 한꺼번에 감면해 주었다.

건륭 45년에는 양회 염상들의 체납세금 120만 냥을 감면해 주고 27만 냥은 징수를 연기해 준 적이 있었다. 또 건륭 47년에는 회남 상인들의 체납 세금 2백만 냥을 감면해 주었다. 그리고 건륭 49년에도 체납된 세금 163만여 냥을 또 감면해 주었다. 이와 같은 대대적인 세금감면은 상인들의 활발한 상업 활동을 장려하면서 각종 공무에도 적극적인 협조를 이끌어 내어 강남 지역의 경제 건설과 번영에도 큰 공헌을 했다.

정치적인 보상의 핵심은 염상들의 정치적 지위를 향상시켜주는 것이었다. 건륭제는 양회 염상들에게 "원래 직위를 가지고 있던 이들 중 이미 3품에 이른 자는 봉신원奉宸院 경卿으로 임명하고, 3품에 이르지 못한 자는 각 한 급씩 올려 준다." 하고 선포했다.

상인들에게 내리는 이들 직급은 공직公職에 속하는 것이라 실질적인 이익은 없었지만, 봉건사회의 하류 계층에 속한 상인들에게 있어서 관료사회에 편입된다는 것은 더 이상 신분으로 인한 멸시나 차별을 받지 않아도 된다는 의미 있는 일이었다.

남순을 통해 강남 상인들에게 적용한 각종 우대 정책은 이 지역의 상품경제 발달을 촉진시켰으며 동시에 도시 건설을 가속화하고 전국 각지 상인들의 투자도 이끌어 냈다. 그 예로, 양주는 남순 이전까지만 해도 그다지 발전하지 못한 지역이었다. 그러나 남순이 이루지면서 양회 상인들이 황제의 순행을 환영하기 위해 자금을 모아 천녕사天寧寺, 금춘원錦春園, 고교高橋, 연화교蓮花橋, 홍교虹橋, 보탑사寶塔寺 등 건축물 5천 1백여 개와 2백 채 가까이 되는 정자를 새로 짓거나 보수함으로써 양주는 천지가 개벽한 것 같은 큰 변화를 가져왔다. 성 안에는 많은 상점이 운집하고 다양한 상품들이 넘쳐났으며 산서, 안휘 등지의 상인들이 장사를 하기 위해 이곳으로 몰려들었다.

결론적으로 남순을 통해 건륭제가 베푼 여러 시책들은 강남 지역의 농업과 상업 발전에 크게 공헌했으며, 봉건 경제가 번영하고 자본주의의 싹을 틔우는 데도 큰 영향력을 발휘했으므로 절대 과소평가해서는 안 될 것이다.

자기사람을 특별히 챙긴다
要格外關照自己人

건륭 중엽, 청조의 영토는 넓어지고 사해四海가 평온했다. 국력은 강성하여 '강옹건성세[20]康雍乾盛世'의 정점을 이루고 있었다. 그러나 성대함이 지나치면 쇠퇴하기 마련이다. 가무에 빠져 태평성세를 즐기는 동안 사회계층 간의 모순도 깊어가고 있었다. 겉치레를 숭상하던 만주 지주 계층의 사치가 극에 달해서 그들의 끝없는 탐욕을 채우기 위해 만한滿漢 백성들이 착취당해야 했고 정치 또한 점점 타락하고 부패되어 갔다. 건륭제가 정치적 목표로 내세웠던 '관완寬緩'이 실제적으로는 탐관오리들의 부패의 구실로 이용되었다.

20. 강건성세康乾盛世라고도 하는데, 청대의 최전성기였던 성조 강희제(1661~1722), 세종 옹정제(1723~1735), 고종 건륭제(1736~1796)에 이르는 135년을 이름.

갈수록 많은 하층 기인旗人들이 만한 지주의 착취로 가난에 빠져들면서 스스로 벗어날 길이 없었다. 이로써 팔기생계八旗生計가 크게 악화되면서 기인 내부의 계급 갈등이 극대화 되었다.

만주족 통치 계층의 사치스러운 생활과는 대조적으로 하층 기인들의 생활은 갈수록 악화되었다. 이러한 현상은 강희 연간에 이미 그 징조가 보이기 시작했으나 건륭 연간에 이르러서는 이미 팔기 내부만의 문제가 아닌 보편적인 사회문제로까지 확대되었다.

북경은 팔기가 주둔하고 있던 최대 중심지로 팔기생계가 가장 심각한 지역이었다. 수 천만 명의 기인들이 오랫동안 북경 내외에 거주하고 있었는데, 인구는 증가하지만 병사의 정원이 제한되어 있던 데다 또 생산 활동도 하지 못했기 때문에 생활은 갈수록 악화되었다. 심기원沈起元의 『의시무책擬時務策』에는 다음과 같은 기록이 있다.

> 갑옷을 보급해 줄 수가 없었다. 그러다 보니 선비도 아니고 농부도 아니고 노동자도 아니고 상인도 아니고 병사도 아니고 백성도 아닌 사람들이 되었는데, 이들이 경사京師 수 십리 내에 모여 살았으므로 그들의 생계는 날로 빈곤에 허덕이게 되었다.

건륭 36년, 유친왕裕親王 윤록允祿도 건륭제에게 보고서를 올렸다.

> 팔기 중 생계를 유지할 수 없는 홀아비, 과부, 고아 등이 6천여 명에 달합니다. 부양해 줄 사람이 없는 기인의 아이들은 거지가 되어 돌아다니고, 심지어 과부들은 처녀를 사칭하며 스스로 하녀로 팔려 가는 등 놀라운 일들이 비일비재하게 일어나고 있습니다.

관외關外에 주둔하는 기인들의 경제생활도 북경의 기인들과 마찬가지였다. 동북 지역의 기인들은 청대 초기에는 모두 기지旗地를 소유한데다 지속적으로 황무지를 개간했으므로 경제적으로 비교적 여유로운 생활을 했다. 그러나 수많은 한족들이 유입되면서 기인들의 토지가 다수의 한족 지주와 농민들에게 팔려나가 생계가 갈수록 어려워졌다.

건륭 6년, 영고탑寧古塔 장군 악미달愕彌達의 보고에 의하면, 길림吉林 오랍烏拉의 만주 병사가 3천 세대였는데 그중 부유층은 겨우 21세대에 불과했다. 빈민층은 1,185세대로 인구수로는 총 8,935명이었다. 여기에 극빈층은 678세대로 인구수가 2,894명에 달했는데, 이들 두 계층을 합하면 1,863세대에 인구수로는 11,829명에 달했다. 나머지는 중산층으로 848세대, 8,829명에 불과했다. 이 자료는 팔기 만주 병사 중 생활이 비교적 여유로운 중산층은 절반에도 미치지 못하고 대다수가 빈민층 혹은 극빈층이었다는 사실을 보여 준다.

건륭제가 납림拉林으로 만주족 3천 세대를 이주시키고자 했지만 실제 이주한 세대수는 2천 세대에 불과했다. 그중 노인과 어린이가 10퍼센트를 차지했고 장년층이지만 농사를 짓지 못하는 사람이 6, 70퍼센트에 달했다. 그래서 실질적으로 농사를 지을 수 있는 사람은 2, 30퍼센트에 지나지 않았다. 이 수치를 보아도 그곳 만주인 가운데 기본적으로 생활이 안정된 중산층은 3분의 1도 안 되며 절대 다수는 빈민층 또는 극빈층이었음을 알 수 있다.

팔기생계의 악화는 북경이나 오랍 등 한두 군데에서만 나타나는 현상이 아니고, 이미 전국 각지로 빠른 속도로 퍼져나가 기인들 사이에 보편적으로 존재하는 심각한 사회 문제가 되었다. 기인들의 생활이 갈수록 나빠지면서 팔기병사들의 전투력도 약화되었고, 이는 청조 통치자들의 이익에도 직접적인 피해를 가져다주었다. 팔기생계 문제를 해결하기 위해 청조 통치자들은 지속적으로 은냥을 지급하거나 병사의 수를 늘려 주고, 북경의 기인 즉 경기京旗를 이주시키고 한군漢軍을 철수하기도 했으며 공공기금을 통해 저당 잡힌 밭을 회수해 주는 등의 조치를 내렸다. 그러나 이러한 방법은 기정旗丁 문제에 대한 일시적인 대책일 뿐 근본적인 문제 해결책이 될 수는 없었다.

건륭제 통치 기간 중 정기적으로 혼례와 장례에 대한 보조금과 비정기적인 장려금을 지급해 주고 그 외에 기지에 부과된 세금도 환급해 주었다. 또한 매년 팔기 병사들에게 한 달 치의 월향月餉이 추가로 주어졌다. 그러나 이런 보조금이나 가봉이 이들 수중에 들어가기만 하면 어떤 사람은 바로 사채私債를 갚는데 쓰기도 하고 또 어떤 사람은 무턱대고 아무 곳에나 낭비해 버리기도 했다. 불과 몇 달 만에 모든 돈을 다 써 버리고 나면 상황은 다시 이전으로 되돌아갔다.

한군을 철수한 후 모자란 병력은 만주인 장정으로 보충했지만 늘어나는 인원도 높은 인구 증가율을 따라가기에는 턱없이 부족했다. 북경 기인들을 이주시켜 개간해 살도록 하는 시책도 그 자체는 원래 적극적인 조치였으나 효과는 매우 미흡했다. 팔기생계가 악화된 데는 여러 가지 원인이 있었지만 그중 몇 가지를 보면 다음과 같다.

첫째 원인은 만주족의 인구 증가였다.

기인들은 병사로 나간 본인만 월향을 받을 수 있었으며 나머지 사람들은 토지를 경작하면서 살았다. 1백여 년 동안 하층 기인들은 빚 때문에 경작할 전답이 거의 없어졌는데도 가구당 인구수는 끊임없이 늘어났다. 순치 5년부터 가경 17년까지의 160여 년 동안 팔기 만주인의 인구수는 4배 가량 증가했다. 같은 기간 동안 팔기군 병사는 산해관 입관 초기에 10만 명이 조금 안 되었다가 20여만 명으로 늘어 2배 반 증가하는 데 그쳤다. 가구당 인구는 날로 증가하는데 수입은 오히려 줄어들고, 한 사람이 여러 사람을 부양해야 했으므로 기인들의 생활은 점점 어려워질 수밖에 없었다. 호부상서 양시정梁詩正은 상주문에서 "백년휴양百年休養으로 인구는 증가했으나 농업, 공업, 상업 어디에도 종사하지 않고 모두가 관에 붙어 기생합니다."라고 했다. 이것이 만주족을 가난하고 타락하게 만든 중요한 이유였다.

둘째 원인은 만주족 봉건제도에 의한 심각한 착취 때문이었다.

청 초기의 기인들은 매월 받는 월향과 농지가 주요 경제적 수입원이었으나 벌써 대부분의 하층 기인들이 소유했던 토지는 만한 지주들에게 넘어간 상태였고, 겨우 있던 월향마저 만한 고리대금업자와 악덕상인들의 폭리로 모두 빼앗겼다. 건륭 연간에 상품경제가 급속도로 발전하고 토지 집중도 나날이 심화된 데다, 만한 지주들은 상업자본이나 고리대금업자와 손을 잡고 막강한 경제 역량을 발휘했다. 대지주 화신和珅 한 사람이 75개의 전당포를 가지고 있으면서 도시 빈민들을 착취했다. 상업자본과 고리대금업자는 북경과 내성內省에서만 창궐한 것이 아니라, 당시 출관出關이 성행하던 열풍을 따라 변경 지역까지도 확장되어 나갔다. 건륭 36년의 문헌 기록에 의하면, 봉천奉天에만 전당포 수가 총 830곳에 달했다고 한다. 기인들은 정해진 날에 월향을 받지만 급히 쓸 일이 생기면 전당을 잡히고 돈을 빌릴 수밖에 없었으므로 고리대금업자들은 이러한 기인들을 노려 돈벌이에 혈안이 되어 있었다. 건륭 연간에 북경에서는 이런 말들이 전해졌다.

> 20여 냥을 빌려 주면 사병 한 명이 받는 은미銀米를 돌려받아 1년을 놀고먹을 수 있는데 이를 '전갑典甲'이라 한다. 10여 냥을 빌려 주면 사병 한 명이 받는 은미의 절반을 돌려받아 한 해 동안 포식을 하는데, 이를 '전미典米'라 한다. 한 달이면 9전으로 1냥을 만들고, 8백 냥으로 1천 냥을 만드니 이를 '월지月支'라 한다. 아직 받지 않은 쌀

---

21. 강희제 이래 1백여 년간 큰 전쟁 없이 내려온 기간을 말함.

을 값싸게 사들이는 것은 '단미短米'라고 한다.

　이른바 전갑이니 전미, 월지, 단미니 하는 것들은 모두 당시 고리대금업자들이 기인들의 가난을 이용해 폭리를 취하는 방법이었다. '전典'은 일종의 실물 형식의 고리대금이었다. 즉 상대방의 부동산이나 동산을 저렴한 가격으로 저당을 잡는데, 이렇게 낮게 평가한 담보물의 가격과 실제가격의 차이가 고리대금업의 이자가 되는 셈이었다. 당시 기인 한 명의 월향은 3냥이고 연미年米는 46곡斛[22]이었는데 고리대금업자는 20여 냥만을 빌려 주고도 이를 전부를 받아 냈으니 얼마나 착취가 심했는지는 설명이 필요 없는 수준이었다.

　팔기 귀족과 관리들은 각종 수단을 이용하여 많은 재산을 축적했는데, 전당포를 운영하면서 기인들에게 고리의 이자를 탈취하는 나쁜 짓도 드러내 놓고 했다. 어떤 관리들은 자신의 관할구역 내에서 일종의 화폐형식의 고리대금인 인자은印子銀을 빌려 주고 10개월 또는 12개월 동안 나누어 갚도록 했다. 매월 월향을 받을 때 강제로 빚을 갚아야 했으며 단 며칠이라도 연체가 허용되지 않았다. 이자가 원금이 되고 이자에 이자가 붙어 병사들의 생계는 갈수록 어려워졌다.

　팔기 관리들은 직권을 남용하여 가난한 병사들에게 돈을 빌려 주고 정치적 특권을 이용해 높은 금리를 챙겼다. 이들 빈곤층 병사들은 돈을 빌리면서 먼저 땅과 집을 담보로 내놓았고 나중에는 군마軍馬와 무기, 심지어는 연미年米와 월향까지도 담보로 잡혔으니 이는 목마르다고 독주를 마신 것과 같아 그들의 경제적 파탄은 뻔한 결과였다.

　셋째 원인은 팔기 제도의 속박에 있었다.

---

22. 곡식, 액체, 가루 따위의 분량을 되는 단위. 본래 10말斗이 1곡斛이었는데 나중에 5말로 고쳤음.

팔기 조직은 성립 초기부터 기인들에 대한 엄격한 관리를 조직의 중요한 원칙으로 삼았다. 하지만 당시 기인들은 각자 경지를 소유하고 있어서 집을 나서면 병사가 되고, 돌아오면 농부가 되어 출병과 농사일을 병행하고 있었으며 아직 어느 한쪽을 포기한 것은 아니었다. 팔기가 갖춘 고도의 조직성은 만주족 발전의 장애가 되지 않았음은 물론 오히려 만주족이 성장할 수 있도록 보장해 주는 역할을 했다.

그러나 입관 이후, 팔기 조직은 군사적 기능이 더욱 강화되면서 생산적 기능은 급속도로 위축되어 갔다. 청 통치자는 관병官兵의 수입을 보장해 주기 위해 봉급제도를 새로 만들어, 한 집에 장정이 4인 이하인 집에서 출정을 나가는 병정들에게는 기지를 전부 팔기에 반납하면 그만큼을 봉급으로 더할 수 있도록 허락했다. 이 제도가 기인들이 생산 영역에서 벗어나도록 하나의 조건을 제공한 셈이다. 이뿐 아니라 팔기 병사들은 출정이 잦아지면서 농업에 종사하기 힘들어져 기지를 민간인들에게 넘길 수밖에 없었는데, 이는 기지가 민간인들의 손으로 넘어가는 과정을 가속화시켰다.

강희 연간 서방 선교사였던 위광국[23]衛匡國의 『단달전기韃靼戰記』를 보면, 기인들이 농업생산에서 벗어난 후의 영향에 대해 언급하고 있다.

"그들 대부분이 밭에서 농사를 지을 줄 몰랐다. 호미와 쟁기를 한 번도 사용해 본 적이 없었으며 단지 칼을 휘두를 줄 알 뿐이었다."

기인들은 농사일을 하지 않았음은 물론 공업이나 상업에 종사하는 것도 허용되지 않았다. 만약 그들이 다른 생계수단을 모색했다면 탈주병으로 오인 받아 무거운 처벌을 받았을 것이다.

기인들은 병사로서 월향을 받는 것 외에는 오로지 통치자가 주는 하사

---

23. 마르틴 마르티니우스(Martin Martinius, 1614~1661) 이탈리아인으로 예수회 선교사였으며 중서문화교류 발전에 중요한 공헌을 했음.

금에만 의지해 살다 보니, 하루 종일 하는 일 없이 빈둥거리기만 하면서 편한 것만 좋아하고 일하기는 싫어하는 악습이 배기 시작했다. 사회 안에서 팔기는 점차 기생적 조직으로 변해 갔고, 그들이 가지고 있던 진취적 기상과 패기도 조금씩 사라졌다.

넷째 원인은 생산 활동에 참여하지 않은 데 따른 수입의 감소에 있었다. 오랫동안 북경에 거주해 온 팔기 병정들은 농사를 짓지 않은데다 청조의 규정에 따라 상공업에도 종사할 수 없었으므로 단지 조정에서 주는 봉급과 기지 임대료 수입으로만 생활해야 했다. 그들이 만약 마음대로 밖으로 나서서 생계를 도모할 경우에는 탈영병으로 간주되어 중벌에 처해졌다. 기인들은 오랫동안의 나태한 습성과 무절제한 낭비로 인해 봉급을 다 쓰고 모자라면 곧바로 관리들에게서 빌려 썼다. 그래도 부족하면 토지와 집을 팔아 돈을 만들었다. 인자은을 빌려 쓰면 월향에서 바로 상환되었다.

토지는 한 번 팔고 나면 다시는 살 수가 없었다. 집을 팔고 나면 다시 집을 임차해야 했다. 이런 상황이 지속되면서 수입은 갈수록 줄어들어 한 해가 지날수록 또 한 세대가 지날수록 기인들의 생활은 점점 더 궁핍해져 갔다.

기인들이 생산 활동에 참여하지 않아 처하게 된 생계곤란에 대해 청 통치자들도 조금씩 상황을 이해하기 시작했다. 팔기생계의 악화는 실질적으로 하층 기인들의 빈곤화였으며, 청조의 정치적 부패에 대한 수많은 기인들의 불만과 증오는 갈수록 증폭되었다.

주로 병정이 아닌 기인들이나 혹은 소수의 병정들 중에도 생활이 어려워진 일부 기인들은 사채 독촉에 시달리고 가산까지 모두 저당 잡히고 나면 도망가는 것 외에 다른 길이 없었다. 건륭 연간에 병역으로 인한 속박과 생산노동 간의 모순은 갈수록 첨예해져서 기인들의 탈주사건이 속출했다. 건륭 6년 영고탑장군 악미달의 보고에도 길림성 오랍의 3천 명에 이르는 만주 병사들 중 갈수록 심해지는 가난 때문에 도망가는 자들의 숫자가 매우 많았다고 했다.

건륭 10년, 산해관과 장가구張家口의 팔기군 주둔 지역에서는 1년 동안 탈주사건이 250여 건이나 발생했다. 건륭 8년부터 청조 통치자들은 팔기군이 도망갈 경우의 처벌에 대해 규정한 '도기법逃旗法'을 제정하고 관원들의 감시 소홀에 대한 처벌 규정도 반포했다. 그러나 이런 제도만 가지고 계속되는 기인들의 탈주를 저지할 수는 없었다. 이들의 도망은 팔기제도의 굴레에서 벗어나 그들 스스로 생존 수단을 강구하는 유일한 권리였던 셈이다.

또 소수의 기인들은 만주 귀족과 최고통치자를 직접 투쟁의 대상으로 삼기 시작했다. 건륭제의 재위 기간 동안 기인들이 민간 비밀 종교단체인 백련교白蓮敎와 그 지파인 홍양紅陽, 혼원混元, 일주향一炷香 등 교문敎門에 가입한 사건이 있었고, 심지어 각라覺羅 종실에서도 "황홍요대黃紅腰帶를 벗어 도적의 무리에게 주어 버렸다."라고 하는 기록이 남아 있다.

건륭제는 즉위 이래로 이 문제를 소홀히 다룰 수 없었기 때문에 기인들의 생계문제를 해결하기 위해 다음과 같은 각종 조치를 시행했다.

첫째, 생식은냥生息銀兩 제도를 만들어 기인들의 복리증진을 꾀했다.

생식은냥은 자생은資生銀, 자생본은滋生本銀, 은상은냥恩賞銀兩이라고도 불렸다. 황제가 자신의 내탕금을 북경총관 내무부와 성경盛京 내무부에 나누어 주고, 이를 다시 팔기도통이나 각 성의 군정아문에 분배해 주었다. 이로 인해 각 성의 군정아문은 이 자금을 잘 운용해야 하는 책임을 지게 되었다.

자금운용 결과 생긴 이익을 식보息報 혹은 여생은餘生銀이라고 했는데, 이 돈은 내무부와 각 관부에 속한 기인들의 복리를 위해 사용되었다. 생식은냥의 상당 부분은 기인들에게 직접 빌려 주기도 했다. 건륭제는 즉

건륭原典
432

위한 이후로 이러한 조치를 지속적으로 취했다. 건륭 8년 11월에는 성경 내무부에 하사했던 생식은냥 20만 냥이 충분하지 않아 추가로 20만 냥을 하사했다. 또한 기인들에게 대한 생식은냥의 대출 금리도 낮추어 주도록 했다.

그 밖에 경제적으로 궁핍한 채무자들에게 건륭제는 자신의 내탕금으로 빚을 직접 상환해 주기도 했다. 예를 들어 공풍안公豊安의 부친이 생식은 4천여 냥을 빚졌는데 이를 갚을 능력이 없게 되자, 건륭제가 광저사廣儲司에서 5천 냥을 꺼내 공풍안에게 하사하여 빚을 탕감하도록 해 주었다.

그렇지만 이러한 생식은냥 제도가 기인들의 생계 문제를 근본적으로 해결해 줄 수는 없었으며 오히려 그 대출이자 때문에 더 심한 고통을 받기도 했다. 그래서 건륭 15년 6월에 건륭제는 대출금 한도를 제한하는 정책을 실시했다. 종인부宗人府에서는 황제의 유지를 받들어 팔기관원이 길흉사를 당한 경우에 1, 2품 관원은 3백 냥, 3, 5품은 2백 냥, 6, 9품은 1백 냥까지 빌릴 수 있도록 하되 5년 동안 10회에 걸쳐 분할 상환하도록 했다.

둘째, 기인들에게 수시로 은냥을 하사금으로 내렸다.

예를 들면 건륭 8년 12월, 건륭제는 "올해는 쌀값이 지나치게 올라, 연말이 되니 모든 물건의 가격이 비싸다."라고 하면서 생활이 어려운 기인들에게 하사금 1만 냥을 내려 만주 5천 냥, 몽골 2천 냥, 한군 3천 냥씩을 나누어 주도록 했다. 또 갑라甲喇와 좌령佐領 안에서 가난한 사람들을 조사하도록 명한 뒤 한 사람에게 2, 3냥씩 나누어 주었다.

건륭 10년 11월에 건륭제는 군기처 의결을 승인하여 매년 고정 상급賞給으로 시위내대신 1인당 9백 냥을 하사하고 만주도통 1인당 7백 냥, 몽골과 한군 도통 1인당 6백 냥, 만주 부도통과 보군통령步軍統領 1인당 5백 냥, 몽골과 한군의 부도통과 내대신內大臣, 산질대신散秩大臣, 난의사鑾儀使,

상사원上駟院, 무비원경武備院卿, 보군익위步軍翼尉는 각각 4백 냥씩을 나누어 주도록 했다. 이렇게 해서 매년 총 6만 3천 9백 냥을 지급했다.

셋째, 토지를 나누어 주고 이주해서 둔전을 개간하도록 했다.

이 방법은 기인들의 생계 문제를 근본적으로 해결하기 위한 대책이었다. 건륭 6년, 건륭제는 북경의 기인 1천 명에게 이주 비용을 빌려 주면서 치치하얼에서 동남쪽으로 6백 리 떨어진 호란呼蘭에 자리를 잡아 개간해서 살도록 했다. 이 방법은 관청의 방법을 그대로 모방하여 실시하는 것으로 1개 둔에 둔정屯丁 10명을 기준으로 땅을 분배하고, 병사들은 한 해에 1인당 3십 창석倉石 씩을 세금으로 납부했다. 효과가 있을 경우 이 조치는 가까운 곳에서부터 먼 곳으로 시행해 나가기로 했다.

그러나 이러한 이민둔간移民屯墾 정책은 큰 효과를 얻지 못했다. 우선 이주가구의 숫자가 건륭 16년까지 모두 1천여 가구에 불과했다. 그중에서도 과부와 노약자, 15세 이하 어린이 등 농사를 지을 수 없는 경우가 1백여 가구였으며, 젊고 일할 능력은 있지만 농사를 제대로 지을 줄 모르는 가구가 6, 70퍼센트에 달했다. 땅을 갈고 파종하는 일이 제대로 되지 않았으므로 수확이 많을 리가 없었다. 이렇게 해서 기인들의 이주정책은 결국 실패로 끝이 났다.

넷째, 기인들에게 분배했던 기지를 조정에서 회수 조치했다.

당시 기지의 소유권은 국가가 가지고 있어서 법률적으로 매매를 금지하고 있었으며, 특히 건륭제는 매매는 물론 전매典賣행위까지 엄격하게 금하고 있었다. 그러나 기인들의 생활이 갈수록 궁핍해진데다 저당을 잡히고 은밀하게 이루어지는 전매행위를 단속하는 것도 사실상 어려웠기 때문에 이러한 전매는 점점 더 빈번하게 일어나고 있었다. 경지가 모자라 가난이 심화되는 현상을 방지하기 위해 건륭제는 저당 잡힌 땅을 정부에서 회수하도록 정했다. 기지를 회수할 때는 정부에서 일정한 가격을 지급했고 여기에는 강제성도 있었다.

그러나 이러한 정책도 기인들의 어려운 생계문제를 해결하고자 했던 당초의 목적은 달성하지 못했다. 그 이유는 세 가지가 있었다. 우선 저당을 잡고 토지의 사용권을 가진 사람들이 가격이 낮아 기지의 반납에 응하지 않았으며, 또 일부 기지를 국가에서 회수했다 하더라도 빈곤한 기인들은 사들일 능력이 없었으므로 대부분 부유층 기인들에게 돌아갔다. 그리고 회수한 기지를 다시 기인들에게 사용권을 넘길 때 관부에서 정한 지세가 지나치게 낮았으므로 지방관리나 토호들이 기지를 대량으로 사들이는 결과를 초래했다.

다섯째, 기인들을 농민 신분으로 전환하는 출기위민出旗爲民 정책을 시행했다.

이는 조정이 생산관계에 개입하여 기인들의 생계문제를 해결하기 위함이었다. 강희제 이후 팔기 농노장원農奴莊園제도는 지주조전地主租佃제도로 빠르게 넘어갔다. 이에 따라 황실 귀족이 소유하고 있던 토지가 농노 즉 장정壯丁에 의해 경작되다가 전호佃戶(소작농)에 의해 경작되게 되었다. 원래 장정이었던 이들은 전쟁에 참전해서 공을 세운 후 개호[24]開戶해서 독립하거나 은냥을 지급하고 자유의 몸이 되어 호적을 얻는 경우 등이 있었다. 여전히 농노제를 유지하고 있던 장전莊田의 경우 주인들이 궁핍해져 기지를 전매하게 되면 장정은 아무런 할 일이 없어졌으며 이럴 경우 장정은 오히려 주인의 부담이 되었다.

건륭제는 이러한 기지 생산관계의 변화에 적응하여 기인들을 농민화하는 출기위민 정책을 과감하게 실시하여 농노를 해방시켜 주었다. 출기

---

24. 노비가 공로를 세우는 등의 이유로 평민으로 편입되는 것을 뜻함.

위민 정책은 실질적으로 기지 장원농노를 해방하기 위한 정책이었다. 이 정책은 개호한 노비 등의 어려운 생계문제를 해결해 주었을 뿐 아니라 농노장원제도를 와해시키면서 지주조전제도의 발전을 촉진시켰다.

여기서 반드시 짚고 넘어가야 할 것은 건륭제가 기인들의 생계 문제를 해결하기 위해 단행했던 다섯 가지 조치 중 앞의 넷은 기인 중에서도 통치 계급을 그 주요 대상으로 삼았다는 점이다. 그러나 그들은 이미 사치와 태만이 몸에 배어 있었다. 생식은냥을 대출해 주거나 수시로 하사금을 내려도 임시방편일 뿐 근본적으로 가난을 극복해 줄 수는 없었다. 이 민둔간 정책도 그들처럼 게으르고 농사가 뭔지도 모르는 자들에게 스스로 먹고 살게 한다는 것은 말로나 가능한 일이었다. 또 기지 매수정책은 사후에 더 많은 문제점이 드러나는 등 관리 방법에 문제가 있었다. 팔기 가운데서도 통치 계층은 점차 몰락하고 있었으며 건륭제의 배려와 시혜에도 불구하고 그들을 구할 방법은 없었다. 다만 출기위민 정책 한 가지만은 팔기 노동자들을 겨냥한 것으로 확실하게 생산력을 해방시키는 실효를 거둘 수 있었다.

【건륭제에게 배우는 은위술】

一. 백성이 생업에 전념하고 조정에 순종할 때는 전국적으로 세금을 면해 주고 소작료도 줄여 주도록 권하며 소작농들이 계속 경작할 수 있는 권리도 보호해 주고자 했으나 백성이 봉건 조정의 이익에 위배되는 행위를 보이기만 하면 형벌로써 단호히 다스려 자신의 천하를 지키고자 했다.

一. 남순을 통해 건륭제가 베푼 여러 시책들은 강남 지역의 농업과 상업 발전에 크게 공헌했으며, 봉건 경제가 번영하고 자본주의의 싹을 틔우는 데도 큰 영향력을 발휘했다.

一. 배는 물을 떠나서 그 쓰임을 이룰 수 없고, 군주는 백성을 떠나서 다스림을 이룰 수 없다.

一. 흑이 존재하려면 백이 있어야 하듯 은혜에는 반드시 위엄이 따라야 한다.

제3장

은위술恩威術 3
계란으로는 바위를 깰 수 없다
豈容太歲頭上動土

모든 일에는 양면성이 있다. 건륭제의 문치는 대단한 수준에 도달했지만 그 이면에는 역사적으로도 전례를 찾아볼 수 없는 문자옥文字獄이라는 참혹한 사건이 있었다. 건륭제의 계략은 바로 서적편찬이라는 명목으로 책을 마구 훼손했던 데서 드러났다.

불협화음을 제거하라
消除不和諧的聲音

    역사라는 다채로운 그림을 단지 몇 가지 색채로 묘사해 낼 수는 없다. 건륭제와 같이 '흑백'이 어우러진 제왕도 그 문치의 공로와 죄과를 몇 마디 말로 단정 짓기는 어렵다.

    봉건사회에서 통치계급이 자신들의 통치를 지키기 위해 사용한 수단은 크게 두 가지를 벗어나지 않는다. 하나는 회유이고 다른 하나는 억압이다. 망나니이면서 목사가 되는 것이다.

    사상 문화적 관점에서 볼 때 통치계급은 자신의 사상과 주장을 널리 알리기 위해 문치를 제창하여 세상의 인심을 붙잡아 매는 동시에, 이단적인 사상을 배격하기 위해 통치에 해가 되는 말과 행동은 철저하게 억압하고 말살시켰다. 이는 '양날의 칼'과도 같아서 통치자는 필요에 따라 어느 때고 칼을 앞세워 그들을 억누를 수도 농락할 수도 있었다. 그렇게 해서 자신의 통치권을 행사하고 정권을 오래도록 안정적으로 유지하고자 했다.

역사가 18세기까지 발전해 오는 동안 중국 봉건사회는 이미 2천 년이라는 세월을 흘러왔다. 건륭제는 2천 년간의 모든 통치 경험과 지혜를 바탕으로 문치의 업적을 최고조로 끌어올렸지만 문화전제주의 역시 극단으로 치달았다.

건륭제는 전제적 제왕이었다. 그는 자신의 통치에 방해가 되는 그 어떤 사상과 문자도 용납할 수 없었다. 이 때문에 건륭 연간 특히 통치 중기에 들어서 문자옥사건이 끊이지 않고 일어났다. 문인들의 손발을 묶고 일일이 트집을 잡아 그들의 책을 한낱 휴지더미에 불과하게 만들었다. 그는 대규모 서적 수집과 편찬을 기회로 수많은 책을 금서로 지정하거나 불태웠으며, 심지어 대역무도한 문자가 섞여 있다는 이유로 마음대로 책 내용을 바꾸어 큰 재난을 불러일으키기도 했다.

흔히 이야기하는 문자옥文字獄이란 봉건사회의 옛 지식인들이 그 글의 표현이 통치자의 이익이나 의도에 위배된다는 이유로 탄압받았던 사건을 말한다. 중국 역사에서 강희, 옹정, 건륭 삼대에는 문자옥이 많이 일어난 것으로 유명하지만 그중에서도 건륭 시대에 발생한 문자옥은 강희와 옹정 두 시대를 합친 것보다도 많았다. 이 점이 건륭제의 문자옥이 사람들의 특별한 주목을 끌게 된 이유다.

건륭 시기에는 사회질서를 해치거나 정책에 반대하는 글을 가혹할 정도로 금지하고 억압했다. 건륭제는 문자옥에 해당하는 경우에는 그 앞뒤 상황이나 경중을 따지지 않은 채 일률적으로 엄한 처벌을 내림으로써 유학을 숭상하고 지식인을 중시한다고 말하던 것과는 극명한 대조를 보였다.

옹정 시기 통치집단 내부의 잔혹한 정치투쟁과 그 충격으로 관리와 문인들 사이에 조성되었던 공포심리 때문에 건륭 통치 초기에는 문자정책을 느슨히 하고자 했다. 건륭제는 여러 차례 이에 대해 명을 내렸다.

짐이 즉위한 이래 문자를 가지고 죄를 씌운 적이 없었다. 제신들이 올린 수만 편이 넘는 시책詩冊 가운데 때때로 사리에 어긋나는 문장들이 있었으나 모두 지적하지 않았다.

앞으로 모든 문장이나 상주문, 과거시험이나 시문에는 반드시 자신의 생각을 분명하게 드러내야 한다. 그리하여 겁을 내고 피하던 이전의 관습을 모두 없앨 것이다.

자신의 정치적 관대를 드러내기 위해서 건륭제는 각지 독무들에게 명해 이전의 문자옥을 재조사하게 하여 무죄가 확인되면 즉시 억울함을 벗겨 주도록 했다.

건륭 16년, 운귀 총독 석색碩色이 건륭제에게 밀주를 올리기를, "귀주에서 약재상 한 명을 잡았는데 그의 몸을 수색하던 중 공부상서 손가감孫嘉淦의 이름을 도용한 가짜 상소문 초고의 사본을 발견했습니다."라고 했다. 그 위조문서는 조정의 중신들을 한꺼번에 탄핵하고 있었고, 특히 그 안에는 건륭제가 행한 남순에서의 잘못을 비난하면서 '다섯 가지 이해할 수 없는 것과 열 가지 잘못'을 열거하고 있었다.

이것은 보통 일이 아니라 지금까지의 상황을 한순간에 반전시키는 대사건이었다. 위조된 상주문이 나타나자 건륭제는 놀라면서도 분노를 금치 못했다. 이 사건으로 마침내 건륭조 문자옥의 서막이 올랐다.

건륭제는 상주문을 접하고 나서 처음에는 위조문서가 소수의 사람들 사이에 퍼진 것이라 판단했기 때문에 각 성의 독무들에게 비밀리에 이 사건을 추적하도록 했다. 건륭제는 이 일이 절대 비밀에 부쳐져야 하며 조금이라도 세간에 누설되어서는 안 된다고 강력히 지시했다. 그러나 일은 뜻밖에도 일파만파로 퍼져나갔다. 이 일이 벌어진 지 한 달밖에 지나지 않았을 때 직례, 산동, 호북 등 여러 곳에서 또다시 위조 상주문이 발견된 것이다. 건륭제는 더욱 화가 나 다시 "이 사건은 다른 어떤 범죄와도 비교할 수 없다. 관례에 얽매이지 말고 엄히 처리하라." 하고 명령했다. 조정에는 한순간에 위조문서 추적의 바람이 불었다.

한바탕 요란을 떨고 난 끝에 전국 각지에 위조문서를 베껴 퍼뜨리는 자가 있다는 사실을 알아냈다. 위로는 2품 고관에서 아래로는 일반 백성까지 포함되어 있었으며, 이 사건은 모든 백성들 거의 모두가 알게 되었다. 순식간에 이 사건으로 체포된 자가 1천 명이 넘어섰다. 그러나 가장 먼저 위조문서를 유포한 사람이 누구인지는 아직 찾지 못했다.

위조문서 사건을 밝혀내는 과정에서, 각지의 관리들은 자신이 이 사건에 얼마나 많은 관심을 가지고 있는지 황제에게 그 공로를 인정받으려고 애를 썼다. 그러다 보니 사적인 감정으로 사실과 다른 많은 사건들을 만들어 냈다. 원한을 품고 무고하는 자와 형벌이 두려워 짓지도 않은 죄를 자백하는 자들이 있는가 하면 공모해서 허위진술을 하거나 높은 사람 때문에 억지로 자신의 뜻과는 다른 진술을 해서 많은 사람들이 사건에 연루되기도 했다. 결국 억울한 사건은 배로 늘었고 백성들의 원성이 하늘을 찔렀다.

이런 상황이 되자, 어사 서성書成이 상소문을 올려 건륭제에게 완곡하게 권유했다.

> 이 사건을 이렇게 오래 끌게 되면 여러 사람이 연루되게 될 것이니 사건 관련자들을 풀어주는 편이 나을 수도 있습니다. 독무들에게 비밀리에 조사하도록 하여 수범首犯부터 찾아내는 것이 옳은 줄로 압니다.

이 상소를 본 건륭제는 평소와는 전혀 다른 반응을 보였다. 분노한 건륭제는 유지를 내려 서성을 비난했다.

만주의 노예인 네가 이 같이 이성을 잃고 미쳐 날뛰는 말을 하는구나. 만약 네 조상을 저주한다 하더라도 여전히 눈 하나 깜짝하지 않겠느냐? 그 문서를 보고 퍼뜨린 자들부터 차례로 철저히 조사하지 않고서야 어떻게 수범을 찾아내겠느냐!

노기충천한 건륭제는 이전대로 계속 사건을 조사하도록 명령하면서 다시 덧붙여 말했다.

"마음을 바르게 가지면 그릇된 말을 하지 않는다."

이 일이 있은 후 건륭제는 다시 각 지역 대신들에게 유지를 내렸다.

"이 일이 이미 여러 성으로 번져나간 이상 시간이 지연되더라도 정치가 바르게 되는 날까지 이에 대한 조사를 중단하지 않을 것이다. 끝까지 추궁하지 않는다면 이 일은 대청조의 위신에 먹칠을 할 것이다."

이 명령이 내려진 후, 사건을 조사하는 과정에서 추진력이 부족하거나 별 성과를 내지 못해서 경고조치를 당하거나 강등 또는 파면된 독무들이 10여 명에 달했다. 전국적으로 순식간에 피바람이 불었고 곳곳에서 원성이 들끓었다. 산동 순무 준태準泰가 위조문서를 발견하고서도 황제에게 전달하지 않은 죄로 파면을 당했는가 하면, 양강 총독 윤계선尹繼善과 민절 총독 객이길선喀爾吉善은 감독을 소홀히 한 죄로 심한 벌을 받기도 했다. 그 외에 위조문서와 관련된 모든 관원들이 줄지어 죗값을 치렀다. 이로써 정치적으로나 사회적으로 분위기가 한순간에 위축되었다.

건륭 17년, 사건이 발생한 지 2년이 되었다. 강서 순무 악용안鄂容安이 장회천총長淮千總 노로생盧魯生 부자가 위조문서를 만들어 유포했다고 보고하자 건륭제는 즉시 그들을 북경으로 압송해 오도록 명령했다. 건륭 18년, 악용안은 다시 남창수비南昌守備 유시달劉時達 부자가 가장 먼저 위조문서를 만들어 퍼뜨렸다고 알렸다. 사실 건륭제 자신도 이번 사건이 시간을 너무 오래 끌었고 그 여파도 지나치게 확산되고 있다고 느꼈으므로 적당히 기회를 보다가 일단 그들을 주범으로 지목했다. 노로생에게는 능지처참을 명하고 유시달 등은 참감후에 처했다. 동시에 전국에 유지를 내려 위조문서 사건이 종결되었음을 선포하고 이 사건과 관련된 사람들을 모두 풀어 주었다.

그러나 문자옥은 지금부터가 시작이었다. 위조문서 사건을 발단으로 건륭제의 의식에 180도 대전환이 일어났고, 이로써 문자옥사건이 끊이지 않게 되었다.

건륭 21년에 주사조朱思藻의 「조시弔時」 사건이 발생했다. 같은 해 하도 총독 백종산白鐘山은 산동사람 유덕劉德이 유언비어를 날조하여 글에다 '홍명홍한興明興漢'과 같은 말을 써서 반역을 꾀했다고 보고하면서, 그를 곤장으로 때려죽이겠다고 보고했다. 건륭제는 이를 허락하지 않았고 엄격하게 조사하여 무겁게 처리하도록 명령했다.

그는 유지에서 다음과 같이 쓰고 있다.

> 나라가 태평을 오래 이어왔으나 땅이 넓고 인구가 많다 보니 선인과 악인이 한데 뒤섞이게 되었다. 그리하여 간사하고 우둔한 무리들이 곳곳에 숨어 중상모략을 꾀하고 있으니 이를 절대 간과할 수 없다. 각 성 독무들의 권한만 가지고도 인심을 바로잡아 풍속을 이어가기에 충분할 것이나 근래에 와서 독무들이 종종 실성을 하여 곤장을 쳐서 죽임으로써 일을 간단히 매듭짓도록 주청하고 있다. 만약 이들 도적의 무리가 몇 마디 도리에 어긋나거나 남의 재난에 대해 함부로 말하는 망언을 하여 시골의 어리석은 이들을 기만했다거나 혹은 자기가 사는 곳에서 말썽을 일으키며 지방 관리들을 헐뜯고 다녔다면 곤장으로 때려죽이는 것으로도 그 죗값을 충분히 치르게 했다고 말할 수 있을 것이다. 그러나 조정을 비방하고 헐뜯는 것은 대역무도한 행위다. 모든 죄에는 그에 맞는 법률이 있으므로 법에 따라 바르

고 정확하게 형벌을 내려 그 처와 자식까지 연좌하여야 한다. 판단력을 잃고 가만히 앉아 가볍게 일을 처리하고자 하여 사실 그대로 처리하지 않고 단지 곤장을 쳐죽인다고만 하면 법률은 유명무실해지고 법을 무시하는 만큼 법이 가벼워질 것이다. 그렇게 되면 이 일을 듣는 사람이 그들이 지은 대역무도한 죄악은 모르고 오히려 조정에서 백성의 목숨을 쉽게 앗아간다고 의심하게 될 것이다. 이는 죄를 밝히고 법을 따름으로써 사리에 어두운 이들을 경계하는 것이 못 된다.

이 조서가 반포된 후로, 각 성에서는 반역문자에 해당하는 범위를 확대시키고 그에 대한 처벌도 가중시켰다. 건륭 중후기로 갈수록 건륭제는 조정을 비방하는 글이 발견되기만 하면 무조건 가혹한 형벌을 내렸다. 건륭 27년에 이회림李懷林이 반역문자사건을 일으켰을 때 건륭제는 주범인 이회림을 능지처참시키고 혐의가 의심되는 자들을 모두 참수했다. 심지어 어린아이까지 참형에 처함으로써 철저하게 화근을 뿌리 뽑고자 했다.

이런 방식의 사건처리는 건륭제가 지식계에 대해 문치를 실시하는 이면에 엄격한 사상통제를 동시에 가하고 있었다는 사실을 말해 준다.

건륭조에는 수많은 신하와 백성들이 무지하거나 혹은 무의식중에 금기사항을 위반해 문자옥에 처해졌다. 이런 식의 문자옥이 건륭조 문자옥의 대부분을 차지하고 있으니, 이것은 건륭제의 언론감시가 더하려고 해도 더할 수 없는 지경에 이르렀으며 그의 경계심과 방어심리 또한 이미 보통 수준을 넘어섰음을 알 수 있게 해 준다.

건륭 40년, 광서 평남현平南縣에는 나이가 이미 60이 넘은 글방선생 오영吳英이라는 사람이 살고 있었다. 생계조차 유지하기 어려웠던 그는 당시 사회의 온갖 폐단을 보고는 "황제는 만곡萬斛의 은혜를 널리 베푸셨으나 빈민들에게는 승두升斗만큼도 미치지 않았다." 하고 탄식했다.

그리하여 그는 건륭제에게 자신이 생각하는 대책을 글로 써서 올리고자 결심했다. 그는 흉년에 대비하여 마을에 사창[25]社倉과 의창[26]義倉을 추가로 설치할 것과, 관상官商들이 소금을 임의대로 민간에 팔지 못하도록 염정鹽政에서 개혁을 단행할 것, 도적을 없애기 위해 이들을 엄히 다스리는 연좌법을 제정할 것, 담배 재배를 금지하고 잡곡 재배를 늘릴 것, 승려를 줄여 생산에 참여하도록 할 것 등 다섯 사항을 건의하는 「상진시무책上陳時務策」을 서술했다.

오영은 이 글을 작성하고 자신의 신분이 낮은 것을 생각해 광서포정사 주춘朱椿에게 대신 황제께 올려 달라고 부탁했다. 광서 순무 요성렬姚成烈이 그 소식을 듣고 급히 책을 살펴보았더니 놀랍게도 "성상께서 황태후의 유명을 받들어 각 성의 세금을 면해 주셨다. 성상의 덕은 크고 넓었으나[其得非不弘也] 그 은택은 널리 미치지 못했다."라는 식의 금기사항을 거스르는 말들이 적혀 있었다.

사실 오영은 당시의 실상을 그대로 말한 것에 지나지 않았다. 비록 그 진의가 제대로 전달되지 않았다 하더라도 고의로 황제를 비난하려던 의도는 결코 없었다. 그러나 요성렬은 문구 가운데 '홍弘'이라는 글자는 황제의 어명御名임에도 이를 피휘[27]避諱하지 않은 죄를 범한 것이며, '은택이 널리 미치지 못한다.' 하는 말은 건륭제의 은혜를 원망하고 비방하는 것이라 간주했다. 그래서 그는 오영을 능지처참에 처해야 한다고 주청을 올리고, 그의 아들 오순재吳徇才와 오경재吳經才, 친동생 오초吳超, 친조카

25. 춘궁기에 곡물을 대여해 주던 기관으로 이 제도는 송나라 때 주자의 주장으로 처음 실시되었음.
26. 의창은 농민구제책의 하나로 흉년에 대비해 미리 미곡을 저장해 두던 창고를 뜻하며, 수나라 때부터 유래되었음.
27. 옛날에는 말이나 글에서 왕 또는 높은 이의 이름이나, 그 이름에 사용된 글자를 말이나 글에서 사용할 수 없었음. 휘諱는 왕이나 높은 이의 이름을 뜻함.

오달재吳達才와 오동재吳棟才를 연좌법에 따라 즉결로 사형에 처하되 먼저 자자[28]刺字를 해야 한다고 청했다. 또 오영의 처첩과 며느리, 나이가 열다섯이 안된 아들과 조카, 손자는 공신들의 노비로 삼아야 한다고 했다. 충심에서 우러나온 오영의 행동은 결국 참담한 말로를 맞았다. 문인들에 대한 건륭제의 언론통제는 극으로 치닫고 있었다.

건륭 49년, 직례 탁주涿洲에 곽로아郭老兒라고 불리던 사람이 있었는데, 북경에다 콩나물을 내다 파는 일을 하고 있었다. 그는 수도의 성문에 대련對聯이 붙어 있지 않은 것을 보고 갑자기 엉뚱한 생각을 하게 되었다. 탁주 성문의 대련을 모방해서 북경의 대련으로 삼을 작정이었던 것이다. 탁주의 대련에는 "세상에 상광祥光은 두 곳에 비추지 않는다. 천하에서 첫째가는 현인을 모시다.", "하늘은 세월을 더하고 사람은 수명을 더하네. 복록과 영광이 만세에 푸르구나."라고 쓰여져 있었는데, 곽로아는 이것을 어전에 바쳐 상을 받고자 했다.

그러나 그는 글을 쓸 줄 몰랐기 때문에 천天, 월月, 인人과 같은 간단한 몇 글자만 그려 넣고 나머지는 모두 먹칠로 점을 찍었다. 그런 후에 산동 사수현泗水縣에 있는 어도御道로 가서 마침 남순 중이던 건륭제에게 헌납할 준비를 했다. 그러나 그는 의장대의 저지를 받았고, 의장대와 충돌했다는 죄로 곤장 1백 대를 맞고는 변방으로 보내져 군역을 짊어지게 되었다. 그의 형도 동생 관리를 제대로 못했다 해서 곤장 80대를 맞았다. 결국 배짱만 가지고 덤빈 그의 행동은 혹 떼려다 혹을 붙인 격이 되고 말았다.

건륭 44년에 잔꾀를 부리려다 일을 망친 또 한번의 황당한 사건이 발생했다. 직례 고읍현高邑縣의 떠돌이 의사였던 지천표智天豹라는 자는 정부에서 사고전서에 들어갈 책을 헌납할 것을 요구하는 광고를 보고는 책을

---

28. 얼굴이나 팔뚝에 홈을 내어 죄명罪名을 먹칠해 넣는 형벌.

바쳐 부귀영화를 누리고자 했다. 그래서 그는 자신의 제자 장구소張九霄에게 『본조만년서本朝萬年書』 2부를 합본하도록 했다. 책이 완성되자 장구소는 건륭제가 능에 참배하러 올 때에 맞추어 길목에 나간 뒤 황제 앞에서 무릎을 꿇고 책을 바쳤다.

그는 『본조만년서』에서 팔괘八卦의 명칭에 따라 연호를 만들면서 청조가 주周조의 8백 년보다 더 장구할 것이며 이것은 하늘의 뜻이라고 했다. 그런데 그는 건륭제의 연호를 57년까지만 만들다가 말았다. 게다가 청조 전대 황제들의 이름이나 묘호廟號를 함부로 들며 휘諱를 피하지 않았다. 책의 신비함을 더하기 위해 건륭 20년 낙타애駱駝崖에서 약초를 캐고 있을 때 신령이 나타나 이 책을 건네 주었다는 거짓말까지 했다.

대학사 우민중이 이 말을 듣고 황제에게 아뢰었다.

> 지천표는 연호를 지어 하늘이 정한 대청조의 운명을 함부로 칭하고 있습니다. 또한 그는 신령이 전해 주었다는 황당한 거짓으로 사람들을 미혹시키려 하고 있으니 그 죄는 죽어서도 다하지 못할 것입니다. 건륭 연수를 망령되이 저주하였으며, 연호를 날조하면서 묘호와 어명 등을 함부로 칭했습니다. 이 같은 극악무도한 행위는 사람을 매우 분노케 만들어, 자갈처럼 부수어도 그 죄를 덮을 수 없습니다. 그러므로 반드시 대역죄로 능지처참하여 국법을 천명하고 백성들의 인심을 다스려야 합니다.

건륭제 또한 지천표가 "이성을 잃고 미쳐 날뛰며 대역을 범했다."라고 말했다. 결국 지천표는 사형을 당했고, 장구소는 참감후에 처해져 가을이 지난 뒤 사형이 집행되었다.

건륭 시대의 문자옥은 이전 왕조들과 다른 점이 있었다. 건륭제가 문자옥으로 억누르고자 했던 대상은 복명復明을 꾀하는 지사도 아니고 결당을 한 권신들도 아니었다. 바로 일반 한족문인이었다. 기록으로 남겨진 약 70여 건 중에서 66건은 모두 거인舉人과 공생²⁹貢生 이하의 생원으로부터 훈장이나 유생들에 대한 문자옥이었다. 이런 문자옥사건을 일으킨 목적은 신료들이 결당해서 권력을 휘두르는 것을 막기 위해서가 아니라 민간의 반만反滿 사상을 억제하고자하는 의도에서 나온 것이었다. 아래에 반향을 크게 불러일으켰던 문자옥 사례 몇 가지를 소개한다.

채현蔡顯 사건 강소성 화정華亭 거인 채현의 자는 경진景眞이고 호는 한어閑漁다. 평생 지은 시와 산문을 『한어한한록閑漁閑閑錄』라는 책으로 엮어 세상에 내놓았다. 그런데 책 안에는 읍신邑紳이나 지부, 어사 등 관리들에 대한 질책이 많았으므로 향신鄕紳들은 그를 시기했다. 건륭 32년에 그들은 채현의 책에서 자목단紫牧丹을 노래한 시구에서 "붉은 색을 잃으면 순수한 색이 아니거늘 이종異種이 왕을 칭하는 구나."라는 말을 들어 이것이 청 조정에 대한 비방이라고 주장하며 송강부에 고발했다.

당시 이미 71세였던 채현은 자신의 무죄를 확신했으므로 송강부에 자수했다. 송강지부 종광예鍾光豫는 양강 총독 고진高普과 강소 순무 명덕明德에게 보고했다. 그들은 『한어한한록』과 채현의 다른 저서를 검열하고 나서 글 속에 비방과 반역의도가 많이 담겨 있다고 판단해 해당 조목마다 별도의 표시를 한 후 건륭제에게 올렸다. 건륭제는 친히 채현의 책을 검열하고는 책 속에서 몇몇 시구들을 찾아냈다.

> 대명세戴名世는 『남산집南山集』으로 저잣거리에 버려지고, 전명세錢名世는 연안年案으로 죄를 지었네.

---

29. 명청시대에 각 성의 과거에서 1차 시험에 합격한 사람.

바람과 비는 좋은 것을 따르고, 남과 북은 아득히 멀어 구분하기 어렵구나.

이와 같은 말들이 "악한 반역의 무리들과 하나되는 것을 기꺼워하니, 이것이야말로 그의 죄명이다."라고 지적했다.

건륭제는 반역에 해당하는 구절을 제대로 찾아내지 못하고 이 범죄에 죄를 내리는 데 고의적으로 관용을 베풀어 일을 대강 매듭지으려 했다는 이유로 독무들의 책임을 물었다. 또 유지를 내려 채현은 참수형에 처하고 17세의 아들은 흑룡강에 노비로 보냈으며, 『한어한한록』에 서문을 써준 문인탁聞人倬과 채현의 문하생 유조동劉朝棟 등 24명도 연루시켜 이리 등 변방으로 유배를 보냈다.

채현이 말한 대명세와 전명세의 죄는 천하가 다 아는 사실이었다.[30] 다만 그가 그들을 동정하는 듯한 말투가 숨어 있었기 때문에 '악한 반역의 무리들과 하나되는 것을 기꺼워한다.'라고 말한 것이고, 문자옥까지 일으킨 것이다. 문자옥의 죄가 가족과 문하생에게까지 미치면서 강남 문인들은 한동안 큰 혼란을 피할 수 없었다.

제주화齊周華 사건   절강성 천대현天臺縣 생원이었던 제주화는 일찍이 옹정 시기에 '독서기견소獨抒己見疏'라는 글을 써서 여류양呂留良 사건을 해명했다가 형부에 넘겨져 절강으로 압송되어 그곳에 영원히 감금되는 처벌을 받았다. 그는 건륭제가 즉위하면서 석방되어 전국을 돌아다니다 마지막에는 호광湖廣 무당산武當山의 도교 사원에 머무르게 되었다. 건륭 21년, 제주화의 아들 제식흔齊式昕은 그를 고향으로 모시고 돌아왔다.

---

30. 대명세戴名世와 전명세錢名世 두 사람 모두 옹정 시기에 문자옥을 당했던 사람들임.

건륭 32년 절강 순무 웅학붕熊學鵬이 천대를 순찰할 때, 제주화는 자신이 지금까지 쓴 『명산장초집名山藏初集』 등을 황제에게 바칠 생각으로 웅학붕에게 서문을 지어 줄 것을 청했고, 거기에 당시의 '독서기견소獨抒己見疏'라는 글을 함께 보내고자 했다.

웅학붕은 제주화를 항주로 압송하여 민절 총독 소창蘇昌과 함께 심문한 뒤 즉시 건륭제에게 이 사실을 보고했다.

> 책 가운데 「제여류양祭呂留良」이라는 글에서는 반역자 여류양을 온 마음으로 추앙하고 있습니다. …… 이로써 사람들의 마음을 선동하고자 하니, 역모를 꾀하는 마음이 너무나 강하여 깨뜨릴 수 없습니다. 이미 간행되거나 그렇지 않은 모든 책들에, 도리에 어긋나는 불평불만이 수도 없으며 묘휘廟諱와 어명 또한 공공연히 피하지 않았습니다.

건륭제의 명이 떨어지면서 제주화는 대역법에 따라 능지처참을 당했다. 자손 4명은 참감후에 처해져 가을이 지나고 사형되었다.

제주화의 사촌형 제소남齊召南은 원래 예부시랑으로 당대의 유명한 학자였는데, 제주화의 책 가운데 『천대산유기天臺山遊記』는 제소남이 직접 발문跋文을 지어 주었다. 웅학붕은 제소남을 불러 심문하면서 옹정 2년 때의 발문에 대해 진술하도록 했다. 제소남은 "지금 간행된 것은 제주화가 스스로 고친 것입니다"라고 말했다. 건륭제는 제소남을 북경으로 호송해 오도록 명령했다. 군기대신들은 형부에 모여 장류杖流(곤장을 치고 유배를 보내는 형벌)에 처하기로 결정했다.

그러나 건륭제는 관대히 그 죄를 면해 주고, 원적原籍을 회복시켜 주면서 그에게 유지를 내려 집안에서 안분安分하며 살 것을 명했다. 절강 순무 각라영덕覺羅永德은 제소남을 원적지의 지방관에게 넘기고 건륭제에게 아뢰었다.

신이 언제나 감시를 할 것이니 만약 은혜를 알지 못하고 다시금 붓을 놀려 원망하고 비난한다면 엄중히 탄핵하여 다시 그 죗값을 치르도록 하겠습니다.

제소남은 4월에 고향으로 돌아간 후, 5월이 되자 바로 병으로 죽었다. 이번 사건은 유명한 학자 제소남에게까지 여파가 미쳤으므로 온 사림계가 충격에 휩싸였다.

윤가전尹嘉銓 사건 건륭제는 건륭 46년 2월에 서순西巡하여 오대五臺를 둘러보고는 3월 중순에 보정保定으로 갔다. 윤가전은 원래 대리시경大理寺卿이었다가 퇴직하고 박야현博野縣에 내려와서 살고 있었는데, 황제가 오신다는 소식을 듣고는 두 편의 상소문을 써서 아들 윤소순尹紹淳을 보내 황제에게 직접 전하게 했다. 하나는 건륭제에게 이미 죽은 아버지 윤회일尹會一의 시호를 하사해 주도록 청하는 내용이었다. 또 하나는 탕빈湯斌, 범문정範文程, 이광지李光地, 고팔대顧八代, 장백행張伯行 등 청 초의 한족대신들을 공묘孔廟에 배향해 달라는 내용이었다.

윤회일은 일찍이 순무를 역임하다가 나이가 들어 퇴직할 때는 고향으로 돌아가 늙은 모친을 부양하고 살기를 청했었다. 그때 건륭제도 윤회일의 효행을 표창하여 시를 내렸다. 윤가전은 상주문에서 다음과 같은 말을 했다.

황제께서 직접 시장詩章을 지어 효를 칭찬하신 것으로 이미 덕행에 들었으니 배향하는 것이 가능하리라 봅니다.

상소를 본 건륭제는 매우 노했다. 그리하여 첫 번째 요청에 대해서는 "시호를 내리는 것은 국가의 정전定典이거늘 어찌 함부로 요구한단 말인가!"라고 하면서 본분을 지켜 집에 은둔하도록 했다. 또 두 번째 요청에 대해서는 "제멋대로 떠들고 있으니 도저히 용서할 수가 없다."라고 말하며 윤가전의 관직을 파면하고 형부에 넘겨 죄를 다스리도록 명했다. 그리고 직례 총독 원수동袁守侗에게 박야博野에 있는 윤씨 가문의 재산을 몰수하도록 하고, 대학사 영렴英廉에게는 북경에 있는 윤가전의 집도 몰수하도록 명했다.

"만약 윤가전의 집에 망령된 글이 담긴 서적이나 편지가 있으면 샅샅이 수색해 밝혀내라."

영렴과 대학사 삼보三寶는 압수한 책들을 자세히 조사했다. 윤가전이 편찬한『근사록近思錄』에는 탕빈, 육롱기陸隴其, 장백행과 윤회일을 합쳐 '공문사자孔門四子'라고 적고 있었다. 또『수오초隨五草』안에「붕당설朋黨說」이라는 글이 있었는데, 옹정제의 저서『붕당론朋黨論』과는 상반되는 내용을 담고 있었다.

그리고『본조명신언행록本朝名臣言行錄』이라는 책에는 고사기高士奇, 장정옥, 악이태 등 많은 이들의 이름이 들어가 있었다. 조정의 신하들이 모두 모인 자리에서 심판이 진행된 탓에 윤가전은 "분별없고 어리석었다. 그 죄는 천만번 죽어도 마땅하다."라고 스스로 시인할 수밖에 없었다.

건륭제는 윤가전을 책망하며 말했다. "윤가전의 글을 보면 '붕당이 일어나니 아비와 스승의 가르침이 쇠해졌다. 군주 역시 어찌 유아독존 할 수 있겠는가.'라는 글이 있다. 이는 오히려 붕당을 옳다고 여겨 시비를 전도하는 것이니 선제가 쓰신 것과는 분명 거스르는 부분이 있다. 네가 실로 어떤 마음을 품고 있는지를 모를 것 같은가? 이 뿐만이 아니다.『본조명신언행록』은 본조 사람으로 당대의 인물을 표방하고 있으니, 이후 그들의 자손은 이로써 배은망덕해질 것이고 이는 조상세교朝常世敎에도 직결되는 문제이다. 그밖에 다른 배은망덕한 망언들도 한둘이 아니다."

이에 건륭제는 윤가전을 교수형에 처하도록 명했다.

건륭제는 윤가전을 죽인 후 '윤가전의 표방죄標榜罪를 밝히는 조서'를 특별히 공포했다.

"짐은 조정에 기강이 바로잡혀 있으며, 명신도 간신도 없다고 생각한다.", "황제의 위엄이 위에 서있어 조정에 명신과 간신이 없으니 이 모두가 사직의 복이다."

건륭제가 여기서 제기하고 있는 새로운 논점은 청조의 통치는 모든 것이 황제로부터 결정되며 만약 사직이 명신이 나와 나라를 편안히 해 주기만 기대하며 태연자약하는 일은 더 이상 국가의 복이 아니므로 용서할 수 없다는 것이다. 황제는 영명하기 때문에 명신에 의지할 필요가 없으며 간신 또한 용납할 수가 없다. 신하는 모두 그에게 충성을 다하는 노비에 지나지 않는다. 그런데 윤가전이 이들 노비를 숭상해 달라 요구하고 있으니 건륭제는 당연히 받아들일 수 없었다.

건륭제가 끊임없이 문자옥을 실행한 것은 폭력적인 진압수단을 사용해서 한족 신하와 문인들이 만주황제에게 절대적으로 복종하고 자신들의 지위에 만족하며 살도록 강제하기 위함이었다. 그래서 어떠한 경우에도 불충과 불경은 결코 용서할 수 없다는 뜻을 보이려던 의도가 있었다.

그러나 빈번한 문자옥으로 예상하지 못했던 결과들이 많이 발생했다.

첫째, 문자옥을 악용해 원한관계에 있는 사람의 비밀이나 약점을 폭로하는 일이 생겨났다.

건륭제가 문자에 대한 죄를 엄하게 다스리자 분별이 없는 사람들은 원한 있는 사람을 고발해서 그들의 약점을 들춰냈고 이로써 개인적인 복수를 일삼고 사적인 이익을 누렸다. 그래서 문자옥의 바람이 불면서 사회에도 서로 모함하는 분위기가 형성되었다.

둘째, 책임의 화살이 관리들에게 돌아갔다. 건륭제가 문자옥을 조사하고 처리하는 과정에서 이를 책임진 관리들의 실수나 소홀함은 줄곧 황제의 심기를 불편하게 만들었다.

이 때문에 모든 혐의에 대해 곧 엄중한 처벌로 이어져 가볍게는 파면에서부터 무거운 경우 유배나 사형이 내려졌다. 관리들은 황제의 노여움을 살까 두려워 무고誣告하는 경우에도 무리하게 재심사를 실시해 자신들이 입을지 모를 화를 면하고자 했다. 이 때문에 억울한 일들은 더욱 늘어만 갔다.

셋째, 스승과 벗들이 줄지어 화를 입었다.

문자옥이 일어나면 으레 집에 소장하고 있던 서적과 시문, 서신을 모두 압수해갔는데, 그래서 한 사람이 사건에 들면 그에게 서발序跋과 비문, 시를 지어 주거나 그와 서신왕래를 했던 사우師友들까지 모두 사건에 연루되었다. 자주 벌어지는 문자옥으로 불안에 떠는 문인들이 스스로를 보호할 수 없게 만들어 사회의 인심까지도 뒤흔들어 놓았다. 위와 같은 현상들이 날이 갈수록 심해져 나중에는 청조 통치의 뿌리까지 흔들리는 상황이 벌어지고 말았다.

건륭연간의 문자옥은 청조의 통치에 걸림돌이 되는 문장들을 대거 소각했을 뿐 아니라 수많은 문인학사와 무고한 백성들까지도 죽음에 이르게 했다. 건륭제가 문자옥을 처리하는 모습을 보면 그 정치수단의 잔혹한 정도가 어떤 의미에서 옹정제를 넘어섰다고도 할 수 있었다.

건륭조에서 난폭한 문자옥을 통해 사상통제를 더욱 강화하면서 청조 후기로 가서는 반청反淸 사상을 논하는 글들이 거의 종적을 감추게 되었다. 그런 점에서 문자옥이 사회질서를 안정시키는 데 긍정적인 역할을 했다는 점은 부인할 수 없는 사실이다.

그러나 다른 측면에서 보면 문자옥으로 인해 건륭 시기에 와서 정치와 학문이 침체 국면에 빠지게 된 점을 빼놓을 수 없다. 강희조 때의 유연한 정책으로 조성되었던 정치사상적 환경과 학술논쟁이나 자연과학 분야에서의 활발한 학습 분위기 등이 이때 와서 급격히 퇴보하는 성향을 보이게 되었다. 정치적 압력과 통제 아래 학문을 하는 사람들은 감히 정치를 논할 수 없었으며, 현실문제에 대한 학습이나 토론을 피하게 되었다. 그들은 대신 자신들의 시간과 노력을 고전을 정리하는 데 쏟아 부었다. 이 모든 것은 건륭제가 지존무상과 생사여탈이라는 절대적인 권위를 확립하고 만주 귀족 통치자들의 핵심 지위를 지켜 내기 위해 실시한 하나의 책략이었다.

강압으로 진실을 호도할 수 없다
旣當婊子, 又立牌坊

건륭 38년, 손가감 상주문 위조사건이 일어난 지 20년이 지나자 건륭제는 사고전서를 편찬한다는 빌미로 전국적으로 불온서적 색출 작업을 벌였다. 그는 수집된 책 중에 정치성이 짙다고 간주되는 책들은 일부는 금서로 지정하고 일부는 불사르기도 했다. 그리고 40여 차례의 문자옥을 일으켜 지식인 계층을 통제하는 동시에 반청 서적들을 모두 없애 버렸다. 이때부터 건륭제의 사상과 문화에 대한 통제는 더욱 격화되었다.

건륭 38년 3월, 서적을 수집하는 조서를 여러 차례 내리면서도 건륭제는 호응하는 자가 많지 않을 것으로 생각했다. 그가 그렇게 생각한 이유는 책을 소장하고 있는 사람이나 지방 독무들이 문자옥에 연루되는 것을 두려워하여 소심하게 수수방관하거나 심지어는 비밀을 지켜 아예 수집에 응하지 않을 것이라 판단했기 때문이었다. 그래서 건륭제는 특별히 유지를 내려 "책에서 사상성이 짙은 부분을 일일이 캐내고 흠집을 잡아 책을 소장한 사람을 벌하는 일은 없을 것이다."라고 재삼 강조했다.

이후 건륭제는 한 걸음 더 나아가서 절강성의 독무들에게 전한 유지에서 다음과 같이 자신의 입장을 표명했다.

> 책 속에 불경한 자구가 하나라도 있다면 이를 남김으로써 후학자들에게 미혹함을 주어서는 결코 안 될 것이다. 그러한 책을 불태워 버리고 소장자에게 책을 절대로 남겨 두어서는 안 된다는 유지를 전하기만 하면 그뿐이며, 소장자에게는 아무런 죄가 없으므로 그에게 벌을 내려서는 안 된다.

건륭제가 신변보호를 약속하고 죄를 주지 못하도록 하는 명을 내린 후에야 비로소 책의 수집 활동이 대규모로 활발하게 일어나 수천수만에 달하는 서적들이 잇달아 사고전서관에 바쳐졌다.

그러나 책의 수집 활동이 큰 성과를 거두게 되자 건륭제의 태도가 갑자기 바뀌어 금서에 관한 새로운 유지를 내리면서, 당초 사고전서 편찬을 목적으로 했던 서적의 수집 활동에서 청조의 통치 사상에 위배되는 서적을 색출하여 금하는 활동으로 공공연하게 변모되었다.

표면상으로는 이런 일이 갑자기 일어난 것 같지만 그 이면을 보면 필연적으로 발생할 수밖에 없었던 이유가 있었다. 서적 수집에서 금서 색출로 변한 건륭제의 태도변화 과정은 이렇다. 청조 통치자가 소수민족의 신분으로 중원을 차지한 것은 화하華夏 정통 관념에 물들어 있던 한족 지식인 계층에게는 '신성한 땅이 전복되고 종묘사직이 폐허로 변한' 대재앙 그 자체였다. 특히 만주 귀족은 전국적인 통치를 위해 지극히 낙후되고 잔인한 고압정책을 채택하여 수많은 한족에게 변발을 강요하고 만주족 옷으로 바꿔 입도록 하면서 이에 불복하는 사람들은 모두 잡아다 무자비하게 참수에 처했다.

　이런 참혹한 현실 속에서 한족 지식인 계층과 일반 민중은 옛 명나라의 강산을 되찾고 민족의 권리와 민족문화를 수호하자는 구호 아래 수십 년간 끊임없이 반청투쟁을 벌여 왔다. 결국에는 청조 통치자에 의해 유혈진압을 당했지만 수천 년 동안 이어온 화하의 정통사상이 결코 한낱 무력에 의해 소멸될 것은 아니었다. 수많은 한족 지식인들은 무장반항에서 실패한 이후에도 여전히 청조 통치자와 투합은 하지 않으면서 대신 출가하여 승려가 되거나 은거하여 저술 활동을 하기도 하고 제자를 모아 놓고 가르치며 가슴속에 가득 찬 비분을 언어와 문자를 빌려 표출했다. 이와 같은 강렬한 민족사상과 반청의식을 지닌 저술의 영향력은 막대하여 청조 통치자들에게 늘 잠재적인 위협으로 작용해 왔다. 이러한 화근을 아예 없애기 위해 만주 귀족들은 일련의 엄격한 조치를 취함으로써 사상과 문화 영역을 통제해 나갔다.

　강희, 옹정 연간에도 청조 통치자는 몇 차례에 걸쳐 금서와 문자옥에 관한 큰 사건을 일으켰는데 모두가 한족 지식인 계층의 민족사상과 반청의식을 겨냥한 것이었다. 건륭제가 즉위한 이후에도 때때로 유사한 사건이 발생했지만 이로 말미암은 화를 당하지 않기 위해 한족 지식인과 일반 백성들은 늘 조심하고 또 조심했다. 청조 통치자들도 물론 이 같은 사실을 잘 알고 있었다. 그래서 건륭제는 책을 소장한 자를 절대로 벌하지 않겠다는 약속을 재차 반복해서 강조했다.

　건륭제도 처음에는 일부 서적의 경우 사상적으로 문제가 되는 부분이 당연히 있을 수 있다고 생각은 했지만 현실은 예상보다 훨씬 심각했다. 예전부터 보관해 내려온 개인 서적들이 사고전서관에 대량으로 모아진 후, 사고전서관의 관리들은 이들 서적에서 '제제에 위반되는 반역적인' 글들을 속속 발견했다. 건륭제는 통치에 해를 끼치는 서적들이 한두 권이 아니며 수십 권, 수백 권 심지어 그 이상이라는 것을 깨달았다.

이러한 상황은 분명 사건을 개별적으로 조사해 처리하거나 몇몇 사람들에게 죄를 물린다고 해서 해결될 수 있는 문제가 아니었다. 대청제국의 정통성과 근본을 지키고 봉건왕조의 영원한 안녕을 유지하기 위해서 건륭제는 강력한 국가기구의 힘을 빌려 이 문제에 대처하기로 결심했다. 그 방법이 바로 사고전서관에서 책을 모으고 편찬하는 기회를 이용하여 이들 서적들에 대해 전면적인 정리를 함으로써 후환을 미연에 방지하고자 했던 것이었다. 이렇게 해서 서적의 수집이 아직 마무리되기도 전에 건륭제가 직접 조종하는 금서 색출 작업이 대규모로 전개되었다.

건륭 22년 초, 하남 하읍현夏邑縣에서 팽가병彭家屛이 명나라 말기의 야사를 소장한 사건이 일어났다. 사건의 전말은 다음과 같다.

당시 하남 하읍현 출신의 포정사였던 팽가병은 산동으로 가던 도중에 건륭제를 알현하면서 지역의 재해 상황에 대한 상소문을 올리고, 하남 순무가 재해를 숨기고 조정에 보고하지 않았다고 고발했다. 당시 건륭제는 두 번째 남순을 나서 산동을 지나가고 있었다. 그는 팽가병의 상소를 들을 당시에는 매우 불쾌했지만 정황을 제대로 파악하지 못해 화를 내지 않았다.

남순을 마치고 환궁하는 길에 서주를 거쳐 산동으로 출발할 때 하읍 현민들이 길을 막고 고발하는 사건이 잇달아 두 건이나 일어났다. 그들은 황제에게 하읍현 현령 손묵孫默이 태만하여 난을 구제하지 못했으니 그를 면직시키고 다른 관리를 대신 보내 주도록 청했다. 건륭제는 이에 크게 노하며 이 무뢰한들의 배후에는 조종세력이 있으며 그것은 필경 팽가병일 것이라고 의심했다. 그래서 그는 이 사건을 각각 고발했던 장흠張欽, 애학년艾鶴年, 유원덕劉元德을 잡아들여 엄히 심문하라는 명을 내렸다. 과연 유원덕의 배후에는 이를 꾸민 조종자가 있었는데 그는 팽가병이 아니라 그 현의 생원인 단창서段昌緖였다.

건륭제는 결국 하남 서부에 있는 하읍 등 네 곳의 현이 두 해 연속 재해를 입어 백성들이 배고픔과 추위에 허덕이고 있으며 거처를 잃고 유랑하고 있다는 사실을 알게 되었다. 이와 함께 하읍 현령 손묵과 하남 순무 도륵병아圖勒炳阿가 재해를 숨기고 보고하지 않은 것도 분명 남에게 떠넘길 수 없는 책임이 있었기 때문임을 알아냈다. 이렇게 되니 건륭제는 진퇴양난의 상황에 처하게 되었다. 건륭제는 도륵병아, 손묵 따위가 관리사회의 부패를 조장하도록 방임해서는 안 되겠지만 그렇다고 팽가병, 유원덕, 단창서 등이 무뢰한들을 부추겨 도리에 어긋나는 행동을 한 것 또한 그냥 보아 넘길 수는 없었다. 건륭제는 심사숙고 끝에 각각 곤장 50대씩을 때리는 형벌을 내리고 난 뒤 도륵병아, 손묵 등은 면직시키고 팽가병은 집으로 돌려보냈다.

원래 사건은 여기서 마무리될 수 있었으나 갑자기 예기치 못한 풍파가 일어났다. 단창서가 현의 관리로부터 소환명령을 받고도 거부하자, 손묵은 직접 그를 체포하기 위해 사람들과 함께 그의 집에 갔다가 뜻밖에 오삼계吳三桂의 반청격문 필사본을 발견했다. 오삼계는 본래 명조의 장군으로 청에 투항했다가 강희 12년(1673) 겨울에 반청 봉기를 일으켰다. 광범위한 한족 선비들의 지지를 얻어내기 위해 오삼계는 반청복명의 기치를 내걸고 격문을 사방에 유포하면서, 명조유신으로서 청조가 중원에 입성한 이래 행한 학정과 만행에 대해 성토했다.

손묵과 이 사건을 맡은 시위 성림成林은 단창서가 80년도 더 된 격문을 필사해서 지금까지 보관하고 있는 것이 지난 번 무뢰한들을 사주하여 황제의 어전에 고발하도록 한 일과 필시 무관하지 않을 것이라고 판단했다. 건륭제는 상소를 읽은 후, 오삼계 격문의 필사본을 자세히 보니 다음과 같은 글 밑에 단창서가 진하게 점을 찍어 둔 것을 발견했다.

저 오랑캐 군주는 무도하고 간악하며 오만하다. 도의를 아는 선비들은 말단 관직이나 맡고 있다. 좀생원과 무뢰배들이 조정의 요직을 다 차지하고, 군주는 아둔하며 신하들은 미혹하기 짝이 없구나. 혜성이 떨어지니 위에서는 하늘이 노함이요, 산이 무너지니 아래서는 땅이 노함이로다.

분명 단창서는 이 글에 상당히 감동했을 것이었다.

건륭제는 문제의 심각성을 깨달음과 동시에, 모반의 뜻을 품은 선비들이 재민災民들의 반청정서를 이용해 공공연히 관에 반항하고 무례하게 직접 황제에게 고발하도록 선동했다고 생각했다. 또한 최초로 상소를 올린 팽가병도 단창서와 연관이 있을 것이라고 생각했다. 그래서 건륭제는 즉각 도륵병아와 손묵 등을 복직시키면서 단창서와 팽가병 일가를 엄밀히 조사하도록 지시하고 팽가병에게는 북경으로 와서 심문을 받도록 명했다.

북경으로 돌아온 후 건륭제는 직접 팽가병을 심문하여, 그의 집에 오삼계 격문과 유사한 반체제적이고 반역적인 책을 숨겨 놓았는지 자백하도록 강요했다. 팽가병은 어쩔 수 없이 집에 숨겨 놓았던 『노하기문潞河紀聞』, 『일본걸사기日本乞師記』, 『예변기략豫變紀略』, 『작중지酌中志』, 『남천록南遷錄』 등 명 말의 야사 서적들을 가지고 있다고 털어놓았다.

그러나 팽가병의 아들 팽전홀彭傳笏은 단창서의 집에서 반역서가 발견되었다는 소식을 듣고 난 후 바로 집에 숨겨져 있던 책들을 매일 밤 조사해서 문제가 될 만한 몇 가지 명 말 야사들을 모두 소각해 버렸다. 직례총독 방관승方觀承이 어명을 받들어 팽가병의 집에 가서 필사본을 찾았을 때에는 아무것도 발견할 수가 없었다. 직접적인 증거를 찾을 수는 없었지만 군기대신, 구경, 과도 등 합동으로 심리를 했던 사람들은 팽가병이 금서를 소지했다는 이유로 그를 참수하기로 결정했다. 이에 건륭제는 "관용을 베풀어 참감후에 처하여 늦가을에 처결하도록 한다."라는 유지를 내렸다. 그러나 얼마 지나지 않아 다시 구실을 찾아내 팽가병에게 자결하도록 명했다.

팽가병은 억울하게 죽었지만 건륭제는 여전히 마음을 놓을 수가 없었다. 민간에 남아 있을 명 말 야사들이 그에게 경각심을 일깨우고 있었다. 그 책들은 직접적으로나 또는 간접적으로 청조 정권을 위협하는 요소로 작용할 것이기 때문이었다. 그는 좋은 방법을 찾아 이런 책들을 철저하게 소각시킴으로써 근본적으로 대청왕조의 통치를 공고히 하고자 했다.

그는 사고전서관에서 이미 이런 종류의 금서들이 계속 발견되고 있다는 것을 알고 책의 수집과 편찬 작업이라는 명목 하에 금서에 대한 청산 작업을 시행할 결심을 했다. 결국 그는 정식으로 금서령을 반포하면서 특히 명 말의 야사를 겨냥했다.

그러나 일을 덜기 위한 의도였는지 아니면 문제 발생에 대한 우려 때문이었는지 강절과 각지 독무들은 "본성에서는 일찍이 황당하고 불경스럽거나 법에 저촉되어 마땅히 불살라 없애야 하는 책들이 발견되지 않았습니다."라는 내용의 천편일률적인 상소문을 올렸다. 건륭제의 금서령은 각 성 독무들의 별다른 호응을 이끌어 내지 못한 셈이었다.

오직 양광 총독 이시요만이 "광동의 번우현에서 일찍이 옹정 연간에 소각명령이 내려졌던 『옹산문외翁山文外』, 『옹산시외翁山詩外』 등을 포함한 굴대균屈大均의 저술 몇 권이 발견되었습니다."라는 상소문을 올렸다. 그는 또한 굴대균의 저술을 숨겨 두었던 굴씨의 후손 굴소사屈昭泗 등을 즉시 참수할 것을 주청하면서 이와 함께 굴대균의 저술은 밀봉하여 황제에게 올리겠다고 간언했다.

명 말 청 초에 굴대균은 성격이 매우 강직한데다 국사國事에 관심이 많았고 시문에도 능통하여 영남嶺南 명사로 명성을 날렸다. 명조가 멸망한 뒤, 굴대균은 몸도 돌보지 않고 반청투쟁에 뛰어들어 전국을 누비면서 많은 지사志士들과 인자仁者들을 규합하여 옛 명나라의 강산을 회복할 것을 꾀했다. 실패한 후에도 결코 청조와 타협하지 않고 홀연히 선비가 되었다가 어느 때는 승려가 되기도 했으며 또 어느 날은 도사가 되었다가 다시 환속하기도 하면서 강남 일대를 왕래하다가 강희 35년(1696)에 죽었다. 그의 시문과 저술은 강렬한 반청사상을 담고 있었으며, 특히 청이 중원에 들어온 이후 한족에게 행한 고압정책에 대해 열렬히 비판하고 있었다. 그렇기 때문에 그의 저술은 널리 전파되어 한동안 유행처럼 입에 오르내리기도 했다.

옹정 연간에 호남湖南 생원 증정曾靜이 그 제자 장희張熙를 천섬 총독 악종기岳鍾琪에게 보내 서적을 전하며 반청봉기를 책동한 사건이 발생했다. 사건 발발 후, 청 조정은 심문을 통해 그들이 청 초의 유명한 학자 여유량呂留良의 반청사상 외에 굴대균의 저술 중 관련 논문에서도 영향을 많이 받았음을 알아냈다. 그 후 굴대균의 시문과 저술은 금서로 지정되었으며 자손들도 모두 유배되는 액운을 겪었다.

사건은 본래 이렇게 종결되었으나 40여 년이 지나 다시 수면 위로 떠오르면서, 청조 통치자의 금서 색출 정책에 정당성을 부여하는 좋은 명분이 되어 주었다.

건륭제는 강절을 비롯한 각 성 독무들의 태만하고 성의없는 태도에 화가 났으나 그렇다고 딱히 화를 낼만한 구실을 찾기도 어려웠다. 이런 상황에서 양광 총독 이시요가 올린 상소는 아주 귀중한 보배가 되어 주었.

그는 이 일을 크게 벌려 두 번에 걸쳐 다음과 같은 유지를 내렸다.

> 굴대균의 반역적인 시문은 오래 전부터 금하여 불태워 없애도록 한 것으로 개인이 소장할 수가 없었다. 그러나 짐이 유지에서 누차 말했듯이 반역의 뜻이 담긴 문구가 있다고 하더라도 그것은 전대 사람들의 그릇된 견해일 뿐 지금과는 아무런 상관이 없으며, 다만 청조를 비방하는 문구는 반드시 불태움으로써 사악한 말을 미리 없애 후세를 미혹하는 일이 없도록 해야 한다. 그러나 책을 없애는 데 그쳐

야지 더 이상 가혹하게 처리해서는 안 된다. 짐은 만사를 공명정대하게 처리하므로 절대로 불경한 책을 모았다고 해서 책을 소장한 사람까지 벌하지는 않았다. 그러므로 광동에서 색출된 굴대균의 반체제 글들은 소각에 그쳐야지 더 이상 조사할 필요가 없다. 책의 소장자 굴임정屈稔滇과 굴소사는 죄로 다스릴 필요가 없다. 각 성의 독무들은 다시 한 번 짐의 이와 같은 유지를 만백성에게 명백히 전하여 잘 처리하도록 하라. 현재 명 말 청 초의 반역서를 소장한 사람 중에서 조기에 헌납하는 이가 있다면 그 전말을 일체 추궁하지 않고 은닉죄 또한 절대로 문제 삼지 않겠다. 굴임정, 굴소사 같이 관에 의해 색출된 사람도 그 죄를 묻지 않겠다고 했는데 하물며 자진해서 바치는 자를 벌하겠는가? 그러나 이번 권고를 무시하고 불경스러운 책을 몰래 은닉하려는 사람이 있어 후일에 다른 경로를 통해 발각될 때는 절대로 너그러이 용서하지 않을 것이다. 짐이 진심으로 공명정대하게 처리한다는 것을 사해 백성들이 깊이 알고 있으니 각자 짐의 마음을 깨닫고 하루 속히 반성하여 후회하는 일이 없도록 하라.

건륭제는 자진 헌납자를 보호한다는 조건을 명백히 하면서 위협하기도 하고 어르기도 하면서 어떻게 해서든지 각 성에 분포되어 있는 명 말 청 초의 반역서를 색출하고자 했다. 그는 또 강절을 비롯한 각 성 독무들에게도 다음과 같이 경고했다.

경들은 일찍이 황당하고 불경스럽거나 법에 저촉되어 마땅히 불살라 없애야 하는 책들이 발견된 적이 없다고 했다. 그렇다면 어찌하여 옹정 연간에 마땅히 소각되었어야 할 굴대균류의 반역서가 오늘날까지 남아 있단 말인가? 그리고 광동성에서는 이미 불온서적이 발견되었는데, 강절과 여타 성에서는 절대로 이런 책들이 발견될 리가 없다고 보장할 수 있는가?

건륭제는 여기서 그치지 않고 이번 기회에 강절과 각 지역의 장서가들에 대해서도 마찬가지로 구슬리면서 동시에 위협을 하기도 했다.

이와 같은 그의 계책은 과연 큰 효과를 발휘하여 일거양득의 결과를 거둘 수가 있었다. 각 성의 독무들은 감히 최선을 다해 처리하지 않을 수가 없었고, 각지의 장서가들은 하룻밤 사이에 불온서적의 은닉혐의자가 될까 전전긍긍하여 관부에서 조사하고 처벌하도록 기다리고만 있을 수는 없었다. 각 성의 독무들은 색출 작업이 잘 이루어지지 않을까 염려하여 여러 가지 방법을 짜내어 환수작업을 벌였다.

독무들은 불온서적을 완전히 없애기 위해 기발한 방법들을 동원했다. 예를 들어 절강성의 수많은 산골 벽촌의 경우 선대부터 내려오는 책들을 아무렇게나 묶어서 보관하고 있거나, 남자들은 외지에 나가고 집에는 오직 부녀자만 있어서 반역서가 뭔지도 모르는 경우가 허다해서 회수가 제대로 이뤄지지 않고 있음을 알았다. 그렇다면 과연 절강 순무는 어떻게 불온서적을 찾아낼 수 있었을까?

절강 순무 삼보三寶는 꾀를 내어 성학省學과 부학府學의 교관들을 이용하기로 했다. 그는 유유자적하며 할 일없이 빈둥대는 예비관리들을 본적 소재지에 따라 나눈 다음 각자의 고향으로 돌아가서 친척이나 친구들의 집을 일일이 조사하도록 했다. 그리고 불온서적의 색출 실적을 그들의 근무성적과 승진에 반영해 주기로 했다. 이렇게 했더니 과연 불온서적들의 회수량이 크게 늘어났다. 건륭제는 절강성의 효과적인 방법에 대해 보고를 받고 크게 칭찬하면서 특별 조서를 내려 다른 성에서도 모두 이와 같은 방법으로 일을 처리하도록 명했다.

대규모로 실시된 금서 색출 작업에서 각지의 장서가들은 예외 없이 중점 조사대상이 되었다. 그들은 일찍이 건륭제가 내린 유지에서도 여러 차례 특별한 관심의 대상으로 등장한 바 있었기 때문에 지방 독무들은 이들에 대해 집중적으로 조사하지 않을 수가 없었다. 그들은 전문요원을 파견하여 책을 많이 가진 집들을 모두 돌면서 조정의 너그러운 은혜를 알림과 동시에 이번에 헌납하지 않았다가 나중에 발각되면 중죄로 다스릴 것이라고 압박하면서 불온서적에 해당한다면 그것이 판본이냐 필사본이냐의 여부에 관계없이 기한 내에 반드시 헌납하도록 요구했다. 심지어 강제로 장서 목록을 일일이 검열하기도 하고 마지막으로 집에 불온서적이 하나도 남아 있지 않다는 서약서를 받고 나서야 혐의를 벗겨 주었다.

또 지방관들은 책방에도 전문요원을 파견하여 일일이 수색을 시켜서 만일 책 제목이 특이하거나 지금껏 보지 못한 생소한 책을 발견했을 경우 곧바로 몰수하도록 했다. 책방 주인은 억울하고 호소할 데도 없었지만, 처벌받지 않는 것만으로도 다행으로 여겨야 했다.

건륭제는 금서 색출 작업을 매우 엄격하게 시행하였다. 본래 각 지역에서 색출한 불온서적은 두 가지 방법으로 처리했다. 첫째는 서적을 밀봉해서 황제에게 바친 후 소각하도록 아뢰는 방법이었다. 즉 상자에 넣어 밀봉한 책을 파견했던 전문요원이 북경으로 이송해 와 군기처로 가져가면 그곳에서 일일이 검열한 후 마지막으로 황제에게 소각 여부를 보고했다. 두 번째 방법은 황궁으로 보내지 않고 회수한 지역에서 바로 소각한 후 책의 제목만 보고하는 방법이었다.

그러나 건륭제는 각 성이 아직 단독으로 일을 처리할 능력이 없다고 판단해서 징수작업이 시작되고 얼마 안 지나 모든 성에서 일률적으로 원서를 밀봉한 다음 군기처로 보내 황제에게 소각 여부를 아뢰도록 조치했다.

당시 귀주 순무 위겸항韋謙恒은 어리석게도 황제의 마음을 깨닫지 못하고 색출된 서적은 이미 불온서적으로 판명된 것이므로 굳이 시간을 낭비하며 번거롭게 북경까지 이송해서 소각할 필요가 없다고 여겼다. 그래서 그는 밀봉된 서적들을 건륭제의 명령이 떨어지는 즉시 소각하겠다는 내용의 상주문을 올렸다. 그는 자기가 일을 잘 처리한 것 같아서 스스로 흥분되기도 했고, 그의 판단으로는 성의 모든 대소 관리들과 지역 유지들을 모아놓고 금서의 소각을 보게 함으로써 일벌백계를 수확할 수도 있다고 생각했다.

그러나 그의 예상과는 달리 건륭제는 대노하며 "어찌하여 사리를 모르고 그렇게 어리석게 행동하는가? 참으로 터무니없는 일을 하였다."라고 통렬히 비판하면서 즉시 서적을 북경으로 이송할 것을 명했다. 결국 그는 유배를 당하고 말았다.

이 일이 있은 후 각 성의 독무들은 불온서적에 관한 사건이 일어나면 일의 경중에 상관없이 무조건 황제에게 아룀으로써 충성심을 표하는 동시에 탄핵을 면하고자 했기 때문에 무고하게 연루되는 사람이 허다했다.

건륭 42년, 왕석후王錫候의 『자관字貫』사건이 일어났다.

왕석후는 건륭 시기의 거인으로 여러 번 진사시험에 낙방하자 책을 집필하는 데 힘을 쏟았다. 그는 『자관』이라는 자전을 집필하여 천문, 지리, 인물로 항목을 나눈 다음 목차에 따라 배열하고 음의音義가 같은 단어들을 모아, 나누어 주석을 달았다. 책이 완성되자 이전부터 원한을 가졌던 동향사람에게 고발을 당해 체포되어 심문을 받게 되었다.

강서 순무 해성海成은 이 사건을 심리한 후, 왕석후의 『자관』은 단지 『강희자전康熙字典』을 모방한 보통의 자전일 뿐이지만 서문에 황제가 주도하여 편찬한 서적을 비난하는 내용이 담겨 있다는 결론을 내렸다. 서문에 다음과 같이 다소 불경스러운 말이 나와 있었다.

> 『강희자전』에 나오는 시운詩韻은 1만 자도 넘으나 학자들이 아직 많이 알지 못하고 사전을 제대로 사용할 줄을 몰라, 매번 힘들게 읽고 나서도 망연할 따름이다.

사실 왕석후는 학술적 관점을 표명하고자 했던 것이지 『강희자전』을 헐뜯고자 한 것이 아니었다. 그러나 건륭제의 눈에는 그의 의도에 다른 뜻이 있다고 보았다.

강서 순무 해성은 건륭제에게 올리는 상주문에서 "왕석후는 『강희자전』을 임의대로 수정하여 『자관』을 집필함으로써 실로 대역무도한 죄를 지었으니 그의 거인직을 박탈함이 마땅할 줄 압니다."라고 말했다. 또한 『자관』 총 40권을 건륭제에게 보내 검열하도록 했다.

건륭제는 책을 검열하면서 더 큰 문제를 발견하게 되었다. 그것은 책에서 황제의 묘호를 피해야 하는 금기를 어기고 강희, 옹정, 건륭의 명호名號였던 현엽玄燁, 윤정胤禛, 홍력弘歷을 책에다 써 넣었던 것이다.

건륭제는 이에 진노하며 "해성은 신하로서 군주를 기만하고 충성심을 저버렸다. 또한 대역죄를 찾아내지 못하였으니 두 눈은 아무 쓸모가 없구나. 이는 실로 자신의 양심을 속이고 직무를 태만한 데서 비롯된 것이니 중벌로 다스려야 할 것이다!"라고 해성을 크게 질책했다.

결국 그는 해성을 형부에 넘겨 벌하도록 했다. 또한 왕후석은 천하의 역적으로 지금껏 전례도 없는 대역무도한 죄를 저질렀으니 대역률大逆律에 따라 목을 베도록 하라고 명했다. 왕석후의 일곱 명의 자식과 조카는 가을이 지난 후 참수하기로 판결이 났고, 그의 처와 며느리, 손자는 모두 공신들의 노예로 전락하였다.

해성은 이후 왕석후의 집으로 달려가서 왕석후가 편집한 10종의 책을 찾아내 건륭제에게 상주를 올려 그 서적들은 모두 대역무도한 불온서적이라고 아뢰었다. 또한 사고전서를 편찬한 부총재 이우당李友棠도 일찍이 자관을 찬미하는 시를 쓴 적이 있으며, 『왕씨가보』에는 대학사 사이직이 쓴 서문이 포함되어 있다는 사실을 들추어냈다. 그러나 때늦은 일이라 이미 돌아서 버린 건륭제의 마음을 돌이킬 수는 없었다.

결국 건륭제는 그를 참감후에 명해 가을이 지난 후 참수에 처하도록 했다. 또한 이우당을 면직시키고 벌했으며 강서 포정사, 감남도 주극개周克開, 안찰사 풍정승馮廷丞에게는 자관의 문제점을 찾아내지 못한 죄를 물어 일제히 면직시켰으며, 양강 총독 고진은 같은 죄를 물어 한 등급 강등시키고 직무정지에 처했다. 그러나 전조前朝의 노신인 사이직은 이미 죽어 문책할 수 없으므로 그 아들에게 집안에 있는 왕석후의 책을 찾아내 소각시키도록 명했다.

그러나 억울한 문자옥을 당하거나 금서를 색출하는 과정에서 무고하게 연루된 피해자들을 위해 목숨을 걸고 대담하게 나서서 불만을 토로하는 사람들도 있었다. 건륭 44년 안휘 천장현天長縣에서 일어난 선비 정수류程樹榴가 쓴 『애죽헌시고愛竹軒詩稿』의 서문 사건이 바로 그것이다.

정수류는 안휘성 천장현 사람으로 공생貢生 신분이었다. 그에게는 왕원王沅이라는 절친한 친구가 있었다. 왕원은 생원으로 평소 시를 낭송하기를 좋아했으나 집안이 가난해서 밖에서 글을 가르치며 생계를 꾸려나갔다. 건륭 42년 6월 왕원이 갑자기 중병으로 기억력을 상실하여 시를 짓는 것은커녕 글씨조차 알아보지 못하게 되고 말았다.

8월, 왕원에게 문병을 간 정수류는 반백치가 되어버린 친구를 보며 눈물을 흘리며 통탄했다. 그는 문득 책상 위에 왕원이 지은 『애죽헌시고愛竹軒詩稿』를 발견하고 집으로 가져가서 펼쳐 보았다. 친구의 불운을 목도한 그는 불우한 독서인의 처지에 대해 깊이 통찰하게 됐고, 마음 깊숙한 곳에서 용솟음치는 그 무엇인가를 느꼈다. 그는 결국 자신의 가슴을 억누르던 묵직한 응어리를 『애죽헌시고愛竹軒詩稿』의 서문에다 표출했다.

하늘은 천재를 낳고자 하나 사람들은 오로지 천재가 나타나지 않음을 걱정한다. 원하던 대로 천재가 나타나면 그는 귀신의 신통함을 탐구하여 음양의 비밀을 누설하고자 한다. 하늘의 원기를 깎아 내리고 신비로운 영혼을 추구하니 천재를 낳은 자가 천재를 시기하고,

시기한 지가 오래되니 되돌릴 수가 없다. 동야[31]東野가 궁해지고 장길[32]長吉은 요절했으나 하늘은 이것만으로 미진하다 여겨, 천재의 아름다운 마음을 빼앗고 바른 입도 봉하여 순식간에 필부로 만들어 버렸다. 죽어도 죽지 않고 살아도 헛되이 살게 하고 나서야 크게 통쾌해 한다. 어찌하여 조물주의 심보는 나이가 들수록 잔인해지고, 천재를 조종하는 기술은 갈수록 교묘해지는가!

우리는 이 글을 통해 정수류가 친구의 불행을 빌어 조물주에 대한 불만을 통렬하게 쏟아 내고 있음을 알 수 있다. 그는 조물주가 강제로 선비들의 재주와 언변을 빼앗아 그들을 우둔한 필부나 어리석은 자로 만들고자 함을 질책한다. 특히 '어찌하여 조물주의 심보는 나이가 들수록 잔인해지고, 천재를 조종하는 기술은 날이 갈수록 교묘해지는가!' 라는 구절은 청조의 최고 통치자를 겨냥한 것으로 건륭제의 마구잡이식의 불온서적 색출 작업과 엄격한 사상통제에 대한 일반 선비들의 불만을 잘 반영하고 있다.

시서詩序를 쓴 후, 정수류는 자신의 돈으로 『애죽헌시고愛竹軒詩稿』42권을 인쇄하여 7권만 남겨 두고 나머지 35권은 모두 왕원의 집으로 보냈다. 일은 본래 여기서 끝나고 말았어야 했다.

그런데 어느 날, 우연히 평소 정수류에게 원한을 품고 있던 처남 왕정찬王廷贊이 그 서문을 보게 되었다. 그는 서문의 모든 어구가 분노와 불만에 가득 차 있는 것을 빌미로 삼아 정수류를 질책하며 나무랐다. 그러나 정수류도 이에 지지 않아 둘은 서로 싸우게 되었다. 결국 왕정찬은 분이

---
31. 당대의 시인 맹교孟郊의 자. 46세에야 진사가 되어 변변찮은 관직에 가정적으로도 불우하였으며 빈곤 속에서 살다 죽음.
32. 당대의 시인 이하李賀의 자. 27세에 요절하였음.

풀리지 않아서 매형이 쓴 서문과 왕원의 시고詩稿를 관가에 신고해 버렸다. 정수류를 죽이기로 마음먹은 왕정찬은 행여 관부에서 불만과 비방으로 가득해 기탄하지 않는 게 하나도 없고, 하늘에 대한 원망을 구실삼아 천자를 비난하고 있는 부분을 보지 못할까봐 그런 어구 위에 몰래 표시를 해 놓고 그것도 모자라 다음과 같이 주석까지 달았다.

> 위의 두 구절은 실로 거리낌이 없다. 우리 황제 폐하께서는 지고 무상하시어 만년을 이어가고 우주와 공존하실 것이니 춘추가 높아질수록 인은仁恩 또한 더욱 널리 퍼져나갈 것이다. 그러나 저 안하무인인 왕석후 등은 하늘을 농락하며 화를 자초했다. 서문에서 말하는 '조물造物'이란 과연 누구를 빗댄 것이겠는가? 만약 진정 순수한 '하늘'을 가리키는 것이었다면 어찌하여 하늘에 노소老小가 있다는 말인가? '조물주의 심보는 나이가 들수록 잔인해지고' 라는 말은 과연 무엇을 말하고자 함인가? 그 의도가 실로 극악무도하다!

주석에서는 명백하게 조물주와 건륭제를 연결시키고 직접적으로 왕석후사건을 지적하면서 정수류가 담담한 말투 속에 비난의 뜻을 품은 것은 반역자의 편을 들어 주기 위한 것이라고 말했다.

이 사건은 결국 건륭제의 귀에 들어가고 말았다. 무슨 일인지 건륭제는 불같이 화를 내지도 자신을 위해 변명하지도 않고 다만 유지를 내려 말했다.

> 옛날 공자께서는 하늘을 원망하지 않는다고 하셨는데, 오늘날 정수류는 유학의 가르침을 받고도 감히 방자하게 불만을 품고 하늘을 비난하였으니 실로 양심을 잃어버린 것이 아닌가! 이는 천리天理로는 절대로 용납할 수 없는 일이다.

이렇게 되니 정수류의 몸이 갈기갈기 찢길 것은 불을 보듯 뻔한 일이었다. 유지가 내려진 후 지방 독무는 정수류를 대역률에 따라 능지처참하고 그의 아들을 즉시 참수형에 처할 것을 상주했다. 결국 최종 판결은 정수류는 관대하게도 즉시 참형에 처하도록 했으며 왕원은 대역죄를 저지르는 것을 보고도 알리지 않았다 하여 곤장 1백 대를 맞고 3천 리 밖으로 유배되었다.

청조 황제들은 본래 소수민족 신분으로 명조를 대신하여 천하에 군림했기 때문에 서적에 등장하는 '명明'과 '청淸' 두 글자에 지나칠 정도로 민감했다. 이 단어가 들어간 글은 종종 반청복명反淸復明을 기도하는 것으로 간주되어 그 작가를 중형에 처하기도 했다.

건륭 50년, 양강 총독 살재薩載는 순치제 때의 강서 여릉현廬陵縣 진사였던 유우기劉遇奇가 쓴『신여당집愼余堂集』과『청풍당집淸風堂集』에는 "명월明月을 마주하여 좋은 친구로 삼고 청풍淸風을 마시니 취기가 도는구나."라는 구절이 있을 뿐만 아니라 황제의 시호와 건륭제의 어명御名을 더럽히는 문구까지 있어 유우기의 고손자를 잡아 심문했다고 보고했다. 이 문자옥은 참으로 황당하기 짝이 없었다. 유우기는 건륭제가 황제가 되기도 백여 년 전인 순치제 때의 진사인데 어떻게 건륭제의 이름을 미리 알 수 있었단 말인가? 참으로 황당하고 억울한 사건일 따름이었다. 이렇게 억울하게 옥살이한 한인 선비들이 어디 그뿐이었겠는가?

한림학사 호중조胡中藻의 시에는 "근심스러운 마음으로 탁청濁淸을 논하네."라는 구절이 있었는데 건륭제는 이 구절을 보고 진노하며 말했다. "흐릴 탁濁자를 감히 국호인 청淸앞에 쓰다니 무슨 속셈으로 쓴 것이냐?" 결국 '탁'이라는 한 글자 때문에 호중조는 목숨을 잃었으며 그의 스승과 친구들 또한 큰 화를 당하고 말았다.

또 서술기徐述夔라는 사람이 지은 시집『일주루一柱樓』에 '내일 아침明朝 다함께 청도淸都로 가고자 하네.'라는 구절이 건륭제에 의해 대역大逆으로 규정되었다. '조석朝夕'을 나타내는 '朝'를 왕조王朝의 '朝'로 보아 '명조를 부흥시키고 청조를 무너뜨려야 한다.'라는 뜻으로 해석했기 때문이다. 이 문구 때문에 이미 고인이었던 서술기는 치욕스럽게도 두 번 죽어야 했으며 그의 아들은 능지처참을 당했다. 뿐만 아니라 서술기의 손자와 시집을 교정 보았던 사람까지도 모두 사형을 당했다. 이러한 억울한 죽음을 당한 사례는 하나하나 꼽을 수 없을 정도였다.

문자옥의 형벌이 얼마나 가혹하던지 위험에 처해도 손을 쓸 수가 없었다. 이런 문화전제주의의 통치 아래 수많은 지식인들은 감히 정치에 개입할 엄두를 내지 못했으며, 고서를 고증하는데 몰두할 수밖에 없었다. 노신老臣 양시정의 경험담은 당시 문자옥의 가혹함을 잘 반영해 주고 있다.

"서간書簡으로는 절대 교우하지 않았으며, 우연히 쓸모없는 종이를 발견하게 되면 곧바로 불살라 버렸다."

건륭제는 대대적인 불온서적 색출 작업이 거의 종결되자 민간 희곡에 대한 검열 작업에 착수했다. 건륭 45년 11월에 내린 유지에서는 다음과 같이 말하고 있다.

> 민간 희곡이라고 반역적인 글이 없을 리 없다. 명 말 청 초의 야사나 청조와 관련된 자구字句는 하나도 빠짐없이 조사하도록 하라. 또한 남송南宋이나 금金과 관련된 사곡詞曲에 이르기까지 세간의 극본은 연기가 지나치거나 사실과 부합되지 않는 경우가 많다고 들었다. 따라서 이 모든 것을 세세히 조사하도록 하라.

건륭제는 소주와 양주는 희곡이 성행하는 지역이므로 특별히 그 지역 관원에게는 "내용을 바꾸어야 하거나 삭제해야할 부분은 반드시 제대로 헤아려 처리하도록 하고 원본과 삭제된 부분을 모두 밀봉하여 북경으로 보내도록 하라."라는 내용의 유지를 보냈다. 당시 소주와 양주 등지에서는 곤강崑腔이 성행하고 있었다. 그는 또한 소주와 양주에서 조사가 종결되자 강소, 광동, 복건, 절강, 사천, 운남, 귀주의 각 성 순무들에게 각 지방에서 성행하고 있는 석패강石牌腔, 진강秦腔, 익양강弋陽腔, 초강楚腔 등을 조사하라는 유지를 내렸다. 지방 희곡은 민간의 창작 예술이다. 건륭제는 민간의 반만反滿사상을 억제하기 위해 청조에 영향을 미치는 송과 금에 관련된 극본에 대해서도 엄격히 조사하여 삭제하거나 고치도록 하는 등 극단적인 전제정치의 폭압을 행사했다.

건륭제는 37년부터 민간서적을 수집하도록 하는 유지를 내린 이래, 사고전서를 편찬하는 작업과 결합하여 서적의 검열작업을 대규모로 시행했다. 사고전서가 완성된 후에도 건륭 50년까지 여전히 강서, 강소, 절강 등지에서는 민간서적에 대한 검열작업이 지속되었다. 일부 고증에 따르면 잇따른 서적 검열작업으로 소실된 서적은 약 3천 종, 7만 권 이상에 달했는데, 이 이 숫자는 사고전서에 포함된 3천 5백여 종, 7만 9천여 권과 거의 비슷하다. 사고전서에 수록된 서적 중에 부분적으로 훼손된 것은 4백여 종에 이르렀고 삭제하거나 고쳐진 부분은 그 수를 셀 수가 없었다.

건륭제가 편찬한 사고전서는 대량의 문화 전적을 보존하고 있으나 광범위한 서적의 훼손으로 한 차례의 문화적 재앙을 초래했다. 건륭제의 사고전서 편찬작업을 진시황의 분서갱유에 이은 2차 분서사건이라고 말한 혹자의 견해도 절대로 과언은 아니다.

그럼에도 불구하고 일부 역사적 가치를 지닌 서적 중에 금서로 지정되었으면서도 민간에서 비밀리에 보존되어 전해 내려온 책들이 있다. 이것은 형벌이라는 폭력적인 수단을 이용하여 문화와 사상에 대한 통치를 강화하는 것은 비록 한때를 뒤흔들어 놓을 수는 있어도 결코 문화저술의 전파를 완전히 막을 수는 없다는 것을 다시 한 번 증명해 주고 있다.

활시위를 세게 당긴다고 좋은 것은 아니다
弓不可張之過滿

원래 금서를 처음 단속하기 시작했을 때 중점적인 대상으로 삼았던 책들은 명 말 청 초의 야사와 청 초에 한족으로서 지조를 지켰던 유민들의 시문이었다. 그러나 금서 색출 작업이 대규모로 전개되면서 그 범위가 송조와 원조 그리고 명조 전기의 서적들로 확대되었다. 그래서 금이나 원을 '배척'하는 서적들은 모두 색출되어 소실되었다. 자관 사건이 발생한 후에는 그 범위가 더욱 확대되어 살아있는 당시 선비들의 작품까지도 포함되었다. 건륭제는 유지를 통해 분명하게 선포했다.

짐이 각 성의 독무들에게 불온서적을 없애도록 명한 것은 서적 안에 간혹 반역을 담고 있는 말들을 세상에 남겨 둘 수 없으므로 사악한 말을 사라지게 하여 사람들의 마음을 바로잡기 위함이었다. 이를 위해 옛 사람들의 서적도 회수를 했는데, 어찌하여 현재 선비들의 서적은 불문에 부친단 말인가?

건륭제의 호된 독촉을 받자 각 성의 독무들은 자칫하면 벌을 받지나 않을까 두려워 전심전력을 다해 금서 색출 작업에 착수했다. 그리하여 명 말 청 초 시기의 역사, 변방, 국방, 민족 등을 다룬 서적은 물론이고, 심지어 송금宋金 관계나 원명元明 관계를 언급한 서적들에 대해서도 불경한 부분이 있든 없든 모조리 다 불태워 버렸다. 특히 건륭제가 자관을 구실 삼아 해성을 처단한 후에는 각 성 독무와 대소 관리들은 전철을 밟지 않기 위해 시대에 관계없이 닥치는 대로 서적을 회수했다. 크게 된서리를 맞아 잔뜩 겁을 먹은 이들의 눈에는 모든 책들이 반역서적으로 보일 정도였다.

만주 귀족의 선조들은 동북 지역의 일개 소수민족으로 명대 말년에는 명나라 정부의 관할에 속했다. 청의 통치자들은 항상 이 사실을 숨기고 싶어 했으며 언급하기를 꺼렸다. 그리하여 요동遼東과 여직女直, 여진女眞 등의 위[33]衛와 관련된 글자가 있는 서적은 그것이 단지 지명일 뿐이라 하더라도 이유 없이 모두 불태워졌다.

청 통치자들은 패관[34]稗官들이 수집한 명 말 청 초의 사실史實을 기재한 야사를 특히 금기시했고, 당시 민족의식과 반청사상을 담고 있던 명나라 유민들의 시문집에 대해 심한 반감을 가지고 있었기 때문에 이들을 중점적으로 색출해 냈다. 그래서 이 범주에 들기만 하면 설령 과거에 황제의 어명을 받들어 보존하고 있는 책이라 하더라도 또 더 심한 경우에는 황

---

33. 명대, 주로 동북지방 요충에 소수민족을 다스리기 위해 세웠던 군영으로 후에는 지명으로 쓰였음.
34. 시정에 참고하기 위해 거리에 떠돌던 이야기를 수집하던 벼슬아치.

제가 책에다 직접 표시를 하면서까지 남겨두도록 특별히 지시했던 것들도 모두 불태워졌다. 그리고 유서^{35}類書의 일부 항목에서 우연히 금기 사항이 발견될 경우에는 해당 전서全書 모두를 한꺼번에 불태우는 것이 가장 편하고 안전한 방법으로 사용되었다.

이러다 보니 원래 조정에서 임시로 불온서적을 보관하고 있던 방략관方略館은 책으로 넘쳐났으며, 수용할 공간이 모자라 앞뜰까지도 산처럼 쌓아 놓아야할 지경에 이르렀으니 그야말로 문학계의 일대 수난이었다.

'넘칠지언정 부족하지는 않았던' 이러한 방법에 대해 나중에는 건륭제 본인도 정도가 지나쳤음을 느꼈고 따로 자세한 조사를 거쳐야 할 책도 있다는 것을 알게 되었다. 이에 따라 건륭제는 유지를 내렸다.

> 명 말의 책 가운데 청조에 저촉되는 의도가 보이는 말이 있을 경우 마땅히 태워 없애야 한다. 그러나 유종주劉宗周, 황도주黃道周, 웅정필熊廷弼 등 명 말 충신들의 문집과 상소는 비록 청조를 해하는 부분이 있다고는 하나 불경스러운 자구만을 바꾸면 족하니 불태워 없앨 필요까지는 없다. 명나라 사람들이 간행한 유서 가운데 변방과 국방 등에 관한 항목에 불온한 글자가 있다면 남겨두어서는 안 될 것이나 그럴 경우에도 몇 권을 제거하거나 몇 편을 삭제하고 혹은 문제가 되는 자구를 고치기만 하면 될 뿐 한두 권 때문에 전부를 폐기할 필요는 없다.

건륭제는 각종 서적을 보다 명확하게 구분하여 처리하는 책임을 사고전서관에 지우면서 이를 위한 구체적인 판단기준을 마련할 것을 요구했

---

35. 많은 서적을 모아 주제에 따라 분류하여 검색을 편리하게 한 책으로 백과사전과 유사한 기능을 했음.

다. 이것은 결코 만만치 않은 작업이었으므로 사고전서관의 신하들은 머리를 맞대고 심사숙고를 거친 끝에 건륭 43년 '불온서적 검열 기준'을 제정하게 되었다. 물론 여기에도 청조를 비방하는 글이 있으면 반드시 소각하고 명 말 청 초의 시문집 일부에 불경한 사항이 포함되어 있을 경우 모든 문집을 소각한다는 등의 내용도 있었지만 그것보다는 개별적인 사안에 따라 분별하여 처리하도록 하는 데 역점을 두고 있었다.

1. 명 만력萬曆 이전에 발간된 요동, 여직, 여진 등의 위衛와 관련된 서적은 외성에서 빠짐없이 북경으로 보내 소각해 왔으나 그것들은 원래 지명이므로 조정을 지탄하는 뜻이 없다. 현재 이 서적을 『만주원류고滿洲源流考』 내에 수록하기로 결정하였으므로 분별하여 처리함이 옳다. 만약 조사를 통하여 지명임이 확실히 밝혀질 경우 따로 표시하여 두고 태우지 않는다. 그러나 금기에 해당되는 자구로 판정될 경우 규정대로 소각한다.
2. 명대 각 서적 안에 서북변경 지역의 소수민족에 대해 수록하고 있는 부분이 있으나 외성에서 지리를 잘 알지 못해 가끔 일괄적으로 소각하는 경우가 있었다. 그러나 『명사明史』에 기재된 달단韃靼, 와자瓦剌, 타안朶顔 등의 민족은 청조를 해한 바가 없다. 정확히 조사하여 별도로 표시한 후 소각하지는 않는다. 만약 편향되고 과장된 말이 있으면 규정에 따라 소각한다.
3. 명 말 굉광宏光 연호는 이미 『통감집람通鑒輯覽』에 수록되었고 그중 『삼번기사본말三藩紀事本末』에 있는 세 왕의 연호도 이미 황제의 유지대로 보존되도록 하였다. 만약 각 서적 안에 세 왕의 연호만 등장하고 다른 불경한 자구가 없는 것은 검열을 거쳐 별도로 표시한 후 소각하지는 않는다.
4. 오위업吳偉業의 『매촌집梅村集』은 일찍이 황제께서 직접 표시를 하

여 남겨 두도록 명하셨고 그의 『수구기략殺寇紀略』등의 서적에도 불경한 자구가 없음에도 외성에서는 이를 일제히 소각하도록 결정했다. 그 이유는 오위업이 전겸익錢謙益과 더불어 강좌삼가江左三家라 불렸는데 일찍이 그들의 시를 모아 시집으로 만든 적이 있으므로 이를 전겸익과 연루시킨 것이다. 이 책들은 심사를 거쳐 신중히 살피되 마음대로 소각하지 않는다. 『강좌삼가시江左三家詩』, 『영남삼가시嶺南三家詩』 내의 오위업, 양패란梁佩蘭 등의 시는 선별하여 남겨 둔다.

5. 전겸익, 여유량, 금보, 굴대균 등의 저술은 전부 태우되 만약 다른 책에서 그들의 말이나 시를 인용했을 경우에는 단순한 수록에 지나지 않으므로 그들의 저술과는 다르게 취급한다. 유지에 따라 책에 인용된 각종 글들은 따로 발췌하여 태우고 그 부분의 활판을 깎아서 없애되 원서는 남겨 두어 공평함을 보이도록 한다. 전겸익이 서문을 쓴 책들은 그 내용에 위배되는 사항이 없으면 위와 같은 방법으로 처리한다.

6. 각 지역의 유사類事를 수집하여 기록한 서적은 원래 인물, 지리, 역사, 풍속 등 여러 분야로 분류되어 있고, 인물이라 하더라도 개인별로 기록되어 전해지므로 각 항목 간에는 서로 연관되지 않는다. 불경한 내용이 있다 하더라도 책 중의 한 부분일 뿐이므로 그것 하나 때문에 책 전부를 소각할 수는 없다. 따라서 불온한 항목은 심사를 거쳐 따로 뽑아 소각하되 전부를 소각하지는 않는다.

7. 불온서적에 수록되어 있는 상소문은 황제의 뜻을 받들어 현재 받아들여질 만한 부분은 별도로 발췌하여 보존하고 나머지는 소각시킨다. 정국의 시비를 논한 상소문만을 모아 실은 『경제문편經濟文編』 등과 치국에 관한 책략만을 따로 실은 『명상원책明狀元策』 등의 책은 대부분의 내용이 명 초로부터 나온 것이므로 개별적으로

처리해야 함이 옳다. 그중 불온한 자구가 있으면 뽑아서 삭제하고 나머지는 신중하게 살핀 후 보존하여 구별을 보인다.
8. 송나라 사람이 요, 금, 원의 민족에 대해 쓰거나, 명나라 사람이 원나라에 대해 쓴 책 가운데 그들을 '적국敵國'이라 말하는 내용이 있거나 적대시하여 도리에 어긋나는 어구가 있으면 신중하게 심사하여 수정한다. 그 평가의 내용이 지나치게 편향된 경우 규정에 따라 표시한 후 삭제한다.

강절 일대를 비롯한 전국 각지에서 불온서적 단속을 통해 수집된 금서가 끊임없이 조정으로 올라옴에 따라 그에 대한 식별 작업이 시급해졌다. 건륭제가 이 과정에 직접적으로 관여함에 따라 군기대신과 사고전서관 관리들은 이들 서적에 대한 전면적인 심사를 벌였다. 모반의 의도가 강한 책은 일괄 소각하는 한편 그 정도가 덜한 책은 해당 자구에 황색으로 표시를 하거나 그 페이지에 종이를 붙여 구분하되, 삭제 이유를 상세히 적은 서류도 동봉하여 올렸다. 건륭제의 비준을 거치고 나면 무영전으로 보내져서 군기대신의 감시 아래 소각로에 던져졌다. 만약 편篇 단위로 불온한 내용이 담긴 경우 그 부분만을 뽑아 삭제 범위에 포함시키고 그릇된 내용에 황색 표시를 하여 건륭제의 비준을 거친 후 해당 항목을 뽑아 소각했다.

불온서적의 완전한 수거를 위해 사고전서관에서는 전문요원을 파견하여 각 성에서 올린 수만 종의 책을 몇 차례에 걸쳐 반복 심사했다. 심사 과정을 거쳐 '전부 소각'으로 판정된 책은 144부에 달했고, 부분적인 내용에 대해 '일부 소각'으로 판정된 책은 181부였다. 건륭 47년에 이 목록을 각 성에 하달하여 그에 따라 회수하게 했다.

이와 별도로 군기처에서는 금서령이 반포된 이후 각 성에서 회수했던 수천수만의 서적 중에서 전부 소각하거나 일부 소각해야 할 서적으로 판명된 총 789종의 목록을 작성하여 건륭제의 윤허를 받은 후 무영전에서 이를 인쇄하여 각 성에 배포했다.

건륭 47년 4월, 안휘 흡현歙縣 지현 양기적楊祈迪은 생원 방국태方國泰가 소장하고 있던 그의 5대조 방분方芬이 지은 『도원정시집濤院亭詩集』을 모반서로 규정하여 성에 보고를 올렸다. 안휘 순무 담상충譚尙忠은 보고를 접한 즉시 현으로 달려가 심사 작업에 착수했다. 방분은 명조 천계天啓 연간에 태어나, 청조가 들어선 뒤 공생貢生이 되어 『역경보의易經補義』, 『도원정시집』을 저술하고 강희 29년에 죽었다.

방분이 명 말 청 초 시대 사람인 것으로 밝혀지자 지방관원은 촉각을 곤두세우고 초긴장 상태에서 조사 작업을 벌일 수밖에 없었다. 과연 시집에서 약간의 반역문구가 발견되자 담상충은 이 책을 '명 말 청 초의 반역서적'으로 규정하고 수차례에 걸쳐 자진 헌납을 권고했으나 방국태는 이를 올리지 않았다. 담상충은 이를 고의로 불온서적을 은닉하려 한 것이라 여기고 이 같은 중죄는 엄히 다스려야 한다고 판단했다. 그리하여 방분의 무덤을 파 육시戮屍를 하고 감히 조상의 반역서적을 은닉한 방국태를 참수에 처할 것을 청하는 상소를 올렸다.

또 한번의 참혹한 사건이 일어나려던 참이었다. 그러나 이때 뜻밖에도 건륭제는 내각을 통해 유지를 전하여 오히려 담상충을 일을 그릇되게 처리했다고 질책하고는 다음과 같이 말했다.

> 방분의 『도원정시집』에 나오는 '청을 혐오하고 명을 그리워한다.'라는 어구는 뜻을 이루지 못한 서생이 병화兵火를 당하여 피난가야만 하는 데서 비롯되는 울분과 시대적 아픔을 토로한 것에 지나지 않으니 괜한 생트집을 잡아 율법으로 다스릴 필요가 없다. 이런 것까지 처벌한다면 사람들이 모두 위기감을 느껴 아무 일도 하지 못할 것이다.

이에 따라 건륭제는 "만일 그 외에 불법적인 어구가 더 나오지 않는다면 일을 그리 처리할 필요가 없다."라는 내용의 유지를 내렸다. 그리고 "어찌 글자 하나하나에 연연하여 깊이 캐내겠는가?"라고 말하며 자신은 결코 정도를 넘어서서 일을 처리하는 사람이 아님을 강조했다.

결국 형부에서는 건륭제의 뜻을 받들어 은닉죄를 저지른 방국태에게 한 등급을 강등시키고 곤장 1백 대를 친 후, 3년 징역에 처한다는 판결을 내렸다. 또한 방분은 이미 죽었으니 죄를 묻지 않기로 했다.

건륭 46년, 복건 해성현海成縣 사람 주갱성周鏗聲은 지현 엽정추葉廷推에게 원한을 품고, 엽정추가 편집한 현지縣志에 수록된 비문의 시구가 대역무도한 내용이라며 고발했다. 순무 양괴楊魁는 사건의 정황을 담은 상소를 건륭제에게 올렸다. 건륭제는 상소를 읽어 본 뒤 "모두 케케묵은 자구를 베낀 것 뿐 대역무도한 내용을 찾을 수 없다."라며 주갱성을 무고죄로 처벌했다.

건륭 47년, 호남 용양현龍陽縣 감생인 고치청高治淸이 간행한 『창랑향지滄浪鄕志』도 반역의 내용이 있다고 하여 고발을 당했다. 순무 이세걸李世傑이 황제에게 상소를 올려 다스림을 청하자 건륭제는 다음과 같은 내용의 유지를 내렸다.

> 향지는 무지한 향촌의 우민들이 잡다하게 주워 모아 아무렇게나 편집한 것인데, 이런 것까지 문제 삼아 터무니없이 지적하면 그들더러 어떻게 하라는 말인가?

같은 해에 안휘 순무 담상충은 이미 죽은 방분의 시집에 수록된 "갈꽃은 회고자 한데 이슬이 서려 반짝이고[蒹葭欲白露華淸] 꿈 속 구슬픈 기러기 소리에 날이 밝아오네.[夢里哀鴻聽轉明]"라는 구절을 들어 그 손자를 대역률에 따라 처결하도록 하는 상소문을 올렸다. 이에 건륭제는 "비록 시구에

은유적으로 청淸을 혐오하고 명明을 그리워하는 뜻이 있으나 공공연히 청조를 헐뜯는 것은 아니다. 만약 꼬치꼬치 결점을 들추어내어 처벌한다면, 누구도 두려워서 시문을 통해 자신의 생각을 나타내지 못할 것이다."라고 하며 처벌할 필요가 없다는 판결을 내렸다. 건륭제는 몸소 억울한 문자옥에 반대하는 판결을 내림으로써 관리들의 과도한 처결과 문자옥을 복수의 수단으로 삼는 기풍을 억제했다. 한 시기를 풍미했던 문자옥은 이렇게 점차 진정되어 갔다.

혹자는 "위의 책들은 모두 명 말 청 초의 불온서적으로 청을 혐오하고 명을 그리워하는 뜻을 담고 있는데, 어째서 건륭제의 처결은 이렇게 다른가?"라는 질문을 할지도 모른다.

원래 건륭 39년 8월 금서령이 반포된 이래 8년이 지난 이 시점까지, 엄격히 시행된 색출 작업으로 웬만한 불온서적은 거의 소각되었기 때문에 건륭제는 이 사건을 크게 부풀릴 필요가 없다고 생각했다.

게다가 당시는 건륭제의 문자옥에 대한 가혹한 처결의 후유증으로 민간에서도 수많은 협잡배들이 서적을 이용해 무고한 사람을 모함하는 일이 비일비재하게 발생했다. 문자를 이용해 남의 흠을 들추어내어 죽음으로 모는 풍조가 성행하고 있었던 것이다. 보기만 해도 몸서리쳐지는 끔찍한 문자옥사건들은 대부분 권세와 이익을 따르는 소인배들이 원수를 해치는 수단으로 악용되었다. 『자관』, 『일주루시』, 『애죽헌시고』사건이 모두 그러했다. 문자를 이용해 남의 흠을 들추어내는 풍조는 민간에 급속히 퍼지면서 민심을 흉흉하게 만들고 사회불안을 조장했다. 이런 상황은 건륭제 본인조차도 "원한 맺힌 사람을 함정에 빠뜨리기 위해 던진 종이 한 장으로 무고한 사람이 연루되어 패가망신하니, 이 나라가 과연 어찌 될 것인가?"라고 걱정하게 만들었다.

또 다른 중요한 원인은 건륭 말년에 격화된 계급간의 갈등이다. 당시 청조는 전성기가 이미 지나가고 쇠락기로 접어들면서 각종 사회적 갈등이 끊임없이 노정되고 여기저기서 백성들의 반항투쟁이 발생하고 있었다. 통치자는 이들에 대처하기도 힘이 부쳤으므로 뜬구름잡기 식으로 근거 없이 남이나 헐뜯는 '문자사건'을 돌볼 겨를이 없었다.

따라서 건륭 47년 이후, 불온서적 색출 작업으로 야기된 서화書禍나 문자옥사건들의 발생건수가 점점 감소했다. 비록 여전히 세상 물정에 어두운 일부 관리들이 사소한 것을 꼬투리 잡아 문제를 일으키는 경우도 있었으나, 건륭제가 '만사를 무리하게 처리하지 않는다.'라는 기치를 내걸면서 모두 관대한 처분이 내려졌다. 불온서적의 색출 작업 자체도 점차 완화되어 갔다. 비록 건륭제는 자신의 입으로 직접 이 작업이 종결되었음을 선포하지도 않았고 심지어 건륭 54년 5월에는 유지를 내려 강절을 비롯한 각 지역의 독무들을 다그치기도 했다.

> 강절 지역을 포함한 각지의 독무들은 반드시 관할 지역의 규율을 엄격히 바로잡고 모든 곳을 주의 깊게 조사하라. 강절은 문화의 중심지로 서적의 양 또한 가장 많은 곳이므로 지방관은 특히 불온서적의 완전 소멸에 심혈을 기울여야 한다.

그럼에도 불온서적의 색출 작업이 현실적으로 영원히 지속될 수는 없었다. 건륭 말년에 이르러 각 성에서 색출되는 불온 서적의 양은 계속 줄어들었으며, 건륭 58년에 강서성에서 10여 종의 불온서적을 거두어들였다는 상소문이 올려진 후로, 더 이상 불온서적을 회수했다는 상소문은 올라오지 않았다. 건륭제가 직접 선두에 나서 지휘한 불온서적 색출 작업의 불씨는 점점 사그라져 갔다.

화는 미연에 방지하라
時有防患于未然之心

건륭제는 자신이 백성을 다스리는 도리를 '관엄호제寬嚴互濟'라 표방하며 스스로 높이 평가했다. 그중 농민봉기에 대한 군사진압과 백성의 반항 행위에 대해서 적극적인 대응을 것은 봉건 전제통치를 유지하기 위해서는 절대 필요하고 중요한 일이었지만 거기에는 엄격한 '흑'의 일면이 더욱 잘 드러났다. 건륭 중엽에 발생한 왕륜의 봉기를 진압하기 위해 많은 사람을 죽음으로 몰아넣었고 또 그 사건을 계기로 전국적인 범위로 보갑保甲을 정돈하고 조총을 거두어들인 것이 그 일례라고 할 수 있다.

건륭제는 군기 확립을 위해 수차례에 걸쳐 봉기군에 패해 도주한 만주 병사들을 잡아들이라는 명령을 내렸다.

덕주德州의 만병滿兵이 역적에게 용감히 맞서기는커녕 달아나 숨어버린 것은 실로 수치스러운 일이다. 만주의 후예는 절대로 뒷걸음치지 않는다. 이번에 덕주 만병들이 이처럼 나약한 모습을 보여 만주의 기풍을 더럽혔으니, 이런 놈들을 어찌 사람의 무리라 할 수 있겠는가? 짐은 너무나 통탄스러울 따름이다. 만약 중죄로 다스리지 않는다면 어떻게 군대의 기율을 바로잡을 것인가?

건륭제는 서혁덕에게 "속히 가서 가장 먼저 도주한 자들을 밝혀내 사형을 집행하여 만인에게 올바른 법의 존재를 보여 주어라. 그리고 거기에 호응하여 같이 도망친 자들은 잡히는 즉시 팔기병으로서의 적을 박탈하고 이리로 보내 몽골의 노예로 삼으라. 그들의 처자식 역시 기적旗籍을 박탈하고 덕주에서 추방하라."라고 말했다. 또 건륭제는 열두 명의 병사가 아직 잡히지 않았다는 소식을 접하고는 "성명과 기적, 연령과 용모를 상세히 적은 목록을 각 성에 통지하여 체포하라."라는 명령을 내렸다.

그들은 외성外省에서 오래 생활하여 의사소통에는 별 문제가 없을 것이나 기인으로서의 몸가짐이나 행동거지는 고치기가 쉽지 않으므로 쉽게 판별할 수 있다. …… 행방을 감추고 어딘가에서 장인匠人 노릇을 하거나 변장을 하여 협잡꾼들 사이에 섞여 들어갔을 수 있으나, 철저히 색출하여 사형을 집행토록 하라.

건륭제는 줄곧 '모든 일을 처리함에 정도를 지나치지 않는다.'라며 자신을 치켜세우기를 좋아했다. 그러나 이와 같은 잔혹한 살육을 보면 그의 말이 진실이 아니었음을 알 수 있으며 봉건전제통치의 공포와 난폭성을 여실히 드러낸다.

명령을 내리는 동시에 건륭제는 더욱 엄격하게 보갑제를 실시하고, 전국적으로 민간이 소지하고 있던 조총을 거두어들임으로써 민중 봉기를 미연에 방지하고자 했다.

보갑법은 청 초에 시작되었는데, 옹정제는 즉위 후 수 차례에 걸쳐 전국적으로 보갑제를 실시하라는 명을 내리면서 봉건질서를 수호하는 수단으로 삼았다. 건륭 22년 10월, 건륭제는 각 성 독무들에게 지역의 실상을 파악하여 토의를 거친 후 보갑 규정을 만들도록 명했는데, 그 결과 10호戶를 1패牌로 하고, 10패를 1갑甲으로 하며, 10갑을 1보保로 하는 규정이 만들어졌다. 모든 호에는 문패가 있어 거기에는 호주의 성명과 직업, 정남丁男(성년에 이른 남자, 장정壯丁)의 수가 기록되어 있었다. 이러한 신상내역은 동시에 관부의 등록부에도 등재되어 나중에 쉽게 조사할 수 있도록 했다. 패와 갑에는 각각 두頭를 세우고 보保에는 장長이 있어, 그들이 민호民戶를 관리하고 잡혀온 도적을 조사하는 책임을 졌다. 이듬해 건륭제는 유지를 내려 보갑제의 시행을 촉구했으나 대부분 지역에서는 이를 현실성이 없는 공문空文으로 간주했다.

왕륜王倫의 봉기 이후, 건륭제는 민간의 봉기를 방지하고 태평을 오래도록 유지하기 위한 방도를 꾸준히 찾은 결과 보갑제가 다시 최선의 방책으로 떠올랐다. 직례 총독 주원리周元理는 명을 받들어 산동으로 가 왕륜의 봉기를 토벌한 뒤 대명大名과 광평廣平 일대를 순찰하고 돌아왔다. 풍부한 통치경험을 가진 봉건관료 주원리는 "아무리 생각해 보아도 보갑제를 힘써 행하는 방도밖에는 없다." 하고 판단하여 황제에게 상소를 올렸다.

> 보갑은 과거에 세운 제도로 시행한 지 오래되었으나 각 성의 백성들이 대부분 현실성이 없는 공문空文으로 간주하여 큰 실효를 거두지 못했습니다. 직례는 수도를 둘러싸고 있는 가장 중요한 지역이므로 이번에는 반드시 진지하게 추진하도록 하겠습니다.

상소를 읽고 난 건륭제는 그의 의견에 동의를 표하며 그것을 베껴 각 성의 독무들에게 보내도록 했다. 가장 먼저 호응해 온 사람은 새로 산동으로 부임한 순무 양경소楊竟素였다. 당시 산동 각지에서는 비밀결사형식으로 일어난 봉기가 청조의 봉건통치를 심각하게 위협하고 있었다. 그도 농민봉기에 대해 깊이 우려하고 있었으므로 즉각 "산동성의 보갑문제는 다른 성과 비교해 볼 때 더욱 시급합니다. 이제 도적을 토벌했으니 실질적인 규정을 마련하는 것이 마땅합니다."라고 건륭제의 유지에 답하는 상주를 올렸다.

양경소는 상주문에서 보갑 실행에 관한 10개 조항을 제기하며 "사교邪敎 창설과 권법拳法 연마를 비롯한 일체의 사회적 악행이나 행실이 수상한 사람 모두가 절대로 패牌와 갑甲의 이목에서 벗어날 수 없다." 하고 강조했다. 그가 제기한 보갑 규정에 따르면 정주定住인구를 엄격히 통제하는 동시에 유동인구도 아울러 감시하고, 전입이나 전출로 인해 호구에 변동이 있을 경우 패두牌頭는 즉시 갑장甲長이나 보장保長에게 보고해야 했다. 상점과 음식점을 드나드는 사람들 중에서 불량해 보이는 사람들도 주요 조사 대상이 되었다. 인근 성에서 체포된 대도大盜나 탈옥수들은 대부분 상점이나 음식점을 조사하여 잡힌 경우가 많았으므로, 순환부循環簿를 만들어 드나드는 행상의 이름과 휴대 물품 그리고 수레의 수량을 기입한 후 보름마다 주와 현으로 보내 검열을 받도록 했다.

그 외에 호젓한 사원이나 가마터, 위산호微山湖와 등래해도登萊海島의 주민이나 숯을 만들어 생계를 꾸려나가는 사람, 노산嶗山 절벽에 올라 암자를 짓고 사는 승려 그리고 두 마을 혹은 두 읍의 접경지나 깊은 동굴이 있는 조래산徂徠山은 모두 쉽게 역적들이 숨어들 수 있으므로 수시로 엄격히 검사해야 했다. 빈틈없이 조여 오는 이러한 규정들 때문에 산동 백성들의 생활은 숨막히는 고통의 연속이었다.

각 성의 독무는 조정의 중신으로서 황제와 한 배를 탄 사람들이었다. 그들은 자신들의 봉건 통치체제를 유지하기 위해 농민봉기에 대한 경계심을 늦추지 않았으므로 보갑제를 정비해야 한다는 건륭제의 뜻을 적극적으로 지지했다. 하남성은 산동성과 접하고 있는데, 서적徐績은 산동 순무 재임시절 임청臨淸의 양가천梁家淺에서 왕륜이 이끈 봉기군에게 포위된 적이 있고 사교邪敎의 감찰을 소홀히 한 죄로 관직을 잃었다. 그 후 하남으로 전임된 그는 심기일전하여 보갑제를 엄격히 시행하라는 건륭제의 성지를 받고 나서 관리들에게 보갑제 시행과 관련해 약속을 했다.

> 만약 3개월 내에 사교를 색출하여 민심을 교란하는 악한 무리들을 잡아들임으로써 지역의 위협을 제거한다면 감찰을 소홀히 한다는 죄를 면해 줄 뿐만 아니라 파격적인 추천도 해 주겠다. 그러나 아무런 성과를 얻지 못하고도 거짓으로 보고서를 제출했다가 훗날 다른 경로를 통해 발각된다면 징계를 내리고 탄핵할 것이다. 또한 요령을 부려 적당히 조사해서 문패를 만들어서는 안 될 것이며, 마을 사람들을 모아 놓고 대의를 알려 훗날의 해악을 경계시켜야 한다. 또한 '사교를 엄격히 조사하고 권법과 무술을 금한다.', '한 집에서 죄를 저지를 경우 나머지 아홉 집을 연좌하여 함께 벌한다.' 라는 조항을 인쇄한 종이를 모든 가구에 한 장씩 배포하여 붙이게 한 후 이를 경계로 삼도록 하라. 만약 이를 준수하지 않을 경우 마을을 돌아다니며 모두가 보는데서 법에 따라 처벌하여 사교를 뿌리 뽑는 데 힘쓰라.

봉천奉天은 기인들의 밀집 거주 지역이면서 유동인구가 적고 관리들이 그 지역과 경계구역을 수시로 조사하고 감시했으므로 봉천 부윤奉天府尹 덕풍德風과 박경액博卿額은 건륭 40년 3월, 다음과 같은 내용의 상주를 올렸다.

> 봉천 지역의 기인들에 대해서는 보갑을 편성할 필요가 없을 것으로

보입니다. 그러나 이 지역에 체류하며 기인들의 일꾼으로 고용되거나 기계旗界에 거주하는 사람들에 대해서는 여전히 이름을 등록부에 등재해야 할 것입니다. 경내에 거주하고 있는 민간인이나 어업, 잠업, 채굴에 종사하는 체류자 그리고 암자나 사원에 살고 있는 승려와 도사들은 일률적으로 보갑에 편입시켰습니다.

그해 말, 새로 부임한 부윤이 기인 거주 지역에 대해서도 직례성 주현의 경우를 따라 보갑제를 실시함으로써 기인들까지도 모두 보갑에서 예외가 되지 않았다.

호북, 사천, 섬서 3성의 경계 지역은 삼림이 무성하고 구릉이 많으며 지세가 험준하여 예로부터 유랑민들이 많이 모여들었지만 봉건통치의 역량이 제대로 미치지 못하고 있었다. 3성의 고위관리들은 보갑을 조직함으로써 이 지역에서 오막살이를 하던 산민山民들의 반란을 미연에 방지하고자 했다.

섬서안찰사 포림浦霖은 지방관리들에게 "만약 행방이 묘연하거나 내력이 불분명한 사람은 지보地保(마을의 치안담당자)나 객두客頭(명, 청대에 광동과 복건 등지에서 노동자들의 해외 이주를 중개하던 알선업자)들이 책임을 지고 수시로 행적을 보고하되, 의심이 가는 행동이 발견되면 즉시 잡아들여 취조하라." 하고 명했다.

호북 순무 진휘조陣輝祖는 보갑 정비와 금서 색출 그리고 민간에 남아 있는 총기 회수작업을 함께 병행해야 한다는 상소를 올렸다.

금서와 총기는 보갑의 밖에서 나올 수 있는 것이 아닙니다. 이 세 가지 일을 나누어 처리한다면 소리만 클 뿐 별 실효를 거두지 못할 것입니다. 이번에 보갑을 정비할 때 반 년을 기한으로 정하여 각 관원이 호구 조사를 시행하면서 이전에 한 번도 본 적이 없는 책이 나오면 즉시 회수하고, 총기를 소지하고 있을 경우에는 바로 거두어 관부로 넘기도록 하십시오. 사교를 처리하는 문제에 대해서도 사교의 경전이나 그와 관련된 서적의 조사작업을 다른 것들과 함께 일사불란하게 처리한다면 쉽게 해결될 줄로 아옵니다.

봉건 통치자들은 강압적인 수단으로 보갑제도를 실시했는데 이를 통해 사전방비가 가능해졌고 만약 무슨 일이 생기더라도 조사와 체포가 용이할 뿐 아니라 연좌를 적용하여 처벌할 수 있게 되었다. 당시 권민시勸民詩 한 수는 이와 같은 상황을 잘 보여 주고 있다.

> 알면서도 보고하지 않으면 열 집이 연좌에 드니, '다른 이의 잘못으로 억울한 벌을 받지 말기를' 너희 이웃에게 권하니 다른 사람의 잘못 때문에 억울한 벌을 받지 말라.

보갑법 시행과 더불어 다른 조치들도 함께 이루어졌다. 한족과 소수민족간의 왕래를 엄격히 제한하고 복건이나 광동 사람들이 바다를 건너 대만으로 가는 것을 금했으며, 산동 연해 지역 사람들이 가족을 이끌거나 무리를 지어 몰래 봉천으로 건너가지 못하도록 막았다. 이로써 전국 각지로 뻗어나가는 거대한 경비망이 구축되었다. 호남 순무 파연삼巴延三은 당시 올린 상주문에서 다음과 같이 득의양양하게 말하고 있다.

> 모든 지역이 도적을 잡는 사람으로 가득하여 어느 곳에도 악인이 숨을 데가 없으니 사교가 흥할 길이 없습니다. 만일 외부로 도적이 도망쳐나간다 해도 즉시 잡아들이니 조금이라도 새어나갈 틈이 없습니다.

이런 식으로 백성들에 대한 엄격한 통제와 가혹한 군사진압을 병행하면서 청대의 봉건전제 통치는 정점에 다다랐다.

그러나 보갑제도의 시행만으로 빈곤한 파산농민과 기타 계층의 투쟁을 모두 막아 낼 수는 없었다. 봉건통치의 고압적인 정책의 시행으로 심각한 사회 위기가 대두되었으며 계급간, 민족간의 갈등은 나날이 격화되었다. 건륭 말년에 이르러 사회가 더욱 혼란스러워지면서 대규모의 농민봉기가 일촉즉발의 상황에 놓이게 되었다.

주요 원인의 하나는 봉건 말기 관리사회의 해이가 극단으로 치달았다는 데 있었다. 안으로는 재물을 긁어모으는 데만 혈안이 된 간신들로 가득하고 밖으로는 지위를 남용해 백성들을 괴롭히는 벼슬아치들뿐이었으니, 충직하게 맡은 소임을 다하는 관리들은 극히 적었다. 호적통계 한 가지만 놓고 보더라도 그것이 보갑제도를 추진함에 있어서 가장 기본이 되는 일이었음에도 통계자료의 정확성이 크게 떨어졌다. 건륭제는 이번 작업을 통해 호구를 제대로 파악하고 나면 정확한 통계자료를 얻는 것이 어렵지 않다고 보아 독무들에게 실제 인구수를 확실하게 조사하여 보고하도록 책임을 지웠다. 그러나 이러한 건륭제의 엄격한 지시와 감독에도 불구하고 그 효과는 미미했다. 해마다 연말이 되면 각 성의 독무들은 보갑제 시행과 관련한 연례 보고서를 제출해야 했는데, 그들이 제출한 보고서에는 항상 틀에 박힌 형식적인 말들뿐이었다.

광서 순무 손영청孫永淸은 어느 해의 보갑제 시행 상황을 다음과 같이 보고했다.

> 각개 관서에서는 황제의 성지를 받들어 모든 일을 틀림이 없도록 처리하였습니다. 비록 기록할 만한 공적은 없으나 직무에 태만하여 과실을 보고할 만한 관원 또한 한 명도 없습니다.

건륭제는 보고서를 본 뒤 불같이 화를 내며 말했다.

그야말로 악습에 빠져 헤어나지를 못하고 있구나! 모두 쓸데없는 말들뿐이로다. 보갑이 무익하지 않으나 보갑을 시행하는 자들이 제 구실을 제대로 하지 못하는 구나.

보갑제의 엄격한 시행으로 말미암아 서민들은 보갑제의 이로움을 얻기보다는 그로 인한 고통을 감수해야 했다. 서혁덕은 왕륜의 봉기를 진압한 후 '피비린내 나는 대학살의 경험'을 바탕으로 민간에서 주조했거나 개인적으로 보관하고 있는 총기를 수색해야 한다는 상주문을 올렸다.

역적 왕륜이 일으킨 봉기는 만한 관병이 용맹하게 싸운 덕분도 있으나 역적들이 조총을 소지하지 않았던 것이 비교적 빠르고 쉽게 그들을 진압할 수 있었던 주된 이유라 하겠습니다. 민간의 총기 소지가 연관되는 바가 이토록 크니 만일 철저히 조사하여 금하지 않는다면 후일에 다시 큰 화가 닥칠지 모릅니다. 신은 상인과 백성들이 도적과 맹수를 막기 위해 조총을 만드는 것을 영구히 금지하고 무기로 사용될 소지가 있는 죽통이나 철통과 같은 물건을 불법적으로 제조하는 것 또한 금하는 것이 옳은 방도라 생각합니다. 그리고 민간에 남아 있는 총기는 기한을 정해 지방관이 몰수하도록 하되, 만일 기일이 지나도 사사로이 소지하거나 조사를 회피하는 자가 있다면 황상께서 각부에 명하시어 엄한 법을 만들어 무섭게 처벌하십시오. 이와 같이 한다면 민간에서의 화기火器소지가 사라질 것이며 곧 화근도 없앨 수 있을 것입니다. 이상은 신이 역도 왕륜의 난을 생각해서 깨달은 바인데 실행할 수 있는지 엎드려 성훈聖訓을 기다리겠습니다.

사실 청 초부터 조정에서는 누차 민간의 무기 소지와 말 사육을 엄금해 왔으며 만약 이를 어기면 곧 역모를 꾀할 마음이 있는 것으로 간주해 왔다. 그리하여 수색을 통해 적발되거나 무기 소지로 고발될 경우 본인을 참수하고 가산은 몰수하며 처자식과 노비는 모두 관으로 넘겨졌다. 또 이를 고발한 자는 죄인으로부터 몰수한 가산의 3분의 1을 상으로 내렸다. 그러나 건륭제 때는 특별히 향촌의 상인과 일반인들이 호신이나 사냥 목적으로 총기를 사용하는 것을 허가하여, 집에서 무기를 제조한 후 관청에 등록만 하면 소지할 수가 있었다. 각 관서에서는 총기의 일련번호를 기록함으로써 민간의 무기소지 여부를 미리 조사할 수 있었다. 여기에 화물 호송에 필요하다는 이유로 적지 않은 지역에서 총기를 제조하면서 민간의 총기 소지가 날로 늘어났다.

서혁덕은 왕륜의 봉기를 진압하고 난 후, 민간에서 자유롭게 총기를 제조하고 이를 소지함으로써 비롯된 폐단을 더 이상 방치해서는 안 된다고 생각했다. 풍부한 경험에서 나온 그의 제안에 건륭제도 공감했으므로 각 성 독무들에게 명해 지방관들에게까지 그 뜻을 전하도록 했다. 기한을 정해 개인이 가지고 있는 조총 등의 무기류를 해당 주현에 자진해서 내놓도록 하고, 조사가 끝나면 그 결과를 회수된 무기와 함께 독무에게 보냈다. 독무가 종류별로 수량을 파악하고 분석하여 조정의 해당 부서에 보고하면 그것을 바탕으로 상세한 토의를 거쳐 구체적인 규정을 새로 만들도록 했다.

그리고 이부에서도 이와 관련하여 관리들에 대한 처벌 규정을 제정하고, 각 독무가 연말에 현황을 종합 보고하면서 산하의 도부와 주현에서 감독 소홀로 징계를 받아야 할 관리의 명단도 함께 보고하도록 했다. 징계의 내용은 다음과 같았다.

주현 관리 가운데 감독 소홀로 처음 적발될 경우에는 1급 강등과 더

불어 직무정지에 처한다. 두 번째로 적발될 경우 다시 1급을 강등시
켜 전임시킨다. 도부 관리의 경우에는 감독업무 소홀히 한 번 적발
되면 1년 간 감봉처분을 내리고, 두 번 적발될 경우에는 관급을 1급
강등시키면서 직무정지에 처한다.

이로써 민간에서의 총기 회수와 위반자 처벌과 관련한 사항들이 모두 법령으로 제정되었다.

건륭제는 민간의 불법적인 총기 제조와 소지를 금했을 뿐만 아니라 화약 제조까지도 엄격하게 통제했다. 건륭제는 왕륜의 봉기로 그가 바라던 태평성대의 꿈이 무너지게 되자 황제가 무기의 우세를 유지함으로써 또 다른 '왕륜 봉기'의 재발을 방지하고자 한 것이다.

그러나 민간의 총기소지를 금지하는 정책도 모든 성에 일률적으로 적용할 수는 없었다. 왜냐하면 몽골 지역과 내지의 일부 지역에서 도적을 막고 사냥을 하기 위해서 총이 반드시 필요했던 것처럼 각 지역에 따라 사정이 달랐으므로 모두에게 똑같이 강요할 수는 없었다. 건륭제도 단기간 내에 시행했다가 미비한 점 때문에 혼란을 가중시킬 것을 염려하여 "특별히 은혜를 베풀어 칙령을 거두니 부득이하게 총기를 사용해야 하는 경우에는 관부에 제출하는 것을 면해 주어 폐기시키는 일이 없도록 하라." 하고 지시했다.

건륭 46년 3월, 감숙성의 살랍족撒拉族과 회족의 백성들이 봉건 전제통치의 억압을 더 이상 견디지 못하고 신교도인 소사십삼蘇四十三과 한이韓二를 앞장세워 봉기를 일으켰다. 이들의 봉기는 3, 4년간 은밀한 준비를 거쳤기 때문에 깃발과 천막, 무기 등을 모두 완벽하게 갖출 수 있었다. 봉기군은 하주河州를 점령하고 지주知州, 천총千總, 외위外委 등 관원을 살해한 후 난주蘭州로 진격했다. 건륭제는 급히 대학사 아계와 섬감 총독 이시요를 파견해 수도의 건예영健銳營과 화기영火器營을 이끌고 감숙성으로 가서

진압하도록 명하면서 이와 별도로 만여 명의 장병藏兵과 아랍선기阿拉善旗 몽골병을 보내 봉기군을 포위하도록 했다. 청군의 광포한 진압으로 봉기는 실패로 돌아갔다. 그러나 이번 봉기는 또 한 차례 청 왕조에 큰 충격을 주었으며 이로 말미암아 농민 반항에 대한 건륭제의 적대감도 더욱 깊어졌다.

민족 반란이 날로 광범위하게 격화되면서 청 왕조에 심각한 위기가 닥쳤음을 감지한 건륭제는 총기회수 정책을 다시 전국적으로 확대 실시하기로 결정했다. 같은 해 11월, 그는 유지를 반포하여 총기의 제조와 판매에 관한 모든 행위를 엄금했다. 이 유지가 내려지자마자 전국에서 총기 회수 작업이 신속하게 전개되었고 병부와 이부에서의 도부와 주현 관리들의 과실에 대한 처벌도 가중되었다.

건륭 시기의 행정구역 18개 성 가운데 광동의 합포合浦와 연산連山 두 현과 산동 등주부登州府의 영해주寧海州 그리고 감숙과 산서의 일부 지역에 대해서만 관부에 등록하고 일련번호를 부여받는 조건으로 총기 소지를 예외적으로 허락한 경우를 제외하고는 일체 총기 소지가 금지되었다. 그 후 각각 시기는 달랐지만 총기 회수가 종결되었다는 동일한 내용을 담은 상주가 각 성에서 올라왔다. 그러나 건륭제는 여전히 마음을 놓지 못하고 친히 붓을 들어 "계속 예의 주시해야 한다.", "시간이 지나더라도 감시를 늦추어서는 안 된다.", "공허한 말만 하지 말고 직접 실천에 옮겨 성실히 행하도록 하라." 하고 계속해서 유지를 내렸다.

【건륭제에게 배우는 은위술】

一. 봉건사회에서 통치계급이 자신들의 통치를 지키기 위해 사용한 수단은 하나는 회유이고 다른 하나는 억압이다.

一. 건륭 시기에 와서 정치와 학문이 침체 국면에 빠지게 된다. 강희조 때의 유연한 정책으로 조성되었던 정치사상적 환경과 학술논쟁이나 자연과학 분야에서의 활발한 학습 분위기 등이 이때 와서 급격히 퇴보하는 성향을 보이게 되었다. 정치적 압력과 통제 아래 학문을 하는 사람들은 감히 정치를 논할 수 없었으며, 현실문제에 대한 학습이나 토론을 피하게 되었다. 그들은 대신 자신들의 시간과 노력을 고전을 정리하는 데 쏟아 부었다.

一. 하늘은 천재를 낳고자 하나 사람들은 오로지 천재가 나타나지 않음을 걱정한다.

一. 형벌이라는 폭력적인 수단을 이용하여 문화와 사상에 대한 통치를 강화하는 것은 비록 한때를 뒤흔들어 놓을 수는 있어도 결코 문화저술의 전파를 완전히 막을 수는 없다.

一. 모든 일에는 양면성이 있다. 공허한 말만 하지 말고 직접 실천에 옮겨 성실히 행하도록 하라.

제四부 흑백용병 黑白用兵

때로는 긴장을 풀어 주고
때로는 느슨함을 조여라

張時爲弛, 弛時爲張, 張弛相彰

1. 싸워야 할 때와 화해할 때를 구별하라 當戰則戰, 當和則和
2. 내 힘을 들이지 않고 싸운다 戰而屈人之兵
3. 나아가야 할 때 나아가고, 멈추어야 할 때 멈추어라 當進則進, 當止則止

"군사를 부리는 데는 긴장과 느슨함을 함께해야 한다." 건륭조는 군사적으로 공을 가장 많이 세운 시기로 정벌이 빈번하게 이루어졌다. 건륭제 후기에 유명한 전쟁이 열 번 있었는데 이를 두고 이른바 '십전무공十全武功'이라 한다. 십공+功이란 중가르 평정 2회, 위구르 평정 1회, 금천 평정 2회, 대만, 미얀마와 베트남에 대한 원정 각 1회씩 그리고 두 번에 걸쳐 구르카의 항복을 받아낸 것까지 모두 열 번의 공적을 말한다. 건륭제는 이 열 번의 전쟁에서도 흑백의 도를 활용했다. 즉 공격을 적절히 조절하고 긴장과 느슨함을 병행하여 전쟁을 하지 않고서도 적을 굴복시키고, 이이제이以夷制夷의 방법으로 적군을 분열시키거나, 이길 수 있을 때도 물러설 줄 알며 승산이 없는 전쟁은 시도하지 않았다. 이런 전술들로 늘 아무도 예상하지 못한 놀라운 성과를 거둘 수 있었다.

제1장

장이술張弛術 1
싸워야 할 때와 화해할 때를 구별하라
當戰則戰, 當和則和

전쟁은 언제 하고 또 화해는 언제 하는가? 이를 아는 것이야말로 가장 뛰어난 용병의 지혜이다. 어떻게 하면 전쟁과 화해라는 용병의 목적을 이룰 것인지에 대해 건륭제는 누구보다도 심오한 지혜를 가지고 있었다.

땀을 많이 흘려야 피를 아낀다

平時多流汗, 戰時少流血

건륭제의 세심한 국정 운영으로 대청국은 국내 정치와 외교 분야에서 큰 성과를 얻었고 국가의 세력도 점차 강성해졌다. 그러나 건륭제는 결코 교만하지 않고 자신의 목표를 국가의 태평성세를 오래 지키고 문치와 무공을 함께 일으키는 데 두었다. 전쟁에 대비하고 팔기병의 용감무쌍한 정신을 발양하기 위해 건륭제는 추선秋獮을 적극적으로 활용했다.

추선은 가을사냥을 말한다. 일부 대신들은 시종들이 사냥을 지나치게 즐길까 염려해서 황제에게 이를 경계하는 간언을 했다. 그러나 건륭제는 이들의 건의를 물리치고 다음과 같은 유지를 내렸다.

선인들이 춘수春蒐, 하묘夏苗, 추선秋獮, 동수冬狩라 하였으니 이는 사 계절 모두 수렵을 나서 무예를 닦았음을 말해 준다. 전쟁에 대비하는 청조의 방어 능력은 명조 이전의 전대보다 훨씬 강하다. 청군은 황조皇朝 때 여러 차례 출병을 하면서 천하무적이 되었는데, 이것은 모두 평소에 훈련하고 숙달시킴으로써 군사들이 용감해지고 전술을 잘 익혔을 뿐 아니라 적에 대한 적개심도 기를 수 있었기 때문이었다. 만약 만주 팔기가 평소에 수렵을 하지 않았더라면 안일한 습성이 생겨 말 타기와 활쏘기조차 제대로 할 수 없었을 것이다. 조부께서 매년 수렵을 나가신 것이 군사들에게 큰 이익이 되었음은 물론이요, 그곳에서도 기강을 바로잡고 정사를 꿰뚫고 계셨으니 마치 황궁에 계시는 것과 다를 바 없었다. 만리장성 밖으로 나가실 때는 몽골의 여러 부족들에게 호의를 베푸시어 먼 곳까지 두루 품에 안으셨다. 조부께서는 정벌을 위해 출병할 때면 수렵을 잠시 멈추셨지만, 전쟁에서 군사를 철수시킨 후에는 반드시 다시 수렵을 거행하셨다. 그러나 지금은 나라가 오랫동안 태평하니 활을 쏘고 말을 타는 것이 예전만 못하고 사람들이 안일함에 젖어 있어 이를 진작시키지 않을 수가 없다. 짐이 수렵에 관한 유지를 내리는 것은 선조의 제도를 존중하고 따르는 동시에 기강을 바로잡고 속국을 회유하기 위함이지 단지 즐기기 위한 것이 아니다. 짐은 지금까지 책을 손에서 떼지 않고 경전과 사서를 탐독하면서 시간이 지날수록 '유람'과 '안일'에 빠지지 않도록 이 두 단어를 늘 경계하고 있다. 만약 안락함 가운데 유희를 즐기고자 하는 것이라면 궁궐 안에서도 욕망을 좇아 방종에 빠져 국사를 그르치기에 불가한 것이 없거늘, 무엇 때문에 굳이 멀리까지 수렵을 나가겠는가? 짐이 널리 언로를 열어 주어 마음속에 가진 소견을 글로 올렸을 것이다. 그러나 그 뜻은 좋지만 식견이 넓지 못하므로 이를 널리 알리고자 하는 바이다.

이 유지에서 건륭제는 사냥의 필요성과 정당성을 충분히 설명하고 있다. 가슴속에 원대한 포부와 지략을 품은 건륭제는 선조들이 힘들게 차지한 강토를 한 부분도 잃지 않고 보존하려면, 마땅히 용맹스럽고 전쟁에 능한 군대가 있어야 함을 분명하게 알고 있었다. 그래서 건륭 6년에 처음 시작해서 죽을 때까지 거의 매년 사냥을 계속했다.

실제로 건륭제가 시작한 가을사냥은 날로 약해져 가는 군사력을 강화하면서 선조로부터 내려온 사냥을 통한 작전 훈련의 전통을 계승하고 더욱 발양시키기 위한 목적에서 이루어졌다. 거기에 기회를 엿보아 속국인 몽골을 회유하여 민심을 안정시키려는 목적도 있었다. 청조는 강희제 때부터 목란위장木蘭圍場을 만들어 무예를 익히면서 가법家法을 잊지 않도록 했다. 강희제는 48차례에 걸쳐 사냥을 나가 무예를 갈고 닦았으며, 건륭제 역시 매년 가을사냥을 통해 가법을 계승해 나가기로 결심했다.

건륭제는 사냥을 나가서도 여러 번 분명하게 지적하기를 "국가의 무비武備는 절대로 해이해져서는 안 된다."라고 하면서 또 "짐이 매년 목란으로 수렵을 나가는 것은 바로 관병들이 기마와 궁술을 익히고 해이해지지 않도록 하기 위함이다. 그리고 특히 만주 신하들을 힘든 고생에 단련되도록 하고 기예를 숙련시킬 필요가 있다. 이렇게 하지 않는다면 만주의 각 대신과 시위, 관병 등은 분명 기마와 활쏘기를 능히 해내지 못할 것이다."라고 했다. 건륭제의 이런 말들 속에는 가을사냥에 대한 중요성이 계속해서 강조되고 있다.

승덕承德의 피서산장에서 북쪽으로 가다 동쪽 길로 들어서면 절벽으로 통하는 입구가 나온다. 절벽 입구는 좁은 산로로 되어 있었으며, 기복이 심한 산봉우리들이 사방으로 이어지다가 그곳에 이르러 양쪽으로 끊기면서 가파르게 우뚝 솟은 절벽을 이루었다. 양쪽 절벽이 마주하고 있는 협곡 아래로 이손강伊遜江이 산 입구에서부터 빠르게 용솟음치면서 광활한 하천으로 흐르고 있다. 산 절벽을 마주한 높은 곳에 거대한 비석이 솟아 있고 그 비석 위에는 만주어, 한어, 몽골어, 티베트어의 네 가지 문자로 건륭제의 「입애구시入崖口詩」가 새겨져 있다.

조가朝家에서 무예를 중히 여겼더니
훌륭한 사냥터가 자연에 만들어졌다.
지금이 아니면서도 지금인 것은
조상의 가풍이 오래 이어져 왔음이로다.
겹겹이 솟은 바위가 산봉우리를 에워싸니
애구崖口가 바로 관문이구나.
절벽은 산과 산을 가르고
이손伊遜은 큰물로 굽이치네.
추선秋獮에 이곳을 지날 때마다
언제나 말을 멈추어 머무르게 한다.
봉우리 사이마다 안개가 피어오르고
계곡 물은 졸졸 흘러내리네.
푸른 잎 초목에 노란 꽃 피고
높고 낮은 그림자가 어울려 절경이구나.
작년에 낙이洛伊에 순행하여
그곳에서도 애구는 보았지만
수 갈래 산길과 굽이진 계곡이
여기와 비교할 데 어디 있으랴.

  이 시는 청조가 군사 훈련을 얼마나 중시했는지를 설명하면서 동시에 절벽 입구의 지형에 대해서도 잘 묘사하고 있다. 절벽 입구를 들어서면 바로 그 유명한 목란위장이 나온다.
  목란木蘭은 만주어로 사슴을 지킨다는 의미이며, 위장圍場은 그 사슴을 지키는 장소를 뜻한다. 목란위장은 국경 밖 몽골고원에 위치하면서 남쪽으로 연산燕山산맥, 북쪽으로는 패상壩上초원까지로 그 규모가 사방이 천 3백여 리였는데, 동서로 3백여 리 그리고 남북으로 2백여 리에 달했다. 동쪽으로는 하르친 기계旗界와 맞닿았고, 서쪽으로는 차하르 기계, 남쪽으로는 승덕부 경계, 북쪽으로는 바린과 커스커텅 기계, 동남쪽으로는 하르친 기계, 서남쪽으로는 차하르 정람기正藍旗 기계와 양백이鑲白二 기계, 동북으로는 옹우트 기계, 서북쪽으로는 차하르 정람기 기계와 맞닿았다.

이곳은 많은 산들이 끊임없이 이어지고 강우량이 충분해 수초가 잘 자랐으며 작은 하천들이 종횡으로 흐르고 있다. 그리고 삼림이 울창하며 맑은 샘물이 끝없이 에워싸고 있어서 북온대 대륙에서 자라는 수많은 동식물이 분포하고 있다. 이렇게 많은 종류의 새와 동물들은 사냥으로 무예를 연마하는 청나라 군사들에게 살아 있는 표적이 되어 주었으며, 복잡하고 험한 지형은 만몽滿蒙 기병들이 기마와 궁도를 훈련하는 데 아주 적합했다. 요컨대 목란위장은 군사 훈련을 하기 위한 최고의 장소였다. 건륭제가 거행한 사냥행사는 주로 북경의 팔기병들을 중심으로 이루어졌지만 그밖에 각 성에 주둔하고 있던 팔기병도 대표를 파견해 참가하도록 했다. 건륭제는 각 성에 주둔하고 있는 장병들을 3개조로 나누어 매년 1개조씩 돌아가면서 사냥에 참가하도록 하여 이 행사를 군사경연대회 성격으로 진행했다.

목란위장은 강희제 때 만들어졌는데, 사방이 유조변柳條邊이라 불리는 숲으로 둘러싸여 자연스럽게 외부와 단절이 되었다. 사냥터 주변에는 40개의 감시 초소를 설치해서 일반 백성들의 접근을 막았다. 목란위장은 다시 지형적인 특색과 동식물의 분포를 기준으로 67개의 작은 사냥터로 나눴다. 그중 목란위장의 동북쪽에 위치한 악락岳樂이라는 작은 사냥터에 거대한 비석 하나가 세워져 있는데, 거기에 건륭제가 쓴「어제호신창기御制虎神槍記」라는 글이 새겨져 있어 당시 건륭제의 사냥 활동을 엿볼 수 있다. 그 글의 내용은 다음과 같다.

호신창虎神槍은 나의 황조께서 남기신 신령스러운 무기로 사나운 맹수도 쉽게 잡을 수 있다. 나라가 동북에서 일어난 후로 계속해서 널리 흥성하여, 오로지 위용을 떨치며 세차게 나아갈 뿐 조금도 잃지는 않았다. 황조께서 매년 목란위장으로 행차하시면 모든 몽골부락 사람들이 모여들어 그를 존경하고 따랐다. 비록 소자가 불민하나 어찌 이를 계승하지 않고 감히 멈출 수 있겠는가? 선대의 업적에서 가르침을 받아 영민함을 얻었으며, 마흔 아홉 기旗와 청해青海의 할하 또한 선대와 다름없이 천자를 우러러 이곳에 왔다. 만약 활을 잘 쏘고 무예를 중시했던 선대의 모습을 따르지 않는다면 이것은 선대의 뜻을 계승했다 할 수 없을 것이다.

사냥터에 호랑이가 나타나면 몸소 가서 활을 쏘고, 화살이 미치지 않으면 반드시 호신창을 사용했는데 이 총으로 적중하지 못한 적이 한 번도 없었다. 임신년 가을, 악락위장에서 수렵을 하고 있는데 누군가가 호랑이가 나타났다고 말했지만 찾을 수가 없었다. 그때 한 몽골인이 호랑이가 계곡 건너편 굴속에 숨어 있다면서, 자신의 눈으로 직접 보았으며 3백여 보 가까이 다가가 보았다고 말했다. 그 말을 듣고 한걸음에 달려가 그 굴을 향해 총을 쏘았더니 이내 호랑이 울음소리가 귀가 찢어질 듯 들려 왔다. 호랑이를 명중시켰던 것이다. 호랑이는 포효하며 밖으로 뛰쳐나와 한참을 날뛰다가 다시 굴로 들어갔다. 다시 한 발을 쏘자 또 적중했고 마침내 호랑이는 고꾸라졌다. 계곡처럼 시야가 트인 곳에서도 목표물을 겨냥해 매번 명중시키는 일이 쉽지 않은데, 계곡 건너 어두운 굴속에 깊이 숨어 있는 맹수를 짐작으로 쏘아 맞힌 것은 실로 기이한 일이 아닐 수 없다. 호신창이 신령스럽다고 칭해지는 까닭이 여기에 있다.

건륭제가 쓴 이 글에서는 호랑이를 쏘아 맞힌 그 신령스러운 총이 바로 강희제로부터 전해져 내려온 것임을 언급하면서, 조부의 작풍을 계승해 무예를 연마하고 그것을 청조의 가법으로 보아 마땅히 준수했음을 강조하고 있다. 이 단문에서 건륭제는 호랑이 한 마리를 총으로 쏘아 죽인 과정을 생생하게 설명하고 있다. 그러나 건륭제가 아무리 자신을 과시하고 있다하더라도 그가 사냥을 통해 군사를 훈련시키는 일을 중시했던 뜻만은 간과할 수가 없는 사실이었다.

이 밖에도 건륭제가 남긴 사냥에 관한 글들을 여러 곳에서 볼 수 있다. 목란위장의 동쪽에 달액덕이길이라는 사냥터가 있는데, 이 사냥터 북쪽에 세워진 큰 비석에는 건륭제가 쓴 「어제고장성설御制古長城說」이라는 글이 새겨져 있다. 그리고 위손격이 사냥터에도 강희제가 피서를 즐겼던 유적지들이 남아 있다. 위손격이는 원래 몽골어로서 '벗나무 껍질 방'이라는 뜻을 가졌는데 건륭제는 조부의 문치무공과 검소한 생활에 깊이 감화하여 「위손격이威遜格爾」라는 시를 여러 수 남겨 조부에 대한 존경을 표현했다. 또한 영안망객 사냥터에 있는 거대한 비석에도 건륭제가 쓴 「어제영안망객御制永安莽喀」이라는 시가 새겨져 있다. 그중 "드넓은 언덕에서 말을 몰아 내달리고, 활시위를 한 번 당겨 네 마리 사슴을 명중한다."라는 구절은 건륭제가 이곳에서 사냥하던 모습을 잘 묘사하고 있다.

목란위장은 총관總管, 좌우익장左右翼長, 장경章京 등의 관원을 배치하여 이곳에 주둔하는 만주팔기병과 몽골병 등 총 8백 명을 통솔하도록 했다. 건륭제가 목란위장에서 해마다 거행한 가을 사냥의 규모는 어마어마했다. 황제를 수행한 관원으로는 종인부, 내각 6부와 각 원에 속한 관리 외에도 팔기관병과 각종 잡역부들 그리고 몽골 각부의 왕공들, 신강위구르족, 하사크족, 키르키즈족 등의 상층계급까지 합치면 가장 많았을 때는 무려 3만 명에 이른 적도 있었다고 한다.

건륭제가 목란위장에 가면 대영을 설치했는데, 이를 어영御營으로 사용했다. 어영은 겉모양은 둥글었지만 속은 네모났으며 길이가 20장 6척, 너비는 17장 4척이나 되었다. 내성의 세 곳에 기문旗門을 설치하고, 각각의 기문에는 커다란 깃발 두 장을 꽂아 놓았다. 또 내성의 지붕 위에 금색의 용을 수놓은 황금단자로 된 삼각 소형 깃발 41장을 꽂았다. 내성 바깥으로 254개의 막사를 연이어 설치했는데 이를 외성이라 했다. 외성에는 기문을 네 곳에 설치하였으며 모든 문마다 대형 깃발을 역시 두 장씩 꽂아 놓고, 외성의 지붕에도 금룡이 수놓아져 있는 황금단자로 된 삼각 소형 깃발 60장을 꽂아 놓았다. 외성 둘레에는 내각 6부, 도찰원, 제독아문 등의 숙위장宿衛帳 9곳을 설치했다. 또 호위막사의 사방에 수비막사 40개를 설치했는데, 모든 막사에는 수비군의 깃발 하나씩을 꽂아 두었다. 위와 같은 빈틈없는 어영 규정은 건륭제에 대한 경호조치가 얼마나 철저했는지 잘 설명해 준다.

엄격한 어영 규정 외에도 포위병정 총 1,250명을 배치하고, 하르친 사격수 12명, 타록打鹿 사격수 40명, 합마이 30명, 하르친, 옹우트, 투묵트 지도자 100명, 장총 사격수 160명, 차하르와 오이라트에서 함께 파견한 바르후 80명, 총관 2명이 사냥터 주위에 배치되었다.

건륭제는 보통 목란위장에서 사냥을 하기 전에 먼저 피서산장에 머물렀는데, 이곳의 만수원萬樹園이나 대정전大政殿에서 주로 몽골 왕공들과 연회를 벌였다. 그리고 『서유기西遊記』나 『봉신전封神傳』 등의 소설을 소재로 한 공연을 관람하기도 하고, 그밖에 도타跳駝나 포고布庫 등의 유희를 즐기기도 했다. 도타는 낙타 뛰어넘기로 선수를 선발해서 8척 높이의 낙타 등을 뛰어 넘어 착지할 때 고꾸라지지 않고 똑바로 서야하는 경기였다. 포고는 씨름의 일종으로 발의 힘으로만 겨루기를 하며, 상대방을 쓰러뜨리면 승부가 결정된다. 일찍이 조익趙翼은 피서산장과 목란 추선을 순행하는

---

1. 궁궐을 호위하기 위해 밤새워 숙직을 하는 막사.

건륭제를 따라 여러 차례 다녀와서 거기에서 구경했던 도타와 포고의 모습을 상세하게 기술하고 있다.

> 목란으로 가는 길에 행궁에 도착해 숙박할 때마다 항상 궁문 밖에서 활쏘기 시합을 했다. 활쏘기가 끝나면 이어서 도타와 포고 등이 벌어졌는데 모두가 군사 훈련의 일환으로 이루어졌다. 도타는 궁전 뜰에서 한 사람이 8척 이상 높이의 낙타 옆에 가만히 서 있다가 펄쩍 뛰어 올라 낙타등을 넘는데, 착지할 때도 조금도 흔들림 없이 꼿꼿이 선다. 이것은 가히 신기에 가까웠다. 포고는 발씨름이라고도 하며 두 사람이 서로 어깨를 부여잡고 경기를 펼치는데 발의 힘만으로 상대방을 쓰러뜨려야 한다. 내기에 참가하는 사람들은 모두 흰 천으로 만든 짧은 홑옷을 입고 있는데 그 옷은 소매가 좁고 옷깃과 옷섶은 쉽게 뜯어지지 않도록 7, 8겹의 천을 포개어 촘촘히 꿰매 만들었다. 초반에는 상대방의 눈치를 보며 세를 겨루다가 기회를 틈타 급습을 가해 승리를 노린다. 그들은 계속 어깨를 맞잡고 겨루는데 한쪽이 방심하는 틈을 타 일격을 가해 상대를 고꾸라뜨리는 것이다. 상대방이 넘어지면 손을 놓고 일어나, 승리한 자는 무릎을 꿇고 승리의 술을 한 잔 얻어 마신 뒤 퇴장한다.

건륭제는 중추절 무렵이면 피서산장을 떠나 사냥을 위해 목란으로 옮겨 갔다. 사냥 방식은 대략 행위行圍, 시위試圍, 위렵圍獵과 초록哨鹿의 4가지로 분류되었다. 행위는 건륭제가 수백 명의 사람들을 이끌면서 몇 개 조로 나누어 산으로 올라간 뒤 산을 에워싸고 흩어져 행군하면서 사냥을 하는 방식이다.

시위는 건륭제가 앞장서서 1백여 명의 기병을 이끌고 절벽입구로 들어가 평전平甸 지역에서 사냥을 하는 방식으로 소위 小圍 또는 전렵甸獵이라고도 한다.

　본격적인 사냥이라고 할 수 있는 위렵은 그 규모가 크다 하여 대위大圍라고도 부른다. 위렵은 사냥의 규모가 대단히 커서 다시 철위撒圍, 합위合圍, 대위待圍, 파위罷圍의 몇 단계로 나뉜다. 위렵을 하는 중에 대형이 바르지 못하거나 표적을 용맹하게 추격하지 않아 사살하지 못할 경우에는 엄격한 처벌을 받으며, 대신에 용감한 병사들에게는 발탁의 기회나 특혜가 주어진다. 사냥이 끝나 황제가 어영으로 돌아가는 것을 산위散圍라고 하며, 함께 참여한 병사들도 조별로 각자의 진영으로 돌아가면 하루의 사냥이 모두 끝난다.

　초록은 위렵과는 완전히 다르다. 초록이 행해지는 날이면 건륭제는 5경五更무렵 진영을 출발하는데, 시위와 시종들은 3개조로 나뉘어 황제를 수행한다. 진영에서 십여 리쯤 떨어진 곳에 3조가 멈추고, 2조는 4, 5리쯤 더 나가서 멈춰 선다. 1조는 초록이 행해지는 장소까지 나간다. 마지막까지 건륭제를 수행하는 사람은 시위와 10여 명의 호위 기마병들뿐이다. 그들은 머리 위에 사슴의 뿔을 달고 나무로 만든 긴 호각을 부는데 그 소리가 마치 수사슴이 짝을 찾는 울음처럼 먼 숲까지 울려 퍼진다. 호각 소리가 낮아졌다 높아졌다 애절하게 온 숲에 울려 퍼질 때 갑자기 총성 한 발이 울린다. 호각 소리에 홀려 나오던 암사슴이 총에 맞은 것이다. 황제와 시종들은 사슴의 피를 나누어 마시는데, 예로부터 사슴피를 마시면 장수한다고 전해져 왔기 때문이다.

　목란에서의 사냥 기간은 보통 20일이다. 사냥이 끝나면 건륭제는 장삼영張三營 행궁으로 옮겨 만주대신들 그리고 몽골왕공들과 한 자리에 모인다. 몽골파오 6개가 설치되고, 그 주변에는 흰색 낙타 18마리, 안장 있는 말 18필, 노새와 말 162필, 소 18마리, 양 162마리, 술 81단지, 음식 27상이 마련된다. 또 십방仕榜 90명, 망아지를 탄 사람 20명, 셀 수도 없이 많은 망아지들, 왕공 귀족들이 바친 기마技馬 250필이 있다. 내몽골의 탁색도, 소오달의 두 맹주는 전례에 따라 연회를 연다. 연회가 펼쳐지면 몽골족 가수는 몽골 음악을 연주하고, 기예인들은 씨름 경기를 벌이는가 하면 몽골 왕공의 자제들은 망아지를 타고 솜씨를 펼쳐 보인다.

　씨름은 몽골인들이 가장 중요하게 생각하는 것으로 매번 연회를 열 때마다 반드시 행한다. 두 사람이 겨루어 상대를 먼저 땅에 쓰러뜨리면 이기는데 이긴 사람은 술 한 잔을 상으로 받는다. 오이라트 몽골인은 씨름을 할 때 상의를 벗고 하며 상대가 쓰러졌다 하더라도 바로 손을 놓지 말고 머리와 어깨를 눌러서 상대방의 어깨가 땅에 닿도록 해야 승리가 인정된다. 승리한 사람은 상으로 양고기 한 덩이를 받게 되는데, 받을 때는 두 손을 맞잡고 절한 후 좌우를 돌아보고 소리를 지르며 기뻐하는 모습을 보인다.

　사마賽馬는 몽골의 오래된 풍속으로 말 시합 또는 말 달리기라고 풀이된다. 말 시합을 벌일 때는 우선 수백 필의 명마를 선발해서 20리 밖에 줄을 세운다. 이때 기수는 어린 아이가 맡는데 그 이유는 아이들이 성인보다 가볍고 민첩하기 때문이다. 총성이 울림과 동시에 경주가 시작된다. 말들이 앞을 다투어 질주하다 보면 얼마 지나지 않아 20리의 경주로를 완주하게 되는데, 그중 먼저 들어온 36명을 순위대로 차등을 두어 상을 수여한다.

　목란위장의 사냥이 끝나면 황제를 수행하던 왕공대신과 시위 등의 관리들은 다시 피서산장으로 돌아가 또 활쏘기 시합을 한다. 건륭제는 왕공대신들이 과녁을 세 번 명중시킬 경우에는 상으로 말 한 필과 비단 한 필을 수여했고, 네 번을 맞히면 비단 한 필을 더 주었다. 다섯 번을 맞힐 경우에는 비단 두 필을 더 주었다. 시위 등의 관리가 세 번을 맞힐 경우

---

2. 몽골 전통 악기를 연주하는 악대로 주로 90명으로 구성되었음.

에는 은 10냥이 부상으로 주어졌으며 네 번 맞히면 은 15냥, 다섯 번은 은 20냥이 수여되었다.

건륭제의 목란 수렵과 관련해서는 많은 일화가 있다.

조익은 그의 저서 『첨폭잡기檐曝雜記』에서 건륭제가 목란에서 호랑이를 죽인 일화를 기술하고 있다. 건륭 22년 가을 어느 날, 건륭제는 사냥을 하루 쉬면서 몽골의 각부 왕공들을 초대해 연회를 베풀고 있었다. 공연을 관람하고 있는데 두 몽골 왕공들이 서로 귓속말을 하는 것을 본 건륭제가 다가가서 무슨 일이냐고 물었다. 그들이 뒤돌아 아뢰기를, 방금 하인이 와서 알려준 바에 의하면 그들의 군영에 갑자기 호랑이가 출현해서 말을 해쳤다는 것이었다.

이 말을 듣자마자 건륭제는 즉각 공연을 멈추게 한 다음, 말을 타고 곧바로 대영을 출발했다. 시위들은 미처 준비도 제대로 하지 못한 채 황급히 따라 나섰다. 호창虎槍부대 병사들도 이 소식을 듣고 급히 말을 타고 달려와 호랑이 굴을 정탐해 보았더니 그 안에는 새끼 호랑이 두 마리 밖에 없었다. 건륭제는 한 시위를 시켜 이 두 마리 새끼 호랑이를 안고 나오라고 명했다. 시위가 손을 뻗치려는 순간 갑자기 한 마리가 벌떡 일어나 그에게로 다가오자 그 시위는 너무 당황한 나머지 급히 몸을 돌려 피했다. 건륭제는 당장 그 시위의 모자에서 화령花翎을 뽑아 버렸다. 그러자 바로 한 몽골 청년이 뚜벅뚜벅 호랑이 굴로 걸어 들어가더니 조금 후에 양쪽 겨드랑이에 새끼 호랑이 한 마리씩을 각각 끼고 늠름하게 걸어 나왔다. 건륭제는 몹시 기뻐하며 조금 전 시위의 모자에서 뽑아 낸 화령을 그 몽골 청년의 모자에 꽂아 주었다.

아비 호랑이는 벌써 멀리 도망쳐 버렸고, 어미 호랑이만 새끼가 불쌍해서 앞산을 배회하고 있었다. 호창부대 병사들은 몇 개의 산등성이를 넘어가며 어미 호랑이를 추격했다. 건륭제는 말에서 내리지도 않고 그들을 기다리고 있었는데 두어 시간이 지나서야 병사들이 호랑이를 잡아 돌아왔다. 호랑이가 얼마나 큰지 머리에서부터 꼬리까지 8, 9척이나 되었고 털은 옅은 붉은 색을 띠고 있었다. 발만 해도 어림잡아 3, 4뼘쯤 되었으니 아마 호랑이 중에서도 가장 큰 것이었는지도 모른다. 3명의 병사가 부상을 입었는데 그중 한 명의 부상이 특히 심했다. 건륭제는 그에게 공작 깃털 하나와 은 2백 냥을 부상으로 내렸고 나머지 두 명에게는 각각 은 1백 냥씩을 내렸다.

조익은 이 밖에도 목란에서 사냥을 하던 중 건륭제의 사냥개가 호랑이를 물어 죽인 고사를 적고 있다. 호랑이가 개를 물어 죽이는 일은 다반사여서 이상할 것이 없지만 목란에서는 거꾸로 개가 호랑이를 물어뜯어 죽인 일이 벌어진 것이다. 목란 사냥에 따라 나서는 개들은 이빨이 날카롭고 다리가 길었으며 몸도 가늘고 길었다. 시위들은 호랑이를 따라잡지 못할 경우 개를 풀어 쫓게 했다. 보통 세 마리가 동시에 호랑이를 쫓는데, 호랑이가 뛰다가 힘이 부칠만하면 개 한 마리가 앞으로 달려 나가 호랑이의 뒷다리를 문다. 호랑이가 벗어나려고 애쓰는 동안 다른 한 마리가 호랑이의 나머지 뒷다리를 또 물어뜯는다. 호랑이가 개들을 떼어 내려고 마구 몸부림을 칠 때 세 번째 개가 뒤에서 달려들어 호랑이의 목덜미를 물어뜯으면 결국 호랑이는 나자빠지고 만다.

그렇지만 개들이 이처럼 기세당당하게 호랑이를 공격할 수 있는 것은 결국 사람이 훈련을 잘 시켰기 때문이며 만약 그렇지 않았다면 상상도 할 수 없는 일이다.

조익의 기록에서도 알 수 있듯이 건륭제가 연례적으로 행한 사냥은 큰 의미로 보면 일종의 군사 훈련이었다. 사냥이 시작되어 병사들이 각 수렵로에서 칼을 꺼내들고 활시위를 당기면 이리며 사슴 할 것 없이 숲 속의 온갖 동물들이 이리저리 도망쳐 내달렸고, 군마가 한 번 뛰어 오르면 여기저기서 동물들의 신음소리가 온 천지를 진동시켰으니, 이러한 장면은 실제 전쟁터에서의 싸움보다도 격렬했다.

건륭제도 항상 깊은 곳까지 친히 들어가 만주 관병들이 용맹하게 사냥하여 맹수를 잡을 수 있도록 지휘하고 격려했으며, 또 직접 자신이 말을 타고 활을 쏘아 도망가는 사슴을 잡기도 했다. 그리고 사냥이 진행되는 동안 자주 높은 곳에 올라 병정들의 무예 수준을 평가하여 상벌을 내리기도 했다.

건륭제는 목란 수렵이 황자와 황손들에게도 좋은 훈련이 될 것이라 하여 그들도 함께 수행하도록 했다.

"매년 목란에서 수렵을 하면서 살을 에는 듯한 혹독한 추위와 눈보라에 맞서 볼 만하다. 황자 등은 모두 나를 수행하여 수렵을 행하도록 하라."

이로 인해 황자와 황손 중 말 타기와 활쏘기에 능한 이가 적지 않았다. 건륭제는 또 이런저런 핑계를 대며 사냥을 나가지 않는 왕공대신들에게 "편하게 집 안에 앉아 안일과 유희만을 꾀하려 한다." 하고 훈계했다. 그러고는 유지를 내려 말했다.

> 이와 같은 폐단은 만주의 기풍과도 관련이 있어, 일찍이 태종 황제께서 간곡하면서도 절실히 가르쳐 타이르셨다. 짐이 이번에 수렵을 나서는데 왕공대신 가운데 집안에 들어앉아서 온갖 구실을 들어 따라 나서기를 원하지 않는 자들이 있다. …… 무릇 수렵을 통해 기예를 연마하고 고된 생활에도 익숙해져야 할 것이며 특히 의기를 충만하게 진작시킬 수 있도록 해야 한다. 만약 일시의 안일만을 꾀한다면 이는 더없이 부끄러운 일이며, 이러한 오랜 습성을 답습한다면 실로 국위의 성쇠에까지 영향을 미치게 될 것이다. 앞으로도 만약 잘못을 뉘우칠 줄 모르고 전철을 밟으려는 자가 있거든 짐이 결코 가벼이 넘기지 않을 것이다. 그러므로 널리 이 교지를 전하여 왕공대신과 군사들로 하여금 짐의 뜻을 알게 하라.

건륭제는 85세의 고령에도 여전히 수렵활동을 장려하고 발전시키기 위해 친히 수렵행사에 나가 두 마리의 사슴을 잡기도 했다. 그러니 건륭제는 평생을 사냥터에서 직접 귀감을 보임으로써 말 타기와 활쏘기를 제창했던 것이다.

목란에서의 가을사냥을 통해 팔기 관병을 훈련시키고자 했던 목적이 이루어져 군사들의 전투력이 크게 향상되었다. 그리고 군사 역량을 널리 과시해 몽골을 제압함으로써 그들이 위엄에 압도당해 엎드려 머리를 조아리고 감히 미혹된 생각을 품지 못하도록 했다. 이로써 가을 사냥은 북방의 변방 지역을 평정하는 데도 적지 않은 도움이 되었음이 분명하다.

승산 없는 싸움은 하지 마라
不圖難成之功

　건륭제가 비록 '십전무공'이라는 대단한 공적을 이루어냈지만 절대로 무력을 남용하여 전쟁을 일삼지는 않았다. 그가 다스리던 변방 지역에서 내란이 발생했을 경우에도 일차적으로는 쌍방을 중재하는 데 노력을 기울였다. 이때 사용한 그의 흑백의 도는 양측을 타일러 상층부간의 갈등을 해소하도록 하고 부득이한 경우를 제외하고는 절대 군사를 일으키지 않았으며 소기의 목적만 달성하면 곧 성공으로 간주하는 것이었다.

　티베트 지역은 예로부터 중국 영토와 결코 떼 놓을 수 없는 관계에 있었다. 이곳에는 대부분 티베트족이 거주하고 있었는데, 그들은 인도로부터 들어온 불교를 그 지역의 특색에 맞게 변형시킨 라마교를 신봉했다.

　청조는 건국 이래 라마교에 매우 우호적이었다. 청 태종 홍타이지皇太極는 일찍이 달라이라마에게 서신을 보내 "고승을 초빙하여 불교를 선양하고 중생을 이롭게 하고 싶다."라고 했다. 달라이라마 5세가 북경에 도착했을 때 순치제는 그를 크게 환영하고 극진히 대접했다. 그리고 특별히 북경에 서황사西黃寺라는 절을 세워주면서 그가 살 수 있도록 했다. 나중에 달라이라마 5세가 북경의 토양과 물에 적응하지 못해 병을 얻어 순치제에게 티베트로 돌아가겠다고 하자 청 조정에서는 그를 '서천대선자재불소영천하석교 보통와적달뢰라마西天大善自在佛所領天下釋敎普通瓦赤怛賴喇嘛³' 로 봉하고 황금도장과 말안장, 금은, 주옥, 주단을 비롯한 엄청난 양의 재물을 하사했다.

강희 52년에는 청 정부가 판첸라마를 판첸에르데니로 봉했다. 그러나 티베트 지도층 내부에서는 청 초엽 이래 줄곧 왕위 다툼이 벌어져 청나라에도 좋지 않은 영향을 미치고 있었다. 달라이라마 5세가 티베트로 돌아온 뒤 라싸에서 죽자, 데시 상게 갸초는 이를 은닉하여 청 정부에 알리지 않고 오히려 달라이라마의 필적을 위조해서 자신을 티베트 왕으로 봉해 주도록 추천하는 상주문을 강희제에게 올렸다. 내막을 몰랐던 강희제는 이를 흔쾌히 받아들였다.

왕이 된 후 상게는 갈단의 반란을 지지했는데 청군에 의해 이 반란이 진압되면서 모든 사실이 드러났다. 갈단군 포로로부터 달라이라마는 죽은 지 이미 오래 되었으며, 왕으로 천거한 일도 순전히 상게가 조작한 소행이었음이 밝혀지면서 상게는 중벌에 처해졌다.

훗날 상게는 다시 티베트 정권을 쥐고 있던 라상칸을 독살하려는 음모를 꾸미다가 일이 들키자 쿠데타를 일으켰으나 결국 전투에서 패하고 그도 죽었다.

라상칸은 티베트 정권을 장악한 후에 데시 상게 갸초가 옹립했던 달라

---

3. 3세 달라이라마 때부터 '보통와적달라이라마' 라는 존호를 받았는데 '범인을 뛰어넘어 가장 높은 성聖의 경지에 오르고 큰 바다와 같은 지혜를 갖춘 스승' 이라는 뜻임.

이라마 6세를 체포하여 청 정부의 명령에 따라 북경으로 압송했다. 청해에 도착할 무렵 6세 라마가 병사하자 라상칸은 판첸라마와 상의하여 아왕십 가목착阿旺什嘉穆錯이라는 새로운 라마를 추대했다. 그러나 청해 지역에 살고 있던 티베트족과 몽골족 백성들은 라상칸이 세운 라마는 가짜라며 그를 인정하지 않았다. 그들은 청 정부에 라포장갈이상 가목착羅布藏噶爾桑嘉穆錯을 6세 라마로 책봉해 줄 것을 요청했다.

이로 인해 티베트와 청해 사이에 다툼이 벌어지면서 달라이라마의 진위문제는 한동안 세상을 시끄럽게 했다. 상게의 부하였던 자들이 이 기회를 틈타 중가르부와 동맹을 맺고 라싸를 공격했다. 강희 57년에 그들은 라상칸을 살해하고 그가 옹립했던 라마도 폐위시켰으며, 사찰을 불태우고 라마들을 죽였다. 그들은 법도를 다시 세운다는 명목을 내세웠으나 사실상 티베트를 점령하려는 목적을 지니고 있었다.

당시 강희제는 이 사태를 진정시키기 위해 청해의 라포장갈이상 가목착을 '홍법각중弘法覺衆 6세 달라이라마'로 봉했다. 또 황십사자皇十四子 윤제를 부원대장군으로 삼아 청해에 주둔시키면서 만주병과 몽골병, 한병 등 수만 명을 2개 부대로 나누어 청해와 사천의 두 길을 따라 티베트로 들어가도록 했다.

강희 59년, 평역장군平逆將軍 연신延信이 달라이라마 6세를 티베트 라싸의 포탈라 궁으로 호송하여 장엄한 즉위식을 거행함으로써 마침내 달라이라마의 진위 다툼이 종식되었다.

건륭제는 즉위 후 청조의 전통적인 티베트 통치방식을 계승하는 한편, 실제 정황에 부합하는 개혁을 함께 추진했으므로 티베트 지역을 크게 발전시킬 수 있었다. 건륭제는 티베트의 정세에 정통했을 뿐 아니라 그곳 지도층에 분란이 일어나면 심각한 결과를 초래하게 된다는 역사적 교훈도 깊이 새겨 두고 있었다.

이 일은 한 나라 전체에 관계되는 대사였으므로 건륭제는 특별한 유지를 내렸다. 먼저 달라이라마에게 일렀다.

티베트 왕위 문제는 포라네 사태를 진압한 후 주장대신駐藏大臣 부청傅淸이 그의 왕위를 인정하기로 하면서 이미 완결되었으며, 이는 짐의 뜻에도 부합한 일이었다. 짐은 달라이라마와 군왕 포라네 사이에 불화가 깊다고 들었으나 두 사람은 모두 그곳의 대인大人으로 본래부터 양자 간에 우열을 논하거나 서로 적대시해서도 안 될 것이다. 짐이 부청에게 유지를 내렸으니 그대는 이후 모든 일을 그에 따라 처리하도록 하라. 무슨 일이 있어도 반드시 티베트 지역의 안녕을 지키고, 포라네 등이 함부로 분란을 일으키지 못하도록 해야 한다. 그대는 대의에서 출발하여 신중한 자세로 짐의 뜻에 유의할 지어다.

건륭제는 또 다음과 같이 말했다.

달라이라마는 서방 불교를 널리 전파하는 대업을 이어받은 사람이며, 포라네는 티베트 관할구역 안의 백성을 다스리도록 임명받은 사람이다. 그대들은 한 뜻으로 힘을 모아 티베트를 편히 다스려야 한다. 짐은 그대 두 사람이 일체一體에 속한다고 생각한다. 짐 또한 여태까지 그대들을 편견 없이 공평무사하게 대했다. 만약 두 사람 사이에 불화가 생겨 티베트 지역에 불안을 초래한다면 이는 짐의 신뢰와 기대를 크게 저버리는 것이다.

건륭제는 대청제국의 최고 통치자 위치에서 이처럼 세심한 부분까지도 깊이 살폈기 때문에 만인의 찬탄을 받았다.
건륭제가 티베트를 다스리는 종교계와 정치계 최고 통치자들에게 칙명을 내려 그들이 협조 관계를 이루도록 애쓴 것은 그들이 서로 견제하면서도 이해하도록 만들어 결국 티베트의 안정과 화목을 지키게 하려는 목적을 이루기 위함이었다. 특히 포라네에게는 대청국 황제의 은혜와 신임에 감사하는 마음으로 이전의 원한을 버리고 달라이라마와 호의적인 관계를 맺어 티베트의 평화를 지키는 것이 바로 티베트의 안녕은 물론 나아가서는 국가의 안녕에 이바지하는 일임을 강조했다. 여기에 덧붙여 포라네가 청 조정의 신임을 얻기만 한다면 지방에서의 사소한 문제까지 조정이 일일이 개입하지 않을 것임을 분명히 했다.

건륭제는 이 부분에서 실제적으로 티베트의 관리 체제에 대해 제시하고 있으니 이것이 바로 '승속공치僧俗共治'의 원칙이다. 두 세력 간의 갈등을 완화시키기 위해 건륭제는 진심을 통해 상대의 마음을 움직이고 도리를 깨닫게 함으로써 그들이 진정으로 감복하게 만들었다. 그리하여 그들은 스스로 적대 관계를 우호 관계로 전환시키고, 자신들에게 주어진 일에 소홀함 없이 공동으로 지역을 통치하는 데 힘써 나라의 안정과 단결을 수호했다. 이런 성과가 얻어진 데는 바로 건륭제의 지혜가 그 한가운데 자리하고 있었다.

가화만사성家和萬事成이라는 속담이 잘 어울리는 경우였다. 이후로 포라네와 달라이라마는 줄곧 서로 좋은 관계를 이어갔고, 그 후 포라네가 병으로 죽자 달라이라마는 매우 슬퍼하며 그를 위해 불경을 암송하고 제사를 지내 주었다.

손자孫子는 "백전백승은 결코 최고의 책략이 아니며, 전쟁을 일으키지 않고서도 상대를 굴복시키는 것이야말로 최고로 완벽한 책략이다."라고 역설했다. 오기吳起도 "승리를 자주 거둔 자가 천하를 완전히 얻은 경우는 극히 적으며 오히려 대부분은 마지막에 멸망의 길을 걷게 된다."라고 말했다. 이들은 모두 무력으로 거둔 승리는 완전한 승리가 아니며 진정으로 완벽한 승리는 싸우지 않고도 이길 수 있을 때 얻을 수 있음을 역설하고 있다.

전쟁의 불씨가 한 번 타오르기 시작하면 결국 잔혹한 참사를 피할 수가 없다. 그러므로 전쟁이 시작되기 전에 상대방을 무릎 꿇게 만드는 '무형의 승리'를 얻어 전쟁을 사전에 막는 것이 최상의 전략이라고 할 수 있다. 그러나 문제는 싸우지 않고 승리하는 일이 결코 쉽지 않다는 데 있다.

  건륭제는 첨대瞻對 문제가 일어났을 때 출병 여부를 놓고 처음에는 인내가 우선이라고 생각했지만 나중에는 확신을 잃고 흔들리면서 결국 뼈 속 깊은 교훈을 남기게 되었다.

  첨대는 상첨대, 중첨대, 하첨대로 나뉘어 삼첨三瞻이라고도 한다. 첨대는 아롱강雅龍江 상류, 타전로打箭爐의 서쪽에 위치한 티베트족 거주지로 20여 개의 마을을 이루고 있었다. 첨대는 또 이당里塘과 인접해 있으면서 사천과 티베트를 잇는 중요한 길목이었다. 첨대 티베트족은 민첩하면서도 난폭하여 그들 중에는 사천과 티베트 사이를 오가는 여행객들의 재물을 약탈해서 살아가는 사람들도 있었다. 그들을 '협패⁴夾壩'라고 불렀는데, 이들은 빈번하게 출몰하여 맹위를 크게 떨쳐서 심지어 관병들조차 재물을 강탈당하기도 했다.

  건륭 초기에 강도나 약탈 행위가 성행했는데 특히 첨대의 토사土司들이 직접 무리를 이끌고 강도짓을 일삼아 심각한 사회문제가 되었다. 그래서 이들 협패를 어떻게 토벌할 것인지가 건륭제가 해결해야할 중대 현안으로 대두되었다. 건륭제는 군사를 크게 일으키는 것만은 최대한 피하려고 했다. 일단 전쟁이 시작되고 나면 군사를 지원하기 위해 엄청난 물자가 들어 결과적으로 득보다 실이 많기 때문이었다. 그는 사천순무 기산紀山과 천섬 총독川陝總督 경복慶復을 비롯한 관리들에게 서로 상의해서 해결

---

4. 티베트어를 한어로 음역音譯한 것으로 '비적' 또는 '강도'라는 뜻을 담고 있음.

방안을 내놓을 것을 지시했다.

경복과 기산은 공동으로 다음과 같은 상주문을 올렸다.

> 첨대의 오랑캐 도적들이 함부로 날뛰며 약탈을 일삼고 있습니다. 군사를 일으켜 정벌하고자 하였으나 어리석게도 아직 완전히 소탕하지 못했습니다. 관병의 수를 늘려주시면 저들을 두려움에 떨게 하고 한번의 노고로 영원한 안정을 찾을 수 있을 것입니다.

이들은 첨대가 좁은 땅덩어리에 지나지 않으며 협패 또한 오합지졸인지라 대군에 항거하기에는 힘이 부칠 것이므로 적은 병력으로도 충분히 그들을 제압할 수 있다고 믿었다. 그렇게 되면 그들이 두려운 마음에 대청국에 굴종하여 협패로 인한 우환은 영원히 사라질 것으로 보았던 것이다. 이들의 상주문이 마침내 건륭제의 마음을 움직였다. 건륭제는 이번에 출병하여 첨대 협패를 정벌한다면 적은 노력으로 큰 성과를 거둔 선례를 남길 수 있고 또한 첫 출정에 반드시 승리를 거둘 수 있을 것으로 믿었다.

건륭 10년 5월, 건륭제는 경복과 기산의 출병 요구안을 승인했다. 비록 동의는 했지만 이들에게 조심스러운 경고를 내리는 것도 잊지 않았다.

> 출병을 결정한 것은 어쩔 수 없는 일로 짐의 본의는 아니었다. 무릇 병력을 사용하는 것은 원래부터 최선의 결정은 아니며, 여기에 수반될 비용 또한 적지 않다. …… 그러니 반드시 심혈을 기울여 전략을 수립하고 적절하게 배치하여 변경의 안정을 되찾도록 하라.

건륭제는 첨대의 지형에 대해 많이 고려하지 못했다. 첨대는 지리적으로 아롱강을 끼고 동서로 나뉘어 각각 20여 개의 마을로 이루어졌다. 동쪽으로 대로가 2개 나 있고 서, 남, 북쪽으로 모두 세 개의 대로가 있어 전 지역이 요충지였으며 또한 그 경계는 사와술四瓦述 등의 토사 지역과 접하고 있었다. 첨대를 출입하려면 모두 사와술의 경계를 통과해야 했다.

옹정 8년에 첨대를 토벌할 때는 한병과 토병을 모두 1만 2천 명을 출병시켰는데 그때 소요된 군비가 엄청났다. 하지만 이미 경복과 기산이 군사를 보내 토벌할 것을 재차 청해 온 이상 건륭제는 다만 정황을 상세히 조사하여 처리하도록 격려하는 수밖에 없었다.

청군의 첨대 토벌은 당초 계획처럼 순조롭게 진행되지 못했다. 건륭제가 출병을 허락한 것이 5월 5일이었으나 6월 초가 되도록 그들은 산을 넘지 못했다. 6월 15일이 되도록 아무런 진전이 없자 건륭제는 불같이 화를 내며 군기대신들에게 다음과 같은 유지를 내렸다.

> 첨대의 토번土番이 법을 지키지 않고 주변 지역의 질서를 어지럽히고 있어 군사를 파병해서 이들을 정벌하고 악을 소탕해야 한다는 독무 등의 상주문을 어쩔 수 없이 윤허했다. 지금까지 요청해 온 군사비만도 벌써 50만 냥에 이르고 있다. 무릇 전쟁이라는 것은 신속히 끝낼수록 바람직하며, 빨리 승기를 잡아야 비로소 성공했다고 할 수 있다. 그러나 지금 천섬 총독의 일 처리는 너무나 더디다. …… 반드시 전심으로 대책을 세워 적을 소탕해야 하며, 조금의 화근도 남겨 놓아서는 아니 될 것이다. …… 만약 옹정 10년 때와 같이 경솔하게 일을 매듭지어 오늘날과 같은 피해가 다시 되풀이된다면 경복과 기산, 이질수李質粹 등은 허물을 면할 수 없을 것이다.

건륭제의 계속된 독촉으로, 청군은 한병과 토병 1만 5천 명을 집결시키고 운남과 귀주로부터 정역포靖逆炮 8문을 빌려 와 그것과 같은 식으로 대포를 만들었다. 각지의 관병들은 7월 안으로 모두 집결하여 첨대로 출병했다.

7월 말, 하첨대 토사 반곤班滚은 청조 대군이 경계까지 밀어닥친 것을 보고는 순종을 맹세하는 서약서를 쓰겠다는 뜻을 내비쳤다. 상첨대 수령 소달방騷達邦은 세 곳의 산채山寨를 기꺼이 바치겠다고 했다. 또 8월 말에는 상첨대 토사 긍주肯朱가 청군이 진격해 왔다는 말을 듣고 스스로 인장을 바치고 투항하고자 한다는 소식도 전해 왔다.

본래 청군의 이번 출병은 첨대 토사들에게 협패의 무리를 잡아들여 그들이 약탈한 재물을 반환하게 하고 사천과 티베트로 통하는 길을 그들이 막지 못하도록 요구하려는 목적에서 이루어졌다. 그러나 상첨대 토사 긍주가 투항하자 건륭제는 처음의 마음을 바꾸어 더 높은 목표를 제시했다. 도적을 잡아 재물을 돌려받는 것에 그칠 것이 아니라 그들을 죽여 아예 후환을 없애자는 것이었다. 그는 다음과 같이 지시했다.

> 훔친 재물을 바치게 하는 것은 어렵지 않다. 짐을 기만하고 교활하게 획책을 꾸민 자들 중 몇몇을 지적해 죄인의 우두머리라 하여 군법에 따라 처벌했다고 하자. 훗날 군사를 철수시킨 뒤에도 그들이 다시 문제를 일으키지 않을 것이라고 보장할 수 있겠는가? 그러므로 저들이 진심으로 뉘우쳐 특별히 죽음을 면하게 해 주더라도, 마땅히 이 기회에 병력을 동원해 그들의 근거지를 없애고 그들이 더 이상 땅을 차지하지 못하게 만드는 것이 영원한 평화를 얻는 방법이다.

이렇게 되자 상첨대는 투항을 했지만, 하첨대 토사 반곤은 티베트인들을 이끌고 죽을 각오로 저항해 왔다. 하첨대 티베트인들은 강 동쪽 여러 곳에 참호를 설치했다. 특히 가사아잡 참호는 가장 중요한 관문이었는데, 강 건너 산채를 공격하려면 먼저 이곳을 함락시켜야 했다. 청군은 병력을 집중시켜 중간 공격로에서 가사아잡 참호 세 곳과 목로공잡 참호

세 곳을 함락하고 50여 곳의 산채를 정복했으며, 남쪽 공격로로는 티베트족이 방어를 위해 세워 놓은 망루 10여 개를 함락시키고 산채 21곳을 정복했다. 이렇게 해서 청군은 하첨대와의 첫 전투에서 승리를 거두었다. 이때까지만 해도 건륭제는 이 전투가 오래도록 힘들게 이어지리라고는 생각도 못했다.

  실제의 전세는 전혀 건륭제가 예상했던 것과 다르게 돌아가, 계속해서 승리하고 있다는 전방의 보고에도 불구하고 청군은 여전히 하첨대 토사 반곤의 산채에는 도달하지도 못하고 있었다. 게다가 11월 초에서 12월 말까지는 첨대 전투에 관련된 전황 보고가 아예 없었다.

  반곤이 완강히 저항하자, 청군의 공격은 난관에 직면하여 처음 세웠던 계획대로 전쟁을 종결하는 것이 불가능하게 되었다. 만약 이때 강화를 맺고 철군을 했다면 청 조정은 막대한 비용을 낭비하지도 않았을 것이고 손실도 그리 크지 않았을 것이다. 완승을 거두지는 못하더라도 서남 변경 지역의 안정에는 그래도 손해보다 이익이 더 컸을 터였다. 그렇지만 건륭제는 그릇된 결정을 내리고 말았다.

> 이번 출병은 원래 한 번의 노고로 오랜 안정을 얻을 목적으로 도적들을 뿌리까지 말살하고자 했다. 만약 이 상황을 경솔하게 마무리한다면 나라의 근본이 흔들리는 위험을 감수해야 할 뿐 아니라, 장차 또다시 이 일로 골머리를 썩게 될 것이다.

  결국 건륭제는 철군은 청 조정의 체면을 손상시키는 일이므로 지원군을 추가 파견해 완승을 거두겠다는 결정을 했다.

  처음 병사를 출병시킨 날부터 건륭 11년 3월까지 8개월 동안 피병된 병사는 모두 2만 명에 달했지만 전황은 조금도 호전의 기미가 보이지 않았다. 건륭 11년 3월, 건륭제는 제독 이질수 등이 당시 상황을 허위로 보고했으며 이로 말미암아 청군이 곤경에 빠지게 된 사실을 알게 되었다.

적군의 진영을 진압하는 데 처음부터 소홀했으며 계속해서 허위 보고를 해 왔다. 명령은 일관되지 않았고, 상벌은 많았으나 제대로 내려지지 않았다. 부상당한 병사가 다리를 잘라야 하는지도 모르고 있고, 병기가 녹이 슬어 망가져도 바꿀 줄을 모른다. 장수들은 실의에 빠져 있으며 병사들은 해이해져 복종하지 않는다. 도적들의 세력이 날로 거세져 협패들이 사방에서 출몰하고 있으나 우리 병사들은 나태에 빠져 요행만을 바라고 있다.

건륭제는 자신이 경솔하게 군사를 동원해 엄청난 화를 불러일으킨 것을 이미 깊이 깨닫고 있었다. 그가 후회하며 말했다.

첨대 토벌은 사전에 준비가 치밀하지 못하여 군사들을 고달프게 하고 군비를 낭비했으며, 전쟁이 오래 지속되고 있으나 지금껏 짐에게 공功을 고한 자가 없다. 첨대 전쟁은 본래부터 짐이 병사를 일으키고자 하는 뜻이 없었으나 그대와 국경을 지키는 신하들이 반드시 한 번의 수고로움으로 앞날의 우환을 없애야 한다고 주장하여 출병하기에 이르렀다. 지금까지도 영원한 평화로움을 구하려던 목적이 이루어지지 않았으며 한 번의 수고라는 것도 이미 너무나 많은 노력이 들었다. …… 만일 꼬리가 계속 길어지는 것을 잘라내지 못한다면, 짐과 경들은 병사들이 멀리까지 나가 힘들게 고생한 것에 대해 따져 물을 것을 피할 수 없을 것이니, 이를 어찌한단 말인가!

건륭제는 이제 더 이상 전쟁을 계속하겠다는 생각은 없었고 단지 일을 속히 마무리하여 앞날을 도모하고 싶을 뿐이었다. 이 전쟁이 발발한 것에 대해서 누구도 그 책임에서 벗어날 수 없다는 것을 건륭제 스스로도 인정하고 있었다.

그러나 이때 천섬 총독 경복은 계속 군사를 진격시키면 3개월 내에 승리를 거둘 수 있으며, 반곤 또한 붙잡을 수 있다는 의견을 굽히지 않았다. 경복의 진공 계획을 들은 건륭제는 그다지 확신은 서지 않았지만 군사가 이왕에 소집되었으니 이들을 보내 혹시 요행으로라도 승리를 거둔다면 더 이상 좋을 수도 없겠다는 생각에 실낱같은 희망을 걸고 군대를 계속 진격시키라고 명령했다.

5월 11일, 경복은 첨대를 토벌해 들어가면서 관병이 연이어 대승을 거두고 있다고 보고해 왔다.

6월 2일에는 다시 다음과 같이 보고했다.

> 아로니일 산채를 함락하여 도적 탑파회교를 생포하였으며, 그를 심문하여 반곤이 다른 산채 안에 숨어 있다는 사실을 알아냈습니다. 그리하여 밤을 타서 병사를 잠입시킨 후 지뢰를 사방으로 던져 크고 작은 50여 개의 참호를 파괴하고 남녀 도적 7, 8백 명을 죽였습니다. 반역자 수장 반곤과 니일 산채의 우두머리 강착태姜錯太 등도 그 안에서 모두 불에 타 죽었습니다.

소식이 전해지자 건륭제는 매우 기뻐하며 경복과 기산은 물론 그 아래 출정한 관병들에게도 큰 상을 내리고 사후 처리를 잘하도록 당부했다. 또 총 10개월 간 병력 2만 4천 명과 군사비용 1백만 냥을 동원하여 벌인 이번 전쟁이 승리로써 종결되었음을 선포했다.

그러나 이것이 모두 경복이 꾸며 낸 천인공노할 거짓임을 누구도 감히 상상조차 하지 못했다.

사건의 진상은 이러했다. 이른바 여랑대첩如朗大捷은 순전한 거짓으로 청의 장군과 첨대 토사가 비밀리에 협상을 했는데, 토사는 거점지인 여랑 산채를 포기하는 조건으로 반곤이 다른 곳으로 빠져나가게 해 줄 것을 요구했다. 반곤은 3년간 숨어 지내는 대신에 이후 여랑을 다시 돌려받기로 약속했다.

이 밀약에 따라 청군은 텅 비어 있는 적진으로 들어갔고 아무도 없는 망루 두 곳과 니일 산채를 불태웠으나 반곤이 머무르던 곳은 불태우지 않았다. 경복은 그곳을 경당經堂이라고 속이고, 반곤의 아들 사가칠립沙加七立을 덕창德昌 라마로 개명하도록 한 뒤 그 안에 살게 했다. 반곤은 어느 산속의 동굴로 들어가 숨었고, 그 동굴 안에는 물과 땔감이 충분했으므로 오랫동안 외부의 도움 없이 살 수 있었다.

반곤이 불에 타 죽었다는 경복의 보고를 듣고 건륭제는 의심을 버리지 못해, 건륭 12년 3월 청군이 금천 평정에 나섰을 때 천섬 총독 장광사張光泗에게 반곤의 죽음을 조사하도록 명했다. 장광사는 계속 조사를 벌인 끝에 반곤이 죽지 않았으며, 여랑으로 돌아와 예전처럼 살고 있다는 사실을 밝혀냈다.

경복은 본분을 잊은 망동으로 일을 망쳐 놓았을 뿐 아니라 조정까지도 기만했다. 건륭제는 대노하여 경복을 파면과 함께 하옥시켰다가 나중에는 결국 자결하도록 명했다.

애초부터 군사를 일으키지 않을 수만 있다면 그렇게 해야 한다고 여겼던 자신의 직관이 옳았음을 건륭제는 일이 이렇게 된 후에야 다시 확신하게 되었다. 그러나 그것은 이미 엎질러진 물이었다.

전시에는 평화가 그립고, 평시에는 전쟁을 생각한다
戰思和, 和思戰

　　전쟁과 평화는 하나의 대립적인 통일체이다. 전쟁 중에는 내내 평화를 생각하며 계속 싸워서는 안 된다고 생각하지만, 평화로울 때는 다시 전쟁을 일으켜 굴욕적인 화의를 깨야 한다고 생각한다.
　　사천의 서부 지역에 위치한 금천金川은 그곳을 흐르는 강을 따서 이름이 붙여졌다. 금천은 다시 대금천과 소금천으로 나뉜다. 대금천은 그곳 언어로 착침浞浸이라 불리는데 이는 '큰 내' 라는 뜻이다. 기록에 의하면 '착침은 송반松潘 밖에서 발원하여 갈극噶克과 단패丹霸를 거쳐 그곳 경계로 들어오는데 수세가 자못 깊고 넓다.' 라고 했다. 소금천은 그곳 언어로 찬랍攢拉이라고 하며 '작은 내' 라는 뜻이다. 찬랍은 발원지인 맹필산孟筆山, 파랑랍巴朗拉 등지와 가까워서 착침에 비해 수세가 약하다.
　　전해져 내려오는 말로는 그곳에서 금을 채굴할 수 있었기 때문에 금천이라는 이름이 붙여졌다고도 하지만 그곳 주민들 말에 의하면 원래부터 금이 나온 적이 없었으며 모두 외지로부터 사 왔다고 한다.

　금천은 지세가 몹시 험하다. 가까이 있는 것은 모두 산으로, 깎아지른 듯한 절벽으로 둘러싸여 있으며 급류는 무섭게 흐르고 길은 제대로 나 있지 않았다. 그곳 거주민들은 돌을 쌓아 집을 지었는데, 토사土司와 토사[5]土舍들이 머무르는 관아를 관채官寨라 부르고 백성들이 사는 집은 조방碉房이라 불렀다. 금천 사람들은 돌집을 잘 만들었으며, 돌집은 길가 양 옆으로 겹겹이 질서 정연하게 들어서서 매우 견고한 석조군石碉群을 형성했다. 금천은 기후가 한랭하여 일년 내내 눈이 쌓여 있다. 또 날씨가 변화무쌍해서 같은 날에도 기온이 여러 차례 변하는가 하면, 지척에 두고도 어느 곳은 맑고 또 어느 곳은 흐린 일도 다반사다. 초봄이 지나면 매일 오전마다 거센 폭풍우가 몰아닥친다.

　양 금천의 인구는 모두 3만여 명으로 전부 티베트족이다. 금천 사람들은 키가 중간 정도에 얼굴은 오이형이며, 얼굴빛은 검거나 보랏빛을 띠고 수염을 짧게 기른다. 여인들은 커다란 귀걸이를 하며 치장하기를 좋아한다. 그들에게는 무예를 숭상하는 풍속이 있어 남자는 12살이 넘으면 모두 허리에 단도를 차고 다니며 창을 다루고 활쏘는 법을 배운다. 금천 사람들은 농사를 주로 짓는데, 산머리나 모서리 땅에 쌀보리와 메밀, 검은콩, 완두 등을 심고 주식으로는 참파[6]와 찐빵을 먹는다. 또 티베트와의 관계가 특히 밀접하여 라마교를 신봉하고, 정기적으로 티베트로 가서 차를 볶아 오며 병원에서 진찰을 받거나 사원에 들러 예불을 드리기도 한

---

5. 토사土司를 계승할 수 없는 토사의 형제들은 세직世職인 토사土舍나 토목土目이 되었다. 청군을 따라 출정했다가 공을 세우면 청 정부에서 상이나 봉호를 내렸으며, 안무사安撫司나 장관사長官司 등으로 임명하기도 했음.
6. 티베트인의 주식으로, 청과맥(쌀보리)을 볶아 돌절구에 찧어 만든 가루를 청과주(청과맥으로 만든 술)에 개어 먹는 경단.

다. 문서를 주고받을 때도 주로 티베트 문자를 사용한다. 금천 지역은 교파가 여러 갈래로 나뉘어 있으며, 라마사원이 많이 늘어서 있다.

대소 금천은 서쪽으로는 강장康藏, 남쪽으로는 운귀와 접해 있으며, 북쪽으로는 청해, 동쪽으로는 성도와 통해 지리적으로 그 위치가 매우 중요했다.

건륭 초기, 대소 금천에서의 갈등이 나날이 심화되고, 사회 혼란을 일으키는 요인들도 점점 늘고 있었다. 이런 상황에서 건륭제는 사천순무 기산의 보고를 받고 다음과 같이 말했다.

> 티베트로 들어가는 길목이 소식을 통하는 데 막힘만 없다면 그곳 내부의 다툼에 대해 묻지 않겠다.

이 말의 뜻은 청 정부와 티베트 사이의 군사 연락에 방해가 되지 않는 이상은 잠시 지켜보고 그들을 상관하지 않겠다는 것이었다.

이처럼 건륭제가 내정불간섭의 태도를 취하고 있는 듯 했지만, 그렇다고 그가 금천에서 일어나는 일에 전혀 관여하지 않고 그들이 제멋대로 행동하도록 방치하겠다는 뜻은 결코 아니었다. 그래서 건륭제는 기산에게 만일 쌍방 간에 서로 죽이고 죽는 일이 계속 격렬해진다면 마땅히 조서를 내려 분쟁을 가라앉히고 민생을 안정시킬 것이라고 단단히 일렀다. 먼저 중재에 힘써 토사들 간의 갈등을 완화시켜서 큰 일은 작게 만들고 또 작은 일은 완전히 해결하여 지역 평정이라는 목적을 달성시키도록 하라는 뜻이었다.

건륭제가 '분쟁을 잠재워 변경의 안정을 유지한다.'라는 정책을 취한 것은 매우 합당한 처사로, 국내의 안정과 단결 그리고 각지의 평화를 유지하는 데 상당한 도움이 되었다. 그는 더 나아가 이런 말까지 했다.

묘만苗蠻은 고집이 세고 무지하여 그 사람들을 나라의 신하로 쓰기
에는 부족하며 그 땅도 지킬 필요가 없다.

건륭제도 무력을 통해 간섭할 수 있다는 가능성을 완전히 배제하지는 않았지만 피할 수 없는 경우가 아니면 절대로 무력을 쓰지 않았다. 그는 기산에게 모든 일은 처음부터 신중하게 처리하고 절대 경거망동하지 말도록 누차 권고했다.

건륭 11년, 세력을 확장하고 있던 대금천 토사 사라분莎羅奔이 무리를 모아 청의 주둔군을 수차례 공격해 왔다. 또한 스스로 연호를 정하고 왕이라 자처했으며 공개적으로 반란을 일으켰다. 이런 상황에 직면하자 건륭제는 바로 원래의 중립적인 태도를 버리고 송반 총병 송종장宋宗章, 건창建昌 총병 허응호許應虎 등을 지휘관으로 보내면서 병사들을 사천 서쪽과 남쪽 두 길로 나누어 동시에 출병시키고 대학사 경복을 보내 기산과 합세하도록 했다. 또한 묘족의 난을 평정해 공을 세운 장광사를 천섬 총독으로 임명하여 군사를 지휘하게 했다.

장광사는 초반에 비교적 순조롭게 전쟁을 이끌었다. 그는 잡곡雜谷에 도착한 후 그곳을 전방 지휘소로 삼고 운남, 사천, 귀주로부터 녹영병 2만여 명을 모아 금천 경계까지 쳐들어갔다. 그러자 사라분의 협박을 받아 반란에 동참했던 소금천 토사 택왕澤旺과 양이길良爾吉이 군사를 이끌고 투항해 왔고, 빼앗겼던 옥일沃日 토사부 지역의 산채 세 곳을 탈환했다. 장광사는 택왕의 투항을 받아들이면서 범이 날개를 얻은 격으로 전력을 다해 대금천에 대적했다.

사라분이 머무르고 있던 대금천은 남북으로 3백 리가 안 되었고 동서로는 2백 리에 미치지 못했으며, 그 가운데로 지나가는 대금천강은 북에서 남으로 흘러 대도하大渡河로 흘러들어 갔다. 건륭 12년 6월, 장광사는 송종장과 허응호에게 각각 서쪽과 남쪽 경로를 통해 대금천을 협공하라

는 명령을 내렸다. 청군은 계속 선전하며 신속하게 진격해 나갔다.

8월에 청군은 반란군의 소굴에 바짝 접근해 갔으나 그들이 험준한 지세를 이용해 사수하자 한 동안 진격하지 못했다. 본래 청군 통수 장광사는 9월 중으로 직접 군사를 인솔해 진격하여 9월과 10월 두 달 안에 적을 토벌한다는 계획을 가지고 있었다. 9월 중순이 되자 금천 지역은 눈발이 휘날리면서 날씨가 매섭게 추워져 청군에게 매우 불리한 상황이 되었다.

사라분의 형편도 위급하기는 마찬가지였다. 그는 계속 굽히지 않고 완강하게 저항했지만 이미 대부분의 땅을 잃은 데다 식량 공급도 거의 끊기게 되자 결국 청군 통수에게 사람을 보내 항복을 받아 줄 것을 간곡하게 빌었다. 장광사는 사라분의 투항을 자의로 판단할 수가 없어서 건륭제에게 유지를 내려 주도록 상주했다. 건륭제는 당시 상황을 분석한 결과 청군이 충분히 승리를 거둘 수 있다는 결론을 내렸다. 그는 장광사에게 돈을 받고 요구를 들어주거나 경솔하게 판단하는 일이 절대 없도록 당부하면서, 반드시 사라분을 생포하여 죄의 대가를 치르게 하라고 강력하게 명령을 내렸다.

대금천 사람들은 석조 건물을 짓고 살았기 때문에 청군이 이를 부수고 공격을 펼치기가 상당히 어려웠다. 돌집을 함락시키기 위해 청군은 벽에 구멍을 뚫어 불덩어리를 던져 넣고 성벽 외곽으로 땔감을 쌓아 사방을 불 지르는 등 온갖 방법을 다 써 보았지만 적의 방어가 워낙 견고해 앞으로 더 나아가는 것이 불가능했다.

건륭제는 열악한 기후 조건을 감안해 군사를 잠시 따뜻한 평지로 이동해서 쉬게 했다가 이듬해에 날이 풀리면 재정비하여 진격하도록 지시했다.

청군이 진격을 멈추자 얼마 지나지 않아 대금천 군대가 다시 발호했다. 청군 주둔지를 습격해서 식량과 마초를 약탈해 가고, 강 서쪽에 주둔해 있던 청 장군 장홍張興의 진지를 함락시키면서 잃었던 땅을 하나씩 다시 빼앗아갔다. 또 산마루와 하구에 겹겹이 돌을 쌓아 진지를 만들고 성벽을 세워 수비를 강화했다.

한 해가 가고 봄이 왔지만 장광사 군대의 진군은 계속 좌절을 맞았고, 대금천을 정벌하기로 한 목표도 여름과 가을 사이로 다시 늦춰졌다. 건륭 13년, 건륭제는 대학사 눌친訥親을 사천 서쪽 전방으로 보내 장광사의 임무를 대신하게 하면서 부이단傅爾丹을 내정대신으로, 악종기岳鍾琪를 사천 제독으로 임명해 대금천 전쟁을 속히 끝내도록 명령했다.

눌친은 본래 일개 서생으로 군사에는 정통하지 않았다. 그래서 그는 장광사의 십로十路 진군 전략을 그대로 받아들여 당패, 미와, 갑색, 내당, 정지의 다섯 길목에서부터 늑오위勒烏圍로 공격해 들어갔다. 또 잡살, 석령, 납라구, 납패산, 마내 다섯 곳에서는 괄이애刮耳崖로 진공하게 했다.

이때 청군의 병력은 3, 4만 명에 불과했는데, 이 가운데 1만 명이 넘는 병사가 군량 운송을 담당하고 있었다. 더구나 진격로를 열 곳으로 나누어 공격을 했으므로 병력이 더욱 분산되어 적군에 막대한 손상을 입히기는커녕 도리어 청군이 가혹한 대가를 치러야 했다. 사상자 수가 계속 늘어나 진격 속도는 더욱 느려졌다. 눌친은 매번 전쟁을 치를 때 막사 안에서만 웅크리고 앉아 이른바 '원격조종'을 함으로써 군사들의 사기를 더욱 떨어뜨리는 요인이 되었다.

눌친은 돌로 방비벽을 쌓아 반란군의 기습 공격에 대비할 것을 주장했으나 건륭제는 이 의견을 단번에 물리쳤다. 건륭제는 "성벽을 짓자고 주장하는 것은 자기 자신의 목숨을 부지하기 위해서가 아닌가? 우리 병사들은 마땅히 앞으로 나아가 분투하여 적을 물리쳐야 한다."라며 눌친에게 그런 생각을 버리고, 성벽을 짓느니 그 병사들을 전장으로 보내 적의 요새를 무너뜨리라고 명령했다.

'방어가 곧 공격'이라는 주장이 받아들여지지 않자 눌친은 이번에는 조정에 군사와 군비를 늘려 줄 것을 요구하면서 만약 정예병 3만 명만 있으면 2, 3년 안에 반란군을 전부 물리칠 수 있다고 장담했다.

건륭제는 눌친이 아무런 성과도 거두지 못하고 있다는 것을 뻔히 알면서도 차마 그의 체면을 손상시킬 수가 없어 모든 일을 장광사와 충분히 상의하여 결정하도록 분부했다. 그러면서 속으로는 눌친이 얼마간 성과를 얻기만 하면 곧장 북경으로 불러들여 '개선'할 수 있도록 배려해 주어야겠다고 생각했다. 그러나 장광사는 눌친에게 강제로 지휘권을 넘긴 뒤로 내내 불만을 품어 왔기 때문에 눌친과 함께 방책을 구하려 들지 않았다. 눌친이 찾아와 상의를 해도 장광사는 책임을 그에게 전가하며 무조건 눌친의 주장대로 따르는가 하면, 당연히 서쪽으로 가야 하는데도 일부러 동쪽을 가리키기도 했다. 이렇게 되니 눌친은 매번 실패할 수밖에 없었고 이때마다 장광사는 옆에서 그를 비웃고 있었다.

그러다 결국 한 사건이 건륭제를 대노하게 만들어, 눌친과 장광사를 죽음으로 몰아넣었다. 토사 양이길은 본래 택왕의 아우였으나 사라분과 결탁하여 소금천을 습격해 땅을 빼앗고, 자신의 형을 생포했다. 양이길이 평소 형수를 마음에 두고 있었던 것을 안 사라분은 택왕의 아내를 양이길에게 주었으며, 소금천의 인신印信도 그가 관리하도록 했다.

양이길은 이러한 사라분의 배려에 감격해 평생 그를 따를 것을 맹세했다. 양이길은 대금천의 첩자 노릇을 확실히 했다. 그는 청군 대병이 경계까지 밀어닥치자 거짓 투항을 했는데 사정을 몰랐던 장광사는 그를 받아들인 것은 물론 그에게 병사를 이끌어 전쟁을 돕도록 했다. 사라분은 그 덕에 청군의 군사행동과 계획을 자기 손바닥 보듯 훤하게 꿰뚫어 청군이 진격하는 곳마다 군사를 매복시켜 두었다.

양이길이 첩자였다는 사실이 폭로되자 건륭제는 눌친에게 그를 처형할 것을 명령했다. 그러나 눌친은 도리어 다음과 같이 말하면서 꾸물대기만 할 뿐 전혀 손을 쓰려하지 않았다.

양이길의 죄는 응당 사형을 받아 마땅합니다. 그러나 장광사가 이전에 이미 투항을 받아들여 정벌에 나서도록 한지가 벌써 한 해가 지났는데, 지금에 와서 갑자기 목을 벤다면 명목이 서지 않습니다. 양이길이 어디서 무엇을 하든 그의 소식은 모두 파악하고 있으며 조금도 의심할 여지가 없습니다.

눌친과 장광사가 몇 차례나 종묘사직을 위기에 몰아넣는 불충을 저지르자 건륭제는 더 이상 그들을 그냥 내버려 둘 수가 없었다. 그래서 장광사에게는 도적의 무리인 양이길과 왕추王秋를 믿어 군사기밀을 누출시키고 또 원수를 비호함으로써 화근을 키워 군기를 그르친 죄를 물어 북경으로 잡아들였다. 또한 눌친은 대학사 경략대신經略大臣의 신분으로 직접 군사를 이끌고 전장에 나가 싸우기는커녕 안일만을 탐해 전쟁을 지연시켰다는 죄목으로 면직과 동시에 북로군영으로 압송하도록 했다. 건륭 13년과 14년 초, 건륭제는 이 두 사람을 각각 사형에 처했다.

눌친과 장광사를 파면시키고 법에 따라 처벌한 이후, 건륭제는 대학사 부항傅恒을 천섬 총독에 임명하고 얼마 후 다시 수석대학사 경략대신으로 승진시켰다. 또한 북경과 동북 3성에 파견했던 만주팔기, 솔론병 8천여 명과 섬서, 감숙, 운남, 귀주, 호북, 호남의 녹영병 2만 명, 거기다 원래 남아 있던 청군까지 총 5만 명 이상의 거대 병력을 대금천에 배치하여 사라분의 반란군을 평정하도록 했다.

건륭 14년 11월, 부항이 출정을 준비하고 있을 때 건륭제가 친히 축배를 들어주며 그의 사기를 북돋우자, 부항은 크게 감격하여 황은을 저버리지 않고 반드시 사명을 다할 것을 다짐했다. 12월에 부항이 금천에 도착하자마자 토사 양이길과 택왕의 아내 그리고 매국노 왕추 등 대금천의 첩자 노릇을 했던 간신들을 모조리 죽여 내부의 숨은 우환을 제거했다.

이어 악종기의 전략이 정확하다고 판단하여 이를 채택하면서 그동안 눌친이 고수해 온 작전을 버리고, 괄이애를 중점적으로 공격하던 데서 벗어나 늑오위를 먼저 공격하기로 했다. 그는 1만여 명의 병사를 당패와 노하에서 수륙병진하게 하고, 다시 1만여 명의 병사를 보내 마아강과 내당 두 곳을 공격하게 한 후, 당패에 있던 군사와 늑오위를 합공하도록 했다. 또한 나머지 8천 명은 진지를 지키게 함으로써 괄이애의 반란군이 습격해 오는 것에 대비하도록 했다. 이들은 먼저 늑오위를 함락시킨 후 다시 괄이애를 점령했다.

부항의 체계적인 지휘와 정확한 공격노선의 채택으로 청군은 연이어 승리를 거두었다.

사라분의 반란군은 모두 죽거나 큰 부상을 입었고 살아남은 자는 겨우 3천여 명 뿐이었다. 또 그가 청군에 심어 놓았던 첩자들도 모두 죽임을 당해 눈과 귀를 잃은 데다 거기에 식량부족이라는 어려움마저 겹쳐 더 버티기가 어려워지자 사라분은 결국 반란군 수장인 득십아랑을 악종기 군영으로 보내 항복할 뜻을 전하고 청조에 귀속시켜 줄 것을 청했다.

건륭제는 원래 대금천을 평정해서 후환을 아예 없애려는 의도를 가지고 있었다. 그러나 상황은 바뀌었고 더 이상 예전과 같지 않았다. 2년간 전쟁으로 소모된 물자와 인력만 해도 벌써 예상을 훨씬 넘어섰고 대금천이 험난한 지세를 이용해 더 오래 버틸 수도 있음을 감안하여, 서로 한 치도 양보하지 않고 대치하고 있을 바에야 이쯤에서 적당히 그들의 항복을 받아들이는 것이 더욱 유리할 수 있었다. 그래서 사라분의 투항 소식을 들은 건륭제는 이제는 강화해도 될 때라 여기고 이를 허락했다.

부항은 계속 전쟁을 해서 개선하기를 원했으나 건륭제는 그에게 적당한 이익을 취했을 때가 바로 물러날 때임을 강조했다.

이번 전쟁에서 비록 사라분의 세력을 완전히 소탕하지는 못했지만 다른 토사들이 관할하고 있던 인근 지역까지 잠식하려 했던 사라분의 침략 의도는 꺾을 수 있었다. 또한 그에게서 다음과 같은 6가지 약속을 받아냈다.

1. 영원히 다른 토사부의 땅을 침략하지 않는다.
2. 다른 토사들보다 청 조정에 더 많은 공헌을 할 수 있도록 각별히 노력한다.
3. 강제로 빼앗은 이웃 토사들의 땅을 돌려준다.
4. 이전에 황제의 병사를 해친 자를 잡아서 바친다.
5. 이전에 포로로 잡아간 사람들과 약탈해 간 말을 반환한다.
6. 모든 총포와 무기를 바친다.

성공시키기 어려운 일은 처음부터 시도하지 말았어야 했다. 이번 금천 전쟁은 건륭제가 군사를 크게 일으킨 첫 전쟁으로 모두 2천만 냥에 가까운 전쟁 비용을 소진했으며, 장기간 지속된 전쟁으로 재정적인 위기까지 몰고 왔다. 전방을 지원하기 위해 사천에서부터 대량의 인부와 수레, 가축을 징발해서 군수물자로 보내고 또 사병들에게 막대한 군량을 공급하면서 쌀값의 앙등을 유발하자 백성들의 원성이 하늘을 찔렀다. 이때가 바로 물러서야 할 때였다.

강적 앞에서 약한 모습 보이지 마라
遇强敵更不能示弱

 1770년대 초, 140년을 떠돌던 한 오랜 유목 민족이 어느 날 갑자기 그들의 고향, 바로 신강성 북부 이리하伊犁河의 초원에 나타났다.
 유라시아 대륙 곳곳에 이들에 관한 설화가 전해져 내려온다. 유명한 스웨덴 탐험가인 스벤 헤딘은 이들 민족에 대해 다음과 같이 묘사했다.

> 세계에서 이렇게 규모가 큰 연극을 수용해 낼 수 있을 만한 공연이나 무도회는 없다. 그들의 모습은 고대의 대규모 민족 이동을 연상시킨다. 그들은 장장 7개월 동안 수많은 우여곡절을 겪으며 무려 2천 4백 마일이라는 초원과 사막을 넘었다. …… 그중 3분의 2가 굶주림과 혹독한 추위로 죽거나 칼에 맞아 목숨을 잃었다.
> 그들은 낙타, 말, 소, 당나귀, 노새, 면양, 산양 등 수백만 마리의

목축을 몰면서 천막, 식품, 가재도구, 무기 그리고 부처나 조상을 위한 제사 도구 등을 실은 커다란 짐수레를 타고 다닌다. 말은 그들이 꿈꿔 온 나라를 향해 끝없이 내달린다.

또 다른 영국 문학가도 이들 유목 민족에 대해 찬탄을 금치 못했다.

현대사에서, 아니 범위를 더 넓혀 최초로 인류 역사가 기록된 이래 지난 세기 후반기에 타타르 민족이 아시아의 끝없이 펼쳐진 초원을 넘어 동쪽으로 이주해 온 것만큼 세상을 놀라게 하고 사람들의 마음을 감동시킨 위대한 업적은 없다.

여기서 말하는 타타르 유목 부락이 바로 토르구트부를 일컫는다.

토르구트는 원래 오이라트 몽골의 4부 가운데 하나였다. 1620년대 말, 그들은 나날이 강성해지는 중가르부의 괴롭힘을 견디다 못해 중국 천산 산맥에서부터 카스피해로 흐르는 볼가강 하류 지역까지 이주해 가서 유목생활을 하게 된다.

그러나 볼가강 하류 역시 그들이 진정으로 원했던 낙원은 아니었다. 노가이인은 멀리 쫓아냈지만 세력을 확장해 가던 제정 러시아와 인접하게 되었다. '자기 침대 곁에 다른 사람이 편히 자도록 내버려 둘 수는 없다.' 라는 옛말처럼 러시아는 강대한 경제력과 군사력을 이용해 토르구트를 침략하고 압박했으며, 이들에 대한 통제를 더욱 강화하고자 했다.

토르구트는 외부에 홀로 떨어져 있었고 세력이 약했기 때문에 늘 기회를 노리던 강적의 거대한 압력에 점차 밀려났다. 그들은 살아 남아야 했으므로 어쩔 수 없이 러시아의 압박을 견뎌내면서도 다른 한편으로는 치열하게 항쟁했다. 그들은 조국과는 멀리 떨어져 있었지만 항상 자신들을 중화 다민족 국가의 구성원이라 여겼고 청조와도 계속 군신 관계를 유지했다.

당시 제정 러시아는 스웨덴, 오스만투르크와 빈번하게 전쟁을 일으키면서 토르구트인들을 강제로 징병했다. 이것은 그들 민족에게 있어서는 이루 말할 수 없는 큰 재난이었으며, 뿌리 깊은 역사를 지닌 민족에 대한 무시와 차별은 곧 몇 배의 치욕이었다.

『타타르인의 반란』이라는 책에는 다음과 같은 대목이 있다.

> 군대 안에서 러시아군 간부들은 자신의 부하들이 야만적인 종교의식을 하거나 폭력을 휘둘러도 이를 암묵적으로 용인하는 경향이 있었다. 그러다 보니 러시아 병사들은 발아래 짓밟히고 있는 토르구트인들이 조금이라도 반항하는 빛을 보이면 더욱 난폭해져서 미친 듯이 발길질을 해댔다.

건륭 35년이 되자 오스만투르크와의 전쟁을 치르고 온 토르구트 병사들은 조국으로 돌아갈 계획을 구체적으로 세웠다. 이듬해 그들은 마침내 청조 서북의 이리하 경계를 넘어섰다.

건륭 36년 3월 22일, 건륭제는 서북 지방의 감시 초소로부터 다음과 같은 내용의 긴급 보고문을 받았다.

> 옛날 오이라트 4부에 속한 중가르 등 부족이 오이라트를 배반해 흩어져 러시아로 도주했습니다. …… 작년 12월, 이들이 다시 러시아를 배반했으며 국경 지역에 있는 두 곳의 역참을 점령하고 그곳으로 도망쳤는데 도망자가 약 4만여 명에 이릅니다.

건륭제는 이 보고를 받고 매우 놀랐다. 14년 전에 중가르는 이미 멸망하지 않았는가? 4만 명의 사람들이 어디서 갑자기 나타났을까? 보고가 잘못된 것은 아닐까? 지난 몇 개월 동안 미얀마 정벌전쟁이 진퇴양난에 빠지고 대소 금천에서도 풍파가 끊이지 않아 건륭제의 초조한 심정은 이루 말할 수 없었다. 그런데 또 만약 중가르부가 병사를 이끌고 이리를 침입한 것이 확실하다면 이것은 청 조정을 설상가상의 어려움에 빠뜨릴 일이었다.

이 정보는 러시아 사신이 직접 청의 몽골 지역 감시 초소에 제공해 준 것이었으니 틀림없는 사실이었다. 러시아의 의도는 명확했다. 청 조정에게 그들을 받아들여 주지 말도록 요구해 그들을 사지로 몰아넣으려는 계획이었다.

러시아인들의 태도는 도리어 건륭제를 침착하게 만들었다. 그들은 이제껏 일관성 없는 태도로 청나라 국경 지역에서 수많은 분쟁을 야기해 왔기 때문에 이 문제 역시 그리 간단히 해결될 것 같아 보이지 않았다. 건륭제는 즉각 다음과 같이 명령을 내렸다.

> 만약 그들이 국경 가까이 오면 들어오게 한 후 안심시켜 알맞은 곳에 배치해 주어라. 만약 국경에 이르지 못하고 중도에서 러시아에 의해 쫓겨 충돌이 일어난다면 그들에게 맡기고 문제 삼지 말라. 즉각 사람을 보내 지금 그들의 상황이 어떤지를 조사해 오라.

당시 이들의 신분이 명확하지 않아 고향으로 돌아온 후 변경 지역을 혼란에 빠뜨려 막 되찾은 서북 지역의 평온을 다시 깨뜨릴 염려가 있었다. 또 그동안 청 정부와 러시아가 여러 차례 외교적인 마찰을 빚었으므로 자칫 신중하지 않으면 새로운 문제를 일으킬 염려도 있었다. 이런 요인들까지 모두 고려해야 했기 때문에 이 문제를 더욱 조심스럽게 접근하지 않을 수 없었다. 결국 조사 끝에 이들의 정체가 오이라트 몽골의 네 부족 중 하나였던 토르구트부임이 밝혀졌다. 건륭제는 신중히 고려한 끝에 다음과 같이 말했다.

> 오이라트, 오량해烏梁海 등은 모두 나의 신하이다. 예전에 너희들이 러시아로 도망갔을 때, 러시아는 마땅히 너희들을 돌려보내야 했으나 도리어 받아들이고 살 곳을 마련해 주었다. 이는 진정 도리에 맞지 않는 것이었다. 오늘 너희가 짐의 은혜를 구하기 위해 돌아왔으니 다시 되돌려 보내는 일은 없을 것이다.

건륭제의 말에 따라 이번원理藩院에서도 러시아 추밀원樞密院에 공문을 보냈다.

> 토르구트는 우리가 무력으로 정복한 것이 아니며 이들이 러시아에서 이익을 탐하지도 않았다. 단지 러시아에 살면서 더 이상 견딜 수 없어 짐의 은혜를 입고자 원래의 고향으로 돌아온 것이다.

건륭제는 고국으로 되돌아온 백성들을 연민의 정으로 따뜻하게 맞아주고 여러 모로 보살펴 주었다.

조국으로 돌아간 토르구트의 애국적 행동과 그들에 대한 청 정부의 배려를 보고 제정 러시아는 분노를 감추지 못했다. 제정 러시아는 결국 서신을 보내 청 정부를 위협했다. 그들은 토르구트의 수령인 우바시 등이 도적이므로 절대 받아들여서는 안 되며, 만일 청이 그들을 받아들인다면 더 이상 제정 러시아와의 원만한 관계는 이어갈 수 없을 것이라고 했다. 그리고 만약 러시아가 군사를 일으켜 중원에 불안을 조성한다고 하더라도 자신들의 탓이 아니라면서 으름장을 놓았다.

러시아 정부의 억지 요구에 건륭제는 다음과 같이 당당한 답변을 보냈다.

> 토르구트의 우바시와 그 무리는 너희와는 전혀 다른 부족의 사람으로 본래부터 아무런 관계가 없었다. 너희가 빈번하게 징병을 하면서 가혹하게 다스렸기에 더 이상 참지 못하고 어쩔 수 없이 사람들을 이끌고 온 것이다. 이들이 조국의 품으로 돌아온 것은 애국심에서 비롯된 떳떳한 행동인데 조정에서 무슨 이유로 거절하고 받아들이지 않겠는가?

건륭제는 이렇게 해서 중국의 존엄과 정의를 지켜냈다.
제정 러시아의 무력 위협에 대해 건륭제는 절대로 굴복하지 않겠다는 분명한 입장을 밝혔다.

> 군사를 일으켜 전장에서 대면할 것인지 아니면 이전의 관계를 회복할 것인지는 너희 태도에 달려 있다.

사실 러시아 정부도 이런 일로 청나라와 전쟁을 할 수는 없었으며, 단지 아직까지 볼가강변에 남아 있는 1만여 호의 토르구트인들이 전례를 본받아 도주하지 않도록 감시를 강화할 따름이었다. 토르구트사건으로 위협을 가하려던 러시아의 시도는 건륭제가 강경한 입장을 고수하면서 이렇게 흐지부지 실패로 끝날 수밖에 없었다.

건륭제는 러시아에 대해 천성이 비열하고 교활하다는 인식을 가지고 있었다. 청나라가 세워지면서부터 제정 러시아는 신강 영토를 나누어 가지려는 망상을 품어 왔다. 건륭 20년, 제정 러시아는 반청 반란을 일으킨 아무르사나를 이용해 신강을 잠식하고자 했음이 구체적으로 드러났다.

청군이 반란세력을 진압하던 중에 탈취한 아무르사나의 수레에서 그에게 러시아 국적을 얻도록 유인한 내용이 담긴 네 통의 편지가 발견된 것이다. 건륭제는 러시아에 아무르사나의 반환을 요구하는 공문을 보내도록 이번원에 명했다. 처음에 러시아는 교활한 변명을 하며 공공연히 거절 의사를 내비쳤지만 결국 건륭제의 강경한 태도와 이번원의 연이은 항의에 어쩔 수 없이 천연두에 걸려 죽은 아무르사나의 시체를 캬흐타로 보내고, 이번원의 검시 요구에도 응했다.

건륭제는 교활하기 그지없는 러시아에 대해 한 치도 양보하지 않는 엄정한 태도를 보였고, 그들의 무리한 요구에는 사실을 들어 일일이 반박했다. 또 그들의 무력 위협에도 뜻을 굽히지 않았음은 물론 국가의 주권을 수호하기 위해서라면 오히려 서슴없이 무력을 사용하겠다고 맞서, 중국 영토를 분열시키려던 러시아의 야심을 잠재우고 동시에 변경에 대한 중앙정부의 지배력과 대외적인 위상을 크게 높였다.

변경에서의 불미스러운 분쟁을 미연에 방지하기 위해 건륭제는 거의 완벽한 변경 순찰제도를 만들었다. 이 제도는 러시아가 국경을 넘어 침범하는 것에 대비하면서 청나라가 북쪽 변경 지대의 주권과 사회 안정을 지키는 데 중요한 역할을 했다. 네르친스크조약이 체결된 후, 강희제가 중국과 러시아의 국경 지역에 관리와 팔기병을 파견하는 변경 지역 순찰제도를 만들었던 것처럼 건륭제 또한 이 제도의 필요성을 중시하여 새로운 상황에 맞추어 더욱 완벽하게 발전시켰다.

건륭제는 러시아가 중가르와 칭군잡의 반란을 이용해 서북 변경 지역을 잠식하려는 음모에 맞서 서북 국경에 엄격한 순찰제도를 마련해야 할 필요성을 절감하게 되었다. 건륭 27년 초, 건륭제는 서북 지방의 행정제도를 한 단계 강화했다.

혜원성惠遠城에 총관을 설치하고 이리 등에 장군을 배치하여 남북 양로兩路 군정사무의 관할 범위를 늘리면서 특히 변방 지역의 순찰활동을 강화하도록 했다. 이에 따라 할하 몽골 친왕에게 변방 순찰을 전담할 병력을 파견하도록 명하고 러시아가 국경선을 넘어 새로 목책을 세우는지를 살펴서 일단 경계를 넘어오면 즉시 강경 대응하여 목책을 해체하는 데 조금이라도 주저해서는 안 된다는 지시를 내렸다. 또 흑룡강 장군에게도 마찬가지로 변방 순찰 활동을 더욱 강화해 러시아의 음모를 철저히 막도록 했다.

건륭 30년, 흑룡강 장군 부승아富僧阿가 외흥안령外興安岭 이남의 길을 따라 주요 지점을 순찰한 후 올린 상세한 보고를 받고 나서 건륭제는 중국과 러시아 동쪽 국경을 더욱 빈틈없이 순찰하는 진일보한 조치를 내렸다. 그리고 그는 러시아가 코사크족 기병을 이용해 계속해서 극동과 흑룡강 지역으로 세력을 확대하려는 의도에 맞서 그 지역에 이민을 장려하는 새로운 정책을 세우면서 오부鄂博를 순찰하게 하는 효과적인 제도를 제정했다.

이외에도 건륭제는 팔기관병을 3년에 한 번씩 강이 발원하는 외흥안령 남쪽의 원류까지 직접 가면서 오부를 순찰하도록 규정을 만들었다. 그리고 흑룡강 하류에서는 삼성三姓 부도통이 팔기관병을 파견해 변방을 순찰하도록 하고 국경을 넘는 러시아인을 보면 즉시 장군에게 호송하여 지시에 따라 처리할 것을 명했다.

이렇게 해서 동부의 흑룡강 하류에서 『중아포련사기조약中俄布連斯奇條約』과 『캬흐타조약』에서 규정된 중부 변경 지역을 지나 서북의 타르바가타이에 이르기까지 비교적 완벽하고 강경한 방비책을 마련하여 제정 러시아의 음모를 하나씩 분쇄해 나갔다.

---

7. 몽골이나 티베트 등지에서 돌이나 흙, 풀 등을 쌓아 올려 길이나 경계 표시를 해 둔 것으로 나그네의 안녕과 평안을 기원하는 의미가 있었음. 특히 유목 민족인 몽골인들에게는 신앙의 상징물이었음.

제정 러시아는 강대한 청 왕조에 무력으로 맞서는 것이 여의치 않자 교역을 통해 경제적 이득을 획득하는 방법을 취했다. 그들은 교역이 조약 집행의 연장선상에 놓여 있음을 구실로 은밀히 경제적 침략을 전개해 나갔다.

변경 지역의 안정을 유지해야 한다는 오랜 염원 때문에 과거 옹정제는 중러 관계에 있어서 지나치게 양보하는 태도를 보였다. 옹정제가 비준했던 『포련사기조약』과 『캬흐타조약』으로 캬흐타 이북의 광활한 중국 영토가 러시아로 넘어갔고, 무역에 있어서도 러시아에 많은 특혜를 주면서 변경의 안정만 이루어진다면 세금은 걷지 않아도 아무 상관이 없다고까지 했다. 이런 식으로 크게 물러서면서 청 정부는 중러 관계에 있어 처음부터 수동적일 수밖에 없게 되었고, 이에 러시아 여제 예카테리나 2세는 다음과 같이 말했다.

중국의 오만함을 완전히 꺾지 않고서는 죽어도 눈을 감을 수가 없다.

중러 무역에 있어 건륭제는 가장 먼저 옹정 시기의 일방적인 양보로 비롯된 소극적인 국면을 변화시키는 데서부터 칼을 댔다. 옹정제 이래로 양국 무역에 대한 적당한 방비와 통제가 미흡했던 점을 해결하기 위해 우선 교역 거점을 단계적으로 줄여 나가는 정책을 취했다. 그 결과 이전의 양보로 일관했던 중러 관계를 전환시키면서, 동시에 무역을 중지시키는 수단을 사용해서 제정 러시아가 보다 신중하게 행동하지 않을 수 없도록 하여 그들의 침략을 효과적으로 억제할 수 있었다.

건륭제는 조용한 가운데 반격을 가하는 수단으로 무역을 여러 차례 중지하는 방법을 사용하여 러시아를 제재했다. 제정 러시아는 침략 목적을 달성하기 위해 양국간 교역을 하면서 법규를 수시로 위반하는가하면 국경 지역의 목책을 몰래 옮겨 놓기도 했다. 건륭제는 제정 러시아의 야심을 한눈에 간파하고 다음과 같이 말했다.

> 중가르 지역은 이미 모두 중국에 복속되어 러시아와 아무 관련이 없는데, 어찌 저들이 함부로 집을 짓고 목책을 세울 수 있단 말인가! 이로써 러시아가 중가르부를 침략하려는 의도를 품고 있음이 분명해졌다.

그리고 그는 러시아가 세운 목책과 가옥을 모두 철거하라는 명령을 내리면서 과감하게 중러 무역을 중단시켜 러시아에 '사필귀정'의 교훈을 보여 주었다. 이후 제정 러시아가 타협하고자 하는 자세를 보이고 나서야 금령 해제를 명하고 통상을 허락했다.

이전까지 중러 무역으로 거두어들인 교역세는 제정 러시아의 중요한 재정수입원이 되었다. 그러나 청나라는 강성한 국력을 바탕으로 교역 중지라는 강경한 대응조치를 취해 매번 러시아에 심각한 타격을 주었다. 건륭제가 고안해낸 무역 중지라는 이 수단은 러시아 침략 세력의 확장에 효과적인 제재를 가할 수 있었다.

건륭제는 그의 지혜를 발휘하여 당시 중국의 대외 관계와 관련한 큰 방향을 정립했다. 그는 대체적으로 공정한 원칙을 지키면서 비굴하지도 거만하지도 않은 태도를 견지했다. 또한 허울만 좋았던 과거의 '화친' 정책에 동의하지 않았으며 이를 서툴고 현명하지 못한 책략이라고 보았다. 그리고 화친정책에서 비롯된 드러나지 않은 우환을 없애는 가장 근본적인 방법이자 우선되어야 할 과제는 국력 신장임을 강조했다. 이는 훗날 사람들의 입에 자주 오르내리는 '약소국에 외교 없다.'라는 명언으로 축약된다. 이러한 그의 정책들은 대단히 영명하고 빈틈이 없었다.

그는 대외 관계에 있어서 은혜와 위엄을 병용하는 강온정책을 구사하되, 외국의 침략 의도에 대해서는 '눈에는 눈, 이에는 이'로 맞서는 강경한 외교수단을 취했다. 요컨대 건륭제는 중국의 외교발전사를 한 단계 끌어올리는 역할을 했으며, 그의 생각은 예측성이 뛰어나고 매우 적극적이어서 아직까지도 후세 사람들의 폭넓은 귀감이 되고 있다. 그의 이러한 지혜는 중국 외교사에 있어 귀중한 유산으로 남아 있다.

【건륭제에게 배우는 장이술】

一. 평소에 땀을 많이 흘려 훈련하고 숙달시킴으로써 병사들이 실전에서 피를 적게 흘린다.

一. 백전백승은 결코 최고의 책략이 아니며, 전쟁을 일으키지 않고서도 상대를 굴복시키는 것이야말로 최고로 완벽한 책략이다.

一. 승리를 자주 거둔 자가 천하를 완전히 얻은 경우는 극히 적으며 오히려 대부분은 마지막에 멸망의 길을 걷게 된다.

一. 전쟁과 평화는 하나의 대립적인 통일체이다. 전쟁 중에는 내내 평화를 생각하며 계속 싸워서는 안 된다고 생각하지만, 평화로울 때는 다시 전쟁을 일으켜 굴욕적인 화의를 깨야 한다고 생각한다.

一. 대외 관계에 있어서 은혜와 위엄을 병용하는 강온정책을 구사하되, 외국의 침략의도에 대해서는 '눈에는 눈, 이에는 이'로 맞서는 강경한 외교수단을 취하라.

一. 전쟁은 언제 하고 또 화해는 언제 하는가? 이를 아는 것이야말로 가장 뛰어난 용병의 지혜이다.

제2장

장이술張弛術 2
내 힘을 들이지 않고 싸운다 戰而屈人之兵

건륭제는 몸소 병사를 이끌고 전장에 나가 싸우지는 않았지만, 사리에 정통하여 하나를 보아도 열을 깨우쳤다. 그는 자신의 흑백의 도를 전쟁에 이용해 종종 예상하지 못했던 성과를 얻기도 했다.

남의 칼을 사용하라
以番治番, 借刀殺人

다른 이의 칼을 빌려 적을 죽인다는 '차도살인借刀殺人'의 책략은 명대 희곡인 『삼축기三祝記』에서 사용하여 널리 알려졌다.

북송 때, 범중엄范仲淹의 정적이 음모를 꾸며 전쟁 경험이 전무한 범중엄에게 군사를 이끌고 서하를 정벌하도록 만들었다. 강한 군사력을 지닌 서하군대의 '칼'을 빌려 범중엄을 제거하기 위함이었다. 후세 사람들은 이와 같이 타인의 손을 빌려 적을 죽이되 자신은 노출되지 않는 계책을 차도살인이라 부르게 되었다. 병서에도 다음과 같은 말이 있다.

> 적이 누구인지 알지만 친구가 마음을 정하지 못할 때, 친구를 끌어들여 적을 죽이면 내 힘은 들이지 않고 친구의 손해로써 나의 이익으로 돌아온다.[8]

첫 번째 금천 전쟁에서 사라분의 항복을 받아들인 후, 건륭제는 그를 견제하기 위해 '이번제번(이이제이以夷制夷와 같은 말), 차도살인以番制番, 借刀殺人'의 책략을 택하여 대금천 주변 토사들의 힘을 빌렸다.

건륭 23년, 사라분은 혁포십찰革布什咱 토사 사랑다발四朗多勃과 인척 관계를 맺는 문제로 원한이 생겨 서로 반목하게 되자 혁포십찰 진영을 공격했다. 사천 총독 개태開泰와 제독 악종기는 장곡章谷, 명정明正, 작사갑포綽斯甲布, 파왕巴旺 등의 토사들을 끌어들여 혁포십찰이 사라분을 격퇴할 수 있도록 돕게 했다. 건륭제는 이 계책을 높이 사서 표창을 내렸다.

같은 해 3월에 사천 총독 개태는 혁포십찰 토사 사랑다발이 구출된 후, 사라분이 다시 단다길지丹多吉地를 공격했다는 보고를 올리면서 "현재 각 장수와 무관들에게 임무를 나누어 저들을 제압하도록 일렀습니다. 만약 다른 방도를 써야 한다면 황제께 아뢰겠나이다."라고 말했다.

건륭제는 보고를 받고 개태에게 "너희가 만약 금천을 공격하여 빼앗는다면 그 땅을 상으로 내릴 것이며 그 외에도 큰 상을 주겠다." 하는 비밀 유지를 내려 다른 토사들에게 전하도록 했다. 이 말은 누구든 사라분을 치기만 하면 점령한 산채를 전부 그에게 주겠다는 뜻으로, 건륭제는 이 방법을 이용해 토사들이 사라분을 공격하도록 북돋웠다. 그는 개태에게 다음과 같이 말했다.

> 오랑캐들이 자기들끼리 서로 공격하는 것은 원래 조정의 법으로 통제할 필요가 없는 일이다. 만약 스스로 역량을 발휘해 금천을 정벌한다면 그로부터 얻은 토지와 사람들을 상으로 가져도 좋다는 뜻을 알려 그들을 격려하도록 하라. 오랑캐를 이용해 오랑캐를 치는 책략

---

8. 삼십육계의 제3계인 '차도살인'에서 나온 말. "敵已明, 友未定, 引友殺敵, 不自出力, 以損推演"

은 행해 볼 만하다.

건륭 25년이 되어 사라분이 병사했다. 그의 조카인 낭잡郎咱이 지위를 승계하여 대금천의 토사 사무를 주관하게 되면서 청 정부에 토사의 인신을 내려 달라고 요청했다. 사실 낭잡은 숙부가 살아 있을 때도 노쇠한 토사를 대신해 제반 사무를 담당하는 실권을 쥐고 있었다. 관례대로라면 인신을 내리기 위해서는 이웃 토사들의 수락을 얻는 서명 절차가 필요했으나, 황제의 배려에 감사하여 말썽을 피울 생각을 갖지 않도록 구슬릴 목적으로 개태는 전례와 상관없이 낭잡에게 바로 인신을 내려 줄 생각이었다.

개태의 이러한 결정에 대해 건륭제는 다음과 같이 평가해 말했다.

> 총독 개태는 이와 같은 결정이 일을 간편하게 하고 여러 토사들이 부화뇌동하지 않도록 하는 데 있다고 했다. 그러나 낭잡에게 분명한 뜻을 전달하지 않아 그가 두려움을 모르고 도리어 개태가 자신에게 고의적으로 영합하여 마치 그의 청대로 따른 것이라 잘못 생각할까 염려스럽다. 다른 토사들의 동의를 얻지 않은 채 윤허해 주었다가 그가 교만하게 된다면 이는 아랫사람을 부리는 도리에 어긋나는 일이다.

건륭제는 낭잡이 성은을 모르고 이전보다 더 날뛸 것을 우려했던 것이다. 건륭제는 대금천이 문제를 일으키는 것을 방지하기 위해 개태와 악종기에게 즉각 인신 하달에 대한 황제의 뜻을 낭잡에게 명백히 전하도록 했다.

> 너희는 인근 토사들과 오래 전부터 사이가 좋지 않았다. 현재 승계

문제를 놓고 관례를 따라 그들의 동의를 받는 절차를 거친다면 그들
은 기꺼이 따르려 하지 않을 것이다. 너의 간절한 요구를 받아들여
번거로운 절차를 생략함으로써 성은을 베풀어 주도록 하겠다. 그러
나 승계 이후 네가 이웃 토사들과 서로 협력하지 않는다면 봉강대신
은 절대로 너희에게 조그만 관용도 베풀어 주지 않을 것이다.

건륭제의 판단대로라면 낭잡은 스스로 깨우쳐 경계하고 체제에 순응했어야 옳았다. 그러나 낭잡은 성은을 감사히 받아들이기는커녕 건륭 27년 단패 토사부에 속해 있는 마양 산채를 공격했다. 그래서 개태는 은밀히 작사갑포, 악극십鄂克什, 잡곡, 파왕, 당패, 명정, 장곡, 소금천 등 아홉 곳 토사에게 연합하여 대금천을 치도록 명했다. 결국 낭잡이 버티기 어렵게 되자 부하를 성도成都로 보내 개태에게 친히 나서서 조정해 달라고 부탁했다. 개태는 낭잡이 파견한 신하를 접견하면서 겉으로는 애써 위로해 주는 모습을 보였지만 뒤로는 계속해서 아홉 곳의 토사들에게 공격을 멈추지 말 것을 명하고 있었다.

건륭제는 개태의 표리부동한 모습이 마음에 들지 않았다. 그는 개태에게 다음과 같이 말했다.

조정에서 오랑캐로 오랑캐를 다스리는 책략을 택한 것은 공명정대
한 일이니 굳이 숨길 필요가 없다. 뒤에서 은밀히 음모를 꾸민다는
것은 더욱 가당치 않은 일이다.

그러면서 개태에게 명해 작사갑포 등 아홉 곳의 토사들에게 분명하게 말하도록 지시했다.

낭잡이 모든 토사들에게 죄를 지었으니 너희들은 당연히 그를 물리

처야 한다. 만약 그의 참호를 토벌한다면 너희들에게 닥칠지 모르는 후환 또한 없앨 수 있을 것이다.

건륭제는 아홉 명의 토사가 이 이치를 깨닫기만 한다면 그들 스스로가 온 힘을 다해 대금천에 맞설 것이기 때문에 굳이 청의 군사까지 보내서 돕지 않아도 된다고 생각했다. 그래서 건륭제는 개태에게 낭잡이 보낸 사신의 접견을 거절하도록 지시하면서 그에게 다음과 같은 뜻을 확실하게 밝히도록 했다.

너는 이웃 토사들과 원한을 맺었다. 너희가 감히 영토를 잠식할 음모를 꾸미니 다른 토사들이 연합하여 복수를 하는 것이 아닌가? 이것은 극히 온당한 일이며 너희에게는 자업자득일 뿐이다. 우리는 도리에 어긋나게 비호해 줄 수 없다.

개태는 이 일로 면직되고 아이태阿爾泰가 사천 총독으로 임명되었다. 아이태는 "오랑캐 지역으로 가서 각 우두머리들의 정황을 알아보았다."라고 보고하면서 아홉 토사가 힘을 합쳐 대금천을 협공해야 한다고 건의했다. 건륭제는 아이태의 계획에 동의했다.

각 우두머리들의 형세를 잘 파악하였다고 하니 오랑캐로 오랑캐를 제압하는 것이야말로 기회를 놓치지 않는 훌륭한 계책이 될 것임이 틀림없다. 아홉 토사들이 만약 뜻을 모아 토벌에 나선다면 그 세력은 실로 대단할 것이다.

건륭제는 또한 아이태에게 흠차대신과 총독의 이름으로 아홉 토사들에게 다음과 같은 뜻을 알리도록 분부했다.

낭잡은 계속 간교한 획책을 도모하여 모든 토사들의 해가 되었다.
조정은 두 번 다시 여러 사람의 '좀벌레'를 감싸 주지 않을 것이다.

그 밖에 아홉 토사들에게는 낭잡을 섬멸하면 대금천의 모든 토지를 아홉 토사들이 구획을 나누어 관리하도록 해 주겠다고 약속했다. 이렇게 되면 각 토사는 원수를 제거하면서 영토 확장이라는 수확까지 얻을 수 있으니, 자연스럽게 낭잡 공격에 열을 올릴 것이다. 조정은 가만히 앉아 어부지리만 얻으면 되었다.

건륭 29년 9월, 아이태와 악종기는 황제의 유지를 받들어 수차례에 걸쳐 대금천 협공 계획을 세우고 아홉 토사들의 정황과 관련 조치를 보고했다. 아이태가 상주를 올린 내용은 다음과 같았다.

낭잡은 단지 견고한 성곽과 험한 지세에만 의지하고 있다. 그러므로 토사들이 힘을 합치면 그 수가 대금천의 몇 배가 되어 일단 공격에 박차를 가하면 반드시 성공할 수 있다. 아홉 토사부 가운데 파왕과 혁포십찰은 토지가 좁고 병사가 적지만 한 쪽을 견제하기에는 무리가 없고, 잡곡의 사마梭磨, 송강松岡, 탁극기卓克基 세 토사부는 지리적으로 다른 곳과는 떨어져 있지만 금천과는 매우 가깝다. 옥일沃日은 금천과 경계가 맞닿아 있지 않고, 당패는 본래 잡곡의 토사土舍 지역이었다가 건륭 24년에 와서야 따로 사司를 설치하기 시작했다. 당패는 비록 땅이 작으나 기세는 금천 특히 작사갑포에 육박하고, 심지어는 지세나 병력 모두 금천의 강적이라 불린다. 게다가 금천과 경계가 접하는 곳이 많아 진격하여 승리를 거두기에 어렵지 않다.

아이태는 또 다음과 같이 분석했다.

만약 작사갑포와 당패가 각자 제 몫을 다하고 거기에 소금천 등 토사부의 병력이 가세한다면 승산이 있다. 끈기를 갖고 진격해 나간다면 결국 대금천이 지칠 것이다. 덧붙여 아홉 토사들의 공로를 참작하여 상을 내려 위로하고 사기를 고무시킴으로써 분투하여 용맹을 떨치게 해야 한다.

건륭제는 관부의 차茶를 타전로와 송반 두 곳에서 팔도록 하고, 벌어들인 돈은 임시로 오랑캐에게 상을 주는 데 쓰도록 정했다. 그래서 이듬해 각 토사부의 병사들이 금천에 진격할 때에 식량 원조를 해 주기도 하고 적군의 머리를 베어 오거나 전사 혹은 부상당한 자들에게는 일일이 상을 내리고 부조를 해 주었다. 이로써 아홉 토사의 각부 이민족 병사들은 황제로부터 입은 은덕을 갚기 위해 더욱 힘쓰게 되었다.

청 조정의 지지로 소금천, 당패, 잡곡, 작사갑포 등의 토사들은 적극적으로 수장과 병사들을 파견하여 길을 나누어 금천 지역에 진입한 뒤 밤낮으로 공격했다. 아울러 공격과 퇴각 상황을 즉시 조정에 보고하도록 했다. 작사갑포와 혁포십찰, 파왕 등은 각각의 요새에 병사를 파견하여 매복해 두었다가 금천 병사가 나타나는 대로 힘을 다해 바로 물리치도록 했다.

건륭 29년 11월, 아이태와 악종기는 아홉 토사들의 금천에 대한 진격 상황을 보고했다.

명을 받들어, 각 계절마다 관원이 직접 각 토사부로 가서 격문을 전하고 공로를 표창하여 그들을 격려하고 위로했습니다. 그들 토사土司와 토사土舍 그리고 수장 등은 모두 크게 감격하여 어떤 사람들은 토벌하여 약탈함으로써 원수를 갚기도 하고 또 어떤 사람들은 힘을 다해 공격하여 후환을 제거했습니다.

건륭 31년 10월, 아이태는 군사를 거느리고 금천 강팔달康八達에 도착했다. 낭잡은 자신의 토사土舍와 수장들을 이끌고 나와 무릎을 꿇고 맞이했다. 그는 머리를 조아리며 자신이 지은 죄를 두려워하고 깊이 참회하고 있으며, 점령한 토지와 강탈해 온 각 토사부의 사람들을 기꺼이 반환하겠다는 뜻을 보였다. 그리하여 모두가 평안히 유목하며 살 수 있도록 다시는 감히 다른 지방을 괴롭히지 않겠다고 다짐했다. 아이태는 그 자리에서 낭잡의 뜻을 받아들였다. 일이 완전히 마무리되자 아홉 토사들은 잇따라 공격을 중단했다. 이후 낭잡은 그가 남로南路 각 토사부에서 잡아갔던 1만 2천여 명을 풀어 주었다.

'이이제이'의 책략이 빛을 발하여 뚜렷한 성과를 얻는 순간이었다.

얼마 후 아이태는 다시 한 번 낭잡의 청을 받았다. 자신의 딸을 소금천 토사 택왕澤旺의 아들 승격상僧格桑에게 시집보낼 수 있도록 윤허해 달라는 것이었다. 건륭제는 소식을 듣자마자 어떤 불길한 예감이 들어 말했다.

여기에 또 어떤 무력의 불씨가 숨어 있을 지 모르니 조심하라. 꺼리고 숨기는 것이 없는지 늘 주시하도록 하라.

건륭제의 예상은 적중했다. 그로부터 얼마 지나지 않아 그가 우려하던 일이 나타난 것이다. 4년이 채 지나기 전에 소금천은 대금천의 힘을 믿고 옥극십沃克什 토사가 택왕의 부자를 저주했다며 군사를 일으켜 옥극십을 공격했다. 택왕의 아들 승격상이 말했다.

옥극십 토사가 저주를 퍼부어 우리 부자의 목숨을 해하려 했기에 병사를 내어 공격하였다. 색달극납은 스스로 능력이 부족하다는 것을 깨달았으므로 옥극십을 나에게 주어 액을 때우기를 원한 것이다.

몇 년 사이에 대금천은 낭잡이 병사하고 그의 아들 색낙목索諾木이 토사가 되었으며, 소금천 역시 토사 택왕이 연로하여 병이 잦았으므로 그의 아들 승격상이 실질적으로 대권을 장악하고 있었다. 승격상은 옥극십의 적은 인구와 약한 세력을 보고 그 땅을 빼앗고 싶었다. 그래서 옥극십 토사 색달극납이 일찍이 자신과 부친을 저주하여 부자가 함께 병을 앓도록 만들었다는 구실을 대어 병사를 거느리고 옥극십을 침공했다.

옥극십은 나날이 더해 가는 승격상의 압박을 견디지 못하고 관부에 보호를 요청할 수밖에 없었다. 건륭 35년 3월과 4월, 사천 총독 아이태와 제독 동천필董天弼은 "소금천이 옥극십의 땅을 빼앗기 위해 분란을 일으켜 병력을 이용해 공격했다. 이 일은 승격상 등 많은 수장들이 종용하여 야기된 일로 명정과 혁포십찰 등의 토사가 그만두도록 계속 말려도 소용이 없었다."라는 내용의 상소문을 두 차례 올렸다.

건륭제는 소식을 듣고 나서 즉시 아이태를 파견하여 해결하도록 했다. 아이태는 강경책과 회유책을 함께 써, 승격상에게 유지를 받들어 병사를 되돌릴 것을 요구하면서 동시에 옥극십에게는 세 곳의 산채를 내놓도록 하고 그곳 경작지에서 나오는 수확을 소금천이 가질 수 있도록 허락했다. 그러나 승격상은 눈치만 살피고 이런저런 구실을 붙여가면서 침탈한 옥극십의 토지를 반환하지도 군대를 철수시키지도 않았으므로 색달극납은 관부에 병사를 보내 토벌해 달라고 요청했다. 승격상은 이 때문에 또다시 옥극십의 관채를 포위 공격하고, 군사를 보내 관병의 진격로까지 차단하도록 했다.

사태가 악화되어 전쟁이 재발하지 않도록 건륭제는 급히 아이태와 동천필을 파견해 최대한 빨리 분쟁을 조정하도록 하면서 승격상에게 이 일로 얻게 될 이득과 해를 알려 준 다음 잘 타이르도록 했다. 스스로 양심을 되찾도록 교화하는 것이 무력으로 다스리는 것보다 낫다는 생각에서였다. 그러나 황제의 유지도 순순히 분부에 따라 군사를 돌리고 토지를 반환하게 하지는 못했다. 승격상은 보고도 못 본 척, 듣고도 못 들은 척하면서 계속 자기 고집대로 밀고 나갔다.

이 상황을 보고 명정과 목평의 토사가 자진해 나서서 "승격상에게 그의 잘못을 분명히 깨닫게 하고 점령한 옥극십의 토지를 반환하도록 만들겠다."라는 뜻을 관부에 알려 왔다. 건륭제는 곧바로 사천 총독 아이태에게 6천여 명의 병사를 이끌고 명정, 목평 토사 등과 함께 소금천으로 가되 토벌과 회유를 병행하도록 했다.

대군이 접근해 가자 토벌과 회유의 책략은 비로소 효력을 나타냈다. 아이태와 '오랑캐 병사'가 소금천에 다다를 무렵, 승격상은 누가 자신을 비겁하다고 비웃든 말든 직접 군영에 나와 무릎을 꿇더니 아이태와 동천필을 향해 백배사죄했다. 그는 달목파종達木巴宗의 일부와 옥극십의 땅을 반환하고 옥극십 토사의 외숙부 승격僧格 등도 풀어 주기로 했다.

승격상은 또 만약 옥극십 토사의 노여움이 다 가시지 않았다면 소금천의 토지 일부를 떼어 주어 사죄할 뜻을 조정에 내비쳤다. 아울러 여러 토사들의 결정에 따르고 감히 거역하지 않겠다고 다짐했다.

오랑캐 간의 화합을 중재하고 토벌과 회유를 병행하는 책략은 건륭제의 흑백의 도에 있어 중요한 부분으로 적지 않은 난제와 장애를 해결해 주었으며, 후대 사람들도 이를 꾸준히 본받아 사용했다.

상대의 약점을 주목하라
洞察對方的弱點

자신의 강점으로 적의 약점을 공격하는 것은 용병用兵의 기본 책략이다. 봉건사회의 역사를 보면 자연재해가 잦을 때마다 오히려 지방 관리들은 그 기회를 이용해 백성들의 재물을 착취했고, 그러다가 민중이 더 이상 억압을 견딜 수 없게 되면 여러 가지 형태의 반항과 투쟁이 일어났다. 이런 모습은 일종의 정형화된 역사적 현상으로 굳어져 내려왔다.

강희제가 대만을 통일한 이래, 대만에 대해 많은 특혜 정책을 실시하여 그곳 경제를 급속도로 발전시켰다. 당시 사람들은 대만을 "토지가 넓고 비옥하여 곡식의 이득이 천하제일이다."라고 말했다. 그래서 생계의 어려움에 시달리던 많은 내지인들이 대만으로 가서 생계를 꾀하기 위해 끊임없이 바다를 건넜다.

건륭제는 즉위하면서 대만을 이전보다 더욱 적극적으로 개발하고자 했다. 대만은 본래 토지가 비옥하고 수리시설이 발달해 토지의 생산성이 내지와 비교할 수 없을 만큼 높았다. 그런 상황에서 건륭제는 대폭적인 과세 경감정책을 실시하여 수도에서 멀리 떨어진 지역의 백성들까지도 긍휼하였으므로 대만은 건륭조에 들어와서 더욱 풍요로워졌다.

그러자 적지 않은 내지 관리들이 중앙의 간섭 없이 더욱 많은 자유를 누리면서 기회가 닿는 대로 민간의 재물을 긁어모으려는 생각에 천방백계千方百計로 대만에 부임하는 방법을 모색했다. 이런 실상을 건륭제도 모르지 않았다. 그는 일찍이 "대만 백성들이 만일 난동을 부리게 된다면 그것은 모두 지방 관리들이 임의로 재물을 탐해 백성들의 원한을 쌓이게 했기 때문이다."라고 경고했다.

건륭 51년, 대만에서 일어난 임상문林爽文의 봉기가 이를 사실로 증명했다. 강희조 때 봉기자들을 투항하도록 설득하는 방법을 썼던 것과 달리 건륭제는 봉기를 엄격히 진압하면서 적을 분열시키는 책략을 택했다. 건륭 51년 12월, 민절 총독 상청常靑은 다음과 같은 내용의 상소를 올렸다.

> 대만 창화현彰化縣의 비적 임상문이 도당을 결성하여 지역을 혼란시키고 있습니다. 11월 27일 지현 유준兪竣이 대돈大墩에서 도적을 잡았다가 큰 화를 입었고 현의 성도 함락되었습니다. 신은 소식을 들은 후 황급히 수사제신水師提臣 황사간黃仕簡에게 군사 2천을 이끌고 신속하게 녹이문鹿耳門에서부터 진격할 것을 명했으며 부장군과 참장參將, 도사都司 등을 보내 병력을 나누어 협공하도록 지시했습니다. 신은 천주泉州에 주둔하면서 육로제신陸路提臣 임승은任承恩과 중간에서 지시를 내려 금문진金門鎭 총병 나영급羅英笈을 하문廈門으로 보내 진압과 더불어 연해 지역 주현을 방비하도록 하였습니다. 또한 광동, 절강 독무에게 공문을 보내 바다로 들어가는 어귀를 차단하고

경비를 강화하도록 했습니다.

이튿날, 상청의 상주문이 다시 건륭제에게 전해졌고, 상청은 새로운 상황을 진술하고 있었다.

> 대만 여러 성의 상황이 긴박하여 육로 제독 임승은을 파견해 병사 1천 2백 명을 거느리고 녹이문으로 진격하도록 하고, 각 진영에서 병사들을 뽑아 먼저 각 성을 보호하게 하고 다시 수사 제독을 지원하도록 했습니다. 신은 천주, 감강甘江, 하문 등지를 왕래하며 지휘를 하고 도부道府를 파견하여 군량을 관리했습니다.

건륭제는 두 편의 상소문을 읽고 나서 상청이 작은 문제를 크게 부풀려 지나치게 허둥대고 있다는 생각이 들었다. 어찌 범인 한 명 때문에 성 전체와 인근 성까지 공포에 떨게 할 수 있단 말인가?

그러나 사실은 건륭제가 임상문의 봉기를 과소평가한 것이었다. 임상문의 청 정부에 대한 반항은 보통의 범죄와는 전혀 달랐다. 원래 대만의 거주민 중에는 고산족高山族 이외에도 복건과 광동의 장주, 천주, 조주潮州 등 연해 주현에서 이주해 온 한족들이 있었다. 이들 대부분은 금령을 어기고 바다를 건넌 사람들로, 열악한 환경 속에서 단련되어 왔기 때문에 고생에 익숙하고 반항 정신이 강해 자신의 권익을 지키고 손해를 입지 않기 위해서라면 목숨을 걸고라도 항거할 사람들이었다. 이들은 생존을 위해 처음 이민 와서 정착한 지역을 구역의 경계로 삼고 하나의 사회를 이루었으며, 지역 관념을 기반으로 똘똘 뭉쳐 있었다. 그들은 또 비밀리에 조직을 결성하고 관부의 압박에 대항하면서 자신들의 권익을 지켜나갔다.

건륭제가 예견했던 대로 대만에 살고 있던 한족 백성들의 반항 정신이 커진 이유 중 하나가 바로 관리사회의 부패였다. 청조 대만 지방 관리들은 특히 타락하여 역대 총병으로 임명된 자들의 재물에 대한 욕심과 부정부패가 지역 인심을 불안하게 만들었다. 각 아문의 하급관리들이 돈과 재물을 갈취하여 지역 백성들의 고생을 가중시키는 상황은 어디서나 볼 수 있었다. 대만 총병 시대홍柴大紅은 재임한 지 2년도 되기 전에 백은 5만 냥을 횡령했다. 대만부 지부 손경수孫景燧는 재임 중 백은 10만 냥에 달하는 관고 적자를 냈다. 제라현諸羅縣 지현 당일唐鎰은 집이 본래 가난했으나 지현이 된 지 오래지 않아 곧 집으로 백은 2천여 냥을 보냈다. 이와 같은 대만 지방 관리들의 타락은 민간 비밀조직이었던 천지회天地會의 흥기興起를 유발했다.

대만으로 넘어와 생계를 꾀하던 한족 백성들은 분산되어 있던 역량을 한데 모아 생존과 발전 방향을 함께 모색하기 시작했다. 그들은 동맹을 맺고 상호 협조하고 보호하면서 철편회鐵鞭會, 소도회小刀會, 철척회鐵尺會, 부모회父母會와 비교적 영향력이 컸던 천지회 등의 수많은 비밀 결사를 조직했다.

당시 천지회의 일부 활동은 지방 관원들로부터 의심을 받기도 했지만 대만 총병 시대홍이 지방 사무에는 신경 쓰지 않고 제 이익 챙기는데 급급하여 일찌감치 대비하지 않은 탓에, 그 규모가 급속하게 확대되어 널리 퍼져나갔다. 천지회 회원끼리는 서로를 형제라 부르고 공동의 은어와 암호를 전수했으며, 새로운 회원이 입회할 때는 하늘을 향해 맹세하면서 신전에서 피와 술을 나눠 마셨다. 임상문사건이 바로 천지회 형태로 나타난 반청 봉기였다.

임상문은 원래 복건성 장주부漳州府 평화현平和縣 사람으로 건륭 22년에 태어나 38년에 부친을 따라 대만부 용화현溶化縣으로 이주해 왔다. 그는 한때 가마꾼 노릇을 한 적도 있고 현 아문의 잡일을 맡아 한 적도 있었지만 주로 농사를 짓고 살았는데, 그 지역에서는 꽤 부유한 축에 속했다.

건륭 48년 평화현의 엄연嚴烟이라는 사람이 대만으로 건너와 천지회를 전파했는데 특히 임상문과 접촉이 많았다. 임상문은 엄연의 영향을 받아 천지회 조직에 가입했다.

임상문과 비슷한 시기에 입회한 사람으로 창화현의 유승劉升, 진풍陳灃, 왕분王芬, 제라현의 양광훈楊光勛, 황종黃鍾, 담수淡水의 임소문林小文, 왕작王作, 풍산현風山縣의 장대전莊大田 등이 있다. 장대전과 임상문은 막역한 친구 사이로 그들은 자주 연락을 주고받았다. 장대전 또한 평화현 사람으로 부친을 따라 대만에 왔고 처음에는 제라현에 거주하다가 후에 자항장仔港莊으로 옮겨와 농사를 업으로 삼았으며 집안도 점점 부유해졌다. 그는 의협심이 강해서 자주 가난한 백성을 구제해 주었다.

건륭 51년 7월, 제라현 연공捐貢 양광훈과 그 아우 감생 양공관楊功寬이 재산을 놓고 쟁탈을 벌였다. 양광훈이 이미 천지회에 들어서 조직의 도움을 얻게 되자 양공관은 곧 뇌공회雷公會를 따로 세워 천지회에 대항했다. 대만총병 시대홍과 대만도臺灣道 영복永福이 이들을 체포하도록 명령하여 천지회 회원 장열張烈이 파총把總 진화陳和에게 붙잡혔다. 그러자 천지회 회원들이 단합하여 진화를 죽이고 장열을 구해 냈다.

시대홍과 영복은 급히 제라로 가서 양공관 등 53인을 붙잡았으나 천지회를 첨제회添弟會로 바꾸어 사건을 축소하고자 했다. 금령을 위반한 천지회에 관련된 일이어서 조정으로부터 비난을 살 것이 두려웠기 때문이었다. 시대홍의 거짓말에 속아 넘어간 건륭제는 시대홍과 영복이 신속하게 사태를 해결했다고 표창했다.

천지회 회원들은 장열을 구한 후, 임상문이 있는 곳으로 도망가 봉기에 대해 상의했다. 창화현 지현 유준劉峻은 아역衙役 양진국楊振國을 보내 임상문을 체포하게 했더니, 양진국은 임상문을 체포하기는커녕 도리어 그에게 사로잡혔다. 그 뒤로 유준과 부장군 혁생액赫生額, 유격 경세문耿世文이 대돈으로 갔다가 임상문을 붙잡기 전에 먼저 무고한 백성들의 가옥을 불살라 그들로부터 원성을 사게 되었다.

상황이 이렇게 되자, 임상문이 무리를 거느리고 난을 일으켰다. 27일 밤에는 청군의 진영을 공격하여 유준과 경세문을 살해하고 관병을 전부 몰살시켰다. 임상문은 이 기세를 몰아 창화로 진격해 현성을 무너뜨리고 지부 손경수, 이번동지理番同知 장경長庚 등을 죽였다. 12월 초하루, 대나무로 만든 참호를 격파하고 순검巡檢 장지형張芝馨을 죽였다. 임상문의 봉기군은 대량의 식량과 무기를 노획하는 한편 감옥에 수감되어 있던 죄수들을 모두 풀어 주었다.

임상문은 창화를 점령한 후 임시 군사 지휘 기구를 세웠다. 임상문은 맹주 대원수로 자임하면서 이전의 창화현 관서를 대맹주부大盟主府로 삼고, 연호를 순천順天이라 정해 건륭 51년을 천운天運 병오丙午년으로 고쳤다. 임상문은 또 양진국을 부원수로, 진봉陳奉을 군사軍師로, 후진侯辰은 모사로, 왕분을 평해平海대장군으로, 왕작을 정북征北대장군으로, 임여林與를 선봉으로, 유현사劉賢士를 해방동지海防同知로, 임광林光을 이번동지로, 유사劉四를 창화지현으로 임명했다. 그리고 고문린은 녹자항鹿仔港에, 채복蔡福은 암고갱庵古坑에 주둔하도록 하고, 이칠李七에게는 두육문斗六門을 지키게 했다. 봉기군은 다음과 같은 포고문을 반포했다.

> 앞으로 불법적으로 대담하게 제멋대로 행동하며 마을의 곡식과 재물을 훔치는 자가 있다면, 백성이나 민중들이 죄인을 결박하여 본수부本守府로 압송하는 것을 허락한다. 잡혀 온 자는 법에 따라 엄정하게 처리할 것이며 일말의 관용도 베풀지 않으리라.

음력 12월 6일, 임상문의 봉기군이 다시 제라를 공격하여 섭현사攝縣事와 전사典史 등을 죽이자 각 지역 천지회가 모두 들고 일어나 이에 호응했다.

민절 총독 상청은 잇따라 수사 제독 황사간, 육로 제독 임승은, 총병 학상유郝狀猷, 부장 서정사徐鼎士 등을 보내 병사 1만 명을 이끌고 대만을 지원하도록 명했다. 이때 청군은 병사들의 수로 보나 갖추고 있던 무기로 보나 임상문의 봉기군보다 우위에 있었다. 그러나 피동적인 상황에 놓여 있던 청군은 대세를 역전시킬 수가 없었다. 황사간은 장수 집안에서 태어나 형주 총병, 호광 제독, 광동 제독 등을 역임했으나 그동안 큰 전쟁을 해 본 적이 없었고 더욱이 연로하여 병을 앓기까지 했으므로 위축되어 적극적으로 나서지 못했다. 임승은 또한 장수 가문 출신이었으나 곱게 자란 귀족 자제에 불과하여 군사軍事를 알지 못했다.

건륭 52년 정월 22일, 시대홍은 2천 명의 병사를 이끌고 지주들로 구성된 지역 의병들의 도움을 받아 제라현성을 함락시키고 봉기군 군사 후진, 오영吳映, 장청선張淸先과 요동廖東 등을 죽였다. 학상유는 3천여 명의 군사를 이끌고 몇 번의 우여곡절을 겪은 끝에 봉산鳳山의 텅 비어 있는 성을 수복했다. 그러나 그 후 장대전에 의해 다시 탈환당하면서 그는 부성府城으로 도망쳐 숨어 버렸다. 임승은은 정월 초 창화현의 녹항鹿港에 도착한 후 관망만 할 뿐 진격할 엄두를 내지 못하고, 40리 떨어진 임상문의 고향에서 막사를 치고 주둔해 있었다.

임상문과 장대전은 청군 관병이 전쟁을 두려워하여 떨고 있던 기회를 놓치지 않고, 하늘을 찌를 듯한 기세로 대규모 진공을 펼쳐 부성과 녹항 사이의 연락을 최대한 단절시켰으며, 그 세력은 더욱 확대되었다. 임상문 봉기군의 강한 공세에도 황사간은 부성만 지키고 앉아 적군이 쳐들어오기만을 기다리고 있었고, 임승은 역시 녹항에서 버티고 있을 뿐이었다. 그 둘은 관망만 하다가 간혹 부하 총병과 부장, 참장, 유격 등을 보내 봉기군의 진격을 막도록 하는 것 말고는 속수무책이었다. 그래서 청군은 일방적으로 당하기만 하는 심각한 국면에 처하게 되었다.

건륭제는 황사간과 임승은이 군대를 통솔하여 대만으로 간 후, 임상문의 봉기를 짧은 시간 안에 평정할 수 있으리라고 한동안 믿고 있었다. 그러나 며칠이 지나도록 아무런 승전보도 들려오지 않자 건륭제는 바로 문제가 있음을 알아차렸다. 그는 다음과 같은 내용의 유지를 내렸다.

> 황사간, 임승은이 대만에 도착한지 이미 한 달 남짓 되었다. 왜 지금까지도 소식이 없는가? 보아하니 황사간, 임승은은 일의 경중과 완급을 분별하지 못하는 것 같다. 또한 둘 다 도독都督의 신분을 하고서도 감독의 직분은 다하지 않고 서로 가만히 앉아 보고만 있으니 토벌에 효과가 나타날 리 없다.

다시 시간이 얼마 지난 후에 건륭제는 황사간, 임승은 두 사람이 목숨을 보전하기 위해 고의적으로 전투를 피하고 있음을 알아차리고 크게 분노하여 두 사람을 질책했다.

> 황사간, 임승은은 처음부터 끝까지 중대한 군사 전략을 그르쳐 그 죄가 매우 크니 잡아들여 심문하라.

이와 동시에 건륭제는 상청을 대만에 파견해 총지휘를 맡겼다. 상청은 이시요가 복건성에 도착하기를 기다렸다가 직접 대만으로 건너가 토벌을 지휘하게 되었다. 상청은 황제의 명을 받들어 3월 초 바다를 건너 대만 부성에 도착했다. 건륭제는 그에게 큰 기대를 걸고 계속해서 세 번의 유지를 반포하여 상청에게 중대한 임무를 맡겼다.

> 상청을 장군으로, 복주장군 항서恒瑞와 복건 육로 제독 남원매藍元枚를 참찬으로 임명한다. 이렇게 하면 권한이 한 사람에게 집중되고 군위軍威를 더 크게 떨칠 수 있게 되므로 신속하게 소탕하여 해강海疆

을 안정시킬 수 있다.

건륭제는 또 복건성에서 만주병사 천 명과 민병閩兵(복건성 병사)과 오병奧兵(광동성 병사) 6천 명 그리고 광동성의 조주, 갈진碣鎭, 석진石鎭병사 4천 명을 지원하도록 보내 대만 관군의 병력을 강화했다. 후에 상청의 요구에 따라 건륭제는 또 전쟁 경험이 있는 시위와 장경 8명을 파견하여 병사를 거느리고 대만의 토벌작전에 나서도록 했다.

건륭제는 상청에게 모든 권한을 부여하면서도 멀리서 용병술을 구사했다.

상청은 현재 대만에 있는 병사 중에서도 건장한 사람들을 선발하여 직접 그들을 이끌고 역적의 소굴로 들어가 섬멸하고 우두머리 임상문을 생포해야 한다. 그러면 나머지 추종자들은 분명 뿔뿔이 흩어질 것이다. 만약 대만에 있는 현재의 병사들이 미덥지 못하면 반드시 지원을 받아 광동 병사들이 도착하기를 기다린 후에 공격하라. 강희 연간 주일귀朱一貴를 토벌할 때 한 달이 못되어 성공할 수 있었던 것은 대병이 전부 합류하여 하문 한 곳에서부터 진격하여 기세를 크게 떨쳤기에 일거에 섬멸할 수 있었다. 상청은 대만에 도착한 후에 각 지역에 흩어져 있는 관병을 한 곳에 집결시켜 군대의 위력을 강성하게 하라. 사기를 진작시켜 전력으로 역적의 소굴로 돌격하여 무찌르도록 하되 결코 병력을 분산시켜 힘을 약하게 만들거나 관망하여 일을 지연시키는 일이 없도록 하라.

건륭제는 이렇게 상청에게 희망을 걸었지만 상청은 끝내 그의 기대를 저버렸다. 원래 상청은 무능력한 인물이었다. 권세가들과 어울릴 줄만 알아서 당시 권력을 쥐고 있던 재상 화신和珅만 믿고 따랐을 뿐 병법에는 일자무식이었다. 또한 담이 작아 전쟁에 나가는 것을 두려워했다. 건륭 52년 3월 상청은 건륭제에게 상주문을 올렸다.

> 장대전이 부하를 거느리고 부성에 소요를 일으키기에 신이 수 차례에 걸쳐 직접 관병을 거느리고 출정하여 적을 생포하고 죽였습니다. 또한 장군이나 하급무관 할 것 없이 사력을 다해 싸웠으며 의병들도 앞을 다투어 용감히 나아가 적을 토벌했습니다. 그리하여 전부 역적 2천여 명을 물리쳤으며 생포하여 사형을 집행한 자가 50여 명입니다.

건륭제는 이 상주문을 보고 매우 기뻐하며 상청을 칭찬했다.

> 사전에 미리 대책을 세워 방비하고 기회를 잡아 적을 토벌했으니, 작전과 계획이 모두 시의적절했다. 나이가 70이 넘었으나 아직도 이와 같이 용맹하게 직접 전쟁에 나서 독전했다.

그리하여 건륭제는 상청에게 상으로 어용 깍지 하나, 큰 쌈지 한 쌍, 작은 쌈지 두 쌍과 상금, 향나무 염주, 향낭과 부채 등을 하사했다.

상청은 전공을 거짓으로 보고하여 건륭제로부터 하사품을 두둑하게 받았다. 그러나 대만의 형세는 날이 갈수록 나빠졌다. 5월 24일, 관군의 각 장수들이 출사를 결정하자 부성府城의 백성들은 술과 음식으로 그들의 사기를 북돋았다. 25일, 때마침 임상문과 장대전이 1만여 명의 무리를 거느리고 부성으로 진격해 왔는데, 그들은 사전에 이미 부하들을 매복시켜 두었다. 그래서 상청은 부성에서 나오자마자 양쪽에서 공격해 오는 장대전과 임상문이 이끄는 군사들과 맞닥뜨리게 되었다. 교전이 벌어지기도 전에 상청은 무서워 떨며 채찍조차 들지 못하고 군사들 속에서 "무도한 도적 떼가 늙은이의 머리를 베려고 하는구나!"라고 외치고는 말을 몰아 도망쳤다. 장수들도 그의 이런 모습을 보고 모두 후퇴해 버렸다. 임상문의 봉기군은 크게 환호하여 뛰어오르고 많은 전리품을 얻어 돌아갔다.

상청은 패하여 부성으로 들어가자마자 성문을 닫고 굳게 사수하도록 명령했다. 그리고 상주를 올려 다시 지원병 1만을 파병해 줄 것을 청했다. 임상문의 봉기군은 사기가 올라 많은 마을을 점령하여 봉기에 가담한 사람의 수가 십만을 넘어섰다. 장대전은 그 기세를 몰아 수차례 더 부성을 공격하여 부성과 제라현, 창화현, 녹항 간의 수륙 교통을 완전히 두절시켰다. 그러자 청군은 제각기 흩어져서 전투를 벌여야 하는 처지에 빠졌고, 상청과 참찬대신 항서는 부성에서 발이 묶여 버렸다. 참찬대신 남원매는 녹항에 주둔하고 있었는데 병력은 부족하고 사면에서 적의 공격을 받는 극한 상황이 되어 피로가 쌓이자 병이 들어 오래지 않아 죽었다.

총병 시대홍은 병사 4천 명을 이끌고 제라를 사수하였으나 군사를 출동시켜 공격에 나서지는 못했다. 제라성은 남북의 중앙에 위치하여 부성의 보호벽 역할을 했으므로 지리적 위치가 매우 중요했다. 이런 점에서 제라를 무너뜨리기만 하면 쉽게 부성을 점령할 수 있고 나아가 대만 전체를 점령할 수 있었다. 그래서 6월 중순부터 임상문의 군대는 병력을 집중하여 제라를 포위하고 밤낮으로 침공했다. 시대홍은 여러 차례 상청에게 구원을 요청했지만 상청은 자신을 지키는 것도 버거웠으므로 총병 위대빈魏大斌, 유격 남옥藍玉이 거느리는 병사 2천여 명만을 보냈다. 그러나 그들마저도 중도에 봉기군에 저지당해 더 이상 전진할 수가 없었다.

상청은 청군이 불리한 상황에 처해 있는 와중에도 계속해서 거짓 보고를 하여 건륭제를 기만했다. 그러나 7월 12일, 건륭제는 뜻밖에도 상청에게 용맹스럽고 믿음직한 군사를 선발하여 군영을 사수하게 하고, 상청 본인은 직접 정예 군사를 뽑아 시위와 장경 등과 함께 제라로 가서 시대홍과 힘을 합쳐 적의 소굴로 곧장 돌격하라는 유지를 내렸다.

염수항鹽水港은 제라의 남쪽에 위치하고 분항笨港은 제라의 북쪽에 위치하여 모두 식량을 운반하는 중요한 길목이다. 그러나 오늘날 도적의 무리들이 강제로 점거하여 군량 공급을 차단하는 급박한 상황에 놓이게 되었으니 이것이 관계되는 바가 매우 크다. 도적떼의 간교한 계책은 우리의 식량 공급로를 차단하여 제라현성을 궁지에 몰아넣으려는 것이다. 제라를 잃으면 부성의 상황이 더욱 위험해지고 사방으로 적의 공격을 받게 되니 심각한 문제가 아닐 수 없다.

건륭제의 명령에도 불구하고 상청은 직접 출정할 엄두를 내지 못하고 대신 총병 채반룡蔡攀龍, 부장군 계림桂林 등을 제라로 보냈다. 채반룡은 8월 20일이 되어서야 제라성의 외곽에 도착했지만 반군의 맹렬한 공격에 수많은 사상자를 내고 부장군 계림도 전사하고 말았다. 시대홍이 병사를 내보내 그들을 맞으러 가서야 장군 채반룡과 패잔병 8백여 명, 군량을 운반하는 의병 3천여 명만 입성할 수 있었다.

반군의 수령은 제라의 전략적 중요성을 간파하여 필사적으로 점령하고자 했기 때문에 공격의 강도는 점점 거세졌다. 시대홍은 형세가 더없이 급박해졌음을 깨닫고 상청에게 죽음을 각오한 사졸을 몇 번에 걸쳐 보내 지원을 요청했다. 상청은 처음에는 이를 외면했지만 나중에는 자신도 계속 이렇게 있는 것만이 능사가 아님을 깨달았다. 왜냐하면 제라의 포위를 풀고 임상문의 봉기를 평정하지 못하면 자신에게도 곧 치명적인 재난이 닥쳐 올 수밖에 없었기 때문이다.

그는 또 화신에게 비밀 서신을 보내 그를 대신할 장수를 보내 달라고 간곡히 요청했다. 화신은 적절한 때를 기다렸다가 건륭제에게 상주를 올렸다. 상청 역시 그와 동시에 상주문을 올렸다.

황제 폐하, 부디 고관 한 명을 대만에 보내시어 군수물자를 관리하게 하시고, 병사 7천을 더 지원해 주십시오.

건륭제는 상주문을 읽고 광동 녹영병 6천 명, 광동에 주둔 중이던 만주병사 1천 5백 명, 절강성에 주둔하고 있던 만주병사 1천 명, 사포乍浦에 주둔하던 만주병사 5백 명 그리고 복건 녹영병 2천 명까지 모두 합쳐 1만 1천 명의 병사를 즉시 대만으로 보냈다.

그러나 임상문의 봉기군을 토벌하는 데 아무런 힘도 쓰지 못한 상청은 결국 건륭제의 신임을 잃고 말았다. 건륭제는 복강안福康安에게 대만 정벌을 책임지도록 하면서 즉시 제라로 출동할 것을 명했다. 그리고 상청과 같이 가만히 앉아 죽기를 기다리는 무모한 행동을 해서 군사를 고생시키고 군량을 낭비해 스스로 죄과를 얻는 일이 없도록 하라고 덧붙였다. 또한 해란찰을 참찬대신으로, 호군통령 서량舒亮과 보이보普爾普를 영대대신으로 명하여 각각 시위와 장경 등 20인을 이끌고 대만으로 진격해 반군을 섬멸하도록 했다. 8월 2일, 건륭제는 다시 유지를 반포하여 복강안을 장군으로 제수하고 호남, 호북, 귀주 등지에서 각각 2천 명의 녹영병을 그리고 사천에서도 병사 2천 명을 차출하여 대만으로 보내 지원하도록 했다. 또 대량의 은과 쌀을 조달해 대만 정벌을 돕도록 명했다.

이와 동시에, 건륭제는 봉기군 내부의 불화를 틈타 이간을 시키는 계략을 사용하여 적군을 분열시켰다. 그 결과 가장 먼저 장석사莊錫舍라는 봉기군 수장이 청군에 투항했다. 그는 투항 후 곧바로 광동 의병을 이끌고 거꾸로 임상문을 공격하기 시작했다. 건륭제가 장석사가 이끈 광동 의병에게 큰 상을 내리자 투항군은 "광동 백성이 합심 단결하여 도적 보기를 원수 같이 하였습니다."라고 했다. 건륭제는 관부에 명해 그들에게 허리에 차는 패를 발급해 주어 임상문의 병사들과 구별하도록 했다.

건륭제는 또 군기대신들에게 일렀다.

> 창화 등지에 도적들이 떼 지어 몰려 있다. 그들의 수가 1, 20만 명이라고는 하나 그들은 도적들의 위협으로 어쩔 수 없이 따르는 오합지졸에 불과하다. 그러나 유지를 전해 깨닫게 하면 많은 백성들이 도적의 소굴로부터 이탈해 나올 것이다. 계도를 통해 역적의 무리를 물리치는 데 공을 세우고 힘을 다한다면, 그들 모두가 기뻐 춤추며 갱생을 경축할 날이 올 것임을 알려야 한다. 비록 도적 떼의 수가 많다고는 하나 이합집산을 밥 먹듯 하니, 유인책을 마련하여 백성 스스로 투항하게 만든다면 도적떼는 날로 분산될 것이다.

건륭 52년 11월, 복강안이 바다를 건너 대만으로 진격할 때 건륭제는 다시 유지를 내려 구체적인 지시를 내렸다.

> 광동 백성이 단결 합심하여 도적을 원수같이 보았다. 남로의 백성들은 대군이 운집하는 것을 보고 무리를 해체하고 뿔뿔이 흩어져 요패腰牌를 하사받기를 청해 양민의 증거로 삼고자 했다. 복강안은 북로에서 각 마을을 거칠 때마다 분수를 지키며 살아가는 백성들에게도 마땅히 요패를 주어 도적과 식별할 수 있도록 해야 한다. 이렇게 해야 뭇사람의 마음을 안정시키고 관병이 진격할 때도 그들이 협조하도록 만들어 역적이 은밀히 소란을 일으키는 것을 면할 수 있다.

건륭제는 자신의 강점으로 적의 약점을 공격하는 책략을 통해 예상했던 결과를 얻었다. 수많은 임상문의 봉기군이 관군에 투항했고, 장대전도 하는 수 없이 그의 가솔들을 데리고 석자뢰石仔瀨로 숨으면서 그들의 세력은 크게 약화되었다. 또한 관군을 따르는 '의병' 들은 점점 증가해 관군의 공격을 도와 앞장서서 죽기 살기로 싸우니, 내내 수동적이었던 관군의 상황도 바뀌게 되었다.

건륭제는 복강안의 대만 정벌이 빠른 시일 내에 이루어지도록 전략을 세우는 데 특별히 진력했다. 그는 대학사이자 일등성모영용공一等誠謀英勇公 아계에게 책략을 제시하도록 했다. 아계는 다음과 같이 건의했다.

역적의 무리가 높은 곳에서 아래로 굽어보고 있는 상황이라 관병은 낮은 데서 높은 곳으로 진격해야 하니 그들의 허실을 제대로 살필 수 없습니다. 그러나 임상문의 무리는 관병의 허점을 쉽게 엿보는 것이 가능하여 전후 사방에서 나와 공격할 수 있습니다. 만일 병사를 뽑아 방어하는 데만 힘쓰도록 한다면 관병의 수가 적어 모든 곳에 나누어 보내기가 충분치 않습니다. 부성과 제라, 녹자항 등 중요한 지점에 먼저 병사를 주둔시켜 지키도록 하고 그 다음으로 정예병 2, 3만을 선발하여 적의 소굴을 무찌르게 해야만 쉽게 성공을 거둘 수 있으리라 생각합니다.

건륭제는 기본적으로 아계의 건의를 받아들였다. 그는 복강안에게 정예병을 모아 곧장 임상문의 본거지로 돌격하도록 명했다.

복강안은 부성으로 갈 필요 없이 바로 임상문의 고향으로 진격하라. 도적 떼들이 이 소식을 들으면 분명 가솔을 살피러 소굴로 돌아갈 것이고, 제라의 포위망은 공격하지 않고도 알아서 풀릴 것이다. 남로의 장대전 쪽에서도 이 소식을 전해 들으면 당황하며 흩어질 것이니 이것이야말로 '동쪽에서 소리를 내며 서쪽을 치는' 성동격서聲東擊西의 계략이 아니겠는가.

건륭제는 계략을 한층 더 강조하며 다음과 같이 말했다.

복강안은 해란찰 등과 함께 대군을 지휘하여 전력을 다해 역적의 소
굴을 섬멸하라. 만약 적군이 제라에서 돌아와 반격할 경우, 복강안
은 정면에서 물리치고 시대흥은 뒤에서 추격하여 공격을 가한다면
머리와 꼬리를 자르는 격이니 결과적으로 전부를 잡아들일 수 있을
것이다. 만일 적들이 돌아와 반격하지 않는다면 복강안은 적진을 소
탕한 뒤 군사를 이끌고 제라로 가서 지원하라. 적은 자신들의 소굴
이 무너진 것을 보고 싸우지 않고서도 궤멸할 것이니 이것이 가장
뛰어난 상책이라 할 것이다.

복강안은 건륭제의 유지를 받들어 바로 실행에 옮겼다. 복강안은 9월 하순에 올린 상주문에서 행동 계획을 제시했다. 그는 녹항에서 진격하여 남북양로에서 병력을 합쳐 협공하여 임상문 봉기군의 세력을 분산시키고자 했다. 건륭제는 군사업무에 대해 주야로 연구하여 세심한 부분도 놓치지 않는 사람이었으므로 복강안의 상소문을 보자마자 바로 문제점을 지적해 냈다.

시대흥과 채반룡은 오랫동안 제라에서 꼼짝 못하고 묶여 있던 바람에 탄약과 군량도 떨어지고 지칠 대로 지쳐서 수하에 거느린 3천여 명의 병약한 군사로는 남로에서 병력을 합쳐 공격하기 어렵다. 만일 복강안이 진공한 후 저들이 힘에 부쳐 제대로 따르지 못하게 된다면 복강안 홀로 전쟁을 할 것이란 말인가? 만약 임상문과 장대전이 양로를 끼고 공격한다면 복강안은 매우 위험한 상황에 빠질 것이다.

이런 점들을 고려한 끝에 건륭제는 그의 진군 목표를 바꿨다. 복강안의 상소를 본 10월 16일 당일, 그는 군기대신에게 유지를 내려 말했다.

현재 상황을 볼 때 제라를 구하는 것이 가장 시급한 일이다. 복강안
은 녹자항에 도착하는 즉시 제라로 향하라. 상청이 지키는 부성에는

아직 여유가 있으며 설사 함락되더라도 쉽사리 수복할 수 있다.

건륭제는 심사숙고 끝에 병력을 결집하여 우선 제라를 공격하는 방안을 확정지었다.

건륭 52년 10월 29일, 복강안과 해란찰 등이 광서 녹영병과 사천병사 5만을 거느리고 탄 1백여 척의 배가 녹자항에 도착했다. 그때는 마침 썰물 때였으므로 음력 11월 초가 되어서야 해안에 오를 수 있었다. 음력 11월 4일, 해란찰은 파도로⁹巴圖魯 등 20여 명을 이끌고 팔괘산八卦山 일대로 향했다. 팔괘산은 고도가 높은 편이었으나 대리대大里代로 통하는 유일한 경로로, 임상문이 이곳에 진을 치고 대포를 설치해 두고 있었다. 음력 4일, 날이 샐 무렵 팔괘산에 도착한 해란찰 등은 즉각 공격을 개진했다. 솔론좌령 아목륵탑阿木勒塔 등이 먼저 산을 오르며 치고 올라갔고, 파도로 등은 총과 화살을 쏘았다. 임상문의 군대는 더 이상 버티지 못하고 끝내 청군에게 팔괘산을 점령당했다.

건륭제는 의병들을 표창하는 의미에서 제라현의 명칭을 가의嘉義로 개명한다는 유지를 반포했다. 복강안은 가의의 포위망을 뚫기 위해 기존에 있던 5천 명의 광서병사와 사천병사 외에 타 병영에서 선발한 6천여 명의 병사와 의병 1천여 명을 모아 함께 진격했다. 그리고 군사를 5개 부대로 나누고 의병을 양 날개로 삼아 샅샅이 뒤지며 나아갔다. 음력 8일 새벽, 청군은 매복해 있던 적군의 공격을 받았다. 임상문 군대는 길 양편의 대나무 숲과 사탕수수밭 그리고 마을에서 총포를 쏘며 청군을 향해 벌떼처럼 달려들었다.

복강안은 침착하게 악휘, 목극등아穆克登阿, 보이보, 춘녕春寧, 오종무吳

---

9. 용맹, 용감, 용사, 호걸을 뜻하는 옛 만주어로, 청나라 때 무공을 세운 관원에게 내리던 칭호.

宗茂 등을 지휘했다. 우선 그들에게는 병사를 이끌고 나가 요지를 사수해 좌우로 쳐들어오는 적군을 막도록 하고, 의병들에게는 길목을 나누어 대나무 숲과 사탕나무 밭과 짚더미를 베고 불태우도록 하고 그 나머지 병사들에게는 용감하게 돌진하도록 명했다. 임상문 봉기군은 처음으로 강적을 만나자 대경실색하여 패퇴하기 시작해 진영으로 달아났다. 이로써 청군은 통로를 뚫을 수 있었다.

1. 해란찰이 가의에서 7리 정도 떨어진 우조산牛稠山에 다다르자 곧 적군 1만여 명이 포위해 들어왔다. 해란찰 부대는 큰 개울을 건너 세찬 기세로 적진에 들어가 산정을 점령하고 난 후 뒤편의 죽책竹柵을 무너뜨렸다. 임상문의 군사들은 버티지 못하고 연이어 후퇴했다. 복강안이 이끈 군대는 그 날 해질 무렵 가의성으로 들어갔다. 이때 천둥과 번개가 치면서 소낙비가 세차게 쏟아졌지만 병사들과 백성들은 악천후에 개의치 않고 소리 높여 환호했다. 이번 전투에서 임상문 봉기군 8백여 명이 사망했다.
2. 이를 기점으로 청군의 대만 정복전은 근본적인 전세의 변화를 가져와, 봉기군의 세력은 점점 쇠퇴하고 전쟁의 주도권은 관병의 손으로 넘어왔다.

복강안의 승리를 알리는 첩보가 북경에 전해 오자 건륭제는 매우 기뻐했다. 복강안, 해란찰은 모두 후작에서 공작으로 봉해지면서 홍보석 관모까지 하사받아 뛰어난 공적을 인정받았다.

임상문 봉기군은 소반천산小半天山으로 퇴각했다. 이 산은 가의성의 북쪽에 위치하면서 사면이 깎아지른 듯한 절벽으로 둘러싸여 수비하기에 적합한 지리적 조건을 가지고 있었다. 11월 18일, 복강안은 장수와 병사들을 이끌고 여러 진격로를 통해 공격했다. 몇 차례의 전투를 벌인 끝에 청군은 소반천산을 점령했다. 임상문 봉기군은 후퇴하여 두육문을 수비했다. 두육문은 사방으로 통하는 요지로 임상문 봉기군은 청군 기마병과의 충돌을 피하기 위해 두육문으로 들어가는 길목마다 깊은 구덩이를 파고 대나무 장대를 빽빽이 박아 놓았다. 그러나 이때는 이미 수확이 끝난 뒤였으므로 복강안은 군사를 이끌고 참호를 우회하여 논으로 행군했다. 21일, 청군은 두육문에 도착해서 사면을 에워싸며 공격을 개시했다. 그들은 긴 칼을 휘둘러 둘러쳐진 대나무를 베어 넘어뜨리면서 초소를 무너뜨리고 두육문을 점령했다. 이 전투로 봉기군 1천여 명이 사망했으며 주민 3백여 명도 청군에게 목숨을 잃었다. 임상문은 계속해서 퇴각했다.

　청군이 임상문의 고향으로 쳐들어가자 임상문은 대청국의 군대가 파죽지세로 진격해 오는 것을 보고 도저히 이를 막아내기 어려울 것으로 판단하여 가족과 함께 집집포集集埔로 도주했다. 그는 물가에 방어태세를 갖추면서 험준한 지세를 방어 막으로 삼았다. 음력 12월 5일, 복강안이 집집포의 산세를 살폈더니 두 산이 남북으로 비스듬히 마주하고 있으며 그 사이로 탁수계濁水溪가 가로질러 흐르는 것을 보았다. 임상문 봉기군은 강을 가로막고 그 위 가파른 절벽 위에 돌무더기를 쌓아 그곳을 통과하지 못하도록 진을 쳐 두었다. 복강안은 보이보, 허세형許世亨 등 장군에게 산로를 따라 진격하게 했다. 복강안과 해란찰 등이 강가에 당도하자 둥둥둥 북소리가 크게 울리며 산위의 석벽에서 임상문 봉기군 1만여 명이 계속 총포를 발사했다. 청군도 화기로 맞섰으며 대포도 발사했다.

　양측의 세력이 팽팽히 맞서고 있을 때, 해란찰이 파도로 등을 이끌고 말을 타고 강을 건너자 복강안은 병사들을 지휘하며 그 뒤를 따랐다. 수많은 병사들도 헤엄쳐 물을 건넜다. 산에 기어올라 석벽을 무너뜨리고 적진으로 들어가 싸우고 죽이는 격렬한 전투가 한동안 이어졌다. 봉기군이 패퇴하자 청군은 10여 리를 추격하여 적을 물리치고 부근의 초가집 1천여 채도 불태웠다. 이번 전투에서 청군은 봉기군 1백여 명을 생포하고

2천여 명을 사살했다. 또 대소포 26문, 조총 197자루, 칼과 창 945자루를 획득했다.

집집포에서 패한 뒤, 임상문 봉기군의 패잔병들은 북로로 도주했다. 복강안은 쉽게 적군을 물리친 후에도 멈추지 않고, 군사들에게 밤에도 길을 나누어 추격하게 하면서 요로를 모두 차단하도록 명령했다. 이후 청군은 산을 에워싸고 공격하면서 병사들에게 수색을 시켜 임상문을 포로로 붙잡았다.

복강안이 임상문을 사로잡고 난 후 북로 여러 마을의 정세가 점차 평온을 되찾아 갔다. 아직 상황이 안정되지 않은 곳은 관병을 보내 어지러운 형세를 진정시켰다. 그 후, 청군은 길을 나눠 남로의 장대전 봉기군을 공격했다. 당시 장대전 봉기군은 주로 봉산현, 수부료水府寮, 대목강大目降 등지에 퍼져 있었다. 장대전은 가의 동남쪽에 있는 대무롱大武壟 지역을 점거하고 있었다. 그곳은 계곡이 깊고 산세가 험한 큰 산으로 둘러싸여 있었는데 그 안에 40여 마을이 자리 잡고 있었다.

복강안은 남로로 진격하자면 우선적으로 대무롱을 쳐서 그들의 근거지를 없애고 봉산으로 통하는 길을 차단시켜야 한다고 생각했다. 그래서 복강안은 의병을 보내 요충지를 수비하도록 하고 다른 한편으로는 관병을 보내 장대전 군사를 견제하게 했다. 대무롱을 공격하는 과정에서 청군은 병사를 여러 노선으로 나누어 진격을 시도했다. 일부는 산 안쪽의 외진 곳에서 대무롱의 북쪽을 공격했고, 또 다른 병사들은 서쪽에서부터 공격했으며, 나머지는 산을 따라 수색 작업을 펼쳤다.

정월 16일, 청군이 우장牛莊을 공격하자 장대전 봉기군이 계곡을 가로막고 맞섰다. 계곡이 깊고 물살이 셌으나 청군이 위험을 무릅쓰고 전진하자 수적 열세에 놓여 있던 장대전 군대는 이를 당해내지 못해 5백여 명이 죽고 7십여 명이 포로로 잡혔다. 청군은 승세를 타고 진격하여 남담南潭과 대목강 일대에서 장대전 병사 6백여 명을 무찔렀다. 그 후 산속 깊이 숨어 있던 장대전과 그 일당이 결국 청군에게 붙잡혔다. 동시에 장대구莊大韭, 허광래許光來, 간천덕簡天德, 허상許尙 등의 중요한 봉기군 수령들과 그들의 가족 8백여 명도 포로로 잡혔다. 후에 장대전은 부성으로 압송되어 참수되었다. 이렇게 해서 임상문과 장대전이 이끌었던 천지회의 반청 봉기는 결국 청군에 의해 진압되었다. 이때부터 청조의 대만 통치는 새로운 국면으로 접어들었다.

적을 분열시키되, 방어는 해야 한다
分化敵人但需防

건륭 60년, 건륭제가 자신의 황제 등극 60주년을 기념하는 대전 준비를 시작할 무렵에 귀주 일대의 묘족들이 또다시 지방 관리들의 탄압에 대항하여 크게 들고 일어났다.

귀주 사람 석류등石柳鄧이 선봉에 나서고 수만 명의 묘족이 가세한 이번 봉기는 그럴 만한 충분한 이유가 있었다. 묘민苗民들의 생계가 본래부터 곤궁한데도 불구하고 지방의 일부 관리들은 끊임없이 그들을 괴롭혔고 심지어 일부 졸병들까지도 사날 좋게 백성들을 속이고 착취했다. 결국 관부와 한족 지주의 온갖 악행이 이들의 분노를 폭발시킨 것이었다.

묘민들의 봉기를 진압하기 위해 건륭제는 다시 복강안을 사령관으로 임명하여 대대적으로 진압에 나서도록 했다. 이번에도 그는 임상문의 봉기를 진압할 때 사용했던 적을 분화시키는 책략, 곧 효과적으로 군대를 조직하여 봉기군의 거점을 공격하는 동시에 적군을 회유하여 항복을 유도함으로써 봉기조직을 서서히 와해시키는 전략을 썼다.

건륭제의 심리전술이 또 한 번 성공을 거두면서 일부 묘민들이 직접 청 군영으로 찾아와 청군을 인도해서 되레 봉기군을 치는 일도 생겼다. 이 때문에 석류등이 희생되고 봉기군은 잔혹하게 짓밟혔다.

그리고 복강안은 난을 진압하던 중 전염병에 걸려 죽고 말았다.

건륭제는 서북 지방의 통치를 강화하기 위해 끊임없이 서북 지방에 주둔하는 병력을 늘려 왔다. 특히 살랍족과 회족의 거주 지역, 그중에서도 가장 중심이 되는 곳까지 속속들이 파고들어 이민족의 일거수일투족을 감시하고 통제했다.

건륭 8년, 청조의 군대가 살랍족의 거주 지역인 초탄패草灘壩에 순화영循化營을 설치하자 그곳 이슬람교 지도자 소최尜最는 주둔군의 도움을 얻어 '세속'의 토사土司와 합이哈爾들과 함께 살랍족 봉건통치정권을 세웠다. 살랍족 백성들의 생활은 이때부터 봉건종교와 청조 정부의 이중 착취와 억압 속에 나날이 악화되어 갔다.

백성들을 압박하는 봉건종교제도에 저항하기 위해 세칭 마십야馬+爺라 불리던 회민 마명심馬明心은 살랍족 거주 지역에 구교에 대립하는 신교를 세웠다. 신교가 구교의 문환[10]門宦 제도와 천과[11]天課 제도를 폐지하면서 구교 교주 소최가 해 왔던 신도에 대한 착취를 없애자 빈곤한 신도들이 구름처럼 신교로 몰려들었다. 신교의 급속한 전파와 성장에 위기감을 느낀 구교는 다방면으로 신교를 박해하기 시작했다. 이로써 신구 종교

---

10. 문환은 중국 이슬람교의 한 교파이자 종교 상층부의 명문귀족 집단을 말함. 각 문환에는 교주가 있었는데 이 교주는 신적인 존재로 여겨지면서 동시에 세속적인 지도자로서 정치적, 경제적 특권까지도 누렸음. 교주 중심으로 교단이 관리되자 '무슬림은 모두 형제'라는 기치를 내걸고 문환제도를 반대하는 일들이 생겨났음.
11. 천과는 헌금을 의미하며, 이를 바치는 것은 무슬림의 다섯 의무 중 하나임.

사이의 갈등은 무력 싸움으로 비화되기에 이르게 되었다.

이러한 정황을 파악한 건륭제는 이들을 갈라놓는 지혜를 이용하여 신구 종교끼리 서로 해하도록 싸움을 붙여 적을 이용하여 적을 공격하고자 했다. 그는 곧 유지를 내렸다.

> 현재 신교와 구교가 적대심과 원한을 가지고 서로를 죽이고 있으니 그 둘이 협력하기는 어려울 것이다. 하나를 용서하여 회유하고 나머지 하나는 토벌하여 그 세력을 분화시키는 것이 불가능한 일이 아니다.

그는 이어 지방 관원에게 "구교를 지지하고 신교를 멸해서 구교를 믿어온 회족의 민심을 안정시키라."라고 명했다.

건륭제가 공개적으로 입장을 표명한 이후 신구 교도 간의 갈등은 점점 격화되고 유혈투쟁이 가속화되었다. 이 가운데 신교 지도자인 마명심이 축출되고 신교의 교당도 폐쇄되었다. 마명심의 충실한 신도였던 하마륙賀麻六은 군중을 이끌고 구교에 반대하여 일어났다가 구교세력과 청군의 진압으로 참혹히 짓밟혔다. 신교도인 소사십삼蘇四十三은 건륭 46년에 살랍족 신교도를 이끌고 청수공淸水工에 있던 구교 구역을 공격해 구교 지도자를 살해하고 정식으로 봉기를 일으켰다.

건륭제는 소식을 들은 후 신, 구파를 충동하는 계책을 써서 그들 세력을 완전히 뿌리 뽑을 것을 지시했다.

> 구교도들에게 전하여 서로 반목하며 분쟁을 일으킨 죄를 특별히 사하여 묻지 않을 것이니 대신 이단자들을 없애는 데 앞장서도록 하라는 뜻을 알리라.

건륭제가 이번 사건을 직접 지휘하면서 섬감 총독 늑이근勒爾謹은 마명심과 그의 사위를 체포했으며, 난주지부 양사기楊士璣와 하주河州 협부장協副將 신주新柱는 병사를 이끌고 진격하여 봉기군을 진압했다.

건륭 46년 3월, 신교 봉기군은 소사십삼의 용맹스러운 지휘 아래 하주의 협부장 신주 등을 전부 살해했다. 또한 난주지부 양사기 등 관리들도 죽였다. 봉기군은 청군의 서북군사의 거점인 난주로 들이닥쳤다. 늑이근이 계속해서 위급한 상황을 알리며 구원 요청을 하자, 건륭제는 회족 봉기군을 완전히 소탕하고 싶은 마음에 녹영병 2천 명, 팔기군 2천 명을 파견하는 동시에 상서 화신과 액부 납왕다이제, 영시위내대신 해란찰에게 건예병과 화기영병 4천을 이끌고 가서 힘을 실어 주도록 명했다. 또한 군기대신 아계에게도 신속히 감숙성으로 가서 회족봉기 진압을 돕도록 했다. 아계는 본래 황하 치수작업 때문에 하남으로 파견되어 있었으나 군사를 우선적으로 처리한 연후에 치수사업을 시행하라는 황제의 지시를 받고 하남에서 난주로 달려갔다.

건륭제가 봉기군을 진압하러 병사와 장수들을 보냈으나 용맹한 봉기군 앞에서 청군은 열세를 면하지 못했다. 이를 안 건륭제는 늑이근을 질책하는 유지를 내렸다.

> 각처에서 선발한 관병들이 벌써 소집되었으니 신속히 나아가 단숨에 해치워야 함이 마땅하지 않겠는가? 더구나 적들은 고작 1천여 명에 지나지 않고 관병은 무려 1만 명이 넘거늘, 그렇다면 관병 열 명이 도적 한 명을 잡는 것인데 더 이상 무엇을 또 바란단 말인가?

이어서 건륭제는 각 로路의 원군을 감숙성으로 보내 비적들을 격퇴하도록 했다. 그 후 양측간 전력 차이가 점점 더 크게 벌어지면서 봉기군이 화림산華林山으로 퇴각하자 건륭제는 봉기군의 약점을 간파해 아계에게 다음과 같은 유지를 내렸다.

관병은 감시 초소와 병영을 설치하여 역적들이 다시 밖으로 나와 멋대로 약탈하는 것을 막으라. 현재까지는 비축해 둔 식량이 넉넉하다 해도 그것만으로 과연 몇 개월이나 버티겠는가?

그리하여 관병에게 적의 근거지를 포위하여 퇴로를 차단시킨 뒤 굶어 죽게 만들었다. 이러한 전술을 펼치고 반년이 지나서 약 2만 명의 군사를 풀어 1천여 명을 사상하여 봉기를 진압했다.

이번 진압을 통해 건륭제는 사방에 위험이 도사리고 있음을 느끼고 독무들에게 봉기군과 그의 가족들도 전부 죽여 없애도록 명했다. 또 봉기군을 동정하거나 조금이라도 반란의 낌새가 나는 회민들은 철저히 가려내 모조리 제거하고 절대 흐지부지하게 마무리 짓는 일이 없도록 했다. 그 외에도 녹영병 등의 군대를 계속 서북으로 진격시켜 진압에 더욱 박차를 가해 남은 봉기군을 완전히 섬멸시키도록 했다.

그러나 이러한 엄격한 조치도 억압과 빈곤 속에서 온갖 고난을 겪어온 회민들을 뒤로 물러서게 하지는 못했다. 땔나무가 다 타면 그 불길이 다른 땔나무에 옮겨 붙어 영원히 꺼지지 않는 것처럼 그들은 새로운 불을 지펴 은밀한 가운데 불씨를 키워가고 있어서 언제 다시 폭발할지 알 수 없었다.

건륭 49년에 신교도인 전오田五가 다시 군중을 이끌고 봉기를 일으켰다. 그들은 이전의 전투에서 얻은 교훈을 바탕으로 관병을 교묘히 따돌리고 황하를 건너 곧장 통위현성通渭縣城을 공격했다. 건륭제는 군기대신 아계에게 다시 감숙성으로 돌아갈 것을 명하고, 시시각각 군사정보를 교환하며 직접 나서서 전투를 지휘했다. 결국 이번 봉기도 진압되었다.

건륭제는 다시 발생한 회족의 봉기를 누르고 나자 청군에게 반역 세력의 뿌리를 완전히 뽑을 것을 명했다. 이로써 거의 1만 명에 달하는 봉기군이 사살되었고 그들의 가솔 4천여 명은 노예로 전락했다. 그는 또 회족을 위협하며 다음과 같이 말했다.

> 신교는 회족 백성에게 아무런 이익도 안겨 주지 않으며 패가망신하게 만들 뿐이다. 신교가 회민들에게 입히는 화는 이루 말할 수가 없다. 회개하고 마음을 깨끗이 하여 역대로 믿어 왔던 구교를 믿으라.

건륭제는 종교 세력 간의 갈등을 이용해 군사를 파견하여 봉기를 진압하고 '남은 비적'들까지 잔혹하게 소탕했다. 그리고 자신의 통치에 불복할 경우에는 가난한 회족들이라 하더라도 피비린내 나는 숙청을 서슴없이 단행했다. 이것은 그가 일관되게 숭상해 온 관후애민寬厚愛民 사상과 완전히 배치되는 행위였지만, 이런 식의 대처가 그의 통치에 유리한 작용을 했음은 분명하다.

건륭제는 본래 남강南疆 문제를 평화적으로 해결하기를 희망했다. 그러나 평화적인 해결 방안을 구하는 순간에도 과거의 경험이 무력 사용의 가능성을 완전히 배제해서는 안 된다는 사실을 깨닫게 해 주었다.

중가르 평정 이후, 회부回部 즉 위구르는 과연 어떻게 행동했는가? 청 조정은 평화적인 해결을 원했으므로 조공의 부담을 덜어 주고 그들에게 비교적 많은 자치권과 특혜를 부여하는 정책을 제안했었다. 그러나 그 후 그들의 바람과는 달리 위구르의 호쟈 형제는 반란을 일으켰고, 청 정부는 부득이 무력을 행사할 수밖에 없었다.

대소 호쟈 형제는 정교일치의 봉건농노제 정권을 세우고 위구르족 백성들을 가혹하게 핍박했다. 소호쟈 곽접점은 남강으로 돌아온 후, 오직 그가 이리에서 데리고 돌아온 위구르족만을 믿고 원래부터 남강에 살고 있던 위구르인들을 괴롭혔다. 그들의 재물을 빼앗고 혹독한 형벌로 다스리면서 나날이 박해가 더해 갔으므로 백성들의 불만도 벌써 커지고 있었다.

건륭 23년, 청 조정은 아이합선雅爾哈善을 정역장군으로, 에민호자와 합녕아哈寧阿를 참찬대신으로, 순덕눌順德訥, 애륭아愛隆阿, 옥소포玉素布를 영대대신으로 임명해 만한관병 1만여 명을 이끌고 쿠차를 공격하도록 명했다. 본격적인 토벌 작전에 들어가기 전에 건륭제는 대소호자의 죄상을 인정과 도리에 맞게 낱낱이 적어 내린 유지를 반포하여 백성들의 지지를 얻었다.

유지에서 그는 위구르의 백성들에게 말했다.

> 포랍니돈布拉尼敦과 곽집점霍集占 형제는 갈단첼렝이 집권할 때 아파갈사와 합단악탁극에 구금되어 있었다. 우리 병사는 처음 이리를 평정할 당시 그들 두 사람을 풀어 주고 너희들의 우두머리가 되게 해 주었다. 조정에서는 호자형제에게 은혜를 베풀어 작위를 내리고 기름진 땅을 하사하려 하였으나, 두 사람은 배은망덕하게도 오이라트의 반란을 틈타 이리일대에 사는 회족들을 이끌고 야르칸드, 카쉬가르로 도주해 군사를 거느려 몸을 보전했다. 짐은 원래 그들이 오이라트의 소란을 피해 잠시 그곳에서 조용히 지내려는 것으로 간주하고 병사를 보내 질책하지 않았다. 그러나 이후 이들에게 돌아올 뜻이 없음을 알고 사절을 보내 불러들이고자 했으나, 도리어 이 두 사람은 사신을 죽이고는 본분을 잊고 스스로 파도이한巴圖爾汗이라 떠들며 날뛰었으니, 그들의 죄상은 이루 말할 수 없이 크다.

건륭제는 이어서 말했다.

> 짐이 생각하기에 만일 조정에서 이를 방임하고 그들을 체포하지 않는다면 회족 백성들은 끝내 삶의 안정을 얻을 수 없을 것이다. 이에

특별히 대군을 파병함으로써 죄를 물어 징벌하고자 한다. 이번 출병은 오직 곽집점 한 사람 때문이다. 짐이 듣기로 곽집점이 동란을 주도했고, 포랍니돈은 강제로 이끌려 행했다 하기에 짐은 이미 차별하여 처리하도록 명한 바 있다. 이처럼 호쟈 형제에 대해서도 짐이 그 죄의 경중을 보았거늘, 하물며 너희 회중들은 전혀 관계한 바 없는데 어찌 그들의 죄에 끌어들일 수 있겠는가? 짐은 너희 무죄한 자들을 반역의 무리와 함께 주살하지 않을 것이다. 단지 저 곽집점만이 간교하게 반역하였는데, 스스로도 자신의 죄가 무거움을 알고 구차하게 남은 목숨을 부지하기 위해 거짓으로 민중을 미혹하고 있다. 너희는 절대 그에게 미혹당하지 말라. 그렇지 않을 경우 오이라트가 소탕되었던 일이 매우 좋은 선례가 될 것이다.

유지의 마지막은 이러했다.

너희가 만일 곽집점을 포획하여 헌상하면 즐거이 생업을 돌보며 안주할 수 있으며, 조정의 특별한 은혜를 영원히 누릴 수 있다. 그러나 만일 미혹된 상태를 고집하여 깨닫지 못하고 반역자의 지시에 따른다면, 대병이 이르렀을 때 선악을 구분하지 않고 모두 섬멸될 것이니 후회해도 늦으리라! 너희가 이로움과 해악을 숙고하여 남은 삶에 큰 오점을 남기지 않기 바란다.

유지에서 건륭제는 도리를 따지면서 한편으로는 호쟈형제, 특히 곽집점이 은혜를 잊고 의를 저버렸음을 질책함으로써 이번 정벌의 정당한 이유를 천명했다. 다른 한편으로는 여러 가지 우려를 해소하기 위해 회부를 평정하는 방침이 중가르부를 평정했던 때와 같지 않으며, 칼날은 오직 곽집점 한 사람에게만 향해 있어 절대 위구르의 일반 민중을 연루시키지 않을 것이며 호쟈인 포랍니돈까지도 관대히 처분할 것임을 설명했다.

건륭제가 선언한 방침은 백성들의 우려를 일소시켜 주었을 뿐 아니라 억압받던 민중의 의기를 크게 고무시켜, 적군의 진영을 분열시키고 위구르 군중의 마음을 얻어 진군의 방해요소를 줄이고자 했던 목적을 이루어 주었다.

적을 분열시키고 자신의 역량을 강화하는 데는 매우 크고 넓은 도량을 필요로 한다.

토르구트부가 동귀東歸한다는 소식이 조정에 전해졌을 때, 상당히 많은 대신들이 의심을 품고 우려를 금하지 못했다. 첫째는 조정이 토르구트부를 받아들였을 때 이로 인해 러시아의 심기를 거스르게 되어 양국 관계에 영향을 끼치지 않을까 걱정했기 때문이고, 둘째로는 수만의 기민을 한꺼번에 수용할 경우 조정에서 너무 많은 재물을 소비하게 되어 청 조정의 부담을 가중시키지 않을까 두려워했기 때문이다. 또 한편으로는 토르구트부가 러시아와 밀통하여 거짓으로 돌아와 투항한 후 때를 노려 습격할 지도 모른다고 생각했다.

옛사람이 이르기를 '항복을 받아주는 것은 적을 받아들이는 것이다.'라고 했다. 당시에 전방에서 방어의 임무를 맡고 있던 파도제이갈륵은 황제에게 다음과 같이 아뢰었다.

> 이번에 토르구트가 투항하여 오는 상황을 황제께서는 깊이 믿지 마십시오. 청컨대 제가 할하에서 병사 2만을 선발해 방어하도록 윤허해 주소서.

건륭제는 더욱 촉각을 곤두세웠다. 그는 정보를 수집하고 상황을 신중하게 파악한 결과, 토르구트부의 투항이 사람들 사이에 떠도는 이야기처럼 위장된 것이 아니라 진심이라는 판단을 내렸다. 그래서 그는 인자하고 관대한 마음으로 멀리서 돌아오는 유랑민들을 고난에서 구하고자 대신들의 의견을 물리치고 토르구트부 일행을 전부 받아들이기로 결정했다.

건륭제는 여러 대신들을 설득하기 위해 이렇게 말했다.

토르구트부는 진심으로 귀환을 원하고 있다. 더구나 식량이 없어 굶주린 수만의 사람들이 이미 우리 나라의 변경에 도달해 있는데 우리가 만일 그들을 쫓아내 버린다면 그들은 곡식과 가축을 약탈하는 것 외에 어떤 방법으로 생을 도모하겠는가?

그리고 "토르구트부가 돌아오는 것을 명백히 알고 있으면서 러시아를 두려워하여 나서지 못하거나 혹은 두 눈을 멀쩡히 뜨고 그들이 지치고 굶주려 죽어 가는 것을 보면서도 재물에 인색하여 돕지 않는다면, 그것은 인자나 군자라면 행할 수 없는 일이 분명하다. 하물며 짐은 일국의 군주가 아닌가?"라고 덧붙였다.

건륭제의 판단이 정확했다는 것은 훗날 사실로 증명되었다. 소심하고 통찰력이 모자라며 재물을 베푸는 데도 인색했던 대신들의 반대에도 불구하고 조국으로 돌아오는 토르구트부를 기꺼이 받아들임으로써, 기아와 궁핍으로 죽기 직전의 상태에 놓여 있던 수만 백성을 구원하고 그들을 중국이라는 큰 품에 새로 편입되도록 하였다. 이는 뛰어난 정치적 수완과 높이 또 멀리 보는 안목을 갖춘 것으로 우러러 볼 만큼 영명한 처사였다고 할 수 있다.

건륭제는 토르구트부를 맞이하는 데 예의를 다하여 정중하게 격식을 갖추었다.

그는 특별히 서혁덕을 이리장군으로 임명하여 구휼사업을 전담하도록 했으며, 액부 색포등파륵주이色布騰巴勒珠爾를 이리로 파견하여 토르구트의 수령인 우바시 등을 영접해 열하로 안내하여 알현하도록 했다.

당시 토르구트의 몽골인들은 1만 리가 넘는 길을 달려오면서 너무나 힘든 유랑생활에 지쳐 있었다. 가축은 모두 잃고, 옷가지나 일상용품도 남아 있지 않아 다 찢어진 옷을 입거나 혹은 신발을 아예 신지도 못했으며, 어떤 아이는 몸에 실 한 오라기조차 걸치고 있지 않았다. 토르구트인들이 도착하자 건륭제는 곧바로 가죽옷 2, 3만 여 벌을 구입해 운송해 보내도록 명령을 했다. 짧은 시간 동안 한꺼번에 준비하는 것이 불가능해 바로 보내지 못할 것을 걱정하여 창고를 일일이 살펴 낡은 옷가지를 구해 우선 보내도록 했다. 이 또한 토르구트 백성들을 구제해 보살피고자 한 건륭제의 절박한 심경을 반영하고 있다.

토르구트인이 조국에 돌아온 이후 3개월 동안에 조정은 1만 마리에 가까운 소, 말, 양 등의 가축, 2만여 봉의 차, 4만 석의 쌀과 보리, 5만여 벌의 양털 옷, 6만 필의 베, 10만여 근에 가까운 면포, 무수한 천막과 은냥 등을 토르구트 사람들에게 보내 궁핍했던 그들의 생활이 활기를 찾도록 분배해 주면서 조국의 따뜻한 보살핌을 깊이 느끼도록 했다.

그러나 상황이 전혀 다를 때도 있다. 호랑이는 결국 호랑이일 뿐 고양이를 닮았다고 해도 절대 고양이가 될 수는 없다. 비비원숭이도 결국 원숭이일 뿐 사람을 닮았다고 해서 사람이 될 수는 없는 것이다.

호랑이를 훈련시켜 국제적 명성을 얻은 한 조련사가 무대에 오르기 전 면도를 하다가 턱에 상처를 내자, 아기 고양이처럼 온순하게 훈련된 그 호랑이가 피 냄새를 맡고는 그만 한 입에 그의 머리를 으스러뜨리고 말았다. 또 몇몇 젊은이들이 차를 몰고 비비원숭이가 집단으로 서식하는 곳에 들어갔다가 무리 지어 있는 비비가 너무 사랑스러워 차창을 열고 그 사이로 음식을 내 주었다. 차 안은 한바탕 웃음바다가 되었지만 갑자기 비비의 검은 손이 창안으로 뻗쳐와 한 여자의 긴 머리를 순식간에 낚아채고 말았다.

살다 보면 적이 마치 우리의 형제나 친구처럼 보일 때도 있고 또 우리 스스로가 적을 친구로 바꿀 수도 있다. 그러나 적을 친구로 만드는 과정에서 절대 잊지 말아야 할 것은, 그는 여전히 우리의 적이라는 사실이다. 왜냐하면 상대가 어떤 사람인지를 잊었을 때 종종 뼈에 사무치는 교훈을 얻게 된다는 것을 경험이 일깨워 주고 있기 때문이다.

사리분별력이 뛰어났던 건륭제는 상대의 본성을 절대 잊지 않았다.

청나라 군대가 서역을 평정하자 아무르사나 또한 정세에 순응하여 청에 항복했다. 그러나 그의 귀순은 진심에서 우러난 것이 아니었고, 오직 청군의 힘을 이용해서 다와치를 격파하고 난 후 자신이 칸으로 등극하려는 생각뿐이었다. 오이라트 4부의 총수령과 청나라 정부가 맞섰을 때, 아무르사나는 정변좌부장군의 이름으로 앞장서 나아가 그에게서 항복을 받아냈고 국토를 넓히면서 세력을 확대하는 데 공을 세우기도 했다.

건륭제는 한편으로는 아무르사나를 신임하는 자세를 보였다. 그에게 "대청나라의 군영에 이른 후에 모든 사건에 전심전력하여 일의 처리가 늘 질서정연하니 과히 짐이 의지할 수 있는 자로다.", "정벌전쟁에 용감하다.", "만사를 결단력 있게 처리한다."라고 말하는 등 칭찬을 아끼지 않았다. 건륭제는 그러면서도 다른 한편으로는 그에 대한 높은 수준의 경각심을 항상 유지하고 있었다.

아무르사나는 나중에 황제에게 상주하여 자신이 울리아수타이로 갈 수 있도록 인신을 발급해 줄 것을 요구하면서 그곳에서 항복한 민중을 모을 수 있도록 해 달라고 청해 왔다. 이것이 그가 사람들을 끌어 모으고, 반역을 미리 도모하면서 그리고 모든 공로를 혼자 독차지하려는 속셈이라는 것을 건륭제는 직감적으로 알아차렸다. 이 때문에 그는 이리에 주둔하고 있는 살라이薩喇爾에게 수비에 유의할 것과 그의 행동을 방임해서는 안 된다는 점을 환기시켰다. 그리고 비밀리에 정북장군定北將軍 반제

班第에게 유지를 내려, 모든 일을 반드시 반제와 먼저 상의를 거치도록 하고 절대로 아무르사나가 독단적으로 행동하지 못하도록 하라고 명했다.

그리고 건륭제는 아무르사나의 마음을 안심시키기 위해 이리를 정복한 후 논공행상을 통해서 그에게 쌍친왕双親王과 식친왕食親王의 두 작위를 하사했다. 그러나 아무르사나는 여전히 미련을 버리지 못하고 오로지 할거만을 도모했다. 아무르사나가 상주문을 통해 조정에 청원하였다.

> 갈단첼렝의 친척 중에서 성姓에 관계없이 많은 사람이 따르고 하사크와 키르키즈 등을 능히 지켜낼 수 있는 자를 선발하여, 청컨대 황제께서 은혜를 베푸시어 그로 하여금 무리를 이끌도록 하여 주십시오.

그가 이미 실권을 장악하고 있고 누구보다 유리한 입지에 있었으므로, 이 청원에는 실질적으로 그 자신이 뭇사람들을 압도하여 군림하고 황제의 유지를 빌어 오이라트 4부의 수령이 되고자 하는 의도가 담겨 있었다. 그의 야심을 훤히 드러내놓은 것이었다.

아무르사나는 청 조정의 관복을 입지 않았고 관인官印을 사용하지도 않았으며, 참찬대신이자 건륭제의 맏사위인 색포등파륵주이에게 아첨하면서, 색포등파륵주이와 반제 사이를 이간질했다. 그리고 색포등파륵주이가 북경으로 돌아갈 때 그에게 부탁해 자신이 4부를 관할하는 것에 대한 황제의 태도가 확고한 지를 떠보도록 하기도 했다.

이러한 그의 야심을 건륭제는 손바닥 보듯 다 알고 있었다. 그는 대신들과 함께 대책을 논의했다. 그때 이미 오이라트의 중요 수장들에게 황제를 알현하고 상과 작위를 하사받도록 영을 내려놓은 상태였는데 대신들은 아무르사나가 황제를 알현하고 일단 상을 받고 돌아가면 제멋대로 날뛸 것을 모두 걱정하고 있었다.

그러자 건륭제는 그가 열하로 오게 하는 일은 절대 없을 것이라 단언하고, 반제에게 비밀유지를 내려 군영 내에서 아무르사나를 처형하여 후환을 없애라고 명했다.

　아무르사나는 결국 러시아로 도망가 버렸다. 그 후 건륭 22년 8월에 천연두에 감염되어 죽었는데, 그때 그의 나이 35세였다. 자립하여 칸이 되고자 했던 그의 꿈은 영명한 건륭제의 통찰력 아래에서 산산이 조각나 버렸다.

짧은 고통으로 오랜 안녕을 얻는다
長痛不如短痛

　시비가 오래도록 끊이지 않는 지역은 결단을 내려 일거에 소탕함으로써 한 번의 수고로 오랜 안정을 누리도록 해야 한다. 이는 마치 우리 몸에 생긴 농창과 같다. 수시로 짓무르느니 한번에 칼로 도려내는 편이 낫다. 그대로 두어 오랜 고통을 당하는 것보다 더 아프더라도 짧은 고통을 겪은 편이 나은 것이다. 금천이 바로 짓무른 농창 같은 곳이었다.

　건륭 36년, 금천에 또다시 난이 발생했다. 혁포십찰 토사부의 수장들이 대금천大金川의 세력과 결탁해서 혁포십찰의 군영을 점거하고, 소금천의 승격상은 이 기회를 틈타 명정明正 토사부를 공격한 것이다.

　그해 5월, 보고를 받은 건륭제는 26일에 유지를 내렸다. "군軍의 위엄으로 위협하지 않을 수 없다." 이 말은 곧 이 같은 상황에서는 반드시 출병을 해서 그들에게 교훈을 주어야 한다는 뜻이었다.

이때 청 조정은 이미 연이어 중가르의 할거 정권을 섬멸시키고, 회부回
部의 반란을 평정한 후였으므로 금천 문제를 해결할 만한 충분한 능력을
갖추고 있었다. 이러한 자신감을 바탕으로 건륭제는 병사를 일으켜 그들
의 죄를 묻고 흉포함을 훈계할 것을 결정했다.

명을 받은 아이태는 선례후병先禮後兵으로 먼저 사람을 시켜 토사 색낙
목에게 보내 대금천에서 제멋대로 출병해 이웃 영토를 침범한 것은 지극
히 도리에 어긋난 행동이라고 질책했다. 다만 색낙목이 나이가 어리고
무지하여 잠시 어리석게 굴었음을 생각해 특별히 관대하게 용서를 베푸
니 속히 병사들을 철수시키고 점령지를 떠나도록 일렀다. 6월 25일에 건
륭제는 다시 유지를 내려 말했다.

> 색낙목은 혁포십찰의 백성들을 자신에게 달라고 빌고 있으나 이는
> 결단코 윤허할 수 없다. 여기서 한발이라도 양보한다면 그가 더욱 방
> 자해져 조금도 꺼리지 않고 또다시 이런 일을 일으키게 될 것이다.

건륭제는 이어서 아이태에게도 말했다.

> 만일 조금이라도 양보의 기색을 보인다면 그것은 세력을 키워 부근
> 의 토사부를 점차 잠식하고자하는 색낙목의 목적을 이루도록 도와
> 주는 것이다. 그럴 경우 어디서 그를 멈추게 할 것인가!

아이태 등에게 신중하고 상세한 계획을 세워 오래 지나도 후환이 없도
록 확실한 처리를 당부했다. 건륭제는 무력을 행사하기로 결정한 이유를
훗날 다음과 같이 설명했다.

> 대금천 토사 색낙목의 누이가 소금천 토사인 택왕의 아들 승격상에

게 시집을 간 후로 양 금천이 간교하기 이를 데 없이 되었다. 공공연히 천자의 군사에 대항하니 더 이상 양보할 수가 없다. 짐은 과거 지나친 관용으로 그들에게 은혜를 베풀었던 것을 깊이 후회한다. 만일 다시 내버려 두고 죄를 묻지 않는다면 분명 여러 토사 지역의 영토가 잠식되어 그 해악이 끝이 없을 것이다.

건륭제는 군기대신들에게 유지를 내렸다.

오랑캐들 간에 서로 원수가 되어 싸우는 일은 다반사라 일일이 군사를 보내 나의 병사들을 번거롭게 할 필요가 없지만, 소금천은 작년에 옥극십이 도발하여 그 지역을 점거했고, 아이태 등이 직접 찾아가 칙령을 전해 점령지에서 철수하기는 했지만 얼마 지나지 않아 다시 군사를 일으켜 소란을 피웠다. 이렇게 악을 일삼고도 회개하지 않는 그들의 행동을 도리로써는 깨우칠 수가 없다.

심사숙고 끝에 건륭제는 출병을 시켜 소금천을 정벌할 것을 결심했다. 이 해 7월에 건륭제는 사천 제독 동천필에게 청군을 이끌고 곧장 소금천의 소굴인 미락채美諾寨로 공격해 들어갈 것을 명령했다.

그는 상황을 분석해 보았다. 현재 금천과 혁포십찰 간의 은원恩怨 관계로 인한 분규가 아직 정리되지 않았는데, 또 소금천에서 사건이 발생했다. 만일 이를 조정에서 정벌을 하지 않는다면 그들은 중앙의 대신들이 화해를 청하는 것으로 알고 더 이상 두려워하지 않게 될 것이니, 이는 다른 오랑캐들을 다스리는 도리와도 관련되는 중대한 사안이었다.

그리하여 건륭제는 동천필에게 명해 소금천은 대금천처럼 지세가 험하지 않으니 직접 그곳으로 가도록 했다. "군을 통솔하여 적의 소굴까지 진격하면서, 혹은 계책으로 적을 꾀어내고 혹은 힘으로 쟁취하여 승격상을 생포하여 성도로 압송한 뒤 유지를 기다리라."라고 명령하면서 절대 화해로 일을 마무리 지어서는 안 된다고 분부했다. 그렇게 되면 대소 금천의 기를 꺾을 수 있을 것이고, 그들이 기가 죽으면 조약을 준수할 것을 다짐하고 자기네 영토로 돌아가도록 만들 수 있을 것이었다. 철두철미한 건륭제의 분석은 정확하게 맞아떨어졌다.

동천필이 건륭제의 명령에 따라 청군을 이끌고 타전로를 출발하여 소금천에서 80여 리 떨어진 와룡관臥龍關에 이르렀을 때, 정찰을 통해 소금천이 돌로 방호벽을 쌓았다는 사실과 승격상이 영토를 떼어 대금천에 바치면서 원조를 요청했다는 사실을 알게 되었다. 그래서 대금천 토사 색낙목이 암암리에 군사를 소금천에 파견했고, 이로써 양 금천이 연합하여 청군에 대항하는 셈이 되었다. 기왕 일이 이렇게 된 이상 건륭제는 군사를 파병하여 철저히 대소 금천의 문제를 해결하기로 마음먹었다.

대학사이자 사천 총독이었던 아이태는 이제까지도 소심해서 오랑캐에게 양보만 한다는 질책을 몇 차례나 받아 왔는데, 이번 출병에서도 타전로에서 길이 막히자 너무나 초조해졌다. 그는 뾰족한 수를 찾지 못하다가 부하 송원준宋元俊의 제안을 받아들였다. 군사를 3개조로 나누어 한 조는 반란산班讕山에서 출발해 직접 소금천 문호門戶로 진격하고, 한 조는 요적饒磧에서부터 갑금달甲金達의 산허리를 공격해 들어가며, 나머지는 소금천 강어귀를 돌아서 들어가기로 했다. 이 방법이 과연 효과가 있어서, 아이태의 청군이 세 갈래로 압박하자 소금천은 앞뒤로 공격을 받아 진퇴양난에 빠졌다. 얼마 지나지 않아 청의 군대는 석조 참호 1백여 개를 수복했고, 송원준은 그 공으로 부장副將으로 승진되었다.

9월에 건륭제는 다시 이번원상서인 온복溫福을 정변우부장군으로 임명해, 청의 군대를 이끌고 소금천을 선제공격해서 철저하게 섬멸하도록 했다.

10월이 되어 온복이 사천에 도착했다. 그 역시 세 갈래로 진격하는 전략을 택해 온복, 동천필, 아이태가 한 갈래씩을 맡아 소금천을 공격해 들어가기로 결정했다. 이듬해 초까지 소금천의 요지인 파랑랍과 달목파종을 연이어 점거했다. 그런데 참장參將 설종薛琮이 군사 3천을 이끌고 적진에 깊이 쳐들어갔다가 참찬대신 계림과의 합동작전이 실패하면서 3천 군사가 전멸하고 말았다.

온복은 군대를 새로 편성해 자신이 직접 서로 주력부대를 통솔하고, 아계는 남로를 맡아 함께 자리, 동마, 노정종, 객목파이 등의 요새를 공격해 전세를 역전시켰다.

12월에 건륭제는 온복을 정변대장군으로 임명하고 아계와 풍승액豊升額을 부장군으로 삼아 대규모 군대를 출병시켰다. 청군은 연이어 승리를 거두어 명곽종明郭宗과 저목달底木達을 격파하고, 소금천 토사인 택왕을 포로로 잡았다. 택왕의 아들인 승격상은 미락채美諾寨에서 대금천으로 도망가 숨어버리자 청군은 대금천에 승격상을 내주도록 요구했으나 완강한 거절을 당했다.

소금천 토벌이 순조롭게 진행되자 건륭제는 대금천까지 섬멸해야만 서남 지역의 화근을 완전히 뿌리 뽑을 수 있다는 생각이 점점 더 강해졌다. 그러나 그가 이미 오래 전부터 소금천을 섬멸하기로 계획해 왔던 것과는 달리, 대금천에 대해서는 구체적인 정벌 방침을 확정하지 못하고 계속 미뤄왔다.

여기에는 몇 가지 근본적인 이유가 있었다. 첫째, 대금천의 병력이 강하고 지형이 험난해서 수비는 수월하지만 공격하기는 어렵다. 둘째, 색낙목은 청 조정에 공식적으로 적대 행위를 한 적이 없으며, 겉으로는 항상 본분을 지켜왔다. 그래서 건륭제는 군기대신들에게 다음과 같이 일렀다.

> 만일 색낙목이 소금천의 함락을 보고 두려움을 느껴 물러나거나 군영에 찾아와 사죄한다면 조정은 이전의 죄를 더 이상 추궁하지 않을

수 있다. 그러나 만일 색낙목이 여전히 아무 거리낌 없이 물러서지 않는다면 조정에서는 모든 병력을 동원하여 금천을 토벌함으로써, 역시 한 번의 수고로 오랜 안녕을 구하는 일로영일一勞永逸의 계책을 택하지 않을 수 없다.

대금천 토사 색낙목이 비밀리에 소금천을 도와 관군에 맞서고 있으며 또 주변의 주요 토사부를 점거한 후 내지를 습격하려 한다는 소식을 들었을 때, 건륭제는 대금천을 정벌할 결심을 완전히 굳히게 되었다. 건륭 37년 3월에 건륭제는 군기대신들과 상의하며 이야기 했다.

승격상이 스스로 버틸 힘이 없자 땅을 바치는 것도 아까워하지 않고 이를 미끼로 대금천에 구원을 청했다. 이에 색낙목은 다른 토사부들을 차지하려 하고 있고, 나아가 유주교를 무너뜨리는 것이 어렵지 않으면 아예 내지까지 침략하려 꾀하고 있으니 상황이 몹시 나쁘다. 만일 여전히 사소한 일로 전례를 답습한다면, 장차 금천과 경계를 접한 토사부들은 반드시 금천에게 잠식되고 말 것이니 어찌하면 좋겠는가?

상의 끝에 의견이 일치되자 건륭제는 과감히 "적이 미처 예상하지 못할 때 금천을 격파하고 색낙목을 체포하라." 하는 명령을 내렸다. 이후에도 여러 차례 유지를 내려 대금천 정벌의 시급성과 필요성을 반복하여 역설했다. 이로써 건륭제의 두 번째 대금천 정벌이 정식으로 그 서막을 열게 되었다.

건륭제는 정변우부장군인 온복에게 여러 가지로 우월한 여건을 마련해 주었다. 대규모로 병력을 파견해 건륭 36년 9월 세 갈래로 관병을 나누었을 때만해도 그 숫자가 1만 6천 5백 명에 불과 했었다. 거기다 10월에 관병을 거느리고 사천에 도착할 즈음 온복이 황제에게 요청하여 귀주 병사 2천 명과 섬서, 감숙 병사 3천 명을 보내 주었다. 12월에는 또 섬서, 감숙 병사 3천 명이 증원되었다.

건륭 37년 2월에는 귀주 병사 3천 명과 섬서, 감숙 병사 3천 명이 더 파견되었다. 이로써 섬감과 귀주의 파견병사가 모두 1만 7천여 명에 이르렀다. 건륭 37년 10월, 대금천 정벌을 선포했을 당시에는 각 성에서 파견된 병사가 모두 3만 8천여 명에 달했으며, 거기에 사천성의 한병이 3만여 명이므로 모두 합하면 대략 7만 명이나 되었다. 대금천의 군사는 2만여 명에 지나지 않았고, 소금천의 군사 역시 겨우 1만여 명이었다. 이처럼 청나라 군대가 수적으로 현저하게 우세한 위치에 있었다.

청군은 다량의 총기와 탄약도 갖추고 있었다. 온복이 사천에 도착하기 전에 이미 관병은 각 군영에 화약 10만 9천여 근, 총탄 5백 2십 8만여 발, 화승火繩 6만 판과 다량의 총포를 가지고 있었다. 온복은 또한 4천 근에서 5천 근에 이르는 대포를 주조하고, 그 밖에 정원포靖遠炮, 벽산포劈山炮 등 대형 무기도 구비했다.

건륭제는 여기에 대량의 군비도 조달해 주었다. 건륭 38년 6월 초까지 조달한 은냥이 2천 9백만 냥이나 되었는데, 이 금액은 첫 번째 금천을 정벌할 때 소요된 군비의 세배에 달하는 금액이었다. 건륭제는 이에 대해 "간사한 반역자들을 소탕하여 한 번의 노고로 오랜 안정을 얻을 수만 있다면, 설령 1천만 냥이 더 든다고 해도 아깝지 않다."라고 선포했다.

건륭제는 이 정벌을 대단히 중시했기 때문에 전공을 세우는 자가 있으면 크게 칭찬하고 격려했다. 이런 상황에서 온복은 소금천을 공격하면서 세웠던 자신의 공만 크게 믿어 다른 사람의 의견은 듣지도 않고 자기고집만 부렸다.

온복은 본래 거인 출신으로 옹정 6년부터 병부에서 필첩식筆帖式을 맡다가 건륭 5년에 병부주사兵部主事로 승진되었다. 그 이후로는 빠르게 출세가도를 달려서 건륭 8년에는 원외랑員外郎에 올라 군기장경을 맡았고, 10년에는 이부낭중이 되었으며 11년에는 호남포정사를 제수 받았다가 14년에 귀주포정사가 되었다. 그러다 경솔한 사건 처리로 인해 건륭 19년에 관직을 박탈당했으나 23년에 다시 내각시독학사가 되어 정변장군 조혜兆惠의 군영에서 일을 맡았다. 군을 따라 정벌에 참가했다가 손에 총상을 입자 "충성을 다해 분투했다."라고 해서 황제의 포상을 받고 내각학사가 되었으며, 전공을 이유로 6등급이 올랐다.

    건륭제는 온복에게 특별한 은혜를 베풀었다. 건륭 36년 9월에 그를 사천으로 파견하면서 그 첫 해에는 무영전대학사 겸 병부상서의 직위를 하사했고, 두 번째 해에는 정변장군으로 승임시켰다. 건륭제가 온복을 이처럼 중용한 데서 그에 대한 신임과 총애가 얼마나 깊었는지를 알 수 있다. 심지어 건륭제는 온복의 말을 듣고 자신의 사위이자 친왕이면서 상서와 참찬대신까지 겸하고 있던 색포등파이주이色布騰巴爾珠爾를 삭탈관직시켰으며, 참찬대신 오대伍岱를 파직시켜 멀리 이리를 방어하도록 내보내기도 했다. 금천을 정벌하는 책략을 세울 때도 건륭제는 온복의 의견에 많이 의존했다.

    건륭제의 특별한 총애를 입은 온복은 소금천을 정벌할 때 은혜를 갚기 위해 모든 힘을 다했다. 청군을 이끌고 용감하게 앞장서 적을 무찔러 석조 진지와 참호를 빼앗았으며 멈추지 않고 적의 진영 깊숙이 진격해서 소금천 전 지역을 얻었다.

    그러나 온복이 세 갈래로 군사를 나누어 눌친과 장광사가 사용했던 '석조진지로 석조진지를 치는' 병법을 반복해 공격을 해가자 상대가 강화를 요청해 오는 상황이 벌어졌다.

    타고난 성질이 흉악한 적수에게는 절대로 온정을 베풀어서는 안 된다. 끝까지 강경한 태도를 잃지 말고 죽여서 후환을 없애야 자신을 지킬 수 있는 것이다.

대금천이 강화를 청해 왔을 때 건륭제는 단호하게 거부했는데 그것은 올바른 결정이었다. 왜냐하면 만일 이에 동의했다면 이전의 전공이 모두 허사로 돌아가고, 똑같은 일이 반복되어 끊이지 않는 정벌전쟁의 수렁으로 빠져들었을 것이기 때문이다. 오직 철저하게 대금천을 평정하는 것만이 이후 변경 지역의 안정을 확보할 수 있는 길이라고 그는 판단했다.

대금천에 대한 공격전은 건륭 39년 정월에 시작되었다. 당시 정서장군 아계는 여전히 군사를 셋으로 나누어 진격하는 병법을 택했지만 전투 상황의 변화에 따라 진군로를 적절히 조정했다.

아계 자신은 한 무리를 이끌고 곡갈아구에서 출발하는 중로를 맡고, 풍승액은 다른 한 무리와 함께 개립엽凱立葉 서로를 따라 진군해 나갔으며, 명량明亮은 나머지를 통솔해 마이방馬爾邦 남로로 진격하였다. 나중에는 실제 상황의 전개에 따라 아계와 풍승액은 병사를 합쳐 함께 늑오위를 진공하기도 했다.

대금천은 본래 병사들이 용감하고 지형과 요새가 견고한 지역인 데다가 소금천이 평정된 이후로 수비를 강화하고 참호를 늘여 그 방어력의 치밀함이 소금천의 열 배는 되었다. 이처럼 대금천이 충분한 방어 준비를 갖추어 석조 참호가 빽빽이 들어찬 커다란 요새 속에 있었기 때문에 전투는 한층 더 격렬해질 수밖에 없었다.

건륭 39년 3월, 해란찰과 달란태達蘭泰는 나박와산의 참호를 공격할 때 청군을 이끌고 제2, 제3 봉우리의 입구를 포위한 후, 군사를 여러 갈래로 나누어 진격해 올라갔다. 산 위의 반군이 갑자기 돌격해 왔지만 다행히 격퇴시킬 수 있었다. 청군이 제3 봉우리와 제4 봉우리를 점령하자 반군은 퇴로가 막혀 모두 제1 봉우리로 달아나 그 안에 숨어 꼼짝 않고 있었다. 이 때문에 청군은 대규모의 석조 진지 8곳과 크고 작은 26개의 참호를 차례로 공격하고 나서야 가까스로 그 산을 정복할 수 있었다.

아계가 손극이종으로 진격하면서 전투는 더욱 격렬해졌다. 당시 아계는 해란찰과 액삼특額森特을 내보내서 손극이종의 관채官寨를 무너뜨리도록 했지만, 반군이 계속해서 돌을 던지고 사격을 가해 와 공격이 쉽지 않았다. 서로 한 동안 대치하다가 군사를 철수하는 척하면서 정예병들을 관채 주변에 매복시켜 두었다. 진시辰時가 되어 매복해 있던 관병들이 일제히 성벽을 오르며 공격을 하자 반군은 요새 안에서 또 돌을 던지면서 반격을 해 왔다. 청군 병사들이 성벽을 넘기는 어려웠지만 성벽을 오르기 위해 창과 화살을 잘 활용해서 전력을 다해 싸웠다. 이때 갑자기 반군의 지원군이 사면팔방에서 줄지어 몰려오자 아계는 손실이 막대할 것을 우려해 곧 군사를 퇴각시켰다.

셋째 날에 아계는 다시 해란찰과 태배영泰裴英을 보내 군사를 나누어 공격하게 했다.

넷째 날, 관병이 한꺼번에 돌격했다. 그러나 반군이 성벽 아래에 새로운 참호용 도랑을 파서 관병의 공격로를 막아 버렸고 또 도랑을 따라 방어 목판을 설치해서 관병의 사격을 막았다.

청군이 성벽 아래에서 진퇴를 반복하는 사이에 성벽 위에 엄청나게 쌓아 두었던 돌무더기를 반군이 떨어뜨렸으므로 청군은 세 차례에 걸쳐 계속적으로 공격을 시도해 보았지만 성공할 수가 없었다. 그러나 반군이 방어하면서 몸을 노출시킬 때마다 관병의 총포에 맞아 반군에서도 사상자가 무수하게 나왔다. 단 한 개의 참호, 단 한 개의 산봉우리, 단 한 개의 성벽도 이렇게 서로 죽고 죽이는 잔인한 과정을 거치지 않고서는 얻을 수 없었다.

금천을 철저하게 섬멸하겠다고 결의한 건륭제의 격려 하에 강철 같은 의지로 무장한 아계, 해란찰, 명량明亮, 보이보普爾普, 복강안福康安 등의 장수들은 만한滿漢관병들이 용맹하게 돌격하도록 통솔하여 적을 격파해 나갔고, 작사갑포 등 토사부의 병사들 또한 정벌에 앞장서 연이어 승리를 거두었다.

청군의 필승의지와 파죽지세의 대공세에 직면한 대금천 토사 색낙목은 더 이상 버티기가 힘들어지자, 승격상을 독살하고 그의 시체와 처첩 그리고 소금천의 수장들까지 내놓는 조건으로 청군에 투항하며 화의를 청해 왔다. 이 소식이 전해지자 건륭제는 바로 유지를 내려 우선 아계를 격려했다. "모든 일의 처리가 시의적절했으니 그 계획과 준비를 위해 전심을 다했음을 알 수 있다.", "그대가 나라를 위해 이바지한 바가 크다."라고 칭찬하면서, 대금천의 항복은 절대 윤허할 수 없으니 강화를 맺지 말라는 지시를 내렸다.

　이때 건륭제는 깊이 깨달은 듯 "짐은 예전에 금천의 항복을 받아들였던 지나친 관대함을 깊이 후회한다. 오늘날 적의 수장이 감히 이다지도 배은망덕하니 속히 토벌하여 후환을 제거하지 않을 수 없다."라고 말하면서 토벌의지를 잃지 않도록 요구했다. 반군의 사자를 어떻게 처리할 것인지에 대해서도 건륭제는 다음과 같이 지시했다.

　　적이 자신들의 요구를 위해 찾아온 것이라면 그들과 대화할 필요가
　　없다. 만약 승격상의 시체를 군영으로 보내온다면 운반해 온 사람까
　　지 함께 잡아들이고 다른 한쪽에서는 공격을 더욱 강화하라.

　원래 '두 군대가 교전할 때도 사신은 죽이지 않는다.'라는 말이 있지만, 건륭제는 사신을 체포하도록 명해 절대 물러서지 않겠다는 조정의 결심을 내보였다. 건륭제는 여러 번 이 같은 뜻을 천명했고 그의 분석과 판단은 옳았다.

　　관병이 이미 도적의 소굴에 다다라 대세가 이미 기울었고, 관병이
　　또한 용감무쌍하니 도적의 두목이 오래 버틸 수 없다. 더 이상 계책
　　이 없어 항복의 뜻을 내비쳐 목숨을 연장하려 하는 것이니 장군들은

절대로 이에 미혹되거나 자비를 베풀지 말라. 금천은 은혜를 저버리고 반역했으니 이는 스스로 화를 자초한 것으로 그 죄가 극악하다. 마땅히 주살해 인심을 안정시키고 변경의 오랑캐들에게 경각심을 주어야 한다. 더군다나 관군이 지금껏 큰 노력과 희생을 들여 겨우 그 지역을 평정하게 되었는데, 항복을 받아들여 끝을 맺는다면 여러 오랑캐들이 두려움을 잃어 후환을 낳게 될 것이다. 아계 등에게 전하노니 만일 반역자들의 수령인 색낙목과 사라분 형제가 군영에 항복하러 오면 당장 체포하여 포로로 바치라! 여기에 절대 실수가 있어서는 안 된다.

만약 투항을 받아들여 지지부진하게 매듭을 짓는다면 확실히 그 후환도 끊이지 않을 것이며 이전의 공로도 모두 잃게 될 것이다. 또 보이지는 않지만 다른 이민족들에게도 영향을 미쳐 좋지 않은 선례를 남길 수도 있다. 이것들이 바로 예전에 흘린 선혈鮮血의 대가로 얻은 교훈이었다. 그러므로 건륭제가 상대의 항복을 거부한 것은 현명한 선택이었다.

건륭 40년 정월에 아계는 서로군을 이끌고 늑오위를 포위해 공격하기 시작했다. 그러나 처음에는 날씨가 도와주지 않았다. 계속해서 눈비가 번갈아 내리면서 길이 질퍽거렸고 사병들은 동상을 입었다. 더 이상 공격하기에 무리가 있었다. 4월이 되었다. 날씨는 맑아지고 사기는 충천했다. 아계는 우선 복강안과 해란찰을 보내 군사를 이끌고 강을 건너 하서河西의 반군을 전멸시켰다.

7월. 아계와 명량의 군사가 늑오위를 포위했다. 늑오위의 남쪽에는 전경루轉經樓가 있고 다른 쪽으로는 큰 강이 흐르고 있어 늑오위가 가운데 낀 형세였다. 청군은 먼저 성책城柵 수십 곳을 격파하고, 교각을 파괴했으며 반군의 퇴각로도 막아 버렸다. 명량 등은 하서에서부터 진격해 사방에서 압박하는 전략으로 반군의 숨통을 조였다.

8월 15일에 청군은 총공격을 개시했다. 먼저 대포로 공격하다가 8월 16일에는 늑오위, 전경루와 라마사를 격파했고, 60곳의 석조 가옥과 안락案落, 목성木城, 석조 참호를 점거했다. 수백 명을 사살했으며 엄청난 양의 총포와 칼, 창 등 무기를 노획했다.

이때 대금천의 두목 색낙목은 이미 앞서 갈랍의噶拉依로 피신해 있었다. 9월부터 아계는 군사를 이끌고 서리산西里山 산마루의 황초평과 과포곡산을 연이어 점령하면서 외곽의 반군을 완전히 물리쳐 나갔다.

12월에는 금천의 수장 중에서 달인랍득이와 5백 명, 은달이가 6백 명을 이끌고 청군에 항복해 왔다.

건륭 41년 정월, 아계는 갈랍의로 총공격을 시작했고, 명량은 곧 마이방을 점령한 후 서로西路의 남은 적군을 진압했다. 색낙목의 모친 아창阿訇은 형세가 긴박하게 돌아가자 위험을 무릅쓰고 병사를 모으기 위해 하서河西로 갔다. 그러나 수없이 많은 청군에 포위된 상황을 보고 전세가 이미 기울었음을 깨달아 곧 색낙목의 고모인 아청啊靑과 다른 자매들, 그리고 함께 따르는 라마들을 데리고 투항했다. 아계는 아창에게 색낙목을 불러 투항시키도록 명하고 동시에 진격을 시작했다.

건륭 41년 2월 4일 새벽, 색낙목은 결국 무릎을 꿇었다. 인신印信을 받들고 형제와 처자, 대신, 라마, 대소 수장 등 2천 여 명을 이끌고 성채를 나와 목숨을 살려 줄 것을 애원했다. 드디어 건륭제가 계획했던 대금천 전역의 평정이 완전히 이루어졌다.

변강邊疆의 평정은 무장한 군대가 만든다. 무력으로 사태를 진정시키고 반역자를 제거함으로써 변강은 안녕을 되찾을 수 있다. 그러나 진정한 안녕은 무력과 위협으로 이루어지는 것이 아니다. 진정한 안녕을 이루기 위해서는 경제가 발전하고 정치 기강이 바로잡혀야 하며 백성들의 요역과 조세 부담이 줄어야 한다.

'강산을 싸워 얻는 것은 쉬우나, 강산을 지키는 것은 어렵다.打江山易, 保

江山難'라는 옛말이 있다. 건륭제는 대소금천의 반란이라는 고초를 겪은 후 다시는 그런 일이 발생하지 않도록 금천에 대한 통치를 더욱 강화했다.

승리는 쉽게 찾아온 것이 아니었다. 오늘의 승리를 얻기까지 5년의 기간과 10만의 군사 그리고 7천만 냥의 군비를 들여야 했다. 이런 힘든 과정을 거쳤기에 대소금천 전역이 평정된 후 가장 먼저 한 일은 고관과 장군을 파견하고 군사를 배치시켜 변경을 안정시키는 일이었다. 건륭제는 이 임무를 정서장군 아계에게 맡기고 명량, 문수文綬, 계림과 함께 선후장정善後章程을 세심히 준비하도록 명했다.

건륭 41년 3월, 아계는 그가 작성한「회상양금천설진안둔선후사의會商兩金川設鎭安屯善后事宜」7조를 건륭제에게 바치자 황제는 이를 흔쾌히 받아들였다. 7조 선후장정의 내용은 다음과 같았다.

1. 대금천에 모두 3천여 명의 만한병사를 주둔시킨다. 그중 늑오위에 총병 1명, 유격 1명, 도사都司 2명, 수비守備 2명, 주병駐兵 1천 명을, 갈랍의에 부장副將 1명, 도사 2명, 주병 7백 명을, 갈이단사에 유격 1명, 수비 1명, 주병 3백 명을, 마이방에 유격 1명, 주병 3백 명을 각각 주둔시킨다. 그리고 소금천 찬랍에 모두 주병 3천 명을 주둔시키고 미락에 총병 1명, 주병 1천 명을, 저목달, 목판소, 승격종, 옹고이롱에 주병 2천 명을, 약찰, 명정, 장곡분에 도사와 수비 등 관원 5백 명을 배치한다.

2. 주병은 둔전제를 실시하여 자급자족한다. 병사 3명마다 일정 면적의 토지를 분배하되, 병사 2명은 군사 업무를 맡고 나머지 1인은 농사를 짓는다.

3. 주둔지 부근 녹영병의 가속 및 티베트인 중에 개간을 원하는 자가 있으면 조정에서 소금, 식량, 소, 농기구와 종자를 배급한다.

4. 아주성雅州城은 지세가 험준하여 만주병사가 가족을 동반하기 어

렵다. 그러므로 장군은 성도成都에 머무는 것이 낫다.
5. 아주에 성과 가옥을 지어 제독이 이주해 살면서 지역 토사부를 다스리는 데 무리가 없도록 한다.
6. 명정明正, 목평木坪 등의 토사는 금년 겨울에 경성에 와서 황제를 알현한 후로 회강回疆의 예에 따라 해마다 돌아가며 황제를 알현하는 순서를 정하되, 명량明亮 장군이 상황을 참작하여 입경을 결정하도록 한다.
7. 적당한 곳에 라마사원을 건축한다.

 7개 조항으로 구성된 이 선후장정은 건륭제가 원하는 바를 비교적 잘 구현하고 있었다. 그중에서도 부대를 주둔시켜 변경 진압과 통치의 안전을 보장한 것, 둔전제를 실시해 양식을 확보함으로써 후방의 경제압력을 완화시킨 것 그리고 제독을 이주시켜 조정의 직접 관할을 가능하게 한 것 등은 모두 실질적인 문제를 고려한 적절한 방안이었다.
 종교문제는 언제나 민족 관계에 있어 가장 민감한 사항 중 하나여서 상대의 종교 신앙을 존중하고 인정하는 것이 민족 화합과 단결의 관건이 된다. 건륭 41년 9월에 건륭제는 여러 가지 상황을 고려해 갈랍의와 미락 두 곳에 라마사원을 건축하고, 북경에 있는 라마를 뽑아 주지로 파견했다. 건륭제가 한 나라의 제왕으로서 티베트 민족의 종교에 대해 존중과 지지를 보인 것은 실로 의미 있는 일이었다.
 이 외에도 건륭제는 대소금천 백성들에게 변발을 하고 복장도 바꿔 입을 것을 명했다. 이는 형식의 통일로부터 내용의 통일을 이루기 위한 첫 단계로, 복장을 일치시키는 것에서 시작해 이민족의 사상과 관념까지 하나로 흡수시켜 통치를 수월하게 하려는 목적이 있었다.
 건륭제가 금천 지역의 관할 강화를 목적으로 취한 조치들은 합당한 성과를 거두었다. 이때 이후로 금천과 그 주변 지역은 점차 안정을 찾았고 집집마다 근심 없이 생업에 종사하게 되었다. 금천 지역의 둔전제 역시 장족의 발전을 거듭하고 인구도 늘어났다. 건륭 50년, 금천을 평정한 지 10년이 되던 해까지 개간지가 모두 13만 6천 6백 35묘畝에 달했다.

이렇게 되자, 항복하여 청에 복속된 이민족들도 "깊은 은혜로 경작할 수 있는 땅을 분배해 주고, 때때로 파견을 나오니 힘써 일하지 않는 이가 없어 내지의 백성과 다를 바 없다."라고 말하게 되었다.

건륭 53년, 사천 총독 보녕保寧의 보고에는 다음과 같이 기록되어 있다.

> 금천의 전임前任 장군과 참찬이 측량한 토지가 11만 7천여 묘였는데, 해가 지나면서 둔전을 일구러 오는 사람이 많아져 농사가 날로 흥해지고, 황무지도 거의 다 개척되어 원래 측량했던 토지 이외에 새로 이 1만 8천 9백 75만 묘가 더해졌다. 여전히 관례에 따라 매 가호에 30묘를 지급하며 6년을 기한으로 과세한다.

이것으로 보아 대소금천의 사회가 점차 안정을 찾고 경제도 상당한 활기를 띠게 되었다는 것을 설명해 준다.

한편 이민족을 단합시키기 위해 건륭제는 이민족들도 둔전에 참여하도록 하고, '항번降番' 즉 항복한 이민족이라는 단어를 사용하지 말라는 유지를 내렸다. 이것은 금천 이민족의 자존심을 크게 살려 주면서 조정의 은혜와 덕을 깊이 느끼게 만들어 더욱 열심히 일할 수 있게 했다. 그 결과 금천과 기타 인근 지역 백성들이 안정되게 생활할 수 있게 되었음은 물론 경제, 문화, 정치 등의 여러 방면에서 교류가 늘어나고 우호적인 왕래를 촉진하는 매우 긍정적인 역할을 했다.

【건륭제에게 배우는 장이술】

一. 적이 누구인지 알지만 친구가 마음을 정하지 못할 때, 친구를 끌어들여 적을 죽이면 내 힘은 들이지 않고 친구의 손해로써 나의 이익으로 돌아온다.

一. 자신의 강점으로 적의 약점을 공격하라.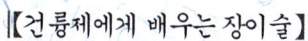

一. 적을 분열시키고 자신의 역량을 강화하는 데는 매우 크고 넓은 도량이 필요하다.

一. 항복을 받아 주는 것은 곧 적을 받아들이는 것이다.

一. 살다 보면 적이 마치 우리의 형제나 친구처럼 보일 때도 있고 또 우리 스스로가 적을 친구로 바꿀 수도 있다. 그러나 적을 친구로 만드는 과정에서 절대 잊지 말아야 할 것은, 그는 여전히 우리의 적이라는 사실이다.

一. 타고난 성질이 흉악한 적수에게는 절대로 온정을 베풀어서는 안 된다.

一. 진정한 안녕을 이루기 위해서는 경제가 발전하고 정치 기강이 바로 잡혀야 하며 백성들의 요역과 조세 부담이 줄어야 한다.

一. 사리에 정통하게 되면 하나를 보아도 열을 깨우칠 수 있다.

제3장

장이술張弛術 3
나아가야 할 때 나아가고, 멈추어야 할 때 멈추어라 當進則進, 當止則止

상황에 따라 그에 적절한 서로 다른 전략을 취하는 것이 용병의 기술로, 나아가야 할 때 나아가고 멈추어야 할 때 멈추어야 한다. 때로는 어려움을 알면서도 나아가야 할 필요가 있고, 때로는 일이 잘 풀리는 상황에서도 물러날 필요가 있다.

너무 서둘러도, 너무 늦추어도 안 된다
不可急遽, 亦不可疏縱

    모든 일이 다 그렇듯 지나치게 조급하면 일을 서둘러 오히려 이루지 못하기 쉽고, 반대로 너무 여유를 부리면 종종 상황을 악화시켜 돌이키기 어렵게 만든다.
    건륭 11년 미얀마에서 동란이 일어났다. 미얀마 국왕 교달랍喬達拉이 득릉부得楞部의 수장에게 포로로 잡혀 강에서 익사했다. 그러자 목소부木梳部의 수장이 그 기회를 틈타 거병을 했고, 그는 다른 수장들과 연합해서 여러 차례의 정벌전쟁을 거쳐 득릉부를 무너뜨린 후 미얀마 대부분 지역을 통일하고 스스로 왕에 올랐다.
    그 후 몽박懵駁이 미얀마 왕위를 계승한 뒤에도 연이어 각지를 통일하고 나서 청나라에 일찍이 복속되어 운남의 보이부普洱府가 관할하던 맹아猛阿, 맹롱猛籠, 맹석猛腊 등 13곳의 토사부를 침략하면서 청조의 운남 경계를 불안하게 만들었다.

청조의 운귀 총독 유조劉藻는 청렴한 관리였지만 군사軍事를 잘 알지 못했다. 건륭 30년 10월에 미얀마 군대가 맹간孟艮을 점거하고 구룡강九龍江 일대를 습격하자 이 소식을 들은 유조는 바로 군대를 보내 방어에 나섰다. 자신은 군사를 이끌고 자통㳄通을 지키면서 제독 달계達啓와 총병 유덕성劉德成은 사무思茂에 주둔시키는 등 군사를 나누어 미얀마 군대의 교란작전을 방어하고자 했다. 유조는 참장 하경조何璟詔와 유격대장 명호明浩를 보내 6백 명의 군사를 이끌고 맹아猛阿를 지원하도록 했다.

그러나 그동안 평화가 오래 지속되어 군사 훈련이 부족했기 때문에 총병인 유덕성과 참장 하경조 모두 참패하고 말았다. 특히 하경조의 부대는 기강이라고는 전혀 잡혀 있지 않아서, 행군 할 때 병기를 모두 묶어 수레에 실어 운반하고 병사들은 빈손으로 걸어가다가 미얀마군의 습격을 당하자 6백 명의 군사가 싸워 보지도 못하고 모두 흩어져 버렸고 하경조도 허겁지겁 도망을 치고 말았다. 이후에 총병 유덕성이 거짓으로 전적을 보고하자, 유조는 사실을 확인해 보지도 않고 유덕성의 보고대로 건륭제에게 상주를 올렸다.

건륭제는 미얀마 군대를 격파하는 것에 큰 희망을 걸고 있었다. 그는 유지를 반포해 지시했다.

> 미얀마군은 야성이 길들여지지 않아서 감히 변경을 침해하니, 이를 응징하지 않으면 흉악한 무리에게 경각심을 일깨울 수 없으며 또한 지엄한 국법을 천명할 수가 없게 된다. 이미 유조 등이 정벌을 위해 군대를 파병했으니 반드시 끝까지 추격해 사로잡고, 그들의 진영까지 진격해 철저하게 섬멸시켜야 한다.

건륭제는 유조가 올린 보고문과 그가 바친 보이普洱의 변경 지도를 보고 처음에는 기뻐했으나 곧 보고 내용이 현실적이지 않음을 알아챘다. 건륭제는 감람패가 소맹양小猛養의 앞쪽이면서 맹왕猛旺의 뒤편에 위치하고 있는데, 나뉘어 진격한 관병이 미얀마 군대를 소탕했다면 어찌 그들이 소맹양에서 강을 몰래 건너 맹왕까지 와서 관병을 격퇴시킬 수 있었는지 도무지 이해할 수가 없었다. 그는 허점을 발견하자 곧 유지를 내려 녹영병들이 평소 거짓말에 능숙해 전공을 날조하여 보고한다고 질책하면서 동시에 유조의 잘못을 크게 지적했다.

건륭제는 유지에서 다음과 같이 말했다.

> 유조가 올린 보고는 진실이 아니며, 대부분은 녹영이 허위로 꾸며낸 것이다. 군사를 잃은 것을 거짓으로 과장하여 사실이라 믿게 했다.

건륭제는 유조를 호북순무로 강등시키고, 하경조와 명호는 군법에 따라 형벌을 내렸으며 제독 달계는 형부에 넘겨졌다. 또 각 성의 독무들에게 유지를 내려 개혁을 감행하여 각 군영의 기강을 바로잡도록 명령하면서 그렇지 못할 경우 중형으로 죄를 다스릴 것임을 알렸다.

나중에 다시 유조의 호북순무직을 박탈하여 운남에 남아 충성을 다해 일을 마무리하라는 유지를 내리면서 군대를 잘못 파병해 입은 손실도 모두 유조에게 배상하도록 했다. 유조는 미얀마군을 격퇴시키는 데 난항을 겪은 데다 또 여러 차례에 걸쳐 황제로부터 질책을 받자 침식이 불안해지더니 결국 종이를 자르는 작은 칼로 스스로 목숨을 끊고 말았다.

유조가 죽은 후 양응거揚應琚가 운귀 총독으로 임명되었다. 양응거가 부임한 후에 장려瘴癘가 극성을 부리자 미얀마군이 점차 후퇴했다. 초웅진楚雄鎭 총병이 기회를 엿보다 맹간을 점거했으나 성 안에는 한 사람도 남아 있지 않았고, 창고의 식량도 이미 불태워지고 없었다. 보이 총병 유덕성이 정흠鏧欠으로 진격해 나가자 내지의 토사들이 연이어 복속해 왔다. 보이 부근 지역이 평정됨에 따라 이 지역에서의 청조의 통치 질서도 차차 안정되어 갔다. 이 소식을 접한 건륭제는 매우 기뻐했다. 특별히 은혜를 베풀어 13맹猛 토사 지역에서 건륭 21년에 징수해야 했던 정모은正耗銀과 미절은米折銀 3천여 냥, 정모량正耗糧 6백여 석 그리고 맹롱에서 건륭 30년에 빚진 은 2백여 냥을 전부 면제해 주기로 결정함으로써 변방의 소수민족을 구휼하겠다는 뜻을 드러내 보였다.

양응거는 보이 지방이 안정을 찾은 후에 곤명으로 돌아가 문무관리들과 함께 다음 방책을 논의했다. 등월騰越 부장副將 조굉방趙宏榜은 젊은 시절에 파룡창波龍廠에서 일한 적이 있어 미얀마의 상황을 어느 정도 이해하고 있었고, 그곳의 몇몇 수장들과도 비교적 친밀한 관계를 유지하고 있었다. 그는 공격을 주장하며 미얀마의 목방木邦과 같은 토사부들이 복속을 원하고 있으니 쉽게 이길 수 있을 것이라고 역설했다. 조굉방이 계속 부추기자 양응거도 결국 마음이 동하여 황제에게 미얀마를 이길 수 있다고 상주를 올렸다.

양응거의 상주에 대해 건륭제도 지나칠 정도로 믿는 태도를 보였다. 그는 유지를 반포해 "양응거는 변강에서 오래 복무하였고, 평소 경험이 많아 모든 일을 준비함에 있어 경솔히 행하지 않으니 그 말을 믿을 수 있다."라고 했다. 또 같은 유지에서 "미얀마는 남쪽의 황량한 곳에 떨어져 있는 보잘 것 없는 나라임에도 명 말까지 우리에게 속한 적이 없고, 신하의 예를 갖추지도 않았다."라고 말했다.

그렇지만 건륭제는 아직까지 한편으로는 미얀마 출병에 주저하는 태도를 보이는 유지를 내렸다.

> 그러나 그곳은 먼 땅이니 상황을 잘 판단하여 일을 행해야 한다. 만약 신속히 공을 이룰 수 있고 대규모 병력도 필요하지 않다면 때를 봐서 마무리 짓는 것도 무방할 것이다. 그러나 만일 병력과 물자가

많이 소요되거나 전투가 확대되어야 한다면 출병이 곧 변방을 신중하게 처리하는 도리가 될 수 없다. 독무가 심사숙고하여 타당한 방책이 세워지면 진퇴를 결정하도록 하라.

건륭 31년 9월, 양응거는 두 번째 상주문을 올려 자신은 결코 공덕을 탐하는 것이 아니며, 다만 미얀마 군사가 여러 차례 토사부의 변경을 침범해 오므로 적당한 기회에 이를 정벌하지 않으면 변경의 안정을 얻을 수 없을 것이라고 강조했다. 그리고 지금 미얀마의 인심이 많이 나뉘어서 목방은 벌써 복속을 원하고 있다고 했다. 그래서 이미 토사 중 믿을 만한 자를 미얀마에 잠입시켜 암암리에 그 지방의 크고 작은 도로의 형세를 상세하게 그려 지도를 만들고 있으니 조만간 황제께서 어람하실 수 있도록 올릴 것이라 했다. 그리고 파견할 군사와 군마도 뽑아서 이미 비밀리에 배치해 두었으므로 9월 안에 영창永昌으로 진격해 나가는 계획이 무리 없이 실행될 수 있을 것이라고도 말했다.

양응거는 다시 한 번 건륭제에게 "신은 결코 가만히 앉아 기회를 잃지 않을 것이며, 또한 감히 경거망동하지도 않을 것입니다."라며 자신의 굳은 의지를 드러냈다. 건륭제는 상주문을 다 읽고 나서 양응거에게 격려의 유지를 내렸다.

같은 해 9월 28일, 양응거의 세 번째 상주문이 건륭제에게 올라왔다. 이 상주문에서 양응거는 미얀마의 지형을 설명한 후 정세를 언급하면서 각지의 토사들은 이미 분열되었고, 목방토사는 미얀마왕의 감찰관을 살해까지 하면서 황제께서 신속히 출병해 주기를 희망하고 있다고 특별히 아뢰었다. 그는 또한 이미 군사의 배치를 마쳤으며, 병사 3천을 이끌고 나아가 벌써 목방의 항복을 받아 왔다고 했다. 만일 미얀마왕이 대세가 이미 기울었음을 알아 스스로 죄를 참회하고 항복하려 한다면 황제의 뜻을 구해 처리할 것이며, 절대 임의로 처리하지는 않을 것이라고도 했다.

건륭제는 이 상주문에 크게 기뻐하면서 양응거에 대해 모든 일의 처리가 훌륭하다고 칭찬하고 특별히 상으로 쌈지 2쌍을 그에게 내렸다. 이와 같이 건륭제는 양응거의 보고를 지나치게 믿어 마침내 미얀마로의 출병을 승인하게 되었다.

건륭 31년 9월 12일에 양응거는 보이를 출발, 영창으로 전진하여 목방 토사의 투항을 접수하고 미얀마 진군을 시작했다. 행군에 앞서 그는 미얀마로 격문을 보내 변경에 50만 군사와 천 대의 대포가 진을 치고 있으니, 만약 항복하지 않으면 진격하여 토벌하겠노라고 미얀마인들을 위협했다. 얼마 지나지 않아 청군은 만모蠻暮와 신가新街에 이르렀다. 자신이 세운 큰 전공을 상주할 때가 다가왔다고 양응거가 생각하고 있을 때, 미얀마 국왕이 파견한 수만 군사가 그들을 기다리고 있었다. 미얀마 군대는 군사를 넷으로 나누어 각기 만모, 맹밀猛密, 맹육猛育, 곤룡강滾弄江에서부터 진격해서 목방을 점령했다.

9월 20일, 미얀마군이 신가를 맹공해 오자 청군 부장 조굉방은 대항도 못해 보고, 군수품을 불태운 후 철벽관鐵壁關으로 도망을 치고 말았다. 목방, 만모 등의 토사들도 역시 내지로 피신했다. 미얀마군 수만 명이 그들을 바짝 추격했다. 양응거는 이런 정황을 알고 나서 대경실색했지만, 그렇다고 감히 이 일을 있는 그대로 건륭제에게 보고할 수가 없었다.

한편 건륭제는 미얀마 전황을 보다 정확하게 파악하기 위해 복령안福靈安을 전선으로 보냈다. 그것은 단기간에 끝낼 수 있다면 전군을 동원해 섬멸시키고, 만일 어려움이 있다면 진상을 자세히 보고하도록 함으로써 정확한 상황을 알고 진퇴를 결정하고자 함이었다.

얼마 지나지 않아 양응거는 다시 사병 1만 4천여 명을 모아, 둘로 나누어 공격했다. 영북진永北鎭 총병인 주륜朱侖은 철벽관을 출발하여 능목楞木을 치고 만모를 공격한 후 신가를 수복하고자 했으나 능목에서 가로막혔다. 수순진水順鎭 총병인 오이등액烏爾登額은 군사를 이끌고 완정에 이르러 목방을 공격했으나 역시 성공하지 못했다.

이와 동시에 미얀마군 역시 나누어 공격을 해 와 동벽관을 격파하고 만인관을 지나 연이어 잔달, 호철, 농천을 불사르고 약탈했으며, 맹묘猛卯 등지를 점거했다. 또한 청군 유격대장 마성룡馬成龍과 반제班第, 모대경毛大經 그리고 도사都司 서빈徐斌과 수비대장 고건高乾 등의 장수를 사살했다.

청군이 이렇게 대패했으면서도 양응거는 거짓으로 미얀마 군사 1만여 명을 사살하는 대승을 거두었다고 보고했다. 그러나 양응거도 미얀마의 세력이 강해 정복하기 어렵다고 판단하고 만일 그럴듯한 계략을 빨리 마련하지 못할 경우 조만간 조정에서 감찰을 나오면 중형을 면치 못할 것을 이미 알고 있었다. 그래서 그는 '항복을 윤허' 하는 방안으로 대 미얀마전을 마무리할 계획을 세웠다.

건륭 31년 12월 말, 양응거는 운남순무 탕빙湯聘, 제독 이시승李時升과 회동하여 함께 상주문을 만들어 올렸는데, 적이 미얀마의 능목에서부터 패하여 도망치는 것을 대군을 이끌고 추격해 두 차례에 걸쳐 각각 6천여 명과 3천여 명의 적을 사살해서 총 1만여 명을 섬멸했다고 보고했다. 그리고 현재 그들 두목이 병영으로 찾아와 금팔찌와 붉은 비단, 화포花布 등의 물건을 헌상하며 귀순을 간청하고 있다고 했다. 그리고 계속해서 다음과 같은 의견을 올렸다.

> 미얀마는 강으로 막히고 산들이 높고 험준하며, 수질과 토질이 열악하여 전염병도 자주 창궐하므로 만일 적진 깊숙이 계속 진격하자면 너무 많은 시일이 걸려 피해가 크지 않을 수 없습니다. 그러니 만일 몽박이 두려움을 느껴 신하가 되고자 원한다면 이를 고려하여 새로운 길을 모색할 수 있을 것입니다.

건륭제는 양응거 등이 올린 상주문을 보고 너무나 화가 났다. 상주문을 받은 후 두 달 반 동안 건륭제는 25차례나 유지를 내렸고, 심지어 어떤 때는 하루에 세 번이나 유지를 내려 양응거에 대한 분노의 감정을 표출했다. 그는 유지들에서 우선 미얀마 진군에 대한 거짓 보고를 황제가 그대로 믿게 한 잘못을 저질렀으며, 패배를 승리로 꾸며낸 것과 겁이 많아 적을 두려워한 죄 또한 응당 엄한 처벌을 받아야 할 것이라고 심하게 질책했다.

> 네가 보고한 것을 보면 수차례나 적군 1만여 명을 죽였다 하였는데 도대체 그곳이 어디인가? 네가 말하는 승리라는 것은 마음대로 과장하여 전공을 꾸며내는 녹영綠營의 악습에서 나온 것일 뿐이다.

건륭제는 양응거에게서 대학사와 운귀 총독의 관직을 박탈했다. 그리고 그를 수도로 압송해서 스스로 목숨을 끊게 하고, 그 죄를 천하에 알렸다. 양응거의 둘째 아들 보경지부寶慶知府 양중곡楊重谷도 직위를 삭탈하고 참수했으며, 제독 이시승과 총병 주륜, 유덕성, 오이등액 등도 사형에 처했다. 건륭제는 유지에서 앞으로도 미얀마와의 전쟁을 끝까지 수행할 것이라고 밝혔다.

> 만모와 신가 지역은 이미 투항을 받아들여 중국의 영토가 되었으니 그 두 지역의 백성들은 내지의 백성과 같아 마땅히 보호해 주어야 한다. 목방과 정흠整欠, 정매整賣 등지도 이미 복속되기를 원했고 청군의 보호를 청하였는데, 어찌 미얀마에게 돌려주어 굴욕을 당하게 할 수 있겠는가?

그리고 특별히 강조해서 다음과 같이 일렀다.

지금이 대청제국의 전성시기인 것을 생각해 보라. 어떤 일인들 이룰 수 없겠는가? 미얀마의 도적들이 내지를 침략하기에 이르렀으니 마땅히 그 간교한 무리들을 징벌함으로써 제국의 위세를 천명해야 할 것이다. 그러니 어찌 중도에 멈출 수 있겠는가? 우리 제국은 지금이 바로 전성시기이다. 보잘 것 없는 미얀마를 멸망시키는 것쯤은 아무 것도 아니다.

그래서 건륭 32년 3월에 명서明瑞를 운귀 총독으로 임명해 미얀마 정복의 총책임을 맡겼다.

명서는 만주 양황기鑲黃旗 출신에 성은 부찰富察씨이며, 대학사 부항傅恒의 친조카였고 그의 고모가 효현황후이다. 그는 재능이 출중하고 총명하면서 민첩했다. 그리고 용감하고 전투에 능해 중가르부와 회족을 평정하는 과정에서 전공을 세웠으며 이리장군을 역임했다. 명서는 운귀 총독을 제수받고 병부상서와 장군의 직을 겸했다.

건륭 32년 5월, 명서는 운남에 도착해 영창을 둘러보았고 여기에 순무 악녕이 함께 나섰다. 6월에 명서는 미얀마 정벌에 대한 새로운 전략을 세워 건륭제에게 제출했다.

영창, 등월, 순녕, 위원, 보이 등의 경계를 잇는 거리가 2천여 리에 달하고, 서쪽으로 7곳의 관문과 8곳의 요새가 있으나 만약 곳곳에 군대를 나누어 주둔시킨다면 2, 3만 군사로도 부족할 것입니다.

그래서 명서는 각 토사부 경내에서 지세가 험준하고 중요한 곳, 예를 들면 구룡구九龍口, 롱천隴川, 흑산문黑山門 등과 같은 곳에 병영을 설치하여 적의 공격을 방어하고, 여타의 작은 길은 군사를 보내 순찰을 돌게 하자는 제안을 했다. 이렇게 함으로써 군사력을 분산시키지 않고 그 힘을 더욱 강하게 하여 공격을 감행할 수 있다는 것이었다.

건륭제는 약간의 수정을 가한 것 외에는 기본적으로 명서가 제안한 전략에 동의를 표했다. 그리고 이번 출사의 목적과 요구사항을 분명하게 전했다.

> 이번에 출병한 우리 군대의 전력은 매우 강하여, 적을 격파하고 승리를 거두어 짐에게 승전보를 올릴 수 있을 만하다. 미얀마의 도적들이 우리 군사의 위세에 눌려 죄를 반성하고 패배를 인정하더라도 명서 등은 절대 과분한 자비를 베풀어 항복을 가벼이 받아들여서는 안 될 것이다. 이번에 저들의 소굴을 뒤집어 괴수를 죽이고 악한 무리를 섬멸하지 않는다면 국위를 떨칠 수 없게 되니 항복을 받는 것만으로 그쳐서는 절대로 안 된다. 만일 우리 군사가 아와阿瓦까지 이르러 성을 격파하면 곧 반역의 수괴를 참수하고 흉악한 무리들을 토벌하여 죄를 철저하게 응징할 수 있다. 그리고 그 지역을 적절하게 토사들에게 나누어 주어 남만南蠻을 영원히 굴복시키라.

유지에서 보는 바와 같이 건륭제는 명서가 이끄는 이번 출병에서 반드시 승리할 것이라는 확신을 가지고 있었다. 그러나 사태의 진전은 건륭제의 예상을 크게 빗나갔다.

청군은 군사를 둘로 나누어 출발했는데, 명서 자신은 1만 7천의 병사를 이끌고 완정宛頂에서 목방을 지나 석박錫箔을 공격하고, 참찬대신 액이경액額爾景額은 병사 9천을 통솔하여 호거관虎居關에서 노관둔老官屯을 거쳐 맹밀猛密을 공격한 후, 미얀마의 수도인 아와에서 합류하기로 했었다.

그러나 명서가 군사를 이끌고 출발했을 때 연일 큰 비가 쏟아져 산길이 질척거려 행군 속도가 느려지는 바람에 10월 10일이 되어서야 완정에 도착했다. 18일에 목방으로 진격해 나갔지만 적군은 이미 성을 버리고 떠난 뒤였다. 명서는 5천의 병사를 이곳에 주둔시키면서 참찬 주로눌珠魯訥에게 통솔을 맡기고, 자신은 군사 1만 2천을 이끌고 계속 진군했다.

11월, 부교浮橋를 만들어 대루강을 건너 석박에 이르렀더니 적군 1천 명이 대생교大生橋 남쪽 언덕을 지키고 있었다. 청군은 길을 돌아 강을 건넌 다음 적군을 궤멸시키고 5백여 명을 사살했다. 29일, 만결蠻結 부근에 이르렀을 때 돌연 미얀마 군사 수천 명이 밀림 속에서 뛰쳐나와 기습공격을 가해 왔지만 명서가 용감하게 잘 싸워 적군 2백여 명을 죽이자 적군은 퇴각했다. 명서가 산에 올라 만결의 형세를 관찰한 결과 적군의 수가 많고, 지세가 험하며 밀림 속에 16개의 성채를 설치해 두고 있음을 알아냈다. 또 군사들이 매복을 하고 있었으며 코끼리부대가 진을 치고 있는 상황도 어렴풋이 보였다. 그래서 그는 여러 장군들과 상의 끝에 선공중견先攻中堅의 계책을 택하기로 했다.

12월 2일, 영대대신領隊大臣 관음보觀音保는 군사를 이끌고 먼저 산의 왼쪽을 점거하고, 합국흥哈國興 등은 세 길로 나누어 산에 올라 아래로 급습해서 적의 진영까지 접근했다. 명서 등이 먼저 공격을 개시하자 병사들은 우선 칼로 코끼리들에 상처를 입혀 달아나게 한 다음, 미얀마 병사들과 맞서 용감하게 싸워 격퇴시켰다. 귀주병사 10여 명은 용감하게 대성채 안으로 뛰어 들어가 적을 궤멸시켰다. 연달아 세 곳의 참호를 함락시키고 이경二更까지 계속된 싸움으로 나머지 12개 성채에 있던 적군들이 어둠을 틈타 달아났지만, 만결에서 모두 섬멸시켰다. 이번 전투에서 물리친 미얀마 군사는 총 2천여 명이었으며, 명서는 전투 중 한 쪽 눈에 부상을 입고서도 끝까지 군을 지휘했다.

만결을 격파한 후 그는 작전 경과를 건륭제에게 보고했다. 건륭제는 매우 기뻐하며 명서의 충성된 성품과 뛰어난 능력 그리고 세심한 군영 업무처리를 칭찬했다. 또한 전투에서 스스로 위험을 무릅쓰고 적진으로 뛰어들어, 창으로 눈을 맞아 상처를 입고서도 끝까지 앞장서 군사들의 용기를 고무시켰음을 높이 평가했다. 건륭제는 명서에게 일등성가의용공一等誠嘉毅勇公의 직위를 내리고, 황대黃帶와 홍보석으로 만든 머리장식 그리고 네 마리 용을 수놓은 대례복을 하사했다. 또 원래 명서가 가지고 있던 공작의 작위를 그의 동생 규림奎林이 이어받을 수 있도록 했다. 그리고 크고 작은 공이 있는 다른 모든 사람들에게도 상을 내렸다.

청군이 만결에서 미얀마 군에게 큰 타격을 입히는 승리를 거두기는 했지만, 때마침 병사와 말들도 지치고 군량까지 떨어져 매우 어려운 상황에 처하게 되었다. 그래서 영대대신 찰랍풍아扎拉豊阿와 관음보는 명서에게 일단 목방으로 돌아가 군사를 재정비한 후 다시 진군하자고 제안했다. 그러나 명서는 이 말을 듣지 않고 군대를 이끌고 계속 전진해 나갔다. 아와에서 7십 리 밖에 떨어지지 않은 상공象孔에 다다랐을 때 길을 인도할 사람이 없어져 길까지 잃어버리고 군량도 바닥이 나는 최악의 상황을 맞이했다.

이때 명서는 아와를 공격하는 것이 무리라는 판단은 했지만 액이경액이 이끄는 청군이 맹밀을 거쳐 아와에 먼저 도착해 있을 경우, 자신이 후퇴해 버림으로써 혹시라도 고립무원의 지경에 몰리지 않을까 걱정이 되었다.

그런데 액이경액은 맹밀로 진군하면서 적에게 가로막혀 한 달이 넘게 버티다 병사하고, 그의 동생 액이등액額爾登額이 건륭제의 명을 받아 형의 역할을 대신하게 되었다. 액이등액은 전세가 불리하자 목방에서 그리 멀지 않은 한탑투塔으로 철수했다.

그러나 명서는 이런 사실을 전혀 모르고 있었다. 그는 맹롱에 가면 식량을 구할 수 있고 맹밀의 소식도 들을 수 있다는 말에 곧 맹롱으로 향했다. 맹롱에 가서 2만여 석의 식량은 구했으나 미얀마 군사가 뒤를 쫓고 있고, 맹밀의 소식도 알 수 없게 되자 결국 철군하기로 결정을 내렸다. 때마침 연말이어서 7일을 더 머물고 나서 대산을 경유해 목방으로 철수하기로 하고 행군을 시작했다.

이때 미얀마 군사들은 청군의 군량이 다 떨어져 간다는 소식을 듣고 청군을 추격해 왔다. 명서는 병사들을 지휘해 싸우며 퇴각하며 반복하면서 여러 장군들을 번갈아 교전하도록 하다보니 하루의 행군 거리가 3십여 리에 불과했다.

만화蠻化에 이르러 청군은 산 정상에 군영을 설치하고, 미얀마군은 산허리에 군영을 두었다. 명서는 적군이 자신을 너무 가벼이 여긴다는 생각에, 병사들에게 다음 날 북을 다섯 번 치고 평상시처럼 호각을 3번 불도록 명했다. 그리고 대규모 군사를 깊은 산골짜기에 매복시켜 두었다. 적군은 호각소리가 나자 청군이 퇴각하는 줄로 착각하고 앞 다투어 산을 오르다가 예상치 못했던 청군의 총포 습격을 받고 사면에서 압박을 당하면서 퇴각로조차 없어 죽어간 군사의 숫자가 약 4천 명이나 되었다.

이때 미얀마군은 명서 군사에 대한 추격을 멈추지 않으면서 또 한편으로 석박과 목방 등을 함락시켜 청군 참찬대신이 자결을 하고 수천의 녹기병綠旗兵은 죽거나 도망쳤다. 이렇게 되자 명서 군사와 내지 사이에 연락이 완전히 두절되어 버렸다.

명서가 고군분투하며 완정에서 2백 리 가량 떨어진 소맹육小猛育까지 후퇴했을 때 적군 4, 5만 명의 공격에 맞닥뜨리게 되었다. 청군은 하루 종일 죽을힘을 다해 적을 저지했다. 명서는 이번에야 말로 살아 돌아갈 방법이 없다는 사실을 잘 알고 있었으므로 여러 장군에게 병사들을 나누어 맡아 밤을 틈타 퇴각하도록 명했다. 그리고 자신과 관음보 등은 친병대위親兵待衛 수백 명을 이끌고 마지막까지 적을 방어하다 끝내 힘이 다하여 더 이상 버틸 수 없게 되었다. 관음보는 목에 화살을 맞고 죽었다. 명서는 몸에 여러 차례 부상을 입고 나서 머리카락을 잘라 부하에게 주어 보내고 적군의 손에 죽기 전에 스스로 목을 매어 자결했다.

처음에 건륭제는 명서가 승세를 몰아 적진 깊숙이 진격하는 것을 반기면서도 내심 걱정스럽기도 했다. 그래서 액이등액에게 즉각 노관둔을 포기하고 명서군의 행방을 탐색해 쫓아가 명서의 군사와 함께 적을 토벌하라는 엄명을 내렸다. 건륭제는 다시 유지를 내려 액이등액에게 몇 차례 경고를 주었다.

> 만일 계속 수수방관하며 명서의 대군을 구하지 않는다면 스스로 생각하기에 그 중죄를 감당할 수 있을 듯한가?

건륭제는 석박이 이미 미얀마군에게 점령당했으며, 그곳이 바로 명서와 조정 간에 보고와 조서가 오가던 곳이라는 사실을 알고 나서 다시 군기대신들에게 유지를 내려 현재 가장 중요한 일은 한시 바삐 명서의 소식을 알아내는 일이라고 강조했다. 나중에 운남 순무 악녕으로부터 명서가 군을 이끌고 맹밀로 향하고 있다는 보고를 접하자 건륭제는 크게 걱정했다. 그는 군기대신들에게 "명서의 군대가 위험하게도 더욱 깊숙이 진격하고 있으니, 그들을 찾아 군사를 합치는 것이 가장 긴요한 일이다."라고 하였다. 또한 명서에게 군사를 정비하여 퇴각하라는 뜻의 유지를 내렸다. 그러나 모든 것이 이미 때늦은 일이었다. 건륭제는 명서의 죽음이 자신이 적을 과소평가하고 무리하게 진격하도록 한 것과 무관하지 않다고 생각했다.

> 만일 액이경액이 병사했을 때 바로 아리곤阿里袞에 명하여 군대를 그대로 전진하게 했더라면 아와를 함락시키지는 못했더라도 명서를 도울 수는 있었을 것이다. 또한 목방은 이미 얻은 성이었는데 다시 돌아가 빼앗을 필요가 있었는가?

건륭제는 미얀마의 역량을 과소평가했던 잘못을 스스로 인정했다. 그럼에도 여전히 그는 미얀마 정벌전쟁을 끝까지 수행해야 한다는 마음에는 변함이 없었다.

건륭 33년 2월 28일, 건륭제는 유지를 반포해 대학사이며 일등충용공인 부항을 경략經略으로 삼고, 호부상서에 협판대학사이자 일등과의공인 아리곤과 병부상서이자 이리장군인 아계를 부장군으로, 형부상서이며 섬감 총독 서리를 맡고 있던 서혁덕을 참찬대신으로 그리고 순무 악녕을 운귀 총독으로 임명하여 계속해서 미얀마 정벌사업을 추진하도록 했다. 4월 19일에 서혁덕과 악녕의 이름이 나란히 적힌 상주문이 건륭제에게 올라왔다.

운남성은 산이 많고 길이 멀어 모든 준비가 매우 어렵습니다. 만병 1천 명이 출병하자면 기마騎馬 2천 필, 짐을 싣는 타마馱馬 3백 필, 군량과 조달품을 나르는 수마需馬 1천 5백 필이 소요됩니다. 따라서 만병 1만 명이 출병할 경우에는 모두 3만 8천 필의 말이 필요하게 됩니다. 그리고 녹기병 1만 명이 출병할 경우 기마 3천 필, 타마 3천 필, 수마 1만 3천 필이 각각 소요되어 모두 1만 9천 필의 말이 필요합니다. 그래서 만일 녹기병 3만 명이 출병한다면 곧 5만 7천 필의 말을 필요로 합니다. 이외에 관원도 말을 타야하고, 역참에도 말을 상주시켜 수시로 써야 하며, 계속적으로 식량을 운송해야 하니 또 수만 필의 말이 필요합니다. 말을 구하는 문제 외에도 양초를 구하는 것 또한 어렵습니다. 병사가 4만 명이라면 하루에 쌀 4백 석이 필요하고, 말이 10만 필이면 하루에 쌀 1천 석이 필요해서 10개월 동안 용병을 한다고 계산했을 때 42만 석의 쌀이 소요되고, 운송을 하는 데도 1백여만 명의 노동자를 부역으로 동원해야 합니다.

서혁덕과 악녕 두 사람은 미얀마 사람들은 산을 마치 평지와 같이 오르는데 반해 청나라 군사는 힘이 들지 않을 수 없고, 더구나 미얀마로 1, 2천 리나 멀리 들어가게 되면 군량 보급을 계속하기 어려워 승산이 없다고 보았다. 그리고 상주문의 마지막 부분에서는 미얀마의 도적들이 비록 누차 대항해 왔지만 모두 죽음을 자초한 것이었으며, 감히 내지를 침범한 적은 없었으니 반드시 천조天朝의 속국이 되고자 하는 마음이 있을 것이므로 그들이 투항하도록 하는 방법을 강구해야 할 것이라고 제안했다.

건륭제는 그들의 상주문을 다 읽은 후에 몹시 격분하여 서혁덕과 악녕 두 사람이 제시한 견해야말로 지극히 수치스러운 것이며 비열하고 가소롭기가 그지없다고 비판했다. 결국 건륭제는 서혁덕으로부터 상서와 참찬대신의 직위를 박탈하여 그를 우스로 보내 판사대신에 임하고, 악녕은 복건 순무로 강등시켜 버렸다.

과연 미얀마가 화의를 청하는 문서가 건륭제에게 전해졌다. 미얀마의 왕은 화의를 청하면서 다음과 같이 말했다.

> 과거 오상현吳尙賢이 아와에 와서 존경하는 대황제의 인자하심과 선하심을 전해 주어, 이 미얀마의 왕은 공물을 마련해 바쳤고 또 황제께서는 면과 옥기를 저에게 내리셨습니다. 그리고 이때부터 상인과 여행자들이 서로 통할 수 있게 되었으니 처음에는 두 나라 사이에 아무런 원한이 없었습니다. 근래에 목방과 만모의 토사들이 중간에서 선동을 한 탓에 군사를 일으켜 전쟁을 하게 되어 피차 인마의 손실을 초래한 것입니다. 오늘 특별히 서신을 올려 전말을 밝혀 서술하오니, 청컨대 다시 옛날로 돌아가 공사貢賜(공물과 하사품)를 왕래하며 영원히 창과 방패를 쉬게 하는 것이 어떻겠습니까?

미얀마 왕의 화의 청원에 대해 건륭제는 "극히 간교하며 믿기 어렵다.", "나의 의중을 떠보고자 함이다."라고 하면서 제의를 거절했다. 그리고 병사와 말을 대규모로 파견하고, 식량과 무기를 급히 보내 대대적으로 미얀마를 침공할 준비를 했다.

건륭 34년 2월 18일, 웅장한 출정식이 거행되었다. 건륭제는 어용 갑옷과 투구를 부항에게 하사했다. 부항은 2월 21일에 북경을 떠나 3월 24일 운남 성도에 도착했다. 4월이 되자, 부항은 많은 참모들의 의견을 무시하고 출병을 7월로 앞당기기로 결정하면서 구체적인 진군 계획을 세웠는데 그 내용은 다음과 같았다.

> 한 길은 부항이 통솔하여 하서河西에서 출발하여 맹공猛拱, 맹양猛養을 거쳐 목소木梳를 얻고 아와까지 돌진한다. 또 한 길은 아계가 인솔하여 강동江東에서 출발하여 맹밀을 거쳐 남행하여 주력군을 돕는 예비부대가 된다. 나머지 한 길은 아리곤이 복건 수군을 인솔하여 강물을 따라 아래로 나아가 아군과 합동작전을 편다.

7월 20일에 부항이 등월을 출발해 군사를 이끌고 강을 건너 서쪽으로 행군하니 맹공과 맹양이 코끼리와 소, 양식을 바치며 복속해 왔다. 미얀마는 그때 마침 추수기였기 때문에 부항의 군대는 2천 리를 행군하면서도 군사들이 굶주리지 않았다. 그러나 행군 중에 비가 너무 많이 온 탓에 길이 미끄러워 짐을 운반하던 타마들이 넘어져 죽기도 하고 병사들의 침식 또한 쉽지가 않았다. 더구나 폭염으로 인해 병에 걸린 병사들도 많았다. 부항은 원래 목소를 얻고 아와를 공격하려 했던 당초 계획을 바꾸어 병사들을 수습하여 회군하기로 했다.

10월, 부항이 아계 군사와 더불어 이라와디강을 떠날 준비를 할 때, 미얀마군은 이들을 공격하기 위해 벌써 병선兵船을 강 입구에 열을 지어 배치해 두고, 강의 양쪽 기슭에 군사들을 나누어 전투태세를 갖추고 있었다. 그러자 합국흥은 수군을 이끌고, 아리곤과 아계는 육군을 둘로 나누어 미얀마 군이 포진해 있는 양 기슭으로 각각 진격했다. 아계가 동쪽 강가에 있던 적에게 다가가 화살과 총탄으로 공격을 시작하고 곧 이어 기마부대가 좌우에서 공격에 가세해 적군을 궤멸시켰다. 합국흥 등은 바람을 이용해 병선을 이끌고 미얀마 수군을 대파했으며, 적군의 병선과 충돌하여 수천 명을 익사시켰다. 아리곤도 서쪽 강가에서 미얀마 군의 요새를 연이어 격파해 적군을 모두 도망치게 만들었다. 이로써 청군의 세 부대 모두가 큰 승리를 거두었다.

건륭제는 부항의 상주문 하나하나에 대해 모두 의견을 제시하여 미얀마전에 대한 각별한 관심을 나타냈다. 그리고 아직은 날씨가 더워 전염병에 걸리지 않도록 각별히 유의해야 하며, 앞으로 진군하면서 전염병이 나도는 지역을 만나면 반드시 고지로 올라가 피할 방법을 강구하고, 고집스럽게 진군을 계속하지 말라고 당부했다.

또 부항이 겨우 4천여 명의 병사를 이끌고 정벌을 나간다는 소식을 듣고는 즉각 유지를 내려 "부항은 천조天朝의 경략대신이다. 병사를 이끌고 출병할 때는 군의 기세가 반드시 당당해야만 변방의 오랑캐들에게 더욱 위협을 가할 수 있으며, 그렇지 않으면 체통을 잃고 그 위세를 높일 수가 없다."라고 말했다. 그래서 운귀 총독 명덕明德에게 속히 군사를 파견해 부항이 직접 이끌고 나갈 주력군의 숫자가 9천 3백 명은 되도록 하라고 엄명을 내렸다.

아리곤의 상처가 아직 아물지 않고 체력이 약해져 말을 탈 수 없게 되자, 건륭제는 아리곤에게 야우패野牛壩에서 조선造船업무와 군량보급 업무를 감독하도록 하면서, 나중에 부항이 노관둔을 함락시키게 되면 아리곤에게 그곳으로 옮겨가 성을 지키도록 명했다. 그 후 아계 역시 병선 제작을 감독하기 위해 야우패로 향했다는 소식을 들은 건륭제는 아리곤과 아계의 사이가 좋지 않아 군무에 영향을 미칠까 염려해 특별히 유지를 내렸다.

아리곤은 계속 병을 앓고 있고, 성격이 소박하고 성실하지만 사건을 파악하는 것이 다소 느리다. 반면에 아계는 세심하고 민첩하니 두 사람이 함께 일을 하면서 올리는 상주문에 비록 아계의 이름이 밑에 있다 하더라도 각자 의견을 내어 결정된 모든 사건은 그 책임이 아계에게 있다. 각자가 성실하게 의견을 나누고, 합의하여 사건을 처리하되 만약 마음을 다하지 않아 군무에 오점을 남긴다면 반드시 아계의 죄를 중히 다스릴 것이며 여기에는 조금의 관대함도 없을 것이다.

또한 군기대신들에게도 유지를 내려 부항과 아계가 만모에서 합류하여 아와를 함락시킬 수 있다면 좋겠지만 현실을 고려할 때 함락이 쉽지는 않을 것이니, 그럴 경우 노관둔을 굳게 지켜 군수물자를 비축해 두었다가 내년에 일거에 토벌하는 편이 나을 것이라고 지적했다. 다시 말해 만일 진격이 순조롭다면 바로 아와까지 돌격하여 단번에 함락시키되 여의치 않을 경우에는 노관둔을 먼저 점령한 후 내년에 다시 아와로 진군해야 한다는 것이었다. 그러나 건륭제가 바라던 대로 이루어지지 않았다.

노관둔은 뒤가 가파른 산이고 앞은 강에 인접해 있으면서, 성벽 또한 매우 견고해 청군이 열흘을 넘게 공격을 했지만 아무런 진전이 없었다. 대포로 공격하고 화약을 폭발시켜도 소용이 없었다. 등나무로 갈고리를 만들어 던져도 적군이 모두 끊어 버렸다. 또 성벽에 수문이 있어서 배가 드나들 수 있었기 때문에 양식과 무기가 끊이지 않고 적군에게 보급될 수 있었다.

그래서 아계가 전함 50척으로 그 뱃길을 막아 버렸다. 그제야 적군이 두려워하여 사신을 보내 화의를 청해 왔다. 당시 청군은 그곳 풍토에 적응을 하지 못해 병에 걸린 환자들이 너무 많았고, 전투에서 발생한 사상자도 4만여 명이나 되어 남은 병사라고는 고작 1만 3천 명에 불과했다. 아리곤은 11월에 병사했으며 부항 또한 몸져누워 일어나지 못했다. 상황이 이렇게 되자 부항은 하는 수 없이 미얀마와의 화의에 동의하고, 이 사실을 황제에게 보고했다.

부항이 올린 상주문을 다 읽고 난 건륭제는, 아리곤의 병사를 비롯한 미얀마 정황을 파악하게 되자 유지를 내렸다.

> 현재의 정세를 보니 도적은 목조 성벽까지 새로 쌓아 더욱 견고하고 강력해졌다. 만일 이 유지가 도착했을 때 이미 노관둔을 격파하였다면 반드시 적은 황망히 도주했을 것이며, 승세를 몰아 모두 소탕할 수 있을 것이다. 그렇지만 이 유지가 도착하는 날까지 도적들이 전력을 다해 항거하여 한 달여가 되도록 노관둔을 함락시키지 못하고 있다면, 필승을 기약하기 어려운 전세인데 어떻게 아와까지 돌격하겠는가? 더구나 앞길에는 전염병까지 극성이니 우리 군사가 더 버티기 어려울 것이다. 마땅히 안전하게 주둔할 곳을 찾아야 한다. 사신을 보내 미얀마의 도적에게 귀순을 권유하거나 혹은 이만하면 대승을 얻었으니 명을 받들어 철수하도록 하라. 널리 선포하니 회군을 준비하여도 좋다.

마침내 이 시점에 이르러서야 건륭제가 회군을 허락했다.

건륭 34년 11월에 도통 명량, 제독 합국흥, 시위 해란찰 등은 미얀마 측의 사신과 협상해 화의와 정전을 결정했다. 화의의 내용은 다음과 같았다.

> 미얀마는 청조의 신하국이 되어 조공을 바치고 포로를 돌려보내며, 점령한 토사부의 영토를 반환한다. 청조는 목방, 만막, 맹공, 맹양

등 토사부의 사람들을 미얀마에 돌려준다.

화의가 이루어지자 아계가 부상병들을 이끌고 먼저 철수하고, 뒤이어 부항이 3천 군사와 함께 철수했다. 이들이 호거관으로 돌아온 것은 같은 달 26일이었다.

부항은 건륭 35년 3월 천진행궁에서 황제를 알현한 후, 병세가 호전되지 않아 7월 13일에 세상을 떠났으니, 그때 그의 나이는 50세를 채우지 못했다. 네 차례에 걸친 건륭제의 미얀마 정벌전쟁에서 청군은 수많은 병사와 장군을 잃었다. 그중에서 운귀 총독 유조와 양응거, 장군 명서는 전투에서의 패배로 자살했으며, 총병 왕옥정, 색주, 호대유, 이전, 덕복과 유격대장 반제, 마성룡, 동해 그리고 영대대신 관음보, 찰랍풍아 등은 전쟁 중에 목숨을 잃었다. 또 총병 관서민, 국주, 오사승, 좌수와 제독 달계, 이훈, 본진충, 엽상덕, 입주, 시위 부령안, 참찬대신 액이경액, 부도통 면강, 이주, 부도어사 부현, 호군통령 오삼태, 산질대신 갈포서, 부장군 아리곤, 경략 부항 등은 전염병에 감염되어 죽었다.

오르막에서는 나귀에서 내려 걸어라
順坡下驢, 見好就收

건륭제는 당시 속국이었던 베트남에서 내란이 일어났을 때도 진압을 돕기 위해 군대를 파병했다. 미얀마를 정벌할 때와 크게 다르지 않아서 청군은 또다시 대패하여 회군해야 했고, 여성黎城을 지켜내지 못했다.

그러나 이번에는 결과만 보면 지난번보다는 확실히 나았다. 그것은 건륭제가 미얀마 전투를 교훈 삼아 어려움에 처했을 때는 적절한 시기를 택해 전투를 멈추고, 대신에 뛰어난 외교술을 활용했기 때문이었다. 베트남의 권력자 완광평阮光平의 마음을 움직여 설득함으로써, 그로 하여금 공손하고도 간절하게 투항을 요청하고 조공의 윤허를 청해 오도록 만들었다. 건륭제도 바로 조공을 윤허하여 이때부터 중국과 베트남은 평화로운 관계가 되었다. 승리해도 영웅이요, 패해도 영웅인 대국 군주의 위용을 과시하면서 패배를 승리로 전환시키는 그의 뛰어난 흑백의 도를 유감

없이 발휘했다.

건륭 53년에 완씨가 베트남 반란을 일으켜 여성을 손에 넣자, 당시 국왕이었던 여유기黎維祁는 궁을 빠져나와 피신했다.

명 초 이래 여씨가 대를 물려가며 베트남 왕조를 지켜오면서 정기적으로 명조 황제에게 조공을 바쳐왔다. 그런데 권신인 완씨와 정씨 두 가문 사이에 있었던 구원仇怨 때문에 분쟁이 그치지 않았다.

건륭 51년 정검鄭檢이 세상을 떠나자, 완광평은 때를 놓치지 않고 군대를 일으켜 동경東京 여성을 공격해 정검의 아들 정종鄭宗을 살해하면서 완씨 일파가 군정軍政의 대권을 차지하게 되었다.

건륭 52년에 베트남의 국왕이 죽자 여유기가 왕위를 물려받았다. 원래 정검의 부하였던 공정貢整은 국왕을 보호하고 완씨 일파에게 대항하고자 했으나, 이를 눈치 챈 완광평이 먼저 대장군 완임阮任을 수만 군사와 함께 출병시켜 여성을 함락해 버렸다. 여성이 함락되고 공정도 전사하자, 여유기는 민간으로 피신했다.

완임이 동경을 점령하면서 스스로 왕이 되고자 하는 야심을 드러내자, 완광평은 53년 여름에 재차 동경에 군사를 보내 완임을 주살했다. 그리고 완광평은 여유기를 사로잡을 생각으로 그를 복위시키겠다는 뜻을 거짓으로 밝혔다. 그렇지만 여유기 또한 그의 진의를 헤아릴 수 없는데 어찌 산에서 나올 수 있었겠는가? 완광평은 격노하여 왕궁을 짓밟고 궁궐 안의 보물을 전부 가지고 부춘富春으로 돌아가면서 병사 3천을 남겨 동경에 주둔시켰다.

건륭제는 베트남에 대란이 일어난 사실을 알게 된 후부터 줄곧 "무너진 나라를 일으켜 세워야 한다.", "완씨 일파를 축출하여 베트남의 왕권을 회복시켜야 한다."라고 강조했다. 그러나 단지 총독 명의로 완씨를 규탄하는 격문을 발표한 것뿐이었고, 군사를 출정시키겠다고는 했지만 아직은 교전을 위해 진정으로 국경 밖으로 파병할 뜻은 없었으므로 변경에

다 수천의 관병을 주둔시켜 놓았을 따름이었다. 그러다 8월 말이 되자 베트남에 대한 건륭제의 태도에 커다란 변화가 생겼다.

건륭제는 완광평과 완악玩岳 형제가 양광 총독 손사의孫士毅의 격문을 접한 후로 두려움을 느끼고 있음을 간파했다. 그리고 완광평의 심복인 반계덕潘啓德이 격문을 보자마자 역적의 무리를 떠나 청조로 항복을 해오자 출병만 하면 쉽게 성공할 수 있을 것이라 판단했다. 그래서 건륭제는 정식으로 베트남에 출병시킬 것을 결심하고 유지를 내렸다.

청군이 베트남의 태덕왕泰德王 완광평을 공격하는 전투는 매우 빠르게 그 서막을 열었다. 건륭제는 손사의의 청원을 받아들여 그가 1만 대병을 주력군으로 삼아 파병에 나서도록 비준했으며, 운귀 총독 부강富綱에게 명해 병사 8천을 선발해서 운남 제독 오대경烏大徑의 통솔을 받도록 했다. 대군은 운남에서 출발하여 베트남의 선광宣光과 홍화興化 등지를 공격해 나가기로 했다.

공격 전략이 세워지자 바로 출정이 이루어졌다. 양광 총독은 신속하게 군사를 파견하고 군량과 군비를 준비했다. 건륭제는 그해 베트남에 대흉년이 들었다는 사실을 전해 듣고 군량을 내지로부터 조달하도록 유지를 내리고, 운남과 광서의 양로에 모두 70여 곳의 역참을 설치하여 군량의 공급에 차질이 없도록 했다.

또 건륭제는 부량강 주변의 지세가 험해 완관평이 분명 경계를 더욱 삼엄하게 하고 있을 것이고. 그럴 경우 관군이 강을 건너기가 쉽지 않을 것이라 생각했다. 그렇지만 강이 길어서 적군이 모든 곳을 방어하기도 어려울 터였으므로 그는 손사의에게 지시하기를, 병사들로 하여금 공격을 가장해 적군의 시선을 끌면서 그 사이 허세형許世亨이 다른 한편에서 상류나 하류를 건너도록 했다. 제대로 대비하지 못한 곳만 확실하게 공격 한다면 적군은 반드시 흩어져 궤멸될 것이라 여겼다.

손사의가 황제의 지시대로 적을 속여 몰래 강을 건너는 투도지계偸渡之

計를 폈더니 과연 효과가 있었다. 주력부대가 많은 대포를 배치하고 강 건너 적군을 향해 공격을 감행하면서 강을 반드시 건너고야 말겠다는 의지로 싸우는 척하는 사이, 총병 장조룡張朝龍은 2천 정예병을 이끌고 상류로 2십 리쯤 올라가 물살이 느린 곳을 골라 은밀하게 대나무 뗏목으로 강을 건너는데 성공하고, 강가에 다다라 그곳에 주둔해 있던 완의 병사들을 물리쳤다. 그리고 바로 상류 쪽에서 내려와 적군의 배후를 포위하며 공격을 감행하자 그 공격의 함성이 온 산골짜기를 진동시켰다. 적군은 앞뒤로 협공을 받는 형세가 되고, 뒤편의 청군이 도대체 어디에서 왔는지 몰라 일시에 진용이 혼란스러워지면서 곧 와해되어 북쪽으로 흩어졌으며, 사상자가 수천 명이나 되었다.

건륭제는 손사의가 이루어 낸 승리에 매우 흡족해 하며, 공을 세운 신하들에게 곧바로 상을 하사했다. 손사의에게는 옥여의玉如意 한 개와 어용한 옥깍지 한 개, 그리고 세 쌍의 쌈지를 내렸다. 그리고 허세형에게는 어용 옥깍지 한 개와 세 쌍의 쌈지를, 장조룡과 이화룡李化龍, 상유계尙維繼에게는 각각 한 쌍의 쌈지를 내렸다. 기타 공이 있는 다른 장군과 하급 무관들에게도 개별적으로 상이 주어졌다. 건륭제는 자신이 베푸는 조그만 은혜들의 효과에 대해 잘 알고 있었다. 그래서 부하들에게 공이 있으면 이렇게 그때그때 상을 내려 격려하고 칭찬함으로써, 사기를 진작시키고 의욕을 고취시켰다. 이것이 바로 그의 인간관계의 지혜였다.

며칠 후 전방에서 손사의가 완군을 대파하고 동경 여성을 함락시켰다는 소식이 전해지자 건륭제는 손사의를 일등모용공에 봉하고 홍보석이 박힌 관모를 하사했으며, 만약 완광평을 체포해 오면 다시 유지를 내려 특별한 총애를 내릴 것이라 했다.

온 조정이 기뻐하며 고무되어 있을 때 베트남의 형세가 급변했다. 청군이 돌연 대패하면서 여성을 지킬 수 없게 되었다. 원래 손사의는 지난번 상주에서 "완씨가 질겁하여 도망을 갔다."라고 했다. 그러나 그것은 완광평이 일부러 후퇴했다가 때를 기다려 다시 진격하기 위한 것이었는데도 손사의는 자신이 그들을 격퇴시켰다고 오해를 하고 있었던 것이다. 실제로 완군은 병력에 큰 손실을 입지도 않았다.

  팔순이 다 된 건륭제는 이 중요한 순간에 매우 정확하고 고명한 견해를 내놓았다. 그는 손사의가 진격해서 완광평의 무리를 생포하는 것이 상책이고, 그렇지 못하다면 여성만이라도 수복하는 것이 중책이며 이마저도 여의치 않으면 회군하여 광서로 돌아와야 할 것이라고 했다. 그곳의 자연환경에 적응하지 못하는 등 객관적으로 열악한 조건을 고려하는 한편, 나아갈 때와 물러설 때를 알아 위험한 지경에 빠지는 것을 사전에 방지하고자 함이었다. 또 그 역시 여유기의 부패와 무능을 예견했기에 청 정부에서 무조건 여유기만 편들어 인력과 재정을 무작정 낭비할 필요는 없다고 판단했다.

  철수를 명한 건륭제의 지시는 시기적절한 것이었다. 만일 손사의가 건륭제의 유지를 그대로 받들었더라면 베트남의 형세는 분명 호전되었을 것이고, 청군도 참패를 면할 수 있었을 것이다. 그러나 안타깝게도 손사의는 그만 공에 눈이 멀어 무모하게 돌진하는, 흔히 전장에서 장수들이 저지르기 쉬운 그런 어리석음을 범했다. 그는 완씨 형제를 생포하여 더 큰 공을 세우고 싶은 마음에 황제의 지시를 어기면서 철수를 미루었다.

  건륭 54년 정월 초 심야에 완군이 청군진지의 측면을 기습해 왔는데, 청군은 방어태세를 전혀 갖추지 못하고 있었다. 손사의가 군영에서 마음 놓고 음주를 즐기고 있을 때 갑자기 병사 하나가 달려와 완군이 쳐들어왔다는 보고를 전했다. 깜짝 놀란 손사의가 재빨리 적에 대응했지만, 완군의 숫자가 수만에 이르고 그 기세 또한 마치 파도가 몰려오듯 맹렬해서 청군으로서는 역부족이었고, 칠흑 같은 어둠 속에서 아군끼리 서로 공격하는 일까지 있었다. 손사의는 황망히 후퇴하여 부량강을 건넜는데, 적군의 추격을 막기 위해 다리를 끊어버렸다.

안타깝게도 이 때문에 남쪽 강가에 남아 있던 제독 허세형과 총병 장조룡 등 장병 1만 여 명은 강을 건너지 못하고 완군에게 궤멸을 당해 단 한 명도 살아남지 못했다. 손사의가 목숨을 걸고 진남관으로 도피한 후 여유기는 그 모친을 모시고 앞서 도망갔고, 운남의 병사는 여유기의 신하인 황문통黃文通을 길잡이로 삼아 가까스로 운남으로 돌아올 수 있었다.

이렇게 베트남의 대규모 전투는 손사의가 공을 탐하고 적을 얕보는 바람에 청군의 참패로 끝이 났고, 건륭제는 몹시 난처한 상황에 처하게 되었다. 그렇다고 건륭제도 달리 뾰족한 수가 없어서 다만 손사의의 과실을 질책하여 그를 삭탈관직하고 하사했던 홍보석 관모를 회수했을 뿐이었다.

그 후 건륭제는 베트남의 형세를 전면적으로 분석하고 역사의 교훈들을 바탕으로 냉정하게 판단한 끝에, 이 시점에서 정벌을 멈추는 것이 대국적 견지에서 옳다는 결론을 내렸다. 베트남 정벌의 중단은 당시 상황으로 미루어 볼 때 올바른 판단이었지만, 천하를 호령하는 대청제국의 황제로서 국가의 위신과 황제의 체면에 흠집을 낼 것을 알고도 이런 말을 꺼낸다는 것은 쉬운 일이 아니었다.

위풍당당했던 천조天朝의 대군이 뜻밖에도 변방의 오랑캐 한 명의 손에 무너져, 제독과 총병대장이 모두 전사하고 총독은 줄행랑을 놓았으니 더 이상 이와 같은 치욕이 없었다. 건륭제 또한 울분을 삼킬 뿐 아무 말도 하지 못하는 '유약한 군주'가 되어버린 듯 했다.

이런 상황에서 어떻게 하면 대청국 황제의 체면을 살리면서 당당하게 이 전투를 마무리할 수 있을 것인가?

건륭제는 과연 현명한 황제였기에, 칙유勅諭 하나로 자신의 난처한 상황을 벗어나면서 동시에 적의 기를 꺾는 효과도 거두었다. 이렇게 절묘한 칙서를 생각해 낸 것은 투항해야겠다고 마음이 흔들리던 완광평의 심리를 꿰뚫어 보았기 때문이었다. 건륭 54년 5월 3일에 건륭제는 완광평에게 다음과 같은 칙서를 보냈다.

> 베트남의 완광평에게 칙유로써 알린다. 협판대학사이며 양광 총독인 일등가용공 복강안福康安이 짐에게 상주를 올려, 그대의 조카인 완광현玩光顯이 서신과 공물을 가지고 관문에 와서 항복할 뜻을 드러냈다고 하여 그 서신을 살펴보았다. 서신의 내용을 정리해 보면 다음과 같았다. 그대가 먼저 광남廣南에 있을 때는 본디 여씨와 상하군신의 관계가 아니었다. 지난해에 사람을 관문으로 보내 여씨와 전투를 일으키게 된 연유를 상세히 설명하고자 했으나 관병이 이를 무시하여 서찰이 전달되지 않았다. 그 후 관군이 출병하여 정벌을 시작해 여성에 이르렀으며, 그대는 마침 금년 정월이 되기 전 여유기에게 대병을 청한 이유를 따지고자 여성으로 갔다. 그런데 관군이 그대의 군사들을 보자마자 뜻밖에 공격을 해서 살육을 하는 상황이 되자, 그대의 수하들은 속수무책이 되어 강의 다리를 끊으면서 관병에게 피해를 입힐 수밖에 없었다. 이에 그대는 두려움을 이기지 못해 벌써 누차 사람을 관문에 보내 사죄하고 포로로 잡혔던 관병들도 돌려보냈으며, 제독 허세형을 죽인 자에게도 이미 법에 따라 처벌을 내렸다. 마땅히 그대가 청의 조정을 찾아와 사죄를 청해야 옳겠지만, 집권 초기에 전쟁을 만나 백성들이 매우 두렵고 당혹해 하는 등 아직 안정이 되지 않아 친조카 완광현을 대신 보내 이 서신을 전한 것이다. 그리고 완광현은 국내가 안정되면 그대가 친히 북경에 와 알현할 것이라고 전했다.

이상의 칙서 전반부에서 건륭제는 우선 완씨의 성의를 긍정적으로 평가하고 제안을 수용할 것을 시사하면서, 완씨가 설명한 사건의 경유에 대해 이해할 수 있음을 드러냈다. 그리고 화제를 바꾸어 건륭제는 청군을 파병한 이유를 다음과 같이 설명했다.

> 여씨는 신하로서 청나라를 섬겨 왔는데, 그대가 여씨 왕조를 멸하였으므로 파병을 하지 않을 수 없었다. 그러나 하늘이 또한 여씨를 멸하였으므로 손사의에게 철수를 명하였다. 그대가 베트남의 수령으로 감히 관군에게 대항하였으니 그 죄가 더없이 무거워 복강안을 양광 총독으로 삼아 대군을 모으고 군사를 정비하여 그대의 죄를 물을 생각이었다. 그러나 그대가 누차 사람을 보내 사죄하고 천조天祖를 경외한다는 것을 보여 주니, 짐은 진심으로 회개하는 것을 연민하여 더 이상 지나간 일은 추궁하지 않겠다.

두 번째 부분의 대의는 이러하다. '나의 신하였던 여씨 왕조가 그대에게 멸망했으니 나는 당연히 군대를 파병해야만 했다. 그러나 여씨의 존망은 하늘의 뜻에 달린 것이라고 여겨 손사의에게 철군을 명한 바 있다. 그런데도 그대는 일개 베트남 수령의 몸으로 감히 관병에 대항하고 우리 장군과 병사들을 죽였으니 그 죄가 몹시 무겁다. 그래서 나는 그대를 징벌하기 위해 전술에 능한 이를 양광 총독으로 임명했다. 그러나 그대가 벌써 스스로의 죄를 뉘우치고 있으므로, 이를 가엾게 여겨 이전의 죄를 다시 묻지 않겠다.'

한 바탕 꾸짖고 이해利害를 밝힌 후, 건륭제는 다시 붓끝을 돌려 마치 어른이 아이를 훈계하듯 완씨에게 일렀다.

> 그대는 친히 조정에 나와 사죄하고 은혜를 구하지 않고, 조카인 완광현을 대신 보내 표문表文을 올리도록 하였으니 표문을 올리는 법도를 어겼으며, 이러한 방법으로 봉호를 청하는 것 또한 잘못이다. 천조에는 지금까지 이와 같은 선례가 없었다. 만일 그대가 성의를

담아 재물을 바치고 싶다면 건륭 55년 8월 짐의 팔순 연회에 참석하라. 그때는 지금부터 아직 1년여가 남아 있어 베트남의 내정도 안정을 찾을 수 있을 터이니, 독신督臣에게 보고한 후 몸소 북경에 와서 짐의 은혜를 구하는 것이 가능할 것이다. 또한 그곳에 허세형 등을 위하여 사당을 짓고 봄, 가을로 제사를 드리라. 그래야만 지난 죄과를 조금이라도 덜 수 있을 것이다. 짐은 지금 청조에 대한 그대의 외경심을 보고, 특별한 은혜를 더하여 왕의 작위를 내려 베트남을 자자손손 오래 지켜 나가도록 할 것이다. 그대가 조공을 바치면 곧 큰 상을 내리고 특별한 보살핌을 받을 것이다. 그대에게 진주 팔찌 하나를 내리니 그대는 은명恩命을 받들어 내년 6, 7월 안에 북경으로 입성하여 친히 그대의 청을 간곡히 구하고, 은혜를 영원히 이어 받을 수 있도록 하라.

이 칙서에서 돋보이는 절묘함은 아래의 몇 가지로 설명된다.

첫째, 건륭제는 유지에서 완광평의 표문을 들어 철저하게 분석하고 완벽한 논리를 전개했다. 간략한 말에 깊은 뜻을 담아 단어 사용에 신중하고, 감칠맛 나게 서술함으로써 자구와 행간에 진지한 감정이 배어 나왔다. 그리고 태연하게 서술해 나가는 중에 완광평은 마치 결백하고 흠이 없으며 천조에 충성을 다하다 억울함을 당한 고분고분한 사람이 되었고, 건륭제도 그를 인정한다는 암시를 주었다.

사실 완광평이 올린 표문 안에는 진실과 거짓이 섞여 있었지만, 건륭제는 한쪽 눈은 감고 한쪽 눈만을 뜬 채 넘어가 주었다. 이것은 바둑판에서의 묘수처럼 매우 효과적이었다. 건륭제는 완씨가 허세형 등의 장수를 죽인 자를 벌써 처벌했다는 말은 그가 꾸며 둘러댄 말에 지나지 않음을 알았으며, 그가 이 사건의 조사를 위해 3천 리나 떨어진 부춘으로 사람을 파견했다는 것도 거짓임을 알고 있었다. 완광평은 자신이 여씨와 군신상하의 관계가 아니었다 하고, 정월에 군사를 일으킨 것도 여유기의 뜻하지 않은 공격에 맞서기 위해서였다고 주장했지만, 사실에도 맞지 않는 이 주장들 역시 궤변에 지나지 않는다는 것을 모를 건륭제가 아니었다.

그러나 건륭제가 굳이 완씨의 표문을 반복해서 서술한 것은 일종의 신임하는 분위기를 만들어, 황제가 자신을 믿고 존중하며 칭찬한다는 것을 상대가 느끼도록 하기 위함이었다. 이는 양측 사이의 팽팽한 긴장감을 무너뜨리는 데 중요한 역할을 했다.

둘째, 건륭제는 적을 대할 때 절대 원칙 없이 양보하지 않았다. 그는 상대를 치켜 세워준 후에 바로 이어서 은혜와 위엄을 병용해 완광평의 잘못을 열거했다. 건륭제는 태연하게 여씨 왕조가 신하로서 청을 섬긴지 이미 오래 되었음을 언급했는데, 이 말 속에는 완광평이 조공을 바치지 않고 있음을 탓하는 뜻이 들어 있었다. 이어서 완광평이 분명히 여유기의 신하였음을 넌지시 지적하여 여유기와 군신 관계가 아니었다는 완광평의 변명을 부정했다. 또 청군이 여성으로 진격한 이유가 베트남 국왕이 지원을 요청했기 때문이었다고 말한 것은 곧 완광평의 거병을 질책하고, 완군이 여성에서 벌인 전투가 본래 청군을 대상으로 한 것이 아니라는 표문의 주장도 거짓임을 반박하는 것이었다. 그리고 그는 완군이 청군의 장수와 병사를 죽인 것에 대해서도 "제독과 대원을 죽인 죄가 극히 무겁다."라며 질책했다.

건륭제가 지적한 완광평의 잘못들은 모두 사실이었다. 그는 논리와 증거를 가지고 완광평을 조금씩 압박해 갔고, 사실을 열거하니 완광평도 저절로 발뺌하기 어렵게 되었다. 조금도 흔들림 없는 건륭제의 언사는 완광평이 황제의 위엄을 실감하면서 또한 이 대황제가 만만치 않은 상대임을 깨닫게 했다. 이런 모습들이 완광평이 투항해 오도록 적잖이 독촉했을 것이다.

셋째, 건륭제는 적을 대할 때 시종일관 고자세를 유지하였다. 완광평

건륭 原典 · 650

의 잘못을 열거하며 황제의 위엄을 드러내면서도 한 나라의 군주로서 넓고 큰 도량을 보여 주었다. 그는 완광평의 잘못을 벌하기 위해 복강안을 양광 총독으로 명해 말을 모으고 대병을 정비하여 진격할 예정이었으나, 완광평이 성심을 다해 뉘우치는 모습을 보고 난 후 전투를 멈추고 이전의 과오를 다시는 추궁하지 않겠다고 말했다.

건륭제의 이 말은 그가 외교적인 수사에 매우 능함을 보여준다. 사실 건륭제가 정전을 결정하고 베트남 정벌을 포기한 것은 상황이 어쩔 수 없었기 때문에 치욕을 무릅쓰고 내린 고육지책이었다. 그런데도 이같은 교묘한 수사로 적이 두려움과 불안감을 느끼게 하는 동시에 은혜와 덕에 감사하도록 만들었을 뿐 아니라, 건륭제 자신의 체면도 만회할 수 있게 했다.

넷째, 건륭제는 상대방의 약점을 잘 활용했다. 그는 위와 같은 상대의 약점을 이용해 마치 적수의 코를 붙잡고 끌고 가듯 순조롭게 완광평을 조정의 사람으로 끌어들였다. 건륭제는 부드러움과 강함을 함께 사용해, 완광평이 항복을 구하는 표문을 올린 것은 진심에서 우러나온 것이므로 지난 허물을 들추지 않겠지만 다만 그가 조카를 대신 보내면서 봉호를 받기 원했으니 이는 천조에 지금껏 선례가 없어 불가능한 일이라 잘라 말했다. 만일 봉호를 청하려거든 반드시 직접 북경으로 와 자신의 80대수에 만수무강을 기원하면서 특별한 은혜를 구하고, 청군의 전사자들을 위해 사당을 지어야만 한다는 조건을 달았다. 그렇게 하면 그를 베트남의 국왕에 봉하고 자손대대로 왕위를 세습하도록 할 것이지만, 만일 이를 시행하지 않는다면 봉호를 하사하는 일도 조공을 받는 일도 없을 것이라 했다.

건륭제의 유지는 정황으로 보나 이치로 보다 매우 합당한 것이었기에 완광평도 듣고 나서 진심으로 인정하고 순순히 그 지침을 따르게 되었다.

건륭제의 이 칙유는 처음부터 끝까지 어감이 온화하여, 얼마 전까지만 해도 벌어지고 있던 전쟁의 화약 냄새가 조금도 나지 않았다. 그리고 시종일관 하나의 주제와 하나의 목적을 중심으로 서술되었는데, 그것은 바로 완광평이 직접 왕의 봉호를 받고 이 시국을 마무리 지어야겠다고 스스로 원하게 만드는 것이었다.

건륭제는 이 유지에서 이전의 죄를 문제 삼지 않겠다고 명확하게 선포했고 그를 왕으로 책봉하는 것도 허락했다. 소기의 효과를 거두기 위해 그가 사용한 방법은 일종의 모호전술로서 민감한 문제는 고의적으로 회피하고, 잘못은 애매하게 얼버무렸다. 예를 들면 청군을 파병해서 여씨 왕조를 도운 중대한 군사행동을 언급할 때도 간략하게 묘사하고 가볍게 넘어갔는데, 출병의 목적이 완씨가 일으킨 반역의 난을 평정하기 위해서가 아니라 단지 여씨를 돕기 위해서였다는 모호한 표현을 사용했다. 이렇게 분명치 않게 얼버무리고 지나갔지만, 그렇다고 서로가 잘 알고 있는 일을 있는 그대로 쓴다고 해서 상황이 더 좋아지지는 않았을 것이다.

게다가 건륭제는 여성의 전투를 서술할 때 완광평의 표문을 그대로 인용해서 완군은 여유기에게 '대병을 청한 이유를 따지러' 갔을 뿐인데, 관병이 그 정황을 들으려 하지 않고 먼저 공격해서 완군은 '죽음이 두려워 대항했고' 본의 아니게 관병에 피해를 입혔다고 했다. 건륭제가 이와 같이 일부러 자신에게 불리하게 설명한 것도 물론 그 안에는 나름의 목적이 있었다. 이렇게 되면 완광평이 반역으로 혼란을 야기시키고 청의 관병을 해한 두 가지 중죄가 저절로 소멸됨으로써 완광평이 지나간 사건에 대해 염려하는 마음과 두려워 의심하는 마음을 없애 주고, 이에 감격해 북경으로 조공을 바치러 오도록 만들 수 있었다.

이렇듯 건륭제의 세심한 지혜는 예상했던 대로 효과를 발휘했다. 완광평의 조카는 칙서를 받고는 끝없이 절을 하며 말했다.

변방의 작은 이민족이 제국의 신하국이 되어 오늘 이 유지를 받으니 큰 덕과 위엄에 황송할 뿐입니다. 소인의 숙부 완광평은 두려움에 떨었으나 황제께서 죄를 용서하시고 항복을 받아 주시며 특별한 보살핌으로 진귀한 물건까지 하사하시니 영예롭기 이를 데 없습니다.

그는 북경에 들어올 수 있도록 허락하는 대황제의 은지恩旨를 받들고 기쁘고 황송스러운 마음으로 감히 관문을 나설 수 없었다.

완광평도 이 칙서를 다 읽은 후에 뜻하지 않았던 기쁨을 느끼고, "속히 표문을 올려 내년에 입경하여 황제를 알현할 뜻을 알리라."라고 했다. 표문에는 그 간절한 마음과 황제알현에 대한 소망이 넘쳤으며, 나아가 건륭 대황제에 대한 더할 수 없는 숭배가 담겨 있었다.

멀리 내다보는 안목을 길러라
風物長宜放眼量

전략을 수립함에 있어서 미래에 대한 안목의 중요성은 아무리 강조해도 지나치지 않다. 길게 이어져온 봉건체제의 역사를 보면 중앙의 왕조가 쇠퇴할 때쯤이면 매번 변경 지역에서 소수민족들이 기회를 틈타 할거하는 현상이 일어났는데, 중국의 신강도 예외가 아니었다.

신강의 옛 이름은 서역西域으로 서한西漢 한무제 때 서역도호부西域都護府가 설치되면서 정식으로 한조의 영토에 편입되었으며, 이때부터 다민족 국가인 중국의 주요 구성 부분이 되었다.

청대에는 천산남북天山南北과 청장清藏, 감숙 등지에 퍼져 살고 있던 여러 몽골부족에 대한 호칭이 서로 달랐다. 한문으로 된 역사서에는 '액로특厄魯特', '액로특額魯特', '서몽고西蒙古', '막서몽고漠西蒙古', '위랍특衛拉特', '준갈이准噶爾' 등 여러 호칭이 보인다. 그중에서 서몽고와 막서몽고는 동몽고東蒙古, 막남漠南, 막북몽고漠北蒙古에 상대되는 말이다.

액로특厄魯特 또는 액로특額魯特은 서몽고의 여러 부족 중 가장 오래된 부족으로 17세기 이후부터 점차 쇠락했다. 다만 청대의 일부 저서 중에는 액로특厄魯特과 액로특額魯特을 서몽고를 통칭하는 의미로 사용하기도 하는데 이것은 잘못이다. 서몽고의 정식 명칭은 '위랍특몽고부衛拉特蒙古部'이다. 위랍특은 몽고의 원어 명칭인 오이라트를 한어로 음역한 것이다.

오이라트 몽골인은 물과 목초지를 찾아 이동했기 때문에 성곽을 짓지 않았으며, 곡식을 경작하지 않고 유목을 생업으로 삼았으므로 고기를 먹고 차를 마셨으며 사냥에 능했다. 라마교의 황교파黃敎派를 신봉해서 티베트의 황교사원과 밀접한 관계가 있었다.

명 말 청 초에 오이라트 몽골의 구성에 대해 일반적으로 호쇼트, 중가르, 도르보드, 토르구트가 있다고 여겨서, 명 이래로 '구사위랍특舊四衛拉特'이라 했다. 오이라트 몽골의 각 부는 관습에 따라 명망 있는 대길臺吉, 한왕汗王을 맹주로 삼아 회맹會盟을 주재했다. 명 말 청 초에는 옛 호쇼트부의 수령이 이 직무를 맡았다.

오이라트 4부 중에서 중가르와 도르보드부의 통치자는 모두 성이 초로스였다. 중가르라는 말은 '준'은 왼쪽을 의미하고 '가르'는 손을 의미했다. 그래서 중가르는 곧 왼손이라는 뜻이 된다. 원래 오이라트 연합군이 청장을 공격할 때 초로스가 좌익군을 맡았기 때문에 중가르가 된 것이다.

중가르부는 갈단이 궐기한 이후에 오이라트의 여러 부족과 중앙아시아의 각 부족을 점령해 유목 민족의 기마왕국을 건설했고, 중가르 칸국汗國으로서 오라이트 4부를 대체했다.

갈단은 1644년에 출생했는데 몽골 전설기록에 의하면, 그가 태어날 때 알타이산의 정상에 오색의 상서로운 빛이 나타나 매우 기이했다고 한다. 그래서 초로스 가문의 사람들은 이 아이가 장차 대업을 이룰 것이라 여겼다.

얼마 지나지 않아 티베트의 황교승이 갈단을 티베트의 윤찰尹咱 호도극도呼圖克圖의 제8세 화신化身이라고 인정해서 그를 티베트로 초청했다. 그래서 그는 시가체에 있는 타시룬포사의 판첸라마 4세가 거하는 곳에서 경을 배우고 수행하게 되었는데, 그때 그의 나이는 겨우 10살이었다. 1662년에는 판첸 4세가 원적圓寂하여 갈단은 다시 달라이라마 5세 라상혜羅桑惠로부터 경을 배우며 수행했는데 이때 데시 상게 갸초와 함께 수학하면서 벗이 되었다.

티베트에서 근 20년을 수행하면서 달라이 라상혜와 데시 상게 갸초와의 친밀했던 관계는 갈단의 일생에 큰 영향을 미쳤다. 불교 방면에서의 해박한 지식과 종교적 지위가 그를 존경받고 숭상받는 고승이 되도록 했다.

갈단은 많은 티베트의 불교 경서를 번역해 중가르 지역에 전하고, 천산남북에서 경법經法을 가르쳐 많은 신도를 거느렸다. 갈단의 재능은 불교학에만 있었던 것이 아니었다. 비록 몸은 불당에 있었으나 큰 꿈을 가지고 공적을 남기고자 하는 포부가 있어서 일찍부터 범상치 않은 풍모를 드러냈다.

갈단은 달라이라마 5세의 도움을 받아 오이라트 몽골의 여러 부족을 이끄는 칸의 위치에 올랐다. 1678년 겨울에 달라이라마가 중가르에 사신을 보내 갈단을 보숙투칸(축복받은 군주)으로 봉한다는 칙서를 전해 오면서 성대한 경축식이 거행되었다.

1679년 이후 갈단은 서쪽으로 세력을 확장하기 시작해 우선 하미와 투루판 두 도시를 점령했다. 이어서 남강南疆의 쿠차, 아커쑤, 카쉬가르, 야르칸드 등의 도시도 침공했다.

1684년 갈단은 사이리무를 공격하여 도시를 함락시켰고, 원정군은 미인국美人國이라고 불리던 노가이 부족의 주거지가 있는 카스피해안까지 다다랐다. 갈단의 한 부대는 파미르의 무르카프강에 도착했고, 2년 후에는 페르가나까지 점령했다. 갈단은 징기스칸의 제국에 비견할 만한 유목민족의 대제국을 건설하려는 기개를 품고 있을 때 가장 어려운 적수를 만났으니 그가 바로 영웅 군주 강희제였다.

강희 35년, 강희제는 친히 막북漠北으로 원정을 가면서, 군대를 셋으로 나누어 각각 다른 길로 진격을 했다. 서로군西路軍과 갈단군은 오늘날 울란바토르 이남 지방인 차오모도에서 큰 전투를 벌였는데, 갈단이 대패하여 대부분의 전력을 상실했다. 청나라 기록에 따르면 청군은 파죽지세로 적을 격파했고 그 함성은 천지를 진동시켰으며 화살이 비처럼 쏟아졌다고 한다. 갈단은 비록 막북에서 패하기는 했으나 청에 항복하지는 않았다.

강희 36년 3월, 갈단은 중병에 걸려 뜻을 펼치지 못하고 기아와 추위까지 겹쳐 황막한 사막에서 끝내 병사했다. 그의 나이 54세였다. 갈단이 전쟁에 패한 후, 강희제는 적절한 정책을 효과적으로 펼쳐 몽골의 승려들과 왕공대신들로부터 추대를 받았다.

옹정 9년 6월에 청과 중가르는 호톤노르에서 교전을 벌였는데, 이때는 청군이 거의 전멸을 당했다. 그러나 다음 해에 서로 에르데니즈에서 다시 맞붙었을 때는 중가르가 심각한 피해를 입었다.

그러자 갈단첼렝은 급히 청에 화의를 청했고, 이에 청 조정은 사신을 두 차례 중가르에 파견해서 담판을 통해 서로 유목의 경계를 정하고 평화로운 무역과 조공사절의 왕래를 시작하기로 했다.

건륭 10년에 갈단첼렝이 병사했다. 그가 죽자 중가르 내부에서는 분쟁과 내홍이 일고 칸의 자리를 둘러싼 살육전이 벌어졌지만, 청조와의 관계는 여전히 우호적이었다.

다와치가 칸에 오른 후 통치가 불안정하고 안팎으로 곤경에 부딪히면서 청조의 지원을 받아 위기를 벗어나고자 했다. 그래서 그가 등극하고 얼마 지나지 않아 돈다극敦多克을 사신으로 북경에 보내 조공을 바쳤는데, 건륭제에 대한 태도가 지극히 공손했다.

다와치가 칸을 계승한 이후 분란이 그치기는커녕 갈수록 격렬해졌다. 중가르의 대길과 재상辛桑들이 내부 분열로 서로 싸우는 가운데 칸 제국은 점차 안으로부터 붕괴되어 갔다. 중가르 내란으로 서북 지방의 형세가 청나라에 유리한 방향으로 진전되자, 건륭제는 이를 이용해 중가르 문제를 근본적으로 해결하고자 적당한 때를 찾기 시작했다.

건륭 19년 7월, 정권을 다투다 패배한 아무르사나가 2만여 명을 이끌고 청조에 투항해 왔다. 또 이에 앞서 살륵이薩勒爾와 삼차릉三車凌이 투항했다. 이들은 모두 청조의 왕공王公이나 장군 또는 참찬대신이 되었다. 청 정부는 이때부터 중가르부의 실상을 전면적으로 이해할 수 있었다. 건륭제가 중가르를 평정하기로 중대한 결단을 내린 것은 전반적인 정황 파악을 기초로 한 것으로 영명하고도 시의 적절한 것이었다.

한 나라의 통일과 각 민족의 운명에 관계되는 중요하고도 역사적인 시점에 모든 사람이 다 정확한 판단을 내리는 것은 아니다. 대부분의 사람들은 좌고우면左顧右眄하여 머뭇거리거나 전체를 보지 못하며, 유리하고 불리한 요소들을 정확하게 분석하지 못해 결국 적은 힘으로 큰 효과를 얻을 수 있는 절호의 기회를 놓치고 마는 경우가 많다. 그러나 건륭제는 역사가 그에게 가져다준 짧은 기회를 놓치지 않았다.

그가 중가르부를 평정할 뜻을 밝혔을 때, 조정 대신들은 유리한 형세를 바로 보지 못하고 대부분 출병을 반대했다. 그러나 건륭제는 그들의 반대를 물리치고, 과감하게 병마를 모으고 군량과 군수품을 예비시켜 서북으로 출정할 준비를 했다.

건륭 19년 11월에 청 정부는 공식적으로 "북로에는 장군 반제와 아무르사나, 서로에는 장군 영상永常과 살라륵薩喇勒이 진격하여 중가르부를 평정하도록 한다." 하며 출병을 선언했다.

북로와 서로의 대군이 출발하기 전에 건륭제는 군사를 파견해서 다와

치를 정벌하고 중가르의 각 지역을 통일해야 하는 이유를 밝히는 조서를 반포하면서 동시에 다음과 같이 언명했다.

> 짐은 투항해 오는 사람들을 차릉이나 아무르사나 등과 마찬가지로 구휼할 것이며, 원래의 유목지에 살게 하고 그들의 주거지를 옮기도록 명령하지 않을 것이다. 만일 다와치가 이전의 과실을 뉘우치고 투항해 온다면 짐이 왕의 작위를 내려 그 지위를 잃지 않게 할 것이다.

건륭 20년 2월, 모두 합쳐 5만 명의 군사와 7만 필의 말이 북로와 서로를 나누어 이리를 향해 연이어 출발했다. 5월 초하루에 양로의 대군은 이리에서 동북으로 3백 리 떨어진 박라탑랍강 계곡에서 승리했다. 그리고 5월 3일에는 청군 선봉부대가 이리하伊犁河 강가에 도착했다.

이때까지 다와치는 아직 사태를 파악하지 못하고 청군에 완강하게 저항했다. 힘이 부치자 결국 그는 1만여 명을 이끌고 이리 서북방의 격등산格登山으로 후퇴했다. 그곳은 뒤로는 절벽이고 앞으로는 진흙 늪이 있어 그들은 이곳에서 최후의 승부를 걸었다.

5월 5일에 청조의 대군이 이리강을 건넜다. 기록에 의하면 '군사들은 마치 물 흐르듯 행군하였으며 이리강 북안에 닿았을 때는 벌써 사람들이 청군을 위해 배를 준비해 두었고, 강을 건넌 지 8일 만에 격등에 다다랐다.'라고 한다.

그 사이 명아특明阿特과 악척극鄂拓克부의 사람들이 다와치의 군영에서 도망쳐 나와 청군에 투항하면서 말하기를 "다와치가 군대를 이끌고 이곳에 온 후로 군기가 흐트러지고 말도 피곤에 지쳤으며, 각 처에서 파견되어 온 군사들도 전부 군대를 철수한 바람에 남은 사람들도 마음이 떠나 항복을 원하는 자가 많다."라고 전했다. 그래서 청군은 다와치 반군의 상황을 손바닥 들여다보듯 속속들이 알게 되었다.

5월 14일, 북로와 서로의 군대는 좌우익을 맡는 형세로 격등산의 다와치 반군을 포위했다. 이때 청군은 다와치가 보낸 정찰병을 붙잡아, 다와치군의 분위기가 불안하고 싸울 의지가 전혀 없다는 사실을 다시 한 번 확인했다.

한밤중에 청군은 세 명의 파도로에게 병사 22명을 주어, 야음을 틈타 은밀하게 잠입해서 말을 채찍질하고 칼을 휘두르는 소리를 내며 적진을 교란시켰다. 다와치 반군의 군영이 손을 쓸 틈도 없이 일시에 혼란스러워지며, 아군과 적군을 구별하지 못하고 싸우다가 수많은 병사가 죽고 일순간에 1만여 군사가 와해되고 말았다.

다와치는 2천여 명의 군사를 이끌고 황망히 피신했다. 동틀 무렵 아옥석阿玉錫 등은 다와치 부대에서 투항해 온 5천여 명을 받아들였다. 격등산의 전투는 청군의 완승으로 끝났다.

후에 다와치도 포로로 붙잡아 중가르의 모든 지역을 평정하게 되었다. 다와치를 북경으로 압송해 오자 건륭제는 그를 용서하고 은혜를 베푼다는 뜻으로 친왕에 봉하면서, 다와치와 그 가족이 북경에서 살수 있도록 해 주었다.

청 정부는 다와치에 의해 분열된 중가르의 할거 세력을 평정함으로써 국가의 통일을 수호해 냈다는 사실을 매우 중시하여 이 승리를 높이 평가했다.

건륭제는 「평정준갈이고성태묘비平定准噶爾告成太廟碑」의 비문을 지었는데, 이 비는 북경의 국자감國子監에 세워져 있다. 비문은 청 조정이 이리로 출병하고 중가르부를 평정한 연유와 과정 그리고 그 결과에 대해 기술하고 있다.

건륭제가 지은 또 다른 비문으로는 이리에 세워진 「평정준갈이륵명이리지비平定准噶爾勒銘伊犁之碑」가 있었는데 이 비석과 똑같은 것을 승덕의 보녕사普寧寺 안에도 두어 오늘날까지 잘 보존해 오고 있다. 이 비문에는 중가르부에 대한 위무와 감화 그리고 건륭 시기의 민족정책을 보여 주면서 중가르부에 대한 통치 방향을 제시하여 백성들이 안심하고 생업에 종사하고 서로 더불어 화목하게 살도록 하는 내용을 담고 있다.
「평정준갈이륵명이리지비」의 전문은 다음과 같다.

> 하늘이 기르려 하는 것은 사람이 아무리 훼방하여도 죽지 않고, 하늘이 멸하려 하는 것은 사람이 아무리 심어도 자라지 않는다. 너희 중가르는 어찌 기회를 노리고 도적이 되어 천하를 기만하였는가? 강한 자가 약한 자를 삼키고, 많이 가진 자가 적게 가진 자를 능멸하며 짐승과 같은 이빨로 사람을 물어 피를 흘리게 하면서도, 업신여길 줄만 알뿐 개회할 줄을 모른다. 입으로는 황교를 흥하게 하고 미륵보살을 섬긴다고 말하였지만 그 마음은 야차夜叉나 나찰羅刹과 같아 사람을 양식으로 삼았다. 죄가 깊고 악독하여 스스로 악을 자행하니 도저히 살려 둘 수가 없었다. 일찍이 부족을 넷으로 분봉分封하고 여러 재상宰桑과 네 도십묵圖什墨, 스물 하나의 앙길昻吉을 세워 낙후한 것을 발전시키고 백성을 휴양하려 하였으나 어찌하여 불길은 끊이지 않고 모든 것을 불태워 무너지게 했는가. 끝없이 난을 일으키니 모두가 혼란스러워져 결국 가라앉아 멸망하고 만 것이다. 이리는 땅이 넓지만 마치 사람의 발길이 끊긴 듯 적요하다. 나의 병사들이 물러서지 않은 것은 살인을 덕으로 삼았기 때문이 아니라 반드시 그렇게 해야만 되었기 때문이다. 서방으로의 출사出師 행적이 사실을 증명하고 있다. 형세가 수시로 변하며 안정을 이루지 못하니 이는 시간이 지날수록 그 해악이 깊어지는 것이라 가만히 있을 수 없었다. 이에 반란이 일찍 일어난 것은 화로 인하여 복을 얻는 것이라 해도 틀림이 없다. 이것은 하늘이 우리 대청왕조를 도우신 것이며 사람의 힘으로는 불가능한 일이었다. 이리가 이미 우리의 영토에 들

었으니 장차 오래도록 편안하기만을 바랄 뿐이다. 이미 그렇게 정해진 것을 어찌 다시 잃을 수 있으랴. 만 리 밖까지 이어진 둔전이 그 수확을 측량할 수는 없으나 은연중에 나아지는 것을 상제上帝만은 아실 것이다. 나는 단지 하늘이 내리신 뜻을 받들 뿐 오늘의 일 또한 감히 하늘의 명을 거역하지 못했다. 이에 중가르를 평정한 후 비문을 새겨 이리에 세워두는 바이다.

중가르를 평정한 후에도 여전히 적지 않은 대신들이 짧은 안목으로 이견들을 남발했다.

그들은 서역이 2만여 리나 떨어져 있고, 사막이 끝이 없어 목축을 할 수도 없으며 주둔하기도 어렵다고 주장했다. 대학사 사이직史貽直은 이리를 포기하자는 의견도 제시했다. 마찬가지로 대학사 진세관陳世倌 또한 군량, 말, 병력 등 세 가지 난제를 해결하기 어렵다는 이유로 서역 건설을 반대했다.

그러나 건륭제는 이들의 용렬하고 식견이 짧은 의견들은 모두 배척하면서 자신의 의지대로 서북 건설의 방침을 관철시켜, 몇몇 유능한 신하들을 선발해서 차질없이 시행하도록 했다. 선발된 주요 인물로는 아계와 서혁덕, 명서 그리고 윤륵도尹勒圖 등이 있었다.

건륭제는 이들을 중심으로 서북 건설의 위대한 사업을 의욕적으로 추진했는데, 가장 역점을 두었던 분야는 다음 두 가지였다.

첫째 역점 분야는 도시 건설과 군대 주둔이었다.

중가르를 평정한 후, 건륭제는 남은 군대를 주요 도시에 주둔시키고 나서 계속해서 섬서, 감숙, 북경, 동북 등지에서 팔기군과 몽골관병을 선발하고 솔론, 시브, 다우얼, 차하르의 병사들과 녹영병을 파견하여 군사제도를 정착시켰다. 그리고 계속해서 여러 곳에 도시를 건설했는데, 그곳은 혜원, 수령, 완정, 광인, 섬덕, 공신, 희춘, 탑이기, 영원 등 이리 9역

九城으로 통칭되던 곳과 수정, 적화, 공녕, 회녕, 경수, 안부, 영녕, 카라샤르, 서녕 등지였다.

천산남로 회강回疆의 각 도시에는 수병戍兵이 모두 5,700여 명이 있었는데, 그중 야르칸드, 카쉬가르에 각각 9백 명, 아커쑤에 8백 명이 있었다. 천산동로 우루무치에는 도통 한 명을 보내 이곳에 주둔하는 만주병사 3,460명을 관할하는 동시에, 바르쿨과 고성古城의 병사 2천 명 그리고 둔전 녹기병綠旗兵 4천 명도 관리하도록 했다. 우스에도 둔전 녹기병 1천 명이 있었다.

이리장군이 주둔하는 혜원에는 만주병 4천 명이, 혜녕에는 만주병 2,140명이 있었으며, 이리강 남쪽의 시브, 솔론, 다우얼, 차하르 몽골, 오이라트, 사필납이에는 병사가 6,200명, 수정 등의 여섯 곳에는 녹영병 3천 명이 있었다. 그리고 천산북로에는 모두 15,200명의 만한병사가 성라기포와 이리성을 에워쌌다. 그 외에도 회강과 타르바가타이를 교대로 방어하는 군사 2,300명이 더 있었다. 이상에서 열거한 병마를 모두 이리장군이 파견하고 조정했다.

둘째 역점 분야는 둔전제의 실시였다.

전란 이후의 신강은 둔전제 시행에 유리한 조건을 제공했다. 가장 유리한 점은 바로 훌륭한 자연 조건이었는데, 신강을 가로지르는 천산산맥이 신강 전 지역을 북강北疆과 남강南疆의 둘로 나누고 있었다.

북강 지역은 사막이 비교적 적고 초목이 우거진데다 토지가 비옥해서 농경과 목축에 적합했다. 중가르 정권이 신강을 장악했을 때, 천산 남부에서 수천 호戶의 위구르족들이 이리부근으로 이주해 와 농사를 지었다. 그러자 북강 지역의 농목업이 크게 융성하여 중가르 정권에 물질적으로 큰 힘이 되었다.

천산북로는 인구가 적은데다 중가르부 몽골인들이 대부분 농경에 익숙하지 않아 농업생산이 낙후되었다. 이 때문에 양식이 모자라고 구한다 하더라도 값이 비싸 수많은 주둔군들이 큰 어려움을 겪고 있었다. 군량 보급조차 제대로 이루어지지 않았으니 다른 지원은 더 말할 것도 없었다.

신강에서 가장 가까운 감숙성에서 양식을 운반해 온다고 해도 이리까지는 수천 리 먼 길이었다. 장거리 운반이 인부들에게 힘든 것은 물론이고, 감숙은 본래 그곳 백성들도 궁핍해서 실질적으로 조달할 수 있는 양식도 충분하지 못했다. 만일 내지에서 가져올 경우에는 재정부담이 너무나 컸다.

그래서 건륭제는 재정부담도 줄이면서 서북 국방을 공고히 할 수 있는 유일한 방법은 둔전을 활성화시키는 길 밖에 없다고 생각했다. 신강에서 둔전제를 실시한 것은 인구 감소가 가져온 일련의 문제들을 해결하기 위해 반드시 취했어야 할 조치였다.

건륭제가 둔전제를 활성화하기로 결정하자 또 다시 용렬한 신하들은 둔전제가 백성들을 고달프게 할 뿐이라고 반대했다. 건륭제는 이 반대의견에 대해 특별히 유지를 내려 '무식한 무리들'이 '그릇된 생각으로 거짓을 전한다.'라고 강하게 비판했다. 그가 강조해 말했다.

> 둔전제를 대대적으로 실시한다고 해서 백성들이 힘들어 지지 않을 뿐 아니라, 오히려 그들에게 이롭다. 백성들을 해하려는 것이 아니라 은혜를 베풀기 위함이다. 이주한 회족을 이리 등지로 불러와 둔전을 개간하든, 사면 받은 사형수들을 보내 종자를 심게 하든 모든 것이 백성들에게 이로운 것이다.

건륭제는 확실히 예리한 판단력과 멀리 내다보는 안목을 가지고 있었다. 그는 대대적인 둔전제 시행이 군량을 보급하는 중요한 수단이 될 뿐 아니라, 이를 이용해 전쟁 이후 병약해진 백성들의 삶을 향상시킬 수 있다고 믿었다.

또한 인구 격감의 위기에 대처하면서 농토가 줄어들어 초래될 백성들의 의식衣食의 어려움을 극복함은 물론, 내지의 한족이 살길을 모색할 수 있도록 보다 많은 취업 기회를 제공하는 수단으로도 생각했다.

이러한 판단에서 추진된 신강으로의 이주정책은 진정 나라를 풍요롭게 하고, 백성들에게 이로운 훌륭한 정책이었다. 이 정책이 옳았음은 시간이 흐르면서 차차 증명되었다.

건륭 23년 4월, 건륭제는 이 정책을 특별히 강조했다.

> 앞으로 병사를 주둔시키고 둔전을 실행하는 것이 가장 중요하다. 우루무치에서는 현재 경작을 하고 있지만 이리는 황무지이므로 개간을 필요로 하고, 다른 한편으로는 키르키즈 등이 침범해 올 것에 대비해 반드시 군사력도 갖추어야 한다. 짐의 생각은 이리 등지에 솔론병과 건예영병 2, 3천을 주둔시키고, 녹기 둔전병을 더해서 스스로 장엄한 위세를 갖추도록 해야 할 것이다.

건륭제의 방침은 이리의 둔전을 가까운 곳부터 먼 곳으로 시행해 나가는 것이었다. 그는 위구르인들을 대량으로 이주시키자는 섬감 총독 황정계黃廷桂의 제안을 받아들이지 않았는데, 그 이유는 만일 한꺼번에 많은 만한병정과 수만의 위구르인들이 모여들면 적절히 배치할 수 있는 방법이 없었기 때문이었다.

건륭제는 "둔전을 시작하는 단계에서는 우선 병사 5백 명으로 하여금 방어를 맡게 하고, 회족 5백 호는 경작을 하도록 해서 거기에서 수확한 곡식으로 이들의 식량문제가 충분히 해결된다면 다시 확대하여 실시한다."라는 구체적인 방안을 제시했다. 그는 둔전이 자급자족을 통해 가능하면 국가재정의 보조에 기대지 않으면서 점차 대규모로 확대되기를 기대했다.

건륭제의 과감한 결단으로 많은 재물과 인력 그리고 장비가 투입되어 신강의 둔전은 대규모로 빠르게 확대되었다. 동쪽의 바르쿨에서 시작해서 서쪽의 이리에 이르렀고, 북쪽으로 코부도에서 시작해서 남쪽으로 하라샤르에 이르렀으며, 병둔兵屯, 회둔回屯, 민둔民屯, 기둔旗屯, 범둔犯屯 호둔戶屯 등 다양한 종류의 둔전제도들이 활발하게 실시되었다.

건륭제가 이 사업에 직접 나서면서 오랫동안 적막하고 황량했던 북강의 땅에 사람 사는 기운이 돌면서 북강은 점차 생기 넘치는 모습으로 변해 갔다. 그 좋은 예가 북강의 가장 서쪽에 위치한 이리였다. 건륭제는 특별히 구체적인 지시를 내렸다.

> 예전에 이리의 토지는 모두 회족 사람들이 경작했으나, 이제 회부가 평정되었으니 회족은 적절하게 이주시키고 녹기병을 참여시킨다. 그리고 에민호쟈는 회부의 귀족이니 마땅히 장군, 대신들과 함께 둔전의 병정들을 관리하여 그들이 경작에 익숙해지도록 해야 한다. 그리하여 주객主客이 서로 평안해지면 투루판으로 다시 돌아갔을 때 에민호쟈에게도 이익이 있을 것이다.

건륭제는 여러 사항들을 주도면밀하게 고려하여, 이리가 내지에서는 멀고 남강에서 가까우므로 위구르인들을 보내 경작하게 해서 필요한 비용을 최소화하도록 했다. 여기에 변함없이 충성을 다해 온 에민호쟈를 보내 위구르인들을 다스리게 하여, 민족 간의 갈등도 줄이고 크게 안심할 수도 있었다.

아울러 녹기병이 함께 경작에 참여함으로써 더욱 안정적인 경작이 가능했다. 이처럼 이리의 둔전제는 건륭제가 특히 중요하게 여긴 덕분에 최대의 실효를 거둘 수 있었다.

타르바가타이는 현재 탑성塔城이라는 약칭으로 불리는데, 신강의 최북방에 위치하면서 제정 러시아와 인접해 있었다. 건륭 28년에 청 조정은 탑성에 군사를 주둔시키고 둔전을 실시하기 시작했다. 33년에는 여유분을 저축해 흉년에 대비하기 위해서 건륭제는 특별히 우루무치에서 녹영병 4백 명을 보내 이곳 둔전에서 경작하게 했다.

우루무치는 북강의 중부에 위치하면서 기후 조건이 농경에 적합하고, 토양이 비옥하며 수원水源이 충분했다. 이 지역의 병둔은 날로 흥성해갔고, 범둔도 상당한 비중을 차지했다. 우루무치를 중심으로 주위의 창길, 부강, 마나스 등과 호도벽 등지에서 둔전이 번성한 예를 쉽게 볼 수 있었다.

바르쿨과 무레이 두 곳은 북강의 동부에 위치하여 원래는 청군과 중가르가 대치하던 때 진지로 사용되었으며, 강희 말기에 녹기병이 주가 되어 둔전을 실시하기도 했다.

건륭제가 중가르를 평정한 후 청군의 방어선이 서쪽으로 이동하자 바르쿨은 내지가 되었으므로, 병둔은 갈수록 줄어들고 대신에 범둔과 민둔이 흥하게 되었다.

잡초는 뿌리까지 제거하라
斬草必須除根

구르카와의 전쟁에서 파충, 악휘 등이 윗사람에게 거짓을 고하고, 아랫사람들을 기만해서 전세를 매우 불리하게 만들었다. 그래서 건륭제는 양광 총독이자 협판대학사인 일등가용공 복강안을 대장군으로 임명하고, 대병을 통솔하여 티베트로 진격해 구르카를 정벌하도록 명령했다.

그 밖에 건륭제는 맹장이등초용공 해란찰과 성도장군 규림을 참찬대신으로 삼았다. 그리고 이들 장군을 임명하는 일 외에도 한병漢兵, 천병川兵(사천성 병사), 토병土兵, 전병滇兵(운남성 병사) 등 모두 1만 4천 명을 징집하여 티베트로 보냈다.

건륭제는 군사의 파병 문제 이외에 양초를 준비하는 데 있어서도 많은 지시를 내렸는데, 그 집행은 주로 손사의에게 맡겼다.

티베트의 양대糧臺에 있던 3천 석, 티베트 상인이 바친 4천 석, 티베트의 백성들로부터 구매한 7만여 석 등의 식량과 1만 8천여 마리에 달하는 소와 양을 준비했으므로 대군 1만 5, 6천 명이 1년 넘게 먹을 수 있는 충분한 분량이었다.

건륭제는 군비로 충당할 대규모의 은냥도 마련했다. 사천의 번고藩庫에은 1백 5만 냥이 있었고, 양회의 염상들이 은 4백만 냥, 장로, 산동의 염상들이 은 50만 냥, 절강의 염상들이 은 50만 냥을 기부했으며 그리고 나중에 호부에서 은 3백만 냥을 발행했다.

무기는 관병들이 조총과 탄약, 활과 화살을 가지고 티베트로 이동한 것 외에도 달라이 창고에 구비해둔 화약 2천 4백여 근, 납 2만 8천여 근, 크고 작은 화포 30여 문 등 사용 가능한 모두를 꺼내 보냈다.

군량을 운송하기 위해서 티베트 지방에서 소 1만 5천 마리를 각 양대에 분배했다. 이어서 건륭제는 관련 인사들을 격려했는데, 달라이라마에게 하다[12]와 진주 목걸이를 하사하고, 달라이라마와 그 밖의 사람들이 헌납한 말과 소, 화약, 탄약, 화포 등에 대해서는 일률적으로 은냥을 지급했다.

건륭제는 목표를 구르카의 수도인 카트만두까지 진격하는 것으로 정하고 정예병을 침투시키는 전술을 택했다. 이를 위해 그는 복강안에게 5, 6천의 정예병을 이끌고 진군해 토벌하도록 명했다. 그는 지금까지 사용했던 용병술의 경험에 비추어 상대의 급소를 공격하면, 적을 일거에 소탕하는 일이 어렵지 않을 것이라고 강조했다.

전략을 잘 세운 덕분에 청군은 매우 순조롭게 진격해 나갔다. 제롱濟嚨이 요충지였기 때문에 해란찰 등은 솔론병을 통솔해 돌진했고 호군참령 아만태阿滿泰 등도 사병을 이끌고 용맹하게 싸웠다. 청군은 마침내 제롱 공격에 성공하고, 1천여 명의 적을 사살했다. 이어 건륭 57년 5월 15일에

---

12. 흰색, 황색, 남색의 비단 수건으로 티베트나 몽골 등지에서 경의의 뜻을 보일 때 썼음.

청군이 열색교를 점령함으로써 구르카가 점령하고 있던 티베트 지방이 청군에게 모두 수복되었다.

승전보가 전해지자 건륭제는 매우 기뻐했다. 그는 몇 차례 유지를 내려 전선의 관병들을 치하했다. 복강안에게는 어용 깍지 한 개와 큰 쌈지 한 쌍, 작은 쌈지 네 개를 하사했으며, 해란찰과 사천 총독 혜령惠齡에게는 각각 옥깍지 한 개와 큰 쌈지 한 쌍, 작은 쌈지 두 개씩을 내렸다. 그리고 양젖으로 만든 치즈 한 상자를 보내 시위장경들에게 나누어 먹이도록 하고, 병사들에게는 각각 1개월 치 월향을 상으로 지급했다.

이어 건륭제는 유지를 내려 복강안에게 이 기회를 잘 활용해서 힘을 합해 구르카로 진군하도록 이르고, 손사의에게는 군수품 조달을 확실하게 책임지도록 했다. 복강안은 대군을 이끌고 계속 전진해서 거침없이 구르카의 국경을 넘어섰다.

국경을 넘어선 뒤 적이 후방에서 급습할 것에 대비해 전체 군사를 셋으로 나누었다. 복강안은 중간 부대를 맡았는데 이를 다시 전, 후 부대로 나누어 해란찰은 전군을 맡고 자신은 후군을 맡았다.

구르카의 변경에 큰 강이 동에서 아래로 흐르고 있었는데 구르카군은 북안北岸에서 3, 4리 밖에 있는 색라산에 주둔하면서 석조 참호 한 개를 만들어 놓고, 남쪽 강가에도 석조 참호 두 개를 설치하고 있었으며, 다리를 파괴하고 강을 막아 길을 험난하게 만들고 사격으로 항거했다.

복강안 등은 강이 광활한 것을 보고 쉽게 공격할 수 없다는 판단 하에 잠시 철수했다가 은밀하게 병사들을 상류 쪽으로 올려 보내 나무를 베어 뗏목을 만들게 했다. 그리고 몰래 강을 건넌 후 샛길로 돌진하여 구르카군에 맹공을 펼쳤다. 복강안 등은 승기를 잡아 병사를 이끌어 다리를 만들고 양면을 협공하여 참호를 탈취했다. 구르카군은 패하여 줄행랑을 쳤다.

청군은 구르카 국경 내에 있는 밀리정대산으로 전진했다. 연도변에 돌이 마구잡이로 쌓여 있어 군영을 설치할만한 평지도 없었다. 복강안과 해란찰은 두등시위 오십합달烏什哈達을 파견해 일부 병정을 이끌고 길을 열도록 했다.

5월 18일에 청군은 왕갈이에 도착했다. 이곳은 산세가 험준한데다 마이장 대하가 남쪽으로 흐르고 있었다. 청군은 강을 따라 전진했는데 밤이면 절벽 밑에서 노숙을 하는 일이 고통스럽기 짝이 없었다.

복강안 등은 구르카 국경에서 1백여 리까지 깊이 침투해서 관병을 이끌고 어려운 정벌을 계속했다. 갈륵랍, 퇴보목, 특파랑고고, 갑랍고랍, 집목집 등지에서 여러 차례 전투를 거치면서 청군은 비록 승리를 거두기는 했으나 피해도 만만치 않았다.

특히 갑랍고랍의 전투에서 구르카병은 지형이 험한 곳에 수없이 많은 목채를 열을 지어 세워 두고 완강히 저항했다. 부도통 아만태는 총에 맞아 물에 떨어져 죽었다. 액륵등보額勒登保 등이 목숨을 걸고 진격하여 적군을 격파하고 집목집에 이르렀더니, 구르카군이 열 개의 병영으로 산에 진을 치고 매우 견고하게 방어하고 있었다. 청군이 빗속에서 어렵게 산을 오르며 20여 리를 공격해 갔을 때 구르카군이 위에서 치고 내려오면서 무수히 많은 목석을 쏟아 부었다.

복강안은 직접 전투를 총지휘했고, 대비영아臺斐英阿와 장지원張芝元 등의 장군은 전장을 오가며 분투했다. 해란찰은 강 건너에서 호응해 함께 싸우고, 액륵등보는 강을 건너는 다리를 지키면서 싸웠다.

이틀간의 격렬한 전투 끝에 간신히 구르카군을 격퇴시켰다. 그 결과 청군은 높은 산 2개와 대형 목조 성채 4곳, 석조 참호 21개를 점거했으며 적장 13명과 적군 6백 명의 목을 베었다. 그러나 청군에서도 호군통령 대비영아 등이 용맹하게 싸우다 전사했다. 계속된 혈전 끝에 청군은 드디어 구르카의 수도인 카트만두에 근접했다. 상황이 이렇게 되자 구르카 국왕이 사신을 보내 화의를 청해 왔다.

청군이 잃은 영토를 수복하기 위해 티베트로 진격했을 때도, 구르카 국왕은 일찍이 악휘와 성덕에게 전쟁을 도발하게 된 이유를 설명하고, 비단과 하다를 바치면서 군대를 철수해 줄 것을 청한 적이 있었다. 그러나 건륭제는 구르카가 먼저 무력을 사용해 후장後藏을 침범하여 티베트 땅을 점령했던 문제가 아직 해결되지 않은 상황이었으므로 당연히 이 요청을 거부했다.

건륭 57년 3월 복강안이 병사를 이끌고 출병하기 전날 저녁, 구르카는 복강안에게 서신과 함께 금꽃을 수놓은 비단, 천리경千里鏡 등의 물건을 바치며 구르카가 티베트의 분규에 대해 청조에 해명할 수 있도록 청하면서 진격을 멈춰 줄 것을 건의했다. 이에 대해 복강안은 거짓된 망언은 믿을 수 없다면서 받아들이지 않았다. 구르카는 인도에도 사신을 보내 뱅골 동인도회사에 무력 지원을 요청했으나 성공하지 못했다. 외국의 원조가 단절되고, 청군이 이미 변경까지 다가오는 상황에서 구르카는 청 정부에 사죄하고 화의를 구하기 시작했다.

5월 28일, 구르카는 지난해에 니알람에서 붙잡아 갔던 포로를 석방해 돌려보내 주고, 복강안과 관병에게 각각 서신을 보내 사죄하면서 항복을 빌 수 있도록 수장을 파견하는 것을 윤허해 달라고 청원했다.

이에 복강안은 "죄를 사해 달라고 교언을 하니 너무나 교활하다.", "속으로는 업신여기고 있는 것이 분명하며 조금도 뉘우치는 기색이 없다." 라면서 재차 거절했다.

6월 9일에 구르카는 다시 단진반주이와 내지의 병정, 티베트 백성 20여 명을 청군 진영으로 송환했다. 또 18일에는 수장 4명을 청군 진영에 보내 항복을 받아들여 달라고 청했다. 복강안은 타시룬포에서 탈취한 금은과 각종 물품들을 모두 돌려주고, 구르카 국왕과 그의 숙부가 청군 진영에 와서 머리 숙여 죄를 인정할 것이며, 이미 죽은 사마이파의 유골과 그 가족은 물론 제자들까지 바치는 것을 화의의 조건으로 내걸었다.

7월 8일에 청군이 거의 카트만두에 다다르자 구르카 국왕 라특납파도

이는 재차 수장들을 청군 병영에 보내 항복을 받아들여 주기를 청하면서, 복강안이 제시한 모든 조건을 받아들이겠다고 밝혔다. 17일에 대소 합의문 2가지를 바치면서 사마이파의 유골과 처자 그리고 타시룬포사에서 탈취한 귀중품들을 보내 왔다.

이때가 이미 늦가을이어서 건륭제는 복강안이 지나치게 위험을 무릅쓰고 계속 진격해 갈 것을 염려했다. 만일 제때에 철군하지 못해 겨울이 되면 나아가도 취할 수 없으며, 물러서도 막힐 수밖에 없어 누차 유지를 내려 그 항복을 받아들이고 전쟁을 마무리하라고 전했다. 8월 9일에 건륭제는 유지에서 다음과 같이 지시했다.

> 티베트 지역은 원래 겨울이 빨라서 9월이 지나면 얼음이 얼고 눈이 산을 뒤덮는데, 올해는 절기로 미루어 보아 예년보다 더 일찍 추워져서 9월 중순이면 눈이 내리기 시작할 것이다. 만일 제 때에 마무리하고 철수하지 않으면 양식의 운반이 끊겨, 앞으로 나아가 적의 소굴을 토벌할 수도 없고 뒤로 후퇴해도 대설로 길이 막힐 것이니 문제가 간단하지 않다. 복강안은 반드시 잘 고려하여 예비하고 만일 나아가 침공하는 것이 어렵다면 사실대로 보고하고 항복을 받아들여 일을 마치는 것도 무방하다. 짐은 만 리나 멀리 떨어져 있어 하나 하나 지시를 내릴 수 없으니 복강안의 임기응변만을 믿는다.

8월 10일에 건륭제는 또 군기대신들에게 유지를 내렸다.

> 금년은 작년보다 추위가 빨라 눈도 더 일찍 내릴 것이다. 만일 복강안이 위험을 무릅쓰고 깊이 진격해 간다면 어느새 겨울이 와 진퇴양난에 처하게 될 것이니 이는 매우 중대한 문제이다.

그리고 다시 복강안 등에게 이르기를, 만약 적을 함락시키기가 쉽지 않다 해도 파도이살야 또한 감히 공격해 오지 못할 것이고 오히려 두려워하여 항복하려 할 것이니, 그 기회를 이용해 항복을 받아들이고 철수하라는 뜻을 전했다. 다만 항복을 받아들이기 전에 적의 수장으로 하여금 국왕의 표문과 조공을 준비해 북경으로 와서 황제에게 사죄해야만 할 것이라고 했다. 건륭제의 유지를 아직 보지 받아보지 못했을 때도 복강안 역시 건륭제의 이러한 마음을 알고 있었다. 그래서 복강안은 시기와 전세를 살피다가, 구르카의 자연환경이 열악해 병을 앓는 병사들의 수가 날로 늘어가고, 길이 멀고 험해서 군수품 조달도 힘들어지자 구르카 국왕의 항복을 받아들이기로 결정했다.

8월 8일에 라특납파도이는 수장 4명에게 북경으로 갈 준비를 하도록 명하면서 악공樂工과 훈련된 코끼리 그리고 말과 공작 등 29가지의 물품을 공물로 준비했다. 그리고 황제에게 올릴 표문에는 영원히 변경을 침범하지 않겠노라고 썼다. 13일에 라특납파도이는 다시 사람을 보내 청군의 대영에 물소 1백 마리, 돼지와 양 1백 마리 그리고 쌀 2백 석, 과일과 과자 1백 상자, 술 1백 포대를 바쳐 관병을 위로했다. 21일 복강안 등은 병사들을 이끌고 구르카에서 제롱으로 철수하고, 9월 3일에는 건청문시위 주이항아珠爾杭阿 등을 파견해 구르카의 조공사신과 함께 제롱에서 북경으로 향하도록 했다.

건륭제는 구르카의 국왕 라특납파도이가 항복을 청원하며 보낸 상주문을 읽은 후 즉각 유지를 반포하여 복강안에게 구르카 국왕의 항복을 윤허하고 그 죄를 사면하며, 올린 표문과 공물로써 죄를 진실하게 뉘우쳤음을 인정한다는 뜻을 전했다. 동시에 신속하게 내지로 회군하도록 지시를 내렸다. 건륭제는 공을 세운 이들에게 벼슬과 상을 내렸는데 복강안은 대학사와 시위내대신에 봉하고, 일등경차도위를 그 아들 덕린德麟에게 하사했다. 해란찰은 2등공에서 1등공으로 올리고, 다른 사람들도 모두 관직을 높여 주었다. 9월 20일, 구르카의 조공사신이 타시룬포사에 가서 사죄하니 판첸 7세는 다음과 같이 말했다.

> 너희 부족이 포악스럽게도 부처님의 영지까지 어지럽혀 대황제께서 거병으로 섬멸시키려 하였으나, 다행히 일찍 뉘우쳐 항복을 윤허하니 앞으로는 영원히 공손하게 따를 지어다.

건륭 58년 정월에는 구르카의 조공사신이 북경에 이르러 표문과 공물을 바쳤다. 건륭제는 구르카의 사신들에게도 상을 내리고, 정식으로 라특납파도이를 구르카의 국왕으로 봉했다. 건륭제의 유지를 받들어 구르카국은 5년에 한 차례씩 청조에 사신과 조공을 보냈고, 양국 관계가 친밀해져 변경의 양국 백성들도 우호적으로 지냈다.

구르카의 투항 전후로 건륭제는 티베트의 통치 질서를 안정시키는 문제를 진지하게 고민했다. 우선 그는 유지를 내려 구르카가 티베트를 침범하는 과정에서 죄가 있었던 자들을 처벌하도록 했다. 그리고 전쟁의 발단이 되었던 홍교라마 사마이파의 유골을 전장前藏의 라싸와 후장后藏의 시가체 일대 통행로에 걸어두었다.

사마이파의 가산을 처분해 상으로 달라이라마에게 주어 티베트 병사들의 군량 구입에 사용하도록 하였으며 절과 토지는 청 정부에 공로가 있었던 제롱호도극도 등에게 상으로 내렸다.

구르카군이 타시룬포사에 침입했을 때 중파호도극도는 도주했으므로 반드시 처벌해야 했으나, 판첸 6세의 형이었으므로 관용을 베풀어 판첸 6세가 살았던 덕수사德壽寺 내에서 거하여 영원히 티베트로 돌아오지 못하도록 했다. 구르카가 티베트에 침입한 사건으로 청 조정이 티베트를 통치하는 과정에서 누적된 문제들과 티베트 지방에서 정무를 집행하면서 발생했던 수많은 폐단들이 여실히 드러났다.

건륭 57년 이전에 청 정부가 파견한 주장대신들은 대부분 특별한 능력을 갖추지 못한 평범한 인물들로 티베트 지역에 머무르면서 그저 세월이 지나 임기를 마치고 북경으로 돌아갈 날만을 기다렸다. 그래서 티베트의 모든 일들은 달라이라마와 갈룽 등이 마음대로 처리했고, 심지어는 듣지도 묻지도 않아 주장대신이라는 직위가 형체만 있고 속은 빈 자리가 되어 버렸다. 주장대신이 티베트 지방의 정무를 방임하고 관여하지 않았기 때문에, 티베트 지방의 관원들은 틈만 나면 부정을 일삼고 내부의 분쟁도 끊이지 않았다. 모든 제도는 있으나 마나였고 오히려 폐단만 수없이 생겨나 외부로부터의 침략을 방어할 능력도 전혀 없었다.

그래서 건륭제는 여러 가지 유리한 조건들을 이용해서 티베트 지방의 각 제도들을 정비하고 개혁하기로 결심했다.

건륭 58년 정월에 건륭제는 복강안이 상주한 「장내선후장정藏內善后章程」을 비준하고, 후에 이를 기초로 「흠정서장장정欽定西藏章程」을 제정했다. 이 규약들은 복강안 등이 구르카에서 돌아온 후 티베트 지방의 모든 제도가 제 역할을 못해 폐단이 많은 것을 알고, 건륭제의 뜻에 따라 티베트의 대라마 그리고 관원들과 함께 논의해서 결정한 것으로 달라이라마 8세와 판첸라마 7세의 동의를 얻어 만들어 졌다. 「흠정서장장정」은 총 29개 조문으로 장문藏文 원본은 라싸 대소사大昭寺와 타시룬포사 안에 보존되어 있는데, 그 주요 내용은 다음과 같다.

- 주장대신은 티베트의 모든 정무를 관리 감독하되 그 지위는 달라이라마, 판첸라마와 같으며, 갈룽 이하의 대신들과 관사라마는 모두 주장대신의 신하로서 일이 크건 작건 보고해야 하며, 타시룬포사의 제반 업무도 주장대신에게 보고해야 한다.
- 달라이라마와 판첸라마 그리고 전후장의 대소 호도극도들이 자신들의 호필륵한[13]呼畢勒罕이 태어난 사실을 보고하면 이를 모두 주장

대신이 성명과 생년월일을 만주어, 한어, 티베트어의 세 가지 문자로 기록하여 서명한 후 흠반금분과 병 속에 보관한다. 먼저 라마들을 대소사로 불러 모아 7일 동안 경문을 읽고 난 후에 7일이 지나면 주장대신이 보는 앞에서 제비를 뽑는다.

- 전후장의 갈륭과 대본, 상탁특파 이하의 대소 관리 등이 모자라게 되면 주장대신이 달라이라마와 함께 만나 선발하되, 달라이라마와 판첸라마의 친족은 공무에 관여하는 것을 금한다.
- 달라이라마가 관장하는 대소 라마사원 소속의 라마들 이름을 기록하여 명부로 만들고, 갈륭이 관리하는 티베트 지역과 각 호도극도가 관리하는 부락의 사람들을 모두 포함하는 인명록을 만들어 이후의 조사에 대비한다.
- 티베트 내의 라마가 이민족들이 사는 외지의 산으로 가서 예불을 드릴 경우, 주장대신이 조표照票를 발급하여 왕래의 기한을 정해 주고 티베트로 돌아오는 날 조표를 반납하도록 하여 변경 밖에서 함부로 체류하지 못하도록 한다. 만일 몰래 사적으로 나갔다가 발각되면 곧바로 처벌한다.
- 외지의 이민족이 티베트에 와서 보시하고 예불을 드릴 때는 변경의 관원이 사람 수를 정확히 파악하여 주장대신에게 보고한 후 들어오도록 하고, 예불을 마친 후에도 수를 헤아려 조표를 발급하여 돌려보낸다.
- 구르카 등 변경의 부족이 만일 지방의 일이나 사건에 대해 상의할 것이 있으면 주장대신이 주관한다. 외지의 이민족이 달라이라마나 판첸라마에게 보시布施 서신을 보낼 때도 모두 주장대신에게 보고

---

13. 화신化身이라는 뜻의 몽골어. 활불윤회活佛輪回 제도에 따라 라마를 계승할 수 있는 영동靈童을 말함.

한다. 서신의 내용을 번역해 그 사실 여부를 조사하고 난 뒤에야 전달이 가능하며, 갈륭 등은 외부의 이민족과 사적으로 서신을 교류할 수 없다.
- 티베트에서 거주하면서 무역을 하는 구르카와 카슈미르 등의 외지 사람은 상주하여 장사하는 것을 허락하되, 그 국적과 이름 등 필요한 자료를 조사하여 명부를 만들고 이를 주장대신에게 보내 아문에 비치해 둔다.
- 티베트에서 무역을 하는 모든 외지 상인들은 주장대신에게 조표를 신청해서 발급을 받아야 나갈 수 있으며, 갼체와 팅그리를 지나면서 담당 관리가 조사한 후 이상이 없어야 나가도록 허가해 준다. 외지에서 티베트로 들어올 때도 관리가 사람 수를 조사하여 주장대신에게 보고하고, 모두 이름을 명부에 적어 보관한다.
- 티베트의 병사는 3천 명으로 하되 라싸와 타시룬포에 각각 1천 명씩, 그리고 팅그리와 갼체에 각각 5백 명씩 주둔시킨다. 군대는 정기적으로 훈련하고 때마다 검열하며, 각지에 오부鄂博를 세우고 주장대신이 매년 5, 6월 사이에 번갈아 변경을 순시한다.
- 티베트 지방정부의 수입과 지출은 모두 주장대신이 살필 수 있도록 보고해야 한다.
- 구르카의 화폐가 티베트에서 유통되는 것을 금지하고, 관전官錢의 주조를 지원하되 화폐 주조 사무는 주장대신의 감독을 받는다.

위에 열거한 이외에 무역, 마정馬政, 조세와 부역 등에 대해서도 구체적으로 규정했다. 「흠정서장장정」은 건륭제가 재차 구르카를 정벌해서 거둔 승리의 산물이자 전쟁이 끝난 후의 티베트 지역 문제들을 합당하게 해결한 결과로서, 티베트에 대한 청 왕조의 통치가 새로운 단계에 진입했음을 보여 준다.

【건륭제에게 배우는 장이술】

一. 모든 일이 다 그렇듯 지나치게 조급하면 일을 서둘러 오히려 이루지 못하기 쉽고, 반대로 너무 여유를 부리면 종종 상황을 악화시켜 돌이키기 어렵게 된다.

一. 문장을 지을 때 간략한 말에 깊은 뜻을 담아 단어 사용에 신중하고, 감칠맛 나게 서술하라.

一. 적을 대할 때 절대 원칙 없이 양보하지 말라.

一. 전략을 수립함에 있어서 미래에 대한 안목의 중요성은 아무리 강조해도 지나치지 않다.

一. 경험에 비추어 상대의 급소를 공격하면, 적을 일거에 소탕하는 일이 어렵지 않다.

一. 상황에 따라 서로 다른 전략을 취해 나아가야 할 때 나아가고 멈추어야 할 때 멈추어야 한다.

一. 때로는 어려움을 알면서도 나아가야 할 필요가 있고, 때로는 일이 잘 풀리는 상황에서도 물러날 필요가 있다.

건륭 原典 평천하(승자의 조건 편)

2008년 2월 15일 초판 1쇄 발행
2011년 11월 15일 초판 4쇄 발행

지은이 등예쥔
옮긴이 송하진
펴낸이 박효완

펴낸곳 아이템북스
주소   서울시 마포구 서교동 444-15번지
등록번호 제2-3387호
전화   332-4337 팩스 3141-4347

※ 잘못된 책은 구입하신 서점에서 바꾸어 드립니다.

이 책의 한국어판 저작권은 大海出版文化工作室을 통한
저작권자와의 독점 계약으로 신저작권법에 의해 한국 내에서 보호를 받는
저작물이므로 무단전재와 무단복제, 광전자 매체 수록 등을 금합니다.